P9-CCY-520

Le français est la langue maternelle majoritaire et/ou officielle.

Le français est langue officielle ou administrative.

Présence importante de la langue française, sans statut particulier

Îles ou le français est langue officielle et/ou maternelle

Minorité francophone dans la région

Fr. Lié à la France administrativement

m = masculin   f = féminin

LA BELGIQUE
LE LUXEMBOURG
L'EUROPE^f
LA FRANCE
LA SUISSE
MONACO

L'ASIE^f

LE SAHARA OCCIDENTAL
LE MAROC
LA TUNISIE
LE LIBAN
LA SYRIE
L'ALGÉRIE^f
L'ÉGYPTE
L'AFRIQUE^f
LA MAURITANIE
LE MALI
LE NIGER
LE TCHAD
LE BURKINA FASO
LE SÉNÉGAL
LA GUINÉE
LA CÔTE-D'IVOIRE
LE TOGO
LE BÉNIN
LE CONGO
LE CAMEROUN
LE GABON
LA RÉPUBLIQUE CENTRAFRICAINE
LA RÉPUBLIQUE DÉMO-CRATIQUE DU CONGO
DJIBOUTI^m
LE RUANDA
LE BURUNDI
L'ANGOLA^m

LE LAOS
LE VIÊT-NAM
Pondichéry
LE CAMBODGE

les Comores^f
les Seychelles^f
Mayotte^f (Fr.)
L'OCÉAN^m INDIEN

MADAGASCAR^f
l'Île^f Maurice
La Réunion (Fr.)

L'AUSTRALIE^f

L'OCÉAN^m ATLANTIQUE

la Nouvelle Amsterdam et St-Paul

TERRES AUSTRALES ET ANTARCTIQUES FRANÇAISES (Fr.)

l'Archipel Crozet^f
l'Archipel Kerguelen^f

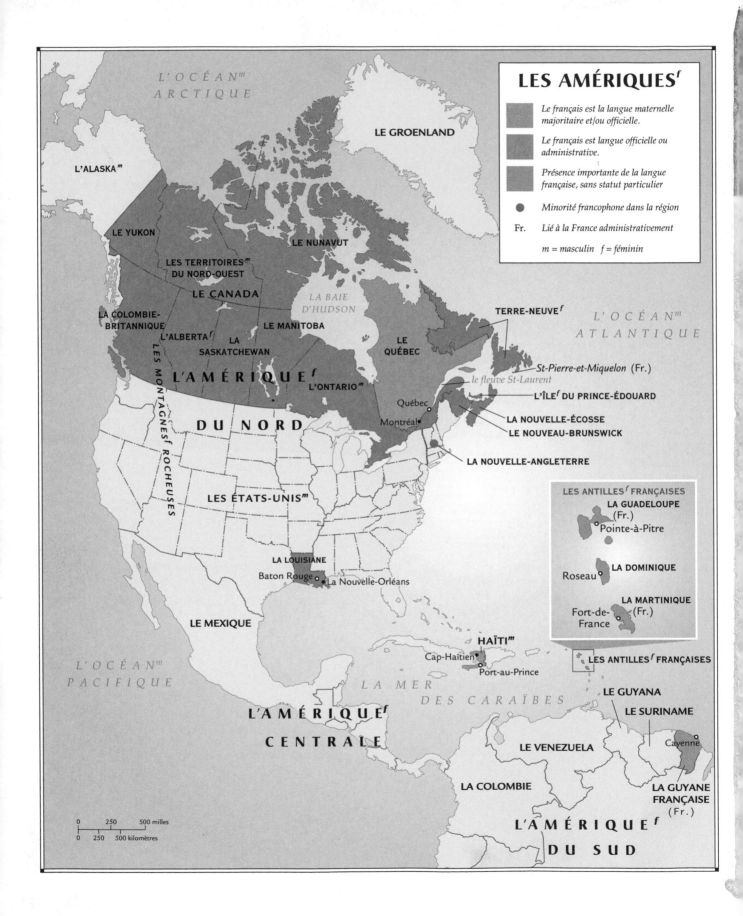

LES AMÉRIQUES*f*

Le français est la langue maternelle majoritaire et/ou officielle.

Le français est langue officielle ou administrative.

Présence importante de la langue française, sans statut particulier

● Minorité francophone dans la région

Fr. Lié à la France administrativement

m = masculin   f = féminin

L'OCÉAN*m* ARCTIQUE

LE GROENLAND

L'ALASKA*m*

LE YUKON

LES TERRITOIRES*m* DU NORD-OUEST

LE NUNAVUT

LE CANADA

LA COLOMBIE-BRITANNIQUE

LA BAIE D'HUDSON

L'ALBERTA*f*

LA SASKATCHEWAN

LE MANITOBA

LE QUÉBEC

TERRE-NEUVE*f*

L'OCÉAN*m* ATLANTIQUE

LES MONTAGNES*f* ROCHEUSES

L'AMÉRIQUE*f*

L'ONTARIO*m*

le fleuve St-Laurent

St-Pierre-et-Miquelon (Fr.)

Québec

L'ÎLE*f* DU PRINCE-ÉDOUARD

DU NORD

Montréal

LA NOUVELLE-ÉCOSSE

LE NOUVEAU-BRUNSWICK

LA NOUVELLE-ANGLETERRE

LES ÉTATS-UNIS*m*

LES ANTILLES*f* FRANÇAISES

LA GUADELOUPE (Fr.)

Pointe-à-Pitre

LA LOUISIANE

LA DOMINIQUE

Baton Rouge ● La Nouvelle-Orléans

Roseau

LA MARTINIQUE (Fr.)

Fort-de-France

LE MEXIQUE

HAÏTI*m*

Cap-Haïtien

LES ANTILLES*f* FRANÇAISES

Port-au-Prince

L'OCÉAN*m* PACIFIQUE

LA MER DES CARAÏBES

LE GUYANA

LE SURINAME

L'AMÉRIQUE*f*

LE VENEZUELA

Cayenne

CENTRALE

LA COLOMBIE

LA GUYANE FRANÇAISE (Fr.)

0   250   500 milles

0   250   500 kilomètres

L'AMÉRIQUE*f*

DU SUD

SIXTH EDITION

DEUX MONDES

A Communicative Approach

INSTRUCTOR'S
EDITION

Tracy D. Terrell
Late, University of California, San Diego

Mary B. Rogers

Betsy J. Kerr
University of Minnesota, Minneapolis

Guy Spielmann
Georgetown University

Consultant: Françoise Santore
University of California, San Diego

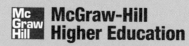

Mc Graw Hill **McGraw-Hill**
Higher Education

Boston   Burr Ridge, IL   Dubuque, IA   New York   San Francisco   St. Louis
Bangkok   Bogotá   Caracas   Kuala Lumpur   Lisbon   London   Madrid   Mexico City
Milan   Montreal   New Delhi   Santiago   Seoul   Singapore   Sydney   Taipei   Toronto

McGraw-Hill
Higher Education

Published by McGraw-Hill, an imprint of The McGraw-Hill Companies, Inc., 1221 Avenue of the Americas, New York, NY 10020. Copyright © 2009, 2005, 2002, 1997, 1993, 1988 by The McGraw-Hill Companies, Inc. All rights reserved. No part of this publication may be reproduced or distributed in any form or by any means, or stored in a database or retrieval system, without the prior written consent of The McGraw-Hill Companies, Inc., including, but not limited to, in any network or other electronic storage or transmission, or broadcast for distance learning.

This book is printed on acid-free paper.

1 2 3 4 5 6 7 8 9 0 WCK/WCK 0 9 8 7

ISBN: 978-0-07-353544-9 (Student's edition)
MHID: 0-07-353544-3
ISBN: 978-0-07-332689-4 (Instructor's edition)
MHID: 0-07-332689-5

Editor-in-chief: *Michael Ryan*
Publisher: *William R. Glass*
Executive editor: *Christa Harris*
Sponsoring editor: *Katherine Crouch*
Director of development: *Susan Blatty*
Development editor: *Connie Anderson*
Marketing manager: *Jorge Arbujas*
Managing editor: *Christina Gimlin*
Production editor: *Anne Fuzellier*
Art director: *Jeanne M. Schreiber*
Art manager: *Robin Mouat*

Design manager: *Violeta Díaz*
Interior designer: *Linda Robertson*
Cover designer: *Laurie Entringer*
Photo research coordinator: *Nora Agbayani*
Photo researcher: *PhotoSearch, Inc.*
Media project manager: *Ron Nelms*
Production supervisor: *Tandra Jorgensen*
Production service: *The Left Coast Group, Inc.*
Composition: *10/12 ITC Legacy Serif Book by Aptara, Inc.*
Printing: *45# Pub Matte Plus by Quebecor World, Inc.*
Cover image: Coronelli globes, FACELLY/SIPA Press

Library of Congress Cataloging-in-Publication Data

Deux mondes : a communicative approach / Tracy D. Terrell.—6th ed.
    p. cm.
    "Instructor's edition."
    Includes index.
    ISBN-13: 978-0-07-332689-4 (instructor's edition : alk. paper)
    ISBN-10: 0-07-332689-5 (alk. paper)
    ISBN-13: 978-0-07-353544-9 (student edition : alk. paper)
    ISBN-10: 0-07-353544-3 (alk. paper)
1. French language—Textbooks for foreign speakers—English. I. Terrell, Tracy D.
PC2129.E5D48 2008
448.2'421—dc22

                                    2007046241

The Internet addresses listed in the text were accurate at the time of publication. The inclusion of a Web site does not indicate an endorsement by the authors or McGraw-Hill, and McGraw-Hill does not guarantee the accuracy of the information presented at these sites.

www.mhhe.com

Contents

PREMIÈRE ÉTAPE
Premières rencontres 1

DEUXIÈME ÉTAPE
Le monde étudiant 21

CHAPITRE 3
En ville 99

CHAPITRE 4
La maison et le quartier 131

ESCALES FRANCOPHONES
La France 165

CHAPITRE 5
Dans le passé 167

CHAPITRE 6
L'enfance et la jeunesse 197

CHAPITRE 7
À table! 231

CHAPITRE 8
Parlons de la Terre! 261

ESCALES FRANCOPHONES
Le Sénégal 287

CHAPITRE 11
Les moyens de communication 349

CHAPITRE 12
La santé et les urgences 375

ESCALES FRANCOPHONES
Les Antilles 399

CHAPITRE 13

La famille et les valeurs en société 401

CHAPITRE 14

Les enjeux du présent et de l'avenir 427

To the Instructor

Welcome to the Sixth Edition of *Deux mondes*! We are excited about our new edition, which continues to provide opportunities for communicative language development. Informed by research on second language teaching and learning, this edition responds to the useful feedback provided by many loyal users. We hope you are as excited as we are about the Sixth Edition.

Keeping Pace with the Profession: From Proficiency to the National Standards

Built on the foundation of five highly successful editions, the Sixth Edition of *Deux mondes* offers a truly communicative approach that supports functional proficiency in all language skills. We believe that competent speakers must have an appropriate background knowledge of the communicative and cultural contexts in which language occurs. The authors of *Deux mondes* consider cultural competence to be an integral part of language learning. *Deux mondes* helps students to develop communicative competence by providing natural contexts and offering many perspectives on Francophone culture through readings and authentic materials.

Moreover, *Deux mondes* supports the National Standards, as outlined in *Standards for Foreign Language Learning: Preparing for the 21st Century* (1996; National Standards in Foreign Language Education Project, a collaboration of the ACTFL, AATG, AATF, and AATSP). As presented in the Standards, the five "Cs" of Communication, Cultures, Connections, Comparisons, and Communities describe what students should know and be able to do as a result of their language study. *Deux mondes* provides a solid foundation for their implementation.

Communication: Deux mondes emphasizes communication in the target language in meaningful and personalized contexts. Throughout the program, students listen to and read comprehensible French and have ample opportunities to use French in guided and free conversation, interviews, information gap activities, role-plays, writing, and other kinds of activities that are theme-based, not grammar-driven.

Cultures: The cultural feature, *Escales francophones,* which appears after Chapters 4, 6, 8, 10, and 12, integrates cultural video footage shot in five Francophone cities throughout the world. Moreover, readings on these pages develop such themes as French and Francophone geography, history, society, and art. The *Info* and *Les francophones sur le vif* sections also present various perspectives on the cultures of the French-speaking world. *Dans le monde francophone* activities offer communicative practice based on authentic materials. Throughout the book, students listen to, read, and respond to interviews with native speakers. Finally, the integration of the McGraw-Hill film *Le Chemin du retour* into the Sixth Edition program introduces a rich new source of cultural topics that are easily incorporated into class activities. Current social issues, daily life in France, and the effects of recent history and events are presented via an intriguing plot that holds students' interest and draws them into discussion. A wealth of new activities in the *Cahier d'exercices* help instructors use the film effectively to develop its topics and themes. The *Deux mondes* Instructor's Manual also gives suggestions for teaching with the film.

Connections: Chapter themes and activities encourage and enable students to link their study of French with their personal lives and other subjects they are studying.

Comparisons: Recurring features such as *La langue en mouvement, Info, Les francophones sur le vif,* and *Rendez-vous cinéma,* as well as the *Dans le monde francophone* activities, lead students to make comparisons between their world and that of French-speaking people.

Communities: The open-ended *Cliquez là!* and the *Deux mondes* web site activities encourage students to use the Internet to make direct contact with the French-speaking world at home and abroad. The *Activités* in the student text and in the Instructor's Resource Kit (IRK) encourage students to work with classmates in situations requiring interpersonal and group dynamics.

Changes That Make a Difference

Throughout the review process, we received valuable input from instructors and students alike. As a result, we have made a number of changes in the Sixth Edition without altering the basic concept and approach of *Deux mondes.*

- Numerous *Activités* have been updated to reflect changes in the cultures of the French-speaking world.
- Based on useful feedback from reviewers, Chapter 8, *Parlons de la Terre!,* has been

revised to include more places in the French/Francophone world and to expand students' ability to describe nature and weather. It retains the topic of ecology and our daily interactions with the environment.

- The reading in Chapter 6 has been revised to highlight current social and cultural changes in France.

- The McGraw-Hill feature-length movie *Le Chemin du retour* has replaced chapter-themed video segments in the Sixth Edition of *Deux mondes.* The film offers an intriguing, serialized story that holds student interest from beginning to end. It is accompanied by brand-new activities in the *Cahier d'exercices,* which were created by Françoise Santore especially for use with first-year students at various levels of development. These materials will permit instructors to integrate the film into their classroom activities seamlessly. The film's wide range of cultural, social, and historical issues add an exciting new dimension to the program's cultural content and to class discussion.

- The cultural feature, *Escales francophones,* appears after Chapters 4, 6, 8, 10, and 12. These readings provide information on many French-speaking areas, introducing students to social, historical, geographic, and cultural topics of interest in Paris, France; Quebec City, Canada; Dakar, Senegal; Brussels, Belgium, and Fort-de-France, Martinique. Video footage with new comprehension questions on these Francophone regions can now be viewed in the new online ActivityPak at the textbook web site (**www.mhhe.com/deuxmondes6**).

- New to the Sixth Edition, the ActivityPak includes Flash™-based activities that provide interactive review and practice for *Deux mondes* in an online format. These fun yet practical activities take the place of the last edition's CD-ROM and provide a unified language experience for students online, thus eliminating the need for multiple components. Diverse activity types and interactive games (many based on art or video footage) engage students as they review vocabulary, grammar, and culture. Starting with Chapter 1, each chapter in the ActivityPak includes a new video vignette followed by a cultural segment shot in France, Martinique, Canada, or Morocco. These videos bring to life a cultural theme of each chapter and allow students to hear chapter vocabulary used in an authentic context. Comprehension questions accompany each video within the ActivityPak. Students who would like to have access to the ActivityPak from the Online Learning Center web site may purchase a registration code for a nominal fee. This code is unique to each individual user.

If you are an instructor, you do not need a special registration code for the ActivityPak; instructors have full access to all levels of content via the Instructor Edition link on the Online Learning Center. Please contact your local McGraw-Hill sales representative for your passcode to the Instructor Edition.

- The text-specific Online Learning Center available at **www.mhhe.com/deuxmondes6** offers a variety of resources for both instructors and students. These include self-correcting grammar quizzes as well as task-based web activities related to the cultural themes introduced in each chapter. The Audio Program, including the Listening Comprehension Program, is also available at this web site. In addition, new to the Sixth Edition, the ActivityPak can be accessed (with a registration code) at the textbook web site. Another new feature is the iTunes™ playlist of French and Francophone songs, located under Coursewide Content.

- The fundamental scope of the grammar syllabus has been retained.

- The Online Workbook/Laboratory Manual, powered by Quia™, includes a grade-reporting feature, an online audio program, and interactive activities. In the Sixth Edition of the Online Workbook/Laboratory Manual, students can view episodes of the film *Le Chemin du retour* as they do the film activities. To gain access to the online workbook, students purchase a unique Quia™ Student Book Key (passcode). Instructors should contact their local McGraw-Hill representative, for their Quia™ Instructor Book Key.

A Guided Tour of *Deux mondes,* Sixth Edition

Deux mondes includes both oral and written activities that can be used as a starting point for communication. The student text consists of two preliminary *Étapes* and fourteen regular chapters. Each chapter explores a specific theme, introducing related language functions, vocabulary, and cultural information essential to communication at the beginning level. Functional language is supported by the *Grammaire* explanations and self-correcting exercises. Every regular chapter is divided into the following three parts:

- *Activités et lectures*
- *Vocabulaire*
- *Grammaire et exercices*

Our guided tour presents an overview of the chapter structure and features of *Deux mondes*.

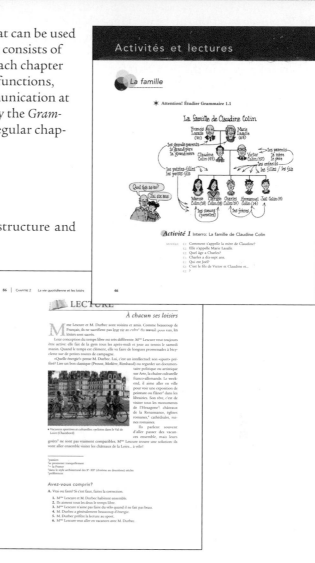

Activités et lectures

The *Activités* are designed for oral communication and listening comprehension in the classroom. They are done by partners, in small groups, or by the whole class. The readings provide cultural information and add context for learning authentic language. A small number are adapted from accessible literary texts. Each *Lecture* is followed by comprehension questions, *Avez-vous compris?*, and extension activities for partners or groups.

Vocabulaire

Chapter vocabulary is mostly organized by its lexical or thematic group as related to the chapter theme. The *Vocabulaire* presents words intended primarily for recognition. They are meant for student review and reference; students are not expected to learn all of the words for active use.

Grammaire et exercices

The *Grammaire* section can be used for at-home study, or, if instructors so desire, it can be used in class. Its numbered sections provide explanations in English and are referenced in the *Activités et lectures* sections. Starred marginal notes refer students back to earlier, related grammar explanations. Marginal notes preceded by an arrow call out and summarize important grammar points. Answer keys are provided in Appendix D to allow students to correct their own work.

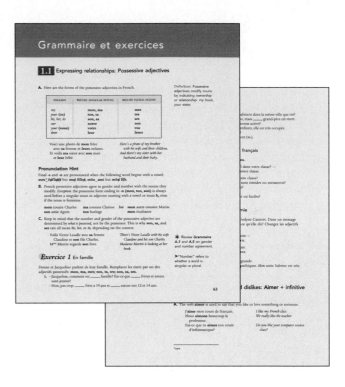

Other Exciting Features

INFO: Société

Zinédine Zidane, «dieu du football»

Aujourd'hui, le football est de toute évidence le sport préféré dans le monde. L'équipe[1] nationale française («les bleus») est devenue championne du monde en 1998, sous la direction d'un capitaine exceptionnel, Zinédine Zidane. D'origine algérienne mais né à Marseille, «Zizou» joue d'abord[2] professionnellement à Cannes, puis à Bordeaux, avant de partir en Italie (Milan) et en Espagne (Madrid). La France perd[3] la finale de la coupe du monde en juillet 2006, et Zidane est expulsé avant la fin du match pour acte de violence sur un joueur adverse. Malgré tout,[4] il est officiellement désigné comme «Meilleur joueur» pour sa technique brillante et son extraordinaire sens du jeu. Il est respecté aussi pour sa modestie, sa disponibilité[5] et sa générosité. C'est une des personnalités françaises les plus populaires: des centaines d'articles, des livres et même un film lui sont consacrés.

[1]groupe de joueurs
[2]en premier
[3]≠ gagne
[4]Malgré... *Despite everything*
[5]être accessible

● Zinédine Zidane, ancien capitaine de l'équipe nationale française et footballeur extraordinaire

Info: Société, Histoire, Arts et lettres, Vie quotidienne

These illustrated boxes offer up-to-date information about everyday life and broader social issues throughout the Francophone world.

La langue en mouvement

Hôtel de ville

«**H**ôtel de ville» vous semble peut-être une désignation étrange pour une mairie. En fait, dans une de ses significations, le mot *hôtel* désigne un grand édifice destiné à un établissement public. Au Moyen Âge, *hôtel* signifiait simplement *maison*.

La langue en mouvement

Starting in Chapter 3, these brief sections give insight into how the French language is changing, as well as into how it has developed historically. The sections discuss the origins of words and expressions, variations in language within the Francophone world, and other linguistic phenomena.

Ça fait penser

Starting in Chapter 7, these marginal boxes offer interesting facts that supplement a few *Activités* or readings in each chapter. They always open the door to further discussion of a particular topic.

Ça fait penser

- En 600 avant J.-C., les Grecs se sont installés à Marseille. Ils ont planté les premiers pieds de vigne.

Les francophones sur le vif

Marie-Claire Schmitt, 37 ans, institutrice[1] à Obernai (Bas Rhin)

Quelle est votre définition de la famille?

«**C**'est un mode de vie, pas une institution. Je suis divorcée, avec une petite fille, et remariée avec un homme qui a un fils. Nous avons aussi adopté un troisième enfant. Nous formons donc une «famille recomposée», avec ses joies et ses problèmes. Les enfants passent une partie de leur temps avec leur père et mère biologiques, mais je pense que nous avons une vie de famille normale et équilibrée. Nous avons décidé de vivre ensemble[2] et nos relations sont renforcées par ce choix.[3]»

[1]enseignante dans une école primaire
[2]vivre... former une famille
[3]décision

Les francophones sur le vif

In this feature, native speakers from France and the Francophone world give their personal views about a variety of issues and everyday events.

Cliquez là!

This Internet feature, which is integrated throughout the text as an optional activity, is intended to help students be successful as they explore the Internet on their own while using French-language web sites. *Cliquez là!* offers basic guidance for using the Internet to delve deeper into issues or topics raised in the text activities. More information and resources related to this activity can be found on the *Deux mondes* web site at **www.mhhe.com/deuxmondes6.**

Cliquez là!

Visitez le site pour les Guides du Routard. Quels types de renseignements pour voyageurs peut-on y trouver? À quel type de voyageur sont-ils destinés?

www.mhhe.com/deuxmondes6

Allons plus loin!   Maintenant, comparez vos réponses avec les réponses de votre partenaire et expliquez quand vous dites **non**.

> MODÈLE: Quand j'ai des problèmes, je parle avec ma tante. Elle est très discrète et elle écoute attentivement.

Allons plus loin!

These activities encourage students to offer their own views on the topics raised in the *Activités* and *Lectures* and to approach the topic from other perspectives.

À vous la parole!

À vous la parole!   Vous désirez rencontrer une personne intéressante. Préparez une petite annonce pour l'agence matrimoniale «Espoir familial». Pour commencer, quel âge avez-vous? Et comment êtes-vous? Qu'est-ce que vous aimez faire?

These activities are optional extensions of certain *Activités;* they encourage students to practice speaking French by doing engaging projects such as role-plays and interviews.

Rendez-vous cinéma

Starting in Chapter 1, this section introduces students to each of the seven episodes of the film *Le Chemin du retour,* a new feature of the *Deux mondes* program. Located after *Activités et lectures* in Chapters 1, 3, 5, 7, 9, 11, and 13, the *Rendez-vous cinéma* feature consists of a film still and a brief preview of the episode to come. After viewing the film segment, students may do film activities created for the Sixth Edition in the *Cahier d'exercices.* These activities explore key vocabulary, main plot developments, and important cultural issues from each episode.

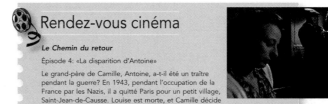

Rendez-vous cinéma

Le Chemin du retour

Épisode 4: «La disparition d'Antoine»

Le grand-père de Camille, Antoine, a-t-il été un traître pendant la guerre? En 1943, pendant l'occupation de la France par les Nazis, il a quitté Paris pour un petit village, Saint-Jean-de-Causse. Louise est morte, et Camille décide de mener une enquête.

Escales francophones

These readings accompany cultural video footage that introduces students to the French and Franco-phone regions presented in *Deux mondes.* Appearing after Chapters 4, 6, 8, 10, and 12, this feature provides three brief texts that encourage students to learn more about the French-speaking world through such engaging topics as art, society, history, and geography. Students can view the *Escales francophones* video footage in the new online ActivityPak, accessible with a registration code at the *Deux mondes* web site, **www. mhhe.com/deuxmondes6.**

Program Components

As a full-service publisher of quality educational products, McGraw-Hill does much more than just sell textbooks to your students; we create and publish an extensive array of print, video, and digital supplements to support instruction on your campus. Orders of new (versus used) textbooks help us to defray the cost of developing such supplements, which is substantial. Please consult your local McGraw-Hill representative to learn about the availability of the supplements that accompany *Deux mondes: A Communicative Approach*.

Available to Adopters and to Students

- **Student Edition.** Full-color textbook with activities, grammar explanations and exercises, and helpful appendixes.
- **Listening Comprehension Program.** This audio program contains selections of readings from the *Info* boxes, *Les francophones sur le vif*, and *Lectures* sections. It is available on the *Deux mondes* web site **(www.mhhe.com/deuxmondes6)** and as a separate audio CD packaged with the Audio Program.
- *Cahier d'exercices.* This combined Workbook/Laboratory Manual contains both acquisition activities and learning exercises for use outside the classroom. The Sixth Edition also contains numerous activities on the film, *Le Chemin du retour.* The Answer Key in Appendix D at the end of the *Cahier* allows students to correct many of the exercises on their own.
- **Revised Online Workbook/Laboratory Manual.** Developed in collaboration with Quia™, The Online Workbook/Laboratory Manual is the enhanced, interactive version of the printed product that includes instant feedback, the complete audio program, automatic grading and scoring, and a grade report feature that can be viewed online or printed. New to the Sixth Edition, the film episodes of *Le Chemin du retour* can also be viewed in the online workbook.
- **Audio Program.** Available on a set of audio CDs and on the *Deux mondes* web site in the Online Learning Center, this program contains pronunciation practice and listening comprehension texts, recorded dialogues, narratives, and, starting in Chapter 1, the *Rencontres* serial program. The Audio Program corresponds to written *Cahier* activities. In addition, this program offers a complete introduction to basic phonetics and pronunciation, with accompanying practice exercises and *dictées.* Packaged with the Audio Program is a separate audio CD, which contains the Listening Comprehension Program that accompanies the textbook (see above).
- *Le Chemin du retour.* This McGraw-Hill film, newly integrated into the *Deux miondes* program, is available on DVD to students and instructors. The seven film episodes can also be viewed within the Quia™ Online Workbook/Laboratory Manual.
- **Revised *Deux mondes* web site.** The Online Learning Center has self-correcting grammar quizzes, task-based Internet research activities, and learning resources for students. It also provides free access to the complete Audio Program and the Listening Comprehension Program. New to the Sixth Edition, students and instructors can consult an iTunes™ playlist of French and Francophone songs under Coursewide Content.

- **ActivityPak.** New to the Sixth Edition, the ActivityPak includes Flash^{TM}-based activities that provide interactive review and practice for *Deux mondes* in an online format. These fun yet practical activities take the place of the last edition's CD-ROM and provide a unified language experience for students online, thus eliminating the need for multiple components. Diverse activity types and interactive games (many based on art or video footage) engage students as they review vocabulary, grammar, and culture. The *Escales francophones* video footage is now available in the ActivityPak and includes multiple-choice comprehension questions. Students who would like to have access to the ActivityPak from the Online Learning Center may purchase a registration code for a nominal fee. This code is unique to each individual user.

  If you are an instructor, you do not need a special registration code for the ActivityPak; instructors have full access to all levels of content via the Instructor Edition link on the Online Learning Center. Please contact your local McGraw-Hill sales representative for your passcode to the Instructor Edition.

- *C'est la vie!* **A French Reader.** This reader is a collection of four original short stories that brings the Francophone world to life through the experiences of students and young professionals in France, Guadeloupe, Belgium, and Canada. The stories are written specifically for high-beginner and intermediate learners of French. In each story, the characters are portrayed in authentic, everyday situations and cultural settings that will pique student interest and offer a glimpse of daily life in various French-speaking countries. These engaging stories provide a format that encourages students to read for pleasure in French and thereby further develop their language skills. Activities for students and suggestions for instructors offer pedagogical tools that facilitate use of this reader in class.

Available to Adopters Only

- **Instructor's Edition.** The main text contains marginal notes with suggestions for using and expanding most of the *Activités* in the text. It also offers additional cultural information, teaching hints for using readings, photos, and realia, and tips on teaching selected grammar points.

Online Instructor Resources

The following resources are all available at the Instructor Edition of the Online Learning Center, located at **www.mhhe.com/deuxmondes6.**

- **Instructor's Manual.** This guide offers more detailed teaching suggestions and theoretical background on the Natural Approach, including a fully illustrated guided tour of the *Première étape* and *Chapitre 1* that provides detailed comments on the function and organization of the materials. The Instructor's Manual includes the Videoscripts to accompany the cultural footage in the ActivityPak and the Filmscript for *Le Chemin du retour.*

- **Instructor's Resource Kit.** This kit provides supplementary activities, photocopy masters, games, and other resources that correspond to the themes in the student text. For the Sixth Edition, many communicative activities have been added to the kit.

- **Testing Program with Audio CD.** This program offers a variety of test components emphasizing listening, speaking, reading, writing, vocabulary, and grammar. Available online as a Word document, this program provides the flexibility of electronically modifying or adapting the tests to suit the particular needs of your class. The listening comprehension passages are only available on the accompanying audio CD.

- **Audioscript.** A transcript of all the material recorded in the Audio Program is available in the Instructor Edition of the Online Learning Center.
- **Overhead Transparencies.** A set of 50 pages for presentation of vocabulary, review, and class activities is available in the Instructor Edition of the Online Learning Center.
- **Filmscript.** The Filmscript to accompany the film *Le Chemin du retour* is available in the Instructor Edition of the Online Learning Center.

The Natural Approach

Deux mondes is based on Tracy D. Terrell's Natural Approach, which drew on aspects of Stephen D. Krashen's "Monitor Model" and its five hypotheses on instructed second-language acquisition. These five hypotheses are discussed in detail in the Instructor's Manual that accompanies *Deux mondes*. The following are among the most important aspects of the Natural Approach as applied in this program:

1. **Meaningful and comprehensible input is essential to language acquisition.** *Deux mondes* is designed to help the instructor provide this input and create a classroom atmosphere that is positive, stimulating, and nonthreatening.

2. **Comprehension precedes production.** Students must have repeated opportunities to hear and read new vocabulary and structures in meaningful contexts before they can produce them on their own. The Instructor's Edition of *Deux mondes* provides pre-text oral activities (*Mise en train*) for every chapter. There are also numerous opportunities to enhance teacher input through art, realia, and illustrated presentations and readings within each chapter.

3. **Speech production emerges gradually.** *Deux mondes* is based on the principle that students move progressively from comprehending French to being able to express ideas on their own. The two introductory *Étapes* are devoted primarily to comprehension activities. Thereafter, each thematic presentation is designed so that students move gradually from comprehending input, to manipulating statements from the *Activités*, and finally, to expressing themselves on their own.

4. **Students acquire language only in a low-anxiety environment.** A low-anxiety atmosphere is easily created when the instructor provides students with interesting, culturally authentic, comprehensible input, along with communicative activities, and does not place an excessive emphasis on form. *Deux mondes* helps create a positive atmosphere by encouraging student involvement in activities relating to their own lives and to the French-speaking world.

5. **Some errors in grammar are to be expected in student speech, as a natural part of the acquisition process.** Students are unlikely to use particular linguistic elements accurately even by the end of the chapter in which they are introduced. Lasting acquisition depends primarily on reinforcement and opportunities to practice and experiment in an encouraging environment. During oral activities, we recommend that instructors respond naturally to students' communication, help students to clarify their meaning when it is unclear, and engage learners in negotiation of meaning. Direct correction of grammatical errors is best confined to written work or other contexts where the focus is on attaining accurate form.

6. **Group work fosters communication and creates community.** It engenders an atmosphere of familiarity and trust that, in turn, is conducive to self-expression

and risk-taking, two essential elements in language learning. Group work gives students more opportunity to interact in French during class time. Most of the oral activities in *Deux mondes* are meant to be conducted by a group of two or more students. They are open-ended, because true communication is divergent and relies on negotiation of meaning. Students generally retain a measure of personal choice when engaging in any activity.

7. **Grammar study is a useful part of classroom language acquisition but is not the primary goal of the course.** Improvement in speech takes place primarily as the result of an increased ability to comprehend input. However, the study of grammar improves comprehension by focusing attention on specific linguistic markers, and it provides forms and rules useful for self-monitoring. *Deux mondes* offers a complete grammar syllabus, arranged to coordinate functionally with the *Activités et lectures*. Many grammar points are spiralled, that is, reentered and developed after the initial presentation. It is our belief that most grammar lessons do not need to be explicitly presented in class, but that grammar should be clarified as necessary to facilitate comprehension and communication. However, the grammar treatment of *Deux mondes* is entirely flexible, so that you, the instructor, can choose the best way to deal with grammar in your own classroom.

8. **Acquisition involves an integration.** The traditional division of "four skills," though convenient, does not accurately reflect the reality of communication because speaking, listening, reading, and writing are *all* communication activities and often work together in a complementary fashion. The Natural Approach and *Deux mondes* seek primarily to create an atmosphere where students will *want* to communicate by offering them the opportunity to do so in relation to stimulating subject matter. By focusing on meaning rather than on form, the Natural Approach strives to minimize obstacles to self-expression and to accommodate the complex nature of communication.

Acknowledgments

The authors would like to express their gratitude to the following members of the language-teaching profession whose valuable suggestions contributed to the preparation of this revised edition. The appearance of these names does not necessarily constitute an endorsement of *Deux mondes* or its methodology:

Daisy Aaronian
Lesley University

Lorie Beckum
MidAmerica Nazarene University

LeeAnne Berger Godfrey
University of Minnesota, Twin Cities

Perry Bennett
Moorpark College

Allison Kelly Clifton
University of Houston, Downtown

Donna Clopton
Cameron University

Dr. Kwaku A. Gyasi
University of Alabama, Huntsville

Dr. Lewis Kirk Hagen
University of Houston, Downtown

Natalie Hipschman
*Bellevue Community College/
Seattle Pacific University*

Carol Hofmann
University of Southern California

Anna Emily Hudson
Dickinson College

Janet Lumley
Del Mar College

Mary Teresa Morrison
Wesley College

Susan Fitch Spillman, Ph.D.
Xavier University of Louisiana

Deborah Notarianni-Girard
Community College of Rhode Island

Tara N. Vieira
Union County College

Robert D. Peckham
University of Tennessee, Martin

Robert M. Viti
Gettysburg College

Rosemarie Sarkis
Riverside Community College

Trina Whitaker
University of Minnesota, Minneapolis

Virginia Soultz
Indiana Wesleyan University

Ronald Wirtz
McLennan Community College

Many people contributed their time and talents to the preparation of this edition. In particular, we want to thank our development editor Connie Anderson for for her close attention throughout the work and production process for the Sixth Edition of *Deux mondes.* We have greatly benefited from her comments and suggestions and appreciate them very much. We also want to thank Susan Blatty, our director of development, and Katie Crouch, our sponsoring editor, for their encouragement and efforts to facilitate our revision work.

We have benefitted greatly from the tremendous dedication and professionalism of the editing, production, and design team at McGraw-Hill: Anne Fuzellier, Nora Agbayani, Violeta Díaz, and Tandra Jorgensen. We also wish to acknowledge Julie Melvin for her work on the *Lexique,* Veronica Oliva, our permissions editor, and Melissa Gruzs for careful copyediting. Many thanks are owed to our publisher, William R. Glass, who followed the book through its writing and production phases and provided us with much needed encouragement and assistance, as well as our editor-in-chief, Michael Ryan, his support of and enthusiasm for *Deux mondes.*

On a more personal note, we want to recognize Françoise Santore, who has read and commented on every edition of *Deux mondes,* as well as being a coauthor of the *Cahier d'exercices.* Her encouragement and her loyalty to the Natural Approach have always been an inspiration. We also continue to acknowledge our debt to Tracy Terrell. Tracy loved French and *Deux mondes.* He was very much involved in its creation and very eager to make the Natural Approach interesting and accessible for French instructors. We believe that he would be delighted to know how many French students enjoy using *Deux mondes* today and would be very pleased with our new edition.

We are especially grateful to Thalia Dorwick, who retired a few years ago as editor, publisher, and director of the World Languages group of the McGraw-Hill Companies. Thalia has left a major imprint on our profession, in no small part due to her willingness to publish materials that represented new ideas and methods. She has been a good friend to *Deux mondes,* to us, and to many other authors as well.

Finally, we want to tell our families how grateful we are for their encouragement and even their sacrifices to our work. To our partners Ben Rogers and Robbie Steele, we say "Thank you: your confidence and support have been much appreciated throughout this project."

To the Student

The course you are about to begin is based on a method called the Natural Approach, which is designed to help you learn to speak, read, write, and understand French. You will be learning not only about the French language but also about French-speaking people and cultures all over the world: in Europe, North and West Africa, Quebec, the Caribbean, and elsewhere.

As you work with *Deux mondes,* keep in mind that you will be learning French in two very different but complementary ways. The first is experiential and mostly unconscious. It is the "feel" for the language that comes from hearing, reading, and speaking French in meaningful, everyday contexts. The second is a more deliberate and formal kind of learning, which comes from studying the rules of the French language, especially those of grammar, and from doing written activities.

Both types of learning are necessary to become proficient in French. You need to hear and read authentic French in order to understand native speakers. You also need to think and express your ideas in French as much as possible. Exploring how the French language works by studying grammar can allow you to progress more rapidly. However, keep in mind that all learners inevitably make mistakes when they speak and write a new language. Your instructors and classmates will not expect you to speak "perfectly," and native speakers will appreciate your attempts to speak their language even if you do make some mistakes. Initially, then, you should concentrate on *what* you are saying rather than on *how* you are saying it. The experience of learning French should be enriching, stimulating, and fun.

During class, avoid translating the French you hear into your native language. You will acquire lasting proficiency by learning to understand French "from the inside," on its own terms. If you listen and watch carefully, you will discover that it is almost always possible to understand what is being conveyed without resorting to English.

In this course, most class time will be devoted to oral activities. Your instructor may request that you study grammar and vocabulary primarily on your own, at home. The grammar sections of *Deux mondes* (the blue pages) are designed to be self-explanatory. As you complete the exercises, you can confirm your understanding by using the Answer Key in Appendix D.

The *Cahier d'exercices* (workbook/laboratory manual), the Audio Program, the cultural video footage (available in the ActivityPak), and the film (*Le Chemin du retour*) give you more opportunities to listen to French outside of class and to write about topics that you have discussed in class. The workbook also contains explanations and exercises on the pronunciation and spelling of French, as well as additional readings that will help you improve your skills and learn more about France and the Francophone world.

Tips for Effective Learning

Activités

The oral activities form the core of the *Deux mondes* program and your learning experience. They are designed to be done in class with your instructor and fellow students and always offer topics that relate to the chapter's theme. These activities will help you to comprehend and think in French and to express your opinions in French from the beginning of the course. To enable you to make the most of your class time each day, we make the following suggestions:

- Remember to **relax** and to **"go with the flow."** You will enjoy an activity and gain the most from it when you focus on communicating, rather than on using specific words or forms.
- Working through an activity in class mechanically is both uninspiring and of little value; try to **give it a personal twist** and encourage your speaking partners to do the same.
- Don't worry when you do not understand every word your instructor says. Just focus on **getting the main idea,** and be on the alert for **visual and aural clues** (gestures, intonation, illustrations).
- Always **listen to your instructor's feedback,** and use it as a model. You will learn best by hearing and reading correct forms on a regular basis.
- **Copy new vocabulary** you encounter during class time into a vocabulary notebook. Review it often as you think in French at home.
- Before coming to class, **review the previous day's oral activities** and the corresponding sections of **vocabulary** in the chapter *Vocabulaire.*
- Many students find it beneficial to **look over activities before class** to get **a quick "preview" of new words** to be used when they participate in the day's activities.
- Finally, **speak French** and avoid English at all costs. If you don't know a certain expression, **make an effort to paraphrase** or find another way of explaining yourself. It is always better for you to express yourself in French in a roundabout fashion than to resort to using English.

Lectures

As you approach the readings in *Deux mondes,* remember that written language is more than just a transcription of speech. Most of the time, writing follows formal rules that are considerably more constraining than those governing speech. Most *Activités* in *Deux mondes* use fairly short sentences, whereas the *Lectures* and *Info* boxes give you the opportunity to work with more complex—though still comprehensible—French.

Keep in mind that reading means grasping the logic and meaning of the entire text, rather than figuring out individual words and sentences. Reading is a process of discovery: a text composed only of words and ideas with which you are already familiar, put together in an entirely predictable way, would not offer much interest.

You already have strategies for reading a text in English that you can apply immediately when you read French. In fact, you will find that you are able to read a level of French that is significantly more complex than the French you use when speaking and writing. Here are some suggestions that will help you with the readings in *Deux mondes.*

- **Look first for what you can understand,** then make educated guesses about unfamiliar content.
- **Use the title and illustrations** to deduce what a given reading is about.
- **Skim the text** to identify the main ideas. Read quickly through the introductory paragraph, the first sentences in the other paragraphs, and the concluding paragraph to get a general outline of the main ideas.
- **Look for cognates** (words that are similar in two languages). About a third of English words are drawn from French.
- In class, listen to the questions your instructor asks and **scan for particular information.** You often do not have to know every word to find the information you need.
- When you encounter words or phrases that you do not understand, try to **infer meaning from the context,** using your own common sense. Quite

often, it is possible to ignore unfamiliar words and still arrive at a very accurate understanding, because language involves a great deal of redundancy.

- Unlike listening, which gives you only one or two chances to hear what the other person is saying, reading allows you to **go over a text many times.** Plan on reading the texts in *Deux mondes* several times. You will find that your understanding increases with each new reading.
- **Think in French.** If you look at a French text and think in English, you are translating, not reading. This is an extremely inefficient way of approaching a text, and it will *not* help you to become a proficient reader in French.

Vocabulaire

Each chapter contains a vocabulary list organized by topic or function. This list is primarily for reference and review. You should *recognize* the meaning of these words when you hear or read them in context; however, it is unlikely that you will be able to *produce* all of these words yourself until you have seen and heard them many times. Work with the *Vocabulaire* lists as your instructor suggests, and remember that the best way to learn French words is to **hear and read them as often as possible in a meaningful context.**

Grammaire et exercices

The final section of each chapter (the blue pages) is a reference manual, allowing you to study the rules of French grammar and to verify your understanding by doing the exercises.

- The beginning of each *Activités et lectures* section in the white pages has a reference to the appropriate section(s) in the grammar. As you begin each new topical section, **read the grammar section or sections indicated by the red star followed by** *Attention!*
- Be sure to **make use of the marginal notes** in the blue pages, which give you useful summaries, hints, and suggestions for reviewing.
- You will benefit the most from the blue pages by **completing the exercises in writing,** then confirming your answers using the Answer Key in the back of the text.

Getting to Know the Characters

You will get to know a number of characters in the *Deux mondes* text and *Cahier* and in other components of the program. They include people in North America and in France.

First you'll meet a group of young people from the University of Louisiana at New Orleans. They are fellow students in Professor Anne Martin's 8:00 @L -beginning French class: Albert Boucher, Barbara Denny, Daniel Moninger, Denise Allman, Jacqueline Roberts, and Louis Thibaudet. Louis is very proud of his Acadian ancestry. (The Acadians were French-speaking colonists who came to Louisiana from Acadie, now Nova Scotia.) Professor Martin was born in Montreal and is completely bilingual in French and English.

Albert   Barbara   Daniel   Denise   Jacqueline   Louis   Madame Martin

You will also meet two international students from French-speaking countries who are studying at the University of Louisiana. Raoul Duran, a doctoral student in mechanical engineering, is a Quebecois from Montreal. Caroline Njanga comes from Yaounde in the Cameroon and is working on a Master's degree in American Studies. Both Raoul and Caroline were pleased to meet Professor Martin, and they have visited her class and gotten to know her students.

Raoul   Caroline

The Lasalle-Colin family has three branches. The grandparents, Francis and Marie Lasalle, have always lived in Lyon, where they are now retired.

Francis Lasalle   Marie Lasalle

Victor Colin   Claudine   Bernard   Christine

Clarisse/Marise Charles Emmanuel Joël Camille Marie-Christine Nathalie

Claudine Colin is the daughter of Francis and Marie Lasalle. She teaches at a *lycée* (high school). She and her husband, Victor Colin, live in Clermont-Ferrand with their five children. Marise and Clarisse (19) are twins; Marise is studying French literature at the Université Blaise-Pascal in Clermont-Ferrand, and Clarisse is taking courses in hotel management at the École Victor Hugo. Charles (17) and Emmanuel (14) are both *lycée* students, and their brother, Joël (8), is in primary school.

Bernard Lasalle is the son of Francis and Marie. He and his wife, Christine, live near Bernard's parents in Lyon. Bernard is an engineer, and Christine works in a hospital as a nurse. They have three daughters, Camille (11), Marie-Christine (8), and Nathalie (6).

Édouard and Florence Vincent are old friends of Francis and Marie Lasalle and live nearby in Lyon. They are an interesting couple, though somewhat old-fashioned in some of their views.

Édouard Vincent   Florence Vincent

Another character you will meet is Julien Leroux, a native of Brussels who has lived in Paris for several years and who works in news broadcasting at *Télévision Française 1* (TF1). He has been friends with Bernard Lasalle since they were at the university together several years ago.

Julien

Also in Paris are Sarah Thomas, an American exchange student, Agnès Rouet, and Jean-Yves Lescart, friends at the *Université de Paris*.

Sarah   Agnès   Jean-Yves

Adrienne Petit lives in Marseille. She works as a secretary in an import-export firm and loves to travel. She is an active person and has a lively social life.

Adrienne

Getting Started with the Étapes

Listening Skills

Your instructor will probably choose to address the class entirely in French from day one. Don't panic! It is possible to understand what someone is saying without knowing every word. Here are some general techniques that will help you as you are doing the two preliminary chapters, or *Étapes*.

- **Make educated guesses.** Always pay attention to context. If someone you don't know says, **Bonjour, je m'appelle Robert,** you can infer from the context and from the key word "Robert" that he is introducing himself. If it is eight in the evening and someone greets you with **Bonsoir,** you can figure out that this probably means "Good evening" and not "Good morning" or "Good afternoon."

- **Pay attention to gestures and "body language."** If your instructor is pointing to the board, you can deduce that **Regardez le tableau** means "Look at the board," even if you are not already familiar with the words.
- **Pay attention to intonation and key words.** If your instructor is holding up a photo of a man and says in French, "Does this man have brown hair?," you will know from his or her tone of voice that a question is being asked. If you already know the words "brown" and "hair" and you look carefully at the photo, you can figure out what the question means even if you have never heard the other words.
- In terms of your ability to understand, it is most important for you to **know key vocabulary words.** You do not need to know specific grammatical forms to grasp the gist of what is being conveyed.

Vocabulary

Because your ability to understand depends on your recognizing key words in context, the two *Étapes* will help you become familiar with many new words in French. You need not be concerned about pronouncing these perfectly from the start; your pronunciation will become more accurate as you *hear* more and more spoken French. Here are some tips to help you learn vocabulary.

- **Keep a vocabulary notebook.** Your instructor will write key vocabulary words on the board; jot them down for future reference and study.
- **Go over vocabulary frequently,** and make an effort to **visualize** the person (for words such as "child" or "woman"), thing ("chair" or "pencil"), characteristics ("young" or "long"), activity ("stand up"), or situation ("is wearing") conveyed by each word.
- **Follow your instructor's suggestions** for working with these words. Concentrate on recognizing their meaning when you hear and see them, and when your instructor uses them in class.

Classroom Activities

Here are the main types of activities you will be doing in the *Étapes*. Some may be new to you; all will help get you off to a running start in French.

- **TPR.** "Total Physical Response" is a technique developed by Professor James Asher at San Jose State University. In TPR activities, the instructor gives a command, which you then act out. Though TPR may seem somewhat "childish" at first, by relaxing and allowing your mind and your body to work together, you will be able to absorb a large amount of French very quickly. In TPR, "cheating" is allowed! If you're not sure what a command means, figure it out by "sneaking" a look at your classmates.
- **Description of classmates.** You will be asked to get to know your classmates: to learn their names and to identify the person your instructor is describing. This is a fun and effective way for you to learn the names of colors, articles of clothing, and descriptive words such as "long," "pretty," "new," and so on.
- **Description of pictures.** Your instructor will bring a number of pictures to class and describe the people in them. Your goal will be to identify the picture being described.
- **Using basic greetings and expressions of courtesy.** You will have the opportunity to learn how to say "Hello," "Good-bye," "How are you?," and so on, in short dialogues with classmates. You do not need to memorize the dialogues; just have fun with them. Remember that your pronunciation will improve as your *listening skills* improve.

And now... **Au boulot!** (Let's get to work!) Enjoy learning French and working with *Deux mondes.*

USING THE MARGIN NOTES.

The *Mise en train* activities that accompany each chapter are intended to help you teach students to understand new topical vocabulary and structures in the chapter *before* they see them in print. Marginal notes are provided for all vocabulary displays, photos, and realia. They include tips for teaching and, for *Activités*, indicate unfamiliar key words in the activity. AS (*Activité supplémentaire*) and IRK (Instructor's Resource Kit) references indicate additional materials and suggestions for supplementary work.

We suggest that you do not assign grammar exercises for a section until you have done at least the *Mise en train* activities, the vocabulary display, and some of the oral activities (*Activités*) with students.

GOALS FOR THE *PREMIÈRE ÉTAPE.*

Instructor Goals: (1) Show students they can understand most of the French you speak in class. (2) Teach students to listen for key words and phrases rather than every word you say. *Student Goals:* (1) Learn the names of classmates. (2) Be able to identify people in class from descriptions of how they look and what they are wearing. (3) Recognize numbers from 1 to 34. (4) Learn to say your name and ask for someone else's.

MISE EN TRAIN.

You may opt to include words not listed in the book as you do input activities using pictures and TPR (Total Physical Response). Focus on keeping your input comprehensible and on stressing key words and structures. (See the Instructor's Manual [IM] for detailed on-page discussions and applications of the *Mise en train* activities, for teaching techniques, and for a guided walk-through of the *Première étape* and *Chapitre 1.*)

1. Classroom commands. TPR: (See IM, Total Physical Response, and the IRK for TPR sequences.) Introduce the following actions in the first class session: *levez-vous, asseyez-vous, marchez* (in place), *sautez, courez, regardez la porte* (*le tableau, le professeur*), *tournez* (*à droite, à gauche*), etc. Later, add commands such as *ouvrez les livres, fermez les livres, prenez un stylo* (*une feuille de papier*), *écrivez votre nom* (say a name or two and demonstrate), *parlez* (students pretend to talk to each other), *écoutez* (hand behind ear), *lisez* (as if they were reading a book). Finally, introduce the command *dites* with short greetings: *dites «bonjour», dites «comment allez-vous?»*. Greet one or two students near you: *Bonjour, comment allez-vous?*, shaking hands with the students as you say the greeting. Then use the command *dites «bonjour, comment allez-vous?»* to have all students shake hands and greet those sitting near them.

2. Names and description of students. (See IM, Input with Names as Responses.) The purpose of this activity is to learn the names of students and to provide comprehensible input. Phrase all questions and comments so that students are required to produce only the name of another student. Introduce the following words for people: *le professeur, un étudiant, une étudiante, un homme, une femme;* for physical characteristics: *les cheveux* (*l'étudiant aux cheveux longs, courts, bruns, blonds, noirs, roux*), *les yeux* (*l'étudiant aux yeux bleus, verts, marron, noirs*), *la barbe, la moustache;* for clothing: *la chemise, le pantalon, la jupe, les chaussures, le pull-over;* and for other colors: *rouge, blanc(he), orange, rose, gris(e), jaune.*

The words you introduce will depend on your particular students. Other words and expressions you will probably use: *Qui est-ce? C'est… Comment s'appelle l'étudiant(e) qui porte…? Il/Elle s'appelle… Qui a… ? oui/non, n'est-ce pas?* You will use *ce/cet/cette* and *ces* frequently in *Mise en train* of the *Première étape.*

3. Names and descriptions of photos. (See IM, Picture File Input.) This activity uses pictures to continue the learning of the names of students in the class. Include at least these nouns, along with other words your photos may suggest to you: *homme, femme, enfant, garçon, jeune fille* and these adjectives: *jeune, vieux/vieille, mince, fort(e)* (heavy, plump), *grand(e), petit(e), moyen(ne), beau/belle.* Other new words and expressions: *Qui a la photo de… ?, aussi,* and *mais.*

4. Numbers. Introduce numbers by counting things in class for which students recognize the words: the number of men, women, total students, women with skirts, men with beards, women with blond hair, etc. Normally this will require numbers below 30. Use *il y a* in sentences such as *Il y a sept personnes aux cheveux bruns dans la classe, n'est-ce pas?* Teach *oui/non* as you ask students to react to statements with numbers: *Y a-t-il quinze hommes dans la classe? (non) Dix-huit? (oui).* You may wish to write the numbers on the board or prepare a large number chart (or cards) and place it in a location visible to all during the activity.

Premières rencontres

Des étudiantes à
l'université de Paris

CO Photo. Point out that touching is more common in French and many other cultures than in Anglo-Saxon cultures. People, including relatives and those one sees often, embrace or shake hands upon meeting and saying good-bye, for example.

Objectifs

In the *Première Étape,* you will learn to understand a good deal of spoken French and get to know your classmates. The listening skills you develop will enhance your ability to understand and speak French.

Instructor information. For goals and *Mise en train* activities for this chapter, please refer to the preceding page.

● ● ACTIVITÉS

La communication en classe

Qui est-ce? Les camarades de classe

Comment sont-ils? La description
des personnes

Les vêtements et les couleurs

Les nombres (0–34)

Rencontres

● ● GRAMMAIRE

A.1 Giving instructions: Commands
with **vous**

A.2 Identifying people: **C'est... ,
je m'appelle...**

A.3 Gender and articles

A.4 Describing people: **Être,**
subject pronouns, and **ne... pas**

A.5 Plural nouns and articles

A.6 Addressing others: **Tu** and **vous**

Activités

Grammaire reference. (See IM, Using the *Grammaire et exercices.*) After you have discussed the display and done *Activité 1*, point out the words *Attention!* and *Étudier Grammaire A.1*. Have students turn to the grammar section (*Regardez la page 11*). Then explain in French or English that they will be expected to read the grammar explanations and do the exercises for each section in the book when you assign them. Show students the Answer Key in Appendix D at the end of the book.

La communication en classe

La communication en classe. (See IM, Vocabulary Displays.) Madame Martin's French class appears in all components of *Deux mondes*. Review all commands with TPR (Total Physical Response) from *Mise en train* (See IRK for TPR, *Première étape*) before students look at the display. Next, add the following types of commands: *Les femmes, levez-vous. Les hommes, levez-vous et marchez. Les étudiants aux yeux bleus, écrivez votre nom. Les femmes aux cheveux bruns, prenez le livre de français; ouvrez le livre.* (This recombines vocabulary from *Mise en train* activities.) Add also new actions of your choice, such as *dansez, sautez.* Finally, use the commands *Ouvrez le livre de français; Regardez la page 2.* As students look at the page, explain: *Voici Mme Martin. Elle est professeur de français. Et ça, c'est sa classe de français à l'université de Louisiane à La Nouvelle-Orléans. Voici cinq étudiants de français. Est-ce qu'il y a une femme ou deux femmes dans le dessin? (deux) Et combien d'hommes?* Weave in the names so students hear, then say them: *Aujourd'hui, Mme Martin donne des ordres. À quelle étudiante est-ce qu'elle dit «Écoutez»? Elle dit «Écoutez» à Barbara ou à Jacqueline? (Jacqueline) Oui, elle dit «Écoutez» à Jacqueline.* New vocabulary: *asseyez-vous, écoutez, écrivez, levez-vous, lisez.*

Act. 1. (whole class) (See IM, *Associations.*) Give the commands and have students point to the appropriate sketches. You may wish to give a series of commands to the class either before or after the activity. Include other commands such as *Marchez!, Chantez «Frère Jacques»!, Dansez!, Sautez!, Courez!, Tournez à droite!, Regardez le tableau!* New vocabulary: *écrivez votre nom, fermez le livre, levez la main, prenez un stylo, ouvrez le livre, regardez le tableau, tournez la page.*

✴ Attention! Étudier Grammaire A.1

Activité 1 Associations: Les ordres

a. Tournez la page!   **d.** Regardez le tableau!   **f.** Levez la main!

b. Ouvrez le livre!   **e.** Écrivez votre nom!   **g.** Prenez un stylo!

c. Fermez le livre!

2

Qui est-ce? Les camarades de classe

✳ **Attention! Étudier Grammaire A.2**

Qui est-ce? Les camarades de classe. Review students' names, using techniques in items 2 and 3 of *Mise en train* for the *Première étape.* Use photos of famous people from your Picture File (PF) and ask, *Qui est-ce?* and *Comment s'appelle-t-il/elle?* Introduce yourself to students and ask their names: *Je m'appelle… Et vous, comment vous appelez-vous?* Finally, have students look at the drawings in the text as you ask *Comment s'appelle la jeune fille qui parle avec… ?* Students should be required to give names only. New vocabulary: *comment vous appelez-vous? (t'appelles-tu?), je m'appelle, il/elle s'appelle, est-ce que c'est?, qui est-ce?/c'est.*

Act. 2. (whole class) Ask *Comment s'appelle l'ami(e) de… ?* Students answer with a name only or with the brief sentence *il/elle s'appelle…* New vocabulary: *ami/amie.*

Activité 2 Dialogues: Les amis

—Comment s'appelle l'ami de_____?
—Il s'appelle_____.

—Comment s'appelle l'amie de_____?
—Elle s'appelle_____.

—Qui est-ce?
—C'est_____.

—Qui est-ce?
—C'est_____.

Comment sont-ils? La description des personnes

✴ **Attention! Étudier Grammaire A.3 et A.4**

grand blond beau — Charles Colin
vieux une moustache une barbe — Édouard Vincent
petit brun jeune — Emmanuel Colin
brune belle petite — Marise Colin
mince brune grande — Claudine Colin
vieille forte — Marie Lasalle

Activité 3 Discussion: Comment sont les camarades de classe?

1. Dans la classe de français, qui est _____?
   a. grand et blond (grande et blonde)
   b. jeune et brun (jeune et brune)

2. Dans la classe de français, qui n'est pas _____?
   a. petit et brun (petite et brune)
   b. vieux (vieille)

Activité 4 Associations: Images stéréotypées

Voici des personnages célèbres. Comment sont-ils?

MODÈLE: Halle Berry est belle. Elle n'est pas forte.

1. Céline Dion
2. Cléopâtre
3. Johnny Depp
4. Vanessa Paradis
5. Queen Latifah
6. Gérard Depardieu
7. Tiger Woods
8. Dustin Hoffman

a. laid/laide ≠ beau/belle
b. vieux/vieille ≠ jeune
c. fort/forte ≠ mince
d. grand/grande ≠ petit/petite
e. ?

traits that might embarrass students (*mince, petit*[e] *fort*[e], etc.).

Act. 4. (whole class) Answers will vary. Encourage as many adjectives as possible for each person. New vocabulary: *laid/laide*.

AS 2. (whole class) Ask students to describe current celebrities: Hillary Clinton, George W. Bush, Jay Leno, Barack Obama, General Colin Powell, Leonardo di Caprio, America Ferrera, Beyoncé, Salma Hayek, Denzel Washington, Oprah Winfrey.

Les vêtements et les couleurs

✶ Attention! Étudier Grammaire A.5

Victor Colin · Joël Colin · Clarisse Colin · Claudine Colin

Activité 5 Associations: Les couleurs

De quelle couleur est... ?

1. un pingouin
2. un éléphant
3. un tigre
4. une plante
5. une tragédie
6. un jean
7. une banane
8. une tomate
9. une carotte
10. le chocolat

a. vert/verte
b. noir/noire
c. gris/grise
d. brun/brune
e. orange
f. blanc/blanche
g. rouge
h. jaune
i. bleu/bleue

Les vêtements et les couleurs. Before discussing the display with the class, use your PF to introduce the words *vêtement, couleur,* and other new words for clothing and colors. As students look at the display, ask *oui/non* questions about the illustrations in the text. Then ask a few volunteers to stand up, one at a time, and ask *oui/non* questions about what they are wearing: *Est-ce que Lisa porte une jupe jaune? Est-ce que son chemisier est rouge?* After you have discussed the display, ask questions about "mystery people" in class: *Comment s'appelle la personne qui porte une robe verte et des sandales blanches?* (name of person) *Cette personne porte une chemise bleue et jaune et un jean. Qui est-ce?* New vocabulary: Clothing: *blouson, bottes, chapeau, chaussures, chemise, chemisier, costume, cravate, jupe, manteau, pantalon, pull-over, robe, tennis, veste;* Colors: *blanc/blanche, bleu(e), gris(e), jaune, marron, noir(e), orange, rose, rouge, vert(e), violet/violette.*

AS 3. (whole class) Play "Mystery Person." Describe someone in the class, including his or her appearance and clothing. Students reply with names. *C'est une femme. Elle est blonde. Elle porte un pull vert, un short blanc et des sandales beiges. Qui est-ce?*

Act. 5. (whole class) Ask the questions. Allow more than one logical color for an item. *Oui, un tigre est noir et jaune.* Restate answers so students will hear gender agreements but do not correct directly. Finally, call attention to gender agreement. *Pourquoi «une plante verte»?* (Write *une plante verte* on the board.) *L'adjectif «verte» est féminin. Le mot «plante» est féminin. C'est une plante. «Une» est féminin.* New vocabulary: (cognates to recognize) *banane, carotte, chocolat, éléphant, jean, pingouin, plante, tigre, tomate, tragédie.*

Gingerbread Gallery

Galerie d'art haïtien

Activité 6 Dans le monde francophone: Couleurs et vêtements

Dites **oui** ou **non.** Sur ce tableau, il y a...

1. un homme qui porte un pantalon bleu.
2. une femme qui porte une jupe rouge.
3. un homme qui porte un chapeau noir.
4. une femme qui porte une robe verte.
5. un homme qui porte une chemise orange.
6. un homme qui porte une veste grise.
7. une femme qui porte une robe rouge.
8. une femme qui porte un chapeau blanc.

Activité 7 Discussion: Mes camarades de classe

Regardez vos camarades de classe. Donnez le nom de l'étudiant(e), d'un vêtement et de la couleur du vêtement.

Act. 6. (whole class) (See IM, *Dans le monde francophone*.) Have students use *oui/non* to answer. Add other questions about the ad, recalling earlier vocabulary from *Mise en train: Est-ce qu'il y a des enfants? une femme qui porte une robe bleue? un tigre?* Then extend to ask about what various students are wearing in class today. Optional: Point out *Haïti* on the map at the front of the book.

	LE NOM		LE VÊTEMENT	LA COULEUR
1.	*Caroline*	porte	*une jupe*	*blanche* .
2.	_____	porte	_____	_____ .
3.	_____	porte	_____	_____ .
4.	_____	porte	_____	_____ .
5.	_____	porte	_____	_____ .

Act. 7. (whole class) Ask students to jot down the names of four other students in the class. Write a list of clothing and colors on the board to choose from; have students fill in the chart individually. Elicit volunteer responses. New vocabulary: *donner.*

Les nombres (0–34)

AS 4. *Arithmétique* (whole class) Distribute papers with numbers printed on them (0–34). Randomly call out numbers and have students stand, showing their papers. Variation 1: After students understand the numbers, call pairs of low numbers to stand simultaneously and ask the class to help add their sum: *Alors c'est combien, trois et cinq? C'est huit ou c'est neuf? C'est huit. Vous êtes des génies! Alors, numéro huit, levez-vous.* Variation 2: Increase participation by having three or four numbers stand up.

Les nombres (0–34). Introduce or review numbers (from *Mise en train* activities) by counting objects and types of people in class. *Combien de personnes est-ce qu'il y a dans la classe? Comptons! un(e), deux... Combien de femmes portent un jean?* New vocabulary: numbers from 0 to 34.

0 zéro	**10** dix	**20** vingt
1 un	**11** onze	**21** vingt et un
2 deux	**12** douze	**22** vingt-deux
3 trois	**13** treize	**23** vingt-trois
4 quatre	**14** quatorze	**24** vingt-quatre...
5 cinq	**15** quinze	**30** trente
6 six	**16** seize	**31** trente et un
7 sept	**17** dix-sept	**32** trente-deux
8 huit	**18** dix-huit	**33** trente-trois
9 neuf	**19** dix-neuf	**34** trente-quatre...

Activité 8 Discussion: Il y en a combien?

Comptez le nombre de vos camarades qui...

PORTENT...

un pantalon. _____
une jupe. _____
des chaussures noires. _____
un short. _____
une chemise. _____
?

ONT...

une barbe. _____
un chapeau/une casquette. _____
une moustache. _____
un livre de maths. _____
un stylo. _____
?

Act. 8. (whole class) Ask students to count with you. Unless they ask, there is no need to mention the two verb forms. New vocabulary: *casquette, combien, maths, short, stylo.*

Rencontres

Rencontres. The vocabulary here is quickly acquired with little explanation. Students will be used to hearing and using much of it in class exchanges. Act out the dialogues as the class reads along with you silently. Explain new words and expressions with pantomime and TPR. Use the drawings to illustrate use of polite and informal pronouns, making sure students understand the ages and relationships of speakers. Refer students to *Grammaire A.6* for further explanation. New vocabulary: *à bientôt, au revoir, bonjour, bonsoir, ça va?, comment allez-vous?/vas-tu?, merci, pas mal, salut, toi, très bien, tu vas bien?*

✳ **Attention! Étudier Grammaire A.6**

MULTIMÉDIA

Online Workbook /
Lab Manual

Online Learning Center
and Audio Program

ActivityPak

www.mhhe.com/deuxmondes6

Act. 9. (whole class; partners) (See IM, *Dialogues*.) These dialogues consist of routines and patterns that are acquired as "chunks" (fixed phrases). Read conversations 1–4 aloud with natural intonation. Alternatively, treat each dialogue separately as follows: (1) explain the context; (2) read the script aloud; (3) repeat so students can say the lines after you; (4) play the first role yourself while the class takes the second; (5) reverse roles and repeat step 4. You may wish to have students practice together in pairs. We strongly recommend that you not ask individuals to read aloud in front of the class because students are inexperienced in French pronunciation, and many students are very sensitive about being put "on the spot." Students acquire language best when they are at ease and attentive to the input they are receiving.

Conversation 5: This open dialogue lets students converse about themselves truthfully. To begin, use the *Levez-vous/Parlez* commands to have everyone stand, find a partner, and do the dialogue. Indicate students should then talk with at least three more people. New vocabulary: (dialogues only) *camarade, comme ci, comme ça, elle va bien, enchanté(e), je suis fatigué(e), je te présente, mademoiselle, maman, moi, monsieur, très, un peu.*

Activité 9 Dialogue: Les salutations

1. Victor Colin parle au directeur du bureau.
   —Bonjour, monsieur. Comment allez-vous?
   —Très bien, merci. Et vous?
   —Bien, merci.

2. Après le match de foot, Charles Colin parle avec sa cousine Camille.
   —Salut, Camille. Ça va?
   —Je suis très fatiguée! Et toi?
   —Moi, ça va.

3. Louis présente Barbara à Raoul Durand, un étudiant canadien.
   —Raoul, je te présente une camarade de classe, Barbara.
   —Enchanté, mademoiselle.
   —Enchantée.

4. Claudine Colin parle au téléphone avec son père, Francis Lasalle.
   —Bonsoir, papa. Tu vas bien?
   —Comme ci, comme ça. Un peu fatigué.
   —Et maman? Elle va bien?
   —Elle va très bien.

5. Vous parlez avec un/une camarade de classe.
   É1*: Bonjour. Je m'appelle _____.
   É2: Enchanté(e). Je _____ _____ .
   É1: Salut, _____. Ça va bien?
   É2: _____, et toi?
   É1: _____, merci.

---

*É1 et É2 = Étudiant(e) 1 et Étudiant(e) 2

Vocabulaire

See the *Lexique* for a key to the abbreviations used in *Vocabulaire* lists.

Dans la classe de français

In French class

un/une camarade de classe	a classmate
un étudiant / une étudiante	a student
un livre	a book
un stylo	a (ballpoint) pen
un tableau (noir)	a (black)board

Mots apparentés: **une activité, une conversation, la grammaire, une page, un professeur,* une table, le vocabulaire**

Asseyez-vous.	Sit down.
Écoutez!	Listen!
Écrivez votre nom.	Write your name.
Fais attention!	Pay attention!
Fermez le livre.	Close the book.
Levez la main.	Raise your hand.
Levez-vous.	Stand up. (Get up.)
Lisez.	Read.
Ouvrez le livre.	Open the book.
Prenez un stylo.	Get a pen.
Regardez le tableau.	Look at the (black)board.
Tournez la page.	Turn the page.

Les personnes

People

un ami / une amie	a friend
une femme	a woman
un homme	a man
Comment s'appelle... ?	What is . . . 's name?
Il/Elle s'appelle...	His/Her name is . . .
Comment t'appelles-tu?	What's your name? (*fam.*)
Comment vous appelez-vous?	What's your name? (*form. or pl.*)
Je m'appelle...	My name is . . .

Où est... ?	Where's . . . ?
Qui est-ce?	Who's that? (Who is it?)
C'est...	It's . . .

La description des personnes

Describing people

Comment est-il/elle?	What's he/she/it like?
Comment sont-ils/elles?	What are they like?
Qui est... ?	Who is . . . ?
Qui n'est pas... ?	Who isn't . . . ?
beau/belle	handsome/beautiful
blond/blonde	blond
brun/brune	dark-haired
fort/forte	heavy, plump
grand/grande	tall
jeune	young
laid/laide	ugly
mince	thin, slender
petit/petite	small, little, short
vieux/vieille	old, elderly
Qui a... ?	Who has . . . ?
une barbe	a beard
une moustache	a moustache
Qui n'a pas... ?	Who doesn't have . . . ?
les cheveux courts/longs	short/long hair
les yeux bleus	blue eyes

Les couleurs

Colors

blanc/blanche	white
bleu/bleue	blue
gris/grise	gray
jaune	yellow
marron (*inv.*)	brown
noir/noire	black
rose	pink
rouge	red
vert/verte	green

Mots apparentés: **orange** (*inv.*), **violet/violette**

For the purpose of this edition,* **un professeur *is presented as an invariable masculine noun. See p. 22 for more information.*

Les vêtements

Clothing

Qui dans la classe porte... ?	Who in class is wearing . . . ?
Il/Elle porte...	He's/She's wearing . . .
Ils/Elles portent...	They're wearing . . .
un blouson	a jacket, windbreaker
des bottes *(f.)*	boots
un chapeau	a hat
des chaussures *(f.)*	shoes
une chemise	a man's shirt
un chemisier	a woman's blouse
un costume	a man's suit
une cravate	a necktie
une jupe	a skirt
un manteau	a coat
un pantalon	a pair of pants
une robe	a dress
une veste	a sportcoat, suitcoat
un vêtement	a piece of clothing

Mots apparentés: **un jean, un pull-over, des tennis** *(f.)*

Mots et expressions utiles

Useful words and expressions

l'ami/l'amie de Daniel	Daniel's friend
bien	well
dans	in
mais	but
moi aussi	me too
ne... pas	not
non	no
oui	yes
tout le monde	everybody
tu	you (*fam.*)
vous	you (*form. or pl.*)

Les ordres

Commands

Chantez.	Sing.
Courez.	Run.
Dites *bonjour.*	Say *hello.* (Say *good morning.*)
Marchez.	Walk.
Sautez.	Jump.
Tournez à droite (à gauche).	Turn right (left).

Salutations et formules de politesse

Greetings and polite expressions

À bientôt.	See you soon.
aujourd'hui	today
Au revoir.	Good-bye.
Bonjour.	Hello; Good morning/ afternoon/day.
Bonsoir.	Good evening; Good-bye (*in the evening*).
Ça va?	How's it going?
Moi, ça va. Et toi?	Fine. How about you?
Comment allez-vous?	How are you? (*form.*)
Très bien, merci. Et vous?	Fine, thanks. And you?
Pas mal, merci.	Not bad, thanks
Je suis un peu fatigué/fatiguée.	I'm a little tired.
Comment vas-tu?	How are you? (*fam.*)
Bien. Et toi?	Fine. And you? (*fam.*)
Je vous (te) présente...	I want you to meet . . .
Enchanté/ Enchantée.	Delighted.
madame	madam, ma'am; Mrs.
mademoiselle	miss
monsieur	sir; Mr.
Salut!	Hi!; Good-bye. (*fam.*)

Questions

Questions

Combien de... ?	How many . . . ?
Comment va... ?	How is . . . ?
Il/Elle va bien/mal.	He's/She's fine / not well.
De quelle couleur est... ?	What color is . . . ?
Est-ce que c'est un/ une... ?	Is this a . . . ?
Oui, c'est un/une...	Yes, it's a . . .
Non, ce n'est pas un/une...	No, it's not a . . .
n'est-ce pas?	isn't it?, right?
Y a-t-il... ? / Il y a...	Is/Are there . . . ? / There is/are . . .

Mots apparentés

Cognates

une banane, une carotte, le chocolat, un éléphant, un général, une image, un pingouin, une plante, un tigre, une tomate, une tragédie

Grammaire et exercices

Introduction

The **Grammaire et exercices** section of each chapter presents grammar points used in the preceding **Activités** section.

The **Attention!** notes that begin each new topic in the **Activités** section tell you which grammar point(s) you should study at that time. Study the grammar point(s) carefully, reading the examples out loud. Then do the exercises, both orally and in writing, and check your answers in the Appendix. Your instructor may choose not to discuss grammar in class because it is explained in nontechnical language in the book and because answers to the exercises are provided.

Keep in mind that successful completion of a grammar exercise indicates that you have understood the explanation. However, you are not immediately expected to use that grammar without error. As you listen to your instructor, your fellow students, and the audio program, and as you talk with others, you will gradually assimilate that grammar point into your own speech and writing.

If you have trouble with an exercise or with a particular point, ask your instructor for assistance. In difficult cases, your instructor may go over the material in class to be sure that everyone understands. However, class time is best used for real experience in communicating in French.

Note: (See IM, Introductory Walk-Through of *Grammaire et exercices* and The Role of Grammar Instruction in the Natural Approach.) The grammar explanations of the *Première étape* are meant to help students understand your input and bind meaning to structures. We suggest that you wait until you have done several of the oral activities before assigning the accompanying grammar sections. The grammar exercises are intended to check students' understanding of the grammar concepts involved. Students should not be expected to produce these forms freely in class, where the emphasis should be on understanding input and developing listening strategies.

A.1. Because they occur in TPR, we have chosen the command forms to illustrate that final consonants are not usually pronounced in French. This basic principle of sound–spelling correspondence (or lack thereof) is one you will need to remind students of frequently throughout the course. The *Cahier d'exercices* contains a systematic presentation of French pronunciation and orthography.

A.1 Giving instructions: Commands with **vous**

A. Commands are verb forms used without a subject pronoun to tell or ask someone to do something.

> Raise your hand.   Open your book, please.

B. The commands in the **Première étape** are all verb forms that end in **-ez**. This ending is associated with the pronoun **vous** and can refer to a single person or to a group of people.

> Louis, **ouvrez** la fenêtre, s'il vous plaît.   *Louis, open the window, please.*
>
> Barbara et Denise, **regardez** le tableau.   *Barbara and Denise, look at the board.*

C. Notice that some commands have the word **vous** attached to the verb, whereas others do not.

> **Asseyez-vous,** s'il vous plaît!   *Sit down, please!*

Verbs of this sort are called *reflexive verbs* and are presented in **Chapitre 2.** At this point, you need only understand the meaning of these commands.

Definition: A verb conveys an action or a state: *sit, raise, be.*

Definitions: A subject performs the action or exists in the state conveyed by the verb. A noun represents a person or thing. A subject pronoun substitutes for a subject noun: *Joël sits. He sits.*

✶ *You will learn more about the pronoun **vous** in* **Grammaire A.6.**

✶ *You will learn more about verb endings in* **Grammaire A.4** *and in following chapters.*

Pronunciation Hint

Most final consonants are not pronounced in French. For example: **ouvre/z/,
français/, asseye/z/, vou/s/, e/t/, écoute/z/.** In these hints, a slash through a letter
indicates when a letter is not pronounced.

Exercice 1 Écoutez!

Are these commands given in a logical order? Answer **oui** or **non.**

1. Ouvrez le livre! → Lisez!
2. Asseyez-vous! → Courez!
3. Écrivez! → Prenez un stylo!
4. Tournez la page! → Regardez!
5. Levez-vous! → Marchez!
6. Regardez le tableau! → Écoutez!
7. Levez-vous! → Asseyez-vous!
8. Fermez le livre! → Regardez la page!

A.2 Identifying people: C'est... , je m'appelle...

A. To ask who someone is, use the interrogative (question) expression **Qui est-
ce?** The usual reply is **C'est** and the name of a person, or simply the name of
a person.

—**Qui est-ce?** *Who's that?*
—**C'est** Denise. *It's Denise.*

B. If you are not sure of someone's identity, you can use the expression **Est-ce
que c'est... ?** with the name of a person. The reply is **oui** or **non.**

—**Est-ce que c'est** Jacqueline? *Is that Jacqueline?*
—**Non,** c'est Barbara. *No, it's Barbara.*

> **tu** = used for family
> and friends
>
> **vous** = used for groups
> and non-intimates
>
> ✱ *You will learn more
> about **tu** and **vous** in
> Grammaire A.6.*

C. When you ask someone's name or give your own, use these patterns:

—Comment t'appelles-tu? *What's your name?*
—Je m'appelle Barbara. *My name is Barbara.*

—Comment vous appelez-vous? *What's your name?*
—Je m'appelle Raoul Durand. *My name is Raoul Durand.*

—Comment s'appelle-t-il? *What's his name?*
—Il s'appelle Daniel. *His name is Daniel.*

—Comment s'appelle-t-elle? *What's her name?*
—Elle s'appelle Denise. *Her name is Denise.*

Pronunciation Hint

Qui e$ʃ$t-c$ϵ$? C'e$ʃ$t... Commen$ʈ$ vous ‿ appele$ɀ$-vou$ʃ$? Je m'appell$ϵ$...

In this text, the symbol (‿) indicates liaison (pronunciation and linking of a final consonant to a following vowel).

The IM offers useful information for teaching pronunciation in the Introductory Walk-Through and in the section entitled Teaching Pronunciation.

Exercice 2 Identités
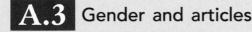

Match the answers with the questions.

QUESTIONS

1. Qui est-ce?
2. Est-ce que c'est Denise?
3. Comment vous appelez-vous?
4. Comment s'appelle le professeur?

ANSWERS

a. Non, c'est Jacqueline.
b. Je m'appelle Daniel Moninger.
c. C'est Louis.
d. Elle s'appelle Mme Martin.

Ex. 2. If you do the exercise in class, read each question aloud. Students need answer only with *a, b, c,* or *d,* although they may wish to say the entire answer. At this point, don't correct individual pronunciation; simply repeat the phrase correctly and go on. (See IM, Teaching Pronunciation, and *Cahier, La prononciation et l'orthographe*.)

A.3 Gender and articles

A.3. The purpose of this section is to alert students to grammatical gender and to the fact that adjectives and articles change form without changing meaning. In class, use your PF or descriptions of class members. *Cet homme est grand, n'est-ce pas? Oui, il est grand. Et cette femme, elle est grande? Oui, elle est grande. L'homme est grand et la femme est grande.* You may wish to show the correspondence with written forms by making two columns on the board labeled *masculin* and *féminin*. Then list words in the appropriate column as they occur in your input.

Students often have trouble hearing the difference between *un* and *une.* You could do a quick listening comprehension check. Write *masculin* and *féminin* on the board, then call out nouns (*un éléphant, une plante,* etc.) and have students call out the appropriate gender.

A. All French nouns are classified as either masculine or feminine. However, the terms "masculine" and "feminine" are grammatical classifications only: French speakers do not perceive things such as shirts or windows as being inherently "male" or "female." On the other hand, nouns that refer to males are usually of the masculine gender, and nouns that refer to females are usually feminine. For example, **ami** refers to a male friend, whereas **amie** is used for a female friend.

> Raoul est l'**ami** de Daniel et
> Barbara est son **amie** aussi.

> *Raoul is Daniel's friend, and
> Barbara is also his friend.*

B. French adjectives change their endings to agree with the gender of the noun they modify. In many cases, this simply means adding **-e** to the adjective to agree with a feminine noun; in other cases, the adjective has two entirely different forms.

> Joël est **petit** et Marise est **petite**
> aussi.
> Francis Lasalle est **vieux** et Marie
> Lasalle est **vieille** aussi.

> *Joël is short, and Marise is also
> short.*
> *Francis Lasalle is old, and Marie
> Lasalle is also old.*

Definition: An adjective describes (modifies) a noun or pronoun: *Claudine is **tall**, but Joël is **short**.*

★ *You will learn more about adjective agreement in **Grammaire A.5, B.6,** and **B.7.***

C. Articles in French also change form according to the gender of the nouns they accompany. Here are the definite and indefinite articles for singular nouns.

Definition: An article is a word such as *a* or *the* that introduces a noun.

	DEFINITE (*the*)	INDEFINITE (*a, an*)
Masculine	**le** livre	**un** livre
Feminine	**la** page	**une** page

D. The definite articles **le** and **la** become **l'** before a word that starts with a vowel (**a, e, i, o, u**) or a mute **h;** this includes most words that begin with the letter **h.** You will learn more about mute **h** in the **Cahier d'exercices (Prononciation et orthographe).**

l'étudiant(e)	*the student*
l'homme	*the man*
l'autre classe	*the other class*

Exercice 3 Descriptions

Complete these sentences with the correct adjective.

1. Louis est _____ et Jacqueline est _____ aussi. (petit/petite)
2. Barbara est _____ et Albert est _____ aussi. (grand/grande)
3. Mme Martin n'est pas _____ . Elle est jeune. (vieux/vieille)
4. Mon acteur favori est très _____ . (beau/belle)
5. Albert est _____ . (noir/noire)
6. Claudine n'est pas blonde. Elle est _____ . (brun/brune)

Exercice 4 Les photos de Mme Martin

Today, Madame Martin's class is identifying people and things. Complete the sentences with **un, le,** or **l'.**

1. Regardez la photo. C'est _____ tigre. _____ tigre est beau, non?
2. Et voilà la photo d'_____ autre tigre. _____ autre tigre est très grand!
3. Regardez bien! Est-ce _____ livre ou _____ stylo? Oui, c'est _____ livre. C'est _____ livre de Daniel.

Complete the following sentences with **une, la,** or **l'.**

4. Est-ce _____ moustache ou _____ barbe? Bravo, c'est _____ barbe!
5. Est-ce que c'est _____ table? Oui, c'est _____ table de Mme Martin.
6. C'est _____ cathédrale. C'est _____ cathédrale Notre-Dame de Paris. Elle est très belle et très vieille, n'est-ce pas?

➤ **le livre de Daniel** = *Daniel's book*

★ *You will learn more about expressing possession in* **Grammaire 1.1** *and* **1.6.**

A.4 Describing people: Être, subject pronouns, and ne... pas

A. To describe yourself and others, use the verb **être.**

être (to be)		
je	**suis**	*I am*
tu	**es**	*you are* (familiar, singular only)
il/elle/on	**est**	*he/she/it/one is*
nous	**sommes**	*we are*
vous	**êtes**	*you are* (formal or plural)
ils/elles	**sont**	*they are* (people or things)

➤ The terms below are sometimes used for forms of verbs and pronouns:

- first-person singular **(je)**
- second-person singular **(tu)**
- third-person singular **(il/elle/on)**
- first-person plural **(nous)**
- second-person plural **(vous)**
- third-person plural **(ils/elles)**

Marie Lasalle **est** petite.　　　　*Marie Lasalle is short.*
Moi, je **suis** grand et brun.　　　*I'm tall and brown-haired.*

✷ *You will learn more about the pronoun* **on** *in* **Grammaire 2.4.**

Pronunciation Hint

Final consonants are not pronounced: **je suis̸, tu es̸, il est̸, nous̸ sommes̸, vous ᶻêtes̸, ils̸ son̸t̸.** At the end of a word, the letter **e** with no accent is also silent: **nous sommes̸, vous êtes̸.** In these hints, the symbol ~ indicates a nasalized vowel.

B. Use **ne... pas** to make a sentence negative. **Ne** precedes the verb and **pas** follows it. **Ne** becomes **n'** if the verb begins with a vowel.

➤ Negation: **ne... pas**

—Est-ce que tu es étudiant?　　　*Are you a student?*
—Non, je **ne** suis **pas** étudiant.　*No, I'm not (a student).*

—Est-ce que votre ami est français?　*Is your friend French?*
—Non, il **n'**est **pas** français.　　*No, he's not French.*

Students should be able to acquire ne... pas *easily from your input. Use your PF to make a series of negative statements:* Cette femme n'est pas grande. Elle est petite. Elle n'est pas blonde.

Pronunciation Hint

Il n'est̸ pas̸ frã̸çais̸, je ne suis̸ pas ᶻétudiã̸t̸.

C. There are two French words for expressing the English word *it* and two French words for *they*. This is because French classifies nouns as either masculine or feminine, as you have already seen.

➤ **il est** = *he is, it is*
　elle est = *she is, it is*

➤ **ils sont** = *they are* (masc.)
　elles sont = *they are* (fem.)

—Comment est la chemise de Raoul?　*What is Raoul's shirt like?*
—**Elle** est verte.　　　　　　　　　*It's green.*
—Et le jean de Daniel?　　　　　　　*And Daniel's jeans?*
—**Il** est bleu.　　　　　　　　　　　*They're (It's) blue.*
—Comment sont les chaussures　　　*What are Jacqueline's shoes like?*
　de Jacqueline?
—**Elles** sont blanches.　　　　　　　*They're white.*

To refer to a mixed-gender group, use the pronoun **ils.**

—Comment sont Barbara et Albert?　*What do Barbara and Albert look like?*
—**Ils** sont grands.　　　　　　　　　*They're tall.*

★ *You will learn more about* **tu** *and* **vous** *in* **Grammaire A.6.**

Exs. 5–7. Assign as homework, and have students check their answers in the key in Appendix D.

➤ Use as clues the form of **être** and the form of the following adjective (*masc./fem.*).

Note that in item 3, Mme Martin would be referred to with *elle* despite the preceding use of *le professeur*. You may wish to tell students that usage concerning the feminine form of *le professeur* differs according to the country. In Canada, Belgium, and Switzerland, *la professeure* is the standard form and widely used. In France, usage is still evolving. Although *le professeur* remains the official standard in France, most French speakers there use *la prof* informally; *la professeur* or *la professeure* are standard in Quebec, Switzerland, and Belgium.

Ex. 6. You may choose to point out that *toi* refers to the same person as *tu*. Illustrate with examples such as *Moi, je suis petit(e) et brun(e).* (Point to a student.) *Toi, tu es petit(e) et blond(e).* Write the corresponding pairs on the board (*moi... je, toi... tu*).

D. French has two words to express the English word *you.* **Tu** always refers to only one person, but **vous** can be singular or plural. The choice of **tu** or **vous** for the singular depends on your relationship with the person to whom you are speaking.

Exercice 5 La classe de français

Daniel is telling you about his French teacher and classmates. Complete his sentences with **je, tu, il, elle, nous, vous, ils,** or **elles.**

1. _____ m'appelle Daniel et _____ suis américain.
2. Et Louis? _____ est américain aussi.
3. Le professeur s'appelle Mme Martin. _____ est canadienne. Beaucoup de* Canadiens parlent† anglais et français. _____ sont bilingues.
4. Denise et moi, _____ sommes dans le même‡ cours de maths.
5. Barbara et Jacqueline? _____ sont absentes aujourd'hui.
6. Et toi? _____ es aussi étudiant(e)?

Exercice 6 La famille Colin

Marise Colin is describing her family in a letter to Barbara, her new American correspondent. Choose the correct form of the verb **être: suis, es, est, sommes, êtes,** or **sont** to complete each sentence.

1. Moi, je _____ petite et brune.
2. Clarisse _____ petite et brune.
3. Clarisse et moi, nous _____ étudiantes à l'université.
4. Charles et Emmanuel _____ grands.
5. Et toi? Est-ce que tu _____ grande ou petite, brune ou blonde?
6. Combien _____-vous dans la famille?

Exercice 7 Discussions dans la classe de français

Complete the following statements made by students in Madame Martin's French class while they were practicing descriptions. Use **ne... pas** and the verb **être.**

MODÈLE: Les roses sont rouges. Elles _____ orange! →
Les roses sont rouges. Elles *ne sont pas* orange!

1. Les amis de Daniel sont jeunes. Ils _____ vieux!
2. Non, Jacqueline! Tu _____ grande. Tu es petite.
3. Ah non, Madame Martin! Vous _____ vieille! Vous êtes jeune!
4. Mme Martin: Non, je _____ américaine. Je suis canadienne.
5. Non, nous _____ une classe d'italien! Nous sommes une classe de français.
6. Albert est très grand! Il _____ petit.

---

*Beaucoup... *Many*
†*speak*
‡*same*

Plural nouns and articles

A.5. Perception of the singular/plural distinction in French is often difficult for English speakers because the signal for plurality is usually found in the article instead of in the noun: *le* and *la* contrast with *les*; *un* and *une* contrast with *des*. Thus, students must become accustomed to interpreting plurality from the vowel [e] of *les* and *des* (in the absence of a plural liaison). They gain this skill mostly through oral communication activities. The purpose of this section is to help students see and hear the connection between the oral and written plural forms.

A. French and English nouns may be singular **(chemise)** or plural **(chemises).** Most plural nouns in French end in **-s.** Articles that accompany French plural nouns must also be plural. Here are the plural articles.

SINGULAR		PLURAL	
un costume vert	*a green suit*	**des** costume**s** vert**s**	*green suits*
une robe rouge	*a red dress*	**des** robe**s** rouge**s**	*red dresses*
la jupe blanche	*the white skirt*	**les** jupe**s** blanche**s**	*the white skirts*
le chapeau noir	*the black hat*	**les** chapeau**x** noir**s**	*the black hats*
l'autre chemise	*the other shirt*	**les** autre**s** chemise**s**	*the other shirts*

➤ Gender: A noun may be masculine or feminine.

➤ Agreement: Articles and adjectives take different forms according to the gender and number of the noun they accompany.

B. Notice in the preceding examples that adjectives are also plural when the nouns they modify are plural.

Pronunciation Hint

Note that final **-s** on plural nouns is not pronounced. The **-s** of **des** and **les** is pronounced only if followed by a vowel or mute **h: de$̸ robe$̸, le$̸ botte$̸,** but **des͟ᶻ étudiã n̸t̸$̸, les͟ᶻ ami$̸, des͟ᶻ homm̸e̸$̸.**

✴ *You will learn about irregular plurals like* **chapeaux** *in* **Grammaire B.7.**

Exercice 8 Comment est votre université?

Fill in the blanks with **le, la, l',** or **les,** and complete each sentence in a way that describes your university and your French class.

> MODÈLE: _____ campus est grand/petit. → Le campus est grand.
> (Le campus est petit.)

1. _____ université est grande/petite.
2. _____ professeurs sont compétents/incompétents.
3. _____ étudiants sont jeunes/vieux.
4. _____ classe de français est grande/petite.
5. _____ professeur de français s'appelle...

Exercice 9 Test de mémoire

Louis has been blindfolded and must try to remember what his classmates are wearing. Fill in the blanks with **un, une,** or **des.**

1. —Est-ce que Barbara porte _____ jupe noire?
   —Non, elle porte _____ robe jaune.
2. —Est-ce qu'Albert porte _____ chemise blanche et _____ pantalon noir?
   —Non, il porte _____ pull-over bleu et _____ pantalon gris.
3. —Est-ce que Denise porte _____ bottes noires?
   —Oui, elle porte _____ bottes noires.
4. —Est-ce que Daniel porte _____ blouson vert et _____ chaussures noires?
   —Non, il porte _____ blouson violet et _____ chaussures blanches.
5. —Est-ce que Mme Martin porte _____ robe rose et _____ manteau violet?
   —Oui, elle porte _____ robe rose et _____ manteau violet.

A.6 Addressing others: Tu and vous

➤ **tu** = always singular; always with intimates, peers, or children

➤ **vous** = singular for non-intimates; plural for either intimates or non-intimates

A. In French, there are two pronouns that correspond to English *you:* **tu** and **vous.** In general, **tu** is used among peers, that is, with friends and other students and, in most cases, with family members. **Vous** is used with those older than you and with people you don't know well or with whom you wish to keep a certain distance. In general, **vous** is used in public with clerks, taxi drivers, waiters, and so on.

—Albert, **tu** vas bien?	*Albert, are you doing well?*
—Oui, très bien, merci.	*Yes, great, thanks.*
—Bonjour, madame. Comment allez-**vous**?	*Good morning (ma'am). How are you?*
—Très bien. Et vous?	*Fine. And you?*

Note that in French, the usual and polite practice is to follow **Bonjour** with one of the terms of address: **madame, monsieur,** or **mademoiselle.**

B. **Vous** is also used for speaking to more than one person regardless of the nature of the relationship between the speakers.

Joël et Emmanuel, êtes-**vous** fatigués?	*Joël and Emmanuel, are you tired?*

C. The use of **tu** and **vous** varies somewhat from country to country and even within a country. It is best to use **vous** with people you do not know personally or who are older than you. With other students or friends your own age, it is customary to use **tu.**

Exercice 10 Tu ou vous?

Choose the correct form, **tu** or **vous.**

Un étudiant français parle...

1. à un ami.
   a. Tu es fatigué aujourd'hui?
   b. Vous êtes fatigué aujourd'hui?
2. à un autre étudiant.
   a. Est-ce que tu portes un manteau aujourd'hui?
   b. Est-ce que vous portez un manteau aujourd'hui?
3. au professeur.
   a. Comment vas-tu aujourd'hui?
   b. Comment allez-vous aujourd'hui?
4. à un petit garçon de 9 ans.*
   a. Tu portes un beau chapeau de cow-boy.
   b. Vous portez un beau chapeau de cow-boy.
5. à une dame de 34 ans.
   a. Comment t'appelles-tu?
   b. Comment vous appelez-vous?

---

*years

GOALS FOR THE *DEUXIÈME ÉTAPE.*

Functional Goals: (1) Continue building ability to listen for key words and phrases; (2) Increase comprehension vocabulary; (3) Increase awareness that words are not static, but function in many contexts; (4) Begin to produce simple speech; (5) Begin to develop awareness of French-English cognates.

Activities for the *Deuxième étape* are designed to help students make the transition from Comprehension (Stage 1) to Early Speech (Stage 2). (See IM, Input Techniques in Stage 2.) The *Mise en train* and white-page activities allow you to continue to emphasize the ability to comprehend French but also encourage students to respond (as a class) using single words and short phrases such as *Ça va.* At times, students will work with classmates in pairs or small groups. Avoid calling on individuals to speak alone during class; you will find that students begin to speak spontaneously during discussion as they gain confidence and become interested in the topics.

MISE EN TRAIN.

1. Classroom commands. (See IRK for TPR activity.) Use TPR to review classroom commands from *Mise en train, Première étape,* and to add new commands that include more verbs, words for body parts (*la tête, les pieds...*) and classroom objects (*cahier, crayon, horloge...*). Sample sequence: *Levez-vous, marchez, courez, arrêtez-vous, touchez-vous la tête, levez la main, baissez la main, asseyez-vous, ouvrez la bouche, fermez la bouche, ouvrez les yeux, fermez les yeux, touchez votre livre de français, ouvrez votre livre de français, fermez*

votre livre de français, tournez à droite, tournez à gauche, touchez vos pieds, levez le pied droit/gauche, sortez une feuille de papier, mettez (la feuille) sur votre chaise, écrivez votre nom. Demonstrate new commands as they occur and include them frequently thereafter. Repeat a sequence, adding new commands; repeat and add more, etc. At times, identify groups of participants and create longer commands: *Les étudiants aux cheveux bruns, levez-vous et touchez-vous les oreilles. Les femmes qui portent une jupe, levez la main. Classe, comptez-les.* (*une, deux...*) *Les femmes qui portent un pantalon, levez-vous. Tapez-vous la tête avec un crayon.*

2. Transition to early speech. (See IM, Input Techniques in Stage 2.) Review description, items in class, clothing, and colors. Make sure all questions can be answered with *oui/non* or single words. *Est-ce qu'Emma est blonde ou brune? Est-ce que Tom porte un pantalon gris?* (*oui*) *La jupe de Cindy est-elle verte ou grise?* (*verte*)

3. Classroom objects. Introduce/review classroom items and numbers: *Voici un livre, voici un stylo et voilà une feuille de papier.* Distribute items to students and ask: *Qui a _____?* Ask students with a particular item to take it to a classmate: *Maintenant, donnez le crayon à Robin.* Then ask *Et maintenant, qui a _____?* Vary by omitting students' names: *Bob, donnez le livre à la personne qui porte le pull rose.* Ask students to count items: *Qui a un stylo bleu? Les étudiants qui ont un stylo bleu, levez la main et montrez le stylo à la classe. Bien. Maintenant, comptons les stylos bleus. Un, deux...*

4. Names of months/student birthdays. Briefly review numbers by counting objects and people in class. Then write today's date on the board. *Aujourd'hui, c'est* (*mardi*), *le 10 septembre. Et septembre, qu'est-ce que c'est? C'est un mois. Il y a 12 mois: septembre, octobre,* etc. Then announce: *Moi, je suis né(e) en* (*octobre*). *Mon anniversaire* (Write *anniversaire* on board), *c'est le 12 octobre.* (Write *12 octobre* on board.) *Quelle autre personne est née au mois d'octobre? Thomas? Votre anniversaire est en octobre?* (*oui*) *Bravo! Est-ce que c'est aussi le 12?* (*non*) *C'est quelle date, alors?* (8) List all October birthdays on the board (no names), reviewing often. *Bon, l'anniversaire de Kevin est le 30 octobre. Et le 8 octobre, c'est l'anniversaire de qui? Et qui est né le 12?* Continue for the other months. From time to time, point to dates randomly and review: *Alors, le 11 janvier, c'est l'anniversaire de qui? Et le 3 avril?*

5. The French alphabet. Say the alphabet for the class. Then write a short cluster of letters on the board as you say them. (ABCDEFG) Ask questions such as *C'est la lettre B ou la lettre D?* Finish by having students say the cluster with you. Continue through the alphabet in this way. Help students hear sound associations such as *B, C, D, G,* and *I, J.* For several days, review the alphabet. Give short dictations, having the class read back the letters as you write them on the board. Introduce accents and diacritics (*le téléphone, très bien, une fenêtre, une leçon*). Gradually introduce syllables such as *au* (*une auto*), *eau* (*le tableau*), *ou* (*vous*).

Le monde étudiant

Le jardin du Luxembourg, près de la Sorbonne, à Paris

CO Photo. Ask who is in the park. Mention that the *jardin du Luxembourg* is located in Paris near the Sorbonne and is popular with students and tourists.

Objectifs

In the *Deuxième Étape,* you will continue to develop your listening and speaking skills in French. You will learn more vocabulary to talk about your classes and friends, the calendar, and the clock. You will also learn more about your classmates.

ACTIVITÉS

Qu'est-ce qu'il y a dans la salle de classe?
La date et l'alphabet
Les nombres de 40 à 100 et l'heure
Les cours
La description des autres

GRAMMAIRE

B.1 Expressing existence: **Il y a**
B.2 Asking questions
B.3 Spelling in French: The French alphabet
B.4 Telling time: **Quelle heure est-il?**
B.5 Expressing possession: The verb **avoir**
B.6 Describing with adjectives: More on gender
B.7 Irregular plurals

Activités

Qu'est-ce qu'il y a dans la salle de classe?

Qu'est-ce qu'il y a dans la salle de classe? Ask questions such as the following: (point to a chair) *Ça, c'est une table, n'est-ce pas?* (non) *Non, ce n'est pas une table. C'est une chaise.* Review (and/or introduce) common adjectives to describe items in the classroom: *beau/belle, joli(e), grand(e), petit(e), vieux/vieille, neuf/neuve, large, court(e), haut(e), bas(se), laid(e).* Use either/or and *oui/non* questions: *Le livre, il est grand ou petit? Et les murs, ils sont jaunes, n'est-ce pas?* Include numbers by counting objects in class: *Il y a combien de chaises? de fenêtres?,* etc. New vocabulary: *brosse, bureau, cahier, chaise, craie, crayon, étudiant(e), fenêtre, horloge, lumière, mur, plafond, plancher, porte, professeur, pupitre, stylo, tableau.*

✶ **Attention! Étudier Grammaire B.1 et B.2**

un crayon · une craie · un cahier · un stylo · une brosse · un livre

les lumières (f.)

le plafond

le professeur* · l'horloge (f.)

le mur

une fenêtre

une chaise

un tableau

le bureau

la porte

un étudiant · une étudiante

une table

un pupitre

le plancher

---

*Although **le professeur** remains the official standard, most French speakers use **la prof** informally. **La professeur** or **la professeure** are officially sanctioned and widely in use in Quebec, Switzerland, and Belgium.

Activité 1 Discussion: Les objets

Qu'est-ce qu'il y a sur la table?

MODÈLE: Il y a une montre.
Il n'y a pas de vase.

1. un cahier
2. une lampe
3. un livre
4. une plante
5. un chapeau
6. une montre
7. une brosse
8. une cravate
9. un stylo
10. un crayon

Act. 1. (whole class) This activity demonstrates how to describe using both negative and affirmative statements. Ask about other objects that are not on the table: *Est-ce qu'il y a un pull-over? un chapeau? une chaise?* Call attention to articles as markers of gender distinction. Point out that *de* is used when the response is negative. New vocabulary: *il y a... lampe, montre; il n'y a pas de...*

AS 2. Talk about objects in your classroom to help students learn to identify people/things through the use of negative as well as affirmative statements. Input example: (pencil eraser) *Ça, c'est une gomme, n'est-ce pas? Oui.* Point to the clock: *Est-ce que c'est un mur ou une horloge? (horloge) C'est une horloge. Ce n'est pas un mur. Voici un mur.*

Activité 2 Discussion: Qu'est-ce qu'il y a dans la classe?

Dites **oui** ou **non**. Dans la classe de français, il y a...

1. des pupitres?
2. des chaises confortables?
3. une grande table?
4. une horloge digitale?
5. un grand bureau?
6. des tableaux bleus?
7. une petite fenêtre?
8. des crayons rouges?
9. une porte ouverte?
10. ?

Act. 2. (whole class) Expand using other items or people in class: *Il y a des crayons rouges? un professeur qui porte des lunettes? une étudiante qui porte une jupe marron?* Students will get used to hearing both pre- and postnominal adjectives in your input. If they should ask as they look at the activity, answer briefly: *Pourquoi «une grande table»? Parce que l'adjectif «grande» est une exception.* (Adjective placement is in *Grammaire 4.1.*) New vocabulary: *confortable, digital(e), ouvert(e).*

Activité 3 Discussion: Qu'est-ce que c'est?

MODÈLE: une fenêtre ou une porte →
—Est-ce que c'est une fenêtre ou une porte?
—C'est une porte.

Est-ce que c'est... ?

1. un stylo ou un crayon
2. une chaise ou un pupitre
3. un pupitre ou un bureau
4. un livre ou un cahier
5. une horloge digitale ou une montre
6. une table ou un tableau

Act. 3. (whole class) Students hear objects identified with *c'est un/une* and *ce n'est pas un/une.* First, ask about the classroom. Then ask about the pictures in the activity. As students answer, they will need to produce articles. However, we recommend that you do not overemphasize gender agreement at this point. If students make a gender error, expand the answer correctly and continue. (See IM, Expansion Techniques.)

une porte

1.

2.

3.

4.

5.

6.

La date et l'alphabet

✴ **Attention! Étudier Grammaire B.3**

Activité 4 Interro: Les anniversaires

Regardez le dessin qui précède et posez des questions.

MODÈLE: É1: Quelle est la date de l'anniversaire de Joël?
  É2: C'est le premier mai.
  É1: Et cette année, c'est quel jour?
  É2: C'est un mardi.

Activité 5 Associations: Le calendrier

Qu'est-ce que vous associez avec les mois suivants?

1. septembre
2. juillet
3. décembre
4. mai/juin
5. février
6. avril
7. novembre
8. janvier

a. les résolutions du nouvel an
b. les examens finals
c. un manteau et des bottes
d. les vacances
e. les élections américaines
f. des sandales et un short
g. les tulipes
h. l'amour
i. les cours
j. Noël

Activité 6 Dialogue: Sarah Thomas arrive à Paris VII

Au bureau d'inscription à l'université.

L'EMPLOYÉE: Votre nom, s'il vous plaît.
SARAH: Sarah Thomas.
L'EMPLOYÉE: Sarah, c'est s-a-r-a?
SARAH: Ah non, c'est Sarah avec un h. S-a-r-a-h.
L'EMPLOYÉE: Merci, mademoiselle.

Les nombres de 40 à 100 et l'heure

★ **Attention! Étudier Grammaire B.4**

40 quarante	**65** soixante-cinq...	**81** quatre-vingt-un...
41 quarante et un...	**70** soixante-dix	**90** quatre-vingt-dix...
50 cinquante	**71** soixante et onze...	**91** quatre-vingt-onze...
51 cinquante et un...	**77** soixante-dix-sept...	**93** quatre-vingt-treize...
60 soixante	**80** quatre-vingts	**100** cent
61 soixante et un...		

Quelle heure est-il?

Le matin

Il est neuf heures.

Il est neuf heures et demie.

Il est dix heures vingt-cinq.

AS 7. TPR + *dictées. Sortez une feuille de papier. Prenez un stylo ou un crayon. Écrivez en chiffres* (demonstrate the term *chiffre* on the board): *deux, cinq, neuf.* Students jot down the figures you say, then the class reads the list back to you. Write the figures on the board while students correct their papers. This technique works best with sets of 5–7 numbers, each set becoming a little more complex. As students gain confidence, dictate arithmetic problems. They read you back both the problem and the answer. Be sure to request volunteer group responses rather than calling on individuals. Use this activity later for addresses and telephone numbers.

L'après-midi

Il est midi

Il est midi et demi.

Il est une heure.

Il est une heure et quart.

Le soir

Il est huit heures
moins le quart.

Il est onze heures
moins vingt.

Il est minuit.

Il est minuit et demi.

Act. 7. (whole class; partners) After you model the dialogue for the class, have students move around asking several classmates the time. Before they do so, remind them to use *monsieur* and *mademoiselle* as appropriate. New vocabulary: *au revoir, de rien, merci bien.*

Activité 7 Dialogue: Après le cours

Quelle heure est-il?

M<small>ME</small> M<small>ARTIN</small>: Quelle heure est-il, s'il vous plaît?
A<small>LBERT</small>: Il est huit heures moins le quart.
M<small>ME</small> M<small>ARTIN</small>: Merci bien.
A<small>LBERT</small>: De rien, madame. Au revoir.
M<small>ME</small> M<small>ARTIN</small>: Au revoir. À demain.

Act. 8. (partners) Say specific times at random, instead of in order, and have students point to the appropriate watch on their page and give you its number. Then pair students and let them practice asking *Quelle heure est-il?* and answering *Il est… .*

Activité 8 Interro: Quelle heure est-il?

MODÈLE: É1: Quelle heure est-il?
          É2: Il est _____.

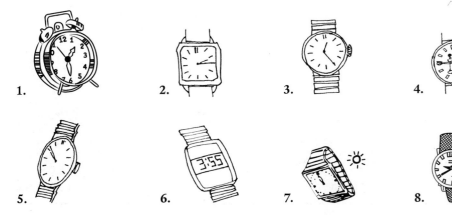

Activité 9 Interro: Il y en a combien?

Il y a...

1. combien de minutes dans une heure?
2. combien de secondes dans une minute?
3. combien d'heures dans un jour?
4. combien de mois dans une année?
5. combien de lettres dans l'alphabet?
6. combien de crayons dans une douzaine?
7. combien de roses dans une demi-douzaine?
8. combien de jours dans une semaine?

Act. 9. (whole class) Ask the whole class these questions or put students in pairs to ask and answer. New vocabulary: *alphabet, combien de, douzaine, lettre, minute, seconde, semaine.*

Les cours

Les cours. As students look at the display, ask who has courses in the different areas mentioned. Then do an association activity with the classes students are currently taking. (See IM, Association Activities.) Write new words on the board for students to copy in their vocabulary notebooks. (See IM, Vocabulary Notebook.) *Il y a une personne dans cette classe qui a huit cours! Imaginez ça! Qui est-ce? (Kari) Oui, c'est Kari. C'est beaucoup, n'est-ce pas? Et qui a un cours d'élocution? (Mark) Oui... Il est difficile ou facile, son cours d'élocution? Est-ce qu'il y a une autre personne qui a aussi un cours d'élocution?* New vocabulary: *cours, biologie, chimie, commerce, dessin, économie, génie civil, géographie, gymnastique, histoire, informatique, littérature, mathématiques, musique, physique, psychologie, sociologie, théâtre.*

Quels cours avez-vous ce semestre?

★ **Attention!**
Étudier
Grammaire B.5

le dessin — la littérature — la gymnastique — la chimie — la géographie — l'économie — le commerce — la physique — la sociologie — la biologie — les mathématiques — l'histoire — le théâtre — l'informatique — la musique — la psychologie — le génie civil

Act. 10. (whole class) (See IM, *Discussions.*) Students skim the chart as you read and answer only *C'est vrai* or *C'est faux* to the items. Before reading the statements aloud, ask questions about the information in the chart. *Qui a un cours de gestion? C'est Louis ou Albert qui a un cours de dessin? Quel jour est le cours de dessin? À quelle heure?* New vocabulary: *africain(e), art, comptabilité, géologie, gestion, oriental(e), philosophie.*

Activité 10 Discussion: La semaine de cours

Certains étudiants de Mme Martin ont cours le même jour et à la même heure. Regardez le tableau et dites si les phrases sont vraies ou fausses.

QUAND	LOUIS	JACQUELINE	ALBERT
8 h, lundi	gestion	philosophie orientale	géologie
9 h 30, mardi	comptabilité	informatique	histoire de l'art
13 h, vendredi	économie	chimie	dessin

1. Jacqueline a un cours d'informatique et un cours de philo.
2. Albert a un cours d'histoire africaine à 8 h.
3. Louis n'a pas de cours de gestion.
4. Le cours de chimie de Jacqueline est à 13 h.
5. Albert et Louis ont un cours d'économie.
6. Le cours de géologie d'Albert est à 9 h 30.
7. Jacqueline a un cours de dessin.
8. Louis a un cours de comptabilité le mardi.

Act. 11. (whole class) (See IM, *Enquêtes.*) This activity heightens cognate awareness. Ask students to look at the statements in *Act. 11* and give their opinions as you read them. Then have students do the activity in pairs. As a follow-up, ask students to give the opposites for various adjectives. New vocabulary: *abstrait(e), compliqué(e), difficile, ennuyeux/ ennuyeuse, facile, important(e), intéressant(e), inutile, marketing, maths, passionnant(e), pratique, superflu(e), utile.*

Activité 11 Enquête: Points de vue

Quelle est votre opinion sur les cours suivants? Est-ce que...

1. le français est difficile ou facile?
2. la chimie est pratique ou abstraite?
3. l'histoire est utile ou inutile?
4. la sociologie est importante ou superflue?
5. les maths sont compliquées ou faciles?
6. la littérature est passionnante ou ennuyeuse?
7. le marketing est intéressant ou ennuyeux?
8. la gymnastique est superflue ou importante?
9. le commerce est abstrait ou pratique?
10. la géographie est utile ou inutile?

AS 8. Provide students with a blank schedule with the days of the week in French and empty space to fill in the name of a student, the classes, and the times of his/her classes. Have students work in pairs asking questions, so that Student A fills out Student B's *emploi du temps* and vice versa. (See IRK for a master schedule form to photocopy.)

Act. 12. (partners) (See IM, *Dialogues.*) These open dialogues enable students to express themselves realistically at this early stage. Model at least once with volunteers before assigning to partners. Have students reverse the roles, so that each person both asks and answers the questions. Follow with questions: *Qui a un cours de psychologie? Comment est ce cours? À quelle heure est-il? Et vous, Monique, vous avez combien de cours?* Reenter the adjectives from *Act. 11* during this discussion. New vocabulary: *emploi du temps, préféré(e), semestre, toi, tous les jours.* If you are on the quarter system, you can use the term *trimestre* instead of *semestre.*

Activité 12 Dialogue: Mon emploi du temps

1. É1: Tu as quels cours ce semestre?
   É2: J'ai un cours de _____, un cours de _____,... Et toi?
   É1: Moi, j'ai _____.
   É2: Est-ce que tu as cours tous les jours?
   É1: Oui, j'ai cours tous les jours.
      (Non, je n'ai pas cours le _____.)

2. É2: Quel est ton cours préféré? Il est à quelle heure?

É1: C'est mon cours de _____. Il est à _____. Et toi?

É2: _____. _____.

É1: Tu as un cours difficile?

É2: Mon cours de _____ est très difficile. Et toi?

(Je n'ai pas de cours difficile ce semestre.)

É1: _____.

La description des autres

✴ Attention!
Étudier Grammaire B.6 et B.7

La description des autres. Use TPR to review old vocabulary and to introduce more parts of the body. Be sure to use each new word several times: *Mettez votre main sur votre épaule. Maintenant, mettez votre main droite sur votre nez.* Include verbs such as *toucher, frotter, gratter. Touchez vos pieds, frappez vos genoux, mettez vos deux mains sur vos épaules, tirez vos oreilles, fermez/ouvrez vos yeux.*

Use your PF to show photos of people of various ages, sizes, and types, reviewing earlier vocabulary and introducing new terms. Include adjectives: *sympathique, sérieux/sérieuse, raisonnable,* etc. New vocabulary: *bouche, bras, cheveux courts (châtains, frisés), corps, de taille moyenne, dos, épaule, estomac, jambe, lunettes, nez, œil (les yeux), oreille, pied, tête, le visage.*

blonde
belle
les yeux bleus

les cheveux longs
les yeux verts

de taille moyenne
les cheveux courts
les yeux marron
des lunettes

grand
mince
une barbe

brun
beau
une moustache
noire
les cheveux châtains et frisés

Denise   Jacqueline   Daniel   Albert   Louis

le ventre

le visage

l'œil (les yeux)
l'oreille
le nez
la bouche

les cheveux
la tête
les épaules
le dos
le bras
la main
la jambe
le pied

le corps

Vocabulary for body parts appears here for instructors who wish to incorporate it into TPR activities. It recurs in more detail in *Chapitre 12, La santé et les urgences.*

Act. 13. (whole class) Use the captions to introduce the names of the cartoon characters. If possible, bring an *Astérix* book to class. Describe the characters, asking choice questions based on the names in the text. *Cet homme est grand et gros. Il a un nez rond, énorme. Il porte un pantalon (rayé) bleu et blanc, mais il ne porte pas de chemise. Comment s'appelle cette personne? C'est le druide Panoramix ou Obélix?* New vocabulary (for recognition only): *bande dessinée, druide, inséparable, personnage, potion magique, préparer.* Note that for most *Dans le monde francophone* activities the new vocabulary is for recognition only and does not appear in the *Vocabulaire* pages.

Cliquez là!

Consultez un site sur Astérix pour découvrir les autres personnages de la bande dessinée. Choisissez un homme et une femme. Donnez le nom et faites la description de ces deux personnages pour vos camarades de classe.

www.mhhe.com/deuxmondes6

Cliquez là! In class, review the Astérix characters in *Act. 13* before you assign this activity. Ask students to note names of characters who are on the site but not in this textbook. Later, have students help you as you write the characters' names and descriptions on the board. Lastly, review with questions such as: *Qui a une longue barbe blanche? Est-ce Assurancetourix ou est-ce Panoramix?*, etc.

These brief web activities can be used to encourage students to browse a topic independently using French and Francophone search engines such as *Voilà, Francité, Google.fr,* and *Yahoo.fr.* Alternatively, at the *Deux mondes* Online Learning Center (**www.mhhe.com/deuxmondes6**) in the *Cliquez là!* section of each chapter, students will also find suggested *mots clés* for each activity as well as a selection of search engines. You may choose to assign these activities, use them for special reports, or encourage students to browse for fun.

Activité 13 Dans le monde francophone: Qui est-ce?

Regardez les personnages suivants de la bande dessinée *Astérix*. Ce sont des dessins d'Uderzo. Écoutez leur description et donnez leur nom.

Obélix est l'ami inséparable d'Astérix.

Idéfix est l'ami inséparable d'Obélix.

Assurancetourix, c'est le poète.

Le druide Panoramix prépare la potion magique.

Activité 14 Associations: Les camarades de classe

Décrivez vos camarades de classe. Comment sont-ils?

1. Qui a les cheveux blonds? (roux? châtains?)
2. Qui a les cheveux longs? (courts? mi-longs?)
3. Qui a une barbe? (une moustache?)
4. Qui a les yeux bleus? (marron? verts? gris? noirs?)
5. Qui porte des lunettes? (des verres de contact?)

Act. 14. (whole class) Students answer your questions about their classmates. Follow with more extended descriptions of people present in class: *Cette personne est très sociable et amusante. Elle porte des lunettes. Elle porte une jupe bleue et des sandales blanches aujourd'hui. Elle a deux cours d'informatique ce semestre. Qui est-ce?* New vocabulary: *mi-long/longue, roux/rousse, verres de contact.*

Activité 15 Associations: Stéréotypes

Comment sont les étudiants suivants?

> MODÈLE: les étudiants en Beaux-Arts →
> Les étudiants en Beaux-Arts sont dynamiques.

1. les étudiants en maths
2. les étudiants en philosophie
3. les étudiants en art dramatique
4. les étudiants en physique
5. les étudiants en français
6. les étudiants en journalisme
7. les étudiants en informatique

a. dynamiques
b. enthousiastes
c. idéalistes
d. sociables
e. sympathiques
f. sérieux
g. intelligents
h. raisonnables

Activité 16 Dialogue: Une actrice ou un acteur

É1: Comment s'appelle ton actrice préférée (acteur préféré)?

É2: Elle/Il s'appelle _____.

É1: Comment est-elle/il physiquement?

É2: Elle/Il a les cheveux _____ et les yeux _____. Elle/Il est _____.

É1: C'est quel type de personne?

É2: Elle/Il est _____, _____ et _____. Elle/Il n'est pas _____.

Act. 15. (whole class) (See IM, *Associations.*) Ask students to pick adjectives from the lettered column to describe people in the numbered column. They may choose more than one adjective, and you may wish to add others. To provide more intensive input with gender agreement, ask more questions. *Comment est/sont une étudiante en histoire, une femme professeur de gymnastique, les étudiants en chimie?* New vocabulary: *art dramatique, dynamique, enthousiaste, idéaliste, intelligent(e), journalisme, raisonnable, sérieux/sérieuse, sociable.*

AS 9. Describe photographs from your PF using cognate adjectives. Ask choice questions such as *Bette Midler est dynamique ou timide? sérieuse ou amusante? optimiste ou pessimiste?*

AS 10. Place a group of numbered photos of people in the chalk tray or ask volunteers to hold them up so that everyone can see them while you describe the photos randomly. Students say the number of the picture to show they comprehend your descriptions.

AS 11. *Personnes connues.* Hand several students slips of paper containing names of famous people. Instruct them to keep their name secret. The class questions each "celebrity" to try to find out his or her identity. Only questions that can be answered with *oui/non* are allowed. *Tu es un homme? Tu as les cheveux blonds? Tu es grand(e)? Tu es très intelligent(e)?* (Be sure those with papers know about the person they represent.)

MULTIMÉDIA

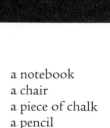

Act. 16. (partners) In the interview, each student should play both roles so that both partners get to ask and then to answer questions. New vocabulary: *acteur/actrice, physiquement.*

Vocabulaire

La salle de classe

The classroom

Qu'est-ce qu'il y a dans... ?	What's in . . . ?
Il y a un/une...	There's a/an . . .
Il n'y a pas de...	There isn't a/an/ any . . .
Qu'est-ce que c'est?	What's that/this?
C'est un/une...	It's a/an . . .
Ce n'est pas un/une...	It's not a/an . . .
Est-ce que c'est... ?	Is this . . . ?
une brosse	a blackboard eraser
un bureau	a (teacher's) desk

un cahier	a notebook
une chaise	a chair
une craie	a piece of chalk
un crayon	a pencil
un étudiant / une étudiante	a student
un examen	an exam
une fenêtre	a window
une horloge	a clock
une interrogation	a quiz
une lumière	a light
une montre	a watch
un mur	a wall
un nom	a name

un nombre	a number
le plafond	the ceiling
le plancher	the floor
une porte	a door
un pupitre	a classroom desk
un tableau (noir)	a (black)board

Le calendrier

The calendar

Quelle est la date aujourd'hui?	What's the date today?
les jours (*m.*) **de la semaine**	the days of the week
lundi, mardi, mercredi, jeudi, vendredi, samedi, dimanche	Monday, Tuesday, Wednesday, Thursday, Friday, Saturday, Sunday
aujourd'hui	today
demain	tomorrow
tous les jours	every day
les mois (*m.*) **de l'année**	the months of the year
janvier, février, mars, avril, mai, juin, juillet, août, septembre, octobre, novembre, décembre	January, February, March, April, May, June, July, August, September, October, November, December
une année	a year

L'heure

Telling time

À quelle heure... ?	At what time . . . ?
Quelle heure est-il?	What time is it?
Il est... heure(s).	It's . . . o'clock.
...et demi(e).	. . . thirty. (half past)
...et quart.	. . . fifteen. (a quarter past)
...moins le quart.	. . . a quarter to. (fifteen to/before/until)
...du matin.	. . . A.M., in the morning.
...de l'après-midi.	. . . P.M., in the afternoon.
...du soir.	. . . P.M., in the evening.
Il est midi/minuit.	It's noon/midnight.

À quelle heure commence... ?	What time does . . . begin?
Il/Elle commence à...	It begins at . . .
une minute	a minute
une seconde	a second

Les cours

Courses/Classes

l'art (*m.*) **dramatique**	theater, drama
la chimie	chemistry
le commerce	business
la comptabilité	accounting
le dessin	graphic arts
le français	French
le génie civil	civil engineering
la gestion	management
l'informatique (*f.*)	computer science
la publicité	advertising

Mots apparentés: la biologie, l'économie (*f.*), la géographie, la géologie, la gymnastique, l'histoire (*f.*), le journalisme, la littérature, le marketing, les mathématiques (*f.*), la musique, la philosophie, la physique, la psychologie, les sciences (*f.*), le théâtre

Est-ce que tu as un cours de... ?	Do you have a . . . class/course?
Oui, j'ai un cours de...	Yes, I have a . . . class/course.
Non, je n'ai pas de cours de...	No, I don't have a . . . class/course.
Comment est ton cours de... ?	What's your . . . course like?
Il est/Il n'est pas...	It's/It's not . . .
ennuyeux	boring
facile	easy
inutile	useless
passionnant	exciting
utile	useful

Mots apparentés: abstrait/abstraite, compliqué/compliquée, difficile, important/importante, intéressant/intéressante, pratique, le semestre, superflu/superflue

La description des personnes

Describing people

Comment est-il/elle?	What is he/she like?
(...sont-ils/elles?)	(... are they like?)
Il/Elle est...	He/She is ...
beau/belle	beautiful
de taille moyenne	of medium height
raisonnable	sensible
sympathique	nice
Il/Elle a les cheveux	He/She has ... hair.
blonds	blond
bruns	brown
châtains	dark brown
courts	short
frisés	curly
mi-longs	medium-length
roux	red
Il/Elle a les yeux	He/She has brown
marron.	eyes.
Il/Elle porte...	He/She wears, is
	wearing ...
des lunettes (*f.*)	glasses
des verres de contact	contact lenses

Mots apparentés: **amusant/amusante, dynamique, enthousiaste, idéaliste, intelligent/intelligente, optimiste, pessimiste, sérieux/sérieuse, sociable, timide**

Les parties du corps

Parts of the body

la bouche	mouth
le bras	arm
les cheveux (*m.*)	hair
le corps	body
le dos	back
les épaules (*f.*)	shoulders
la jambe	leg
la main	hand
le nez	nose
l'œil (*m.; pl.* **les yeux**)	eye
l'oreille (*f.*)	ear
le pied	foot
la tête	head
le ventre	stomach
le visage	face

La description

Describing

dernier/dernière	last
fermé/fermée	closed
ouvert/ouverte	open
préféré/préférée	favorite
premier/première	first

Mots apparentés: **confortable, digital/digitale, moderne, nécessaire, oriental/orientale, profond/profonde, superficiel/superficielle**

Substantifs

Nouns

un acteur / une actrice	an actor/actress
un anniversaire	a birthday
un objet	an object

Mots apparentés: **une description, un dialogue, une lettre de l'alphabet, une opinion, un/une poète, un semestre**

Mots et expressions utiles

Useful words and expressions

À demain.	See you tomorrow.
Combien de... ?	How many . . . ?
Merci.	Thank you.
De rien.	You're welcome.
Moi, je...	I . . . (*emphatic*)
Quelle est votre	What's your opinion
opinion sur... ?	of . . . ?
Quel cours?	Which (What) course?
S'il vous plaît.	Please. (*polite, pl.*)
S'il te plaît.	Please. (*fam.*)
sur	on

Grammaire et exercices

B.1. Because the pronoun *en* occurs so frequently with *il y a*, it is mentioned here as a lexical item only. This will allow you to use *il y en a...* naturally in your teacher-talk. In your input, talk about what is (and is not) in the classroom. *Il y a des chaises*, etc. *Il n'y a pas d'éléphant. Il n'y a pas de pingouins. Est-ce qu'il y a des animaux? Non,...*

B.1 Expressing existence: Il y a

A. Use the expression **il y a** (*there is/there are*) to talk about the presence or existence of people or things. Use **Est-ce qu'il y a... ?** or **Y a-t-il... ?** to ask a question.

—**Est-ce qu'il y a** une horloge dans la salle de classe?	*Is there a clock in the classroom?*
—Oui, **il y a** une horloge.	*Yes, there's a clock.*
—**Y a-t-il** des tableaux noirs?	*Are there any blackboards?*
—Oui, et **il y a** des grandes fenêtres.	*Yes, and there are large windows.*

B. If the answer is negative, use **il n'y a pas de.**

—Est-ce qu'il y a des fenêtres ouvertes?	*Are there any windows open?*
—Non, **il n'y a pas de** fenêtres ouvertes.	*No, there aren't any windows open.*

C. You may substitute the expression **il y en a** or its negation, **il n'y en a pas,** in answers where you wish to avoid repeating the noun.

—Est-ce qu'il y a des étudiants canadiens dans la classe?	*Are there any Canadian students in the class?*
—Oui, il y **en** a.	*Yes, there are (some).*
—Il y a aussi des étudiants suisses?	*Are there some Swiss students, too?*
—Non, il n'y **en** a pas.	*No, there aren't any.*

> ➤ Questions:
> **Est-ce qu'il y a... ?**
> **Y a-t-il... ?**

> ➤ Answers:
> **Il y a...**
> **Il n'y a pas de...**

> ✸ *You will learn more about the pronoun* **en** *in* **Grammaire 7.3.**

Exercice 1 La salle de classe

Complete the paragraph with **un, une, des,** or **de.**

Dans la salle de classe, il y a _____[1] étudiants intelligents et _____[2] professeur brillant. Il y a aussi _____[3] chaises, _____[4] grand bureau et _____[5] tableaux noirs. Il n'y a pas _____[6] télévision et il n'y a pas _____[7] chaises confortables.

Exercice 2 Qu'est-ce qu'il y a dans votre chambre?

Ex. 2. You may wish to use this exercise for in-class pair work. Have students make up additional questions with other objects. You can also have the class ask you questions about your bedroom or study. Another possibility is to ask similar questions using your PF (*Dans votre chambre, est-ce qu'il y a des vêtements par terre? un chat sur le lit?*, etc.).

Say whether you have these objects in your bedroom.

MODÈLE: Est-ce qu'il y a une télévision? →
Oui, il y a une télévision. (Non, il n'y a pas de télévision.)

Est-ce qu'il y a...

1. une bicyclette?
2. une grande fenêtre?
3. une horloge?

4. une plante?
5. un bureau?
6. une lampe?

7. un téléphone?
8. un tableau noir?

B.2 Asking questions

A. There are three simple ways to ask questions in French.

In everyday conversation, the most common way is to use a rising intonation.

—Salut Daniel! Ça va? ↗ | *Hi, Daniel! Everything all right?*
—Oui, ça va très bien, merci. | *Yes, everything's going fine, thanks.*

Definition: *Intonation* is the musical pitch of the voice.

Another common question form is the expression **est-ce que** (**est-ce qu'** before a vowel or mute **h**) followed by a statement.

—**Est-ce que** tu es dans la classe de Mme Martin? | *Are you in Madame Martin's class?*
—Oui, je suis dans sa classe. | *Yes, I'm in her class.*
—**Est-ce qu'**il y a des Français dans la classe? | *Are there any French people in the class?*
—Non, il n'y a pas de Français dans la classe. | *No, there aren't any French people in the class.*

You can also add **n'est-ce pas?** to a sentence when you are asking for confirmation of the statement.

—Barbara et Denise sont amies, **n'est-ce pas?** | *Barbara and Denise are friends, aren't they?*
—Oui, elles sont amies. | *Yes, they're friends.*

B.2. This section is a summary of the interrogative patterns students have already heard in your teacher-talk. For student speech, we recommend the use of intonation and *est-ce que* as the primary interrogative strategies. These are structurally simpler and also much more frequent in native-speaker conversation. For this reason, we expect students only to be able to recognize inversion questions, and their formation is not treated in detail here. The use of interrogative words such as *où, quand, qui,* etc. is introduced in *Grammaire 3.2* and reentered in later chapters.

B. Both English and French use inversion to form questions in which the verb comes before the subject (*Is he at home?*). In French, inversion questions are more commonly used in writing than in speaking. However, some common short questions are often expressed with inversion.

Est-ce un crayon? | *Is that a pencil?*
Comment **allez-vous?** | *How are you?*
Où **est la craie?** | *Where is the chalk?*
Comment **s'appelle ton ami?** | *What's your friend's name?*
Êtes-vous américain(e)? | *Are you American?*

Notice that when the subject is a pronoun, it is joined to its verb by a hyphen. Also, when inversion of the subject and the verb causes two vowels to come together, the letter **-t-** is added between them.

Y a-**t-**il un autre stylo? | *Is there another pen?*

Except for common short questions such as in the preceding examples, you do not need to use inversion questions at this time because you can always use **est-ce que** instead. However, you should be able to understand inversion questions when you read or hear them.

➤ You can ask a question by using:

- **Est-ce que...?**
  Est-ce que c'est Daniel?
- **...n'est-ce pas?**
  C'est Daniel, n'est-ce pas?
- Inversion of the subject and verb:
  Est-ce Daniel?

C. The question **Qui est-ce?** is used to ask about people; the question **Qu'est-ce que c'est?** is used to ask about things.

—**Qui est-ce?** | *Who's that?*
—C'est Jacqueline. | *It's Jacqueline.*
—**Qu'est-ce que c'est?** | *What's that (this)?*
—C'est un stylo. | *It's a pen.*

➤ **Qui est-ce?** = *Who is that?*

➤ **Qu'est-ce que c'est?** = *What is that/this?*

★ *You will learn more about **c'est** and **ce sont** in Grammaire 9.3.*

D. Ce (C') is a subject pronoun used to identify people and things. It refers to nouns, either masculine or feminine, singular or plural.

C'est le tableau.   *This is/That's the blackboard.*
Ce sont des crayons.   *These/Those are pencils.*

Ex. 3. Model pronunciation of the two questions, calling for choral repetition before doing or correcting the exercise in class.

Exercice 3 Personne ou chose?

What's the correct question? Use **Qui est-ce?** or **Qu'est-ce que c'est?**

MODÈLES: _____? C'est Daniel. → Qui est-ce?

_____? C'est une lampe. → Qu'est-ce que c'est?

1. _____? C'est le professeur.
2. _____? C'est un examen.
3. _____? Ce sont des amis.
4. _____? C'est Mme Martin.
5. _____? C'est une horloge.
6. _____? Ce sont des stylos.

Ex. 4. In class, read statements aloud. Students can answer with letters if they wish. Give them time to prepare silently if necessary.

Exercice 4 Qui est-ce?

Madame Martin is talking with a colleague in the university cafeteria. Find the logical answer to her colleague's questions.

1. Cette étudiante aux cheveux noirs, est-ce Barbara Denny?
2. Elle est dans votre classe, n'est-ce pas?
3. C'est une bonne étudiante?
4. Et l'autre étudiant, comment s'appelle-t-il?
5. Est-ce qu'il est en cours de français?

a. Oui, elle est intelligente et très dynamique.
b. Il s'appelle Raoul Durand.
c. Non, c'est Jacqueline Roberts.
d. Non, il n'est pas en cours de français. Il est québécois.
e. Oui, elle est dans ma classe de première année.

B.3. You will probably want to present and practice the alphabet in class, because it is useful for students to be able to both understand and produce the spoken forms of the letters. See *Mise en train,* Act. 5, and AS 3–6, for suggestions on how to teach the alphabet. This can also highlight certain phonetic differences between French and English. Do a spelling dictation of well-known acronyms, both French and American (USA, TGV, SNCF, CIA, CGT, TGIF, UE), or of students' names.

★ See *La prononciation et l'orthographe,* **Chapitre 1** in the *Cahier d'exercices,* for more information on the alphabet. You can hear the letters pronounced on the audio program.

B.3   Spelling in French: The French alphabet

A. French uses the same 26-letter alphabet as English. Here, the French pronunciation of the letters is given in French spelling.

a	a	Arthur	**n**	enne	Nicolas
b	bé	Berthe	**o**	o	Olivier
c	cé	Cécile	**p**	pé	Pierre
d	dé	David	**q**	ku	Quentin
e	e	Eugène	**r**	erre	Raoul
f	effe	Françoise	**s**	esse	Suzanne
g	gé	Gérard	**t**	té	Thérèse
h	ache	Henri	**u**	u	Ursule
i	i	Isabelle	**v**	vé	Victor
j	ji	Joseph	**w**	double vé	William
k	ka	Karim	**x**	iks	Xavier
l	elle	Louis	**y**	i grec	Yassia
m	emme	Martine	**z**	zède	Zoé

B. French uses several accents or diacritical marks.

accent aigu (´)	fatigué, économie
accent grave (`)	très, à
accent circonflexe (^)	âge, être, île, dôme, août
tréma (¨)	Noël
cédille (¸/ç)	français

When spelling aloud, the accent is named *after* the letter: **café** = **c – a – f – e accent aigu.**

➤ Pronunciation of **C:**
c before **i, e** = /s/
c before **a, o, u** = /k/
except **ç**:
  c in **cahier** = /k/, but **ç** in
  français = /s/

C.

Here is other useful information for talking about spelling or writing in French.

b **minuscule (b)** = *lowercase* b	**la voyelle (a, e, i, o, u)** = *vowel*
b **majuscule (B)** = *capital* b	**la consonne** = *consonant*
le point (.) = *period*	
la virgule (,) = *comma*	
les deux-points (:) = *colon*	
le point-virgule (;) = *semicolon*	

B.4 Telling time: Quelle heure est-il?

A. To ask what time it is, use **Quelle heure est-il?** The answer is **Il est... heure(s).**

—Quelle heure est-il?	*What time is it?*
—Il est dix heures. (Il est une heure.)	*It's ten o'clock. (It's one o'clock.)*

B. For *twelve o'clock noon,* use **midi;** for *twelve o'clock midnight,* use **minuit.**

—Quelle heure est-il, s'il vous plaît?	*What's the time, please?*
—Il est **midi.** (Il est **minuit.**)	*It's twelve (noon). (It's midnight.)*

C. Fractions of the hour are expressed in the following ways:

- Minutes after the hour (up to 30) are simply indicated following the hour.

Il est dix heures vingt.	*It's 10:20.*

- The half hour is expressed by **et demi(e).**

Il est neuf heures et demie.	*It's 9:30.*
Il est midi et demi.	*It's 12:30.*

- Minutes before the hour are expressed with **moins.**

Il est cinq heures moins dix.	*It's ten to five (4:50).*

- The quarter hour is expressed with **quart.**

Il est deux heures et quart.	*It's (a) quarter after two (2:15).*
Il est onze heures moins le quart.	*It's (a) quarter to eleven (10:45).*

B.4. Call students' attention to the format for abbreviating time (e.g., 3 h 10).

See the marginal note for *Les nombres et l'heure* for techniques for reviewing numbers and time (p. 25).

Note that many of today's students have difficulty reading clock faces with hands because they have known only digital clocks. These students will find it easier to work with numerical times, e.g., 7 h 45, than with clock faces.

➤ **Demi** (not **demie**) is used with **midi** and **minuit.**

D. For A.M. and P.M., use **du matin, de l'après-midi,** and **du soir.**

Il est une heure du matin.	It's 1:00 A.M. (*one in the morning*).
Il est trois heures de l'après-midi.	It's 3:00 P.M. (*three in the afternoon*).
Il est neuf heures du soir.	It's 9:00 P.M. (*nine in the evening*).

E. In official announcements, such as TV, radio, train, or plane schedules, and curtain times at the theater, the 24-hour system is used. The numbers one through twelve are used for the morning hours, thirteen through twenty-four for the afternoon and the evening.

Il est **sept heures (du matin).**	= Il est **7 h.**
Il est **midi.**	= Il est **12 h.**
Il est **trois heures et demie** (de l'après-midi).	= Il est **15 h 30.**
Il est **onze heures moins le quart (du soir).**	= Il est **22 h 45.**
Il est **minuit.**	= Il est **24 h.**

Exercice 5 Quelle heure est-il?

MODÈLE: 2 h 20 → Il est deux heures vingt.

1.	4 h 20	**6.**	5 h 30
2.	6 h 15	**7.**	9 h 53
3.	8 h 13	**8.**	3 h 40
4.	1 h 10	**9.**	12 h
5.	7 h 07	**10.**	10 h 45

Ex. 6. You may need to review or present *du matin, de l'après-midi,* and *du soir.*

Exercice 6 L'heure officielle

First, read the time given, then convert it to the usual 12-hour system, indicating the time of day with the appropriate expression (**du matin, de l'après-midi, du soir, midi, minuit**).

MODÈLES: 14 h → Il est quatorze heures.
             Il est deux heures de l'après-midi.

             12 h 30 → Il est douze heures trente.
             Il est midi et demi.

1.	15 h	**6.**	10 h 45
2.	7 h 15	**7.**	18 h 20
3.	13 h 30	**8.**	19 h
4.	20 h	**9.**	16 h 45
5.	22 h 30	**10.**	11 h 50

B.5 Expressing possession: The verb avoir

A. Use the verb **avoir** to say what someone has.

<table>
<tr><td colspan="4">avoir (to have)</td></tr>
<tr><td>j'ai</td><td>I have</td><td>nous avons</td><td>we have</td></tr>
<tr><td>tu as</td><td>you have (fam.)</td><td>vous avez</td><td>you have (formal or plural)</td></tr>
<tr><td>il/elle/on a</td><td>he/she/it/one has</td><td>ils/elles ont</td><td>they have</td></tr>
</table>

Hélène **a** des stylos et des crayons.   *Hélène has some pens and pencils.*

—Louis, **as**-tu un cours de français?   *Louis, do you have a French class?*
—Oui, et j'**ai** aussi un cours d'anglais.   *Yes, and I also have an English class.*

Note that **je** contracts to **j'** before a word that begins with a vowel or a mute **h.**

➤ je → j' before a vowel: **je suis, je m'appelle,** but **j'ai**

Pronunciation Hint

A consonant at the end of the verb form is silent, but at the end of the subject pronoun, it is pronounced because of liaison: **tu as̸, õn a, nous ᶻ avõn̸s̸, vous ᶻ avez̸, ils ᶻ õn̸t̸, elles ᶻ õn̸t̸.**

B. When a sentence with **avoir** is negative, the preposition **de** replaces **un, une,** or **des.**

—Tu as une bicyclette?   *Do you have a bicycle?*
—Non, je n'ai pas **de** bicyclette.   *No, I don't have a bicycle.*

➤ Reminder: To make a sentence negative, put **ne** (or **n'**) and **pas** around the verb.

J'ai *un* **crayon.** →
Je n'ai *pas* **de stylo.**

C. Note the insertion of **-t-** in inversion questions with **a.** It is inserted when the inverted pronoun begins with a vowel.

Y a-**t**-il une craie?   *Is there a piece of chalk?*

Exercice 7 Dans mon université

Complete Barbara's letter to her French correspondent, Marise Colin, by using the correct forms of the verb **avoir.**

Dans mon université, nous _____[1] cours cinq jours par semaine, mais nous _____[2] le week-end de libre. Moi, ce semestre, je n'_____[3] pas de cours le lundi, mais ma camarade de chambre _____[4] trois cours et un labo de biologie. Tous les étudiants _____[5] beaucoup d'examens chaque semestre. Tes amis et toi, dans votre université, est-ce que vous _____[6] cours le samedi? Combien de cours _____[7]-vous pendant une journée typique? Et toi, personnellement, tu _____[8] des cours difficiles ce semestre? Est-ce que tu _____[9] des professeurs intéressants?

B.5. Emphasize correct liaison between the subject pronouns and the present tense forms of *avoir.* We note the use of *de* in negative sentences because these are so common in teacher-talk for these topics. However, the failure to use *de* is not a serious error from a semantic point of view, and for most students it is only later that this use of *de* will be acquired. In your input, use *il/elle a* or *n'a pas de* many times. Use objects students have with them in class: *Brian, avez-vous un stylo rouge?* (oui) *Brian a un stylo rouge. Il n'a pas de stylo vert. Est-ce qu'il a des lunettes?* (non) *une moustache?*

Exs. 7–8. Assign as homework and have students check their answers in the key in Appendix D.

Exercice 8 Un étudiant désorganisé

Complete these sentences describing a rather disorganized student by using **un, une, des, d', ** or **de.**

1. J'ai _____ stylos (*m.*), mais je n'ai pas _____ papier.
2. J'ai _____ examen (*m.*) demain, mais je n'ai pas _____ livre.
3. J'ai _____ vidéocassette (*f.*), mais je n'ai pas _____ magnétoscope.*
4. J'ai _____ baladeur (*m.*),† mais je n'ai pas _____ CD.
5. J'ai _____ cahier (*m.*), mais je n'ai pas _____ crayon.
6. J'ai _____ cours (*m.*) à 8 h, mais je n'ai pas _____ énergie.

Exercice 9 Qu'est-ce que tu as?

Ex. 9. If used for in-class pair work, have students add other items. Also, have them ask you about what you have, using *Est-ce que vous avez... ?*

ES 1. Use PF cues for warm-up or follow-up questions, *Est-ce que tu as un gros chien noir? un dictionnaire?*

Say whether you have the following things by using **Oui, j'ai un/une...** or **Non, je n'ai pas de (d')...**

MODÈLE: Est-ce que tu as une voiture de sport‡? →
Oui, j'ai une voiture de sport. (Non, je n'ai pas de voiture de sport.)

Est-ce que tu as...

1. un dictionnaire français?
2. un appartement?
3. une télévision dans ta chambre?
4. une bicyclette?
5. un cours de maths?
6. une guitare?

B.6. This section presents the most useful of the generalizations concerning gender and the form of nouns. Expect students to apply these rules in writing activities, although they may not use gender markers in a consistently correct way in speech for some time. Encourage students always to learn nouns with indefinite articles. Whenever you write nouns on the board, be sure to include articles.

➤ By learning these few general rules, you will almost always know the gender of other nouns with the same endings.

We briefly introduce the irregular forms of *beau, vieux,* and *nouveau,* but we only expect students to recognize their meaning. As for the more regular adjective forms, students are not expected to be able to use these correctly in speech either, but only in controlled writing tasks where the focus is on form rather than meaning.

B.6 Describing with adjectives: More on gender

A. As you know, French nouns that refer to a male are usually masculine and those that refer to a female are usually feminine. Nouns referring to things also have grammatical gender and are either masculine or feminine. The endings in the following table generally indicate masculine or feminine nouns.

USUALLY MASCULINE		USUALLY FEMININE	
-eau	**un** bur**eau**	-ette	**une** tromp**ette**
-eur	**un** serv**eur**	-ie	**la** biolog**ie**
-ier	**un** cah**ier**	-ion	**une** composit**ion**
-ment	**un** apparte**ment**	-ure	**la** littérat**ure**
		-é	**la** beaut**é**

---

*VCR
†Walkman
‡voiture... *sports car*

We recommend that you learn new nouns in combination with the appropriate indefinite article **un** or **une** because **le** and **la** become **l'** before a vowel or mute **h.**

B. Adjectives must agree in gender with the nouns they describe. They fall into several categories:

• Adjectives that end in **-e** (with no accent) agree with both masculine and feminine nouns, with no change in their spelling.

> un homme minc**e**   une femme minc**e**
> un pantalon roug**e** et jaun**e**   une chemise roug**e** et jaun**e**

➤ A few adjectives that do not end in **-e** also do not change: **un pull-over marron, une jupe marron; un sac chic, une robe chic.**

• Adjectives that do not end in **-e** in the masculine form usually add an **-e** to agree with a feminine noun.

> un chapeau noir   une jupe noir**e**
> un étudiant intelligent   une étudiante intelligent**e**

Pronunciation Hint

If the masculine form ends in a pronounced consonant or **-é,** the masculine and feminine forms are pronounced the same: **noir, noirȼ; fatigué, fatiguéȼ.** If the masculine form ends in a silent consonant, this consonant is pronounced in the feminine form: **petiȶ, petitȶ; grãn̶d, grãn̶dȼ.**

Adjectives such as *petit* and *grand* provide an opportunity to emphasize the basic pronunciation principle of pronouncing final consonants only when they are followed by *-e.*

• Some adjective types follow slightly irregular patterns. Adjectives ending in **-eux** change to **-euse,** and those ending in **-if** change to **-ive** in the feminine.

> un homme **sérieux**   une femme **sérieuse**
> un garçon **sportif**   une fille **sportive**

ES 2. For extra practice of these types, have students form sentences such as *Les hommes/ femmes (ne) sont (pas) (curieux, ambitieux, studieux, affectueux, dangereux, consciencieux; décisif, naïf, créatif, agressif, émotif).*

• Some adjectives have very different masculine and feminine forms. Here are the most common of this type.

> un **bon** livre   une **bonne** classe   (*good*)
> un sac **blanc**   une robe **blanche**   (*white*)
> un **vieux** monsieur   une **vieille** dame   (*old, elderly*)
> un **beau** garçon   une **belle** fille   (*handsome, beautiful*)
> un **nouveau** chapeau   une **nouvelle** chemise   (*new*)

Vieux, beau, and **nouveau** have a third form that is used before a masculine noun beginning with a vowel or mute **h: un** *vieil* **homme, un** *nouvel* **appartement, un** *bel* **enfant.** (These forms are pronounced like the feminine forms.)

✹ *You will learn more about these special forms and the placement of adjectives in* **Grammaire 4.1.**

C. You may have noticed that some adjectives come before the noun and others after it. In general, French adjectives come after nouns, but there are several exceptions. This is discussed further in **Chapitre 4.**

Exercice 10 Masculin ou féminin?

Ex. 10. If used in class, model pronunciation of the noun, then have students respond with *un* or *une* only.

Give the correct indefinite article (**un** or **une**) for each noun.

1. _____ télévision
2. _____ acteur
3. _____ majorité
4. _____ chapeau
5. _____ clarinette
6. _____ département
7. _____ nation
8. _____ pharmacie
9. _____ fracture
10. _____ quartier

Exercice 11 Les camarades de classe

Which adjectives can be used to describe the following people?

MODÈLE: Barbara: enthousiaste, blond, optimiste, petit →
Barbara est enthousiaste et optimiste.

1. Daniel: nerveuse, sympathique, intelligent, vieille
2. Barbara: sportive, beau, généreuse, grand
3. Louis: beau, raisonnable, sérieuse, sportive
4. Albert: grand, petite, mince, brune
5. Denise: blonde, petit, intelligent, belle
6. Jacqueline: brun, petite, intelligente, studieux

Ex. 12. When pronouncing written forms, point out these two rules: (1) a final consonant at the end of a word is usually not pronounced; (2) a consonant followed by an unaccented (or accented) e is always pronounced. You will need to reiterate these rules many times throughout the course.

Exercice 12 Quelle est votre opinion?

Make a sentence for each noun, using the correct form of the adjective.

MODÈLE: intéressant/intéressante: le livre de français, la vie →
Le livre de français est (n'est pas) intéressant.
La vie est (n'est pas) intéressante.

1. beau/belle: Juliette Binoche, un tigre, une vieille Ford, une peinture de Matisse
2. bon/bonne: le chocolat, la programmation à la radio publique, la télévision, le fast-food
3. dangereux/dangereuse: une motocyclette, une bombe, le tennis, la politique
4. amusant/amusante: un livre de science-fiction, la politique, un examen de physique, une comédie
5. vieux/vieille: l'astronomie, le Louvre, le président américain, l'université où je suis

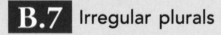

B.7 Irregular plurals

B.7. We present here the most common irregular plurals. Also included is a brief summary of number and gender agreement of adjectives, showing the four written forms an adjective may have. You may wish to highlight the fact that even when there are four written forms, these commonly correspond to only one (e.g., *noir*) or two (e.g., *petit*) spoken forms.

A. As you know, the plural of the written form of most nouns and adjectives is formed by adding **-s:**

un examen facile → des examen**s** facile**s**
le professeur américain → les professeur**s** américain**s**

B. There are several exceptions, however. Nouns and adjectives ending in **-s, -x,** or **-z** do not change in the plural. Some other nouns and adjectives also have irregular plural endings. Here are some examples.

ENDINGS	SINGULAR	PLURAL
-s, -x, -z (no change)	un mauvai**s** cours un enfant curieu**x** un nez rouge	les mauvai**s** cours les enfant**s** curieu**x** des nez rouge**s**
-eau, -eu (add **-x**)	un b**eau** chap**eau** un **jeu** amusant	les b**eaux** chap**eaux** des **jeux** amusants
-al, -ail (→ **-aux**)	un journ**al** radic**al** un trav**ail** municip**al**	des journ**aux** radic**aux** des trav**aux** municip**aux**

➤ An adjective agrees in gender *and* number with the noun it modifies.

Caroline est très **sérieuse.**

Les enfants sont **énergiques.**

✷ *Review* **Grammaire A.5** *and* **B.6** *on singular and plural forms of articles and adjectives.*

Pronunciation Hint

Remember that this final **-s** or **-x** is usually not pronounced: **les bon$ restaurant$.** The **-s** of **des** or **les** is pronounced in liaison, that is, when the next word begins with a vowel or a mute **h: des ͣétudiant$ américain$.**

C. Remember that adjectives must agree in both gender and number with the nouns they modify. For this reason, an adjective may have as many as four forms.

MASCULINE SINGULAR	MASCULINE PLURAL	FEMININE SINGULAR	FEMININE PLURAL
un pantalon noir un petit chapeau	des pantalon**s** noir**s** des petit**s** chapeau**x**	une robe noir**e** une petit**e** moustache	des robe**s** noir**es** des petit**es** moustache**s**

Exercice 13 Descriptions

Choose the appropriate adjective and the correct form.

1. Comment sont les étudiants de votre université?
   sérieux/sérieuses   intelligents/intelligentes
   nerveux/nerveuses   amusants/amusantes
2. Comment est le professeur idéal?
   patient/patiente   raisonnable
   intéressant/intéressante   amusant/amusante
3. Comment est un examen difficile?
   long/longue   amusant/amusante
   compliqué/compliquée   intéressant/intéressante
4. Comment sont les hommes qui portent la barbe?
   beaux/belles   sportifs/sportives
   amusants/amusantes   individualistes
5. Comment est la langue française?
   beau/belle   facile
   compliqué/compliquée   mystérieux/mystérieuse

GOALS FOR *CHAPITRE 1*.
Students will begin to understand
the function of verb endings and
pronoun agreement, using regular
-er verbs. They will begin to explain
and define at a very elementary
level. *Functional goals:* (1) Comprehend and use a large vocabulary of
infinitives with *aimer (mieux)*, *adorer*,
and *détester;* (2) Describe oneself
and family members, including
physical appearance, personalities,
and activities; (3) Give and ask for
name, address, phone number, and
place of origin.

MISE EN TRAIN.
1. TPR. Include new verbs from
this chapter. (See IRK for TPR
activity.)
2. Input with infinitives. Introduce
a number of infinitives + forms of
aimer (adorer, détester, préférer)
over several days. Because the
activity is open-ended, students will
suggest activities they want to talk
about. Write these and the infinitives you introduce on the board
when they first occur, to be copied
in the Vocabulary Notebook. (See
IM.) Use PF and mime to introduce
15–30 infinitives the first day and
more thereafter. As you describe
people and actions, include past
vocabulary: *Quel bel homme! Regardez cette moustache! Et qu'est-
ce qu'il aime faire, cet homme?
Il aime cuisiner! Et maintenant,
regardez mon autre photo. Est-ce
un homme ou une femme? (femme)
Oui, et c'est une femme qui aime*

*cuisiner! Deux personnes qui
aiment cuisiner! Et vous, vous
aimez cuisiner?* Students will
comprehend new verb forms and
infinitives without grammatical explanation but should not be asked
to produce them now.

**3. Association activity with
infinitives.** (See IM.) Do this activity
daily with information learned during
PF presentations. Gradually associate at least two activities with each
student in class and review them
often: *Comment s'appelle la personne qui déteste cuisiner? (Tanya)
Oui, c'est vrai. Tanya déteste
cuisiner. Qu'est-ce qu'elle préfère
faire? (manger au restaurant) Bravo!
Elle aime… Où est-ce qu'elle aime
manger? Au McDo? (non) Dans
quel restaurant… ?*

4. Family and age. First, use your
PF to show a few families. Avoid
complex relationships until students
have acquired basic terms. Next,
present your own family to the
class, using actual photos or a
rough family tree you draw on the
board to indicate relationships. Tell
something about each person (age,
physical traits, tastes): *Ma mère
aime beaucoup le rouge. Elle adore
porter des vêtements rouges. Elle
est très dynamique, ma mère. Mais
ma sœur est très différente! Elle
déteste le rouge. Elle n'aime pas
porter des vêtements rouges. Elle
préfère le bleu. Elle n'est pas dynamique comme ma mère. Elle est*

un peu timide. Do frequent checks:
Est-ce que ma mère est timide?

5. Numbers beyond 100. Have
students count by 10s to 100.
Continue *cent dix, cent vingt… ,*
encouraging the class to join you.
They will quickly pick up the pattern. Continue to 1000, writing 200,
300, etc. to be sure all understand.
Repeat, counting by 5s and by 2s.
Use this and AS activities to help
students acquire numbers.

6. Regular -er verb forms. As
students come to understand many
verbs in the infinitive form, begin
to introduce the present tense of
regular -er verbs. Use your PF and
association techniques, sticking
mostly to third person and *je/vous*
forms at first: *Voici un homme qui
joue au golf. Il joue au golf avec
ses amis. Est-ce qu'il y a quelqu'un
dans la classe qui joue au golf le
week-end? Vous, Charles? Avec
qui jouez-vous au golf? Avec votre
frère?* React personally, including
negative statements. *Moi, je ne joue
pas au golf. Mais je joue au tennis.*

As students begin to bind
meaning to the forms, write clusters
of examples (from your input) on
the board (*je joue, je regarde…)*
and point out the ending that corresponds to the person. Finally,
explain the paradigm and how to
create appropriate forms from -er
infinitives. Then refer students to
Grammaire 1.5.

Ma famille et moi

Vacances en famille sur
la côte Atlantique

CO Photo. As students view the photo, point out family members, clothing, colors, etc. Ask who in class likes to go
to the beach.

Objectifs

In *Chapitre 1*, you will discuss your family and favorite activities. You will learn how to give your address
and phone number, and more ways to describe people.

La famille. (1) Introduce nuclear family terms with a few PF photos: *père, mère, fils, fille, sœur, frère;* blended family: *beau-frère/père, belle-sœur/mère.* (See *Mise en train,* Act. 4.) Include age and descriptions of people: *Oui, cet homme, c'est le père. Les enfants ressemblent au père, n'est-ce pas? Ils ont les cheveux roux comme leur père.* Speculate about age: *Quel âge a le père, probablement? Et le petit garçon, il a deux ans? trois ans?* (2) As students look at the display, describe Claudine's family. Include personal questions in your input that keep students interested and involved. *Claudine a cinq enfants! Quelle grande famille! Moi, j'ai une sœur. Nous sommes une petite famille. Est-ce qu'il y a quelqu'un dans la classe qui a une grande famille? Ah, Laetitia! Il y a combien d'enfants dans votre famille?* Find out who comes from the biggest family, who is *l'enfant unique.* (3) Ask questions about the display that require only names as an answer or give students a choice of replies. *Quelle personne a 69 ans? (Marie) Est-ce que Clarisse est la fille ou la petite-fille de Claudine?* New vocabulary: *âge, ans, famille, fille, fils, grand-mère/père, jumeau/jumelle, mère, père, sœur/frère, petite-fille/petit-fils.*

✶ Attention! Étudier Grammaire 1.1

AS 1. Elicit names, ages, descriptions of famous family members. Examples: Madonna/Lourdes, the Sopranos, Kirk/Michael Douglas, George W./Jeb Bush.

AS 2. Describe a family as students fill in the family tree by writing names and drawing lines to show relationships. Describe each person a little as they write.

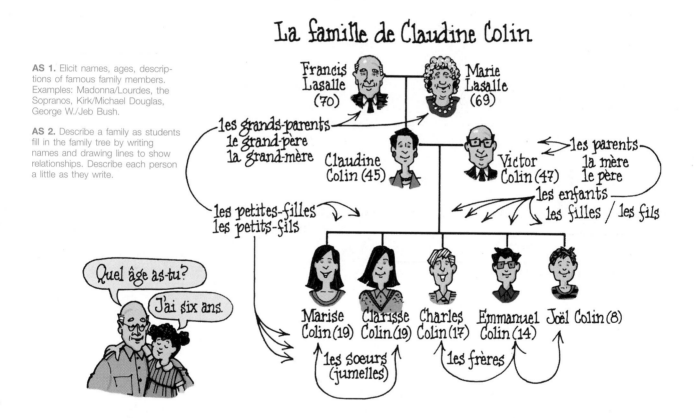

La famille de Claudine Colin

Act. 1. (partners) Do review questions on the display before assigning the activity: *Comment s'appelle le grand-père? Qui est Charles? Quel âge a Victor? Victor et Claudine ont combien d'enfants?* Pair off students and have them ask each other 8–10 questions each.

AS 3. For homework, have students draw their own family trees including names and ages. In the next class, pairs compare their families. Afterward, ask the result of the comparisons.

Activité 1 Interro: La famille de Claudine Colin

MODÈLE: É1: Comment s'appelle la mère de Claudine?
          É2: Elle s'appelle Marie Lasalle.
          É2: Quel âge a Charles?
          É1: Charles a dix-sept ans.
          É1: Qui est Joël?
          É2: C'est le fils de Victor et Claudine et...
          É2: ?

Activité 2 Dialogue: Ma famille

Vocabulaire utile

mon beau-père (beau-frère)   mon demi-frère
ma belle-mère (belle-sœur)   ma demi-sœur

É1: Combien de personnes y a-t-il dans ta famille?
É2: Il y a _____ personnes dans ma famille.
É1: Comment s'appellent les membres de ta famille?
É2: Mes _____ s'appellent _____ et _____, mon/ma _____ s'appelle _____ et...
É1: Quel âge ont-ils?
É2: Mon/ma _____ a _____, mes _____ ont _____ et _____.
É1: Comment est ta famille?
É2: Nous sommes _____ et _____. Nous ne sommes pas _____.
É1: Est-ce que ta famille a une maison ou un appartement?
É2: Nous avons _____. Il/Elle est _____.

Activité 3 Échanges: Ma famille et mes amis

Quelles sont les qualités importantes des personnes sur la liste?

Vocabulaire utile

énergique   flexible
raisonnable   généreux/généreuse
poli(e)   sportif/sportive
intéressant(e)   réservé(e)
sympathique   décisif/décisive
strict(e)   compréhensif/compréhensive
patient(e)   réaliste
sérieux/sérieuse   ?

MODÈLE: le petit frère
　　　É1: Pour toi, comment est le petit frère idéal?
　　　É2: Pour moi, le petit frère idéal est affectueux et amusant. En
　　　　　général, il est calme et pas trop difficile. (Je ne sais pas. Je n'ai
　　　　　pas de petit frère.)

1. la sœur
2. le frère aîné
3. la mère
4. l'ami(e)
5. le fiancé / la fiancée
6. le professeur
7. le père
8. ?

Act. 2. This open dialogue allows students to make personal replies. To model, have volunteers ask you the questions: *Demandez-moi combien de personnes il y a dans ma famille*, and give truthful answers. Partners should do the dialogue twice, with each partner playing both roles. Before they begin, remind partners that one says *mon père/frère* and *ma mère/sœur*. Follow with questions such as *Vous avez parlé avec Thomas, Margaret? Est-ce qu'il a une grande famille? Il a combien de frères? Comment s'appelle son/sa... ?* New vocabulary: *appartement, maison*.

AS 4. Ask students to bring snapshots of family members to class. In groups, they show the pictures and describe each person.

Act. 3. (partners) (See IM, *Échanges.*) Be sure students understand the adjectives before they begin. Point out the gender distinctions and illustrate in input: *Elle est sportive, la mère idéale? Et le père idéal, il est sportif?* During the activity, circulate among groups to answer questions or provide pronunciation help as needed. Follow with a brief discussion of students' conclusions. New vocabulary: *affectueux/affectueuse, aîné(e), amusant(e), calme, compréhensif/ compréhensive, décisif/décisive, énergique, fiancé(e), flexible, généreux/généreuse, idéal(e), patient(e), poli(e), qualité, réaliste, réservé(e), sportif/sportive, strict(e), toi, trop.* Note that *qualités* refers to virtues, positive characteristics, rather than general traits (*caractéristiques*).

Info: Société
Portrait de famille

Les statistiques indiquent que la famille française a entre un et deux enfants. C'est une situation normale en Europe du nord. De plus, un tiers (1/3) des Français reste célibataire.[1] À Paris et dans les grandes villes, la proportion est beaucoup plus grande. Un couple sur six vit en «union libre»,[2] mais la proportion double chez les 18–25 ans.

    La famille reste une valeur solide. Neuf Français sur dix dînent en famille et sept sur dix déjeunent à la maison tous les jours. Les aspects positifs de la famille selon les Français? Les fêtes,[3] les enfants, la joie d'être ensemble[4] et la solidarité.

    • Grands-parents et leurs petits-enfants dans un jardin public

[1] ≠ marié
[2] vit... habite ensemble, mais n'est pas marié
[3] célébrations
[4] en groupe

Info: Société. You can use this Info as the basis for an activity to practice numbers and fractions, or to perform simple calculations: in 2001, for a population of about a little over 60 million, there were 288,000 weddings and about 112,000 divorces. Sample questions: Quel pourcentage de couples vit en union libre? Quelle est la proportion de couples non-mariés chez les 18–25 ans? Combien de Français restent célibataires? If needed in class, introduce compagnon/compagne for union libre families.

Info: Société. The headphone icon indicates that this reading is available on the Deux mondes Online Learning Center at www.mhhe.com/deuxmondes6. It is also available on the Listening Comprehension CD packaged with the audio program.

Goûts personnels

Goûts personnels. Review/introduce infinitives (See Mise en train, Act. 1) using association techniques and your PF. Have students look at the display as you describe what the characters are doing. Include aimer, adorer, détester in your input. Voilà Clarisse et Marise. Elles aiment jouer au tennis. Moi, je n'aime pas jouer au tennis. Je ne suis pas très sportif. Et vous, vous aimez jouer au tennis? Qui dans la classe aime… Claudine aime faire des courses. Ah ça, c'est autre chose! Moi, j'adore faire des courses. Ask questions that require simple answers: Qui aime lire un bon livre? (Charles) Est-ce qu'Albert aime étudier le vendredi soir? (non) Est-ce que Claudine aime faire les courses ou jouer au tennis? Mix in questions to students: Larry, vous aimez aussi jouer au tennis? Avec qui aimez-vous jouer? (amis) Ah, vous aimez jouer avec des amis. Combien de fois par semaine? New vocabulary: à, forms of aimer/adorer, bon, conduire une voiture, faire des courses, étudier, jouer au tennis/football, lire, nager à la piscine, travailler dans le jardin.

★ **Attention! Étudier Grammaire 1.2**

AS 5. Have students guess if these statements are true for you: *Mes activités préférées: Le week-end, j'aime… regarder la télé, aller au cinéma, parler au téléphone, lire, travailler dans le jardin, jouer au volley-ball, aller dans un restaurant japonais, faire du jogging.*

Claudine aime faire les courses.

Joël et ses amis aiment jouer au football.

Raoul

Charles aime lire un bon livre.

Emmanuel aime nager à la piscine municipale.

Marie

Act. 4. (whole class; partners; small groups) Do the activity aloud yourself to demonstrate and to make sure everyone understands the vocabulary. Give students a few minutes to prepare their answers. Then have them work in small groups comparing their answers. Before they begin to talk together, provide examples of questions they might ask to find out more information about each other: *Tes parents sont grands? Ta mère est sportive? Comment s'appelle ton (votre) chat?* New vocabulary: *adorer, ambitieux/ambitieuse, appartement, bicyclette, chambre, chat(te), chez, chien(ne), cinéma, faire du camping, maison, moderne, motocyclette, par personne, parler ensemble, poisson rouge.*

Act. 5. (whole class; partners) (See IM, *Discussions.*) (1) Introduce/review the choices with your PF; (2) Read each item, one choice at a time. Say if it is true for you; then ask students to respond: *Pendant les vacances, j'aime voyager. Ah oui! Pour moi, c'est vrai. J'adore voyager. Et vous, est-ce que vous aimez voyager pendant les vacances? Levez la main si...* (3) Form pairs or small groups, then point out *Exprime-toi!* and be sure students understand the words. Use the *modèle* to show that each student is to read the same statement and then say if it is true for him/her. The partner will have to react. Model an item or two with a volunteer. (4) Circulate while students talk together and provide words if needed. (5) After students complete the activity, ask about several

random choices: *Combien de personnes aiment dormir tard pendant les vacances? Levez la main... Numéro 4: «Mes amis et moi, nous aimons rester à la maison le vendredi soir.» Qui répond oui? Levez la main si...* New vocabulary: *aller à la plage/ montagne, dîner au restaurant, dormir tard, écouter la radio, faire du ski, faire la fête, jouer aux cartes, pendant, regarder la télé, rester à la maison, sortir avec leurs amis, voyager.* Exclamations: *moi aussi, moi non plus, moi non/moi si, C'est vrai?, Pas possible!, Tiens! C'est intéressant.*

Activité 4 Discussion: Portrait familial

Choisissez une réponse pour chaque liste ou donnez une réponse personnelle.

1. Dans ma famille, nous sommes...
   - petits, de taille moyenne, grands.
   - blonds, bruns, roux.
   - ambitieux, sportifs, très organisés.

2. Nous avons...
   - une maison moderne, un appartement.
   - un chat, un chien, un poisson rouge.
   - une voiture par personne, une voiture pour la famille.

3. Moi, j'ai...
   - un frère (un demi-frère), une sœur (une demi-sœur).
   - un appartement, une chambre chez mes parents.
   - une bicyclette, une motocyclette, une voiture.

4. Nous adorons...
   - parler ensemble, inviter nos amis.
   - aller au cinéma, jouer à des jeux vidéo.
   - regarder un match de sport, faire du camping.

Act. 6. *Préparation:* (1) Ask questions as students skim the chart: *Qu'est-ce que Charles aime faire le samedi? Est-ce qu'Agnès est secrétaire ou étudiante? Quel âge a-t-elle? Qui aime lire le journal le dimanche? Est-ce que Charles aime faire les courses?* (2) Mix in personal questions: *Oui, Adrienne... Et vous, vous aimez cuisiner? Ah Laura! Est-ce que votre cuisine est bonne? Quelle est votre spécialité?* (3) Include frequent comprehension checks: *Charles aime lire le journal ou lire un livre? Et qui dans la classe aime lire le* New York Times *le dimanche?* Partner Activity: Do the *Modèle* with a volunteer. You may prefer to write more questions on the board: *Quand est-ce que... ? Quel âge a... ? Quelle est la profession de... ?* New vocabulary: *aller au cinéma, belge, copain, cuisiner, inviter, journaliste, lycéen/lycéenne, mer, québécois(e), secrétaire.*

Activité 5 Discussion: Les activités favorites

Dites **oui** ou **non**.

1. Pendant les vacances, j'aime...
   - **a.** voyager.
   - **b.** dormir tard.
   - **c.** aller à la plage.
   - **d.** lire un bon livre.

2. Je n'aime pas...
   - **a.** nager à la piscine.
   - **b.** faire du ski à la montagne.
   - **c.** jouer aux cartes.
   - **d.** faire les courses.

3. Le week-end, mes parents (mes amis) aiment...
   - **a.** regarder la télé.
   - **b.** dîner au restaurant.
   - **c.** sortir avec leurs amis.
   - **d.** jouer au golf.

4. Le vendredi, mes amis et moi, nous aimons...
   - **a.** rester à la maison.
   - **b.** faire la fête.
   - **c.** regarder un DVD.
   - **d.** écouter la radio.

MODÈLE: É1: Pendant les vacances, j'aime voyager.
          É2: Moi aussi! J'aime beaucoup voyager. (Moi non! Je n'aime pas voyager.)

AS 6. Ask individual students if they like to do various activities. Use pictures of people and ask *Aimez-vous (jouer au bridge)?* Students reply *Oui, j'aime...* or *Non, je n'aime pas...*

Activité 6 Interro: Le week-end

Act. 6. (whole class; partners) (See IM, *Interro;* See preface "To the Student" for characters.)

MODÈLE: É1: Qu'est-ce que Julien Leroux aime faire le samedi?
          É2: Il aime aller au cinéma.
          É1: Et toi, tu aimes aussi aller au cinéma?
          É2: Oui, j'adore aller au cinéma.

Act. 7. (partners) (See IM, *Échanges*.) Students practice several verbal expressions with infinitives. Be sure they understand the *Exprime-toi!* and other choices of verb before assigning as a partner interview. Afterward, ask for a show of hands to see who likes / hates / doesn't know how to do the various activities. New vocabulary: *aimer mieux, bloguer sur Internet, danser, détester, j'ai horreur de, je ne sais pas, jouer au billard, préférer, quelqu'un.*

NOM	LE SAMEDI	LE DIMANCHE
Julien Leroux, 32 ans journaliste belge	aller au cinéma	lire le journal
Adrienne Petit, 28 ans secrétaire	cuisiner	nager dans la mer
Raoul Durand, 21 ans étudiant québécois	faire la fête	étudier
Charles Colin, 17 ans lycéen français	sortir avec ses copains	dormir tard
Agnès Rouet, 25 ans étudiante à Paris	faire les courses	inviter des amis

ÉDITIONS ▲ MILAN
LA PASSION DES ENFANTS

AS 7. Autograph activity. Students copy 10–12 activities you list on the board and find someone who does each activity (a different person for each). *Tu aimes skier? (oui) Signe ici, s'il te plaît.*

Realia. Ask *Est-ce que vous aimez la lecture? Qu'est-ce que vous aimez lire? De la science-fiction? Des biographies? Un roman comme… ? Des magazines? Le journal… ?*

Activité 7 Échanges: Qu'est-ce que tu aimes faire?

MODÈLE: É1: Est-ce que tu aimes étudier avec quelqu'un d'autre?
É2: Non, je n'aime pas étudier avec quelqu'un d'autre. J'aime mieux étudier seul(e). Et toi?

1. jouer au billard
2. bloguer sur Internet
3. faire la fête
4. cuisiner
5. faire du camping
7. danser
6. dormir tard
8. voyager

Exprime-toi!

Je déteste…
J'adore…
J'ai horreur de…
Je préfère…
Je ne sais pas…

Activité 8 Dans le monde francophone: Les leçons de ski

Regardez la publicité et dites si c'est **vrai** ou **faux**.

À l'école de ski français…

1. il y a des leçons particulières pour groupes de 3 à 5 personnes.
2. il y a des leçons de danse.
3. il n'y a pas de leçons pour enfants.
4. il y a des leçons de monoski.

Et encore…

1. Est-ce que vous aimez faire du ski? Comment s'appelle votre station de ski préférée?
2. Quel est votre sport favori? Quel sport est-ce que vous n'aimez pas faire?

École de Ski Français
La Joue-du-Loup
Tél. saison 04.92.58.82.70 - Hors saison 04.92.58.84.63
Ski alpin - Fond - Monoski - Randonnées - Organisation courses

	Tarifs
Leçons particulières (l'heure) :	
1-2 personnes	60€
3-5 personnes	70€
Stages enfants et adultes	
du lundi au samedi inclus :	
6 x 1 heure 30	95€
6 x 3 heures	120€
Stages des neiges : de 3 à 5 ans	
Demi-journée (3 heures)	45€
Journée (6 heures)	85€
Du lundi au samedi inclus :	
6 x 1/2 journée	110€
6 journées	150€

Tarifs E.F.S.   *Document non contractuel*

Act. 8. (whole class) (See IM, *Dans le monde francophone.*) Authentic materials contain words that are not in the *Vocabulaire* and are beyond students' knowledge. These activities help students apply reading skills so they can follow the general meaning without needing to comprehend every word. Explain terms as needed, but students should not be expected to learn the vocabulary. Have them scan for answers to factual questions: *Quel est le numéro de téléphone pendant la saison de ski? Y a-t-il la possibilité d'avoir des leçons particulières? Pour combien de personnes?* Include personal questions: *Qui dans la classe fait du monoski?* Optional: Include choice questions about prices in your discussion. Numbers over 100 are in the following *Leçon.*

Origines et renseignements personnels. (1) Do an Association activity. Say where you are from and invite students to do the same. *Moi, je viens de (Chicago).* (Write *Je viens de...* on the board.) *(Chicago) est ma ville d'origine. D'où venez-vous? Jacob, vous aussi, vous venez de Chicago? Non? De quelle ville venez-vous? (Boston)* Include all students, reviewing frequently: *D'où vient Laurie? De Dallas ou de Houston? Quelle personne vient de Paris, Texas? Et Paris, c'est grand ou petit? (petit) Sédar vient de Dakar. Est-ce que Dakar est au Japon ou au Sénégal?* (2) Have students look at the art and ask questions such as: *Est-ce que Julien Leroux vient de Bruxelles ou de Paris? (Bruxelles) Qui habite dans la rue de la Convention? (Sarah)* New vocabulary: Numbers from 100, *d'où vient... ?, habiter, je suis né(e) / viens de... , maintenant, numéro de téléphone, rue.*

Origines et renseignements personnels

AS 8. Ask for dates of well-known or family events: *l'anniversaire de mariage de vos parents, la date et l'année de la naissance de (votre grand-père), l'anniversaire de Martin Luther King Jr.,* etc.

AS 9. Ask students to write their name and phone number on a slip of paper and hand it to you. Use these to "phone" a few students each day. Students answer the phone as they hear their number (*âllo*).

★ Attention! Étudier Grammaire 1.3 et 1.4

101	cent un	10.000	dix mille
102	cent deux	100.000	cent mille
200	deux cents	150.000	cent cinquante mille
201	deux cent un	1.000.000	un million
300	trois cents	2.000.000	deux millions
1.000	mille	1.000.000.000	un milliard
		2.000.000.000	deux milliards

Julien   Jean-Yves   Sarah

Act. 9. (whole class; partners) (1) Review higher numbers. (See *Mise en train, Act. 5.*) (2) As students skim the address book page, ask questions requiring *oui/non* or names so students hear the pronunciation of the unfamiliar words. *Qui habite à Marseille? Quelle personne habite boulevard Maisonneuve à Montréal? Est-ce que Montréal est en France? Alors, dans quel pays? Qui a ce numéro de téléphone: le 04.91.78.94.61?* (3) Ask choice questions so students will say the words: *Est-ce que Raoul Durand habite à Marseille ou à Montréal? Treize mille un, c'est le code postal de Bruxelles ou de Marseille?* (4) Model the activity with a volunteer and assign to partners. New vocabulary: *avenue, boulevard, carnet d'adresses.*

AS 10. Higher numbers. Dictate lists of 6–8 numbers; students write figures, not the words. Have the class read the figures back to you as you write them on the board. Then point to the numbers in random order and use choice questions: *C'est neuf cent quatre-vingt-trois ou neuf cent quatre-*

Activité 9 Interro: Carnet d'adresses

É1: Quel est le numéro de téléphone d'Agnès?
É2: C'est le 01.48.74.94.23.
É1: Où habite Adrienne?
É2: À Marseille.
É1: Quelle est l'adresse de Raoul?
É2: 246, Boulevard Maisonneuve-Ouest.

vingt-treize? Use this technique also for arithmetic problems.

AS 11. Lotto with numbers. (See IRK for grid.)

NOMS et ADRESSES

Raoul Durand (tél. (514) 281-5024)
246 Boulevard Maisonneuve-Ouest
Montréal, Québec, Canada H3A-3I2

Laurent Njanga (tél. 237. 222. 94. 87)
Quartier Bastos- Rue 1983
B. P. 1605 Yaoundé, Cameroun

Agnès Rouet (01.48.74.94.23)
86 rue de la Convention
75006 Paris, France

André Leroux (32.6.44.67.64)
432 avenue des Cerisiers
1200 Bruxelles, Belgique

Adrienne Petit (04.91.78.94.61)
22 rue de Provence
13001 Marseille, France

Activité 10 Dialogue: Renseignements personnels

É1: De quelle ville viens-tu?
É2: Je viens de _____. Et toi?
É1: Moi, je viens de _____.
É2: Quelle est ton adresse?
É1: J'habite au _____ rue/avenue _____. Et toi?
É2: Moi, je _____.
É1: Quel est ton numéro de téléphone?
É2: C'est le _____.
É1: Quand et où est-ce que tu es né(e)?
É2: Je suis né(e) le _____, 19 _____, à _____.

Activité 11 Interro: Les origines et les nationalités

AS 12. Ask students about their ancestry and other languages they speak. Write any new countries and languages on the board to become part of their Vocabulary Notebook.

PAYS	NATIONALITÉ	LANGUE(S) PRINCIPALES
l'Algérie	algérien, algérienne	l'arabe, le français, le berbère
l'Allemagne	allemand, allemande	l'allemand
la Belgique	belge	le français, le flamand
le Canada	canadien, canadienne	le français, l'anglais
la Chine	chinois, chinoise	le chinois
l'Espagne	espagnol, espagnole	l'espagnol, le catalan, le basque
les États-Unis	américain, américaine	l'anglais, l'espagnol
la France	français, française	le français
le Japon	japonais, japonaise	le japonais
le Sénégal	sénégalais, sénégalaise	le français, le wolof

MODÈLE: É1: De quelle nationalité est Yasmina Diouf?
É2: Elle est sénégalaise.
É1: Quelle(s) langue(s) est-ce qu'elle parle?
É2: Elle parle wolof et français.

1. Mario Desjardins, Chicoutimi, Québec (Canada)
2. Willy Maertens, Anvers (Belgique)
3. Francis Lasalle, Lyon (France)
4. Abdelkader El Akari, Blida (Algérie)
5. Coumba Gwalo, Dakar (Sénégal)
6. Wang Yu, Shanghai (Chine)
7. Ulrike Schneider, Francfort (Allemagne)
8. Sarah Thomas, Eau Claire, Wisconsin (États-Unis)
9. Yuko Watanabe, Osaka (Japon)
10. Marianna Vasco, Bilbao (Espagne)

Act. 10. (partners) Model the activity with a volunteer, then have students work in pairs. Afterward, ask questions about the information they learned from their partners. New vocabulary: *personnel(le)*, *renseignement, ville*.

Act. 11. (whole class; partners) Have students look at the world map at the front of the book. Point to the countries as you call them out. Then have students turn to the activity. Ask where various nationalities are from: *Est-ce que les Chinois habitent au Japon ou en Chine? Et les Japonais?* Talk about the languages: *Dans quels pays est-ce qu'on parle français? Où est-ce qu'on parle anglais?* Pronounce the names before assigning the activity to partners. *De quel pays vient Yuko Watanabe?* (*Japon*) Students should have to use only names of languages and nationalities. (Names of countries + prepositions are in *Chapitre 8.*) New vocabulary: names of countries, languages, and nationalities; *langue, pays*.

la France

l'Allemagne

les États-Unis

la Chine

le Japon

le Canada

le Sénégal

la Belgique

INFO: Société

Qui sont les Français?

Info: Société. Use the figures of the *Astérix* characters on p. 30 and/or other visuals to help frame the Gauls. (Continued on p. 72).

• *Des enfants de la banlieue parisienne*

Jason Wang est un étudiant américain d'origine asiatique. Il passe une année en France, à l'université Louis Lumière de Lyon. Il pose des questions à son professeur d'histoire, M. Gondrand, sur la question de l'identité des Français.

Jason: On dit que le «Français typique» est un descendant des Gaulois.[1] C'est vrai?

M. Gondrand: Pas exactement… En réalité, la population de la France est très diverse: les Bretons sont celtiques, les Alsaciens, germaniques, les gens du Midi,[2] méditerranéens comme les Italiens et les Grecs. Et, naturellement, les Français des DOM-TOM[3] représentent une grande variété de races et de cultures.

Jason: Et les immigrés?

M. Gondrand: Sur une population totale d'un peu plus de 60 millions, il y a, en France, à peu près[4] 4,5 millions d'immigrés, en majorité du Maghreb: l'Algérie, le Maroc et la Tunisie, anciennes[5] colonies françaises.

Jason: Et tous ces gens-là sont des «Français typiques»!

[1]groupe de 90 peuples celtiques installés sur le territoire actuel de la France
[2]sud de la France
[3]Départements et Territoires d'Outre-Mer: territoires administrativement français, mais situés à l'extérieur de l'Europe
[4]à... approximativement
[5]du passé

Info: Société. The headphone icon indicates that this reading is available on the *Deux mondes* Online Learning Center at **www.mhhe.com/deux-mondes6**. It is also available on the Listening Comprehension CD packaged with the audio program.

La vie de famille. (1) Introduce present-tense forms of -er verbs with PF photos. (See *Mise en train, Act. 6.*) Use PF photos also to review terms for family members. Using the display art, point out that students have already met Claudine Colin and her parents, Marie and Francis Lasalle. Explain that the Lasalles have two children and introduce Bernard Lasalle, Claudine's brother. Review old and bring in new family relationships: *Claudine est mariée, n'est-ce pas? Comment s'appelle son mari?* (Victor) *Est-ce que Bernard Lasalle est marié aussi? Comment s'appelle sa femme?* (Christine) *Marie Lasalle est la belle-mère de Victor et de Christine. Comment s'appelle leur beau-père?* Keep the class involved: *Combien de personnes (dans la classe) ont un beau-frère? Vous avez beaucoup de cousins, Jason? Combien? Cinq? Six?* Include -er verb forms naturally: *Claudine est professeur, mais Victor n'est pas professeur. Victor travaille dans un bureau. Est-ce que votre père travaille dans un bureau? Quelle personne dans cette classe travaille dans un bureau? Et Christine, elle travaille aussi dans un bureau?* New vocabulary: *au bord de la mer, beau-père/frère, belle-mère/sœur, bureau, faire une promenade, hôpital, infirmier/infirmière, mari/femme, neveu, nièce, oncle, passer, pétanque, quelquefois, tante, toute la famille.*

La vie de famille

★ **Attention! Étudier Grammaire 1.5 et 1.6**

La famille de Bernard Lasalle

Voilà Bernard Lasalle avec sa femme Christine. Elle est infirmière dans un hôpital à Lyon.

Les enfants de Bernard et Christine s'appellent Camille (11 ans), Marie-Christine (8 ans) et Nathalie (6 ans).

Voilà la sœur de Bernard, Claudine Colin, avec sa famille. Son mari Victor travaille dans un bureau.

Toute la famille passe le mois d'août ensemble dans une maison au bord de la mer.

Christine parle beaucoup avec sa belle-sœur Claudine et sa belle-mère Marie Lasalle.

Les petites Lasalle adorent faire une promenade avec leur oncle Victor et leur tante Claudine.

Quelquefois, Victor Colin joue à la pétanque avec son beau-frère, son beau-père et ses neveux.

You may wish to explain the game of pétanque further: *La pétanque est un sport populaire dans le sud de la France et surtout dans la région de Marseille. On essaie d'approcher la boule plus près du but que la boule de son adversaire.* Ask students to help you identify the *boules* and the *but* (*le cochonnet*) in the art.

Act. 12. (whole class; partners)
(See IM, *Définitions.*) The ability to
define is essential for explaining or
using circumlocution. Practice it as
often as possible. Review terms
with the Colin-Lasalle families first,
then read the definitions and have
students identify the correct term
for the relationship. Encourage students to offer other definitions
at the end of the activity. New vocabulary: *cousin(e), époux/épouse.*

AS 13. *Au mariage.* Pretend there's
a big wedding reception. All rise
and mingle. Each student assumes
an identity and introduces himself/
herself to at least five people, who
name the relationship and,
in turn, introduce themselves.
Example: —*Je suis le fils de la
sœur et du beau-frère.* —*Ah, vous
êtes le neveu!* Optional: Show
students how to introduce someone
to a friend. —*Claire, je voudrais te
présenter le fils de la sœur et du
beau-frère!* —*Enchantée, monsieur.
Moi, je suis…*

Activité 12 Définitions: La famille

Donnez la bonne définition.

> MODÈLE: É1: Cette personne est la mère de la mère ou du père.
> É2: C'est la grand-mère.

1. la mère du mari ou de la femme
2. le père du père ou de la mère
3. le fils du frère ou de la sœur
4. l'époux de la femme
5. le mari de la sœur
6. la femme du frère
7. le fils de l'oncle ou de la tante
8. l'épouse du mari
9. la sœur de la mère ou du père
10. ?

a. le mari
b. la femme
c. le beau-frère
d. la belle-sœur
e. le neveu
f. le grand-père
g. le cousin
h. la belle-mère
i. la tante
j. ?

Les francophones sur le vif. In spite of the importance of family in French
society, a situation such as Mme Schmitt's has become quite frequent.
Discuss "nontraditional" family structures and related vocabulary not seen
earlier. You may add *belle-mère, beau-père, beau-fils, belle-fille*, pointing
out that French does not distinguish between stepparents and in-laws: *fils
adoptif / fille adoptive.*

The headphone icon indicates that this reading is available on the *Deux
mondes* Online Learning Center at **www.mhhe.com/deuxmondes6.** It is
also available on the Listening Comprehension CD packaged with the audio
program.

Les francophones sur le vif

Marie-Claire Schmitt, 37 ans, institutrice[1] à Obernai (Bas Rhin)

Quelle est votre définition de la famille?

« **C**'est un mode de vie, pas une institution. Je suis divorcée,
avec une petite fille, et remariée avec un homme qui a un
fils. Nous avons aussi adopté un troisième enfant. Nous formons
donc une «famille recomposée», avec ses joies et ses problèmes.
Les enfants passent une partie de leur temps avec leur père et
mère biologiques, mais je pense que nous avons une vie de famille
normale et équilibrée. Nous avons décidé de vivre ensemble[2] et
nos relations sont renforcées par ce choix.[3]»

[1]enseignante dans une école primaire
[2]vivre… former une famille
[3]décision

Act. 13. (whole class; individual; partners) (See IM, *Enquête.*) (1) Use gender opposites to review family terms and to remind students of adjective gender. Write the words in two groups (on board) as you talk (*ma sœur, ma mère*, etc., and *mon frère*, etc.) *Quel est le terme masculin qui correspond à «ma tante»? Oui, c'est «mon oncle»…* Afterward, quickly review some plurals (*mes cousins, mes nièces*). (2) Do the items aloud yourself, to show that everyone needs to complete the statements and to be sure students understand the vocabulary. Put *personne ne…* on the board, if needed. Point out that they will need to select the plural verb form if more than one person fits the description. (3) Do a follow-up survey to see what the answers are. Expand answers. (See IM, Expansion Techniques.) (4) Pair up students to ask each other the questions. New vocabulary: *acheter, chanter sous la douche, classique, faire des achats, neuf/neuve, rentrer tard, souvent.*

Activité 13 Enquête: Les activités de ma famille

Dans votre famille, qui fait les activités suivantes?

MODÈLE: _____ aime/aiment faire des achats sur Internet. →
Ma mère aime faire ses achats sur Internet. Elle déteste aller au centre commercial.

1. _____ travaille/travaillent dans un bureau.
2. _____ achète/achètent beaucoup de vêtements neufs.
3. _____ aime/aiment conduire vite.
4. _____ écoute/écoutent de la musique classique.
5. _____ reste/restent à la maison le samedi soir.
6. _____ rentre/rentrent tard très souvent.
7. _____ chante/chantent sous la douche.
8. _____ parle/parlent beaucoup au téléphone dans la voiture.

À vous la parole! Posez les mêmes questions à un(e) partenaire.

MODÈLE: É1: Est-ce que tu travailles dans un bureau?
É2: Non, mais je travaille dans un restaurant. Et toi?

Act. 14. (whole class; partners) (1) Show how students can reply truthfully, correcting statements as needed: *Je parle avec ma cousine… Non, pour moi c'est faux. Je n'ai pas de cousine! Je parle avec ma sœur quand j'ai des problèmes.* Then read the statements aloud as students jot down answers. (2) Pair up students to do *Allons plus loin!* Afterward, use a few items to do a survey about the answers. New vocabulary: *attentivement, camarade de chambre, conseil, copain/copine, corriger, discret/discrète, petit(e) ami(e), rigoler, téléphoner.*

Cliquez là! Students can find this information using the keyword *site de la famille* or they may use the keywords on the *Deux mondes* Online Learning Center. Besides follow-up discussion in class, you might choose to assign a writing activity in which students compare their own family with their "Internet" family. *Dans ma famille, il y a sept personnes, mais dans la famille Barbier, il y a cinq personnes. M. Barbier a 43 ans et il a les cheveux noirs. Mon père a 50 ans et il a les cheveux blonds…*

***Deux mondes* Online Learning Center** For more structured activities, go to the *Deux mondes* Online Learning Center at **www.mhhe. com/deuxmondes6.**

Activité 14 Enquête: La famille et les amis

Dites **oui** ou **non.** Si vous dites **non,** corrigez la phrase.

Suggestions mon copain/ma copine Je ne… avec personne
mon/ma camarade de chambre seul(e)
mon petit ami / ma petite amie

1. Je parle avec ma cousine quand j'ai des problèmes.
2. Je téléphone souvent à mes grands-parents.
3. Je passe le samedi soir avec mes copains.
4. Je regarde la télé avec mes camarades de chambre.
5. Je rigole avec mes frères.
6. J'étudie avec mes camarades de classe.
7. J'achète des vêtements avec ma mère.
8. J'écoute toujours les conseils de mon père.

Allons plus loin! Maintenant, comparez vos réponses avec les réponses de votre partenaire et expliquez quand vous dites **non.**

MODÈLE: Quand j'ai des problèmes, je parle avec ma tante. Elle est très discrète et elle écoute attentivement.

Cliquez là!

Visitez le site d'une famille française ou francophone. Qui sont les membres de la famille? Quel âge ont-ils? Comment sont-ils et qu'est-ce qu'ils aiment faire? Présentez «votre» famille à la classe.

www.mhhe.com/deuxmondes6

Act. 15. (partners; whole class) (See IM, *Entretien*.) Option 1: *É1* interviews *É2* and then *É2* interviews *É1*. Both students take notes so they can report the information to someone else. Option 2: Partners use the questions as a conversation guide. One student begins and, after the partner answers, the partner requests the same information. Usually, students become interested and ask for further information. For Option 1, we suggest that students exchange partners at the end of the interviews and tell the new partner what they have learned. (*—Jeff ne vient pas d'une famille nombreuse. Dans sa famille, il y a Jeff, sa mère et son père. —C'est vrai? La famille de Kathy est très grande...*) You may choose instead to take a quick survey of the class. Students should not be required to report to the whole class unless they volunteer.

Activité 15 Entretien: Ma famille

New vocabulary: *approximativement, discuter de, mort(e)/vivant(e), nombreux/nombreuse, ressembler à.*

Répondez aux questions. Ensuite, posez les questions à votre partenaire.

1. Est-ce que tu viens d'une famille nombreuse? Combien de personnes (approximativement) y a-t-il dans ta famille?
2. Est-ce que tes grands-parents sont vivants ou morts? Où habitent-ils? Quel âge ont-ils?
3. Qui est la personne que tu préfères dans ta famille? Comment est cette personne? Pourquoi est-ce que tu préfères cette personne?
4. Est-ce que tu discutes de tes problèmes importants avec tes parents? Pourquoi ou pourquoi pas? Sinon, avec qui préfères-tu en parler?
5. À qui est-ce que tu ressembles physiquement? Et du point de vue personnalité?

Act. 16. (whole class) (See IM, *Dans le monde francophone*.) Have students quickly skim these marriage bureau ads as you ask a few questions to encourage the use of cognate recognition and personal knowledge

Activité 16 Dans le monde francophone: L'agence matrimoniale «Espoir familial»

1. Est-ce que la personne de 31 ans est un homme ou une femme?
2. Est-ce que la personne qui aime faire de la planche à voile est veuve ou célibataire?
3. Quel âge a le «grand-père» dynamique?
4. Qui joue au tennis?
5. Qui vient d'un milieu médical?

for guessing meanings of unknown words. Use questions that require only yes/no answers or a choice you provide: *Elle est célibataire ou divorcée, la femme de 31 ans?* After students have done the activity, ask which qualities they prefer in a *fiancé(e)*, in a friend.

À vous la parole!

Vous désirez rencontrer une personne intéressante. Préparez une petite annonce pour l'agence matrimoniale «Espoir familial». Pour commencer, quel âge avez-vous? Et comment êtes-vous? Qu'est-ce que vous aimez faire?

AS 14. Each student prepares a short ad for the *courrier du cœur* using the realia as a model. Ads need to sound appealing and to describe the type of person sought. Ads should be brief, with pen names. Papers are then folded and distributed randomly. In groups of six, each person reads aloud the ad he or she is holding, while the others listen to see if they happen to have a good match. Optional: If no match can be found for some ads, these can be read aloud in class to see if other groups happen to have a good match.

Pre-reading activity. Write the word *famille* on the board and ask students to come up with words and expressions they associate with it; write them down, grouping them by affinity. After reading, have students compare their own responses with what the characters in the text have to say, to see how they are similar or dissimilar.

LECTURE

Familles d'aujourd'hui

On dit que la famille est en crise, mais elle reste[1] importante pour les Français. Cependant, sa définition change selon la classe sociale, la région, les origines.

Jean-Claude Dutourd, 26 ans, chômeur,[2] habite avec ses parents. Évidemment,[3] c'est difficile, mais il n'a pas de travail, alors c'est une solution acceptable pour le moment. Ses parents sont patients: ils comprennent que ce n'est pas sa faute. Naturellement, il y a parfois des frictions, mais, pour Jean-Claude maintenant, la famille est un refuge.

---

[1]*remains* [2]*personne qui n'a pas de travail* [3]< *évident*

● Un repas en famille, c'est souvent une occasion joyeuse!

Lecture. This first reading introduces three characters of different socioeconomic status and in various family situations. Their perspectives as well as their discourse reflect their cultural background, and their experiences are representative of various realities of family life in France. Point out that Jean-Claude's plight has become common among the 18- to 25-year-old age group, with an unemployment rate of about 22% (among those on the job market). Because of the difficulty of finding a job, almost three-quarters of people in this age group continue living at home.

Pour **Élise Martinelli,** 55 ans, cadre[4] dans une grande entreprise, la famille est une valeur centrale. Elle a quatre enfants et sept petits-enfants; ils viennent la voir très souvent,[5] en général le dimanche. Ils discutent, ils chantent, ils jouent ensemble. Elle adore aller au zoo ou au parc avec ses petits-enfants. Son travail la passionne et elle est très occupée, mais la famille reste essentielle à son équilibre.

Amidou Traore, 17 ans, lycéen,[6] est originaire de Côte-d'Ivoire. Pour lui, la famille, ce n'est pas juste un père, une mère et des frères; c'est aussi des cousins, des oncles, des tantes... Chez lui, on a des relations très fortes, on forme un groupe uni. Dans sa cité,[7] il y a beaucoup d'Africains, alors c'est presque[8] comme un village. Si une personne a des problèmes, les autres sont solidaires.[9]

The headphone icon indicates that this reading is available on the *Deux mondes* Online Learning Center at **www.mhhe.com/deuxmondes6.** It is also available on the Listening Comprehension CD packaged with the audio program.

---

[4]Un cadre a un poste de responsabilité dans une entreprise. [5]fréquemment [6]étudiant dans un lycée, une école secondaire [7]une unité d'habitation dans une ville [8]approximativement (≠ exactement) [9]qui assistent les autres

Avez-vous compris?   Déterminez qui parle.

MODÈLE: «Je n'ai pas de travail.»
  C'est Jean-Claude Dutourd: il est chômeur.

1. «J'ai beaucoup d'intérêt pour mon travail.»
2. «Je ne suis pas d'origine française.»
3. «J'apprécie la patience de mes parents.»
4. «Où j'habite, il y a beaucoup d'Africains.»
5. «J'ai une famille nombreuse.»
6. «Je considère la famille comme une ressource nécessaire.»

À vous d'écrire

Vous écrivez une lettre à l'agence Accueil France Famille parce que vous désirez passer deux mois dans une famille française. Dans votre lettre, décrivez comment vous êtes, les choses que vous aimez faire et le type de famille que vous préférez trouver.

> MODÈLE:
>
> *Accueil France Famille*
> *5, rue François Coppée*
> *75015 Paris*
>
> *Madame, Monsieur,*
>
> *Je désire passer deux mois dans une famille française. Je m'appelle..., j'ai... ans et je suis étudiant(e) en... à l'université de... Je suis une personne plutôt... J'aime beaucoup... Si possible, je préfère loger dans une famille...*
>
> *En attendant votre réponse, je vous prie d'agréer l'expression de mes sentiments distingués.*
>
> *(signature)*

ACCUEIL FRANCE FAMILLE

Séjours individuels en famille, toute l'année, sur toute la France.

A PARIS:
Chambre et Petit Déjeuner
ou Demi-Pension
EN PROVINCE:
Pension complète

5, rue François Coppée
75015 PARIS FRANCE

UN ACCUEIL QUI TIENT SES PROMESSES

Rendez-vous cinéma

Le Chemin du retour

Le Chemin du retour est une énigme familiale et historique. Paris, les Cévennes, Marseille (dans le sud de la France) et Casablanca (au Maroc) constituent les décors de multiples aventures autour de la mort d'un homme dans des circonstances mystérieuses en 1943, pendant l'occupation nazie.

Épisode 1: «Nouveaux départs»

Rachid, jeune journaliste, va travailler à la chaîne de télévision Canal 7, à Paris. Sa petite fille, Yasmine, change d'école. Apparemment, Rachid a des problèmes personnels...

Students will find film activities for each episode at the back of the *Cahier d'exercices*. The *Rendez-vous cinéma* features appears at the end of all odd-numbered chapters starting with this chapter, for a total of seven episodes.

Vocabulaire

La famille
Family

le beau-frère	brother-in-law
le beau-père	father-in-law; stepfather
la belle-mère	mother-in-law; stepmother
la belle-sœur	sister-in-law
le cousin / la cousine	cousin
le demi-frère	half brother
la demi-sœur	half sister
l'enfant (*m., f.*)	child
l'époux / l'épouse	spouse
la femme	wife
la fille	daughter
le fils	son
le frère	brother
la grand-mère	grandmother
le grand-père	grandfather
les grands-parents (*m.*)	grandparents
le mari	husband
la mère	mother
le neveu	nephew
la nièce	niece
l'oncle (*m.*)	uncle
le père	father
la petite-fille	granddaughter
le petit-fils	grandson
les petits-enfants (*m.*)	grandchildren
la sœur	sister
la tante	aunt

Mots descriptifs
Descriptive words

bon/bonne	good
célibataire	single, unmarried
compréhensif/ compréhensive	understanding
de taille moyenne	of medium height
mort(e)	deceased, dead
nombreux/nombreuse	numerous
poli(e)	polite
roux/rousse	red-haired
seul(e)	alone
tout(e)	all
trop	too
vite	quickly
vivant(e)	living, alive

Mots apparentés: **affectueux/affectueuse, ambitieux/ambitieuse, attentivement, calme, décisif/décisive, discret/discrète, favori/favorite, flexible, généreux/généreuse, moderne, organisé(e), patient(e), physiquement, réaliste, réservé(e), sportif/sportive, strict(e)**

Activités favorites et distractions
Favorite activities and entertainment

Qu'est-ce que tu aimes faire?	What do you like to do?
J'adore...	I love ...
J'ai horreur de...	I hate ...
J'aime...	I like ...
J'aime mieux...	I prefer ...
aller au cinéma (à la plage, à la montagne)	to go to the movies (the beach, the mountains)
bloguer sur Internet	to blog on the Internet
chanter sous la douche	to sing in the shower
conduire une voiture	to drive a car
cuisiner	to cook
danser	to dance
dîner au restaurant	to eat at a restaurant
dormir tard	to sleep late
écouter la radio	to listen to the radio
faire les courses	to go grocery shopping
du camping	to go camping
la fête	to party
une promenade	to take a walk
du ski	to go skiing
inviter des amis	invite friends over
jouer aux cartes (au billard, au football, au tennis, aux jeux vidéo)	to play cards (pool, soccer, tennis, video games)
lire (le journal)	to read (the newspaper)
nager à la piscine	to swim in the pool
parler au téléphone	to talk on the phone
passer la soirée ensemble	to spend the evening together
regarder la télévision	to watch television
rester à la maison	to stay home
rigoler	to laugh, have fun
sortir avec des ami(e)s	to go out with friends
travailler dans le jardin	to work in the yard
voyager	to travel

Les endroits

Places

au bord de la mer	at the seashore
un bureau	office
une maison	house

Mots apparentés: **un appartement, un centre commercial, une discothèque, un hôpital**

Quand

Saying when

maintenant	now
quelquefois	sometimes
souvent	often

Substantifs

Nouns

un/une camarade de chambre	a roommate
un chat / une chatte	a cat
un chien / une chienne	a dog
un copain / une copine	a close friend, pal
un infirmier / une infirmière	a nurse
un petit ami / une petite amie	a boyfriend, girlfriend
un poisson rouge	a goldfish
un renseignement	a piece of information
une réponse	an answer
une ville	a city
les vacances (*f.*)	vacation

Mots apparentés: **une adresse, une aventure, un DVD, un film, un match, la musique, la nationalité, un numéro de téléphone, la radio, un sport**

Verbes

Verbs

acheter	to buy
déjeuner	to eat lunch
discuter (de)	to discuss
étudier	to study
faire des achats	to make purchases
habiter	to live (inhabit)
passer (un mois)	to spend (a month)
rentrer	to return home
ressembler (à)	to resemble, to look like
travailler	to work
venir (de)	to come (from)

Mots apparentés: **adorer, détester, préférer, téléphoner**

Mots et expressions utiles

Useful words and expressions

à	to, at
après	after
avec	with
beaucoup	a lot, many
C'est vrai?	Is that right (correct)?
chez moi (mes parents)	at my home (my parents' house)
D'où venez-vous? (...viens-tu?)	Where are you from?
Je viens de...	I come from . . .
ensemble	together
Je suis né(e)...	I was born . . .
Moi aussi!	Me too!
Moi non!	Not me!
Moi non plus!	Me neither!
Moi si!	Yes (*I* do)!
mon/ma meilleur(e) ami(e)	my best friend
où	where
Pas possible!	Not possible!
pour	for
pourquoi	why
Quel âge avez-vous? (...as-tu?)	How old are you?
J'ai... 19 ans.	I'm . . . 19 (years old).
Tiens!	Well!
voilà	there is/are

Les pays et les nationalités

Countries and nationalities

l'Allemagne (*f.*)**/allemand(e)**	Germany/German
la Belgique/belge	Belgium/Belgian
la Chine/chinois(e)	China/Chinese
l'Espagne (*f.*)**/espagnol(e)**	Spain/Spanish
les États-Unis (*m.*)**/ américain(e)**	the United States/ American
la France/français(e)	France/French
le Québec/québécois(e)	Quebec/Quebecois
la Suisse/suisse	Switzerland/Swiss

Mots apparentés: **l'Algérie** (*f.*)**, algérien(ne); le Canada, canadien(ne); le Japon, japonais(e); le Sénégal, sénégalais(e)**

Grammaire et exercices

1.1 Expressing relationships: Possessive adjectives

A. Here are the forms of the possessive adjectives in French.

ENGLISH	BEFORE SINGULAR NOUNS	BEFORE PLURAL NOUNS
my	**mon, ma**	**mes**
your (**tu**)	**ton, ta**	**tes**
his, her, its	**son, sa**	**ses**
our	**notre**	**nos**
your (**vous**)	**votre**	**vos**
their	**leur**	**leurs**

Voici une photo de **mon** frère
avec **sa** femme et **leurs** enfants.
Et voilà **ma** sœur avec **son** mari
et **leur** bébé.

*Here's a photo of my brother
with his wife and their children.
And there's my sister with her
husband and their baby.*

Pronunciation Hint

Final **-s** and **-n** are pronounced when the following word begins with a vowel:
mes͜ enfants but **mes filles; mon͜ ami** but **mon fils.**

B. French possessive adjectives agree in gender and number with the nouns they
modify. *Exception:* the possessive form ending in **-n (mon, ton, son)** is always
used before a singular noun or adjective starting with a vowel or mute **h,** even
if the noun is feminine.

mon cousin Charles	**ma** cousine Clarisse	*but*	**mon** autre cousine Marise
son amie Agnès	**ton** horloge		**mon** étudiante

C. Keep in mind that the number and gender of the possessive adjective are
determined by *what is possessed,* not by the possessor. This is why **son, sa,** and
ses can all mean *his, her,* or *its,* depending on the context.

Voilà Victor Lasalle avec **sa** femme
Claudine et **son** fils Charles.
Mme Martin regarde **son** livre.

*There's Victor Lasalle with his wife
Claudine and his son Charles.
Madame Martin is looking at her
book.*

Exercice 1 En famille

Denise et Jacqueline parlent de leur famille. Remplacez les tirets par un des
adjectifs possessifs: **mon, ma, mes; ton, ta, tes; son, sa, ses.**

1. —Jacqueline, comment est _____ famille? Est-ce que _____ frères et sœurs
sont jeunes?
   —Non, pas trop. _____ frère a 19 ans et _____ sœurs ont 12 et 14 ans.

Definition: Possessive
adjectives modify nouns
by indicating ownership
or relationship: *my book,
your sister.*

1.1. Students should be able to
recognize possessive adjective
forms but may not use them accurately for some time, especially
in speech. In particular, they will
need help in understanding two
concepts: (1) that *his/her* is not
differentiated (*son/sa/ses*) and
(2) that gender and plurality refer to
the noun modified and *not* to the
possessor. Use PF or input with
objects for explanations. For concept 1, select a male and a female
student: *De quelle couleur est la
chemise de Tom? Sa chemise est
blanche. Et la chemise de Carol?
Sa chemise est jaune.* Write the
students' names on the board as
column headers. Underneath *Tom,*
write *sa chemise;* beneath *Carol,*
write *sa chemise,* to illustrate that
sa means both *his* and *her.* Do
pantalon, chaussures, etc. Then
point out that *son/sa/ses* can
mean both *his* and *her.* For concept 2, do input with photos: (*une
femme et sa famille*) *son mari est
grand et brun; sa fille est… son
fils est… ses enfants sont…* On
the board, create a column titled:
une femme. Underneath, write *sa
fille, son fils, ses enfants, son mari.*
Talk about the couple (*leur famille,
leurs enfants*) and create a second
column under *une femme et son
mari.* Point out that *son/sa/ses =
une personne; leur/leurs = deux
personnes* (*ou plus de deux*).

★ Review **Grammaire
A.3** and **A.5** on gender
and number agreement.

➤"Number" refers to
whether a word is
singular or plural.

Exs. 1–2. To facilitate students'
selection of the appropriate form,
each exercise is limited to a certain
subset of the possessive adjectives.
Have students correct their exercises using the key in Appendix D.

63

2. —Est-ce que _____ grands-parents habitent dans la même ville que toi?

—_____ grand-mère habite chez nous, mais _____ grand-père est mort.

3. —Est-ce que _____ mère est une personne active?

—Oui. Avec _____ job (*m.*) et _____ enfants, elle est très occupée.

4. —_____ frère habite encore chez toi?

—Non, il a _____ propre* appartement (*m.*).

Exercice 2 Votre classe de français

Répondez aux questions avec **notre** ou **nos.**

> MODÈLE: Combien d'étudiants y a-t-il dans votre classe? →
> Il y a vingt étudiants dans notre classe.

1. Combien d'hommes y a-t-il dans votre classe?

2. Est-ce que vos camarades de classe sont timides ou extravertis?

3. Comment s'appelle votre professeur?

4. À quelle heure est votre cours?

5. Est-ce que vos devoirs sont difficiles ou faciles?

Exercice 3 Une nouvelle amie

Vous avez une nouvelle correspondante, Evelyne Casteret. Dans un message électronique, elle décrit sa famille. Qu'est-ce qu'elle dit? Changez les adjectifs possessifs.

> MODÈLE: *Ma* grand-mère s'appelle Marie.→
> *Sa* grand-mère s'appelle Marie.

1. *Mes* parents sont jeunes et énergiques.

2. *Ma* sœur Madeleine est très amusante.

3. *Mon* père travaille avec *mon* oncle.

4. *Notre* maison est très vieille et très grande.

5. En général, *mes* amis sont très sympathiques. *Mon* amie Sabrine est très intelligente aussi.

1.2 Expressing likes and dislikes: **Aimer** + infinitive

A. The verb **aimer** is used to say that you like or love something or someone.

J'**aime** mon cours de français.	*I like my French class.*
Nous **aimons** beaucoup le professeur.	*We really like the teacher.*
Est-ce que tu **aimes** ton cours d'informatique?	*Do you like your computer science class?*

_____

*own

B. Like **être** and **avoir**, **aimer** has different forms depending on the subject (noun or pronoun) used with the verb. The word **aimer** itself is the infinitive form. Most French infinitives end in **-er**, like **aimer**; they are called regular **-er** verbs. Their present-tense forms are created by dropping **-er** and adding the endings shown in the following chart.

Definition: The infinitive form corresponds to the English "to" form: *to do, to sing*, etc. In French dictionaries, verbs are listed in the infinitive form.

ES 2. Practice plural forms of *aimer* with choice questions about which activities the following people like or don't like to do: *les personnes sérieuses et introverties, et les personnes sociables et extraverties (sortir en groupe, rester à la maison, choquer les autres, parler en classe, faire la fête, écrire des poèmes).*

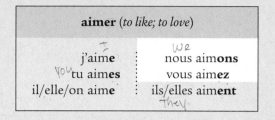

aimer (*to like; to love*)	
j'aim**e**	nous aim**ons**
tu aim**es**	vous aim**ez**
il/elle/on aim**e**	ils/elles aim**ent**

Notice that all the forms in the yellow L-shaped area are pronounced the same.

Pronunciation Hint

aime~~r~~: j'aim~~e~~, tu aim~~es~~, il aim~~e~~, nous ᶻ aimõn~~s~~, vous ᶻ aime~~z~~, ils/elles ᶻ aim~~ent~~

C. Use **aimer** + infinitive to say what someone likes to do. Use **aimer** with **ne... pas** to indicate what someone doesn't like to do.

J'**aime dîner** au restaurant.	*I like to eat dinner in a restaurant.*
Joël **n'aime pas danser.**	*Joël doesn't like to dance.*
Mes amis **aiment jouer** au football.	*My friends like to play soccer.*

D. Other groups of regular French verbs have infinitives that end in **-ir** (**finir**, *to finish*) and **-re** (**répondre**, *to answer*). Still others have irregular infinitives, such as **être** and **avoir.** You will learn more about these verbs in later chapters.

E. **Détester** and **adorer** are conjugated like **aimer** and may also be used with a following infinitive to express feelings.

★ *You will learn more about* **-er** *verbs in* **Grammaire 1.5.**

Je **déteste étudier** le samedi soir.	*I hate to study on Saturday nights.*
J'**adore dormir** tard le dimanche matin.	*I love to sleep late on Sunday mornings.*

Exercice 4 Le dimanche d'Albert

Ex. 4. Students supply the appropriate form of *aimer*, in *aimer* + infinitive contexts.

Remplacez les tirets par une forme du verbe **aimer.**

1. Ma sœur _____ dormir jusqu'à* midi.
2. Mes parents _____ jouer aux cartes.
3. Daniel et moi, nous _____ jouer au tennis.
4. Moi, j'_____ lire le journal.
5. Tes amis et toi, qu'est-ce que vous _____ faire?
6. Et toi, tu _____ faire les mêmes choses?

———————————————

*until

Exercice 5 Passe-temps préférés

Répondez et puis indiquez un autre passe-temps préféré.

Suggestions

aller au cinéma	jouer aux cartes
danser	lire des livres / le journal
dormir tard	regarder la télé
écouter de la musique classique	surfer sur Internet

MODÈLE: Est-ce que vos amis aiment cuisiner? →
Mes amis aiment cuisiner, mais ils aiment aussi dîner au restaurant. (Mes amis n'aiment pas cuisiner, mais ils aiment dîner au restaurant.)

1. Est-ce que vos amis aiment surfer sur Internet?
2. Est-ce que votre mère aime jouer du piano?
3. Est-ce que votre père aime écouter du rock?
4. Est-ce que votre petit ami / petite amie aime faire une promenade?
5. Est-ce que votre professeur de français aime aller au cinéma?
6. Est-ce que vous aimez jouer au tennis le week-end?

1.3. To practice years, estimate the range of birth years for the class and write those years on the board. Ask who was born in each year. *Est-ce qu'il y a quelqu'un qui est né en 1988? Qui est né en 1990?* Then distribute a list of names + birth and death years and ask input questions. Example: Claude Débussy, 1862–1918 and Beethoven, 1770–1827. *Qui est né en 1770? Qui est mort en 1918? Est-ce que Beethoven est né en 1862 ou en 1770?*

Talking about dates and personal data: Numbers beyond 100

➤ The day always comes before the month: 25.12.04 = **le 25 décembre 2004.**

➤ Use **le premier** to express the first of the month.

➤ **avoir**

j'ai	**nous avons**
tu as	**vous avez**
il a	**ils ont**

A. To talk about the date, use one of these expressions.

Quelle est la date aujourd'hui?	*What's today's date?*
Aujourd'hui **c'est le vingt** (**le huit,** etc.) **avril.**	*Today is April 20th (8th, etc.).*
Aujourd'hui **nous sommes le premier** janvier.	*Today is January 1st (first).*

B. To express age, use **avoir** (*to have*) + number + **ans.**

—Joël, quel âge **as**-tu?	*Joël, how old are you?*
—J'**ai** huit **ans.**	*I'm eight.*
—Et ton frère Emmanuel?	*How about your brother Emmanuel?*
—Il **a** quatorze **ans.**	*He's fourteen.*

C. Here is how to tell your birthday and birthdate.

Mon anniversaire est le vingt et un septembre.	*My birthday is September 21st.*
Je suis né(e) en 1989.	*I was born in 1989.*

D. Years before 2000 can be expressed in two ways in French. For 2000 and after, there is just one way.

> 1998 = dix-neuf cent quatre-vingt-dix-huit
> mille neuf cent quatre-vingt-dix-huit
> 2000 = deux mille
> 2005 = deux mille cinq

E. Here are the numbers from 101 to two billion.

101 cent un	400 quatre cents	1.000	mille
102 cent deux	500 cinq cents	10.000	dix mille
200 deux cents	600 six cents	100.000	cent mille
201 deux cent un	700 sept cents	1.000.000	un million (de)
202 deux cent deux	800 huit cents	2.000.000	deux millions (de)
300 trois cents	900 neuf cents	1.000.000.000	un milliard (de)
		2.000.000.000	deux milliards (de)

ES 3. Practice higher numbers with modified Bingo. Prepare several sets of numbers in random order from restricted sequences (80–90, for example). State the sequence and have students write down three numbers of their choice from it. Read your list aloud. The first person whose three numbers are called wins and stops your reading. Do several games quickly.

➤ The **-s** of **cents** is dropped if it is followed by another number: **deux cents, deux cent un. Mille** never takes an **-s: deux mille.**

➤ In French, a period (not a comma) is used in higher numbers.

Exercice 6 La famille Colin

Dites l'âge de chaque membre de la famille.

MODÈLE: Joël / 8 →
Quel âge a Joël? Il a huit ans.

1. Francis Lasalle / 70
2. Claudine Colin / 45
3. Victor Colin / 47
4. Marise et Clarisse / 19
5. Charles / 17
6. Emmanuel / 14

ES 4. Distribute copies of a phone book page with French names (Canadian, French, etc.) and have students tell you the numbers for names you call out.

Ex. 6. This exercise focuses on numbers below 100. Do aloud in class, then have students work in pairs, while you circulate to help with pronunciation of numbers.

Exercice 7 Au téléphone

Lisez à haute voix ces numéros de téléphone français.

MODÈLE: 01.42.68.13.03 →
zéro un, quarante-deux, soixante-huit, treize, zéro trois

1. 02.65.10.80.30	4. 01.98.75.21.60	7. 04.45.62.86.43
2. 03.87.53.40.16	5. 02.77.38.82.97	8. 03.83.76.64.90
3. 05.20.55.70.81	6. 05.91.18.39.78	9. 02.53.67.07.11

Ex. 7. In-class pair work: A closes the book, while B dictates the phone number. B then verifies the number; if it is not correct, B must communicate, in French only, the correction.

Exercice 8 Codes postaux

Lisez les codes postaux de certaines villes françaises à haute voix.

MODÈLE: 29200 Brest → vingt-neuf mille deux cents

1. 44000 Nantes	4. 13002 Marseille	7. 75015 Paris
2. 67000 Strasbourg	5. 59000 Lille	8. 33000 Bordeaux
3. 69009 Lyon	6. 64200 Biarritz	

Ex. 8. Before assigning, dictate a few simple numbers to practice the thousands (35.000, 48.000, 91.000). Then dictate a few more numbers using the hundreds (500, 540, 589). Finally, ask questions about the cities. *Est-ce que le code postal de Bordeaux est le 75015 ou le 33000?* After home practice, you may wish to use this for partner practice. *Quel est le code postal de Bordeaux? (C'est trente-trois mille.)*

Ex. 9. Note that it is a good idea to write out twentieth-century years fully (e.g., 3.1.2002) to avoid any possible confusion that the abbreviated form (e.g., 3.1.02) could lead to.

Exercice 9 Anniversaires

Posez la question et répondez avec les renseignements donnés entre parenthèses.

MODÈLE: Francis Cabrel (23.11.53) → Quelle est la date de naissance de Francis Cabrel?
C'est le 23 novembre 1953 (le vingt-trois novembre mille neuf cent cinquante-trois).

1. Elvis Presley (8.1.35)
2. Serena Williams (26.9.81)
3. Frédéric Chopin (1.3.1810)
4. Paul McCartney (18.6.42)
5. Sigmund Freud (6.5.1856)
6. Mickey Mouse (18.11.28)
7. Magic Johnson (14.8.59)
8. Yves Saint-Laurent (1.8.36)
9. MC Solaar (5.3.69)
10. B.B. King (16.9.25)

1.4. The emphasis here is on (1) forms of *venir* and (2) the use of *de* to indicate *from*. Students need extra input with *vient/viennent*. Before assigning, review with *de* + cities/continents and feminine names of countries. Use photos or names students recognize. *D'où vient Mao Tse-Tung? Est-ce qu'il vient de Chine ou de Thaïlande?* (Cléopâtre/Égypte ou Belgique; Napoléon et Joséphine/Belgique ou France; Indiana Jones/Espagne ou Amérique; Astérix et Obélix/France ou Algérie; Jules César/Rome ou Paris; Winnie-le-Pooh et Christophe Robin/Angleterre ou Allemagne). We give the rules for *de* + article as an advance organizer. Students should not be tested on the use of *du/des* at this time. These rules are reintroduced for active use in *Grammaire 8.2.*

1.4 Stating origin: The verb venir

A. Here are the forms of **venir**.

➤ Note that most French verbs have the same plural endings: **-ons, -ez, -ent.**

With a few exceptions, verbs other than **-er** verbs have the same singular endings: **-s, -s, -t.**

venir *(to come)*	
je **viens**	nous **venons**
tu **viens**	vous **venez**
il/elle/on **vient**	ils/elles **viennent**

Use the verb **venir** and the preposition **de** to ask or say where someone is from.

—**D'où vient** Mme Martin? — *Where's Madame Martin from?*
—Elle **vient de** Montréal. — *She's from Montreal.*
—Et **d'où viens**-tu? — *And where are you from?*
—Moi, je **viens de** Kansas City. — *I'm from Kansas City.*

Other verbs conjugated like **venir: devenir** *(to become)*, **revenir** *(to come back, return).*

ES 5. *De* + names of cities: *Avec quelle ville associez-vous la pizza? Elle vient de Rome ou de Bruxelles?* (le rosbif/Paris ou Londres; les croissants/Mexico ou Paris; le wienerschnitzel/Vienne ou Pékin; les tacos/Mexico ou Copenhague; les hamburgers/Chicago ou Tokyo)

ES 6. Have students write down the name of a city of origin for a celebrity. (Woody Allen/New York; John Lennon/Liverpool; Kirstie Alley/Wichita; Brad Pitt/Springfield, MO, etc.) Then have students practice *De quelle ville vient… ?*

Pronunciation Hint

All singular forms of **venir** are pronounced alike: **viẽn̸s̸.** The pronunciations of the plural forms are **venõn̸s̸, veneź, viennȩn̸t̸.**

B. To ask for a specific country or city of origin, use **De quel pays... ?** or **De quelle ville... ?**

ES 7. Practice *viennent* with nationalities + feminine names of countries: *D'où viennent les Belges? Ils viennent de Belgique.* (les Français, les Espagnols, les Chinois, les Algériens, les Allemands, les Anglais)

—**De quel pays** vient Julien Leroux? — *What country does Julien Leroux come from?*

—Il vient de Belgique. — *He comes from Belgium.*
—**De quelle ville** viennent les Lasalle? — *What city do the Lasalles come from?*
—Ils viennent de Lyon. — *They come from Lyon.*

C. In some cases, **de** is replaced by **du** or **des** when speaking of countries.

- Use **du** when the name of a country is masculine.

—De quel pays viennent ces étudiants? — *What country are these students from?*

—Ils viennent **du** Japon (**du** Brésil, **du** Portugal). — *They're from Japan (Brazil, Portugal).*

- Use **des** if the name of a country is plural.

—D'où venez-vous? — *Where are you from?*
—Je viens **des** États-Unis. — *I'm from the United States.*

➤ —**Tu viens de France?**
—**Oui, je viens de Paris.**

—**Raoul vient des États-Unis?**
—**Non, il vient du Canada.**

✹ *You will learn more about country names in* **Grammaire 8.2.**

Exercice 10 À la maison internationale

Utilisez les formes du verbe **venir.**

1. Voici mon ami Jean-Michel. Il _____ du Canada et il parle français.
2. Voilà Julie et Mark. Ils _____ des États-Unis.
3. Voilà Mohammed. Il _____ d'Algérie et sa femme Natacha _____ de Russie.
4. Voilà Carmen et José. Ils _____ de Madrid, en Espagne.
5. Et vous, d'où _____-vous? —Nous _____ de Côte-d'Ivoire. Moi, je m'appelle Madi et mon amie s'appelle Ramatou.
6. Christiane, tu _____ de Suisse, n'est-ce pas? —Oui, je _____ de Genève.

1.5. This section reintroduces the *-er* conjugation as a pattern characterizing the present tense of most French verbs. (*-er* verbs account for more than 90% of all French verbs, and newly formed verbs, with very few exceptions, are formed on the *-er* model.) The purpose of this section is to encourage students to develop the ability to generalize this pattern to new verbs, even when they have not actually heard all of the relevant forms in the input. Review singular and plural third-person forms with PF photos, writing examples on the board in two columns as you talk. Point out the *-e/-ent* distinction. Expand with other forms and create other columns. *Moi, je...* , *Dans ma famille, nous...* , etc. In the end, review the endings in association with the appropriate pronouns.

1.5 Talking about actions: Present tense of -er verbs

A. Infinitives ending in **-er** are conjugated like **aimer.** (The only exception is **aller,** *to go.*) To conjugate these verbs, drop **-er** from the infinitive and add the endings **-e, -es, -e, -ons, -ez, -ent.**

✹ *You will learn about* **aller** *in* **Grammaire 2.3.**

travailler (*to work*)	
je travaill**e**	nous travaill**ons**
tu travaill**es**	vous travaill**ez**
il/elle/on travaill**e**	ils/elles travaill**ent**

ES 8. Practice transformation from second person (*vous*) to first person (*je*): —*Dans une disco, est-ce que vous dansez ou est-ce que vous étudiez? —Je danse.* (au cinéma/ regarder un film ou chanter; au restaurant/manger ou écouter la radio; au parc/pique-niquer ou cuisiner; à la piscine/nager ou danser; samedi/aller au cinéma ou rester à la maison) Repeat, using *tu/je*, then *vous/nous*.

habiter (*to live*)	
j' habit**e**	nous habit**ons**
tu habit**es**	vous habit**ez**
il/elle/on habit**e**	ils/elles habit**ent**

Remember that the forms of **-er** verbs in the yellow L-shaped area are pronounced the same because their endings are silent.

Pronunciation Hint

In **travailler,** the letters **aill** sound like English "eye." Also note that because the initial **h** in **habiter** is silent, **je** contracts to **j'**, and you must make the liaison with all the plural forms: **j'habite, nous habitons, vous habitez, ils habitent, elles habitent.** This applies to all verbs beginning with vowels: **étudier** (*to study*): **j'étudie, nous étudions,** etc.

➤ **j'étudie** = *I study, I am studying,* or *I do study*

B. Notice that the French present tense is equivalent to three meanings in English.

Daniel travaille à la bibliothèque ce soir.	Daniel **is working** at the library tonight.
Denise travaille à la bibliothèque tous les samedis.	Denise **works** at the library every Saturday.
Oui, Denise travaille quelquefois le dimanche après-midi.	Yes, Denise **does work** on Sunday afternoons sometimes.

C. Here are some **-er** verbs you can use to talk about activities and actions.

chanter *to sing*	**dîner** *to eat dinner*	**parler** *to talk, speak*
chercher *to look for, go get*	**donner** *to give*	**regarder** *to look at*
cuisiner *to cook*	**écouter** *to listen to*	**rencontrer** *to meet*
danser *to dance*	**inviter** *to invite*	**rentrer** *to return, come back (home)*
déjeuner *to eat lunch*	**jouer** *to play*	**rester** *to stay*
dessiner *to draw*	**manger** *to eat*	**voyager** *to travel*
	nager *to swim*	

D. Some **-er** verbs like **préférer, acheter,** and **appeler** have a spelling change in their present-tense forms before the silent endings **(-e, -es, -ent).** Verbs like **manger** and **commencer** have a spelling change in the **nous** form. See the charts in **Appendices A** and **C.3** for more information about spelling changes in **-er** verbs.

Exercice 11 La vie de Joël

Joël décrit les activités de sa famille et de ses amis. Complétez ses phrases avec la forme appropriée du verbe.

1. Moi, je _____ à la piscine le samedi. (nager)
2. Ma sœur Clarisse _____ beaucoup au téléphone. (parler)
3. Et toi aussi, Marise, tu _____ souvent au téléphone, non? (parler)
4. Nous _____ à huit heures, d'habitude. (dîner)
5. Ma tante Christine _____ dans un hôpital. (travailler)
6. Mes grands-parents _____ dans la même ville que nous. (habiter)
7. Mes amis et moi, nous _____ souvent. (chanter)
8. Mon copain Malik _____ beaucoup avec sa famille. (voyager)
9. Mes copines Sophie et Lourdes _____ au football. (jouer)
10. Et mes parents _____ beaucoup d'amis pendant le week-end. (inviter)

Exercice 12 Ma vie

Complétez par la forme correcte et dites si la phrase correspond à votre situation.

MODÈLE: Tu *travailles* beaucoup. →
Oui, je travaille beaucoup. (Non, je ne travaille pas beaucoup.)

1. C'est l'opinion de mes parents:
   a. «Tu _____ excessivement!» (travailler)
   b. «Tu _____ trop au téléphone.» (parler)
2. Dans ma famille,
   a. nous _____ beaucoup la télé. (regarder)
   b. nous _____ ensemble. (dîner)
3. Mes amis sont intéressants.
   a. Ils _____ toutes sortes de musique. (écouter)
   b. Ils _____ aux jeux vidéo. (jouer)
4. C'est l'opinion de notre professeur:
   a. «Vous _____ beaucoup!» (étudier)
   b. «Vous _____ vos devoirs tous les jours.» (préparer)
5. Moi,
   a. j'_____ dans une résidence universitaire. (habiter)
   b. je _____ normalement à l'université. (déjeuner)
6. C'est mon opinion:
   a. Mes professeurs _____ trop de devoirs. (donner)
   b. Mon professeur de français _____ vite! (parler)

Ex. 12. This exercise practices all -er forms. Students will probably need to use negation with *ne... pas* as well. Have them write statements about their personal situations. (*Oui, je parle excessivement.* or *Non, je ne parle pas excessivement.*) Before assigning, go over the subject transformations students will need to make. In class, you can do as a partner practice by having students compare their personal answers.

1.6. Most English speakers can understand and use the noun + *de* + noun pattern for possession after little exposure. Contractions of *de*, however, are acquired more slowly. Students will need to use mostly *de* + proper name. Review with famous names: *Comment s'appelle la femme de John Kennedy?* To illustrate objects, pick up a student's pencil and ask *Est-ce le stylo de Paul ou le stylo de Tammy?* Write examples on the board with both people and objects.

ES 9. Possession with *de.* Pick out distinctive objects in class and collect them. (*Qu'est-ce que c'est? C'est un sac à dos orange et rose! À qui est-ce? Ah, c'est le sac de Paulette.* Borrow Paulette's bag.) Lay the objects on your desk for everyone to see and ask the class to identify which object belongs to whom. Then return them, using TPR: *Maurice, quel est le stylo de Louis? Rendez-lui son stylo, s'il vous plaît.*

1.6 Expressing relationships and possession: Contractions of **de**

A. You have already learned how to express relationships using possessive adjectives such as **mon** and **votre**. To express a relationship to someone using that person's name, use **de** + name. This is the equivalent of -'s in English.

—Est-ce que c'est la sœur **de Denise**?   *Is that Denise's sister?*
—Oui, c'est sa sœur.   *Yes, that's her sister.*

B. To express a relationship to a person who is not named directly, use **de** + definite article + noun.

✶ Review **Grammaire 1.1** on possessive adjectives.

★ *Review the use of* **l'** *in* **Grammaire A.3.D.**

➤ Contractions of **de:**
de + le = du
de + les = des

➤ **Des** has two meanings:
1. indefinite article
un ami algérien →
des amis algériens
2. contraction of **de + les**
Voilà le père des enfants.

C'est le chat de la sœur de Paul.
La femme de l'oncle Victor a 43 ans.

It's Paul's sister's cat.
Uncle Victor's wife is 43 years old.

If **de** is followed by **le** or **les,** the two words combine: **de + le** is replaced by **du,** and **de + les** becomes **des.** Note that **de + l'** do not contract.

Voici les livres **du** professeur.
C'est la voiture **des** amis de Patrick.
Voici la sœur **de l'**amie de Sarah.

Here are the instructor's books.
It's Patrick's friends' car.
Here is Sarah's friend's sister.

Exercice 13 L'album de Raoul

Raoul Durand montre son album de photos à Barbara. Terminez les phrases par **de, du, des,** etc., et les informations entre parenthèses.

MODÈLE: (les enfants) Voici la nouvelle bicyclette _____. →
Voici la nouvelle bicyclette *des enfants.*

1. (Paul) Voici la voiture _____. Elle est rapide.
2. (les petites filles) La femme blonde est notre amie Marie. C'est la mère _____.
3. (la femme blonde) Ça, c'est le mari _____ Il s'appelle Albert.
4. (Mme Haddad) Voilà la belle maison _____. Quel beau jardin!
5. (le cousin de mon père) Voici la fille _____. Elle s'appelle Claire.
6. (Claire) Voici l'ami _____. Il est beau, n'est-ce pas?

Ex. 13. Use definitions of family members to review *de* + articles. (*Le père est le mari de la mère.*) Note that students have already seen *des* as the plural indefinite article. It would be useful to point out that there are two *des* forms: one is an article, i.e., the plural form for *un/une;* the other is a *de* contraction, corresponding to English *of the.*

Exercice 14 Relations familiales

Répondez à ces questions sur les relations familiales.

MODÈLE: Le grand-père, c'est le mari de qui? →
Le grand-père, c'est le mari de la grand-mère.

1. La grand-mère, c'est la femme de qui?
2. La tante, c'est la femme de qui?
3. Le cousin, c'est le fils de qui?
4. La belle-sœur, c'est la femme de qui?
5. Le grand-père, c'est le père de qui?
6. L'oncle, c'est le père de qui?

Notes for *Info: Société* continued from p. 54. Point out that the *Asterix* characters were contemporaries of Julius Caesar (himself an important character in the comic strip), who waged war against them in 58–51 BC. (The earliest known Gallic civilization dates back to 900 BC.) Have students identify Brittany, Alsace, and the Mediterranean coast, as well as relations of ethnic proximity: Alsatians with Germans, Bretons with the Welsh and the Irish, *Méridionaux* with Italy. You may add regions such as the Languedoc in proximity to Catalonia, French Flanders and its Belgian counterpart or the Basque region, which straddles France and Spain. To explain the term *banlieue,* show students the photo on p. 145.

On the world map at the front of the book, ask students to identify what were formerly called the "DOM-TOM" countries (not labeled as such, because these are no longer the official administrative categories). Explain the difference between them and independent French-speaking countries. If possible, illustrate ethnic diversity by showing pictures of the inhabitants of the various "DOM-TOM" countries, perhaps as a game quiz. Have students locate the Maghreb (an Arabic term meaning "Kingdom of the West"). The Berbers, or more correctly the *Kabyles,* are a separate ethnic group from the Arabs and have their own language (*Tamazight*). They have inhabited the Maghreb since prehistoric times, long before the Arabic westward expansion in the 8th and 9th centuries.

La vie quotidienne et les loisirs

Une cycliste se balade le long de la Seine, à Paris.

CO Photo. Describe the scene and the young woman in it, what she is wearing, doing, etc. Ask students what they like to do in their free time when the weather is good.

Objectifs

In *Chapitre 2,* you will talk about the weather, your recreational activities, and your routine. You will also learn to describe your abilities and to express plans and wishes.

Instructor information. For goals and *Mise en train* activities for this chapter, please refer to p.98. Starting with this chapter, all goals and *Mise en train* activities will be located on the last page of the corresponding chapter.

ACTIVITÉS

Le temps, les saisons et les loisirs

Les activités quotidiennes

Les habitudes et les projets

Aptitudes et rêves

LECTURES

Info: Société Zinédine Zidane, «dieu du football»

Les francophones sur le vif Kévin Vanderelst

Lecture À chacun ses loisirs

GRAMMAIRE

2.1 Talking about activities and weather: The verb **faire**

2.2 Talking about everyday activities: Reflexive verbs

2.3 Going places and future actions: The verb **aller,** contractions of à

2.4 Making general statements: The subject pronoun **on**

2.5 Abilities and desires: The verbs **pouvoir, vouloir,** and **savoir**

Activités et lectures

Le temps, les saisons et les loisirs

✶ **Attention! Étudier Grammaire 2.1**

En hiver, il fait froid. Jean-Yves fait du ski dans les Alpes, à Chamonix.

Au printemps, il fait du vent et il fait frais.

Francis Lasalle pêche dans un lac.

En été, il fait chaud.

Quand il fait beau, Adrienne fait de la planche à voile.

En automne, Emmanuel et ses amis font des promenades à la campagne.

Activité 1 Interro: L'hiver en France

☀ Il fait du soleil.
🌬 Il fait du vent.
▨ Il y a du brouillard.
☁ Le ciel est couvert.
🌧 Il pleut.
❄ Il neige.

Regardez la carte et répondez.

MODÈLE: É1: Quel temps fait-il à Lille?
É2: Il pleut et il fait frais.

Activité 2 Discussion: Les quatre saisons

Quels sont vos passe-temps préférés? Écoutez votre professeur et dites **oui** ou **non.**

MODÈLE: É1: Moi, je fais du camping avec ma famille.
É2: Pas moi! J'ai horreur de ça.

1. En été, quand il fait très chaud, je...
   a. fais du camping avec des copains.
   b. nage à la piscine.
   c. fais de la planche à voile.
   d. reste à la maison.
2. Au printemps, s'il fait beau, mes amis et moi, nous...
   a. pique-niquons à la campagne.
   b. étudions sous les arbres.
   c. jouons souvent au frisbee.
   d. faisons des promenades.
3. En automne, très souvent, je...
   a. regarde des matchs à la télé.
   b. fais du vélo.
   c. fais des longues promenades en voiture.
   d. joue au basket au gymnase.
4. Quand il neige, en hiver, ma famille et moi, nous...
   a. faisons du ski.
   b. passons nos vacances à la plage.
   c. allumons un grand feu dans la cheminée.
   d. invitons des amis chez nous.

Exprime-toi!

C'est vrai?
Moi aussi!
Moi, jamais!
J'aime ça.
Je n'aime pas ça.
C'est barbant!
C'est génial!
C'est super!
C'est nul!

INFO: Société

Zinédine Zidane, «dieu du football»

Info: Société. The historic victory of the national team in the 1998 World Cup symbolized the diversity of the French people because several of the top players were not of metropolitan French stock. You may wish to point out Algeria on the map of Africa at the back of the book.

Aujourd'hui, le football est de toute évidence le sport préféré dans le monde. L'équipe[1] nationale française («les bleus») est devenue championne du monde en 1998, sous la direction d'un capitaine exceptionnel, Zinédine Zidane. D'origine algérienne mais né à Marseille, «Zizou» joue d'abord[2] professionnellement à Cannes, puis à Bordeaux, avant de partir en Italie (Milan) et en Espagne (Madrid). La France perd[3] la finale de la coupe du monde en juillet 2006, et Zidane est expulsé avant la fin du match pour acte de violence sur un joueur adverse. Malgré tout,[4] il est officiellement désigné comme «Meilleur joueur» pour sa technique brillante et son extraordinaire sens du jeu. Il est respecté aussi pour sa modestie, sa disponibilité[5] et sa générosité. C'est une des personnalités françaises les plus populaires: des centaines d'articles, des livres et même un film lui sont consacrés.

[1]groupe de joueurs
[2]en premier
[3]≠ gagne
[4]Malgré... *Despite everything*
[5]être accessible

● Zinédine Zidane, ancien capitaine de l'équipe nationale française et footballeur extraordinaire

Act. 3. (partners) Be sure students understand the vocabulary before assigning to partners. Explain that *tu aimes mieux = tu préfères*. Those who finish early should think up other choice questions to ask their partners. New vocabulary: *bavarder, faire des courses, faire du sport (du vélo), iPod™.*

Cliquez là!

Cherchez un site sur la Fédération de tennis ou sur le Tour de France. Qui sont les derniers champions et de quelle(s) nationalité(s) sont-ils? Est-ce qu'il y a des participants qui viennent de votre pays? Quels sont leurs noms?

www.mhhe.com/deuxmondes6

Activité 3 Échanges: Mes activités préférées

MODÈLE: É1: Tu aimes mieux danser ou faire une promenade?
         É2: Moi, j'aime mieux... Et toi?

1. aller à la plage ou aller à la montagne?
2. surfer sur Internet ou faire du sport?
3. lire un bon livre ou regarder la télé?
4. pêcher ou pique-niquer?
5. faire du vélo ou faire une promenade?
6. dîner au restaurant ou dîner à la maison?
7. danser ou bavarder avec des amis?
8. écouter ton iPod ou aller au cinéma?
9. faire des courses ou sortir avec tes amis?

AS 6. Do an autograph activity about favorite activities. Besides the activities in the book so far, here are a few others you might add: *jouer au billard, jouer au bridge, écouter de la musique folklorique, regarder les informations à la télé, voyager en hiver, faire de la photo, jouer du violon.*

Cliquez là! For skiers, sailors, soccer enthusiasts, and others, you might allow students to research their favorite sport using *la coupe de* + the name of their sport. Have them use the information they gather for small-group discussions in class or assign as a written report.

Activité 4 Associations: Les endroits et les activités

Cherchez les endroits logiques.

MODÈLE: Nous y voyons des films. →
Nous voyons des films au cinéma.

LES ACTIVITÉS

1. On y fait du ski en hiver.
2. Nous y faisons les courses.
3. On y fait des longues promenades.
4. On y pêche très souvent.
5. Nous y pique-niquons parfois.
6. Beaucoup d'étudiants y font la fête.
7. On y allume un feu quand il fait froid.
8. Nous y étudions et regardons la télé.
9. On aime y aller pour voir des films.
10. Beaucoup de gens y font de la gym.

LES ENDROITS

a. à la maison
b. dans la cheminée
c. au gymnase
d. au cinéma
e. au centre commercial
f. à la campagne
g. dans une rivière
h. à la discothèque
i. sous un arbre
j. à la montagne

Les activités quotidiennes. Ask questions about the drawings that require names as answers or provide choices. *Qui se rase le matin? Est-ce que Christine se lève de bonne heure ou très tard?* (Explain: *6 h du matin = de bonne heure, 10 h du matin = tard*.) *Est-ce que Bernard fait une promenade ou s'entraîne?* New vocabulary: *avant de, se brosser, se coucher, de bonne heure, se dépêcher, devant, école, en retard, s'entraîner, ensuite, fois, s'habiller, lentement, se lever, miroir, se raser, se réveiller, tôt, toujours.*

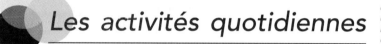

Les activités quotidiennes

✴ **Attention! Étudier Grammaire 2.2**

Une journée typique chez la famille Lasalle (à Lyon)

Act. 4. (whole class) (See IM, *Associations*.) Be sure students recognize all the places. Read the activities as the group answers. For each place, ask students to think of as many activities as possible. Answers must be in French. New vocabulary: *faire de la gym (nastique), gymnase, parfois, rivière, voir.*

AS 7. TPR sequence. Students mime with you a typical daily routine. Repeat daily, adding new activities. *Vous êtes dans votre lit confortable.* (line drawing or photo) *Dring, drrrinng. Ah zut! Six heures du matin! Réveillez-vous, ouvrez les yeux, bâillez, levez-vous, étirez-vous, allez dans la salle de bains, douchez-vous, lavez-vous les cheveux, séchez-vous les cheveux, habillez-vous.* (For TPR, see IRK, Ch. 2.)

AS 8. After students begin to comprehend the reflexives and other new verbs, ask them to help you name as many actions as they can think of that occur during their typical day. Write the verbs on the board (*je m'habille, je vais à…*). When you have 10–20 verbs, begin using the hours as an organizing principle: *À quelle heure est-ce que vous déjeunez? Est-ce que vous… pendant l'après-midi ou le soir? Vers quelle heure?*

Christine se lève tous les jours de bonne heure. Elle se réveille très lentement.

Bernard se douche toujours le matin. Ensuite, il se rase devant le miroir.

Camille se dépêche le matin. Elle s'habille toujours très vite parce qu'elle n'aime pas être en retard pour l'école.

Bernard s'entraîne au gymnase trois fois par semaine.

Marie-Christine se brosse les dents avant d'aller au lit.

Marie-Christine et Nathalie se couchent tôt les jours de classe.

Activité 5 Ordre logique: La toilette et les habitudes

Act. 5. (whole class) Read the list of verbs and ask if it is logical. Have students say the verbs in the order they prefer. Then expand with questions such as *À quelle heure vous couchez-vous? Vous déshabillez-vous rapidement ou lentement? Combien de fois par semaine est-ce que vous vous lavez les cheveux?* New vocabulary: *d'abord, se déshabiller, se doucher, habitude, se laver le visage (les cheveux), se maquiller, puis, se sécher, toilette, utiliser.*

AS 9. Display on board or OHP (overhead projector) a list of 15–20 routine activities. (*Je me lève. Je me lave les cheveux. Je déjeune à la maison.*) Students list 8 actions they do the most often. Then they are paired to compare lists to see what they have in common. One student reads the first activity; the other searches his/her list to see if there is a match.

Mettez ces activités dans le bon ordre.

Vocabulaire utile   d'abord, ensuite, puis

MODÈLE: je m'habille / je me douche / je me lève →
D'abord je me lève, ensuite je me douche et puis je m'habille.

1. je m'habille / je me sèche / je me douche
2. je me couche / je me douche / je me déshabille
3. je me rase / je me réveille / je me lave le visage
4. je me douche / je me brosse les cheveux / je me lave les cheveux
5. je me brosse les dents / je me maquille / je me lève
6. je me dépêche / je me lève / je m'habille
7. je dîne / je me couche / j'étudie
8. je me douche / je fais de la gym / je me lave les cheveux

Activité 6 Échanges: La vie chez moi

Act. 6. (partners; small groups) Model a few examples first, including *tout le monde* and the negative construction *Personne ne...* Follow up by general class discussion and extend: *Qui se maquille chez vous, Robert? Votre sœur? Est-ce qu'elle passe beaucoup de temps à se maquiller? Combien de temps?* New vocabulary: *affaires, chez toi, laisser, par terre, personne ne..., le/la premier/première, tout le monde.*

AS 10. Do an autograph activity based on the verbs in *Acts. 5* and *6: É1: Tu te douches le matin ou le soir?*, etc. *É2: Tu fais de la gym?*, etc. Include a few verbs from *Chapitre 1* for variety. *Tu chantes sous la douche? Tu aimes sortir le soir?*, etc.

Suggestions

mes parents   mon/ma camarade de chambre
mon frère / ma sœur   tout le monde

MODÈLE: É1: **Chez toi, qui se douche le matin?**
É2: **Tout le monde se douche le matin.**

Chez toi, qui...

1. se couche tard? (tôt? À quelle heure?)
2. chante sous la douche? (Il/Elle chante bien?)
3. s'entraîne au gymnase? (Combien de fois par semaine?)

4. se lave les cheveux tous les jours?
5. cuisine? (tous les jours? C'est bon?)
6. se lève le premier / la première? (À quelle heure?)
7. se dépêche tous les matins?
8. s'habille vite et laisse ses affaires par terre?
9. se couche de bonne heure? (À quelle heure? Pourquoi?)
10. ?

Activité 7 Enquête: Une semaine typique

Est-ce que les déclarations suivantes s'appliquent à vos habitudes?

Vocabulaire utile   toujours (T), souvent (S), quelquefois (Q), rarement (R), jamais (J)

_____ 1. Les jours de classe, je me lève de bonne heure.
_____ 2. Je prends un petit déjeuner nourrissant.
_____ 3. Je m'habille avant de prendre le petit déjeuner.
_____ 4. Le matin, je suis en retard et je me dépêche.
_____ 5. Je fais mon lit et je laisse ma chambre en ordre le matin.
_____ 6. Je préfère me doucher et me laver les cheveux le soir.
_____ 7. Le soir, je prépare mes vêtements pour le lendemain.
_____ 8. Avant de m'endormir, j'aime lire un peu.
_____ 9. J'aime aller à l'université en voiture.
_____ 10. J'ai un emploi et je travaille après les cours.

Act. 7. (individual; whole class; partners) (1) Explain that this is a survey of typical habits. Students listen as you read the items and then write the letter of their answer beside each number. (2) Afterward, ask for a show of hands and count each category for each item, writing the numbers on the board. Make comments from time to time: *Tiens! Quelle classe énergique (paresseuse)! (Rarement) est votre réponse favorite!* (3) Finally, assign to partners for comparison of habits. New vocabulary: *emploi, s'endormir, faire son lit, lendemain, nourrissant(e), petit déjeuner, université.*

Activité 8 Entretien: Questions personnelles

1. À quelle heure est-ce que tu te couches d'habitude? Tu aimes lire avant de te coucher?
2. À quelle heure est-ce que tu te lèves? (les jours de semaine? le week-end?) Tu aimes dormir avec la fenêtre ouverte?
3. Est-ce que tu prends un bain ou est-ce que tu te douches? Tu utilises du savon ou du gel douche?
4. Tu te laves les cheveux tous les jours? Quel est ton shampooing préféré?
5. Est-ce que tu te rases tous les jours? Avec un rasoir mécanique ou électrique?
6. Est-ce que tu te maquilles tous les jours ou seulement pour les grandes occasions?
7. Combien de fois par jour est-ce que tu te brosses les dents? Tu achètes souvent une nouvelle brosse à dents?

Act. 8. (partners) Bring articles or pictures to illustrate items such as *gel douche* and *savon.* Be sure students understand the vocabulary before assigning as a partner interview. If you feel comfortable, you may wish to have students ask you these questions after they do the activity in partners. New vocabulary: *brosse à dents, électrique, gel (douche), d'habitude, mécanique, occasion, prendre un bain, rasoir, savon, seulement, shampooing.*

Les habitudes et les projets. From earlier *Mise en train* activities, students should be familiar with forms of *aller* and *aller* + infinitive to express the future. (1) Review *aller* with nouns and infinitives (*futur proche*) using PF photos. As you talk, write examples on the board (*il va, nous allons, je vais jouer...*). *Voici la photo d'un cinéma. Qui va souvent au cinéma? Moi, j'y vais quelquefois... Voilà une femme élégante. Est-ce qu'elle porte un pyjama? Non, c'est une robe du soir! Qu'est-ce qu'elle va faire? Est-ce qu'elle va aller au McDo ou à l'opéra?* (2) Do input on the display, then ask questions about the drawings. *Est-ce que les Martin vont au restaurant le vendredi ou le samedi? Qui va au parc après le dîner? Qu'est-ce que Jean-Yves va faire la semaine prochaine?* New vocabulary: forms of *aller, chez des amis, demain, faire de la voile, favori(te), parc, projet, se promener, roman, la semaine prochaine.*

Les habitudes et les projets

AS 11. Show photos of places and ask who goes there. Include past vocabulary. *Cette femme va souvent au restaurant. Elle porte des vêtements élégants, n'est-ce pas? Est-ce que vous allez au restaurant? À quel restaurant? Portez-vous des vêtements élégants quand vous y allez?*

AS 12. Find pictures that are suggestive of future activities and ask students to name the activities. Example: (man in pajamas reading the Sunday paper) *Oui, c'est probablement dimanche matin. Alors, qu'est-ce qu'il va faire aujourd'hui?* (se doucher, s'habiller, faire une promenade, etc.)

★ **Attention! Étudier Grammaire 2.3**

AS 13. Show photos and ask students if they are going to do the activities during the coming year. *Qui va faire du ski? Qui va voyager?*

Christine va au parc après le dîner. Elle aime se promener.

M. et Mme Martin vont à leur restaurant favori le vendredi soir.

La semaine prochaine, Jean-Yves va faire de la voile.

Ce week-end, Camille va lire un bon roman.

Demain, Bernard et Christine vont dîner chez des amis.

Ce soir, Nathalie va prendre un bain avant d'aller au lit.

Act. 9. (whole class; partners) Students will discuss future plans using *aller* + infinitive. (1) Answer the items yourself, pausing to ask students to answer also. Include comprehension checks and comments. (2) Assign partners, then do the *modèle* with a volunteer reading É1. Show how to use *Exprime-toi!*, and be sure everyone understands the other vocabulary. Students say whether statements are true or false for them. They may add items as needed to express their own experience. New vocabulary: *chercher un travail, faire ses devoirs, faire la sieste, fin, inviter, partir, pays;* Exclamations: *Bonne idée!, C'est rigolo!, Le/La pauvre!, Moi non plus!, Quel dommage!, Quelle coïncidence!, Tiens!, Tu parles!*

Activité 9 Discussion: Les projets

Dites **oui** ou **non.**

1. Ce soir, je vais...
   a. faire les courses.
   b. travailler.
   c. faire mes devoirs.
   d. ?

2. Ce week-end, je vais...
   a. faire la sieste.
   b. inviter des amis chez moi.
   c. aller au centre commercial.
   d. ?

3. À la fin du semestre, mes amis et moi, nous allons...
   a. partir en voyage.
   b. chercher un travail.
   c. faire la fête.
   d. ?

4. Le semestre prochain, je ne vais pas...
   a. étudier le week-end.
   b. sortir pendant la semaine.
   c. regarder la télé.
   d. ?

MODÈLE: É1: Ce soir, je vais travailler et faire mes devoirs.
         É2: Quelle coïncidence! Moi aussi!

Exprime-toi!

Quelle chance!
Bonne idée!
Quel dommage!
Ah! Le/La pauvre!
Moi non plus!
Quelle coïncidence!
Tu parles!
Tiens! C'est rigolo!

Activité 10 Dialogue: Le Salon de l'auto

Julien Leroux parle avec un ami.

JULIEN: On va au Salon de l'auto ce soir?
L'AMI: Je ne sais pas. Je suis fauché.
JULIEN: Pas de problème, j'ai deux billets de promotion.
L'AMI: Tu as des billets gratuits? Ah, ça, c'est formidable!
JULIEN: Alors, je passe chez toi vers 7 h 30. Ça te va?
L'AMI: Parfait. Ciao! À ce soir!

Activité 11 Récit: Les projets de Clarisse

Qu'est-ce que Clarisse Colin va faire vendredi prochain?

Vocabulaire utile prendre l'autobus, à la librairie, au théâtre, payer

Act. 12. (partners; whole class) Before assigning, be sure students understand the new vocabulary. Circulate to listen or answer questions as students talk. *É1* interviews *É2* and then *É2* interviews *É1*, or *É1* begins and they both reply to each item, hopefully leading to deeper discussion of each item. Afterward, do an informal survey to find out several answers for each question. New vocabulary: *changer de routine, se détendre, explorer, fêter, quelqu'un.*

Activité 12 Entretien: Les habitudes

1. Où vas-tu d'habitude pour fêter ton anniversaire? Pourquoi est-ce que tu aimes y aller?
2. Où est-ce que tu vas pour acheter des vêtements? Tu préfères y aller seul(e) ou avec quelqu'un d'autre? Pourquoi?
3. Tu vas souvent au cinéma? Avec qui? À quel cinéma? Tu achètes toujours du pop-corn et un coca?
4. Est-ce que tu aimes explorer ta ville? Où vas-tu pour changer ta routine?
5. Où vas-tu le week-end pour te détendre? Qu'est-ce que tu fais d'habitude? Avec qui?

Aptitudes et rêves. (1) Use PF to introduce infinitives with *pouvoir, vouloir,* and *savoir.* (Photo) *Qu'est-ce que cette femme aime faire?* (*courir*) *Oui… et voici la photo d'un bébé. Est-ce que le bébé peut courir?… Non? Pourquoi? Parce qu'il est petit. Est-ce qu'il peut marcher? Et vous, vous pouvez… ? Qu'est-ce que vous ne pouvez pas faire?* (See *AS 16–18* for other activities.) (2) Describe the illustrations: *Pauvre Daniel! Il sait courir, n'est-ce pas, mais il ne peut pas courir maintenant.* (*il sait il peut*) *Pourquoi ne peut-il pas courir? Parce qu'il a la jambe cassée. Quel dommage! Et les Martin non plus, ils n'ont pas de chance.* Culture: Charles Colin will learn to drive at a driving school, standard practice in France. One can be licensed at age 18. New vocabulary: forms of *pouvoir, savoir, vouloir; année, apprendre à, cassé(e), cette année, champion(ne), courir, devenir, faire du canoë* (*de l'escalade, de l'escrime*)*, fermeture annuelle, rêver* (*de*)*, tropical(e).*

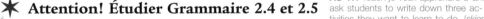

Aptitudes et rêves

AS 16. Speculate. *Qu'est-ce qu'une personne qui a la jambe cassée peut faire?* (*regarder la télé, lire un livre, jouer aux cartes,…*) *Et qu'est-ce que cette personne ne peut pas faire?* (*marcher, courir*) Ideas: *une personne qui habite dans le désert* (*qui habite dans une grande ville, qui est fauchée*).

AS 18. Hold up photos with activities and professions. Ask individuals if they know how to do what the picture depicts. *Vous savez faire du vélo, Paul?* (*oui*) *Est-ce que vous savez cuisiner, Larry?* (*non*) Review often, using photos: *Qui sait faire du vélo?* (*Paul*) *Qui ne sait pas cuisiner?*

⭐ **Attention! Étudier Grammaire 2.4 et 2.5**

AS 17. Teach *je veux apprendre à* and ask students to write down three activities they want to learn to do. (*skier, jouer au golf, nager, parler français*) Next, students work in groups to see who has the same items on their lists.

La réalité

Barbara et Denise savent faire du canoë.

Jacqueline sait faire de l'escalade.

Daniel ne peut pas courir parce qu'il a la jambe cassée.

Les Martin ne peuvent pas dîner dans leur restaurant favori.

Le rêve

Charles veut apprendre à conduire cette année.

Agnès et Sarah veulent partir dans un pays tropical.

Joël rêve de devenir champion d'escrime.

Activité 13 Échanges: Qu'est-ce que tu sais faire?

Suggestions

très bien	plus ou moins	mal
un peu	très peu	pas du tout

MODÈLE: É1: Est-ce que tu sais faire de la planche à voile?
É2: Non, pas du tout, mais je sais nager. Et toi?

1. faire du canoë
2. faire de l'escalade
3. cuisiner
4. créer une page Web
5. conduire une voiture de sport
6. réparer ton ordinateur
7. jouer au bridge
8. jouer d'un instrument
9. faire de l'escrime
10. chanter

Act. 13. (partners) Use your PF to review the action verbs. Be sure everyone understands the vocabulary. As a follow-up, find out how many in class know how to do each activity and where they go to do it. New vocabulary: *créer une page Web, faire de l'escrime, jouer d'un instrument, mal, ordinateur, pas du tout, plus ou moins.*

AS 19. Use PF photos of celebrities to review *savoir* + infinitives. (*Patricia Kaas*) *Qu'est-ce qu'elle sait faire?* (*chanter, danser, écrire des chansons, jouer de la guitare*) Variation: Professions (*un danseur: sauter, courir…*)

«L'Escargot alpiniste»

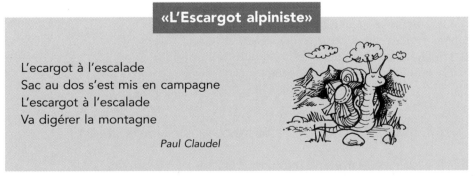

L'escargot à l'escalade
Sac au dos s'est mis en campagne
L'escargot à l'escalade
Va digérer la montagne

Paul Claudel

Poem. Ask what *sac au dos* refers to. Compare the size of the snail to the enormous size of the mountain. Explain *digérer: Vous mangez et après, vous digérez, n'est-ce pas? Sinon, vous avez une indigestion! Est-ce que l'escargot va digérer son dîner? (non) Non? Alors, qu'est-ce qu'il va digérer? (la montagne) Oui, il va digérer (escalader) la montagne.* Speculate with students about how long it will take the snail to *"digérer" (escalader)* the mountain.

"L'Escargot alpiniste" in *Poèmes retrouvés, Œuvres poètiques* by Paul Claudel. © Éditions Gallimard

Les francophones sur le vif

Kévin Vanderelst a 17 ans. Il est élève en seconde au Lycée Dachsbeck, à Bruxelles.

Pour vous, qu'est-ce que ça signifie, les vacances?

« Les vacances, c'est pour s'éclater[1]! Il me faut[2] de l'action et des sensations fortes. Je pratique des tas de[3] sports: du VTT,[4] du kayak, de la planche à voile en été, et en hiver, du surf des neiges. Toujours des sports d'extérieur: j'adore la nature et je ne veux pas rester enfermé!» Naturellement, s'il ne fait pas beau, c'est plus difficile, mais je ne reste jamais toute la journée à l'intérieur. Regarder la télé ou lire, ça m'ennuie.[5] Je préfère aller me promener et prendre l'air, même quand il pleut ou quand il fait froid.

[1]avoir du plaisir
[2]Il... Pour moi, il est nécessaire d'avoir
[3]des... beaucoup de
[4]vélo tout-terrain
[5] ça... ≠ ça m'intéresse

Cliquez là!

Visitez le site du Parc national des Pyrénées. Quels animaux habitent dans ce parc? Quelles sont les activités possibles? Quels moyens de transport peut-on utiliser pour y aller?

www.mhhe.com/deuxmondes6

Activité 14 Échanges: Qu'est-ce qu'on peut faire?

Avec votre partenaire, suggérez des choses qu'on peut faire dans ces situations.

MODÈLE: La télé est cassée jusqu'à la semaine prochaine. →
On peut jouer aux cartes, on peut lire, on peut...

1. C'est le week-end et on est fauché.
2. Il fait beau, mais on est très fatigué.
3. Pas de cours aujourd'hui! Il y a trop de neige.
4. On veut pique-niquer, mais il pleut.
5. Aujourd'hui, des amis arrivent en visite et veulent voir la ville.
6. On fait du camping dans des conditions très primitives.
7. On est obligé de rester au lit pendant deux jours.

Activité 15 Récit: Les vacances de rêve de Julien

Julien va aller à la Martinique cette année. Qu'est-ce qu'il veut faire pendant sa visite?

MODÈLE: Julien veut dormir tard tous les matins.

Act. 15. (whole class; partners) (1) Ask students to look at the maps at the front and the back of the book. Locate Martinique; mention climate, what one can do there, that people speak *créole* and French. (2) Narrate Julien's plans yourself first, including names of things, places, and weather. Include comments and questions: *Ici à ___, est-ce que nous pouvons (nous promener sur la plage?...*). Assign partners to practice narrating Julien's plans. Input to include: 1. *Julien a l'intention de dormir tard le matin.* 2. *Il veut se promener sur la plage.* 3. *Il veut nager dans la mer.* 4. *Il voudrait faire la sieste sous un arbre.* 5. *Il veut visiter un aquarium.* 6. *Il va aller au marché pour acheter des fruits.* 7. *Il voudrait faire de la plongée sous-marine.* 8. *Il veut faire de la planche à voile.* 9. *Il veut sortir le soir.* 10. *Il voudrait rencontrer une belle femme.* 11. *Il veut danser.* 12. *Il veut se coucher tard toutes les nuits.* New vocabulary: *aquarium, faire de la plongée sous-marine. Il a l'intention de, Il voudrait, marché, mer.*

Vocabulaire utile des fruits, un marché, des poissons, faire de la plongée sous-marine

Activité 16 Dans le monde francophone: Les Français en vacances

Act. 16. (whole class; partners) Vocabulary in *Act. 16* is for recognition only. Help students guess intelligently at meaning (using knowledge of cognates / related words, reasoning from the logic of the context, etc.). (1) Discuss

Voici quelques activités préférées des Français, classées en trois catégories.

VACANCES SPORTIVES	VACANCES CULTURELLES	VACANCES DÉTENTES
faire du VTT (vélo tout-terrain)	visiter un musée	bronzer à la plage
apprendre à jouer au golf	visiter un monument historique	faire des mots croisés
faire un stage intensif de tennis	s'initier à la poterie	partir en croisière
faire des randonnées	lire des romans	faire la sieste tous les jours
pratiquer des sports «extrêmes»	assister à un festival de théâtre	dîner dans des restaurants
(le deltaplane, le parachutisme)	visiter des caves à vins	

Qu'est-ce que vous recommandez à ces vacanciers?

the options to help students understand. Describe one type of vacation before moving to the next. Expand often: *Qui fait du VTT? C'est difficile?...* (2) Read the *modèle* aloud and ask what other activities Jean-Paul might do. (3) Assign the activity to partners or small groups. *Allons plus loin!* is optional. Include it here or later. (4) Review answers from various groups during whole-class follow-up.

MODÈLE: Jean-Paul Dubrac est sédentaire et n'a pas beaucoup d'argent. →
    Il peut bronzer à la plage, faire des mots croisés et lire des romans.

1. Karine Halimi est une jeune femme plutôt intellectuelle.
2. M. et Mme Delaunay sont extrêmement actifs et ont la passion de l'aventure.
3. Anne-Marie Bonno n'a pas beaucoup d'argent, mais elle est très cultivée.
4. Frédéric Lopez adore le risque.

Allons plus loin! Vous allez partir en vacances avec votre camarade de classe. Choisissez des activités amusantes que vous allez faire ensemble. (*Nous pouvons...*)

Lecture. Explain that the protagonists are good friends and neighbors (*la maison de Mme Lescure est à côté de la maison de M. Durbec.*) Have students skim for answers to questions like these: *Qui est actif, Mme Lescure ou M. Durbec? Qui est intellectuel?* After students have done the reading, read the story aloud and do *Avez-vous compris?*

Reading hints. This is the first text requiring sustained attention. Read it once or twice out loud. Explain in French: *le culte du travail, un intellectuel, un documentaire, une exposition de peinture, la Renaissance, compatible.* The glosses in French provide examples of how to explain vocabulary by equivalence, opposition, definition (*personne qui…*), or example. Students should become familiar as early as possible with these strategies. Show pictures of cathedrals, Romanesque churches, Loire châteaux, and Roman ruins, emphasizing the presence of ancient monuments in virtually every city and small town in France. Bring to class a book by Molière, Proust, or Rimbaud, preferably an edition with the author's portrait; point out the different genres: *théâtre, poésie, roman.* Bring an authentic French television listing to present the national channels, with TF1 and M6 as *chaînes privées,* France 2 and FR3 as *chaînes publiques,* Canal + as *chaîne payante cryptée,* and Arte's unique status as a Franco-German venture.

LECTURE

À chacun ses loisirs

Mme Lescure et M. Durbec sont voisins et amis. Comme beaucoup de Français, ils ne sacrifient pas leur vie au culte[1] du travail: pour eux, les loisirs sont sacrés.

Leur conception du temps libre est très différente. Mme Lescure veut toujours être active: elle fait de la gym tous les après-midi et joue au tennis le samedi matin. Quand le temps est clément, elle va faire de longues promenades à bicyclette sur de petites routes de campagne.

«Quelle énergie!» pense M. Durbec. Lui, c'est un intellectuel: son «sport» préféré? Lire un bon classique (Proust, Molière, Rimbaud) ou regarder un documentaire politique ou artistique sur Arte, la chaîne culturelle franco-allemande. Le weekend, il aime aller en ville pour voir une exposition de peinture ou flâner[2] dans les librairies. Son rêve, c'est de visiter tous les monuments de l'Hexagone[3]: châteaux de la Renaissance, églises romanes,[4] cathédrales, ruines romaines.

• Vacances sportives et culturelles: cyclistes dans le Val de Loire (Chambord)

Ils parlent souvent d'aller passer des vacances ensemble, mais leurs goûts[5] ne sont pas vraiment compatibles. Mme Lescure trouve une solution: ils vont aller ensemble visiter les châteaux de la Loire... à vélo!

---

[1]passion
[2]se promener tranquillement
[3]= la France
[4]dans le style architectural des Xe–XIIe (dixième au douzième) siècles
[5]préférences

Avez-vous compris?

A. Vrai ou faux? Si c'est faux, faites la correction.

1. Mme Lescure et M. Durbec habitent ensemble.
2. Ils aiment tous les deux le temps libre.
3. Mme Lescure n'aime pas faire du vélo quand il ne fait pas beau.
4. M. Durbec a généralement beaucoup d'énergie.
5. M. Durbec préfère la lecture au sport.
6. Mme Lescure veut aller en vacances avec M. Durbec.

B. Et ça veut dire... ?

1. sacrifier sa vie au culte (du travail)
2. les loisirs
3. une librairie
4. flâner
5. l'Hexagone

a. le contraire de «se dépêcher»
b. avoir une obsession
c. magasin où on peut acheter des livres
d. la France
e. le temps libre

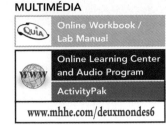
À vous la parole!

Mme Lescure et M. Durbec veulent passer un week-end ensemble, mais leurs opinions divergent sur le genre d'activité à faire. Imaginez la suite de leur dialogue.

Mme LESCURE: Si vous voulez, on peut aller faire une promenade à la campagne.

M. DURBEC: Quoi? Nous sommes en janvier, il fait trop froid! J'ai une autre idée: nous pouvons aller à Paris en train pour voir l'expo Van Gogh au Grand Palais.

Mme LESCURE: Encore une exposition! C'est monotone...

À vous d'écrire

Écrivez une lettre à un étudiant français / une étudiante française qui se prépare à passer un an dans votre université. Il/Elle demande des renseignements avant de choisir ses vêtements pour le séjour. Parlez-lui du climat, des saisons et de quelques activités typiques des étudiants.

MODÈLE: *Cher/Chère... ,*

Tu te prépares déjà pour ton année ici à... ? Bon, je vais répondre à tes questions. Ici à... , nous avons un climat... En été, il fait... En général, les étudiants (font du sport)... Ils portent...

Bonne chance avec tes préparatifs. À bientôt et amitiés,

À vous d'écrire. Step 1: Make sure students understand the situation before assigning the activity. Step 2: With the class, fill in the place, weather, and typical student activities. Advise students to take notes and to use this information when preparing their homework. Step 3: Assign the letter to be copied from the model, with the blanks filled with the appropriate information. Before students write, however, they should consult today's class notes and also decide what clothing to mention. They may add to the letter anything else they consider important.

AS 21. Show students how to do a semantic map as a device for outlining their letter.

Vocabulaire

Le temps et les saisons

Weather expressions and seasons

Quel temps fait-il?	What's the weather like?
Il fait beau.	It's nice.
Il fait chaud.	It's warm.
Il fait du soleil.	It's sunny.
Il fait du vent.	It's windy.
Il fait frais.	It's cool.
Il fait froid.	It's cold.
Il neige.	It's snowing.
Il pleut.	It's raining.
Il y a du brouillard.	It's foggy.
Le ciel est couvert.	It's cloudy.
la boue	mud
le ciel	the sky
le climat	the climate
la neige	snow
un nuage	a cloud
le soleil	the sun
en été (*m.*)	in summer
en automne (*m.*)	in autumn
en hiver (*m.*)	in winter
au printemps (*m.*)	in spring

Les endroits

Places

à la maison	at home
dans la cheminée	in the fireplace
la campagne	the country
une école	a school
une librairie	a bookstore
un marché	market
sous un arbre	under a tree

Mots apparentés: **un café, un gymnase, un lac, un parc, une rivière, une université**

Sports et loisirs

Sports and leisure

apprendre à (nager)	to learn to (swim)
bavarder avec des amis	to chat with friends
courir	to run
créer une page Web	to create a web page
se détendre	to relax
s'entraîner	to work out, train

faire du canoë	to go canoeing
des courses	to do errands
de l'escalade	to do rock climbing
de l'escrime	to fence (to do fencing)
de la gymnastique	to do exercises
de la planche à voile	to windsurf
de la plongée sous-marine	to scuba-dive
une promenade en voiture	to go for a (car) ride
la sieste	to take a nap
du ski	to ski
du sport	to do sports
du vélo	to bicycle
de la voile	to sail
fêter un anniversaire	to celebrate a birthday
jouer du piano	to play the piano
au frisbee	to play frisbee
pêcher	to fish
prendre l'autobus	to take the city bus
se promener	to take a walk
rêver de (voyager)	to dream of (traveling)

Mots apparentés: **changer de routine, explorer, pique-niquer, surfer sur Internet**

La routine et les soins corporels

Routine activities and personal care

une brosse à dents	a toothbrush
un miroir	a mirror
un rasoir (mécanique)	a razor
le shampooing	shampoo
se brosser les dents	to brush one's teeth
se coucher	to go to bed
se dépêcher	to hurry
se déshabiller	to undress
se doucher	to take a shower
s'endormir	to fall asleep
s'habiller	to dress
se laver le visage	to wash one's face
se lever	to get up
se maquiller	to put on makeup
prendre un bain	to take a bath
se raser	to shave
se réveiller	to wake up
se sécher	to dry oneself

La description

Describing people, things, actions

cassé(e)	broken
cher/chère	expensive; dear
fauché(e)	broke, out of money
gratuit(e)	free (no cost)
lentement	slowly
mal	badly
nourrissant	nourishing
parfait(e)	perfect
pas du tout	not at all
très peu	very little
un peu	a little

Mots apparentés: **électrique, obligé(e), primitif/ primitive, tropical(e), typique**

Substantifs

Nouns

un billet	a ticket
une chambre	a bedroom
un emploi	a job
une habitude	a habit
un iPod	an iPod player
un lit	a bed
un ordinateur	a computer
le petit déjeuner	breakfast
un rêve	a dream
un roman	a novel
le savon	soap
un travail	a job

Mots apparentés: **un aquarium, champion(ne), un fruit, une occasion, un projet**

Verbes

Verbs

allumer un feu	to light a fire
chercher	to search, look for
coûter	to cost
laisser (par terre)	to leave (on the floor)
partir	to leave
passer (un an)	to spend (a year)
chez toi	to come by your place
pouvoir	to be able (to)
prendre	to take (eat, drink)

savoir	to know
voir	to see
vouloir	to want, wish

Mots apparentés: **arriver, changer, commencer à, préférer, réparer, signifier, visiter**

Quand et à quelle fréquence

Saying when and how often

avant (de)	before
ce (matin, soir)	this (morning, evening)
d'abord	first
de bonne heure	early
d'habitude	usually
en retard	late
ensuite	next
une fois (par jour)	once (a day)
jusqu'à	until
le lendemain	the next day
le (vendredi soir)	on (Friday evenings)
parfois	sometimes
pendant la semaine	during the week
puis	then, next
la semaine prochaine	next week
tard/tôt	late/early
toujours/jamais	always/never

Mots et expressions utiles

Useful words and expressions

Bonne idée!	Good idea!
Ça te va?	Does that suit you?
—Parfaitement.	—Perfectly.
C'est barbant!	It's really boring!
C'est génial! Super!	Cool! Awesome!
C'est nul!	It's awful!
C'est rigolo!	That's funny! (amusing)
chez des amis	at a friends' place
Ciao! À ce soir.	So long! See you tonight.
Je ne sais pas.	I don't know.
Le/La pauvre!	Poor guy/woman!
personne... ne	nobody
Quel dommage!	What a shame!
Quelle chance!	What (good) luck!
seulement	only
Tu aimes mieux...	You prefer ...
Tu parles!	You don't say!

Grammaire et exercices

A. **Faire** is one of the most frequently used verbs in French. In addition to its basic meanings, it is used in many idiomatic expressions. Here are the present-tense forms.

faire (*to do; to make*)	
je **fais**	nous **faisons**
tu **fais**	vous **faites**
il/elle/on **fait**	ils/elles **font**

Pronunciation Hint

fai~~s~~, fai~~t~~, faisõ~~ns~~, faite~~s~~, fõ~~nt~~

B. Use the verb **faire** to ask what someone is doing or what work people do.

—Qu'est-ce que tu **fais** ce soir?
—J'écoute un nouveau CD.

What are you doing tonight?
I'm listening to a new CD.

—Que **fait** ton frère?
—Il travaille dans un restaurant.

What does your brother do?
He works in a restaurant.

C. Another important use of **faire** is to talk about the weather.

—Quel temps **fait**-il?
—Il **fait** mauvais.

What's the weather like?
The weather is bad.

★ *Review vocabulary for weather in the* **Vocabulaire, Chapitre 2.**

★ *Review expressions with* **faire** *in the* **Vocabulaire, Chapitres 1** *and* **2.**

D. **Faire** is used in many expressions that name specific activities (**faire une promenade, faire du camping).**

Au lac, nous **faisons de la voile.**
Je **fais de l'anglais** pour être professeur d'anglais.

At the lake, we go sailing.
I'm studying English in order to be an English teacher.

Exercice 1 Les activités

Complétez les questions par la forme correcte de **faire** et puis répondez.

1. Est-ce que tes copains aussi _____ du français? Ou est-ce qu'ils _____ de l'espagnol?
2. Qu'est-ce que tu _____ comme études? Tu _____ de la chimie, de l'économie, de la littérature?
3. Que _____ ta mère? Elle travaille dans un bureau?
4. Que _____ ton père? Où est-ce qu'il travaille?

5. Tes copains et toi, qu'est-ce que vous _____ ensemble le week-end? Vous _____ du camping? Vous jouez aux cartes?

6. Ta famille et toi, est-ce que vous _____ des voyages ensemble?

2.2 Talking about everyday activities: Reflexive verbs

A. Reflexive pronouns are used whenever the object of the verb is the same as the subject.

*He cut **himself** while shaving.*   *She taught **herself** to play the violin.*

B. Many verbs that require reflexive pronouns in French do not require them in English.

—Comment **s'appelle** cet étudiant?   *What is that student's name?*
—Il **s'appelle** Daniel.   *His name is Daniel.*

Je **me lève** toujours à sept heures du matin.   *I always get up at seven o'clock in the morning.*

Here are the reflexive pronouns and examples of their use with two reflexive verbs. Note that the **e** of **me, te,** and **se** is dropped before a verb beginning with a vowel or a mute **h.**

		se promener (*to take a walk*)		**s'amuser** (*to have fun*)
me/m'	je **me**	promène	je **m'**	amuse
te/t'	tu **te**	promènes	tu **t'**	amuses
se/s'	il/elle/on **se**	promène	il/elle/on **s'**	amuse
nous	nous **nous**	promenons	nous **nous**	amusons
vous	vous **vous**	promenez	vous **vous**	amusez
se/s'	ils/elles **se**	promènent	ils/elles **s'**	amusent

Raoul et moi, **nous nous amusons** avec nos amis français.   *Raoul and I have a good time with our French friends.*

Pronunciation Hint

nou$ nou$ prom~~é~~n~~õ~~~~s~~, vou$ vou$ prom~~é~~ne~~z~~, but nou$ nous ͜ᶻamus~~õ~~~~s~~, vou$ vous ͜ᶻamuse~~z~~

C. Here are some common reflexive verbs:

s'amuser *to have a good time, enjoy oneself*	**se laver** *to wash oneself, bathe*
se baigner *to take a bath; to swim; to bathe*	**se lever** *to get up*
	se promener *to take a walk*
se coucher *to go to bed; to lie down*	**se reposer** *to rest*
s'habiller *to get dressed*	**se réveiller** *to wake up*
	se sécher *to dry oneself*

Definition: The object of a verb is the person or thing affected by the action expressed by the verb: *He cut his finger.*

2.2. *S'amuser* is included here because it is so common. Additional reflexive verbs with idiomatic meaning are introduced in *Chapitre 6.* The reciprocal use of reflexives is presented in *Grammaire 13.1.* You may wish to point out that many verbs can be used with or without a reflexive pronoun, depending on whether the object of the verb is the same as the subject or different. *M*ᵐᵉ *Colin **se réveille** à 6 h, puis elle **réveille** les enfants à 6 h 30. Bernard Lasalle **promène** son chien tous les soirs.*

➤ **je m'appelle**
   tu t'appelles
   il/elle s'appelle

★ See **Appendices A** and **C** for spelling changes in **s'appeler, se lever,** and **se promener.**

ES 2. Reflexive verbs. Ask choice questions based on your PF: *Est-ce que cette femme se maquille ou se douche? Est-ce que cet enfant se couche ou se lève?* Intersperse questions with *vous: Et vous, est-ce que vous vous maquillez? Est-ce que vous vous douchez le matin ou le soir? Est-ce que vous vous levez tôt?*

★ See **Appendices A** and **C** for spelling changes in **sécher** (like **préférer**).

D. In negative sentences, **ne** always precedes the reflexive pronoun.

➤ Albert *ne se couche pas* avant minuit.

Il aime *se coucher* tard.

M. Vincent **se réveille** de bonne heure, mais il **ne se lève pas** tout de suite.

Mr. Vincent wakes up early, but he doesn't get up immediately.

E. If an infinitive with a reflexive pronoun follows another verb (such as **aimer**, **préférer**), the reflexive pronoun comes before the infinitive. The reflexive pronoun must agree with the subject.

—Est-ce que vous aimez **vous** promener en ville?

—Non, je préfère **me** promener à la campagne. Adrienne aime rester chez elle et **se** reposer.

Do you like to take walks in the city?

No, I prefer to take walks in the country. Adrienne likes to stay at home and rest.

Exercice 2 Les habitudes et les préférences

Ex. 2. Students practice the reflexive pronouns *me* and *te*. After they have done the assignment, you may wish to have partners compare their answers. *Vous* can be practiced by having the class volunteer questions to you.

Posez des questions et répondez en suivant l'exemple.

MODÈLE: se lever à 8 h →
        —Est-ce que tu te lèves à 8 h?
        —Oui, je me lève à 8 h. (Non, je me lève à 7 h.)

1. se lever tôt
2. se maquiller tous les jours

3. se laver les cheveux tous les jours
4. se brosser les dents trois fois par jour

MODÈLE: aimer se coucher tôt →
        —Tu aimes te coucher tôt?
        —Oui, j'aime me coucher tôt. (Non, je n'aime pas me coucher tôt.)

5. aimer se coucher tard
6. préférer se doucher le soir

7. aimer se détendre après les cours
8. préférer se lever tard le week-end

Exercice 3 Êtes-vous des étudiants typiques?

Ex. 3. This exercise provides practice with second- and third-person plural forms of reflexive verbs.

D'abord, dites si vous êtes d'accord, puis indiquez si c'est vrai pour vous et vos copains.

MODÈLE: Les étudiants se couchent tard. →
        Oui, en général, les étudiants se couchent tard.
        Mes copains et moi, nous nous couchons tard (nous ne nous couchons pas tard).

1. Les étudiants s'amusent beaucoup le vendredi soir.
2. Les étudiants s'habillent toujours en jean.
3. Les étudiants ne se reposent pas assez.*
4. Les étudiants se couchent après minuit.
5. Les étudiants se lèvent tard le week-end.

*enough

2.3 Going places and future actions: The verb aller, contractions of à

A. To talk about going places, use the irregular verb **aller.**

2.3. This section introduces the forms of *aller* and the use of *aller* + infinitive to express future action. We also introduce the contractions of *à*, which students will have seen and heard in expressions such as *jouer au tennis*. Y is presented here for recognition because it should occur naturally in your teacher-talk. Point out the obligatory presence of *y* with *aller* (*J'y vais*), and explain that *je vais* alone cannot express the English "I'm going."

aller (*to go*)	
je **vais**	nous **allons**
tu **vas**	vous **allez**
il/elle/on **va**	ils/elles **vont**

—Qu'est-ce que vous faites ce soir?
—Nous **allons** chez Raoul.

What are you doing tonight?
We're going to Raoul's.

Mes parents **vont** à l'église tous les dimanches.

My parents go to church every Sunday.

Pronunciation Hint

je vai$, tu va$, nous ᶻallõn$, vous ᶻalle$, il$ võn$

B. When talking about going *to* a place, the most frequently used preposition is **à** (*to*). Like **de**, **à** contracts with some of the definite articles: **à + le = au; à + les = aux.**

> **à + le = au**
> **à + les = aux**

—Où va Clarisse après le cours?
—Elle va **au** café avec ses amis.

Where is Clarisse going after class?
She's going to the café with her friends.

Sarah aime aller **aux** Halles.

Sarah likes to go to Les Halles (the underground mall in Paris).

C. The pronoun **y** can replace the preposition **à** + a noun referring to a place and phrases with **dans** or **chez. Y** is placed just before the verb.

> **Vas-y! Allez-y!** = *Go ahead!*
> **Allons-y!** = *Let's go!*

—Est-ce que Fatima va **à la bibliothèque** aujourd'hui?
—Oui, elle **y** va après ses cours.

Is Fatima going to the library today?
Yes, she's going (there) after her classes.

—Tu vas **chez Denise** ce soir?

Are you going to Denise's this evening?

—Oui, j'**y** vais.

Yes, I'm going (there).

D. Use **aller** followed directly by an infinitive to express future actions. This construction is called the **futur proche.**

ES 3. *Aller* + infinitives. Display (1) a list of places and (2) a list of predicates (transparency/handwritten on the board). Ask students what they are going to do there. —*Cheryl, vous êtes au restaurant. Qu'est-ce que vous allez faire au restaurant? —Je vais dîner.* Encourage students to think of as many logical activities as possible in each place. Places: *à la bibliothèque, au restaurant, au gymnase, au cinéma, à la piscine, à la montagne, à la maison, au parc;* Activities: *faire de l'exercice, nager, lire un livre, jouer au basket, étudier, bronzer, faire du ski, dormir, jouer au tennis, faire une promenade, faire du camping, voir un film.*

—Où est-ce que vous **allez dîner** ce soir?
—Je **vais dîner** chez Michèle.

Where are you going to have dinner tonight?
I'm going to have dinner at Michèle's.

E. Here are some expressions for talking about the future:

demain	*tomorrow*
demain matin/soir	*tomorrow morning/evening*
samedi prochain	*next Saturday*
la semaine / l'année prochaine	*next week/year*
dans un mois	*in a month*

Ex. 4. This exercise practices all forms of *aller*. Assign for home study.

Exercice 4 Dans la classe de Mme Martin

Complétez chaque phrase avec la forme correcte du verbe **aller**.

1. Moi, je _____ à la plage avec mes copains ce week-end.
2. Ce soir, nous _____ tous chez Daniel écouter de la musique.
3. Mme Martin, vous _____ au nouveau restaurant italien ce soir, n'est-ce pas?
4. Louis et Albert _____ au café maintenant, comme d'habitude.
5. Daniel, tu _____ au cinéma demain avec une nouvelle amie, n'est-ce pas?
6. Et Raoul _____ à Montréal ce week-end. Il a de la chance!

Ex. 5. This exercise practices contractions with *à* and the use of *aller + y* to express the English "I'm going (there)." For further input, have volunteers ask you the questions with *vous*.

Exercice 5 Où vas-tu?

Faites des questions et répondez avec **y**.

MODÈLE: le restaurant →
—Tu vas au restaurant?
—Oui, j'y vais souvent/quelquefois. (Non, je n'y vais pas.)

1. la piscine	5. le gymnase
2. le théâtre	6. la banque
3. le bar	7. le café
4. l'hôpital	8. l'église

Ex. 6. Students practice *aller +* infinitive with *je, il/elle,* and *ils.* For review, partners or groups might compare responses.

Exercice 6 Les projets

Répondez en employant le futur proche.

MODÈLE: Ce soir, est-ce que vous allez...
a. faire la cuisine?   b. dîner au restaurant? →
Ce soir, je vais dîner au restaurant. (Ce soir, je ne vais pas manger. Je n'ai pas faim.)

1. Ce soir, est-ce que vous allez...
a. faire vos devoirs?   b. sortir avec des amis?
2. Demain matin, allez-vous...
a. vous lever à 7 h?   b. dormir jusqu'à 9 h?

3. Demain soir, est-ce que vous allez...
  a. regarder votre émission* favorite   **b.** vous coucher de bonne heure?
  à la télé?
4. Ce week-end, est-ce que vos amis vont...
  a. faire du ski?   **b.** regarder un DVD ensemble?
5. Samedi soir, est-ce que votre camarade de chambre (mari, femme) va...
  a. rester à la maison et jouer aux   **b.** aller à un concert?
  cartes?

2.4 Making general statements: The subject pronoun **on**

2.4. We introduce the subject pronoun *on* in a separate section because of its frequent use in spoken French.

A. The subject pronoun **on** is similar in meaning to the nonspecific uses of *you, people, they.* Because the form **on** is grammatically singular, it is always used with the same verb form as **il** and **elle.**

> Nonspecific **on:**

> **Est-ce qu'on parle anglais ici?** = *Does anyone speak English here?*
> **Comment dit-on water?** = *How do you say water?*

En France, **on fait** les courses   *In France, people (they) do their*
tous les jours.   *shopping every day.*
En France, **on ne trouve pas** de   *In France, you don't find medicine*
médicaments au supermarché.   *at the supermarket.*

B. In everyday conversation, French speakers often use **on** in place of the subject pronoun **nous.**

> **On** used in place of **nous:**

> **On y va?** = *Shall we go?*
> **On y va!** = *Let's go!*

—Vous rentrez à quelle heure,   *What time are you and Monique*
Monique et toi?   *coming home?*
—**On** rentre tard, après le film.   *We'll be home late, after the movie.*

Albert et moi, **on** aime le cinéma.   *Albert and I like the movies.*

Pronunciation Hint

The **-n** of õɲ is a liaison consonant: õɲ faiɟ, but õn_achètɇ.

Exercice 7 Aux États-Unis

Ex. 7. This exercise gives intensive input with the nonspecific sense of *on*. Additional questions: *Est-ce qu'on aime aller au théâtre? Est-ce qu'on rentre à la maison à midi pour déjeuner? Est-ce qu'on va souvent au café?*

Un Français curieux vous pose des questions sur les habitudes des Américains. Répondez par **oui** ou **non.**

MODÈLE: Aux États-Unis, est-ce qu'on va à l'école le samedi? →
Non, on ne va pas à l'école le samedi.

1. Aux États-Unis, est-ce qu'on regarde beaucoup la télévision?
2. Est-ce qu'on mange toujours des hamburgers?
3. Est-ce qu'on va au restaurant tous les jours?
4. Est-ce qu'on dîne à huit heures du soir?
5. Est-ce qu'on aime les films français?
6. Est-ce qu'on fait des promenades en famille le dimanche après-midi?
7. Est-ce qu'on aime parler de la politique?
8. Est-ce qu'on étudie beaucoup la géographie?

_____
*program

2.5. This section continues the spiraled introduction of the verb + infinitive construction, first with *pouvoir* and *vouloir*, then with *savoir*. Before assigning as homework, do PF input that includes forms of the verbs used with infinitives. Develop the conjugations yourself with examples from the board. Explain that *je voudrais / j'aimerais* are used as a matter of politeness. Clarify the difference in meaning between *j'aime* + infinitive and *j'aimerais / je voudrais* + infinitive. You may want to refer students to *Le verbe français* sections in the *Cahier*.

➤ **vouloir** = *to want to*
Je veux manger.

➤ **pouvoir** = *can, be able to*
Tu peux sortir ce soir?

➤ Negation:
Je ne veux pas sortir.
Je ne peux pas dormir.

2.5 Abilities and desires: The verbs **pouvoir, vouloir,** and **savoir**

A. To talk about what you can do or have permission to do, use **pouvoir. Vouloir** is used to indicate wishes or desires. These two irregular verbs are very similar in their conjugation patterns. Like **aimer,** they are often followed by an infinitive.

pouvoir (*to be able, can*)		**vouloir** (*to want*)	
je p**eux**	nous p**ou**vons	je v**eux**	nous v**ou**lons
tu p**eux**	vous p**ou**vez	tu v**eux**	vous v**ou**lez
il/elle/on p**eut**	ils/elles p**eu**vent	il/elle/on v**eut**	ils/elles v**eu**lent

—Tu **veux** aller au cinéma ce soir?

—Je ne **peux** pas. Je suis fauché(e).

Do you want to go to the movies tonight?
I can't. I'm broke.

Pronunciation Hint

pe~~ux~~, pe~~ut~~, pouvõ~~ns~~, pouve~~z~~, peuv~~ent~~; ve~~ux~~, veu~~t~~, voulõ~~ns~~, voule~~z~~, veul~~ent~~

B. **Savoir** is used to talk about knowing facts.

➤ **savoir** = *to know (a fact)*
Je sais la réponse.

ES 4. To practice *savoir* with nouns, assign partners and distribute two sets of cards, one set for Partner A and another for Partner B. Card A: *mon âge, mon adresse, mon nom de famille, les formes du verbe aller, la date de l'examen;* Card B: *mon numéro de téléphone, la couleur de mes yeux, mon prénom, la date de l'anniversaire de ta mère, l'âge de ton père.* Partners take turns asking questions such as *Est-ce que tu sais mon adresse? Est-ce que tu sais l'âge de ton père?*

ES 5. Hot potato. Display a list of predicates on OHP or board. Do as partner or small-group practice. *É1* selects a verb from the list and asks a question with *savoir. É2* replies with *savoir* and adds a new verb with *vouloir. É1:—Est-ce que tu sais (nager)? —É2: Oui, je sais nager, mais je ne veux pas nager. Je veux jouer au tennis.* Suggestions: *cuisiner, jouer au tennis, jouer au bridge, faire du ski, danser, jouer du piano.*

savoir (*to know*)	
je **sais**	nous **savons**
tu **sais**	vous **savez**
il/elle/on **sait**	ils/elles **savent**

—Tu **sais** la date d'aujourd'hui?
—Non, je ne la **sais** pas.

Do you know the date today?
No, I don't know it.

Pronunciation Hint

sai~~s~~, sai~~t~~, savõ~~ns~~, save~~z~~, save~~nt~~

➤ **savoir** + infinitive
= *to know how to (do something)* **Je sais nager.**
Je ne sais pas danser.

C. When **savoir** is used with an infinitive, it conveys the notion of knowing how to do something.

Je ne **sais** pas nager.
Tu **sais** cuisiner, n'est-ce pas?

I don't know how to swim.
You know how to cook, don't you?

➤ **je voudrais, j'aimerais**
= *I would like (to)*
Je voudrais dormir maintenant!

D. Use **je voudrais** or **j'aimerais** instead of **je veux** to express a wish more politely. Other useful forms: **tu voudrais; il/elle/on voudrait.** (These are forms of the present conditional. For now, you need only recognize and use these forms in conversation.)

—Où est-ce que tu **aimerais voyager**? *Where would you like to travel?*
—Je **voudrais aller** en France. *I'd like to go to France.*

★ You will learn more about the conditional in **Grammaire 8.5** and **11.1.**

Pronunciation Hint

voudrais̸, voudrait̸

Exercice 8 Désirs et possibilités

Dites d'abord si la personne *veut* faire l'activité, puis dites si elle *peut* la faire.

MODÈLE: moi / sortir tous les soirs →
Oui, je veux sortir tous les soirs. (Non, je ne veux pas...)
Oui, je peux sortir tous les soirs. (Non, je ne peux pas...)

1. moi / aller en Europe l'été prochain
2. mes parents / passer l'hiver en Floride
3. le professeur / se lever tard en semaine
4. nous / comprendre un film en français
5. mon ami(e) _____ / m'aider avec mes devoirs de français

Ex. 8. Besides providing practice in forms, this exercise highlights the meaning of *vouloir* and *pouvoir*. Students can use it as a review activity for groups or partners.

Exercice 9 Qu'est-ce que tu aimerais vraiment faire?

Voudrais-tu faire ces activités?

MODÈLE: faire du ski →
Oui, je voudrais faire du ski. (Non, je ne voudrais pas...)

1. dîner dans un bon restaurant français
2. manger des escargots
3. habiter à Paris
4. faire de la plongée sous-marine
5. visiter une autre planète
6. être président(e) des États-Unis

Ex. 9. Students practice the polite form *Je voudrais* with infinitives. Be sure they understand that *j'aimerais* can also be used instead. For extra practice, have partners ask and answer questions: *Est-ce que tu voudrais faire du ski? Oui, je voudrais... / Non, je ne voudrais pas... Et toi?*

Exercice 10 Savoir-faire

Complétez la question par une forme du verbe **savoir** et répondez à la question.

MODÈLE: Est-ce que votre professeur de français _____ danser le tango? →
Est-ce que votre professeur de français *sait* danser le tango?
Oui, il/elle sait danser le tango. (Non, il/elle ne sait pas danser le tango.)

1. Est-ce que vous _____ faire de l'escalade?
2. Est-ce que votre père _____ faire la cuisine?
3. Est-ce que votre sœur _____ réparer une voiture?
4. Est-ce que vos amis et vous, vous _____ jouer au billard?
5. Est-ce que vos grands-parents _____ utiliser un ordinateur?
6. _____-vous allumer un feu?

Ex. 10. This exercise practices *savoir*. If used in class, remind students that *savoir = to know how* when used with infinitives.

GOALS FOR *CHAPITRE 2.*
Students continue to use present-tense forms, including common reflexive verbs. They will also learn to use the verb + infinitive construction. *Functional goals:* (1) Express wishes and intentions with *aller/vouloir;* (2) Say what you can do / know how to do with *pouvoir/savoir;* (3) Describe your daily routine; (4) State weather conditions.

MISE EN TRAIN.

1. Sports and leisure activities. Use PF and an association activity to review and introduce more regular *-er* verbs and *aller* and *faire* in the present tense. Include physical appearance, clothing, and other information. *Cette femme aime pratiquer un sport spécial. Quel sport fait-elle? Elle fait de l'escalade. Ça, c'est une falaise et la fille est une championne française. Elle s'appelle Catherine Destivelle. Alors, quel sport fait-elle? Est-ce qu'elle fait du ski ou de l'escalade? Y a-t-il quelqu'un en classe qui fait aussi de l'escalade?* Suggestions: *chez un(e) ami(e), aller au café (cinéma, gymnase, restaurant), à la discothèque (montagne, piscine, plage, campagne), faire de la voile (de la plongée sous-marine, de l'escalade, du canoë, du ski, du vélo), faire une promenade, inviter des amis, jouer au basket (au frisbee, au volleyball), pique-niquer, prendre un café, regarder un film, rencontrer des amis, visiter un musée.* Description: *tous les jours/soirs, quelquefois, souvent, toujours; bien, mal, un peu.*

2. Weather and seasons. (1) Have students say the months with you, then explain the seasons: *Septembre, octobre, novembre, c'est l'automne. Quel est le premier jour de l'automne? Et après l'automne…* (2) Use pictures illustrating seasonal features to start talking about weather. Point out concrete entities such as *le soleil,* and gesture for abstractions such as *chaud* or *froid. Regardez ça! Ce sont des arbres. De quelle couleur sont-ils? Oui, rouges, jaunes. Pourquoi? Parce que c'est l'automne. En automne, les feuilles des arbres changent de couleur. Qu'est-ce que vous aimez faire en automne?* Write new words on the board and review input often. *Alors, en été, est-ce qu'il fait chaud ou froid? En quelle saison est-ce qu'il neige?* Talk about the weather daily and use your classroom window if you have one. *Quel temps fait-il à (your city) ce matin?*

3. Verbs for daily routine. (1) Use your PF and association activities to introduce verbs with reflexive pronouns. Write new infinitives on the board. *Que fait cet homme? Il se rase. Est-ce qu'il se rase avec un rasoir électrique ou un rasoir mécanique? Les hommes, est-ce que vous vous rasez aussi le matin?* (2) Describe your typical day, writing *je* forms on the board: *Le matin, je me réveille à 6 h 30. Je me lève et je me douche. Je m'habille et je prends mon petit déjeuner (du jus d'orange, un croissant…). Ensuite, je vais à l'université. …Je me couche vers onze heures.* Next, repeat your story, but stop it often to ask about students' routine. *Je me lève à 6 h 30. À quelle heure vous levez-vous?* Review: *Qui se lève à cinq heures du matin? Qui prend du jus de tomate au petit déjeuner?*

4. Future with *aller.* (1) Show photos of events about to happen. *Voici la photo d'un homme. Il porte un pyjama. Il est très fatigué, non? Qu'est-ce qu'il va faire? Il va se coucher.* Write *aller* + each new infinitive on the board as you talk. (2) Explain what you plan to do this weekend. *Je vais aller au cinéma vendredi soir. Samedi, je vais…* Ask about students' plans. On the board, write verb phrases such as *je vais dormir* or *elle va aller au cinéma.* Review with questions: *Qu'est-ce que (Tim) va faire (dimanche)?* (3) Finally, explain: *Ce sont mes projets pour le week-end. Je vais dormir, il va étudier, c'est pour parler du futur (de l'avenir).* To demonstrate the negative construction, ask: *Qu'est-ce que vous n'allez pas faire samedi? Moi, je ne vais pas venir à l'université…*

AS 1. Create a chart of rough drawings that show a day's activities (in a logical order) in a fictitious student's life. First, tell the story of the pictures. Gradually contrast or compare your own routine with the pictures; ask students whether they do similar things. *(Moi, je ne me lève pas à 6 h. Et vous, est-ce que vous vous levez à 6 h? Non? À quelle heure vous levez-vous, Charles?)* Suggested sequence: *Serge se réveille, se lève, se lave, se brosse les cheveux, prend le petit déjeuner, s'habille, va (en voiture) à l'université, arrive, assiste à ses cours, déjeune avec ses amis, rentre chez lui, fait ses devoirs, regarde la télé, se déshabille, se couche, s'endort.* Use the chart over a period of several days.

AS 2. Do a TPR activity with verbs of daily routine. *Il est 6 h du matin. Réveillez-vous! Ouvrez les yeux. Bâillez!* (Make a yawning gesture.) *Mon dieu, c'est pénible, n'est-ce pas? Levez-vous. C'est lundi matin…* Do over a period of several days, gradually extending the list to add activities. Include other typical daily actions such as *Allez à la cuisine, ouvrez le réfrigérateur, cherchez des céréales.* Associating gestures with actions provides context. Students should be responsible only for comprehension.

En ville

Des visiteurs et des Parisiens convergent sur les Champs-Élysées.

CO Photo. Point out familiar sights, locate the scene, and talk about what people in the scene are doing, wearing, drinking, etc. Ask a variety of questions during your input: *Vous aimez aussi prendre une bière en plein air?*

Objectifs

In *Chapitre 3*, you will talk about things to do in the city. You will learn names of places, how to ask for and give directions, and expressions useful for shopping. You will also learn how to say what you have to do.

Instructor information. For goals and Mise en train activities for this chapter, please refer to p. 130 at the end of this chapter.

ACTIVITÉS

S'orienter en ville
La ville et les transports
Les achats
Les distractions

LECTURES

Info: Société   Le centre-ville
La langue en mouvement   Hôtel de ville
Les francophones sur le vif   Marc-André Hébert
Lecture   Week-end à Montréal

GRAMMAIRE

3.1 Saying where things are: Prepositions of location
3.2 Asking questions: Interrogative words
3.3 Verbs like **prendre**
3.4 Expressing necessity: **Il faut** and the verb **devoir**
3.5 Pointing things out: Demonstrative adjectives
3.6 Expressing quantities: Partitive articles
3.7 The verbs **courir, sortir,** and **dormir**

S'orienter en ville

✳ Attention! Étudier Grammaire 3.1 et 3.2

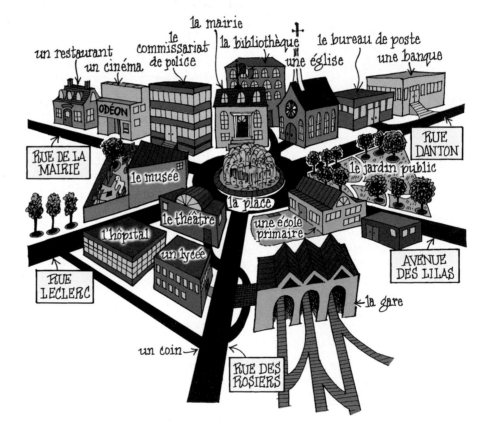

Activité 1 Discussion: Où se trouvent ces endroits?

Regardez le plan de la ville et dites si ces descriptions sont vraies ou fausses.

1. Le bureau de poste est dans la rue Danton.
2. La mairie est à côté d'un lycée.
3. Il y a une église en face du jardin public.
4. Le théâtre est loin de la banque.
5. La bibliothèque est devant la mairie.
6. Il y a une sculpture sous un arbre, sur la terrasse du musée.
7. L'hôpital est derrière le théâtre.
8. L'école primaire est près du jardin public.
9. Il y a une cheminée sur le toit de l'église.
10. Il y a un café entre le lycée et la gare.

Activité 2 Interro: Les endroits publics

Situez les bâtiments et endroits publics sur le plan de la ville.

Vocabulaire utile

en face de / devant ≠ derrière	à côté de
près de ≠ loin de	dans
sur ≠ sous	entre

MODÈLE: É1: Où est le bureau de poste?
          É2: Le bureau de poste est dans la rue Danton, à côté de l'église.
          É1: Est-ce que c'est loin de la mairie?
          É2: Non, c'est près de la mairie.

Act. 2. (partners) Before students do the activity in pairs, remind them that *de* will change, depending on the noun it precedes (*en face de la bibliothèque, du café, de l'école primaire*). Preview with questions: *Est-ce qu'il y a une mairie dans cette ville? (oui) Où se trouve la mairie? Est-ce qu'elle est à côté du commissariat ou en face du commissariat?*

Info: Société. Point out that place names in France are often derived from Latin names dating from the Roman occupation starting in the 1st century BC. The village of *Lutèce* (Lutetia) became Paris because of the Gallic tribe of the Parisii who lived there, Amiens got its name from the Ambiani; Metz, from the Mediomatrices. Aix-en-Provence (Aquae Sextiae) was named in memory of the consul Sextius, who established it as a spa (Aquae means "waters"). Marseille (Massalia), the oldest city in France, which turned 2600 in 1999, began as a Greek colony.

• Le village de Bitche, en Lorraine

Info: Société

Le centre-ville

Pre-reading activity. Ask students to draw a map of their own city or of a city they know well. Help them label the main features: *rues, avenues, places publiques, centre-ville*, etc.

Les villes d'Europe, et de France en particulier, sont généralement vieilles de plusieurs siècles.[1] Fortifiées à l'origine, beaucoup de ces villes gardent[2] aujourd'hui leur structure concentrique. Au centre-ville, il y a souvent une grande place avec un monument ou une fontaine et des bâtiments publics, comme l'église, l'hôtel de ville[3] et le bureau de poste. Le centre-ville regroupe aussi des commerces traditionnels: une boulangerie[4]—indispensable!—une pâtisserie, un bureau de tabac et, bien sûr, au minimum un café. C'est un point de rendez-vous pour les habitants, le cœur de l'identité d'une ville ou d'un village. Dans les grandes villes, le centre historique est généralement un quartier bourgeois; les habitants les moins riches et les immigrés vivent dans des ensembles de bâtiments,[5] les «cités», situées dans les banlieues extérieures.

[1]*périodes de 100 ans*
[2]*conservent*
[3]*l'hôtel... bâtiment administratif principal*
[4]*bakery*
[5]*édifices*

Post-reading activity. Show pictures of walled cities or villages to help explain the traditional pattern in city construction. Use gestures to clarify the meaning of *cœur*. You may want to specify that the *centre-ville* is often the focal point of communal life, where people live, do their daily shopping (in small stores and in markets or *halles*), eat out, gather to attend Mass, play *pétanque*, or, in smaller communities, simply chat and socialize. Draw a simple schematic on the board to illustrate where the *banlieues* are. Avoid glossing this notion as *suburbs*, which evoke single-family homes and middle-class or affluent neighborhoods, and refer to the photograph of a *cité* on p. 145.

La langue en mouvement

Hôtel de ville

«**H**ôtel de ville» vous semble peut-être une désignation étrange pour une mairie. En fait, dans une de ses significations, le mot *hôtel* désigne un grand édifice destiné à un établissement public. Au Moyen Âge, *hôtel* signifiait simplement *maison*.

La langue en mouvement. Note the correspondence between French *ˆt* and English *st*, because the circumflex was often added where an earlier *s* had been dropped out (e.g., *forêt, château, maître*). *Hôtel* is closely related to English "hostel" and "host" (*hôte* = "guest" or "host"), and belongs to the same word family as "hospital" (*hôpital*), "hostage" (*ôtage*), and "hospice" (*hospice*). All can be traced to the late Latin word *hostis*, meaning "guest." With the exception of "hospice," the English words were all borrowed from medieval French, before the dropping out of *s* before a consonant. *Hospice* retains the *s* in French because it was a new word created on the Latin model, and thus did not undergo the same sound changes as original Latin words that had a continuous existence in medieval French.

Act. 3. (partners) Review/introduce vocabulary with photos before assigning to partners. Note that this activity includes input with *à* and its contractions. Follow up with questions: *Qui va à la bibliothèque municipale? Vous y allez souvent? Combien de livres empruntez-vous, normalement?* New vocabulary: *déposer de l'argent, emprunter un livre, envoyer une lettre, faire des achats, journal, se marier, mosquée, prier, tableau, temple, timbre, train, voir une pièce.*

AS 4. Associate employees with the places in which they work. Examples: *les médecins (à l'hôpital), les professeurs (au lycée), les pharmaciens (à la pharmacie), le prêtre / le pasteur (à l'église), les acteurs (au théâtre).*

Activité 3 Associations: Qu'est-ce qu'on peut y faire?

Qu'est-ce qu'on peut faire dans les endroits suivants?

> MODÈLE: É1: Qu'est-ce qu'on peut faire au musée?
> É2: On peut y voir des tableaux et des sculptures.

1. à la banque
2. à la bibliothèque
3. au bureau de poste
4. au théâtre
5. au restaurant
6. à la gare
7. à la piscine
8. à la mairie (en France)
9. au centre commercial
10. à l'église, au temple ou à la mosquée

acheter des timbres
nager
voir une pièce
chanter et prier
déposer de l'argent
emprunter des livres
faire des achats
lire un journal
manger avec des amis
prendre le train
se marier
?

Act. 4. (whole class; partners) Locate the names of the places and streets on the map. Explain briefly about the places as you do so: *Est-ce que le Palais de l'Élysée est situé près de l'avenue des Champs-Élysées? (oui) Est-ce qu'il est près du boulevard St.-Michel? Et qu'est-ce que c'est le Palais de l'Élysée? C'est la résidence du président de la France. Comment s'appelle la résidence du président américain?* Assign partners. Follow up with questions that require description of new routes. Variation: Distribute maps of Paris and have students find the places with your guidance. New vocabulary: *à droite/gauche, boulevard, cathédrale, hôtel, jusqu'à, palais, plan, tourner, tout droit, traverser, tu prends.*

Activité 4 Interro: Le plan de Paris

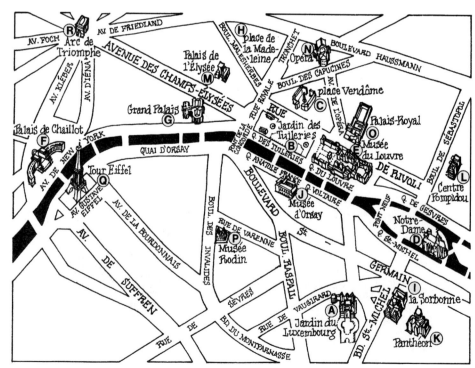

Utilisez le plan de Paris pour indiquer le chemin à votre partenaire.

Vocabulaire utile

Tu vas tout droit.
Tu prends (la rue Royale).
Le musée est (sur ta droite).

MODÈLE: É1: Qu'est-ce que je fais pour aller de la cathédrale Notre-Dame jusqu'à mon hôtel derrière la Sorbonne (D → I)?
          É2: Tu traverses la Seine et tu tournes à gauche au quai St.-Michel. Puis, tu tournes à droite au boulevard St.-Michel et tu tournes à gauche au boulevard St.-Germain.

1. de l'Opéra jusqu'au Musée national d'Art moderne au Centre Pompidou (N → L)
2. du jardin des Tuileries jusqu'à l'Arc de triomphe (B → R)
3. du musée Rodin jusqu'au jardin du Luxembourg (P → A)
4. du Palais-Royal jusqu'au musée du Louvre (O → E)
5. de la cathédrale de Notre-Dame jusqu'à la tour Eiffel (D → Q)
6. ?

La ville et les transports

✴ **Attention! Étudier Grammaire 3.3 et 3.4**

Les transports en commun

Adrienne prend l'autobus au coin de la rue. Pour elle, c'est commode.

Sarah et Agnès prennent le métro pour aller à la fac. C'est très rapide.

La sécurité et les précautions

Il ne faut pas prendre le train aux heures de pointe.

Pour rouler en scooter, il faut porter un casque.

On doit avoir de la patience dans un embouteillage.

Parfois, certains gens oublient d'obéir aux règles!

Act. 5. (whole class) Do the definitions with the class. Include comments and ask questions such as *Est-ce qu'il y a des scooters ici à... ? Quelles sont les heures de pointe ici à... ? Qui doit porter un casque? Le chauffeur d'une voiture?* Optional: Assign partners afterward. New vocabulary: *blocage, se couper, intense, motorisé(e), signal lumineux, souterrain(e), véhicule routier à moteur.*

Activité 5 Définitions: Qu'est-ce que c'est?

MODÈLE: É1: Qu'est-ce que c'est qu'un autobus?
          É2: C'est un grand véhicule automobile de transport en commun.

1. un scooter
2. une foule de gens
3. le métro
4. une voiture
5. les heures de pointe
6. un feu de signalisation
7. un arrêt d'autobus
8. un coin
9. un embouteillage
10. un casque

a. l'endroit à l'intersection de deux rues
b. un véhicule routier à moteur
c. l'endroit où on prend l'autobus
d. un blocage de la circulation
e. une protection pour la tête
f. un grand nombre de personnes
g. une bicyclette motorisée
h. un train souterrain
i. le moment où la circulation est très intense
j. un signal lumineux

Act. 6. (whole class) Do as class discussion in which students answer your questions, or have students work in pairs or small groups. After students have done the activity, find out who does and does not do the various items mentioned and why. New vocabulary: *C'est fou!*, *dangereux/dangereuse*, *se débrouiller*, *idée*, *regarder dans les deux sens*, *risqué(e)*, *seul(e)*, *stationner*, *tout le temps*, *traverser*, *trop*, *utiliser*, *zone interdite*.

Activité 6 Sondage: Comment se débrouiller en ville

Dites **oui** ou **non** à ces propositions. Ensuite, comparez vos réponses aux réponses de votre partenaire.

> MODÈLE: En ville, est-ce une bonne idée de… prendre l'autobus? →
> Oui, parce qu'il y a trop de voitures dans les villes.

En ville, est-ce une bonne idée de/d'…

_____ lire quand on est dans un embouteillage?

_____ prendre le métro aux heures de pointe?

_____ se promener seul(e) dans un jardin public à minuit?

_____ porter un casque si on roule en scooter?

_____ utiliser les transports en commun?

_____ rouler en voiture tout le temps?

_____ ne pas respecter les feux de signalisation?

_____ regarder dans les deux sens avant de traverser la rue?

_____ stationner dans une zone interdite?

_____ téléphoner pendant qu'on conduit?

AS 9. In small groups, students make statements about two types of people, *les sans-souci et les trop-soucieux*. Model a few sentences before they begin: *Ils utilisent leur portable en même temps qu'ils traversent la rue; ils refusent de se promener dans le jardin public, même pendant la journée…*

Exprime-toi!

Je suis d'accord. C'est (dangereux).

Pourquoi pas? Tout le monde le fait.

Pas du tout! C'est trop (risqué).

C'est fou! On risque d'avoir (un accident).

Les francophones sur le vif. Point out that mass transportation in France, especially in large cities, is readily available and usually favored by most people. Ask students to brainstorm why the bus/subway system is a favorite choice: numerous stations mean that one is always within walking distance; all points in Paris can be reached with a single fare; relatively small streets and a lack of parking spaces and garages make it difficult to drive around; heavy traffic makes it difficult to cross the city in less than two hours, whereas this can be done in 30–40 minutes on the subway.

AS 10. See p. 130.

Les francophones sur le vif

Marc-André Hébert, 42 ans, habite à Paris dans le 14e arrondissement (à Montparnasse). Il prend les transports en commun tous les jours.

Que nous conseillez-vous pour circuler facilement à Paris?

«Mon conseil: laissez votre voiture au garage! Déplacez-vous[1] en bus ou en métro, c'est rapide, économique et pratique. Si vous restez une semaine, la Carte[2] Orange est la solution idéale. Demandez la carte dans une station de métro, au guichet[3] où on vend les tickets. Écrivez votre nom et votre adresse et mettez une photo d'identité. Ensuite, achetez un «coupon», un ticket spécial, valable[4] pour une semaine ou un mois. Voilà! Vous pouvez circuler librement[5] dans tout Paris. Regardez la carte[6] du réseau[7]: il y a 16 lignes et 297 stations. Le métro n'est jamais loin. Le système vous semble compliqué? Pas de problème, il y a des cartes dans toutes les stations et vous pouvez toujours demander votre chemin[8] à un autre passager!»

[1]Circulez, allez d'un point à un autre
[2]*card*
[3]petite fenêtre où on vend des billets de cinéma, de train, des tickets de métro…
[4]valide
[5]sans restriction
[6]*map*
[7]système
[8]votre… des directions, un itinéraire

Cliquez là!

Découvrez des idées d'activités à faire quand on visite Paris. Ensuite, indiquez celles qui vous intéressent. En classe, comparez vos préférences avec celles de vos camarades de classe.

www.mhhe.com/deuxmondes6

Activité 7 Discussion: Situations et choix

En visite à Paris, on peut se trouver devant les situations suivantes. À votre avis, qu'est-ce qu'il faut faire? Choisissez une des suggestions ou proposez-en une autre.

1. Le feu de signalisation passe au rouge juste au moment où vous désirez traverser la rue.
   a. Il faut courir très vite pour traverser la rue.
   b. Vous devez vous arrêter et attendre.
2. Votre taxi est coincé dans un embouteillage.
   a. Vous devez rester calme.
   b. Il faut descendre du taxi et prendre le métro.
3. Vous êtes horrifié(e)! Votre chauffeur de taxi conduit comme un fou.
   a. Il faut penser: «Bon! Voilà une expérience typiquement parisienne!»
   b. Il faut descendre du taxi.
4. Vous bousculez une autre personne au moment où vous montez dans un autobus.
   a. Vous devez demander pardon à l'autre personne.
   b. Vous ne vous excusez pas parce que c'est normal dans une grande ville.
5. Le chauffeur de la voiture à côté de vous vous insulte parce qu'il n'aime pas votre façon de conduire.
   a. Il faut ignorer ses remarques.
   b. Vous devez aussi l'insulter.

"Équipage à navette: télétransportez-moi ailleurs, il n'y a pas de trace de vie intelligente ici."

Activité 8 Entretien: Ma ville préférée

1. Quelle est ta ville préférée? Tu y vas souvent? Quand?
2. Pourquoi aimes-tu cette ville? (L'ambiance? Le shopping? Les distractions? La vie culturelle?)
3. Comment t'y déplaces-tu d'habitude? (En bus? En métro? En taxi? À pied?)
4. Tu aimes te balader dans les rues? À quel moment de la journée? Tu fais souvent les vitrines?
5. Qu'est-ce que tu aimes faire quand tu sors le soir? Tu aimes dîner dans un certain restaurant? Tu aimes aller au théâtre ou à un spectacle?

Les achats. (1) Review known places/stores and introduce new ones with your PF and realia (stamps, plastic eggs, etc.). Associate the products with the stores, bringing in past vocabulary such as *un cahier, un beau costume, un journal.* (2) As students look at the art, ask questions about the stores and products: *Est-ce qu'on achète un livre dans une papeterie ou à la librairie? Où va-t-on si l'on veut acheter du café et du thé?* Extend to personal questions: *Est-ce qu'il y a des magasins près de chez vous? Lesquels?* Compare stores in France and those in the United States: *Est-ce qu'on peut acheter des livres dans une pharmacie américaine?* (oui, souvent) *En France, il n'y a pas de livres dans une pharmacie. On achète des livres dans une librairie.* Ask about prices: *C'est normalement combien le dentifrice? Combien coûte un timbre pour une lettre?* New vocabulary: *bière, boutique, cigarettes, Combien coûte… ?, commerce, eau minérale, épicerie, grand magasin, kiosque, laquelle, modèle, papeterie, pharmacie, vin, vitrine.*

Les achats

AS 11. Show pictures of objects and products and ask students to speculate about their prices. See who can guess the closest to the true answer.

★ **Attention! Étudier Grammaire 3.5 et 3.6**

Les commerces

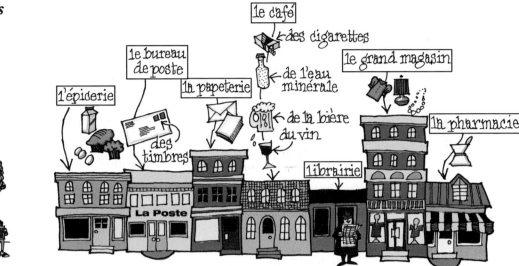

Dans une boutique

—Vous désirez, mademoiselle?
—Je voudrais voir cette robe que vous avez en vitrine.
—Laquelle, mademoiselle?
—La bleue, s'il vous plaît.

—Nous avons ces deux modèles.
—Ils sont dans ma taille, madame?
—Oui, madame.
—Bon, je prends les deux: le bleu et le jaune.

Act. 9. (partners) Review vocabulary for stores and products, introducing any new words before students do the activity. Students will be using partitive articles but will not have to produce them. During follow-up, ask if one can get items from past chapters in these stores: *une radio, un carnet d'adresses, un football, du rouge à lèvres, un rasoir électrique, des bottes, un aquarium, des poissons rouges.* Students should add any new words to their notebooks. New vocabulary: *biscuit, carte postale, dentifrice, jus d'orange, médicament, papier à lettres, roman policier.*

Activité 9 Associations: Les magasins et les produits

Dans quel magasin ou établissement est-ce qu'on peut trouver ces articles?

> MODÈLE: du shampooing →
> É1: Où est-ce qu'on peut trouver du shampooing?
> É2: On peut trouver du shampooing dans une pharmacie.

AS 12. Have students name products that you define and then say where to buy them. *On se brosse les cheveux avec cet objet.* (une brosse à cheveux) *Où est-ce qu'on peut acheter cet objet?* (dans une pharmacie, chez le coiffeur, dans un grand magasin…) Ideas: *un savon, des biscuits, du papier à lettres, des timbres, des chaussures.*

1. du jus d'orange et des biscuits
2. un roman policier
3. le journal *Le Monde*
4. un café ou une bière
5. du dentifrice et une brosse à dents
6. des timbres
7. du papier à lettres
8. des médicaments
9. des cartes postales
10. un cahier et des crayons

une épicerie
un bureau de poste
une pharmacie
une papeterie
une librairie
un café-tabac
un grand magasin
un kiosque à journaux

Activité 10 Dans le monde francophone: Cadeaux sur Internet

Sur Internet, vous pouvez trouver des cadeaux intéressants. Décidez à qui vous pouvez offrir chaque objet et pourquoi.

1. une amie intellectuelle, un peu forte, qui fait du jogging
2. votre grand-mère, qui habite seule et souffre de rhumatismes
3. votre cousin, qui adore lire
4. votre oncle, qui invite ses amis à des dîners gastronomiques
5. votre ami, qui adore voyager
6. ?

Les cadeaux

Casque Bluetooth: Connexion sans fil à vos appels et votre musique. 110,00€

Ideal'cav: Pour la conservation et le vieillissement de vos vins. 544,90€

Portier éléctronique: Vous permet d'identifier les personnes qui sonnent à votre porte, même la nuit. 240,50€

Mini-fax: Rend de précieux services chez vous ou dans votre entreprise. 119,95€

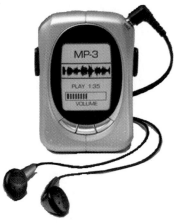

Baladeur MP3: Très pratique pour enregistrer vos pensées ou vos messages. 42,15 €

Caméra numérique: Cette caméra portable s'emporte partout, pendant les voyages et dans la vie quotidienne. 381,00 €

Affichage des calories dépensées

Calorie pédomètre: Pour le jogging ou la marche. Affiche la distance parcourue, le nombre de pas, la vitesse et les calories dépensées. 107,80 €

Le dernier roman d'Albert Camus, écrivain français, né en Algérie, qui a reçu le prix Nobel. 21,00 €

Albert Camus *Le premier homme.* Collection Folio, Éditions Gallimard. Photo: Private collection.

Activité 11 Échanges: Pour faire des économies

Vous allez en ville pour faire des achats. Dans chaque magasin, on voudrait vous vendre des produits chers, vous avez très peu d'argent et vous inventez des excuses pour acheter les produits les moins chers.

MODÈLE: VENDEUR: Vous désirez, monsieur (madame/mademoiselle)?

VOUS: Du papier à lettres, s'il vous plaît.

VENDEUR: J'ai ce papier à 2,50 € et j'ai cet autre papier à 15 €. Le papier à 15 € est de très bonne qualité.

VOUS: C'est vrai, mais je préfère le papier à 2,50 €. J'adore le papier orange!

1. du shampooing (un shampooing à 2,61 € ou un gel-shampooing démêlant à 5,25 €)
2. du parfum (un parfum à 17 € ou un parfum de bonne marque à 60 €)
3. des fleurs (des marguerites en solde à 1,05 € ou des roses à 20 €)
4. une chemise pour un copain (un modèle à 25 € ou un autre en coton égyptien à 82 €)
5. un dictionnaire espagnol (un mini à 7,50 € ou un grand format à 32 €)
6. un portable (un modèle à 109 € ou un autre avec toutes les options à 169 €)

Act. 11. (partners) Use your PF to review vocabulary and introduce the new words in the activity. Students should act as though money were no object. Ask them to be creative about the reasons they give. After the activity, ask for volunteers to give "good" reasons for buying the cheaper products. New vocabulary: *boîte, bouteille, chic, coton égyptien, exotique, exquise, gel démêlant, le grand format, importé(e), marguerite, marque, modèle(s), parfum, portable, qualité, vendeur/vendeuse, vendre.*

Exprime-toi!

La bouteille (boîte) est si chic!

L'odeur est (exquise).

Le modèle est trop (compliqué).

Les produits importés sont si (exotiques).

AS 13. Have students use *Act. 11* as a model for developing skits to perform in class. They might wish to complicate the situation by including a third person who is shopping with the customer and who disagrees about size, color, etc., or a customer who finds a product unacceptable or the price too high.

Les distractions

★ **Attention! Étudier Grammaire 3.7**

Le samedi matin, Marise et Clarisse courent dans le parc.

Elles font souvent les vitrines au centre-ville.

Les Colin vont au théâtre quand ils partent en week-end.

Parfois Julien danse toute la nuit et s'endort au petit matin.

Francis sait faire de l'exercice et s'amuser en même temps.

De temps en temps, Sarah part à la montagne avec ses copains.

Activité 12 Associations: Clichés du monde étudiant

En groupes, organisez les phrases pour créer des profils stéréotypés: (1) la bonne vivante et (2) l'intellectuelle.

- Elle sort tous les soirs.
- Elle part souvent en week-end.
- Le soir, elle reste à la maison.
- Elle déteste faire les magasins.
- Elle préfère les films sérieux.
- Elle étudie souvent en écoutant du rock.

- Elle n'a pas de portable.
- Elle s'habille à la mode.
- Elle surfe sur Internet.
- Elle va très souvent au musée.
- Elle dort à la bibliothèque.
- Elle étudie les maths avancées.

Allons plus loin!   Créez d'autres clichés. **Idées:** les non-conformistes, les sportifs, les casse-pieds **AS 15.** Show slides or photos of places in Paris or elsewhere. Students imagine they are going to visit them this summer and say what activities they are going to do there. Examples *(au Louvre)*: *je vais regarder des tableaux et des sculptures; je vais voir «la Joconde» / la pyramide; je vais acheter des souvenirs dans la librairie.*

Activité 13 Récit: Un week-end à Paris

Bernard et Christine Lasalle vont passer un week-end à Paris. Maintenant, ils font leurs projets. Racontez ce qu'ils vont faire.

Vocabulaire utile
un appareil photo, prendre des photos, chercher un cadeau

Act. 12. (whole class; partners; small groups) Students usually enjoy identifying and laughing at stereotypes. (1) Define the terms and explain: *un cliché (stéréotype), c'est une exagération, une idée fausse; la bonne vivante n'est pas sérieuse; elle préfère s'amuser; l'intellectuelle est trop sérieuse.* (2) Do 2–3 statements with the class and have students decide which stereotype they fit. Assign the activity to partners or small groups. (3) Follow-up: Write *la bonne vivante* and *l'intellectuelle* on the board and ask students to tell you what to jot down under each heading. Later, ask students to think of additions to the lists. *Allons plus loin!* is optional. Students might enjoy timed competitions to see which group can come up with the longest list. New vocabulary: *avancé(e), la bonne vivante, les casse-pieds, cliché, dormir, faire les magasins, les non-conformistes, profil, stéréotypé(e), les sportifs.*

Act. 13. (partners; whole class) (1) Explain the art: *Christine et Bernard font leurs projets pour le week-end. Ils vont visiter Paris. Est-ce que les petites filles vont à Paris avec leurs parents, ou vont-elles rester chez leurs grands-parents?* Ask questions about the frames: *Dans quel dessin est-ce que Christine et Bernard vont prendre un taxi?* (2) Ask partners or small groups to practice narrating the events. Remind students to use *aller* with infinitives because these are future plans. Basic input: 1. *Ils vont laisser les enfants chez leurs grands-parents.* 2. *Ils vont prendre le train pour Paris.* 3. *Ils vont sortir de leur hôtel.* 4. *Ils vont prendre un taxi.* 5. *Ils vont se promener le long de la Seine.* 6. *Ils vont déjeuner à la terrasse d'un café.* 7. *Ils vont faire les vitrines.* 8. *Ils vont acheter des cadeaux pour leurs filles.* 9. *Ils vont aller à une exposition de peinture moderne.* 10. *Ils vont dîner dans un restaurant élégant.* 11. *Ils vont aller voir une pièce de théâtre.* 12. *Ils vont se coucher tard.* New vocabulary: *chercher un cadeau, exposition, hôtel, laisser, le long de, prendre des photos.*

Cliquez là!

Qu'est-ce qui se passe à Paris cette semaine? Qu'est-ce qu'on peut voir au cinéma? au théâtre? Qu'est-ce qu'il y a comme manifestations sportives? Y a-t-il une exposition intéressante? Où voudriez-vous dîner?

www.mhhe.com/deuxmondes6

Act. 14. (whole class; partners) Have students look at the table and ask: *Pour vous, qu'est-ce qui symbolise le week-end? Voici les réponses de beaucoup de Français à cette question*. Read the replies aloud, explaining as needed, and then assign the activity to partners. Be sure students understand the predicates before they begin the activity. Allow 3–5 minutes and then ask questions: *Alors, que veut dire «le déjeuner en famille»?* Optional: Assign *Allons plus loin!* to partners or small groups.

Activité 14 Dans le monde francophone: Les Français et le week-end

À la question «Pour vous, qu'est-ce qui symbolise le plus le week-end?», les Français répondent:

• le déjeuner en famille	• la grasse matinée
• les moments passés avec les enfants et les petits-enfants	• la sortie du samedi soir
• la promenade à la campagne	• les câlins à deux
• les travaux ménagers, le bricolage et le jardinage	• les courses du samedi
	• la messe
	• le jogging du matin

Trouvez l'équivalent de ces activités parmi les activités préférées des Français.

1. dormir tard
2. assister à un service religieux
3. aller au cinéma, au théâtre, au restau, etc.
4. faire du shopping
5. travailler à la maison
6. manger tous ensemble
7. faire l'amour
8. être simplement en famille
9. courir
10. marcher dans la nature

Allons plus loin!   Qu'est-ce que vous aimez faire le week-end? Est-ce que vous avez les mêmes priorités que les Français?

 # LECTURE

Week-end à Montréal

Mélanie est étudiante à Ottawa, la capitale du Canada. Cette année, elle a l'occasion d'aller passer quelques jours à Montréal. Justement, trois de ses camarades de classe—Sylvia, Isabelle et Marie-Ange—sont Montréalaises; Mélanie leur demande quelques conseils.

MÉLANIE: Alors, qu'est-ce que je peux faire à Montréal en trois jours?

SYLVIA: Trois jours seulement? C'est difficile à dire... il y a énormément à faire en ville. Commence par le Vieux-Montréal, le cœur historique de la ville. Par exemple, la place Jacques-Cartier, avec ses bâtiments du XVIIIᵉ siècle, l'hôtel de ville, le château Ramezay et son musée. L'architecture est splendide. Et, bien sûr, une visite de la basilique Notre-Dame est indispensable.

Lecture. Montréal, once known mostly for its historical Old Town, has reinvented itself as Canada's shopping and entertainment hub. World-class festivals, such as the international fireworks competition, the Jazz festival, the *Nuits d'Afrique* and *Francofolies* music festivals, or the bilingual *Juste pour rire / Just for laughs* comedy fest, draw enormous crowds. The sprawling "underground city" makes it possible to attract customers and tourists year round, despite the severely cold weather that usually lasts from November to April. Numerous websites provide information in French for visitors. Have the students work in groups to plan a three-day trip using a complete list of sights and online activities. Alternatively, they could help Mélanie with her weekend plans.

● La place Jacques-Cartier au coucher du soleil (Montréal)

ISABELLE: Mais si tu n'aimes pas trop les monuments historiques, ce n'est pas un obstacle. À Montréal, il y en a pour tous les goûts[1]!Surtout qu'il y a deux villes: en surface, la plus grande concentration de commerces du pays. Et en sous-sol,[2] un vaste espace de magasins et de boutiques. Promène-toi d'abord dans la rue Sherbrooke, avec ses stylistes, ses magasins d'antiquités ou les galeries d'art d'avant-garde du Quartier du Musée... Après, tu descends dans «la ville souterraine[3]»: 30 kilomètres de corridors, de places centrales et de carrefours, plus de mille boutiques!

MARIE-ANGE: Elle va se ruiner avec toutes ces boutiques! Moi, je pense qu'il est préférable de faire seulement du lèche-vitrines, c'est plus économique. Dans ton budget, pense aussi au théâtre, au cinéma— et naturellement aux restaurants. On mange bien, à Montréal, dans les grands restaurants français gastronomiques, et d'autres plus petits mais délicieux. Dans la rue Crescent, par exemple, tu as des dizaines de possibilités. Et pour bien finir ta soirée, je te suggère d'aller dans une des fabuleuses discothèques de la ville, comme le Club Safou, Le Loft, Stéréo ou Aria. Tu vas danser jusqu'au matin!

MÉLANIE: Quel week-end! Je vais être crevée[4]...

SYLVIA: Montréal, ça mérite un petit effort!

---

[1]préférences   [2]sous la surface   [3]sous le sol   [4]très fatiguée

Avez-vous compris?

Utilisez les informations contenues dans le texte pour déterminer où on peut faire les activités suivantes à Montréal.

1. admirer des meubles anciens
2. visiter un bâtiment de l'époque coloniale
3. faire du shopping s'il fait froid
4. écouter de la musique techno
5. manger dans un petit restaurant

À vous la parole!

Imaginez que vous aussi vous allez à Montréal pour le week-end avec un ou deux camarades de classe. Donnez des raisons pour aller (ou ne pas aller) dans les endroits suivants.

1. le Casino
2. le parc d'attraction du Vieux-Port avec son cinéma géant IMAX
3. le Quartier latin près de l'université (UQAM) avec ses librairies et ses cafés
4. les boutiques de luxe de la rue Sherbrooke
5. une grande discothèque comme Stéréo
6. le parc botanique et la Biosphère
7. la cathédrale Sainte-Marie
8. le musée d'archéologie et d'histoire de Montréal
9. le musée des beaux-arts de Montréal
10. les magasins souterrains en sous-sol de la rue Sainte-Catherine

MODÈLE: É1: J'ai envie d'aller dans les boutiques de luxe de la rue Sherbrooke.
É2: Pas question! Ce n'est pas dans mon budget. Je dois faire des économies.

À vous d'écrire

Écrivez une réclame pour la firme *Alpha Taxis*. Utilisez votre imagination, mais n'oubliez pas de donner certains renseignements: les avantages de prendre le taxi, la compétence des chauffeurs, les tarifs, les heures et, bien sûr, pourquoi les taxis *Alpha* sont supérieurs aux autres taxis.

À vous d'écrire. Explain that *Alpha Taxis* is a company located in Paris, and discuss the information on the card: *les services, les heures, le numéro de téléphone.* Find out if students take taxis often, when, and where. Have them give some qualities of good cab service and some things that can be bad about using taxis. Write interesting or useful items on the board. Assign as a written composition for homework or as a group project in class. Groups might exchange papers and do peer correction before completing a final draft to hand in. New vocabulary (for recognition only): *entretenu(e), luxe, propre, réclame, renseignement.*

Suggestions

Vous allez trouver (admirer, arriver, rencontrer)...
Vous n'allez pas payer...
Nos taxis sont propres (très confortables)
Les chauffeurs sont/savent...

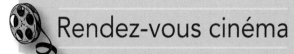

Rendez-vous cinéma

Le Chemin du retour

Épisode 2: «L'album photo»

Les collègues de Rachid à Canal 7, Camille et Bruno, sont énergiques, amusants et très sympathiques. Invité chez la mère de Camille, Mado, Rachid est fasciné par un livre sur une région du sud de la France (les Cévennes), mais aussi par les photographies des membres de la famille de Camille. Mado est très surprise de cet intérêt soudain... .

Vocabulaire

Les endroits dans une ville

Places in a city

une bibliothèque	a library
un bureau de poste	a post office
un commerce	a shop, business
le commissariat de police	the police station
une école primaire	a primary school
une église	a church
une épicerie	a grocery store
la faculté (la fac)	the university
une gare	a station (*train, bus*)
un grand magasin	a department store
un jardin public	a park
un kiosque	a newsstand

une librairie	a bookstore
un lycée	a high school
un magasin	a store
la mairie	city hall
une mosquée	a mosque
une papeterie	a stationery store
une place	a public square

Mots apparentés: **une avenue, une banque, un boulevard, une cathédrale, le centre-ville, un hôtel, un musée, une pharmacie, un temple, une terrasse**

Les courses et les distractions

Errands and entertainment

s'amuser	to have fun
assister à un spectacle	to attend a show
déposer de l'argent	to deposit money
emprunter un livre	to borrow a book
envoyer une lettre	to send a letter
faire les magasins	to shop
faire les vitrines	to window-shop
manger avec des amis	to eat with friends
oublier	to forget
prendre des photos	to take pictures
sortir	to go out
voir une pièce de théâtre	to see a play
un tableau	to see a painting

Pour indiquer le chemin

Giving directions

à côté de	beside
le coin de la rue	the street corner
coincé(e)	stuck, squeezed (into)
dans	in, inside
derrière	behind
devant	in front of
en face de	opposite
entre	between
près de ≠ loin de	near (to) ≠ far (from)
sous	under
sur	on, upon
aller tout droit	to go straight ahead
tourner à droite (à gauche)	to turn right (left)
traverser (un pont)	to cross (a bridge)

Pour se déplacer en ville: Les transports

Getting around in a city: Transportation

un arrêt d'autobus	a bus stop
la circulation intense	heavy traffic
un embouteillage	a traffic jam
un feu de signalisation	a traffic signal
une foule (de gens)	a crowd (of people)
les heures (*f.*) de pointe	rush hour
le métro	the subway
un quai	a (station) platform
les transports (*m.*) en commun	public transportation
un wagon	a (train) car

Mots apparentés: **un chauffeur de taxi, un moteur, motorisé(e), un scooter, un véhicule routier**

descendre d'un taxi	to get out of a taxi
monter dans un autobus	to get on a bus
obéir aux règles	to obey the rules
porter un casque	to wear a helmet
prendre un train	to take a train
rouler en voiture	to travel by car
stationner dans une zone interdite	to park in a no-parking zone
utiliser un plan	to use a (city) map

Se promener en ville

Walking in the city

aller à pied	to walk, go on foot
s'arrêter	to stop (oneself)
avoir de la patience	to be patient
se balader	to stroll
se débrouiller	to manage, get along
se déplacer	to go someplace
obéir au signal lumineux	to obey a flashing sign
s'orienter	to get oriented
penser à	to think about
regarder dans les deux sens	to look both ways
risquer	to risk

Pour faire des achats

Shopping

J'en prends (deux).	I'll take (two).
Laquelle? Lequel?	Which one?
plein(e) d'options	(with) lots of options
acheter (un cadeau)	to buy (a gift)
coûter	to cost
demander	to ask (for)
faire des économies	to save money
vendre	to sell
une boîte	a box
une bouteille	a bottle
une carte postale	a postcard
un choix	a choice
le dentifrice	toothpaste
l'eau (*f.*) **minérale**	mineral water
l'euro (*m.*)	the euro (*European currency unit*)
une fleur	a flower
une marguerite	a daisy
une marque	a brand
un médicament	a medication
un modèle	a style
un portable	a cell phone
le prix	the price
un produit étranger	a foreign product
un roman policier	a detective novel
une serviette	a briefcase
un timbre	a stamp
un vendeur / une vendeuse	a salesman/woman
le vin	wine

Mots apparentés: **une bière, un biscuit, chic** (*inv.*), **une cigarette, compliqué(e), le coton, désirer, exotique, importé(e), le jus d'orange, le papier à lettres, le parfum, la qualité**

La description des personnes

Describing people

bon(ne) vivant(e), bonne	pleasure-loving
un(e) casse-pieds	a bore
fou/folle	crazy, nuts

Mots apparentés: **intellectuel(le), non-conformiste, normal(e)**

Quand

Saying when

à chaque fois	each time
au moment de	at the time of
au petit matin	in the early morning
de temps en temps	from time to time
pendant que	while
tout le temps	all the time

Mots et expressions utiles

Useful words and expressions

C'est commode.	It's convenient.
D'accord.	Okay. Agreed.
à la mode	in style
un dîner gastronomique	a gourmet dinner
il faut (obéir)	it is necessary (to obey)
Stationnement interdit	No parking
tous ensemble	all/everyone together

Grammaire et exercices

3.1. Before assigning this section, review prepositions of location with TPR. (See *Mise en train, Chapitre 3.*) Review the contracted forms of *de*, putting examples on the board, *à côté du livre, près/loin des stylos.*

Definition: Prepositions are used before nouns and can express spatial or temporal relationships: **near** the bank; **after** midnight.

3.1 Saying where things are: Prepositions of location

A. Here are the most common prepositions of location in French.

dans	*in, inside*	**entre**	*between*
à côté de	*beside, next to*	**en face de**	*opposite*
sur	*on, on top of*	**sous**	*under*
devant	*in front of*	**derrière**	*behind*
près de	*near (to)*	**loin de**	*far from*
à gauche de	*to the left of*	**à droite de**	*to the right of*

—Où est le gymnase?   *Where's the gym?*
—**Entre** le restaurant universitaire et le stade.   *Between the student restaurant and the stadium.*

★ *Review **Grammaire 1.6** on contraction of **de** + articles.*

➤ **près de + le = près du**

➤ **en face de + les = en face des**

B. Notice that some prepositions end with **de.** When they are followed by **le** or **les,** you need to use the appropriate contraction (**du** or **des**).

—Où est la bibliothèque?   *Where's the library?*
—**À côté du** bureau de poste.   *Next to the post office.*
—Est-ce que la faculté des sciences naturelles est **en face des** laboratoires?   *Is the Natural Sciences Department across from the labs?*
—Non, elle est **à côté des** laboratoires.   *No, it's next to the labs.*

Exercice 1 Dans la salle de classe

Ex. 1. After doing this exercise, have students modify these sentences or create their own to describe the position of objects in a topsy-turvy classroom, where the laws of gravity don't apply.

Denise décrit sa salle de classe. Choisissez la préposition correcte et employez des contractions si nécessaire.

MODÈLE: Le pupitre de Barbara est (dans / à côté de) la fenêtre. →
             Le pupitre de Barbara est à côté de la fenêtre.

1. Le bureau de Mme Martin est (devant / derrière) le tableau noir.
2. Les livres de Mme Martin sont (sous / sur) son bureau.
3. Mme Martin écrit* au tableau, puis elle regarde les étudiants. Elle est (devant / sous) la classe.
4. Jacqueline écrit au tableau. Elle est (près de / loin de) le tableau.
5. Albert travaille avec Daniel. Les papiers de Daniel sont (sur / à côté de) les papiers d'Albert.
6. Louis regarde par la fenêtre. Il regarde un match de football dans le parc (en face de / loin de) la salle de classe.

---

*writes

7. Barbara est trop (loin de / près de) le tableau; elle ne peut pas lire les mots au tableau.

8. La salle 300A se trouve (devant / entre) les salles 300 et 301.

3.2 Asking questions: Interrogative words

A. The following words can be used to ask questions.

combien (de)?	*how many?*
comment?	*how?*
où?	*where?*
pourquoi?	*why?*
quand?	*when?*

—Tu veux aller à Paris? **Quand?**   *You want to go to Paris. When?*
—L'année prochaine.   *Next year.*

—**Pourquoi** ne viens-tu pas demain?   *Why aren't you coming tomorrow?*

—Parce que j'ai rendez-vous chez le médecin.   *Because I have a doctor's appointment.*

B. Often, an interrogative word is combined with **est-ce que** to ask a question.

★ Review **Grammaire B.2** on asking questions.

Quand est-ce que tu vas à la fac?   *When are you going to campus?*
Combien d'argent est-ce que nous avons?   *How much money do we have?*

C. In short, simple questions, reversing the order of the subject and verb can be used instead of **est-ce que.** This is called an inversion question.

Comment va Claudine?   *How is Claudine?*
Où habite ton ami?   *Where does your friend live?*
Que fait Adrienne ce soir?   *What's Adrienne doing tonight?*
Comment est Sylvie?   *What is Sylvie like? (What does Sylvie look like?)*

D. You have already seen the interrogative forms **qui** (*who, whom*) and **que (qu')** (*what*). These can both be combined with **est-ce que** to ask *what* (**Qu'est-ce que**) or *who/whom* (**Qui est-ce que**). Note that **qui** is never contracted. **Qui** may also be followed directly by the verb.

➤ Qui (est-ce que)... ?
= Who (Whom) . . . ?

➤ Qu'est-ce que... ?
= What . . . ?

Qu'est-ce que tu veux?   *What do you want?*
Qui est-ce que tu retrouves en ville?   *Who (Whom) are you meeting in town?*

Qui sait la date?   *Who knows the date?*

E. To ask *which* or *what*, use the appropriate form of **quel (quelle, quels, quelles)** in front of the noun. Use **quel(le) + être** to ask for a name, a date, etc.

Le bureau de poste se trouve dans **quelle rue**?	*What street is the post office on?*
Quelles lignes d'autobus est-ce qu'il faut prendre?	*Which bus lines do we (you) have to take?*
Quelle est la bonne **réponse**?	*What's the right answer?*

Pronunciation Hint

All forms of **quel** are pronounced the same except when there is a liaison: **quel, quelle, quels, quelles,** but **quels‿étudiants, quelles‿étudiantes.**

Exercice 2 Au bureau de tourisme

Agnès Rouet fait du tourisme. Trouvez la bonne question pour chaque réponse du réceptionniste.

1. Comment est-ce que je peux aller d'ici au musée?
2. Combien coûte un ticket de bus?
3. Où est le musée municipal?
4. Quand ferme le musée?
5. Qu'est-ce qu'il y a à voir au musée?
6. Quel est le numéro du bus pour y aller?
7. Où est-ce qu'on achète des tickets de bus?
8. Pourquoi ne pas y aller à pied?

a. _____ Il est dans la rue du 11 novembre.
b. _____ Il y a des tableaux et des sculptures modernes.
c. _____ Vous pouvez prendre le bus.
d. _____ Parce que c'est loin d'ici.
e. _____ Ça coûte 1€.
f. _____ On peut acheter un ticket dans le bus.
g. _____ C'est le numéro 19.
h. _____ Il ferme à 17 heures.

Exercice 3 Les dernières nouvelles

Agnès téléphone à sa sœur Mireille. Regardez bien ses questions et les réponses de sa sœur, puis complétez ses questions avec le mot interrogatif approprié.

Vocabulaire utile Comment? Où? Pourquoi? Quand? Que? Qui?

1. _____ va Maman? —Elle va *bien.*
2. _____ fait Charles? —Il *ne* fait *rien,** comme d'habitude.
3. _____ est Papa? —Il est *à Genève.*
4. _____ fait Jean-Claude? —Jean-Claude? Il *joue au foot avec Michel.*
5. _____ est Michel? —Michel, c'est *mon nouveau petit ami.*
6. _____ est-il? —Il est *très sympa et très beau*!
7. _____ s'appelle le nouveau bébé des voisins? —Il s'appelle *Olivier.*
8. _____ va la mère d'Olivier? —Elle va *très bien.*
9. _____ commencent tes vacances? —*Dans quinze jours.*
10. _____ est-ce que tu ne viens pas à Paris? —*Parce que* je dois rester ici pour aider Maman.

**nothing*

Exercice 4 Visite à Paris

Des amis de Sarah Thomas viennent visiter Paris. Posez la question qui correspond à chaque réponse.

> MODÈLE: Ils restent *huit jours* à Paris. →
> Combien de temps est-ce qu'ils restent à Paris? (Combien de temps restent-ils à Paris?)

Utilisez **comment, où, pourquoi**, **quand, que** ou **qu'est-ce que**.

1. Ils logent *dans un hôtel du Quartier latin*.
2. Ils se déplacent *en autobus*.
3. Ils sont contents *parce qu'il fait beau*.
4. Ils quittent Paris *lundi prochain*.
5. Ils veulent *visiter tous les monuments*.
6. Ils achètent *des souvenirs* pour leurs amis.

Utilisez une forme de **quel (quelle, quels, quelles)**.

7. Ils visitent le musée *d'Orsay*.
8. Ils préfèrent les restaurants *grecs et tunisiens*.
9. *Le numéro de l'hôtel* est le 01.43.83.51.07.

3.3 Verbs like **prendre**

A. The irregular verb **prendre** is very useful for talking about transportation.

prendre (*to take*)	
je **prends**	nous **prenons**
tu **prends**	vous **prenez**
il/elle/on **prend**	ils/elles **prennent**

—Comment viens-tu à la faculté?   *How do you come to campus?*
—Je **prends** toujours le bus.   *I always take the bus.*

Pronunciation Hint

All the singular forms are pronounced with a nasal vowel (nasal *a*) and sound the same: **prẽnds, prẽnd.** In the plural forms, the stem vowel is nonnasal: **prenõns, prenez, prennent.**

Ex. 4. Students will probably choose to write questions with *est-ce que* because the inverted forms are less familiar. You may wish to point out that the inverted forms would be the normal choice in formal writing.

3.3. We introduce *prendre* before the regular *-re* conjugation (*Grammaire 4.4*) because it is so frequent in conversation and useful for talking about transportation as well as eating and drinking. Use PF and input before assigning: *Ce petit garçon prend son petit déjeuner. Est-ce que vous prenez le petit déjeuner tous les matins? Ces gens prennent l'autobus. Ici à... , est-ce que nous prenons souvent l'autobus, ou est-ce que nous préférons nos voitures?* Write new forms on the board to explain the pattern. Note the changes in the pronunciation of the stem vowel: *nous* and *vous* have a schwa or "mute e" ([ə]), and the *e* of *prennent* is pronounced [ɛ].

B. Use **prendre** to express *to have (something) to eat or drink.*

—Que **prenez**-vous quand il fait froid? — *What do you drink when it's cold?*

—J'aime **prendre** un chocolat chaud. — *I like to have a hot chocolate.*

Raoul ne **prend** jamais de déjeuner. — *Raoul never has lunch.*

C. **Apprendre** (*to learn*) and **comprendre** (*to understand*) are conjugated like **prendre.**

Nous **apprenons** tous le français, mais Albert **apprend** aussi le japonais. — *We're all learning French, but Albert is also learning Japanese.*

Les étudiants ne **comprennent** pas toujours le professeur. — *The students don't always understand the instructor.*

Exercice 5 En faveur des transports en commun

Daniel parle du choix de moyens de transport. Utilisez le verbe logique à l'infinitif ou à la forme correcte.

Verbes à utiliser: prendre, apprendre, comprendre

Ex. 5. Personalize by asking students the question at the end of the paragraph.

Moi, je———[1] toujours l'autobus pour aller à la fac. En général, mes camarades ————[2] toujours leur voiture parce qu'ils n'aiment pas prendre le bus. Moi, je ne sais pas conduire. J'———[3] à conduire maintenant. Mais j'aime prendre le bus. Je ne———[4] pas pourquoi mes amis ne veulent pas ————[5] le bus. Quand on vient à la fac en voiture, il faut payer le parking, si on arrive à trouver une place! Et puis, les gens ne———[6] pas que trop utiliser son automobile risque d'avoir des conséquences très graves pour la planète. Nous ————[7] maintenant toutes les conséquences de cette dépendance. Et vous? ————[8]-vous toujours la voiture pour aller à la fac, ou bien, comme moi, pensez-vous à l'environnement?

Exercice 6 Questions et réponses

Ex. 6. Can be used for partner practice. Follow-up: Elicit (and use in your input) more plural forms by asking questions about the two partners, about the student's friends/parents, about the student and his/her friends.

Répondez aux questions et dites si vous faites les mêmes actions et quand.

MODÈLE: Qui prend l'autobus? →
Barbara prend l'autobus. Moi, je prends l'autobus tous les jours. (Moi, je ne prends jamais l'autobus.)

Barbara   Julien et son amie   Joël   Denise

Barbara   Nathalie   Raoul et ses camarades

1. Qui prend du vin?
2. Qui voudrait apprendre à faire du ski?
3. Qui prend trop de risques?
4. Qui ne comprend pas la leçon?
5. Qui prend un café?
6. Qui prend un bain?

3.4. This section introduces common auxiliary verb + infinitive constructions that express necessity or obligation. Do input with *devoir* before assigning, using places one must go to purchase certain items: *Pour acheter du déodorant, est-ce qu'on doit aller à la pharmacie ou à librairie?* You may wish to summarize all the auxiliary verb + infinitive constructions to date: *aimer, pouvoir, vouloir, savoir, devoir.* Write all of the *je* forms on the board, then supply infinitives

3.4 Expressing necessity: Il faut and the verb devoir

with which students must form a sentence: (*étudier*) *Je n'aime pas étudier / Je dois étudier,* etc. (*jouer du piano, faire la cuisine ce soir, partir en vacances demain, écrire des lettres, lire des romans, parler d'autres langues,* etc.) After a few items, encourage students to use more than one auxiliary in their response: *Je voudrais partir en vacances demain, mais je ne peux pas partir demain.*

A. One way to express necessity is with the impersonal expression **il faut** (*it is necessary*) + infinitive. In this case, the obligation applies to people in general, or the context indicates the particular people concerned.

Quand on prend le métro, **il faut acheter** un ticket à l'entrée.
Charles, tu vas au cinéma ce soir? **Il ne faut pas rentrer** tard.

When you take the metro, you must buy a ticket at the entrance.
Charles, are you going to the movies tonight? You musn't come home late.

Definition: In an impersonal expression, the subject pronoun (*it* or **il**) does not refer to a specific person or thing: *To learn a language,* **it** *is necessary to practice.*

B. To express an obligation with respect to a particular person, you can also use the verb **devoir** + infinitive.

devoir (*to have to*)	
je **dois**	nous **devons**
tu **dois**	vous **devez**
il/elle/on **doit**	ils/elles **doivent**

Nous **devons prendre** le train à 10 h.
Tu **ne dois pas être** en retard.

We have to take the train at 10:00.
You must not be late.

➤ To say *must not*:

Tu *ne dois pas* rouler trop vite.
(*You must not drive too fast.*)

or

Il *ne faut pas* avoir un accident.
(*You must not have an accident.*)

Pronunciation Hint

The letters **oi** are pronounced /wa/: **dois** (/dwa/), **doit** (/dwa/), **doivent** (/dwav/).

C. Note that **devoir** can also express probability or supposition.

Charlotte n'est pas au travail; elle **doit** être malade!	*Charlotte isn't at work; she must be sick!*

D. Other impersonal expressions can also be used to express necessity: **il est nécessaire (essentiel, important, obligatoire) de** + infinitive.

Avant de prendre le métro, **il est nécessaire d'**étudier le plan du métro.	*Before taking the metro, it is necessary to study the metro map.*
Il **n'est pas nécessaire d'**appeler le taxi avant 8 h.	*You don't have to call the taxi before 8:00.*

Exercice 7 Problèmes de transport

Ex. 7. This works well for partner practice after students have prepared the exercise.

Quelle est la solution à chacun de ces problèmes? Qu'est-ce qu'on doit faire? Utilisez la forme correcte du verbe **devoir.**

Suggestions

aller au travail à pied	se déplacer à bicyclette
appeler un taxi	arriver plus tôt*
prendre le bus	étudier le plan du métro de la ville

MODÈLE: Je ne peux pas aller au travail à pied. C'est trop loin. →
Tu dois prendre le bus.

1. Je n'ai pas de voiture.
   Alors, tu...
2. Nous devons être à l'aéroport dans une demi-heure et nous avons beaucoup de bagages.
   Vous...
3. Je ne sais pas prendre le métro.
   Bon, vous...
4. À la fac, il n'y a jamais assez de place aux parkings et les étudiants arrivent souvent en retard.
   On...
5. Mes parents encouragent mon frère à faire plus d'exercice.
   Il...

3.5 Pointing things out: Demonstrative adjectives

3.5. You have already used demonstrative adjectives in your input many times. It will take some time, however, for students to acquire their correct use. You may wish to point out that French does not regularly distinguish between *this* and *that*, although it can do so with *-ci* and *-là*, if necessary, for clarity. Show items and compare them: *Ce stylo-ci est mon stylo préféré. J'adore écrire en bleu. Mais ce stylo-là* (point to it, on desk) *ne marche pas bien. Je déteste écrire avec ce stylo-là.*

Definition: Demonstrative adjectives point out a certain object or person: *this bus, that girl.*

Demonstrative adjectives agree in number and gender with the noun modified. These forms can mean either *this* or *that*, *these* or *those*; this difference is usually clear from the context. Note the special form **cet** for masculine nouns beginning with a vowel or mute **h.**

---

*plus... *earlier*

	SINGULIER	PLURIEL
MASCULIN	**ce** livre (*this/that*)	**ces** livres (*these/those*)
	cet ami (*this/that*)	**ces** amis (*these/those*)
FÉMININ	**cette** table (*this/that*)	**ces** tables (*these/those*)
	cette amie (*this/that*)	**ces** amies (*these/those*)

➤ **ce** garçon but **cet**
homme, *cet* **étudiant**

—Combien coûtent **ces** biscuits? *How much do these cookies cost?*
—Un euro dix le paquet. *One euro ten a package.*

—Tu aimes **cette** carte postale? *Do you like this postcard?*
—Oui, beaucoup. *Yes, very much.*

Pronunciation Hint

cet_ami (*m.*), cet̸t̸e̸_ami̸e̸ (*f.*), ces_ᶻami̸s̸, ces̸ livr̸e̸s̸

Exercice 8 Sarah fait les vitrines

Remplacez les tirets par **ce, cet, cette** ou **ces**.

1. _____ magasin est très beau. Oh, _____ chaussures sont superbes!
2. _____ livres sont très intéressants, mais _____ prix sont ridicules!
3. _____ montre est jolie, n'est-ce pas?
4. _____ vêtements sont trop chers! _____ jolie robe coûte 97 € et _____
   blouson bleu coûte 115 €!
5. _____ chemises sont si belles et _____ cravate aussi est très belle!
6. _____ autre chemise verte est très pratique.
7. _____ chapeau est joli mais _____ autre chapeau est vraiment bizarre!

3.6 Expressing quantities: Partitive articles

A. You are already familiar with the definite articles (**le, la, l', les**) and indefinite
articles (**un, une, des**) in French. There is a third type of article, called the
partitive article. Its forms are identical to the combination of **de** + the singular
definite article: **du, de la, de l'.**

On peut acheter **du** dentifrice au supermarché.	*You can buy toothpaste at the supermarket.*
Nous préparons **de la** soupe.	*We are making soup.*
Je prends **de l'**eau minérale.	*I'm having mineral water.*

B. The partitive article indicates an unspecified quantity of a *mass noun*. It is
roughly equivalent to *some* in English.

du café	*(some) coffee*
de la confiture	*(some) jelly*
de l'huile	*(some) oil*

3.6. This is the first formal presentation of the partitive articles,
although students have already
used them in expressions such
as *faire de la gymnastique*. This
section also reenters the use of
de in negative sentences (which
students have already seen with *je
n'ai pas de* and *il n'y a pas de…*)
and after expressions of quantity.
The use of all three types of articles
(definite, indefinite, and partitive) is
reviewed in *Grammaire 7.1*. Correct
use of partitive articles is acquired
fairly late, but mistakes in usage
generally do not interfere with
communication.

✳ *Review* **Grammaire**
A.3, A.5 *on articles, and*
1.6B *on de + definite
article.*

➤ Partitive articles:

du papier (*m.*)
de la bière (*f.*)
de l'eau (*f.*)
de l'argent (*m.*)

Definitions: A mass noun
cannot be counted: *sand,
sugar.* A count noun can
be counted: *tables, lamps,
children.*

C. Note that the partitive article is always required in French, though *some* is often omitted in English.

—Qu'est-ce que tu dois acheter
à la pharmacie?

*What do you have to buy at the
pharmacy?*

—**Du** dentifrice et **de l'**aspirine.

*(Some) toothpaste and (some)
aspirin.*

D. In negative sentences, partitive articles and indefinite articles (**un, une, des**) become **de** or **d'.**

J'ai des cartes postales, mais je
n'ai **pas de** papier à lettres ou
d'enveloppes.

*I have some postcards, but I don't
have any stationery or any
envelopes.*

➤ J'ai *des* biscuits.

J'ai *beaucoup de*
biscuits.

Je *n'*ai *pas de*
biscuits.

E. Expressions of quantity are also followed by **de.**

un peu **de**	*a little*	beaucoup **de**	*a lot, many*
assez **de**	*enough*	trop **de**	*too much,*
une tasse **de**	*a cup of*		*too many*
combien **de**	*how much, how many*	un verre **de**	*a glass of*

Combien de coca faut-il acheter?

How much soda do we need to buy?

Veux-tu **un peu de lait** avec
ton thé?

*Do you want a little milk with
your tea?*

Exercice 9 Petits achats

Vous faites des courses en ville. Utilisez l'article partitif (**du, de la, de l'**), l'article indéfini (**un, une, des**) ou **de.**

1. Je vais d'abord à la papeterie pour chercher _____ papier (*m.*) à lettres et _____ cartes postales.
2. Ensuite, je vais à la poste pour envoyer mes lettres et acheter _____ timbres.
3. À l'épicerie, j'achète _____ eau minérale, _____ café (*m.*), _____ sucre (*m.*) et _____ confiture (*f.*).
4. Je n'achète pas _____ viande, puisque je suis végétarien(ne).
5. À la pharmacie, je prends _____ shampooing (*m.*) et _____ aspirine.
6. Il faut aussi déposer _____ argent (*m.*); je passe donc à la banque.

Exercice 10 Qu'est-ce que vous prenez comme boisson?

Répondez en employant l'article partitif approprié (**du, de la, de l'**) ou **de (d').**

MODÈLE: Qu'est-ce que vous prenez d'habitude avec le déjeuner?
—D'habitude je prends...
a. eau **b.** lait* (*m.*) **c.** café (*m.*) **d.** coca (*m.*) **e.** ? →
D'habitude je prends *de l'eau.*

*milk

1. Que prenez-vous quand vous ne pouvez pas dormir? —Je prends...
   a. lait   **b.** café   **c.** vin (*m.*)   **d.** eau minérale   **e.** ?

2. Que prenez-vous le matin d'habitude? —Je prends une tasse...
   a. thé (*m.*)   **b.** café   **c.** chocolat chaud   **d.** eau chaude   **e.** ?

3. Qu'est-ce que vous ne prenez jamais? —Je ne prends jamais...
   a. whisky (*m.*)   **b.** champagne (*m.*)   **c.** coca   **d.** café   **e.** ?

4. Qu'est-ce que vous aimez commander quand vous sortez avec des amis? —J'aime commander...
   a. bière (*f.*)   **b.** vin   **c.** coca   **d.** jus de fruits (*m.*)   **e.** ?

5. Qu'est-ce que vous aimez prendre en été quand il fait chaud? —J'aime prendre un verre...
   a. thé glacé   **b.** coca   **c.** eau froide   **d.** jus de fruits   **e.** ?

6. Qu'est-ce que vous prenez quand vous êtes malade? —Je prends...
   a. eau   **b.** jus de fruits   **c.** thé   **d.** coca   **e.** ?

3.7 The verbs courir, sortir, and dormir

3.7. We have chosen to introduce -*ir* verbs of the *sortir* type before the *finir* type because of the greater frequency of the former. Before assigning, use photos to review the meaning of the verbs in C. Write them on the board as you talk, and then explain the conjugation. Regular -*ir* verbs are introduced in *Grammaire 4.3*. For verbs like *sortir*, you may want to refer students to the section *Le verbe français* in the *Cahier*.

A. The irregular verb **courir** has a single stem for all forms. The singular endings are those you have seen for most verbs other than **-er** verbs: **-s, -s, -t.** Remember that these endings are not pronounced.

courir (*to run*)	
je cours	nous courons
tu cours	vous courez
il/elle/on court	ils/elles courent

B. Though verbs like **sortir** and **dormir** are not considered regular verbs, there is a common pattern to their forms. Note that the singular forms have the **-s, -s, -t** pattern of endings. Note also that the stem derived from the infinitive (**sort-** and **dorm-**) loses its final consonant in the singular forms (**sor-** and **dor-**).

sortir (*to go out*)		**dormir** (*to sleep*)	
je sor**s**	nous sor**tons**	je dor**s**	nous dor**mons**
tu sor**s**	vous sor**tez**	tu dor**s**	vous dor**mez**
il/elle/on sor**t**	ils/elles sor**tent**	il/elle/on dor**t**	ils/elles dor**ment**

Je **sors** avec ma camarade de chambre ce soir.   *I'm going out with my roommate tonight.*

Est-ce que vous **dormez** plus de huit heures?   *Do you sleep more than eight hours?*

Pronunciation Hint

sor~~s~~, sor~~t~~, sortõ~~ns~~, sorte~~z~~, sort~~ent~~. Note that only the singular forms are pronounced the same. The third-person plural form (ils/elles) differs from the singular in that the final consonant of the stem is pronounced.

C. Other verbs like **sortir** and **dormir:**

s'endormir	*to fall asleep*
mentir	*to lie*
partir	*to leave, go away*
sentir	*to smell; to feel*
servir	*to serve*

Moi, je **m'endors** toujours très vite.   *I always go to sleep very quickly.*

Ici, on **sert** des plats tunisiens.   *They serve Tunisian dishes here.*

Notice the differences in meaning:

sortir
Sortez de la maison.   *Leave the house.*
Nous sortons au cinéma   *We're going out to*
   ce soir.   *the movies tonight.*

partir
Je dois partir à 9 h.   *I have to leave at 9:00.*
Nous partons en   *We're leaving on vacation*
   vacances demain.   *tomorrow.*

Exercice 11 Sondage sur la course

Ex. 11. Have students use the questions to interview each other, then report to the class. Students may assume a celebrity's identity. Alternative: Provide input while tallying results for the class. Add other questions: *Que portez-vous pour courir? Qu'est-ce que vous aimez boire après la course?*

Répondez par des phrases complètes, avec autant de détails que possible.

1. Courez-vous régulièrement?
   a. Si oui, quand courez-vous? Courez-vous en toute saison? À quel moment de la journée? Combien de fois par semaine? Où?
   b. Sinon, expliquez pourquoi vous ne courez pas.
2. Est-ce qu'il y a des membres de votre famille qui courent régulièrement? Lesquels? (Répondez aux questions 1a et 1b dans vos descriptions des habitudes de votre famille.)
3. Vos amis courent-ils? Courez-vous ensemble quelquefois?
4. Selon vous, pour quelles raisons court-on? Pour rester en forme? Pour vivre plus longtemps? Pour réduire son stress? Pour quelles autres raisons?

Exercice 12 Qu'est-ce que tu fais?

Posez des questions et donnez les réponses.

> MODÈLE: sortir souvent avec des amis →
> Tu sors souvent avec des amis?
> Oui, je sors souvent avec des amis. (Non, je ne sors pas souvent avec des amis.)

1. partir en vacances en été
2. sortir du cinéma si un film est mauvais
3. courir dans des marathons
4. servir du vin chez toi
5. mentir quand tu ne veux pas révéler un secret
6. sentir les fruits au supermarché
7. sortir souvent le samedi soir
8. dormir pendant la journée quelquefois

Maintenant, imaginez que vous interviewez le président et sa femme (ou la présidente et son mari). Posez les questions et donnez leurs réponses probables.

> MODÈLE: VOUS: Vous sortez souvent?
> EUX: Non, nous ne sortons pas souvent... Nous sommes très occupés.

Exercice 13 Généralisations

Ex. 13. After preparing the exercise, students might take turns reading the statements. They should compare to see if they have the same answers.

Une Française vous pose des questions sur les habitudes des Américains. Répondez d'abord avec une généralisation sur les Américains, puis expliquez vos propres habitudes (ou les habitudes de vos amis, de votre famille, etc.).

> MODÈLE: Les jeunes Américains ne sortent jamais en groupe, n'est-ce pas? →
> Si, ils sortent souvent en groupe.
> Moi, je sors tout le temps avec mes amis.

1. Les habitants des grandes villes américaines ne sortent pas seuls la nuit parce que c'est dangereux, n'est-ce pas?
2. Au printemps, la grande majorité des étudiants américains partent en vacances en Floride, n'est-ce pas?
3. La plupart des Américains partent en Europe en été, n'est-ce pas?
4. Les étudiants américains sortent tous les soirs, n'est-ce pas?
5. C'est vrai que tous les petits Américains s'endorment vers minuit?
6. C'est vrai que les Américains ne servent jamais de vin au dîner?
7. Beaucoup' d'Américains courent pour être en forme n'est-ce pas?

AS 10. *L'itinéraire.* (Continued from p. 105.) *Regardez un plan du réseau du métro. (Voir le site du métro parisien.) Les lignes sont codées par couleur et par numéro (par exemple, la ligne 1 est représentée en jaune, la ligne 2 en bleu), mais en réalité on utilise la destination (le «terminus») pour parler d'une ligne. Par exemple, imaginez que vous êtes au musée du Louvre (station Palais-Royal) et que vous voulez aller voir la tour Eiffel; les directions sont: «à Palais-Royal, prenez la direction La Défense (ligne 1), changez à Charles de Gaulle-Étoile, direction Nation (ligne 6) et-descendez à Bir Hakeim.» Si vous allez en banlieue, il est nécessaire de prendre le RER, désigné par une lettre (A, B, C ou D).*

Groupez-vous par deux. Une personne joue le rôle du touriste, l'autre, le rôle du/de la Parisien(ne). Vous voulez aller d'un point à un autre et vous demandez votre chemin; le/la Parisien(ne) vous l'indique.

Vous êtes	**Vous voulez aller**
à la Bibliothèque nationale de France	à la Sorbonne
au Sacré-Cœur	au musée d'Orsay
(station Abbesses, ligne 12)	au cimetière du Père-Lachaise
au jardin du Luxembourg	à la cité des sciences de la Villette
à Notre-Dame de Paris	à la maison de Radio-France
(station Cité, ligne 4)	
à l'Observatoire	
(station Port-Royal, RER B)	

GOALS FOR *CHAPITRE 3.*

The semantic focus is the city: using maps, naming places, and talking about transportation, errands, and entertainment. Students will begin to comprehend locative description, expressions of necessity, and demonstratives. *Functional goals:* (1) Ask about or say where a place is located; (2) Say what you have to do this weekend or at another time; (3) Ask basic questions to get information or make simple transactions.

MISE EN TRAIN.

1. Location. Use TPR to introduce prepositions of location (*à côté de, dans, derrière, devant, en face de, entre, sur, sous*). Have students take out paper, pencil/pen, and their textbook. At first, demonstrate: *Mettez le stylo sur le livre de français.* (Put your own pen on top of your textbook.) *Maintenant, mettez-le sous le livre et mettez la feuille de papier dans le livre.* As students acquire the commands, ask questions: *Est-ce que le stylo est sur le livre ou sous le livre?* After they can recognize the locative words, ask about objects in the classroom and places on campus.

2. Places and location. Use your PF to introduce names of places in a city and activities for those places. *Ce théâtre se trouve à Paris. Il s'appelle le Théâtre de la Huchette. Vous aimez aller au théâtre? Qu'est-ce qu'on fait au théâtre? On y regarde une pièce, n'est-ce pas? Ma pièce préférée, c'est...* As students acquire the terms, ask where the places are located in your city. (See *Vocabulaire* for places.)

3. Necessity + shopping and errands. Introduce names of products and errands with your PF. In your input, include forms of *devoir, il faut,* and names of stores. Write example verb forms on the board as you talk. *Voici des timbres. Où est-ce qu'on doit aller pour acheter des timbres? À la banque ou à la poste?* (See *Vocabulaire, Chapitres 2, 3* for businesses.)

La maison et le quartier

La cuisine et la salle de séjour d'une maison française

Objectifs

CO Photo. As students look at the photo, point out objects and furniture in the house and their position. Ask what one can do there and whether this house looks like their own.

In *Chapitre 4*, you will learn to describe your home and neighborhood and to talk about what you do there.

Instructor information. For goals and *Mise en train* activities for this chapter, please refer to the bottom of p. 164 at the end of this chapter.

 **ACTIVITÉS**

Les pièces et les meubles
Le logement
Les tâches et les loisirs
La vie de quartier

LECTURES

Les francophones sur le vif   Élodie Montaygnac
Info: Société   Villes, quartiers, villages
Lecture   Culture des banlieues?
La langue en mouvement   Le verlan

GRAMMAIRE

4.1 Describing: Placement of adjectives
4.2 Making comparisons
4.3 Regular -ir verbs
4.4 Regular -re verbs and **mettre**
4.5 Direct object pronouns
4.6 Talking about knowing: The verb **connaître**
4.7 Describing states of being: Expressions with **avoir**

Les pièces et les meubles

Les pièces et les meubles.
(1) With PF, review names of rooms and furnishings. (See *Mise en train, Act. 1.*) Include common household articles and furniture. Use comparatives *plus, moins, aussi… que* whenever logical. *Vous avez un canapé rouge? Est-ce qu'il est plus joli que le canapé sur cette photo? Est-ce que votre lit est moins grand que le lit dans cette chambre?*
(2) Ask questions as students look at the art: *Est-ce que le tapis est dans la chambre ou dans la salle de séjour? Où est la cuisinière?*
(3) Review past vocabulary using the house context: *Qu'est-ce qu'on fait au lavabo?* (*On se brosse les dents…*) *Où est-ce qu'on peut dormir si on est fatigué?* (*dans la chambre, sur le canapé…*) Culture: In many French homes, the *W.C.* is in a room separate from the bathtub or shower. New vocabulary: *Pièces: chambre à coucher, cuisine, salle à manger, salle de bains, salle de séjour; meubles: baignoire, buffet, canapé, chaise, commode, cuisinière, douche, évier, fauteuil, lampe, lavabo, lave-vaisselle, lit, miroir, placard, réfrigérateur, rideaux, table, tableau, table basse, table de nuit, tapis, les W.C.*

AS 3. List several rooms on the board and have students propose items they would put in each room in their ideal house. Write new items on board. Ask *Pourquoi voudriez-vous… ? Qu'est-ce qu'on fait d'un(e)… ?*

AS 4. Autograph activity. (See IRK for activity.)

★ **Attention! Étudier Grammaire 4.1 et 4.2**

Activité 1 Discussion: Qu'est-ce qu'il y a chez vous?

Écoutez le professeur et dites **oui** ou **non**.

1. Chez moi, il y a...
   - **a.** trois chambres.
   - **b.** une terrasse.
   - **c.** un garage pour deux voitures.
   - **d.** une baignoire avec une douche.
   - **e.** ?
2. Dans la chambre où je dors, il y a...
   - **a.** un grand lit.
   - **b.** une commode.
   - **c.** un lavabo.
   - **d.** un radio-réveil.
   - **e.** ?
3. Dans la cuisine, il y a...
   - **a.** une cuisinière à gaz.
   - **b.** une table et des chaises.
   - **c.** deux éviers.
   - **d.** un four à micro-ondes.
   - **e.** ?
4. Dans la salle de séjour, il y a...
   - **a.** un grand canapé.
   - **b.** un tapis persan.
   - **c.** des fauteuils confortables.
   - **d.** des beaux rideaux.
   - **e.** ?

Maintenant, c'est à vous!

Tu as de la chance!
Tiens! C'est original!
Ça, c'est super!

Ça, c'est (pratique)!
J'aime ça. / Je n'aime pas ça.

MODÈLE: É1: Je n'ai pas de lavabo dans ma chambre, mais j'ai une salle de bains pour moi.
É2: Tu as de la chance! Moi, je dois partager avec mes sœurs.

Activité 2 Associations: À quoi ça sert?

Dites à quoi servent les meubles et les appareils suivants.

MODÈLE: (une lampe) On se sert d'une lampe pour lire.

LES OBJETS	LES USAGES
une bouilloire électrique	nettoyer un tapis
un aspirateur	conserver la nourriture
un réfrigérateur	se reposer ou dormir
une baignoire	repasser les vêtements
un fer à repasser	ranger les vêtements
un grille-pain	cuisiner
un lit	faire la vaisselle
un lave-vaisselle	faire bouillir de l'eau
un four à micro-ondes	faire des toasts
une commode	prendre un bain

AS 9. Show pictures of appliances and furniture. Students jot down their guess at the price of each item. Later, see whose guess was closest. Finally, review the costs of

Activité 3 Échanges: Décisions

Act. 3. (whole class; partners) First, ask about the prices so students hear names of objects. *C'est la cafetière expresso ou le grille-pain qui coûte 57€?* Then assign for partner practice. Later, ask how students used their

un four à micro-ondes
265€

un grille-pain
85€

un coussin
39€

un ventilateur
45€

un balai
17€

une bouilloire électrique
62€

un fer à repasser
49€

une cafetière
57€

un radio-réveil
35€

un aspirateur
227€

budgets. New vocabulary: *balai, cafetière, coussin, un deux-pièces, meublé(e), ventilateur.*

the items quickly, with comparisons such as *Lequel est le moins cher, le four à micro-ondes, l'aspirateur; le grille-pain ou le radio-réveil?*

Vous allez partager un deux-pièces meublé avec votre camarade de classe. Ensemble, vous avez un budget de 460 euros. Vous devez décider ce que vous allez acheter et expliquer pourquoi.

> MODÈLE: É1: Je voudrais une cafetière expresso parce que j'adore le café fort.
> É2: Moi, je préfère le thé, achetons une bouilloire. Mais la bouilloire est plus chère que la cafetière expresso.
> É1: Si nous achetons un four à micro-ondes...

Act. 4. (partners; whole class) Assign partners after verifying that students understand the vocabulary. *É1 interviews É2, then they reverse roles, or partners can discuss each item before moving to the next. Follow-up: Take counts, ask questions of the whole class, or have everyone change partners to report the information they got during the activity. Robert n'aime pas l'endroit où il habite. Il y a trop de… New vocabulary: conflit, équipé(e), étagère, propre.*

Activité 4 Entretien: Chez toi

1. Est-ce que tu aimes l'endroit où tu habites? Pourquoi?
2. Dans quelle pièce est-ce que tu étudies d'habitude? Où regardes-tu la télé?
3. Comment est ta chambre? Est-ce qu'elle est grande? propre? Y a-t-il un placard, des étagères pour tes livres, des plantes vertes? Ton lit est confortable?
4. Est-ce que ta cuisine est bien équipée? Qu'est-ce qu'il y a comme équipement?
5. As-tu ta propre salle de bains? Sinon, avec qui la partages-tu? Y a-t-il parfois des conflits? Quand et pourquoi?
6. À ton avis, quelle est la pièce la plus importante d'une maison? Pourquoi?
7. Comment est la maison que tu voudrais avoir plus tard?

Cliquez là! Introduce vocabulary for types of furniture (*meubles anciens / antiquités, meubles contemporains, de style déco, des copies*) before assigning the activity. Later, students discuss their findings in groups or with a partner. Expansion: Each student selects one piece of furniture to describe to the class. Afterward, decide with the class who found the most extravagant piece, the most expensive, the least expensive, and the most useful pieces.

Le logement

Le logement. (1) Review types of lodgings using your PF. (2) Have students look at the drawings as you explain: *Voici une situation typique! La population s'agrandit. Quelquefois, il faut bâtir plus de maisons et d'appartements. Ici, les architectes… Et pour construire, quelquefois, il faut démolir. Qu'est-ce qu'on va démolir?* Put *-ir* verb forms on board to point out at the end of the input session. Introduce simple discussion about demolishing old structures to make way for new ones. *Est-ce une bonne idée? Est-ce nécessaire? Est-il important de conserver l'ancien aussi? Préférez-vous les immeubles anciens ou les immeubles modernes?* Explain that France, as elsewhere, is seeing small towns and farmland become middle-class suburbs. Ask about the advantages and disadvantages of such growth. New vocabulary: *architecte, ascenseur, balcon, bâtir, démolir, édifice, escalier, étage, futur(e), immeuble, locataire, nouveau/nouvelle, parc résidentiel, rez-de-chaussée, volet.*

✳ **Attention! Étudier Grammaire 4.3**

AS 10. Show photos or slides of many types of dwellings from France and other Francophone countries. Include the very old and the modern such as a *souk/Maroc,* the *quartier colonial/pays africain,* Riquewihr/Alsace, and the French Quarter/New Orleans. Show also how different cultures have influenced styles of building and decor.

Ces architectes finissent les plans d'un immeuble dans un nouveau parc résidentiel.

On démolit une vieille maison.

Les constructeurs bâtissent des nouveaux édifices.

Les futurs locataires choisissent leurs appartements.

AS 11. Show pictures of different types of houses and ask students to speculate about their prices, which costs more, the most, less; whether they are worth the price; if students would like to have or can now afford houses like that.

Act. 5. (whole class) (1) Describe the houses briefly: *La maison à Gémenos est de style espagnol. Elle a une belle piscine, n'est-ce pas? Est-ce que toutes ces maisons ont des arbres?* (2) Read the description of each, commenting as you do so and asking questions: *La maison à Eoures/Camoins a un studio indépendant! Quel luxe! Voudriez-vous avoir une maison avec un appartement dans son jardin? C'est probablement pour qui, ce studio?* (3) Read the statements and have the class skim for the answers.

Activité 5 Dans le monde francophone: Demeures de rêve

GEMENOS 439M57
Splendide villa luxe, 180m² + salle de jeux 30m², déco et prest. soignées, très gd séjour, cuis. éq., 5 chbres, 3 bains, sur très beau jardin paysager 1200m², piscine, à voir absolument. **897.000 €**

CASSIS 307M54
Rare emplacement et demeure d'exception, maison de maître, charme et caractère, 300m², grande réception, séj. et SàM, 5 chbres, 3 SdB, maison de gardien, terrain plat 3000m². **635.000 €**

EOURES/CAMOINS 440M57
Cadre de camp. superbe villa provençale, proche comm., 180m² + 30m² studio indép., gd séj. chem., SàM, cuis. éq., 5 chbres, 3 bains, sur terrain plat, vue dégagée, piscine et nbrses dép. **385.000 €**

Regardez ces propriétés à vendre près d'Aubagne, pas loin de Marseille. Dites si les phrases sont vraies ou fausses.

1. La villa à Cassis a trois salles de bains.
2. La maison à Eoures/Camoins a un studio indépendant.
3. La villa à Gémenos a une piscine impressionnante.
4. La maison à Cassis a deux réceptions.
5. Les trois maisons ont une piscine.
6. La villa à Eoures/Camoins a un terrain plat.
7. La villa à Gémenos a un jardin.
8. La maison à Cassis a une maison de gardien.
9. Deux de ces maisons ont une salle à manger.
10. La villa à Gémenos coûte le plus cher.

Cliquez là! Locate Grenoble on the map of France at the back of the textbook, and describe its location, its university, the Winter Olympics, etc., before you assign the activity. Suggest that students also look at Grenoble sites for photographs and information about the city. After partner discussion, ask for some volunteers to describe the apartment they chose.

Cliquez là!

Cherchez un appartement d'étudiants pas très cher, un trois-pièces, dans les environs de Grenoble. Décrivez l'appartement, en disant où il se trouve et indiquez le prix du loyer. Ensuite, comparez votre appartement avec celui que va proposer votre partenaire et faites votre sélection.

www.mhhe.com/deuxmondes6

Act. 6. (whole class; partners) Students will use personal assumptions to divide the list into two profiles. There is no single right answer if someone has a good reason for a novel approach. Encourage discussion and ask the class to think of other behaviors that might be typical of each lifestyle. *Allons plus loin!* Students practice asking questions with *vous*. To begin, they may need to recycle items from the activity. Encourage original ideas. New vocabulary: *payer le loyer, vue.*

Activité 6 Associations: Qui est-ce?

Les Duclos louent un studio au 10e étage d'un grand immeuble. Les Martin vivent dans leur maison. Quelle famille associez-vous avec chacune des phrases suivantes?

- Ils dînent à la salle à manger.
- Ils finissent vite le ménage.
- Leurs enfants jouent dans le jardin.
- Ils ont seulement une salle de bains.
- Ils prennent l'ascenseur tous les jours.
- Leurs invités dorment dans la chambre d'amis.
- Ils mangent et dorment dans la même pièce.
- Ils adorent la belle vue sur la ville.
- Ils paient le loyer tous les mois.
- Ils allument un feu dans la cheminée en hiver.

AS 12. Skits: (1) Two roommates who are thinking of moving; (2) A married couple with different views about where they want to live. Ideas: the advantages and disadvantages of several types of places; opinions on what each wants in the new home (number of rooms, decor, furnishings, etc.). Encourage humor.

Allons plus loin! Comment est le logement de votre professeur? Posez-lui des questions pour découvrir tous les détails.

MODÈLE: Vous avez une cheminée chez vous, madame/monsieur?

Activité 7 Ordre logique: Pour louer un appartement

Quelles sont les démarches à faire pour louer un appartement? Mettez les étapes en ordre.

Act. 7. (whole class) Ask which students live off campus, where they live, who shares an apartment, and what is important to them or their friends when they rent a place. List ideas on the board: *On aime le logement. Le loyer est modéré. Le gaz et l'électricité ne coûtent pas cher (le propriétaire les paie).* New vocabulary: *agent immobilier, avantage ≠ inconvénient, clé, décision, démarche, louer, loyer, prendre une décision (rendez-vous), quartier, réfléchir, signer un contrat.*

_____ On prend une décision.

_____ On demande le prix du loyer.

_____ On signe un contrat.

_____ On prend rendez-vous pour voir des appartements.

_____ On visite les appartements intéressants.

_____ On cherche des appartements à louer.

_____ On réfléchit aux avantages et aux inconvénients de chaque appartement.

__1__ On décide dans quel quartier on voudrait vivre.

_____ On paie le loyer.

_____ On reçoit la clé de l'appartement de l'agent immobilier.

_____ ?

«*L'Escargot*»

Tout au fond de
    l'escargot vide,
se trouve un palais
    splendide,
orné d'un miroir si
    petit
que, pour voir comme
    on est mis,
il faut être une fourmi.

Paul Claudel

L'Escargot. This playful poem's imagery goes from the very large (*un palais splendide*) to the very small (*un miroir si petit que…*). Use gestures or photos to illustrate *la coquille* and *tout au fond…* Questions: *Qu'est-ce qu'il y a tout au fond (aux profondeurs) de l'escargot vide? Est-ce que l'escargot est dans sa coquille? Où est-il? Qui habite la coquille maintenant, peut-être?*

Les francophones sur le vif

Élodie Montaygnac est française. Elle a 23 ans et elle vient de terminer un Master Gestion à l'université Montesquieu (Bordeaux IV).

Où habitez-vous et pourquoi?

En ce moment, je travaille à la FNAC de Bordeaux et les loyers du centre-ville sont vraiment très chers pour moi, parce que je ne gagne pas beaucoup d'argent. Pour l'instant, je loue une chambre dans un grand appartement sur le cours Victor Hugo avec d'autres personnes de mon âge. Il n'y a qu'une seule[1] cuisine, mais j'ai ma propre salle de bains. Ce n'est pas idéal parce que je n'aime pas beaucoup vivre[2] en communauté! Mais pour le moment, c'est une solution acceptable.

Je préfère rester au centre-ville. Comme ça, je n'ai pas besoin de voiture et j'ai tout à proximité: les commerces, les théâtres et les cinémas, des cafés et des restaus sympa.[3] Et puis, j'aime habiter dans un vieil immeuble qui a du caractère.

(suite)

[1]*unique* [2]*exister, habiter* [3]*plaisants, agréables*

Les francophones sur le vif. Students should realize that the *centre-ville* of a European city is an area where residential and commercial areas are closely intertwined. Élodie's desire to live near her workplace is a logical (and common) lifestyle choice, especially for younger people.

After reviewing the vocabulary, do the following true/false quiz.
Follow-up: *Vrai ou faux?*
Élodie travaille à la périphérie de Bordeaux.
Elle ne peut absolument pas se payer un logement au centre-ville.
Elle travaille depuis longtemps.

✱ **Notes for *Les francophones sur le vif*** continued on p. 164.

La banlieue, c'est vraiment trop sinistre: bonjour la déprime![4] Acheter un pavillon[5] avec un jardin dans une banlieue résidentielle, c'est une autre vie. Pour le moment, j'aime trop ma liberté et le rythme de la ville; bien sûr, je risque de changer d'avis[6]… Dans dix ou vingt ans, si je me marie, si j'ai des enfants, un chien, pourquoi pas? Mais pour l'instant, pas question!

[4]bonjour… c'est vraiment triste! [5]villa, maison indépendante [6]opinion

Act. 8. (partners) Ask questions and encourage students to guess intelligently at the specifics listed in the ads: *Est-ce que les Ormes ont autant de salles de bains que les Myrtilles?* Include personal questions: *Vous avez autant de chambres chez vous que dans la maison des Ormes, Martha?* Students decide which house is the most practical for the Colin family and give their views, with reasons, during follow-up discussion. *Il n'y a pas assez de…* New vocabulary: *sous-sol, villa.*

Activité 8 Échanges: La nouvelle maison

La famille Colin doit choisir entre ces deux villas. Laquelle est la plus pratique pour eux et pourquoi? Dans cette famille, il y a sept personnes: les parents, Marise et Clarisse (jumelles, 19 ans), Charles (17 ans), Emmanuel (14 ans) et Joël (8 ans).

LES ORMES
5 chambres à coucher
1 salle de séjour
1 salle à manger
1 bureau
2 salles de bains

LES MYRTILLES
4 chambres à coucher
1 salon-salle à manger
3 salles de bains
1 bureau
sous-sol

Activité 9 Dans le monde francophone: Les petites annonces

En groupes, choisissez un appartement pour les personnes qui cherchent à louer. Ensuite, expliquez vos choix à la classe.

À vous la parole!
Imaginez que vous allez partager un appartement avec des camarades de classe l'année prochaine. Ensemble, écrivez l'annonce que vous allez envoyer au journal. Ensuite, lisez-la à la classe.

Act. 9. (whole class; partners) Ask about the people seeking a lodging: *Comment est la personne qui cherche un deux-pièces? Quel est le numéro de téléphone de… ? D'où vient le couple qui… ?* Go over the *offres* and explain as needed before assigning the activity. Mention that *location* = rental. *À vous la parole!* Ask each group to read their ad aloud for the class, or tape the ads on the walls around the room for the class to read. Students could vote on the most interesting ad, the one most difficult to accommodate, the least luxurious request, etc.

TRANSACTIONS IMMOBILIÈRES

Locations vides (demandes)

Cherche grand studio, 40 m2, ou 2 pièces, ascenseur, calme. Tél. 04.93.62.11.10.

Personne sérieuse cherche 2 pièces avec jardin, Nice/ouest, loyer, maxi 450 €. Tél. 04.45.65.20.71.

Couple italien recherche 3-4 pièces pour se loger Nice Est. CERUTI, 04.63.09.77.20.

Locations vides (offres)

Mini. studio kitchen, WC. Douche 400 € mensuel. Tél. 04.93.58.72.23 (répondeur)

Exceptionnel, Nice centre: vaste studio, terrasse, Sud, cuisine indépendante, 525 €, NISSIMO PAGANINI 04.93.08.85.23.

Centre Nice: 2 pièces, balcon, ascenseur, calme, urgent, 475 € CABINE-TORY. 04.93.80.19.00.

Nice Est, superbe 3 pièces, duplex, petite résidence, frais réduits, 980 € charges comprises. SUD CONTACT 04.93.20.25.10.

Nice Ouest: magnifique, cuisine équipée, terrasse, parking, piscine, 1150 € + charges. MAISON DE L'IMMOBILIER 04.93.96.34.15.

Les tâches et les loisirs

✳ **Attention! Étudier Grammaire 4.4 et 4.5**

Le week-end chez les Lasalle

Samedi matin, avant le déjeuner

Bernard tond le gazon.

Camille passe
l'aspirateur.

Après le déjeuner

Camille fait la vaisselle.

Marie-Christine essuie
les assiettes, puis elle les
met dans le placard.

Nathalie sort les ordures.

Bernard aime
bricoler.

Christine répond
à la lettre d'une
amie.

Les tâches et les loisirs. (See *Mise en train, Act. 1.*) (1) Show pictures of rooms, people doing housework, and household equipment to introduce terms for household tasks: *Que fait ce monsieur? Il passe l'aspirateur dans salle de séjour. Et vous, vous passez parfois l'aspirateur? très souvent? de temps en temps?* (2) Display art: Ask where the activity is occurring and who is doing it, etc. (3) Point out object pronouns: *Marie-Christine essuie les assiettes, puis elle les met dans le placard.* (4) From the forms you write on the board, demonstrate conjugations for *tondre/répondre* and *mettre* before assigning Grammaire 4.4. (See IRK for TPR activity.) New vocabulary: *bricoler, essuyer les assiettes, passer l'aspirateur, sortir les ordures, tâche, tondre le gazon.*

AS 13. Do an autograph activity on household tasks. *Tu aimes bricoler? Signe ici, s'il te plaît.*

Act. 10. (partners; whole class)
(1) Read the tasks aloud and have students write a person's name for each item. Housemates can count as family; if in a dorm, use life at home. (2) Check that everyone understands new terms.
(3) Assign for partners to discuss. New vocabulary: *faire la lessive (le ménage), faire réparer, s'occuper de;* Exclamations: *C'est dégoûtant!; Personne ne fait ça!*

Activité 10 Échanges: Les tâches domestiques

Qui fait ces activités le plus souvent chez vous? Et vous, aimez-vous les faire? Pourquoi ou pourquoi pas?

> MODÈLE: nettoyer la salle de bains →
> Ma sœur nettoie la salle de bains. Moi, je déteste faire ça.

1. faire le ménage
2. aller au supermarché
3. bricoler
4. tondre le gazon
5. cuisiner
6. faire la lessive

7. s'occuper des animaux
8. faire réparer la voiture
9. passer l'aspirateur
10. sortir les ordures
11. repasser les vêtements
12. ?

Exprime-toi!

Personne ne fait ça.
C'est dégoûtant!
Je n'aime pas le faire.
Je refuse de faire ça.
J'adore le faire.

Activité 11 Récit: Un samedi chargé

Racontez la journée d'Adrienne.

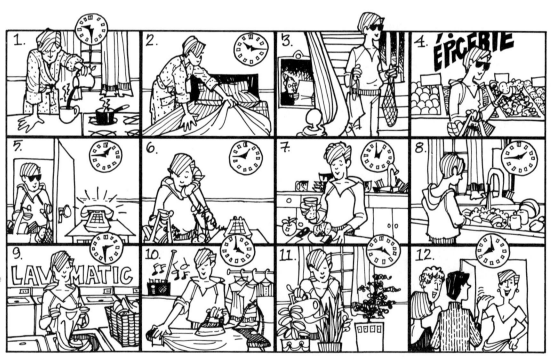

Act. 11. (whole class; partners)
(1) Develop the story yourself, frame by frame, and include the class using questions such as *À quelle heure vous levez-vous? Vous prenez aussi du café le matin? Le faites-vous vous-même?*
(2) Assign partners for practice with narration. Basic input: 1. *Adrienne fait du café dans la cuisine.* 2. *Elle fait son lit.* 3. *Elle descend l'escalier pour aller faire ses courses.* 4. *Elle fait les courses à l'épicerie.* 5. *Elle entend le téléphone.* 6. *Elle répond au téléphone.* 7. *Elle prépare son déjeuner.* 8. *Elle fait la vaisselle.* 9. *Elle fait la lessive.* 10. *Elle repasse des vêtements.* 11. *Elle arrose ses plantes.* 12. *Elle ouvre la porte.* New vocabulary: *arroser.*

Vocabulaire utile arroser les plantes, entendre, faire la lessive (la vaisselle), repasser, répondre au téléphone

Activité 12 Casse-tête: Qu'est-ce que c'est?

Vocabulaire utile l'aspirateur, la bouilloire, le four à micro-ondes, le gazon, le grille-pain, la lessive, le lit, le ménage, les ordures, la vaisselle

1. On la fait après les repas si on n'a pas de lave-vaisselle.
2. On le tond et quelquefois, on l'arrose. Généralement, on ne le tond pas en hiver.
3. On la fait quand on a trop de vêtements sales.
4. On le passe pour nettoyer les tapis et la moquette.
5. On peut le faire toutes les semaines ou très rarement. Normalement, on le fait avant d'inviter des amis à la maison.
6. On les sort après les repas. Ce n'est pas une tâche très agréable.
7. On le fait chaque matin si on n'est pas trop pressé(e).
8. On l'utilise pour faire bouillir de l'eau pour le thé.
9. On le trouve indispensable pour faire du pain grillé le matin.
10. On l'utilise pour préparer un dîner rapidement.

Act. 12. (whole class; partners). Students will use direct object pronouns receptively. Do as a whole group, then have them work together in pairs. Afterward, encourage the class to think of other riddles. New vocabulary: *moquette, pressé(e), rarement, repas, sale, toutes les semaines.*

Activité 13 Dans le monde francophone: Perceptions

Voici les résultats (en %) d'une enquête sur le niveau de participation de l'époux au travail ménager. Lisez le tableau et les conclusions suivantes, puis dites si vous êtes d'accord ou pas et pourquoi.

Act. 13. (whole class) This is part of a survey given to husbands and their wives from all EU countries in 1999. (1) State/explain the tasks first, then ask questions: *Quel pourcentage des hommes aident à habiller les enfants, d'après les hommes? Et d'après les femmes? Est-ce que plus d'hommes aident à faire le ménage ou à faire la vaisselle?* (2) Read the conclusions aloud to be sure everyone understands, then assign the discussion to partners. These will require discussion and negotiation. (3) Do a survey to see how many agree with each item or not, and ask students to explain their reasons. Ask the class to speculate on why the male/female answers in the table were different.

EST-CE QUE L'ÉPOUX «FAIT QUELQUE CHOSE»?		
tâches	**réponse de l'époux**	**réponse de l'épouse**
Marché/achats	54	48
Vaisselle	48	44
Véhiculer les enfants	49	49
Habiller les enfants	38	31
Cuisine	37	27
Ménage	35	24
(Francoscopie 1999)		

Conclusions. Êtes-vous d'accord?

1. Presque 50 % des hommes aident à conduire les enfants.
2. Il semble que les hommes aiment mieux faire les achats que cuisiner.
3. Seulement un tiers (1/3) des hommes aident à faire le ménage.
4. On ne précise pas si l'épouse ou l'époux travaille hors de la maison.
5. Les femmes pensent que leurs époux ne font pas beaucoup le ménage.
6. Les femmes sont injustes envers leurs époux.
7. Dans cette enquête, les hommes exagèrent dans tous les domaines.

La vie de quartier

⭐ **Attention! Étudier Grammaire 4.6 et 4.7**

Dans le quartier de Jean-Yves Lescart

Jean-Yves va au lavomatic parce qu'il a besoin de faire la lessive.

Il va au café parce qu'il a soif et qu'il a envie de voir ses copains.

Quand il a faim et qu'il est pressé, il mange au self-service.

Il connaît beaucoup de gens dans le quartier.

Tous les voisins le connaissent aussi.

Activité 14 Associations: Les courses et les commerces

Où est-ce qu'on peut faire les courses ou les activités suivantes?

LES COURSES

1. envoyer une lettre
2. faire réparer des chaussures
3. faire la lessive
4. faire nettoyer un vêtement délicat
5. se faire couper les cheveux
6. faire réparer une montre cassée
7. acheter du détergent
8. acheter une carte Michelin d'Italie
9. acheter un DVD
10. prendre un pot avec des copains

LES ENDROITS

a. chez le cordonnier
b. au lavomatic
c. chez le coiffeur / la coiffeuse
d. dans une brasserie
e. au pressing
f. au bureau de poste
g. à la bijouterie
h. dans un magasin d'électronique
i. dans une librairie
j. dans une grande surface

Act. 14. (whole class; partners) Introduce new verbs, products, and stores using PF, writing all new terms on the board. As you do so, elicit where one does the errand or buys the product, or what one can do in the place. *Cet homme se fait couper les cheveux. Est-ce qu'il est chez le coiffeur ou chez le cordonnier? Quels autres services peut-on obtenir chez le coiffeur?* (laver les cheveux, raser) *Oui, on peut se faire…* Do the activity with the class, or assign partners. New vocabulary: *bijouterie, brasserie, coiffeur/coiffeuse, cordonnier/cordonnière, délicat(e), détergent, électronique, faire réparer, se faire couper les cheveux, grande surface, prendre un pot, pressing.*

AS 15. Create two lists of errands; distribute list A to one half of the class and list B to the other half. Students are then paired (A-B, A-B), and each tells the other what he/she has to do this weekend (*je dois…*) and where he/she has to go to do the errand.

INFO: Société
Villes, quartiers, villages

Une ville européenne est subdivisée en «quartiers». Chacun a sa personnalité, son ambiance particulière (chic, bohème, populaire, branché[1]), et il existe encore des fêtes et des traditions culinaires qui changent d'un quartier à l'autre; c'est comme un village à l'intérieur de la ville. Un quartier est souvent nommé après un saint (Sainte Marthe, Saint Marcel, Saint Antoine) parce qu'autrefois,[2] l'église était le centre de la vie collective; mais le nom d'un quartier évoque parfois un monument (la Bastille) ou une activité (Les Halles, le Quartier latin), ou peut encore refléter sa topographie (le Marais, Montmartre). À Paris, il y a aussi un quartier chinois (13e arrondissement), un quartier juif (le Sentier) et plusieurs quartiers à dominance maghrébine,[3] comme Barbès.

[1]à la mode
[2]dans le passé
[3]maghrébin(e): originaire d'Afrique du Nord

• Petits commerces dans le Marais, quartier parisien

Info: Société. Work with a map of Paris (there is one at the back of the textbook) to show the difference between the *centre-ville* and the *banlieue,* and demonstrate how the former corresponds to the medieval walled city. A study of the division of Paris into *arrondissements* shows the concentric outward development from the historical heart of the city. Contrast this with the centerless grid typical of American cities. Point out on the map some of the *quartiers* mentioned in the text. Explain that the saints for whom the *quartiers* are named were often the patron saints of professional groups in the Middle Ages. Indicate the characteristics of some of the best-known *quartiers:*

La Défense: le quartier des affaires; Montmartre: le quartier des artistes au XIXe siècle; Saint-Germain, le Quartier latin: le quartier des intellectuels (point out *la Sorbonne*); *le Sentier: le quartier de la mode, de l'industrie du vêtement; le quartier juif; la place Vendôme: le quartier des bijoutiers; Pigalle: le quartier «chaud» des boîtes de nuits et de la prostitution; les Halles: le quartier «branché» des restaurants et des cinémas.*
Follow up: *Vrai ou faux?*
Le quartier est une subdivision administrative.
Le nom d'un quartier est toujours d'origine religieuse.
Les quartiers se ressemblent tous.
À Paris, plusieurs quartiers ont un caractère ethnique bien défini.

Act. 15. (whole class; partners) Read the statements aloud and ask for a show of hands for each item, commenting on your own situation as you do so. Afterward, assign partners. Variation: Later, have the class ask you questions based on the activity. New vocabulary: *agent de police, connaître, facteur, proche, reconnaître, saluer.*

Exprime-toi!

Bien sûr!
Aucune idée!
Pas du tout!
Sans blague?

AS 16. Do a search activity on housing and neighborhoods. (See IRK, *Signe, ici!*)

Act. 16. (partners; whole class) Go over the factors to consider, then assign partners to give each item a ranking. This will involve some differences of opinion and discussion. Move around to provide help as needed. New vocabulary: *à proximité, crime, décor, distractions, habitant(e), plaire, prestige, varié(e).*

AS 17. Have students decide which factors in the list in *Act. 16* would probably be important to other types of people (*une famille avec un budget limité, un PDG et sa femme…*).

Lecture. Aton-Râ is a composite character based on actual rap singers: his real name (from the Ivory Coast) recalls that of MC Solaar. He has taken on an Egyptian-sounding pseudonym like the members of IAM, and he comes from the working-class suburb of Seine-Saint-Denis, as do NTM and several other groups. If possible, show images and play music from these artists (see Internet). Students should understand that in France, rap (and related music forms) frequently carries social and political messages, especially against racism, corruption, and the far Right. Consider bringing in ra-EF (Cheb Mami, Khaled) and regionalist musical currents (Fabulous Trobadors and Zebda from Toulouse; I muvrini from Corsica, Tri Yann from Brittany, Wazoo from Auvergne) to demonstrate the plurality of French culture even within metropolitan France.

Activité 15 Enquête: Connaissez-vous votre quartier?

Dites **oui** ou **non**. Ensuite, comparez vos réponses avec celles de votre partenaire.

1. Je connais mes voisins.
2. Je fais mes achats dans les magasins de mon quartier.
3. Beaucoup de mes voisins me connaissent et me saluent.
4. Je sais le nom des agents de police qui travaillent dans le quartier.
5. Je reconnais les gens qui passent devant chez moi.
6. Je me promène dans le quartier de temps en temps.
7. Je peux laisser la clé de mon appartement chez des voisins.
8. Je sais où prendre l'autobus dans mon quartier.
9. Je connais certains des enfants du quartier.
10. Je sais où se trouve le bureau de poste le plus proche.

MODÈLE: É1: Moi, je sais le nom du facteur. Et toi?
É2: Aucune idée! Je suis en cours quand le facteur arrive chez nous.

Activité 16 Enquête: Pour choisir un appartement

Si vous décidez de partager un «appart» avec des copains, quelle importance ont les considérations suivantes pour vous?

(1) très important   (2) important   (3) indifférent   (4) sans importance

_____ le calme
_____ un logement qui me plaît
_____ des parcs à proximité
_____ des voisins d'origines variées
_____ des transports en commun à proximité
_____ pas de crime
_____ des restaurants près de chez moi

_____ des distractions à proximité
_____ des gens de mon âge
_____ des commerces dans le coin
_____ un loyer raisonnable
_____ le prestige du quartier
_____ la proximité de mon travail
_____ le décor du logement

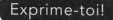

LECTURE

Culture des banlieues?

Aton-Râ (de son vrai nom Jean-Claude Kouamé) est un chanteur de rap originaire de la Seine-Saint-Denis, en banlieue parisienne. Il est interviewé sur M6 à l'émission de télévision «Planète Jeunes» par l'animateur Cédric LeGoff.

CÉDRIC LEGOFF: Tout le monde aujourd'hui parle d'une «culture de banlieue», mais est-ce que tu ne penses pas que c'est une légende, un truc[1] publicitaire pour vendre des disques?

ATON-RÂ: Ah, non! Ce n'est pas une légende, mais ce n'est pas non plus ce que montrent les films ou la télé: les gens des banlieues ne sont

[1](*fam.*) une stratégie, une idée

● Une cité près de Paris: «d'immenses immeubles complètement impersonnels, de véritables cages à lapins»

Pre-reading activity. Ask students to brainstorm to imagine the living conditions in a *cité HLM (Habitation à Loyer Modéré)* on the outskirts of a French city. Use the photograph as a point of departure and elicit the following information: *Quand est-ce que ces immeubles ont été construits? Est-ce que ce sont des immeubles de luxe? Est-ce qu'il y a des magasins, des restaurants, des cinémas dans cette cité? Quelles personnes habitent là? Comment est leur vie?*

pas tous chômeurs[2] et délinquants! En fait, on y trouve aussi des gens honnêtes qui travaillent dur.

CÉDRIC LEGOFF: Quelques-uns, mais pas beaucoup...

ATON-RÂ: Bien sûr, la banlieue c'est le ghetto des exclus, de tous ceux que la «bonne société» française ne veut pas voir, c'est clair. Regarde comment on a construit les cités: d'immenses immeubles complètement impersonnels. Il n'y a plus de commerces à proximité, pas d'espace pour jouer, pour se promener, pas de centres culturels, pas de cinémas. Pas étonnant que les jeunes se tournent vers le trafic et la délinquance, avec un cadre de vie pareil.[3] Pas de travail, pas d'espaces verts, pas d'espoir.[4] C'est la galère[5] totale!

CÉDRIC LEGOFF: Bon, c'est certain que les conditions de vie dans les cités ne sont pas roses; mais est-ce que cela crée[6] une culture propre?

ATON-RÂ: Oui, parce que les gens sont unis par une expérience commune de l'exclusion au quotidien, tu vois. Ils partagent le même langage et une musique qui exprime[7] leur révolte... Le rap n'est pas toujours violent, mais il reflète[8] toujours des conditions de vie difficiles, la marginalisation. Il exprime une frustration et les jeunes des cités s'identifient très profondément à ce discours.

CÉDRIC LEGOFF: Oui, mais est-ce que vous, les rappeurs, vous n'êtes pas tentés de renier[9] votre banlieue quand vous devenez riches et célèbres?

ATON-RÂ: À mon avis non; si on fait ça, on va aliéner notre public immédiatement. Il est indispensable de ne pas oublier son quartier d'origine, même si on gagne des millions. On est enfant de la banlieue et on le reste.

---

[2]personnes qui n'ont pas de travail   [3]cadre... environnement de ce genre
[4]< espérer: penser que la situation va s'améliorer   [5](*fam.*) situation difficile
[6]< la création   [7]parle de   [8]< la réflexion   [9]désavouer, refuser

Avez-vous compris?

A. Expliquez les mots ou expressions suivants:

1. des espaces verts
2. les conditions de vie ne sont pas roses
3. au quotidien
4. des commerces à proximité

B. Dans une autre interview, l'animateur suggère les idées suivantes. Dites si à votre avis Aton-Râ va être d'accord ou non avec ces phrases.

1. «Les jeunes habitants des banlieues sont tous des délinquants.»
2. «La culture des banlieues n'est pas une invention des médias.»
3. «Le rap est nécessairement une musique violente.»
4. «L'environnement des banlieues provoque des frustrations chez leurs habitants.»
5. «Si on a assez d'argent, il est préférable d'oublier la banlieue.»

À vous la parole!   Avec un groupe de deux ou trois camarades, déterminez les avantages et les inconvénients d'habiter (1) en ville, (2) dans une cité de banlieue, (3) dans une banlieue résidentielle et (4) à la campagne.

La langue en mouvement

Le verlan

Les jeunes qui habitent les cités parlent un français qui possède beaucoup de mots qui n'existent pas en français standard. Une des particularités de leur vocabulaire, c'est le «verlan». Les mots du verlan sont formés par l'inversion des syllabes d'un mot de français standard. Par exemple, *femme*, *rap* et *noir* deviennent en verlan *meuf*, *peura* et *renoi*, respectivement. Pouvez-vous deviner l'équivalent standard de *tromé* et *céfran*?

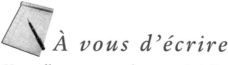

À vous d'écrire

Vous allez passer quelques mois à l'université de Toulouse et vous désirez partager un appartement avec des étudiants français. Écrivez une petite annonce qui décrit ce que vous recherchez: le type de logement, le nombre et le type de colocataires (camarades de chambre) que vous cherchez, le loyer maximum que vous pouvez payer et d'autres renseignements qui vous semblent importants. N'oubliez pas de dire comment on peut vous contacter.

MODÈLE: *Étudiant(e) américain(e) cherche... pour... mois.*

La langue en mouvement. The name *verlan* is a reversal of *l'envers,* as in *à l'envers* (backward). The rules for reversing the syllables depend on the structure of the word, and there is sometimes more than one possibility. Notice how these transformations focus on the spoken rather than the written form of the word and how they highlight the preference of French for open syllables, i.e., consonant + vowel, e.g., *mé-tro.* Additional examples: *sub* (bus), *auche* (chaud), *keum* (mec), *féca* (café), *segro* (grosse), *beur* and *reubeu* (arabe), *keuf* (flic), *teboi* (boîte de nuit), *guétupor* (portugais), *rettegaci* (cigarette).

AS 18. As needed, you may wish to review some basic rules for syllabification in French (*la syllaba-tion*). In particular, remind students that when there is one consonant between two vowels, the conso-nant goes with the following vowel (*u-ni-vers*). Also, if there are two consonants between vowels, divide between the two consonants (*res-ter, u-ni-ver-si-té*). This rule does not apply if the second consonant is *r, l,* or a semi-vowel, in which case the two consonants form a cluster and go with the following vowel (*a-près, ou-bli, na-tion*). Note that "conso-nant" and "vowel" here refer to the sounds, not the written letters.

À vous d'écrire. Do an in-class example or have all students do in class. Ask for other information students think important to include, such as *non-fumeur.* Have them write in an abbreviated style, as though their compositions were to be put on a bulletin board. You may wish to use this as the basis for a composition. New vocabulary: *annonce, colocataire, rechercher, renseignement.*

MULTIMÉDIA

QUIA	Online Workbook / Lab Manual
WWW	Online Learning Center and Audio Program
	ActivityPak

www.mhhe.com/deuxmondes6

Vocabulaire

Les pièces et les autres parties de la maison

Rooms and other places in the house

la chambre à coucher	the bedroom
la cheminée	the fireplace
la cuisine	the kitchen
l'escalier (*m.*)	the stairs, staircase
le jardin	the yard, garden
la salle à manger	the dining room
la salle de bains	the bathroom
la salle de séjour	the living room
le sous-sol	the basement
le toit	the roof
un volet	a shutter

Mots apparentés: **le salon**

Les meubles et l'équipement ménager

Household furnishings

un appareil	an appliance
une baignoire	a bathtub
un balai	a broom
une bouilloire	a teakettle
une cafetière	a coffee pot
un canapé	a sofa
une commode	a dresser
un coussin	a cushion
une cuisinière (à gaz)	a kitchen range, (gas) stove
une douche	a shower
une étagère	a bookcase
un évier	a kitchen sink
un fauteuil	an armchair
un fer à repasser	an iron
un four à micro-ondes	a microwave oven
un frigo	a refrigerator
un grille-pain	a toaster
un lavabo	a lavatory, sink
un lave-vaisselle	a dishwasher
un lit	a bed
une machine à laver	a washing machine
un placard	a closet, cupboard
un radio-réveil	a clock radio
des rideaux (*m.*)	curtains
un tableau	a painting, picture
une table basse	a coffee table
une table de nuit	a bedside table
un tapis persan	a Persian rug
les W.C. (*m.*)	the toilet

Mots apparentés: **un buffet, un détergent, une lampe, un miroir, une radio, un réfrigérateur, une table, un ventilateur**

Chercher un logement

Looking for housing

un agent immobilier	a real estate agent
un ascenseur	an elevator
un avantage≠un inconvénient	an advantage≠a disadvantage
uné clé	a key
un deux-pièces meublé	a furnished one-bedroom apartment
un immeuble	an apartment building, highrise
un(e) locataire	a tenant
le (douzième) étage	the (thirteenth) floor
le premier étage	the second floor
le rez-de-chaussée	the ground floor
choisir	to choose
louer an appartement	to rent an apartment
partager un 'appart'	to share an apartment
payer le loyer	to pay the rent
prendre une décision	to make a decision
rendez-vous	to make an appointment
recevoir les clés (*f.*)	to get (receive) the keys
réfléchir à	to think about
signer un contrat	to sign a contract
vivre	to live

Mots apparentés: **un balcon, un court de tennis, un édifice, un parc résidentiel, une résidence, un studio, une villa, une vue**

Le quartier

The neighborhood

un agent de police	a police officer
une bijouterie	a jewelry store
une brasserie	a tavern, pub
un(e) commerçant(e)	a shopkeeper
un coiffeur / une coiffeuse	a hairdresser
un cordonnier / une cordonnière	a shoemaker, repairer
un endroit	a place
un facteur / une factrice	a mail carrier
une grande surface	a supermarket
un lavomatic	a laundromat
un marchand de vins	a wine seller
un pressing	a dry-cleaners
un(e) voisin(e)	a neighbor
connaître (les voisins)	to know (the neighbors)
prendre un pot	to have a drink
saluer (le facteur)	to greet (the mail carrier)

Mots apparentés: **un(e) employé(e), un garage, un self-service**

Les tâches ménagères

Household tasks

arroser	to water (*plants*)
bouillir	to boil
bricoler	to putter, tinker
essuyer les assiettes	to dry the dishes
faire des achats	to go shopping
faire la lessive	to do laundry
faire la vaisselle	to wash dishes
faire le ménage	to do housework
jardiner	to garden
nettoyer	to clean
s'occuper de	to take care of
passer l'aspirateur	to vacuum
ranger (une chambre)	to put (a room) in order
repasser (des vêtements)	to iron (clothes)
sortir les ordures	to take out the garbage
tondre le gazon	to mow the lawn

Les conditions mentales et physiques

Physical and mental states

avoir besoin (de)	to need
chaud	to feel warm, hot
envie (de)	to want
faim	to be hungry
froid	to be cold
honte (de)	to be ashamed (of)
peur (de)	to be afraid (of)
raison (de)	to be right
soif	to be thirsty
sommeil	to be sleepy
tort (de)	to be wrong
être content(e)	to be happy
de mauvaise humeur	to be in a bad mood
fâché(e)	to be angry
triste	to be sad

La description

Description

cassé(e)	broken
chaque	each
dur(e)	hard, difficult
original(e)	unusual, special
pressé(e)	in a hurry
proche	near, nearby
propre	own (my own ...); clean
sale	soiled, dirty

Mots apparentés: **confortable, criminel(le), délicat(e), électronique, équipé(e), pratique, rarement, varié(e)**

Verbes

Verbs

acheter une carte	to buy a map (card)
apporter	to bring
bâtir	to build
bavarder	to chat
choisir	to choose

couper (les cheveux)	to cut (hair)
entendre	to hear
répondre	to answer
se reposer	to rest
vendre	to sell

Mots apparentés: **aider, comparer, conserver, considérer, démolir, finir, payer, refuser**

Mots et expressions utiles

Useful words and expressions

à proximité	close by
Aucune idée!	I've no idea!
C'est dégoûtant!	That's disgusting!
en plus	also, furthermore
pas du tout	not at all
Sans blague!	No kidding!
toutes les semaines	every week
Tu as de la chance!	You're lucky!

Grammaire et exercices

4.1 Describing: Placement of adjectives

 *Review **Grammaire B.6** and **B.7** on agreement of adjectives for gender and number.*

➤ Most of these adjectives can be arranged in pairs of opposites: **bon ≠ mauvais.** Look for the other pairs.

A. Most French adjectives follow the noun they modify.

> Nos voisins ont une maison **énorme.**   *Our neighbors have a huge house.*

B. A few adjectives, however, generally precede the noun they modify. Here are the most common of these.

<table>
<tr><td colspan="4" align="center">PRE-NOUN ADJECTIVES</td></tr>
<tr><td>autre</td><td>other</td><td>mauvais(e)</td><td>bad</td></tr>
<tr><td>beau/belle</td><td>beautiful</td><td>même</td><td>same</td></tr>
<tr><td>bon(ne)</td><td>good</td><td>nouveau/nouvelle</td><td>new</td></tr>
<tr><td>grand(e)</td><td>big; tall</td><td>petit(e)</td><td>small, short</td></tr>
<tr><td>jeune</td><td>young</td><td>vieux/vieille</td><td>old</td></tr>
<tr><td>joli(e)</td><td>pretty</td><td></td><td></td></tr>
</table>

> Il y a un **beau** tapis dans la salle de séjour.   *There's a beautiful rug in the living room.*
>
> Mes grands-parents habitent dans une **jolie** maison blanche.   *My grandparents live in a pretty white house.*

C. **Beau, nouveau,** and **vieux** have irregular forms used with masculine nouns beginning with a vowel or a mute **h.** They are pronounced the same as the corresponding feminine form.

MASCULINE (*s./pl.*)	FEMININE (*s./pl.*)	*before a masculine singular noun beginning with a vowel or a mute **h***
beau/beaux	belle/belles	bel
nouveau/nouveaux	nouvelle/nouvelles	nouvel
vieux/vieux	vieille/vieilles	vieil

> Leur **nouvel** appartement est dans un **bel** immeuble.   *Their new apartment is in a lovely building.*
>
> Édouard Vincent est un **vieil** homme sympathique.   *Édouard Vincent is a nice old man.*

Pronunciation Hint

The plural endings **-s** and **-x** are always pronounced before a vowel or a mute **h:** **vieux͡ amiş, belles ͡ étagèreş, nouveaux͡ hôtelş.**

Exercice 1 La nouvelle maison de Julien Leroux

Julien Leroux parle avec un ami. Terminez ses réponses avec le nom suggéré et le même adjectif. Faites attention à l'accord de l'adjectif.

MODÈLE: Tu as une *grande* chambre, n'est-ce pas? (lit, *m.*) →
Oui, et j'ai aussi un grand lit.

1. C'est un *vieux* quartier, n'est-ce pas? (maison, *f.*)
Oui, mais ce n'est pas _____.
2. Tu as un *beau* buffet, n'est-ce pas? (cheminée, *f.*)
Oui, et j'ai aussi _____.
3. Tu as une *petite* cuisine, n'est-ce pas? (réfrigérateur, *m.*)
Oui, et c'est pourquoi j'ai _____.
4. Il y a un *bon* four, n'est-ce pas? (cuisinière, *f.*)
Oui, et il y a aussi _____.
5. Tu as une *grande* baignoire, n'est-ce pas? (sauna, *m.*)
Oui, et j'ai aussi _____.
6. Tu as une *nouvelle* adresse, n'est-ce pas? (numéro de téléphone, *m.*)
Oui, bien sûr. Et j'ai aussi _____.

Exs. 1–2. Students practice irregular adjective forms. These exercises could be done in pairs in the classroom after students have prepared them at home.

Exercice 2 Au contraire!

Faites des questions et répondez en utilisant l'adjectif contraire. Attention aux formes des adjectifs.

MODÈLE: une petite cuisine →
Tu as une petite cuisine, n'est-ce pas?
Mais non, j'ai une grande cuisine.

1. une petite chambre
2. un nouvel appartement
3. un vieux jean
4. des nouvelles chaussures
5. une grande étagère
6. un bon dictionnaire de français
7. un jeune professeur de français
8. des nouveaux amis

4.2 Making comparisons

A. To make comparisons of qualities with adjectives or adverbs, use the following phrases.

COMPARING QUALITIES	
aussi... que	*as . . . as*
plus... que	*more . . . than*
moins... que	*less . . . than*

4.2. Focus on comparing adjectives and adverbs with *plus/moins/aussi... que* and quantities (*plus de / moins de / autant de*) without stressing the difference between adverbs and adjectives. Point out *meilleur/mieux,* but be aware that it will take time for these to be acquired.

ES 2. Divide class into groups of four and give each group 3–5 pictures. Have students ask one another as many questions as they can, using comparatives. *Est-ce que le portable est plus pratique que le téléphone non-portable?*

➤ In comparisons, as always, the adjective agrees with the noun it modifies: *Barbara est plus grande que Louis.*

➤ Comparative expressions are one type of quantity expressions. These usually take **de** before the noun: **beaucoup de livres.**

✸ See **Grammaire 3.6.E** and **7.1.D** on expressions of quantity + **de.**

Un réfrigérateur est **aussi utile qu'**un lave-vaisselle.
Une baignoire est **plus pratique qu'**un sauna.
Bernard dort **moins bien que** Christine.

A refrigerator is as useful as a dishwasher.
A bathtub is more practical than a sauna.
Bernard sleeps less soundly than Christine.

B. To compare quantities (of nouns), use these phrases.

COMPARING QUANTITIES	
autant de... que	*as much, as many as*
plus de... que	*more than*
moins de... que	*less, fewer than*

Il y a **plus de chaises** dans la salle à manger **que** dans la salle de séjour.
Ton appartement a **autant de pièces que** notre maison.
J'ai **moins d'argent que** toi.

There are more chairs in the dining room than in the living room.
Your apartment has as many rooms as our house.
I have less money than you (do).

Pronunciation Hint

In general, the **s** in **plus** is not pronounced before a consonant: **J'ai plus de livres que vous.** It is pronounced **z** before a vowel: **Il est plus‿organisé que moi.** The **s** *is* pronounced (as an **s**) at the end of a phrase or sentence: **Mangez plus!**

C. **Bon** and **mauvais** are adjectives (they modify nouns and pronouns): **un *bon* livre, un *mauvais* exemple. Bien** and **mal** are adverbs (they modify verbs): **elle parle *bien* l'anglais, il chante *mal*.** Here are their comparative forms. Notice that some of their comparative forms are irregular.

Definition: An adjective describes (modifies) a noun or pronoun: *Claudine is **tall** but Joël is **short.***

ADJECTIVES			
bon(ne) (*good*)	moins bon(ne)	aussi bon(ne)	**meilleur(e)**
mauvais(e) (*bad*)	moins mauvais(e)	aussi mauvais(e)	plus mauvais(e) / **pire**

Definition: An adverb modifies a verb, i.e., it tells *how* something is done: *Barbara talks **fast**, and I write **slowly.***

ADVERBS			
bien (*well*)	moins bien	aussi bien	**mieux**
mal (*badly, poorly*)	moins mal	aussi mal	plus mal

Cette table est de **meilleure** qualité que l'autre.
Ces rideaux vont **mieux** avec les couleurs de ma chambre.

This table is of better quality than the other one.
These curtains go better with the colors in my room.

Exercice 3 À votre avis

Comparez les objets, selon le modèle.

Suggestions

cher/chère   pratique   utile   charmant(e)
important(e)   agréable   confortable   intéressant(e)
amusant(e)   économique   beau/belle   ?

MODÈLE: une voiture et une bicyclette →
Une voiture est plus confortable qu'une bicyclette, mais une
bicyclette est moins chère.

1. un lave-vaisselle et un réfrigérateur
2. un appartement et une maison
3. un aspirateur et un four à micro-ondes
4. un immeuble moderne et un vieil immeuble
5. un téléphone portable et un téléphone fixe
6. un répondeur téléphonique et un lecteur DVD*

Ex. 3. Suggest that students first decide on the adjective and comparative statements they wish to use. Then they should verify that they have chosen the correct adjective forms.

Exercice 4 Maisons bien équipées

Comparez l'équipement électronique chez Daniel, Albert et Louis. Employez **plus de, moins de** ou **autant de**.

	RADIOS-RÉVEILS	TÉLÉVISIONS	JEUX VIDÉO	ORDINATEURS
Chez Daniel	2	1	20	1
Chez Albert	3	2	15	2
Chez Louis	2	0	12	2

MODÈLE: Daniel a _____ radios-réveils que Louis. →
Daniel a autant de radios-réveils que Louis.

1. Daniel a _____ jeux vidéo que Louis.
2. Albert a _____ ordinateurs que Louis.
3. Daniel a _____ ordinateurs qu'Albert et Louis.
4. Albert a _____ radios-réveils que de télévisions.
5. Louis a _____ ordinateurs que de radios-réveils.
6. Louis a _____ jeux vidéo que de télévisions.

Ex. 4. The focus here is on comparing quantities. Partners could ask each other questions with *Est-ce que* to review: *Est-ce que Daniel a plus d'ordinateurs que Louis? Oui, il a plus d'ordinateurs.* Before they do so, heighten awareness of the construction by pointing out that one uses *plus/moins de* when comparing quantities (nouns).

ES 3. Follow up *Ex. 4* with class discussion, finding out how many of these things students have in their homes and why: *Qui a plus (moins) de télévisions que Judy? Pourquoi avez-vous tant (si peu) de réveils?* Point out that *plus (moins) de* is used to compare quantities: *Qui a plus (moins) de radios-réveils?*

*lecteur... *DVD player*

Exs. 5–6. *Ex. 5 focuses on the distinction between the adjectives bon/mauvais and the corresponding adverbs bien/mal, which is parallel to the distinction between mieux and meilleur, treated in Ex. 6.*

Exercice 5 Ambiance universitaire

Complétez les phrases suivantes avec un adjectif (**bon** ou **mauvais**) ou un adverbe (**bien** ou **mal**), selon votre propre expérience.

1. Le quartier de l'université est un _____ quartier pour trouver un logement.
2. En général, les logements loués aux étudiants sont en _____ condition.
3. Les résidences universitaires offrent une _____ ambiance pour un nouvel étudiant.
4. Dans les restaurants universitaires, on mange très _____.
5. Les étudiants sont souvent en _____ santé parce qu'ils ne dorment pas assez.
6. Je dors _____ la nuit, si je bois du café le soir.
7. Je travaille _____, allongé(e) sur le canapé.

Exercice 6 Opinions

Êtes-vous d'accord? Sinon, changez la phrase.

MODÈLE: Je me sens mieux quand je bois du café. →
Oui, je me sens mieux quand je bois du café. (Non, je me sens moins bien quand je bois du café.)

1. Les étudiants d'aujourd'hui sont moins bons que les étudiants d'il y a vingt ans.*
2. Les diplômés d'aujourd'hui sont moins bien préparés pour le monde du travail que leurs parents.
3. Mes notes en maths sont meilleures que mes notes en français.
4. En général, les petites universités sont moins bonnes que les grandes.
5. Je travaille mieux à la bibliothèque que chez moi.
6. Les jeunes professeurs sont meilleurs que les professeurs plus âgés.

4.3 Regular **-ir** verbs

4.3. *Explain that most -ir verbs are conjugated like finir. Compare with present-tense forms of the irregular -ir verbs students have already seen (courir, sortir, and dormir). Not all verbs included in this section are expected to be acquired for active use. We recommend finir, choisir, réagir, réfléchir (à), réussir (à) for active use. We introduce the concept of prepositions + nouns and infinitives. Refer students to the reference table in Appendix B. Suggest that students learn prepositions with new infinitives in their home study. Offrir-type verbs are presented for recognition only.*

A. The second group of regular verbs in French has infinitives ending in **-ir.** These verbs add **-iss-** between the stem and the endings in the plural forms.

finir (*to finish*)	
je finis	nous fin**iss**ons
tu finis	vous fin**iss**ez
il/elle/on finit	ils/elles fin**iss**ent

Albert **finit** toujours ses devoirs.   *Albert always finishes his homework.*

*il... 20 years ago

Pronunciation Hint

finiş, finiţ, finissęnt

B. Other verbs conjugated like **finir: bâtir** (*to build*), **choisir** (*to choose*), **démolir** (*to demolish*), **obéir (à)** (*to obey*), **punir** (*to punish*), **réfléchir (à)** (*to think* [*about*]), **réussir (à)** (*to succeed* [*at*]).

Raoul? Il **choisit** un vin.	*Raoul? He's choosing a wine.*
Les jeunes ne **réfléchissent** pas toujours avant d'agir.	*Young people don't always think before acting.*

C. **Obéir, réfléchir,** and **réussir** generally require **à** before their objects.

Elle **réfléchit à** la question.	*She's thinking about the question.*
Je **réussis** toujours **aux** examens.	*I always pass exams.*

D. **Finir** and **choisir** require **de** only when followed by an infinitive.

Nous **finissons** souvent **de travailler** à 8 h.	*We often finish working at 8:00.*
On peut **choisir de rester** à la maison.	*One can choose to stay at home.*

E. Though their infinitives end in **-ir, offrir,** and **ouvrir** are conjugated like **parler.**

offrir (*to offer, give*)	
j'offr**e**	nous offr**ons**
tu offr**es**	vous offr**ez**
il/elle/on offr**e**	ils/elles offr**ent**

Other verbs like **offrir** and **ouvrir** (*to open*): **couvrir** (*to cover*), **découvrir** (*to discover*), **souffrir** (*to suffer*).

Pronunciation Hint

offręş, õn_offrę, nous ᶻ offrõņş, vous ᶻ offreⱬ, ils ᶻ offręnt

Exercice 7 La classe de Mᵐᵉ Martin

Complétez les phrases suivantes et dites si vous faites la même chose.

> MODÈLE: Albert _____ ses cours à 14 h. (finir) →
> Albert finit ses cours à 14 h. Moi, je finis à midi.

1. Daniel est sérieux. Il _____ avant de parler. (réfléchir)
2. Louis ne _____ pas toujours ses devoirs. (finir)
3. Barbara _____ toujours à sa conscience. (obéir)

Complétez les phrases suivantes et dites si votre classe de français fait comme la classe de Mᵐᵉ Martin.

ES 4. Mention that many *-ir* verbs derive from adjectives (*rouge > rougir; grand > grandir*). Have students identify the adjectives as you say these sentences (write the infinitives on the board as you talk): 1. *Les arbres jaunissent en automne et verdissent au printemps.* 2. *Les personnes âgées vieillissent.* 3. *Les enfants grandissent.* 4. *Parfois, nous grossissons à Noël.* 5. *Est-ce que vous pâlissez quand vous avez peur?* 6. *Les financiers importants s'enrichissent.* 7. *Les blonds brunissent/rougissent au soleil.* Choosing plural forms helps call attention to *-iss*.

★ See **Appendix B** for more on verbs and prepositions.

★ Review **Grammaire 1.5** on the present tense of **-er** verbs.

Ex. 7. After doing as homework, students might compare their personal answers for extra oral practice.

MODÈLE: Dans les activités TPR, les étudiants ＿＿ aux ordres. (obéir) →
Les étudiants obéissent aux ordres. Dans notre classe, nous
obéissons aux ordres.

4. Les étudiants ＿＿ leurs partenaires pour travailler en groupes. (choisir)
5. En général, les étudiants ＿＿ à leurs examens. (réussir)
6. Ils vont au café quand ils ＿＿ leurs cours. (finir)

4.4 Regular -re verbs and mettre

4.4. This section completes the formal introduction of all the main classes of French verb conjugations. We recommend *entendre, descendre, perdre, répondre* (à), and *vendre* for active use. Contrast these forms with *comprendre/prendre*. We include *mettre* because in the present tense, it follows the same conjugation pattern.

A. The third and final group of regular verbs in French has infinitives ending in
-re. Note that the **-d** at the end of the stem **(attend-)** is pronounced only in
the plural forms. Thus, the three singular forms sound the same.

attendre (*to wait* [*for*], *expect*)	
j'attend**s**	nous attend**ons**
tu attend**s**	vous attend**ez**
il/elle/on attend	ils/elles attend**ent**

—Qui **attendez**-vous?   *Who are you waiting for?*
—J'**attends** Salam.   *I'm waiting for Salam.*

Pronunciation Hint

attẽnd$, attẽnd; attẽndõn$, attẽnde$, attẽndẽnt

B. Other verbs like **attendre: descendre** (*to go down, to get out of a vehicle*),
entendre (*to hear*), **perdre** (*to lose; to waste*), **rendre** (*to give back*), **répondre (à)**
(*to answer*), **tondre** (*to mow*), **vendre** (*to sell*).

J'**entends** un chien.   *I hear a dog.*
Rendez-moi mes livres!   *Give me back my books!*

✴ *Review* **Grammaire 3.3** *on the irregular verb* **prendre.**

C. Notice the difference between the regular **-re** verbs like **attendre** and the
irregular **-re** verbs like **prendre:** the singular forms are the same, but the
plural forms are different.

REGULAR	IRREGULAR
nous entend**ons**	nous prenons
vous entend**ez**	vous prenez
ils entend**ent**	ils prennent

D. Mettre is an irregular **-re** verb that is similar in conjugation to **attendre.**
Notice, however, that there is only one **t** in the stem of the singular forms.

mettre (*to put* [*on*])	
je me**ts**	nous me**tt**ons
tu me**ts**	vous me**tt**ez
il/elle/on me**t**	ils/elles me**tt**ent

En classe, nous **mettons** nos affaires par terre.	*In class, we put our things on the floor.*
Je **mets** un jean pour aller en cours.	*I put jeans on to go to class.*

Other verbs conjugated like **mettre: permettre** (*to permit*), **promettre** (*to promise*), **remettre** (*to put back, hand in*).

Pronunciation Hint

The final **t** in the stem is pronounced in the plural forms only: me~~ts~~, me~~t~~, me**tt**o~~ns~~, me**tt**e~~z~~, me**tt**e~~nt~~.

Exercice 8 Chez toi

Ex. 8. Assign both *tu* and *vous* questions and the answers. In class, you might wish to ask the group to answer with *nous* forms as you ask *vous* questions.

MODÈLE: entendre les voisins →
Chez toi, est-ce que tu entends les voisins?
Oui, j'entends les voisins. (Non, je n'entends pas les voisins.)

1. mettre la table pour dîner
2. prendre le petit déjeuner dans la cuisine
3. tondre le gazon en été
4. permettre au chien de dormir sur ton lit
5. apprendre à jouer au Sudoku
6. mettre ta chambre en ordre tous les jours
7. répondre toujours au téléphone
8. perdre souvent tes clés

Maintenant, posez les mêmes questions au professeur.

MODÈLE: Chez vous, est-ce que vous entendez les voisins?

Exercice 9 Comparaisons: Ici et ailleurs

Ex. 9. Students use singular/plural third-person forms of *-re* verbs, as well as first-person plural forms. In class, partners might compare their views on the personal statements. When working together, have students use peer correction for forms.

Complétez les descriptions d'une université nord-américaine typique. Ensuite, dites si c'est vrai pour votre université et pour votre classe de français.

1. Les étudiants _____ leurs livres à la fin du semestre. (vendre)
   a. Dans cette université, on...
   b. Dans notre cours de français, nous...
2. Les étudiants _____ si le professeur arrive en retard. (attendre)
   a. Dans cette université, on...
   b. Dans notre cours de français, nous...
3. Les étudiants ne _____ pas toujours les devoirs. (remettre)
   a. Dans cette université, on...
   b. Dans notre cours de français, nous...

(Continued)

4. Certains étudiants _____ beaucoup de temps avec les jeux vidéo. (perdre)
   a. Dans cette université, on...
   b. Mes copains et moi, nous...
5. Les professeurs ne _____ pas aux étudiants de dormir en classe. (permettre)
   a. Dans cette université, on...
   b. Mon professeur de français...
6. Les professeurs ne _____ pas toujours les examens corrigés le lendemain. (rendre)
   a. Dans cette université, on...
   b. Mon professeur de français...

4.5 Direct object pronouns

Definition: A direct object follows the verb without a preposition before it: **Je fais *mon lit.***

4.5. Emphasize *le/la* corresponding to *him/her* because these seem to be more difficult for students than *le/la* corresponding to *it*. Use pronouns whenever appropriate in your input because their comprehension is not usually problematic. Acquisition of pronoun use, however, requires long exposure to the language. Write examples from input on the board. (proper nouns) *Est-ce que vous connaissez Meg Ryan? La connaissez-vous? (Je la connais.) Aimez-vous le film Amélie? L'aimez-vous? (Je l'aime.) Préférez-vous les documentaires? (Je les préfère.)* Include negative statements to illustrate placement. *Ah, Tom, vous ne les aimez pas. Vous préférez les films d'aventures, alors?*

ES 5. Direct object pronouns with possessive adjectives: *Comment trouvez-vous (votre chambre)? votre voiture, vos cours, vos amis, votre travail; votre copain/copine? les vêtements de votre copain/copine; ses idées, son style de vie; les professeurs dans cette université?: leurs devoirs, leurs cours, leur façon de calculer les notes, leur attitude en ce qui concerne les absences.*

ES 6. Direct object pronouns with demonstrative adjectives: Bring in a bag of small objects. Describe, then distribute them. *Cette petite boîte est très belle, n'est-ce pas? Elle vient des Indes. L'aimez-vous? La voudriez-vous, Martine? (une bague, un stylo violet...)*

A. Direct object pronouns are used in place of direct object nouns. The following forms can refer to people or things. Like reflexive pronouns, they are placed before the verb.

le (*him, it*)	replaces masculine singular nouns
la (*her, it*)	replaces feminine singular nouns
l' (*him, her, it*)	replaces masculine or feminine singular nouns before verbs beginning with a vowel or a mute **h**
les (*them*)	replaces masculine and feminine plural nouns

—Tu arroses souvent les plantes? — *Do you water the plants often?*
—Oui, je **les** arrose souvent. — *Yes, I water them often.*

— Tu entends ton père qui t'appelle? — *Do you hear your father calling you?*
— Oui, je **l'**entends. — *Yes, I hear him.*

Pronunciation Hint

je les ᶻarros¢, nous les ᶻarrosõ𝑛$, etc.

B. Here are the other direct object pronouns. Note that **me** and **te** become **m'** and **t'** before a vowel or a mute **h.**

me (**m'**) (*me*)	**nous** (*us*)
te (**t'**) (*you*, informal sing.)	**vous** (*you*, formal/pl.)

Bernard, tes parents **nous** invitent au concert. — *Bernard, your parents are inviting us to the concert.*

— Allô, maman. Tu **m'**entends bien? — *Hello, Mom. Can you hear me okay?*
— Oui, je **t'**entends parfaitement. — *Yes, I can hear you perfectly.*

C. In negative sentences, **ne** precedes object pronouns.

J'aime lire le journal, mais je **ne** **l'**achète pas souvent. — *I like to read the paper, but I don't buy it often.*

D. If a verb is followed by an infinitive, the direct object pronoun usually precedes the infinitive of which it is the object.

—Est-ce que tu voudrais **m'accompagner** à la banque?

—Oui, je passe **te chercher** à 3 h.

Would you like to go with me to the bank?

Yes, I'll come by to get you at 3:00.

E. Direct object pronouns are often used with **voici** and **voilà.**

—Bernard? Bernard? Où es-tu?

—**Me voici!** J'arrive tout de suite.

Bernard? Bernard? Where are you?

Here I am! I'm coming right away.

J'attends mes parents. Ah, **les voilà!**

I'm waiting for my parents. Oh, there they are!

F. Some common verbs take direct objects in French whereas the equivalent English verb takes a preposition: **chercher** (*to look for*), **demander** (*to ask for*), **écouter** (*to listen to*), **payer** (*to pay for*), **regarder** (*to look at, watch*), **attendre** (*to wait for*).

—**Regardez-vous les informations** à la télé?

—Non, je **les écoute** à la radio.

Do you watch the news on TV?

No, I listen to it on the radio.

Tu **m'attends** un instant? Je **cherche mon sac.**

Would you wait for me a moment? I'm looking for my purse.

> ➤ Placement of D.O. pronouns:
>
> —**Tu *me* comprends?**
> —**Je ne *te* comprends pas.**
>
> —**Tu veux *nous* attendre?**
> —**Je ne peux pas *vous* attendre.**

ES 7. Distribute pictures and pretend to lose them. Students "find" them and use direct object pronouns with *voici* or *voilà* to tell you. *Où est ma photo de Madonna? La voilà. Où sont mes enfants? Les voici.*

Exercice 10 Un matin difficile

C'est lundi matin et Bernard Lasalle est distrait, comme tous les matins. Christine doit l'aider à trouver toutes ses affaires.

MODÈLE: BERNARD: Où est ma chemise jaune? →
CHRISTINE: La voilà!

Exs. 10–11. These exercises can be done for partner practice. Remind students that nouns with possessive adjectives also change to *le/la/les.*

1. Où est ma cravate verte?
2. Où sont mes lunettes?
3. Où est ma montre?
4. Où est le journal?
5. Où sont mes tickets d'autobus?
6. Où est ma brosse à dents?

Exercice 11 Le travail ménager

Un(e) camarade vous demande si vous faites les tâches suivantes chez vous. Répondez selon le modèle.

MODÈLE: Tu tonds le gazon? →
Oui, je le tonds quelquefois (souvent, une fois par semaine).
(Non, moi, je ne le tonds jamais, mais ma sœur le tond.)

1. Tu arroses les plantes dans le jardin?
2. Tu fais la cuisine?
3. Tu fais ton lit?
4. Tu repasses tes vêtements?
5. Tu fais le ménage?
6. Tu nettoies la salle de bains?
7. Tu fais les courses?
8. Tu passes l'aspirateur?

Ex. 12. This exercise practices object pronoun placement in the verb + infinitive construction. If practiced in class, illustrate affirmative and negative statements before students begin: *Tu vas nettoyer ta chambre cet après-midi? Oui, je vais la nettoyer. / Non, je ne vais pas la nettoyer.*

Exercice 12 Une mère très curieuse

Votre mère vous téléphone un samedi matin et vous pose beaucoup de questions. Répondez en employant un pronom objet direct.

> MODÈLE: Tu vas nettoyer ta chambre aujourd'hui? →
> Oui, je vais la nettoyer cet après-midi. (Non, je ne vais pas la nettoyer. Ce n'est pas nécessaire.)

1. Tu vas ranger ta chambre ce matin?
2. Tu vas faire la lessive aujourd'hui?
3. Tu vas repasser tes vêtements?
4. Tu vas faire tes devoirs ce soir?
5. Tu aimes les repas du restaurant universitaire?
6. Tu prends tes vitamines tous les jours?
7. Tu vas venir nous voir demain?
8. Quand vas-tu inviter ton nouveau petit ami / ta nouvelle petite amie à la maison?

Ex. 13. The focus is on using personal pronoun objects. For in-class use, have students "chain" in groups of 3–5. (Student 1 asks the first question. Student 2 answers it, then asks Student 3 the next question, etc.) Later, have volunteers ask you the questions for *nous/vous* practice. *Vous nous trouvez beaux, madame (monsieur)? Oui, je vous trouve très beaux.*

Exercice 13 Nathalie pose des questions

Complétez ses questions et donnez les réponses de ses parents, Bernard et Christine.

> MODÈLE: Tu _____ aimes beaucoup, papa? →
> Tu m'aimes beaucoup, papa?
> Oui, je t'aime beaucoup!

1. Tu _____ trouves belle, maman?
2. Tu _____écoutes quand je parle, papa?
3. Tu _____ trouves intelligente, papa?
4. Tu veux _____aider à faire mes devoirs, maman?
5. Tu _____ préfères à toutes les autres petites filles du monde, papa?
6. Tu ne _____ trouves pas difficile, maman?
7. Tu vas toujours _____aimer, maman?

4.6 Talking about knowing: The verb connaître

★ Review **Grammaire 2.5B** and **C** on the uses of *savoir*.

4.6. Current French usage gives evidence of some change in the uses of *savoir* and *connaître* with noun objects. *Connaître* is now commonly used and considered acceptable in contexts such as the following: *je connais son nom, je connais sa date de naissance, je connais l'anglais*. In other words, one can use either *connaître* or

A. You already know how to use **savoir** (*to know*) to say you know a piece of information or how to do something.

Je **sais** son adresse.	*I know his/her address.*
Je **sais** qu'il est tard, mais je ne veux pas rentrer.	*I know it's late, but I don't want to go home.*
Ma camarade de chambre ne **sait** pas **faire** la cuisine.	*My roommate doesn't know how to cook.*

B. **Connaître** means *to know* in the sense of being acquainted with someone or something.

> savoir when a noun object refers to something other than a person or place. Thus, we recommend that you emphasize the use of *connaître* with people and places.

connaître (*to know, be familiar with*)	
je connais	nous connaissons
tu connais	vous connaissez
il/elle/on connaît	ils/elles connaissent

Je ne **connais** pas encore mes voisins.	*I don't know (haven't met) my neighbors yet.*
Connaissez-vous le restaurant «Chez Alfred» dans la vieille ville?	*Do you know (Are you familiar with) the restaurant "Chez Alfred" in the old part of town?*

> **savoir:** knowing a fact or how to do something
>
> **Je sais son nom.**
>
> **Je sais qu'il est marié.**
>
> **Il ne sait pas nager.**

> **connaître:** being familiar with a person or place
>
> **Je ne connais pas son frère.**
>
> **Tu connais Lyon?**

Pronunciation Hint

connai$, connaî$, connaiss$nt

Exercice 14 Une soirée chez Julien

Julien Leroux parle avec ses invités. Utilisez la forme correcte du verbe **connaître.**

1. Charles et Martine, _____-vous Mᵐᵉ Michaud? —Oui, nous la _____ très bien.
2. Jacques, _____-tu Sylvie? —Bien sûr, je la _____. C'est ma cousine!
3. Est-ce que Bintou _____ Jacques et Odette Dupont? —Oui, elle les _____ bien.
4. Mᵐᵉ Cartier, _____-vous le fiancé de Fatima? —Non, je ne le _____ pas encore.
5. Est-ce que les Michaud _____ les Haddad? —Oui, ils les _____ très bien. Ils sont voisins.

> **Ex. 14.** This exercise practices the forms of *connaître* only.

Exercice 15 La classe de Mᵐᵉ Martin

> **Ex. 15.** This exercise requires distinguishing contexts for *savoir* and *connaître.*

Complétez chaque phrase avec la forme correcte de **savoir** ou de **connaître.** Ensuite, formulez une réponse d'après le modèle.

MODÈLE: Mᵐᵉ Martin _____ tous ses voisins. Et toi? →
Mᵐᵉ Martin *connaît* tous ses voisins.
Moi, je ne connais pas tous mes voisins. (Moi aussi, je connais...)

1. Barbara _____ faire du canoë. Et toi?
2. Albert _____ la date de l'anniversaire de sa mère. Et toi?
3. Jacqueline _____ faire de l'escalade. Et toi?
4. Mme Martin _____ bien La Nouvelle-Orléans. Et toi?
5. Louis _____ l'histoire de sa famille. Et toi?
6. Denise _____ bien les poèmes de Jacques Prévert. Et toi?

Describing states of being: Expressions with avoir

✴ *Review Grammaire B.5 on avoir.*

4.7. Review *avoir* expressions for describing states of being before assigning this section: (person admiring a car) *Quelle belle voiture! Est-ce que cette personne a envie de l'acheter? Et vous, est-ce que vous avez envie d'une voiture élégante comme celle-là?* (child eagerly looking at a hamburger) *Est-ce qu'il a faim ou est-ce qu'il a soif?* Draw examples on the board from your input. Point out that *peur/envie/besoin* take *de* before an object (*envie d'une nouvelle voiture*) or an infinitive (*envie d'acheter une voiture*).

ES 8. List idioms with *avoir* on the board or have students look at *4.7.* Ask the class to volunteer answers: —*Imaginez que je vous rencontre à la piscine. Pourquoi êtes-vous à la piscine?* —*J'ai envie de nager.* Suggestions: *Pourquoi êtes-vous dans un restaurant? au cinéma? à l'église? dans une banque?* —*Pourquoi (portez-vous un gros manteau) aujourd'hui?* —*J'ai froid.* Other suggestions: *vous portez un short, vous avez l'air très fatigué(e), vous bâillez, vous refusez mon invitation à sortir parce que vous avez un examen.*

A. As in English, most descriptions are expressed in French with an adjective and the verb **être**.

> Karim **est** très **content** de son nouvel ordinateur.
>
> *Karim is very happy with his new computer.*

B. In French, however, many states are expressed with the verb **avoir** followed by a *noun*.

> **J'ai froid.** Le chauffage ne marche pas dans ma chambre.
>
> *I'm cold. The heat isn't working in my room.*

Here are some other useful combinations of **avoir** + noun.

avoir chaud	*to be hot, warm*	**avoir froid**	*to be cold*
avoir faim	*to be hungry*	**avoir soif**	*to be thirsty*
avoir raison	*to be right*	**avoir tort**	*to be wrong*
avoir sommeil	*to be sleepy*	**avoir honte**	*to be ashamed*
avoir de la chance	*to be lucky*		

> En été, quand j'**ai chaud,** je vais à la piscine.
>
> *In summer, when I'm hot, I go to the pool.*
>
> Jean-Paul pense qu'il **a raison.**
>
> *Jean-Paul thinks he's right.*

C. Several expressions with **avoir** require **de** before an object or an infinitive.

avoir besoin de (papier/dormir)	*to need (paper/to sleep)*
avoir envie de (chocolat/sortir)	*to want (chocolate) / to feel like (going out)*
avoir honte de (sa note / perdre)	*to be ashamed of (one's grade / losing)*
avoir peur de (l'eau/nager)	*to be afraid of (water/swimming)*
avoir raison de (refuser)	*to be right (to refuse)*
avoir tort de (fumer)	*to be wrong (to smoke)*

> Nous **avons besoin d'**une nouvelle voiture.
>
> *We need a new car.*
>
> Raoul, tu **as envie de** faire du jogging demain matin?
>
> *Raoul, do you feel like jogging tomorrow morning?*
>
> Est-ce que tu **as peur du** chien?
>
> *Are you afraid of the dog?*
>
> Il **a tort de** se mettre en colère.
>
> *He's wrong to get angry.*

4.7 D. The adjective following *avoir l'air* can agree with either *air* (i.e., masculine) or with the subject: *Ils ont l'air content(s)*.

D. The expression **avoir l'air** (*to seem*) is followed by an adjective.

> Albert, tu **as l'air fatigué** ce matin.
>
> *Albert, you look tired this morning.*
>
> Ce pauvre chien **a l'air triste.**
>
> *That poor dog looks sad.*

Exercice 16 Un étudiant québécois

Complétez le portrait de Raoul Durand avec **peur, tort, besoin, l'air, envie** ou **honte.**

1. Raoul n'est pas brillant. Il a _____ d'étudier.
2. Quelquefois, il pense au Québec et il a _____ de voir sa famille.
3. Il est toujours très calme. Il n'a jamais _____ nerveux.
4. Il est très ponctuel. Il a _____ s'il arrive en retard.
5. En général, il est courageux, mais il a _____ quelquefois.
6. Il est réaliste. Il admet qu'il a _____ quelquefois.

Exercice 17 Interruptions

Jean-Yves essaie de travailler chez lui, mais il trouve beaucoup d'autres choses à faire. Utilisez une expression avec **avoir.**

Ex. 17. If you do this exercise in class, follow up with personal questions: *Et vous, est-ce que vous faites de même quand vous essayez de travailler chez vous? Qu'est-ce que vous faites quand vous avez faim?* Note that the *d* in *quand* is pronounced as *t* when a liaison is made.

1. Quand… , Jean-Yves se fait un sandwich.

2. Quand… , il prend un verre d'eau.

3. Quand… , il fait la sieste.

4. Quand… , il ouvre la fenêtre.

(Continued)

✳ **Notes for *Les francophones sur le vif* continued from p. 137.**

Elle possède actuellement un appartement.
Les loyers sont moins élevés en banlieue.
L'architecture du centre-ville a plus de style que celle de la banlieue.
Il est certain qu'elle ne va jamais habiter en banlieue.

AS 13. Have students work in small groups to determine the pros and cons of living in five types of dwellings: (1) *un pavillon dans une banlieue résidentielle*, (2) *un appartement dans un vieil immeuble au centre-ville*, (3) *un appartement dans une HLM de banlieue*, (4) *une chambre dans un appartement avec d'autres locataires*, (5) *une chambre en cité-U*. You may either provide descriptors to be matched with each type (see below) or ask the students to create them.

(A) C'est très petit et pas très confortable, mais c'est pratique pour un(e) étudiant(e) qui dispose d'un petit budget. De plus, on peut rencontrer beaucoup de gens de son âge. C'est un bon moyen d'habiter au centre-ville pour pas trop cher, mais on n'est pas très indépendant. Il faut bien s'entendre avec les autres colocataires.

(B) C'est très cher. On est isolé, mais on est tranquille et on dispose de beaucoup d'espace. C'est l'idéal si on aime le style de vie urbain, mais parfois un peu cher et pas toujours confortable. Ça n'a pas beaucoup de caractère et le cadre de vie est parfois mauvais, mais on a de la place.

5. Quand… , il prend une tasse de thé très chaud.

6. Quand… de parler avec quelqu'un, il appelle un copain.

7. Quand… de vêtements propres, il va au lavomatic.

8. Il travaille plus dur quand… d'avoir une mauvaise note.

GOALS FOR *CHAPITRE 4.*
Chapitre 4 activities and input are intended to help students acquire more present-tense forms and terms for description and to begin to comprehend object pronouns in speech. Topics center on where students live: lodgings, household furnishings, equipment and tasks, city and neighborhood activities. *Functional goals:* (1) Describe a lodging you know or need, including contents and decor; (2) Say what housework you do or need to get done; (3) Say how you feel (hungry, etc.); (4) Make simple comparisons typical of those in everyday conversation.

MISE EN TRAIN.
1. La maison et les tâches. (1) Use your PF to introduce terms for housing, names of rooms and furnishings. (photo/house) *Voici une maison. Moi, j'habite dans une maison. Et vous, est-ce que vous… ? Qui habite dans un appartement?* (2) Include comparatives in your input: *ma chambre est aussi grande que… , une moquette est plus jolie que… , le canapé est moins élégant que…* (3) Associate activities with places in the home: *Dans quelle pièce est-ce que nous dormons? Où est-ce qu'on se brosse les dents?* (4) Add terms for household equipment and housework: *Cet homme aime cuisiner, n'est-ce pas? Voilà sa cuisinière. C'est une cuisinière électrique ou une cuisinière à gaz?* (5) Weave idioms into topical conversation: *Nous avons envie d'acheter une télévision avec un écran géant mais… ; Vous avez besoin de faire la lessive tous les jours, Deepa?*

2. States of being. Introduce new and review old states of being with *être* and *avoir*. (PF: student asleep over her books) *Ah, la pauvre! Elle est très fatiguée, n'est-ce pas? Elle a besoin de dormir. Est-ce que vous avez sommeil parfois quand vous étudiez? Est-ce que vous vous endormez à votre bureau?* Review often: *Ce petit garçon, est-ce qu'il est content ou malheureux? Pourquoi est-ce qu'il est content? Parce que c'est son anniversaire. Il a un gros gâteau, des cadeaux, des copains…*

AS 1. Show pictures of places at home. Ask *Est-ce (la cuisine) ou (la salle à manger)?* Then have the class help you list activities that one does in each place. *Dans la chambre, on dort, on s'habille, on se brosse les cheveux, on étudie…*

AS 2. Association activity: *Quelle étudiante dans cette classe refuse catégoriquement de faire la vaisselle? Qui aime écouter de la musique pendant qu'il nettoie la salle de bains?*

Escales francophones. The cultural video segments that accompany this feature appear after *Chapitres 4, 6, 8, 10,* and *12* in the *Deux mondes* ActivityPak, which can be accessed from the Online Learning Center. The videoscripts for these segments are located in the IM.

Découvrez la France!

La France est un pays très diversifié par sa géographie et par sa population. On l'appelle «l'Hexagone» car[1] le territoire a une forme régulière avec trois côtés[2] terrestres et trois maritimes, avec des limites naturelles, mer, océan, rivière ou montagne: la Manche et la mer du Nord (nord-ouest); le Rhin (nord-est), la Méditerranée (sud); l'Atlantique (ouest), les Pyrénées (sud-ouest) et les Alpes (sud-est). On y trouve une grande variété de climats (atlantique, continental et méditerranéen), de grandes plaines et de très hautes montagnes (le mont Blanc est le plus haut sommet d'Europe). Certaines zones sont très peuplées[3] comme la région de l'Île-de-France autour de Paris, où habite près d'un cinquième (1/5) des Français, et d'autres sont presque désertes, comme les départements de l'Ariège ou de la Lozère dans le sud. Les «Français moyens» peuvent être grands et blonds aux yeux bleus dans le nord, petits et bruns au sud, mais aussi d'origine asiatique ou africaine; et s'ils parlent la même langue, c'est dans des dizaines[4] de dialectes et avec des dizaines d'accents différents.

---

[1]parce que   [2]un triangle a trois côtés   [3]avec une grande population   [4]une dizaine = dix

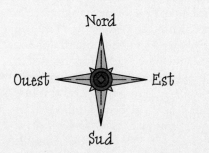

MULTIMÉDIA

ActivityPak

www.mhhe.com/deuxmondes6

Lecture. Point out the various regions mentioned in this reading on the map of France located on the back inside cover of the textbook.

● Mougins, un village près de Cannes en France

L'Histoire de *La Joconde*

Vite! Nommez un objet d'art dans la vaste collection du Louvre... Votre réponse est sans doute[1]: *La Joconde.* Les attractions principales de ce musée, le plus grand du monde, ne sont pas d'origine française, comme la fameuse *Vénus de Milo* ou les antiquités égyptiennes. *La Joconde,* elle, vient d'Italie.

En fait, ce tableau représente une femme qui a vraiment existé. Elle se nommait Mona Lisa Gherardini, l'épouse du Florentin Francesco Del Giocondo, d'où vient

---

[1]sans... probablement

●Léonard de Vinci, *La Joconde,* vers 1506

le nom d'origine du portrait, *La Gioconda.* Ce tableau est l'œuvre[2] de Léonard de Vinci (vers 1506), artiste, inventeur et mathématicien génial. *La Joconde* est à Paris parce qu'en 1516, de Vinci a été[3] invité en France par le roi[4] François 1er, un grand amateur d'art[5] de cette époque. *La Joconde,* tableau symbolique de la Renaissance, a un étrange sourire[6] et un regard mystérieux. Ce tableau a aussi une histoire agitée: en 1911, un Italien l'a volé[7] au Louvre par nationalisme! Retrouvée à Florence en 1913, *La Joconde* est maintenant dans une salle spéciale du musée, très bien gardée. Cette salle a été financée par des donateurs japonais: le Louvre est décidément une institution de dimension internationale!

---

[2]Une sculpture et une peinture sont des œuvres d'art.   [3]a... *was*
[4]souverain   [5]amateur... personne qui aime, cultive l'art   [6]étrange...
odd smile   [7]l'a... *stole it*

Le musée d'Orsay

Aménagé[1] en 1986 dans une ancienne gare (construite en 1900), le musée d'Orsay contient[2] les collections d'art français de la deuxième moitié du XIX[e3] siècle (1850–1900). Naturellement, beaucoup d'œuvres de cette époque ne sont plus en France mais aux États-Unis ou au Japon, mais il reste quand même des tableaux célèbres comme *Le Déjeuner sur l'herbe* ou l'*Olympia* (1863) d'Édouard Manet, ainsi que[4] des sculptures de Rodin comme *Balzac* (1897). Ces œuvres, aujourd'hui considérées comme des icônes de l'art occidental, ont été jugées choquantes et indécentes à l'époque. De nombreux artistes de cette période mènent[5] une forme de rébellion artistique et sociale: Claude Monet, Henri de Toulouse-Lautrec, Paul Gauguin sont parmi les marginaux devenus[6] des classiques. Le musée d'Orsay est très fréquenté: il a plus de deux millions de visiteurs par an.

● La voûte du musée d'Orsay à Paris

---

[1]Installé   [2]a   [3]dix-neuvième   [4]ainsi... et
[5]led   [6]*who have become*

Dans le passé

Auguste Renoir
(1841–1919), *Le Bal du
moulin de la galette*, 1876.

CO Photo. After the Mise en train activites, ask students to pretend they have observed the scene shown in the painting and that they are reporting what they saw that day. Qu'avez-vous vu au bal? Vous avez vu beaucoup de jeunes gens? Qu'est-ce qu'ils ont fait au bal? Ils ont dansé. Ils se sont parlé. Ils se sont bien amusés! Describe what people did at a party you went to recently and ask students to do the same.

Objectifs

In *Chapitre 5*, you will hear and talk about things that happened in the past, both your own experiences and those of other people.

Instructor information. For goals and Mise en train activities for this chapter, please refer to p. 196 at the end of this chapter.

Activités et lectures

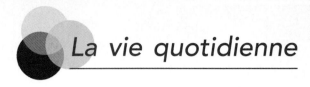

La vie quotidienne

La vie quotidienne. (See *Mise en train, Act. 1.*) Include personal questions and anecdotes as you describe the display art. This section uses only regular verbs conjugated with *avoir: La semaine dernière, Victor a travaillé dans son bureau toute la journée. Moi, J'ai travaillé dans mon bureau tous les jours, mais pas toute la journée. J'ai travaillé dans mon bureau l'après-midi, mais j'ai passé toutes les matinées en cours. Est-ce qu'il y a quelqu'un dans la classe qui a travaillé dans un bureau la semaine dernière? Vous, Laura? Il est sur le campus, votre bureau?* New vocabulary: *assister à une conférence, attendre, cantine, devoir, jouer aux échecs, journée, rendre un devoir.*

✳ **Attention! Étudier Grammaire 5.1**

Hier soir, chez les Colin

AS 5. Give students a few minutes to look over the verb forms in the display and their vocabulary notebooks (from *Mise en train* activities). Pair them up and have each partner tell five or six activities he or she participated in during the previous day.

La famille Colin a dîné ensemble.

Charles a rendu son
devoir de physique.

Marise a assisté à une
conférence à la fac.

Claudine a déjeuné
à la cantine de son
lycée.

Clarisse a attendu
l'autobus pendant une
demi-heure.

Joël a fini ses devoirs
vers 9 heures.

Emmanuel a choisi
des nouvelles tennis.

Claudine et Charles ont
joué aux échecs.

Activité 1 Enquête: La vie d'étudiant

Dites si vous avez fait les actions suivantes la semaine dernière.

La semaine dernière,...

1. j'ai déjeuné au restaurant. (Où? Qu'est-ce que vous avez mangé?)
2. j'ai étudié le français. (Quand?)
3. j'ai passé un examen difficile. (Avez-vous réussi à l'examen?)
4. j'ai perdu les clés de ma voiture. (Où?)
5. j'ai fini un devoir important. (Pour quel cours? Quand avez-vous rendu le devoir?)
6. j'ai travaillé. (Où? Pendant combien d'heures?)
7. j'ai discuté de politique. (Où? Avec qui?)
8. j'ai attendu un professeur. (Qui? Où?)
9. j'ai assisté à une conférence fascinante. (Laquelle?)
10. j'ai oublié mon manteau. (Où?)

Maintenant, c'est à vous!

Comparez vos réponses à celles de votre partenaire.

> MODÈLE: J'ai séché un cours. (Quel cours?) →
> É1: Moi, j'ai séché mon cours de maths mardi dernier. (Moi, je n'ai pas séché de cours la semaine dernière.) Et toi?
> É2: Moi,...

Activité 2 Interro: L'été dernier

Décrivez les activités des quatre personnes suivantes.

> MODÈLE: É1: Qu'est-ce que Sarah et Agnès ont fait en juillet?
> É2: Elles sont allées à Bordeaux.
> É1: Qu'est-ce qu'elles ont fait pendant leur visite?
> É2: Elles ont visité des caves à vins.

	AU MOIS DE JUIN	AU MOIS DE JUILLET	AU MOIS D'AOÛT
JULIEN	a acheté un appart au 14ème étage d'un nouvel immeuble	a beaucoup voyagé pour monter une émission spéciale	a passé ses vacances à La Réunion
ADRIENNE	a rendu visite à ses parents en Auvergne	a suivi un stage intensif de tennis à Marseille	a assisté au mariage d'une amie d'enfance
SARAH ET AGNÈS	ont fait un voyage organisé en Égypte	ont visité des caves à vins dans la région de Bordeaux	ont dormi tard aussi souvent que possible

Act. 1. (whole class; partners) (1) Be sure students understand the time reference. Read the statements aloud as they write *oui* or *non*. After each one, ask the questions and give students a little time to jot a brief answer. Explain new terms as you encounter them in the items. (2) Assign partners to compare their responses. (3) Follow-up: Ask for a show of hands on each item, with occasional questions. New vocabulary: *dernier/dernière, discuter (de), fascinant(e), passer un examen, perdre, la politique, réussir à un examen, sécher un cours.*

AS 6. Do a signature search based on what students did before coming to class. Example: *Est-ce que tu as étudié?* Suggestions: *acheter un journal, écouter la radio, étudier, manger des céréales, parler à des amis, répondre au téléphone, travailler.*

Act. 2. (whole class; partners) (1) Formulate a number of questions from the chart so that students hear your pronunciation and so that you can explain new words. Include questions such as *Qui dans la classe a suivi un stage de tennis?* (2) Ask for volunteers to help you do the *modèle*. Ask students to think of other questions and put these on the board (*qui? quand est-ce que? où est-ce que?*). (3) Assign partners. New vocabulary: *aussi souvent que possible, cave à vins, enfance, mariage, monter une émission, rendre visite, suivre un stage intensif.*

Act. 3. (partners) Option 1: *É1* interviews *É2*, then *É2* interviews *É1*. Option 2: *É1* and *É2* discuss each item. You may wish to have students change partners to do the different parts of the activity. Follow up by selecting some of the more interesting items to expand, such as who got up the earliest, who forgot what clothes they wore, where various people ate, worked. New vocabulary: *journée, quitter, quoi.*

AS 7. Guessing game for groups of 4–5 students. Before naming groups, have each student write one activity he or she did last week. The other students guess what each person has written by asking questions using the *passé composé.* (*Tu as… ?*)

Activité 3 Entretien: Ma journée d'hier

Hier matin,…
1. à quelle heure as-tu quitté la maison?
2. quels vêtements as-tu portés?
3. as-tu assisté à des cours à la fac? Si oui, à quels cours?

Hier après-midi,…
4. où as-tu déjeuné? Avec qui?
5. est-ce que tu as étudié? Qu'est-ce que tu as étudié?
6. tu as travaillé? Où? À quelle heure? Pendant combien d'heures?

Hier soir,…
7. tu as rencontré tes amis? Combien de temps avez-vous passé ensemble?
8. est-ce que tu as téléphoné à quelqu'un? De quoi avez-vous parlé?
9. à quelle heure as-tu fini la journée? Est-ce que tu as regardé la télé avant de te coucher?

Activité 4 Casse-tête: Le cadeau d'Adrienne Petit

Ce matin, quelqu'un a envoyé des roses à Adrienne pour son anniversaire. Mais… quel mystère! L'ami généreux a oublié de signer la carte! Il y a trois personnes possibles. Qui est-ce?

1. Bernard travaille chez un fleuriste et il a été payé.
2. Hier, Robert a parlé de l'anniversaire d'Adrienne.
3. Jean-François a noté la date de l'anniversaire dans son carnet d'adresses, mais il a perdu le carnet.
4. Robert est allergique aux fleurs. Il ne va jamais chez le fleuriste.
5. Bernard ne sait pas la date de l'anniversaire d'Adrienne.
6. Jean-François n'est pas en France. Il est en Italie cette semaine.

> MODÈLE: É1: C'est peut-être Bernard. Il travaille chez un fleuriste.
> É2: D'accord, mais Robert a parlé de son anniversaire hier.

Act. 4. (partners) (1) Read the introduction aloud and explain as needed. Name the three friends who are the "suspects." (2) Have the class skim the statements as you ask questions about the facts: *Qui ne sait pas la date de l'anniversaire d'Adrienne? Qui a noté la date dans son carnet d'adresses?* (3) Point out vocabulary in *Exprime-toi!,* then assign partners. (4) Lead a discussion so that the class determines the name of the likeliest suspect. More than one answer is possible, as long as the logic holds. New vocabulary: *allergique, ça ne prouve rien!, mystère, noter.*

Exprime-toi!

Tu ne penses pas que… ?
Tu as raison.
D'accord, mais…
Un instant, s'il te plaît!
Je ne suis pas d'accord!
Ça ne prouve rien!

Cliquez là!

Dix millions de gens parlent une des langues créoles. Visitez un site sur les langues créoles pour apprendre davantage sur ces langues et sur les gens qui les parlent. Dans quels pays est-ce qu'on parle créole?

Cliquez là! (This web activity accompanies the *Info* box on p. 171.) In addition to French-based creoles, there exist creoles related to the English and Portuguese. Speakers of all French creoles total approximately 10 million people, of which about half are Haitian. Localities where other French-based creoles developed include French Guyana, Guadeloupe, Martinique, Reunion, and Louisiana, although the latter variety is now virtually extinct. French-based creoles in different and even distant localities show surprising similarities, presumably because of similar formative processes.

Info: Histoire. Using the map entitled *Les Amériques* in the front of the textbook, have students locate *Haïti* and its capital, *Port-au-Prince*, and *les Antilles.* Point out that some of the Caribbean islands in the vicinity are still French territories (*Départements d'Outre-Mer* [DOMs]: *Martinique* and *Guadeloupe*). Haiti's successful slave uprising is a unique exception in the history of colonialism. Point out that *Saint-Domingue* (from the Spanish

INFO: Histoire

Toussaint-Louverture

Santo Domingo) is in fact the island of Hispaniola, where Columbus first landed in 1492. Briefly review events of the French Revolution, and discuss whether Haiti's rebellion in 1791 was an aftershock of the demise of the *Ancien régime* from 1789 to 1791. Although The Convention, in keeping with the newly defined *droits de l'homme*, abolished slavery in 1794, it was definitively abandoned only in 1848 and France did not formally recognize Haiti's independence until 1825.

Au XVII^{e1} siècle, les Français ont établi une colonie sur l'île d'Hispaniola dans les Antilles: Saint-Domingue. Ils y ont établi des plantations de canne à sucre très profitables, grâce au² travail forcé des esclaves.³ En 1791, les esclaves, commandés par Toussaint-Louverture, se sont révoltés⁴ avec succès contre les Français. Quand, à Paris, le gouvernement révolutionnaire⁵ a décidé d'abolir l'esclavage en 1794, Toussaint-Louverture a arrêté le combat. Pourtant,⁶ en 1802, Napoléon Bonaparte a rétabli⁷ l'esclavage et a envoyé une armée à Saint-Domingue. Les Français ont capturé Toussaint-Louverture et l'ont emprisonné; il est mort en captivité l'année suivante. Son lieutenant, Dessalines, a continué la lutte⁸ et, en 1804, a proclamé l'indépendance du pays, sous le nom d'Haïti. Toussaint-Louverture est considéré comme un symbole universel de libération pour tous les esclaves.

• Toussaint-Louverture (1743–1803), héros de l'indépendance haïtienne

¹dix-septième
²grâce... avec le
³personnes captives forcées à travailler
⁴rebellés
⁵La France a eu trois révolutions: en 1789, en 1830 et en 1848
⁶Mais
⁷réinstitué
⁸combat

Mettez les épisodes suivants dans l'ordre chronologique.
1. Le nouveau régime républicain a interdit la traite des esclaves.
2. Saint-Domingue est devenue une république indépendante sous le nom d'Haïti.
3. La vie de Toussaint-Louverture s'est terminée en prison.
4. Dessalines a finalement triomphé dans le combat contre les Français.
5. Les esclaves ont organisé une rebellion armée.
6. Bonaparte a monté une expédition militaire contre les esclaves.

Les expériences

Les expériences. This section contains many irregular past participles. Continue to give students natural input that will require all types of verbs. Verbs with *être*, however, do not appear in the *activités* until the next section. (1) Talk about each spot in the display separately, expanding to provide extra input: *On a volé la voiture de Julien... Moi aussi, j'ai eu des ennuis. Pendant mes vacances (en Italie), on a volé mon portefeuille! Quel désastre! Et vous, vous avez déjà été victime d'un vol?* Write new forms on the board with subjects. Write also their infinitives in parentheses. (2) Review the information in the display: *Qui est retourné dans la maison de son enfance? Qu'est-ce que Nathalie a cassé?* New vocabulary: *cadeau, chien(ne), crier, découvrir, offrir, passer à, poupée, voler.*

✱ **Attention! Étudier Grammaire 5.2**

On a volé la voiture de Julien pendant ses vacances en Corse. Il a dû passer au commissariat.

Pendant son séjour à Tahiti, Louis a appris à faire de la plongée sous-marine.

À 80 ans, Édouard Vincent et son frère ont découvert la maison où ils sont nés.

Nathalie a eu un accident. Elle va bien, mais elle a cassé sa poupée.

Quand Raoul a ouvert sa porte, quelle surprise! Ses amis ont crié «Bon anniversaire!»

Les parents de Joël lui ont offert un chien comme cadeau de Noël cette année.

Cliquez là!

Découvrez des chanteurs français comme Patricia Kaas, Mylène Farmer et M (Mathieu Chedid). Écoutez un peu leur musique; vous allez trouver les paroles de leurs chansons sur Internet. Quels genres de musique font ces deux chanteurs?

www.mhhe.com/deuxmondes6

Activité 5 Associations: Carrières et préparation

Nous citons ici des réponses enregistrées par Julien Leroux pendant des interviews qu'il a faites pour TF1. Pour chaque nom célèbre, identifiez les décisions et les actions qui ont contribué à sa réussite.

Ségolène Royal, candidate à la présidence
Philippe Perrin, astronaute français
Patricia Kaas, chanteuse française
François Delachaux, directeur d'entreprise

1. J'ai étudié le commerce et les affaires internationales.
2. Je n'ai pas eu de succès au début mais j'ai persisté à chanter.
3. J'ai appris à piloter toutes sortes d'avions.
4. J'ai suivi la politique et les élections avec passion.
5. J'ai reçu le diplôme de MBA aux États-Unis.
6. J'ai rêvé de devenir la première femme présidente de France.
7. J'ai voulu suivre une carrière militaire.
8. J'ai participé aux concours de chant pour amateurs dans ma région.
9. J'ai été élue à l'Assemblée nationale, puis présidente de ma région.
10. J'ai fait des études pour devenir ingénieur.
11. J'ai lu énormément sur l'histoire sociale.
12. J'ai suivi un entraînement physique rigoureux.

Activité 6 Échanges: La dernière fois

Avec votre camarade de classe, répondez aux questions suivantes en expliquant un peu votre réponse.

Vocabulaire utile

hier (soir)
la semaine dernière
(lundi) dernier
il y a (deux jours)

MODÈLE: É1: Quelle est la dernière fois que tu as passé un examen difficile?
           É2: J'ai passé un examen difficile vendredi dernier en cours de grammaire russe. Et toi?

Quelle est la dernière fois que...

1. tu as mangé dans ta voiture?
2. tu as voulu manger de la pizza à minuit?
3. tu as téléchargé quelque chose sur ton iPod™?
4. tu as perdu un objet de valeur?
5. tu as reçu un cadeau?

6. tu as rendu un service à quelqu'un?
7. tu as dormi pendant un cours ennuyeux?
8. tu as rangé ta chambre?
9. tu as conduit beaucoup trop vite?
10. tu as réussi à un examen difficile?

Act. 6. (partners) (1) Introduce time expressions by saying when you last did a few activities and asking questions: *Moi, j'ai vu un film amusant il y a une semaine. Quelle est la dernière fois que vous avez vu... ?* Write the time expressions on the board as they occur. (2) Do the *modèle* with a volunteer as *É1*, and have other volunteers ask you the first few questions. Explain new vocabulary and assign partners. New vocabulary: *ennuyeux/ennuyeuse, il y a (deux jours), la dernière fois, objet, ranger une chambre, rendre service (à), réussir (à), russe, la semaine dernière.*

AS 9. *Jeu.* Students sit in circles of 7–10 people. One person says, *L'été dernier, j'ai (nagé dans un lac).* The next person repeats the sentence and adds another: *... j'ai nagé dans un lac et j'ai (dormi tard tous les jours),* etc. The group with the longest string of verbs wins.

Les francophones sur le vif. According to U.S. Census Bureau statistics (2000), more than 8 million native-born Americans claim French ancestry, in addition to people claiming Acadian/Cajun ancestry (about 85,000) and more than 2 million claiming French Canadian ancestry. About 1,600,000 Americans actually speak French at home, of which about 146,000 speak English poorly or not at all. American-born native French speakers are located mostly in Louisiana and New England, in the following percentages of the state population: Louisiana, 6.2%; Maine, 5.7%; New Hampshire, 4.8%; Vermont, 3%; Massachusetts, 2.4%. Although these figures seem modest, French remains the language with the most American speakers after English and Spanish.

Les francophones sur le vif

Paul Boudrault, 48 ans, menuisier, Bangor, Maine

Vous avez un nom français. Quelles sont vos origines?

Ma famille fait partie d'un groupe qu'on appelle les «Franco-Américains», ou «Francos»; nous sommes plusieurs dizaines de milliers en Nouvelle-Angleterre, mêlés à[1] la population anglophone, depuis le XVIII[e2] siècle. Nous n'avons jamais cessé[3] de parler français à la maison, mais cela devient de plus en plus difficile de maintenir notre langue et notre patrimoine[4] culturel.

J'ai parfois l'impression que nous sommes invisibles: beaucoup de gens ignorent que[5] nous existons! Peut-être est-ce parce que nous n'avons pas de grande manifestation folklorique comme le mardi gras, ni de musique ou de cuisine particulièrement médiatiques, comme les Acadiens de Louisiane. De plus, notre français est considéré comme «impur» parce que nous y incluons des mots et structures de l'anglais; en fait, c'est une langue originale et créatrice—et tant pis si l'Académie française n'est pas d'accord! Notre défi[6] à nous, les Francos, c'est de redevenir fiers de notre langue et de notre particularisme, et de résister à l'assimilation à la culture anglo-saxonne sans prétendre devenir Français; vous voyez, ce n'est pas simple...

[1]mêlés... intégrés dans   [2]dix-huitième   [3]arrêté   [4]héritage   [5]ignorent... ne savent pas que   [6]difficulté

La langue en mouvement. Have students brainstorm additional place names of French origin, from your own area if possible, as well as other vocabulary of obvious French origin. English has borrowed many words in fields such as cuisine, fashion, and the arts. English has in fact borrowed many more words from French than vice versa, with estimates of French-related words in English mounting as high as half of all English words. The large majority of these were integrated into British English, predominantly in the late Middle Ages, following the Norman conquest of England, when French was the language of the nobility for approximately three centuries. Additional similarities in vocabulary exist because both English and French have relied very heavily on Latin as a source of new words.

La langue en mouvement

Mots américains d'origine française

Les explorateurs et colonisateurs français qui sont venus en Amérique du Nord ont laissé des traces non seulement au Canada, mais aussi aux États-Unis, où les noms de lieu d'origine française sont encore nombreux, des noms comme Boise, Detroit, Des Moines, Lake Champlain, Baton Rouge, Joliet et Montpelier. L'influence française est évidente aussi dans certains mots de l'anglais américain qui sont venus du français, quelquefois par l'intermédiaire du français canadien, tels que *chute* (apparemment à l'origine de l'expression «to shoot the rapids»), *cache, coulee, levee, depot, lacrosse* et *portage.*

Act. 7. (whole class) This activity makes heavy use of cognates. Students must use context to reason/guess intelligently. (1) Review/introduce the *Astérix* series and discuss the drawings: where and who the characters are, what they are doing, look like, etc. If you know the stories, tell them briefly. (2) Ask some of the questions yourself first, for the class to answer. Point out that *Peau-Rouge* is not a derogatory term in French and simply refers to an Indian of North America. Then have students work in pairs, asking and answering the questions in random order. (Answers: 1. GT 2. AL 3. GT 4. AL 5. GT 6. GT 7. GT 8. AL 9. GT) New vocabulary (for recognition only): *affronter, attaquer, bataille, chasse au bison, celles, enlever de force, féroce, Gaulois(e), liberté, parmi, Peaux-Rouges, pirate, plaire à (plu), provoquer, Romain(e), séjourner, traître, tribu, troupe, victoire.*

Activité 7 Dans le monde francophone: Aventures extraordinaires

Ces images nous montrent nos héros gaulois Astérix et Obélix. Identifiez le livre où l'on peut probablement trouver les aventures suivantes.

Astérix légionnaire

La grande traversée

1. Astérix et Obélix ont séjourné dans une tribu de Peaux-Rouges.
2. Pour sauver un jeune Gaulois enlevé de force par les Romains, ils ont combattu parmi les légionnaires de Jules César.
3. En traversant l'Atlantique, ils ont dû affronter des pirates.
4. Ils ont provoqué une bataille entre les troupes de César et celles du traître Scipion.
5. Ils ont participé à la chasse au bison.
6. En retraversant l'océan, ils ont été attaqués par des Vikings féroces.

7. Obélix a beaucoup plu à la fille du chef de la tribu indienne.
8. Après sa victoire, Jules César leur a offert la liberté de Tragicomix.
9. Obélix n'a pas voulu se marier. Ils sont donc rentrés en Gaule.

Activité 8 Discussion: Vous avez déjà vu ça?

Vous aimez les excentricités? Alors, écoutez, puis dites si ces personnes et ces animaux se sont conduits d'une manière normale ou extraordinaire.

MODÈLE: un chien qui a chanté à la télé →
C'est extraordinaire! Les chiens ne peuvent pas chanter.

1. un bébé qui a pris un café
2. un chat qui a bu de la crème
3. un chien qui a appris à parler
4. un adolescent qui a voulu tondre le gazon
5. des étudiants qui ont vu *Wallace et Gromit et le mystère du lapin-garou.*
6. un professeur qui a conduit trop vite et qui a reçu une contravention
7. un enfant qui a voulu ranger ses affaires
8. une grand-mère qui a fait un saut en parachute
9. un poisson rouge qui a mangé un serpent
10. une souris qui a mangé un chat
11. ?

● Un orchestre cadien à La Nouvelle-Orléans

Act. 8. (whole class; partners) Introduce the activity and read the statements aloud. Pause after each one so the class can decide whether the action was strange or normal. Afterward, ask students to think of more circumstances for the class to discuss (*un chat qui a commandé un hamburger au McDo; un prof qui a écrit un examen difficile*). New vocabulary: *adolescent(e), se conduire, contravention, crème, déjà, excentricité, faire un saut en parachute, «La Joconde», lapin-garou, ranger, sans, serpent, souris.*

Le week-end et les loisirs

★ **Attention! Étudier Grammaire 5.3 et 5.4**

Le samedi d'Agnès

Le week-end et les loisirs. This display contains *passé composé* forms of reflexive and nonreflexive verbs conjugated with *être*. Contrast what Agnès did with what you did this morning: *Agnès s'est levée à 10 h. Moi, je ne me suis pas levé(e) à 10 h! Je me suis levé(e) à 6 h 30.* Include personal questions: *À quelle heure vous êtes-vous réveillé(e) aujourd'hui? Qui s'est lavé les cheveux ce matin?*

AS 10. Do an autograph activity based on what students have done so far today before coming to class. (See IRK for autograph activity.)

AS 11. Show interesting or comical photos and ask students to speculate about the causes of the situations (aspirin ad/woman with headache): *Elle s'est couchée très tard; elle a oublié ses clés,* etc.

Samedi matin, je me suis réveillée tard.

Je me suis douchée et je me suis lavé les cheveux.

Ensuite, je suis partie faire les courses.

À 13 heures, je suis allée au café pour déjeuner avec des amis.

Samedi soir, je suis sortie avec Jean-Yves et Sarah.

Nous sommes allés voir le dernier film de Luc Besson.

Après, Jean-Yves est rentré avec nous.

Jean-Yves est resté deux heures chez nous et on a discuté.

Je me suis couchée vers deux heures et demie du matin.

Act. 9. (whole class; partners) Read each group of items aloud, saying what is true for you and taking a quick survey of what is true for the class. Next, assign the activity to partners. Follow up with questions about some of the items, expanding on replies: *Vous êtes allée à un concert, Amy. À quel concert? À quelle heure? Avec qui?* New vocabulary: *celui, tu as de la chance!*

AS 12. Have students ask you questions about what you did last weekend. Accept only questions that can be answered *oui* or *non. Est-ce que vous avez dansé, (madame)?*

Activité 9 Discussion: Le week-end dernier

Dites si vous avez fait ces activités ou non.

1. Samedi matin,...
   a. je me suis levé(e) de bonne heure.
   b. j'ai pris mon petit déjeuner.
   c. j'ai rangé ma chambre.
   d. j'ai fait ma lessive.
2. Samedi après-midi,...
   a. j'ai étudié avec des copains.
   b. j'ai regardé des matchs à la télé.
   c. je me suis promené(e) dans le parc.
   d. je suis sorti(e) avec mes parents.
3. Samedi soir,...
   a. j'ai loué des DVD.
   b. je suis allé(e) à un concert.
   c. j'ai invité des amis chez moi.
   d. mon copain et moi, nous avons joué au *Monopoly.*
4. Dimanche,...
   a. je suis allé(e) chez mes parents.
   b. je me suis entraîné(e) au gymnase.
   c. j'ai lu le journal.
   d. je me suis couché(e) de bonne heure.

Et maintenant, c'est à vous!

Comparez votre week-end à celui de votre partenaire.

> MODÈLE: É1: Je me suis levé(e) très tard samedi matin, vers 11 h 30.
> É2: Tu as de la chance! Moi, j'ai dû me lever de bonne heure pour aller au travail.

Activité 10 Entretien: Une occasion importante

Qu'est-ce que vous avez fait la dernière fois que vous êtes allé(e) à une fête (un mariage, une réception...)? Répondez aux questions suivantes.

> MODÈLE: É1: Est-ce que tu t'es douché(e) avant d'y aller?
> É2: Oui, je me suis douché(e). (Non, je ne me suis pas douché[e].)

1. Est-ce que tu t'es lavé les cheveux?
2. Est-ce que tu t'es maquillée (rasé)?
3. Comment y es-tu allé(e), en voiture ou à pied?
4. Es-tu arrivé(e) à l'heure ou en retard?
5. Est-ce que tu t'es bien amusé(e) ou est-ce que tu t'es ennuyé(e)?
6. À quelle heure est-ce que tu es parti(e)?
7. Qu'est-ce que tu as fait après la fête (le mariage...)?
8. À quelle heure es-tu rentré(e) chez toi?
9. Est-ce que tu t'es endormi(e) tout de suite?
10. À quelle heure tu t'es réveillé(e) le lendemain matin?

Activité 11 Dans le monde francophone: Les distractions de Paris

Julien Leroux a monté une émission spéciale pour TF1 sur certaines brasseries de Paris. Lisez ses commentaires et identifiez la brasserie ou le café qu'il décrit.

1. Je me suis bien amusé à regarder la clientèle «de l'après-spectacle».
2. Je suis vite parti de cet établissement à cause du bruit!
3. On m'a servi des plats tex-mex délicieux.
4. Les premières bières d'Alsace y sont arrivées il y a plus d'un siècle.
5. J'y suis allé pour essayer un fast-food de luxe et quel plaisir! Des plats frais, mes amis!
6. Les premiers clients y sont entrés en 1864.

À vous la parole!

En groupes, imaginez un restaurant extraordinaire. Préparez une description du restaurant (le décor, la clientèle, l'ambiance, la qualité de la cuisine...) et utilisez votre description pour essayer de persuader la classe d'y aller.

Act. 10. Name things you did to get ready the last time you went to a party. After students do the activity, ask other questions: *Qui a organisé la fête? Avez-vous rencontré des gens sympathiques? Avez-vous dansé? Êtes-vous sorti(e) après? À quelle heure est-ce que vous vous êtes levé(e) le lendemain?* New vocabulary: *s'ennuyer.*

Act. 11. Begin by comparing Paris and your city. *Est-ce qu'il y a autant de cafés à* (your city) *qu'à Paris? Est-ce que Paris est plus intéressant que* (your city)? *Pourquoi?* Have students skim the reviews as you ask short-answer and oui/non questions. *Quelle brasserie est située dans l'avenue des Champs-Élysées?* New vocabulary (for recognition only): *brasserie, distractions.*

les brasseries

BRASSERIE FLO
7, cour des Petites-Écuries, 75010. Dans un décor 1925, la clientèle du quartier croise celle de l'après-spectacle. Carte classique et plats copieux (environ 35).

CHEZ BOFINGER
3, rue de la Bastille, 75004. Jusqu'à 1 h du matin. Créée en 1864, cette brasserie au décor art nouveau (l'un des plus beaux de Paris) a vu arriver les premières bières d'Alsace. Une institution au-dessus des modes.

les jeunes

VIRGIN CAFÉ
56, avenue des Champs-Élysées, 75008, au-dessus du Mégastore. Jusqu'à 23 h. Un fast-food de luxe qui sait proposer des plats frais. Musique et vidéo (environ 25 €).

CACTUS CHARLY
68, rue de Ponthieu, 75008. Jusqu'à 2 h. Ranch et pub, cuisine tex-mex, ambiance estudiantine. Très bruyant, malheureusement.

Activité 12 Récit: L'invitation à dîner

Francis et Marie Lasalle ont invité des amis samedi dernier. Racontez leur journée du matin au soir.

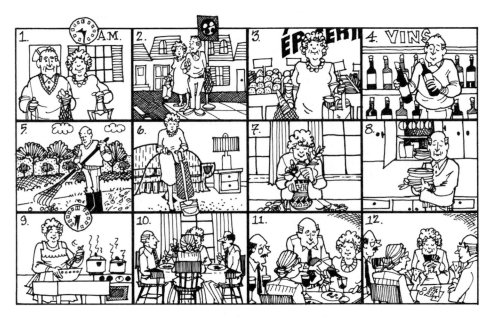

Vocabulaire utile d'abord, ensuite, puis, finalement

Faits personnels et historiques

★ Attention! Étudier Grammaire 5.5

Francis Lasalle et sa femme Marie se sont rencontrés au théâtre.

Ils sont tombés amoureux, mais Francis a dû faire son service militaire.

De retour à la vie civile, Francis a épousé Marie à Lyon.

Les Lasalle n'ont eu que deux enfants, un fils et une fille.

Claudine est née en 1965. Elle est devenue professeur de lycée.

Personne n'a fait fortune chez les Lasalle, mais c'est une famille très unie.

Francis n'a jamais fait d'études universitaires, mais son fils Bernard est devenu ingénieur.

Aujourd'hui, Francis ne travaille plus. Il a pris sa retraite.

Activité 13 Entretien: Que savez-vous sur votre famille?

MODÈLE: É1: Mon père est né en 1960.
É2: C'est vrai? Mon père aussi est né en 1960!

1. En quelle année est-ce que tes parents se sont mariés?
2. Est-ce que quelqu'un dans ta famille a été dans l'armée?
3. Est-ce qu'un membre de ta famille est devenu célèbre?
4. Combien d'enfants est-ce que tes grands-parents ont eus?
5. Où est-ce que tes parents se sont rencontrés?
6. Qui dans ta famille est né avant 1930? Et après 1995?
7. Est-ce que quelqu'un de ta famille a pris la retraite?
8. Qui dans ta famille a fait des études universitaires?
9. D'où sont venus tes ancêtres? Tu sais pourquoi ils ont émigré?
10. ?

Exprime-toi!

Pas encore! Rien!
Personne! Tu es sûr(e)?
C'est vrai? Pas possible!
Génial! Ça, c'est rigolo!

Act. 13. (partners; whole class) Talk about your own family history before students do the activity and include student input. *Mon père est né en (1940). Mes parents se sont mariés en (1962). Ils ont eu deux enfants, mon frère et moi. Et vous, en quelle année est-ce que vos parents se sont mariés?* Have students do the activities in pairs. During the follow-up discussion, review names of nationalities, years, and dates of births and marriages, as you talk about what people in students' families have done. New vocabulary: *ancêtre, armée, émigrer.*

INFO: Arts et lettres

«Déjeuner du matin»

Info: Arts et lettres. (whole class) Introduce items such as *tasse* and *cendrier* with photos or objects. Then do a TPR activity: *Prenez votre tasse. Mettez du café dans la tasse. Maintenant, mettez du lait dans le café…* Finally, read the poem aloud for the class. Ask students to identify the narrator's emotions (*content, curieux, triste…*) and to speculate about the relationship between the man (*il*) and the narrator.

Il a mis le café
Dans la tasse
Il a mis le lait
Dans la tasse de café
Il a mis le sucre
Dans le café au lait
Avec la petite cuiller[1]
Il a tourné
Il a bu le café au lait
Et il a reposé la tasse
Sans[2] me parler

Il a allumé
Une cigarette
Il a fait des ronds
Avec la fumée
Il a mis les cendres[3]
Dans le cendrier
Sans me parler
Sans me regarder
Il s'est levé
Il a mis
Son chapeau sur sa tête

Il a mis son manteau de pluie
Parce qu'il pleuvait[4]
Et il est parti
Sous la pluie
Sans une parole
Sans me regarder
Et moi j'ai pris
Ma tête dans ma main
Et j'ai pleuré.[5]

Jacques Prévert, *Paroles*

[1]*petite… teaspoon* [2]*Without* [3]*ashes* [4]*il… it was raining* [5]*cried*

Jacques Prévert, "Déjeuner du matin" in *Paroles* © Éditions GALLIMARD

Exprime-toi!

à (vers) l'âge de (5) ans...
avant l'âge de (5) ans
Je ne me souviens plus.
Je n'ai pas encore...
Je ne suis (n'ai) jamais...

Activité 14 Enquête: L'histoire de ma vie

Complétez les phrases. Ensuite, comparez vos réponses à celles de votre camarade.

1. Je suis allé(e) à l'école à l'âge de...
2. J'ai reçu ma première montre...
3. J'ai conduit une voiture pour la première fois...
4. J'ai mis une robe du soir (ou un smoking) pour la première fois...
5. Je suis entré(e) à la fac...
6. Je suis tombé(e) amoureux/amoureuse...
7. Je suis devenu(e) une personne raisonnable...

> MODÈLE: É1: J'ai bu du champagne pour la première fois au mariage de mon cousin, vers l'âge de 15 ans. Et toi?
> É2: Moi, je n'ai jamais goûté au champagne. Pas encore!

Activité 15 Dans le monde francophone: Quelques faits du passé

Quel dessin correspond à chacun de ces faits historiques?

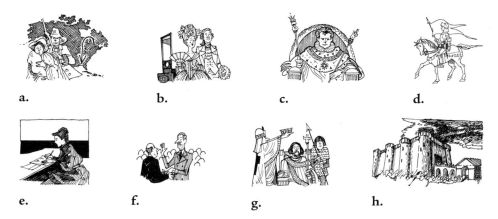

a.   **b.**   **c.**   **d.**

e.   **f.**   **g.**   **h.**

_____ **1.** Charlemagne a reçu sa couronne à Rome en l'an 800.
_____ **2.** Jeanne d'Arc a libéré Orléans en 1429.
_____ **3.** Les Acadiens (Cajuns) sont arrivés en Louisiane entre 1764 et 1788.
_____ **4.** Le peuple de Paris a pris la Bastille le 14 juillet 1789.
_____ **5.** Napoléon a pris le titre d'empereur en 1804.
_____ **6.** Marie Curie a reçu le prix Nobel de physique en 1903 et le prix Nobel de chimie en 1911.
_____ **7.** Louis XVI et Marie-Antoinette ont été guillotinés en 1793.
_____ **8.** Le général de Gaulle est devenu président de la Vᵉ* République en 1959.

---

*cinquième

Activité 16 Discussion: À votre avis… ?

Savez-vous séparer le mythe de la réalité? Choisissez la phrase qui exprime votre opinion ou inventez-en une autre.

1. On entend parler de l'île d'Atlantide.
   a. Quelle bêtise! Elle n'a jamais existé.
   b. Elle a existé, mais elle n'existe plus.
   c. On n'a rien trouvé jusqu'à présent.
2. Il y a des gens qui croient aux licornes. Qu'en pensez-vous?
   a. Elles n'existent que dans des zoos.
   b. Elles n'existent plus; c'est une espèce disparue.
   c. Elles n'ont jamais existé.
3. Et puis certains disent que la Terre n'est pas ronde, mais plate.
   a. Personne ne croit plus à cette idée.
   b. Personne n'a jamais cru ça.
   c. Certaines personnes y croient encore aujourd'hui.
4. On dit que la vie existe sur d'autres planètes ou dans d'autres systèmes solaires.
   a. La vie n'existe que sur la Terre.
   b. Elle y a existé, mais elle n'y existe plus.
   c. Personne n'en sait rien.

Act. 16. (whole class) This input activity is rich in negative expressions. Read and explain (as needed) all options for a statement and discuss them before moving to the next one. Get the majority opinion about the possible answers. Ask for students' views on items such as these: *George Washington n'a jamais menti; Démosthène a appris à être orateur en mettant des cailloux dans la bouche; On n'a plus besoin d'être vacciné contre la poliomyélite.* Ask students to think of other myths and misconceptions. New vocabulary: *bêtise, croire, encore, entendre parler de, espèce disparue, exprimer, licorne, mythe, planète, plat(e), réalité, rond(e), séparer, système solaire, vie, zoo.*

LECTURE

Les mémoires de Jacques Cartier

Les peuples indigènes du Canada actuel ont eu des contacts avec des Européens (des marins vikings) avant l'an 1000. Pendant la Renaissance, les Italiens Giovanni Cabot (1497) et Giovanni Verrazzano (1524) et le Français Jacques Cartier (1534–1536) ont été parmi les premiers explorateurs célèbres de ce territoire. C'est Cartier qui est surnommé «découvreur du Canada». Voici ses «Mémoires», comme on peut les imaginer, écrites l'année de sa mort (vers 1557).

Aujourd'hui, peu de gens connaissent encore mon nom, mais j'ai été très célèbre. C'est moi qui, le premier, ai exploré la Nouvelle France. En 1534, notre roi François I er1 a financé une expédition pour trouver un passage vers la Chine et des territoires riches en métaux2 précieux. Avec deux bateaux, nous sommes partis de Saint-Malo, ma ville natale en Bretagne, et nous avons traversé l'Atlantique en vingt jours. À notre arrivée en Amérique, nous avons trouvé une île immense, une très vaste baie et une péninsule. Là, j'ai pris possession du pays au nom du roi. Nous avons aussi rencontré les habitants de cette région, nommés «Iroquois»; ils forment une sorte de république parfaitement organisée avec d'autres nations indiennes.

Lecture. Have students look at a map to follow Cartier's journey: *L'île immense* is Newfoundland (*Terre-Neuve*) and *la vaste baie,* the Gulf of Saint Lawrence (*le golfe du Saint-Laurent*); the rapids at the southern tip of Montreal are now called *Rapides de Lachine.* Note that Cartier was not actually the first European to visit the Saint Lawrence valley: vikings, as well as Basque and Breton fishermen, had long preceded him. Point out that the settlement of Canada did not truly begin until the 17th century because of the absence of the gold, silver, and precious stones that Europeans were looking for.

---

[1]premier [2]pluriel de *métal (m.)*

Je suis rentré en France, où tout le monde a été enthousiasmé par ces premières découvertes, surtout le roi: il a immédiatement ordonné un deuxième voyage, en 1535. Nous avons continué vers le sud-ouest, sur un fleuve large et majestueux que j'ai baptisé «Saint-Laurent». Finalement, nous avons atteint[3] une grande île et des rapides impressionnants. Nous avons alors exploré l'île et visité une ville indienne nommée «Hochelaga». Nous sommes montés sur une colline,[4] pour observer les environs. En l'honneur de François Ier, j'ai nommé cette colline le «Mont-Royal».

● Jacques Cartier (1491–1557)

Je suis retourné en France avec le chef Iroquois Donnacona. Il a raconté des histoires extraordinaires et le roi a pensé que le «Canada», comme l'Eldorado, était un pays de trésors[5] fabuleux. À mon troisième et dernier voyage, en 1541, j'ai emmené[6] des colons[7] pour établir des postes permanents au Canada. Enfin, j'ai trouvé des diamants et de l'or[8]! Je suis rentré en France pour les montrer au roi. Malheureusement, j'ai fait erreur: ces «trésors» étaient en réalité des pierres et des métaux sans valeur. L'entourage du roi est cruel et on m'a ridiculisé... Ma consolation, c'est que mon nom reste associé à la découverte d'un pays nouveau, beaucoup plus grand que la France!

---

[3]avons... sommes arrivés sur   [4]petite montagne
[5]choses précieuses   [6]pris avec moi
[7]personnes qui colonisent un territoire
[8]métal jaune précieux

Avez-vous compris? Vrai ou faux? Si c'est faux, corrigez la phrase.

1. À l'origine, Cartier est allé au Canada pour établir une colonie.
2. Il a remonté le Saint-Laurent pendant son premier voyage.
3. Son impression initiale des Iroquois a été très favorable.
4. Pendant sa deuxième expédition, il a découvert le site actuel de Montréal.
5. Jacques Cartier a fondé Montréal.
6. Finalement, il a trouvé de l'or et des diamants.

À vous la parole! Changement de perspective. Vous êtes un Iroquois qui raconte à ses enfants l'arrivée des Français en 1534. Les enfants, très curieux, vous posent beaucoup de questions.

MODÈLE: ENFANTS: Comment est-ce que les Français sont arrivés?
VOUS: Sur des grands canoës en bois, appelés «bateaux»...

Suggestions

parler dans une langue incompréhensible
admirer nos villages fortifiés
chercher des pierres précieuses
s'émerveiller de nos coiffures
poser des questions bizarres sur un endroit appellé «Lachine»
utiliser des armes cruelles et bruyantes
(ne pas) comprendre nos coutumes

À vous d'écrire

C'est Noël et vous êtes très occupé(e). Vous voulez rester en contact avec vos amis, mais vous ne pouvez pas écrire une lettre personnelle à tout le monde. Composez une lettre que vous pouvez envoyer à toutes les personnes sur votre liste. Vous voulez raconter les événements les plus importants de l'année.

MODÈLE: *Mes chers amis,*

Cette année a été très... pour moi. D'abord,...
Je vous embrasse très affectueusement en vous souhaitant une bonne et prospère année 20___.

À vous d'écrire. Read the context aloud. Imagine that you are writing a letter to send to all your friends and family. Relate several events from your life this past year and write them briefly on the board. Then have the class help you start to write your letter: *Mes chers amis, Je ne vous ai pas écrit depuis très longtemps parce que... Mais maintenant, j'ai un peu de temps libre et je voudrais... D'abord, au mois de janvier, j'ai... . Votre ami(e) surchargé(e),...* Request at least 8–10 activities in student letters.

Rendez-vous cinéma

Le Chemin du retour

Épisode 3: «Un mystérieux grand-père»

Camille, troublée par la curiosité de Rachid, interroge sa grand-mère Louise sur une photo ancienne: un portrait de son grand-père Antoine, disparu pendant la guerre dans des circonstances obscures. Mado est furieuse, que Camille pose ces questions à sa grand-mère. Mais pourquoi Louise, qui est très malade, invite-t-elle Camille à faire un voyage dans les Cévennes?

Vocabulaire

La vie quotidienne

Daily life

assister à une conférence	to attend a lecture
un mariage	to attend a wedding
déjeuner à la cantine	to eat lunch in the cafeteria
discuter de politique	to discuss politics
s'ennuyer	to get bored
entendre parler de	to hear about
essayer (de)	to try (to)
faire des études	to take a course of study
oublier (de)	to forget (to)
ouvrir la porte	to open the door
passer un examen	to take a test
perdre ses clés	to lose (one's) keys
poser des questions	to ask questions
quitter la maison	to leave the house
ranger sa chambre	to clean up one's bedroom
rendre un devoir	to turn in homework
un service (à)	to do a favor (for)
visite (à)	to pay a visit (to)
réussir à un examen	to pass a test
sécher un cours	to cut a class
télécharger	to download
trouver	to find

Mots apparentés: **citer, commencer, se conduire, découvrir, discuter (de), exister, offrir, participer (à), persister (à), prouver, signer**

Expériences et distractions

Special experiences

avoir du succès	to be successful
croire aux licornes (*f.*)	to believe in unicorns
découvrir	to discover
devenir (ingénieur)	to become (an engineer)
envoyer des fleurs (*f.*)	to send flowers
épouser (quelq'un)	to get married to (someone)
faire un saut en parachute	to do a parachute jump
fortune (*f.*)	to make a fortune

goûter (à)	to taste, try
jouer aux échecs	to play chess
monter une émission	to produce a show
passer ses vacances	to spend one's vacation
piloter un avion	to fly a plane
prendre sa retraite	to retire
recevoir une contravention	to get a traffic ticket
un diplôme	to get a degree
(se) rencontrer	to meet
suivre la politique	to follow politics
tomber amoureux/ amoureuse de	to fall in love with
visiter une cave à vins	to visit a winery
voler	to steal

Quand

Saying when

aussi souvent que possible	as often as possible
cette semaine	this week
déjà	already
enfin	finally
hier	yesterday
hier soir	last night
il y a deux jours	two days ago
le week-end dernier	last weekend

La description

Descriptive words

célèbre	famous
élu(e)	elected
ennuyeux/ennuyeuse	boring
énormément	enormously; a lot
enregistré(e)	recorded
fascinant(e)	fascinating
inoubliable	unforgettable
rond(e)	round
plat(e)	flat
russe	Russian
uni(e)	united

Mots apparentés: **allergique, charmant(e), délicieux/délicieuse, excessif/excessive, intensif/ intensive, personnel(le), raisonnable, rigoureux/ rigoureuse, social(e), terminé(e), universitaire**

Substantifs

Nouns

un(e) ancêtre	an ancestor
un avion	a plane
une brasserie	a pub, bar
un cadeau de Noël	a Christmas present
un carnet d'adresses	an address book
un casse-tête (*inv.*)	puzzle, brain teaser
un(e) chien(ne)	a dog
un concours	a contest
une couronne	a crown
un événement	an event
un(e) fleuriste	a florist
une journée	a day, duration of a day
un lapin-garou	a were-rabbit
un lycée	a high school
un mot	a word
un objet de valeur	a valuable object
la physique	physics
une poupée	a doll
un prix	a prize
la réussite	success
un siècle	a century
un smoking	a tuxedo
une souris	a mouse
la Terre	the (planet) Earth

Mots apparentés: **un(e) adolescent(e), une ambiance, un(e) ancêtre, l'armée** (*f.*)**, un(e) candidat(e), une carrière, le décor, une interview, un mystère, une planète, une réception, le service militaire, le système solaire, un zoo**

Mots et expressions utiles

Useful words and expressions

à cause de	because of
un(e) ami(e) d'enfance	a childhood friend
autant que possible	as much as possible
avoir de la chance	to be lucky
Ça ne prouve rien.	That doesn't prove anything.
C'est rigolo!	That's funny!
d'accord	okay, agreed
de plus en plus	more and more
De quoi as-tu parlé?	What did you talk about?
donc	therefore
Génial!	Great!
Je ne me souviens plus.	I don't remember.
pas encore	not yet
peut-être	perhaps
Quelle bêtise!	How silly!
Quel plaisir!	What a pleasure!

Grammaire et exercices

5.1 Saying what you did: Passé composé with avoir

➤ passé composé =
avoir + past participle
(most verbs)

A. The **passé composé** is a compound past tense: it has two parts, an auxiliary (helping) verb and a past participle. Most verbs use **avoir** as the auxiliary verb. Here is the complete conjugation of **travailler** in the **passé composé.**

PASSÉ COMPOSÉ: **travailler** (*to work*)	
j'ai travaillé	nous avons travaillé
tu as travaillé	vous avez travaillé
il/elle/on a travaillé	ils/elles ont travaillé

Mme Martin **a travaillé** à la bibliothèque hier soir.
Barbara et Jacqueline sont très fatiguées; elles **ont travaillé** dur hier soir.

Madame Martin worked at the library last night.
Barbara and Jacqueline are very tired; they worked hard last night.

B. Here are the past participles for the three types of regular verbs. To form the past participle, drop the infinitive ending (**-er, -ir, -re**) and add the past participle ending: **-é, -i, -u.**

PAST PARTICIPLES OF REGULAR VERBS		
-er *verbs* → **-é**	**-ir** *verbs* → **-i**	**-re** *verbs* → **-u**
parler → parlé	choisir → choisi	attendre → attendu
étudier → étudié	finir → fini	perdre → perdu
habiter → habité	réussir → réussi	répondre → répondu

Sarah **a téléphoné** à sa famille aux États-Unis.
Agnès **a fini** ses devoirs à minuit.

Jean-Yves **a perdu** ses clés hier.

Sarah called her family in the United States.
Agnès finished her homework at midnight.

Jean-Yves lost his keys yesterday.

➤ Negation: ne + avoir +
pas + past participle
Il n'a pas travaillé.

C. To make verbs in the **passé composé** negative, put **ne... pas** around the auxiliary verb.

Je **n'ai pas** retrouvé mes amis au café.
Cette année, mon équipe de basket-ball préférée **n'a pas** gagné une seule fois!

I didn't meet my friends at the café.
This year, my favorite basketball team hasn't won (didn't win) once!

D. The **passé composé** is used to tell about an event completed in the past. It has several possible English equivalents: **j'ai étudié** can mean *I studied, I did study, I have studied.*

J'ai étudié l'espagnol au lycée.	*I studied Spanish in high school.*
Tu **as nettoyé** ta chambre samedi?	*Did you clean your room on Saturday?*
Nous **avons** déjà fini ce livre.	*We've already finished this book.*

E. Use **pendant** + time expression to say how long someone did something in the past.

Hier soir, j'ai étudié le français **pendant deux heures.**	*Last night, I studied French for two hours.*
Louis a étudié l'italien **pendant trois ans** au lycée.	*Louis studied Italian for three years in high school.*

F. In conversation, past-tense questions are usually formed with **est-ce que** or intonation. You can also ask past-tense questions by inverting the helping verb and its subject pronoun.

Est-ce que Louis a déjà fini?	*Has Louis already finished?*
Tu n'as pas téléphoné ce matin?	*You didn't (Didn't you) call this morning?*
Avez-vous oublié de faire le devoir?	*Did you forget to do the assignment?*

★ *You will learn more about the **passé composé** throughout this chapter and in **Grammaire 6.8, 8.5, 12.2,** and **12.5.***

Exercice 1 Qu'avez-vous fait hier?

Posez des questions et donnez les réponses.

MODÈLE: étudier → Est-ce que tu as étudié hier?
Oui, j'ai étudié hier. (Non, je n'ai pas étudié hier.)

1. acheter le journal
2. écouter de la musique
3. parler français avec des amis
4. manger un hamburger
5. préparer le dîner
6. promener ton chien
7. téléphoner à un ami / une amie
8. regarder la télé.
9. travailler à la bibliothèque
10. nettoyer ta chambre

Ex. 1. Uses *-er* verbs only. If you do this exercise in class, you may wish to have students work briefly in pairs to compare their answers. Then ask questions about what both of them did (or did not do).

ES 2. Have students ask you questions from *Ex. 1. Avez-vous étudié hier? Est-ce que vous avez acheté le journal?*

Exercice 2 Événements d'hier

Voici ce qu'Agnès Rouet a fait hier. Avez-vous fait les mêmes activités?

MODÈLE: Agnès a perdu son livre de grammaire. →
Moi, je n'ai pas perdu de livre. (Moi aussi, j'ai perdu un livre. J'ai perdu mon livre de maths...)

Ex. 2. Students will use all three regular verb types, plus *dormir* (because its past participle is like regular *-ir* verbs). For partner practice, students make a statement and then ask a question: *Je n'ai pas perdu de livre. Est-ce que tu as perdu un livre?*

Agnès...

1. a rendu visite à une amie.
2. a fini un devoir pour son cours d'anglais.
3. a choisi un nouveau CD.
4. a répondu à son courrier électronique.
5. a perdu son carnet d'adresses.
6. a dormi pendant un cours ennuyeux.
7. a attendu le bus pendant une demi-heure.
8. a réussi à un examen.
9. a servi du thé à ses amis.

Ex. 3. This exercise involves only *-er* verbs and includes both singular and plural forms. Partners might ask and answer questions for additional practice: *Qu'est-ce que Daniel et Louis ont acheté? Qui a mangé des crêpes?*

Exercice 3 Soirée d'adieux

Les étudiants de Mme Martin ont organisé une fête pour Pierre, l'assistant de français, qui va rentrer en France. Albert raconte ce que tout le monde a fait. Qu'est-ce qu'il dit?

> MODÈLE: la soirée / commencer à 7 h 30 →
> La soirée a commencé à 7 h 30.

1. Daniel et Louis / acheter des boissons
2. nous / manger des crêpes
3. Barbara et Jacqueline / apporter des CD français
4. tout le monde / parler français
5. même Mme Martin / danser
6. nous / regarder des photos de cette année
7. Denise / donner un album de photos à Pierre
8. quelques étudiants / pleurer*

5.2 Irregular past participles

5.2. Before assigning, do PF input and association activities with a number of these verbs. Write the forms on the board as you go, and use later to point out the irregular nature of their participles. Students require long exposure and practice before they can use the forms accurately in speech. Note that the infinitive forms of a few verbs presented here may be new to students and some have not been presented yet in present-tense forms (*boire, plaire, pleuvoir, recevoir* and *voir*).

➤ Note the difference in meaning:

Ce poème m'a *plu*.
(*I liked that poem.*)

Il a *plu* hier soir.
(*It rained last night.*)

A. Most irregular verbs have past participles that fall into four groups. Use the following charts as reference lists when you do the exercises in this chapter and in your **Cahier d'exercices**.

PAST PARTICIPLES ENDING IN **-U**			
boire (*to drink*)	**bu**	plaire (à) (*to please*)	**plu**
connaître (*to know*)	**connu**	pleuvoir (*to rain*)	**plu**
courir (*to run*)	**couru**	pouvoir (*to be able*)	**pu**
devoir (*must, to have to*)	**dû**	recevoir (*to receive*)	**reçu**
lire (*to read*)	**lu**	voir (*to see*)	**vu**
obtenir (*to obtain*)	**obtenu**	vouloir (*to want*)	**voulu**

---

*to cry

—Agnès, est-ce que tu **as vu** Sarah hier?

—Non, il **a plu** et elle n'**a** pas **pu** sortir.

—Est-ce que le film vous **a plu**?

—Oui, je l'ai trouvé fascinant.

Agnès, did you see Sarah yesterday?

No, it rained and she couldn't go out.

Did you like the movie? (Did the movie please you?)

Yes, I found it fascinating.

PAST PARTICIPLES ENDING IN **-it, -is**			
conduire (*to drive*)	**conduit**	prendre (*to take*)	**pris**
dire (*to say*)	**dit**	apprendre (*to learn*)	**appris**
écrire (*to write*)	**écrit**	comprendre (*to understand*)	**compris**
faire (*to do; to make*)	**fait**	mettre (*to put, put on*)	**mis**

—Qu'est-ce que tu **as fait** ce matin?

—J'**ai écrit** une lettre à mes amis canadiens.

Marise et Clarisse **ont mis** une robe pour sortir hier soir.

What did you do this morning?

I wrote a letter to my Canadian friends.

Marise and Clarisse put on dresses to go out last night.

PAST PARTICIPLES ENDING IN **-ert**	
découvrir (*to discover*)	**découvert**
offrir (*to offer, give*)	**offert**
ouvrir (*to open*)	**ouvert**
souffrir (*to suffer*)	**souffert**

Mme Martin **a ouvert** son livre.

Sarah **a offert** des fleurs à Mme Rouet.

Madame Martin opened her book.

Sarah gave some flowers to Madame Rouet.

Pronunciation Hint

Liaison is always made between a plural subject pronoun and the helping verb **avoir;** the final consonant of the past participle is never pronounced: **nous ^z avõns faiŧ, vous ^z aveᴢ diŧ, elles ^z õnŧ cõmpriŝ.**

B. The past participles of **avoir** and **être** are irregular. Both of these verbs use **avoir** as their helping verb.

avoir (*to have*)	**eu**
être (*to be*)	**été**

J'**ai eu** un problème avec ma voiture hier soir.

J'**ai été** très content de vous revoir à cette fête.

I had a problem with my car last night.

I was very happy to see you again at that party.

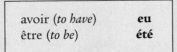

➤ avoir: *j'ai eu*
être: *j'ai été*

ES 3. Have students use their answers from *Ex. 4*. Each person circulates and compares answers with at least two other people to see how many things they did in common.

ES 4. You may wish to use this exercise in class for group work or as the basis for an autograph activity. Have students report what they found out, in order to practice with subjects other than *je*.

Exercice 4 Qu'est-ce que tu as fait ce matin?

Répondez aux questions d'un(e) camarade.

MODÈLE: Est-ce que tu as bu un café ce matin? →
Oui, j'ai bu un café. (Non, je n'ai pas bu de café.)

1. Est-ce que tu as dû te lever de bonne heure?
2. Est-ce que tu as fait ton lit?
3. Est-ce que tu as pris le petit déjeuner?
4. Est-ce que tu as lu le journal?
5. Est-ce que tu as bu un coca?
6. Est-ce que tu as reçu un coup de téléphone?
7. Est-ce que tu as conduit ta voiture?
8. Est-ce que tu as eu un accident?
9. Est-ce que tu as été en retard pour un cours?
10. Est-ce que tu as mis un manteau pour sortir?

Maintenant, posez les mêmes questions à votre professeur.

MODÈLE: Est-ce que vous avez bu un café ce matin?

Ex. 5. After students have prepared and checked their answers, ask questions for extra input: *Est-ce que les clients dans un bar ont vu un film ou est-ce qu'ils ont pris un cocktail?*

Exercice 5 Qu'est-ce qu'ils ont fait?

Choisissez les activités logiques des personnes suivantes.

MODÈLE: les chauffeurs de taxi →
Les chauffeurs de taxi ont conduit leur taxi.

1. les clients dans un bar
2. les personnes devant un cinéma
3. l'explorateur célèbre
4. les bons étudiants
5. le fils affectueux
6. les acteurs
7. l'auteur connu
8. la femme élégante

a. lire leurs leçons
b. découvrir une ville perdue
c. offrir un cadeau à sa mère
d. mettre une nouvelle robe
e. écrire un nouveau livre
f. voir un film
g. prendre un cocktail
h. apprendre leur rôle

Exercice 6 Le samedi de Jean-Yves

Mettez le récit de Jean-Yves Lescart au passé composé.

MODÈLE: J'ai de la difficulté à me lever. →
Samedi dernier, j'ai eu de la difficulté à me lever.

1. À 9 h, je reçois un coup de téléphone d'Agnès.
2. À 10 h, je rencontre Agnès et Sarah dans un petit café près du Louvre.
3. Sarah offre de nous acheter un café.
4. Nous avons une discussion animée au sujet du cinéma des années 50.
5. Enfin, nous prenons le métro pour aller voir le dernier film de Martin Scorsese.
6. Je leur dis au revoir et je dois courir pour prendre le métro.

7. J'ouvre ma porte et je vois tous mes livres de classe. À la vue de tout ce travail, je suis découragé.
8. Je mets mon pyjama et je fais la sieste.

5.3 Saying what you did: Passé composé with être

A. Most French verbs use **avoir** as the auxiliary in the **passé composé**. However, a few use **être** instead. The past participles of these verbs agree with the subject in gender and number.

PASSÉ COMPOSÉ: **aller** (*to go*)	
je **suis** allé(e)	nous **sommes** allé(e)s
tu **es** allé(e)	vous **êtes** allé(e)(s)
il/on **est** allé	ils **sont** allés
elle **est** allée	elles **sont** allées

➤ Raoul est allé...
Agnès est allée...
Ils sont allés...

Sylvie Legrand **est allée** en Louisiane la semaine dernière.
Son frère et sa belle-sœur **sont allés** en France.

Sylvie Legrand went to Louisiana last week.
Her brother and sister-in-law went to France.

5.3. There are two approaches to teaching the choice between *avoir* and *être* as auxiliaries for the compound tenses. One is to follow a general rule (*être* with verbs of "general" movement [*aller*] vs. "specific" motions [*courir*; etc.]); the other is simply to provide enough input with individual verbs so that students become accustomed to hearing *être* with certain very common verbs. Because students have different learning styles, we recommend using both approaches. Students should understand that if a verb is not listed in this section (and is not reflexive), it is probably conjugated with *avoir*.

Pronunciation Hint

Because final **-e** and **-s** are silent, the feminine and plural agreement endings on participles are not pronounced, and for most participles, all forms sound the same: **allée** = **allé**, **restés** = **resté**.

B. Many verbs conjugated with **être** in the **passé composé** denote a change in location.

PAST PARTICIPLE ENDING IN ...	
-é	**-u**
aller (*to go*) → **allé(e)**	descendre (*to go down*) → **descendu(e)**
arriver (*to arrive*) → **arrivé(e)**	venir (*to come*) → **venu(e)**
entrer (*to enter*) → **entré(e)**	revenir (*to come back*) → **revenu(e)**
monter (*to go up*) → **monté(e)**	**-i**
rentrer (*to go home*) → **rentré(e)**	
retourner (*to return*) → **retourné(e)**	partir (*to leave*) → **parti(e)**
tomber (*to fall*) → **tombé(e)**	sortir (*to go out*) → **sorti(e)**

Les parents de Raoul **sont venus** lui rendre visite le week-end dernier.
Ils **sont arrivés** vendredi soir.

Raoul's parents came to visit him last weekend. They arrived Friday night.

C. Here are a few verbs conjugated with **être** that do not denote a change in location. Note that they do denote a change in state (except **rester,** *to stay*).

rester (*to stay*)	→ **resté(e)**
devenir (*to become*)	→ **devenu(e)**
naître (*to be born*)	→ **né(e)**
mourir (*to die*)	→ **mort(e)**

Je **suis né** en 1987 et ma
grand-mère **est morte** l'année
suivante.

*I was born in 1987, and my
grandmother died the following
year.*

Exercice 7 La dernière fois

Ex. 7. Review the meaning of *ne... jamais* and remind students of past-participle agreement before assigning the exercise. In class, you might have several students write one answer each on the board and then ask the class to decide if a man or a woman wrote that answer. Verify the accuracy of the guess by having the person raise a hand.

Parlez de la dernière fois que vous avez fait les choses suivantes.

MODÈLE: Quelle est la dernière fois que vous êtes monté(e) à cheval? →
Je suis monté(e) à cheval à l'âge de 7 ans. (Je ne suis jamais monté[e] à cheval.) (Je ne me souviens pas de la dernière fois que je suis...)

Quelle est la dernière fois que...

1. vous êtes sorti(e) sans prendre le petit déjeuner?
2. vous êtes allé(e) faire les courses au supermarché?
3. vous êtes monté(e) par un ascenseur? (dans quel bâtiment?)
4. vous êtes tombé(e)? (où?)
5. vous êtes parti(e) pour le week-end? (où?)
6. vous êtes arrivé(e) en classe en retard?
7. vous êtes devenu(e) furieux/furieuse contre un agent de police?
8. vous êtes entré(e) dans un bar?
9. vous êtes resté(e) au lit jusqu'à midi?
10. vous êtes rentré(e) après minuit?

Exercice 8 Un week-end de ski

Les Colin sont allés faire du ski dans les Alpes. Mettez les verbes au passé composé.

MODÈLE: nous / aller passer le week-end à Megève →
Nous sommes allés passer le week-end à Megève.

1. nous / partir à 5 h vendredi soir
2. nous / arriver à Megève vers 10 h
3. samedi matin, les enfants / aller sur les pistes* de bonne heure
4. Victor et moi, nous / rester au lit un peu plus longtemps
5. Marise et Clarisse / monter et descendre plusieurs fois
6. elles / ne pas tomber, heureusement

---

*slopes

5.4. The rule given here for agreement of past participles of reflexive verbs represents a slight simplification. Because such agreement rarely affects pronunciation, details of these rules are better left for more advanced study. The only exceptions to the rule given here are cases where the reflexive pronoun is an indirect rather than a direct object (e.g., *elle s'est lavé les mains, elles se sont écrit*). If you have students write out *Ex. 9* or *10*, point out that *se brosser les dents* and *se laver les cheveux* are exceptions to the general rule; there is no agreement. You may also wish to point out the different auxiliary in reflexive and nonreflexive uses of the same verb: *Je me **suis** promené(e). J'**ai** promené mon chien.*

7. samedi soir, nous / revenir au chalet pour dîner
8. dimanche matin, les enfants / retourner sur les pistes à 9 h
9. nous / rentrer à Clermont-Ferrand dimanche soir, fatigués mais très contents de notre week-end

5.4 Passé composé of reflexive verbs

A. The **passé composé** of reflexive verbs is always formed with **être.** The reflexive pronoun precedes the helping verb.

> ➤ Reflexive pronouns *precede* the helping verb: **Je *me* suis couché(e).**

—Bernard, tu as l'air fatigué. À quelle heure est-ce que tu **t'es levé** ce matin?

—Je **me suis couché** après minuit et **je me suis levé** à 7 h.

Bernard, you look tired. What time did you get up this morning?

I went to bed after midnight, and I got up at 7:00.

B. Because their past tense is formed with **être,** participles used in past reflexive constructions usually agree in gender and number with the subject.

Marie **s'est levée** à 8 h.
Nathalie et Camille **se sont levées** à 10 h.

Marie got up at 8:00.
Nathalie and Camille got up at 10:00.

Exercice 9 Préparatifs

Ex. 9. Students see both singular and plural forms but will need to respond only for themselves.

ES 5. *Ex. 9* and *10* use only verbs conjugated with *être.* For practice that mixes both *avoir* and *être* verbs, have the class interview a volunteer about his or her activities last weekend. The volunteer answers truthfully. (*Tu es allé(e) au cinéma? Non, je ne suis pas allé(e)... Est-ce que tu as beaucoup dormi? Oui, j'ai...*) Variation: Have students ask what you did last weekend. Remind students beforehand that if the verb is not reflexive or one of the verbs presented in *Grammaire 5.3*, they must use *avoir.*

Bernard et Christine Lasalle sont allés à une grande soirée le mois dernier. Lisez ce qu'ils ont fait avant d'y aller. Est-ce que vous avez fait les mêmes choses la dernière fois que vous êtes sorti(e)?

MODÈLE: Bernard s'est lavé les cheveux. →
Moi aussi, je me suis lavé les cheveux. (Je ne me suis pas lavé les cheveux.)

1. Christine est allée chez le coiffeur.
2. En fin d'après-midi, Bernard et Christine se sont reposés.
3. Bernard s'est douché.
4. Ils se sont brossé les dents.
5. Christine s'est maquillée et Bernard s'est rasé avec son rasoir électrique.
6. Ils se sont habillés en vitesse.
7. Ils se sont bien amusés et ils sont rentrés après minuit.
8. Ils se sont couchés et ils se sont endormis tout de suite.

Ex. 10. Do as an input activity before assigning: *Sur quel dessin est-ce qu'Albert et Caroline sont partis de la fête? Au numéro trois, est-ce que Caroline s'est lavé les cheveux ou est-ce qu'elle s'est brossé les dents?*

ES 6. Use the art in *Ex. 10* for a contest to see which team of partners can supply the longest list of new past-tense verbs describing other things that probably happened. Examples: *Caroline s'est habillée. Albert a acheté une rose.* Ask the class to keep count on paper. Repeats do not count. Partners may confer during play.

Exercice 10 La fête

Caroline est sortie avec Albert. Écrivez des phrases au passé composé.

MODÈLE: (Numéro sept) Caroline et Albert sont partis à 2 h du matin.

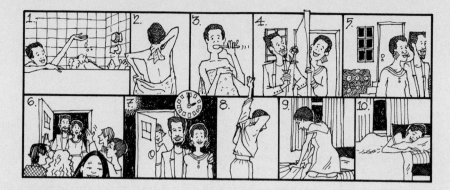

Les activités

arriver à la fête

arriver chez elle

se baigner

se brosser les dents

se coucher

se déshabiller

s'endormir

partir à 2 h du matin

se sécher

sortir ensemble

5.5 Negative expressions

5.5. Students have used many of these negatives in past oral activities and have begun to acquire their meaning. This section should serve as a summary. In particular, before assigning this section, stress that *ne* is required before the verb and review the use of *de* to replace indefinite and partitive articles. *Ne... que* is particularly problematic; students require a great deal of exposure before they bind its meaning enough to be able to comprehend it in input.

ES 7. To provide input and practice with *encore/ne... plus,* ask whether various old-fashioned people and items can still be found (in their town/region), e.g., *Est-ce qu'il y a encore des familles sans ordinateur? (des cinémas avec une seule salle; une petite pharmacie qui n'est qu'une pharmacie; des médecins qui viennent voir les malades à la maison; un grand magasin au centre-ville; une petite épicerie qui ne fait pas partie d'une chaîne; une ville sans magasin de location de vidéos)—Non, il n'y en a plus. (Oui, il y en a encore.)*

A. So far, you have most often used the expression **ne... pas** to negate sentences. Here are several other negative expressions, grouped with the corresponding affirmative expressions.

AFFIRMATIVE	NEGATIVE
quelque chose (*something*)	**ne... rien** (*nothing*)
	or
tout (*everything*)	**rien... ne** (*nothing*)
quelqu'un (*somebody*)	**ne... personne** (*nobody*)
	or
tout le monde (*everybody*)	**personne... ne** (*nobody*)
quelquefois (*sometimes*) toujours (*always*) un jour (*someday*)	**ne... jamais** (*never*)
déjà (*already*)	**ne... pas encore** (*not yet*)
encore (*still*) toujours (*still*)	**ne... plus** (*no longer*)

Note that these expressions occur in the same position as **ne... pas.** They are placed around the first verb (i.e., the helping verb in **passé composé**).

—Est-ce que ta sœur fume toujours?	*Does your sister still smoke?*
—Non, elle **ne** fume **plus.**	*No, she doesn't smoke anymore.*

Moi, je **n'**ai **jamais** fumé.	*I have never smoked (I never smoked).*
Nous **ne** sommes **pas encore** allés en Tunisie.	*We haven't been to Tunisia yet.*

Exception: The word **personne** is placed *after* the past participle in the **passé composé.**

Je **n'**ai rencontré **personne** au café.	*I didn't meet anyone at the cafe.*

B. The words **rien** and **personne** can be used as subjects as well as objects of the verb. In both cases, **ne** is used before the verb.

Nous ne sommes pas prêts. **Rien n'**est terminé.	*We aren't ready. Nothing is finished.*
Personne n'est venu me voir.	*No one came to see me.*
Je **n'**ai **rien** dit à Mme Martin.	*I didn't say anything to Madame Martin.*

> ➤ *Rien ne* **marche.**
> *(Nothing works.)*
> *Personne n'***est parfait.**
> *(Nobody's perfect.)*
> *Ça ne* **fait** *rien.*
> *(It doesn't matter.)*

C. As with **ne... pas,** the indefinite and partitive articles **(un, une, des; du, de la, de l')** usually become **de (d')** after any negative expression.

Je **n'**ai **jamais** mangé **d'**escargots.	*I have never eaten (any) snails.*
Nous **n'**avons **plus d'**amis à Strasbourg.	*We no longer have (any) friends in Strasbourg.*

> ➤ Review **Grammaire 3.6** on the use of partitive articles.

D. The expression **ne... que** is not negative, but rather is used to express the notion of restriction. It is usually synonymous with **seulement** (*only*).

> EXPRESSING RESTRICTION (*ONLY*)
>
> **ne... que = seulement**

Unlike the negative expressions, the position of **que** varies: it is always placed before the item that is the focus of the restriction.

Je **n'**ai **que** cinq euros.	*I have only five euros.*
Nous **n'**avons visité **que** la tour Eiffel.	*We visited only the Eiffel Tower.*

E. Unlike English, French allows more than one negative in a sentence.

Personne ne fait **jamais rien!**	*Nobody ever does anything!*

F. In informal spoken French, **ne** is omitted in many negative and restrictive sentences. As a learner of French, however, you should always use both parts of these expressions, because they are required in formal and written French.

Exercice 11 Deux villes imaginaires

Lisez la description d'une ville où *tout va bien* et écrivez la description d'une ville où *tout va mal*.

> MODÈLE: Dans la ville où tout va bien, *tout le monde* est content. →
> Dans la ville où tout va mal, *personne n'*est content.

Dans la ville où tout va bien,...

1. les enfants obéissent *toujours* à leurs parents.
2. *tout* est simple et calme.
3. *tout le monde* est dynamique.
4. on fait *souvent* la fête.
5. on a *déjà* éliminé la pollution de l'air.
6. les habitants aiment *tout le monde*.
7. on a *quelque chose* d'intéressant à faire.
8. la ville est *toujours* prospère.

Exercice 12 Fausses impressions

Un ami français vous pose des questions sur votre vie. Répondez avec **ne... que** et l'expression indiquée.

> MODÈLE: Tu as beaucoup de frères et sœurs? (un frère) →
> Non, je n'ai qu'un frère.

1. Tu as un appartement? (une chambre)
2. Tu as une voiture? (un vélo)
3. Tes parents ont une maison? (un appartement)
4. Il y a un métro dans ta ville? (des autobus)
5. Tes parents ont un mois de vacances? (quinze jours de vacances)
6. Tu as étudié d'autres langues étrangères? (le français)
7. Tu as visité la Californie? (la côte est)

L'enfance et la jeunesse

Après les cours, ces élèves du Lycée Charlemagne dans le Marais lisent un devoir que le professeur leur a rendu.

Objectifs

CO Photo. After the *Mise en train* activities, ask students to imagine what the students (élèves) in the photo are reading. *Est-ce qu'ils lisent vraiment un devoir? Ou est-ce une bande dessinée? une lettre (d'amour)? un poème? un exercice de grammaire?* Then ask students what they like to read and where they read generally. *Lisez-vous à l'extérieur souvent, comme ces élèves? Quand lisez-vous?*

In *Chapitre 6,* you will learn to talk about what you used to do and how you felt in the past.

Instructor information. For goals and *Mise en train* activities for this chapter, please refer to p. 228 at the end of this chapter.

ACTIVITÉS

Les activités de l'enfance
La jeunesse
Les rapports avec les autres
Souvenirs et événements du passé

LECTURES

Les francophones sur le vif   Jean-Marc Dubosc
Info: Arts et lettres   Les voix de la francophonie
La langue en mouvement   Le français québécois
Lecture   Le jour où je suis devenu grand

GRAMMAIRE

6.1 Saying what you used to do: The imperfect
6.2 The verbs **dire, lire,** and **écrire**
6.3 Describing past states: More on the imperfect
6.4 Linking ideas: Relative pronouns
6.5 Indirect object pronouns
6.6 Idiomatic reflexive verbs
6.7 The verbs **voir** and **croire**
6.8 Different perspectives on the past: Summary of **passé composé** and imperfect

Les activités de l'enfance

★ **Attention! Étudier Grammaire 6.1 et 6.2**

L'enfance d'Adrienne Petit

Quand j'étais petite...

En hiver, je faisais du ski à la montagne avec mes camarades de classe.

En été, je jouais à cache-cache dans le jardin avec mes amis.

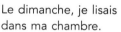

Le dimanche, je lisais dans ma chambre.

Je courais avec mon chien.

Je bâtissais des châteaux de sable sur la plage.

Quelquefois, mes amis et moi, nous montions des spectacles.

Activité 1 Associations: L'enfance de quelques personnes célèbres

Associez chacune des actions à l'enfance d'une de ces personnes célèbres.

Jean-Michel Cousteau, navigateur et océanographe
Surya Bonaly, patineuse
Guillaume Depardieu, acteur
Claudie André-Deshays, astronaute et médecin

Qui...

1. s'entraînait sur la glace?
2. faisait souvent de la voile?
3. savait beaucoup sur le cinéma?
4. voulait étudier la médecine?
5. connaissait des vedettes de cinéma?
6. étudiait la danse?
7. s'intéressait à la physique?
8. apprenait tout sur le système solaire?
9. rêvait d'aller aux Jeux Olympiques?
10. regardait les films de son père?
11. voulait protéger les océans?
12. étudiait l'élocution?
13. rêvait de voyager dans l'espace?
14. était passionné par la vie sous-marine?
15. rêvait de tourner un film?
16. prenait des leçons de ballet?

AS 8. Pair students to discuss their activities and habits as elementary school pupils. You may want to have them take notes and report to the class about what they learned.

Activité 2 Récit: Le monde des enfants

Regardez le tableau et écoutez les descriptions de votre professeur. Dites si les phrases sont vraies ou fausses.

Vocabulaire utile   aller à l'église, dessiner, grimper aux arbres, jouer au base-ball, pêcher

Allons plus loin!

Posez des questions à votre partenaire en utilisant le tableau.

MODÈLE: É1: Que faisait Raoul quand il était enfant?
          É2: D'habitude, il jouait avec ses petites voitures. Souvent...

Act. 2. (whole class; partners) (1) Review/introduce vocabulary by having students listen as you make statements and ask questions. (2) Have partners ask each other questions. Review (and write on board) short questions with *qui, quand,* and *est-ce que.* Input: *Raoul jouait avec ses voitures, passait l'aspirateur, jouait dans la neige, pêchait avec son père; Albert jouait au base-ball, allait à l'église avec sa famille, dessinait, allait au zoo; Caroline faisait du tricycle/la vaisselle, allait au cinéma, nageait à la piscine; Jacqueline jouait avec son chat, faisait du piano, lisait des livres, grimpait aux arbres.* New vocabulary: *dessiner, grimper aux arbres, tricycle.*

Cliquez là! Ask what students studied in primary school when they were about 10 years old and what activities were available to them. Explain that *collège* in France and most Francophone countries refers to late elementary and early junior-high level in the U.S. When you assign the activity, ask students to come to class afterward prepared to compare life at the *collège* of their choice with their own school experience. Expansion: Students write a composition comparing life in the Francophone school with their own experience. *Ils doivent étudier une langue étrangère à 9 ans. Dans notre école, on n'avait pas cette possibilité.*

Cliquez là!

Visitez le site d'un collège en France ou dans un pays francophone pour obtenir des renseignements sur la vie scolaire des jeunes adolescents dans ce pays. Qu'est-ce que les élèves étudient dans cette école? Quelles activités est-ce qu'ils peuvent faire? Est-ce que la vie dans ce collège ressemble à votre vie scolaire à l'âge de 10–11 ans?

Les francophones sur le vif

Jean-Marc Dubosc, 30 ans, ingénieur à Lyon

Comment passiez-vous vos vacances d'été quand vous étiez jeune?

«**N**ous avions trois mois de vacances, mais comme ma famille était assez pauvre, je ne pouvais pas partir en voyage, et même les colonies[1] étaient trop chères. J'ai donc adhéré aux[2] «Éclaireurs de France», un mouvement comparable aux Scouts, mais laïque.[3] Tous les étés, pour un mois, la troupe partait faire un camp dans les Alpes. Nous voyagions en train, avec d'immenses sacs à dos, et à pied—on marchait beaucoup! Certaines années, nos camps n'avaient presque aucune installation: il fallait faire un feu de bois pour manger et dormir dans des tentes achetées à un surplus militaire. Nous nous lavions à l'eau froide, parfois dans une rivière de montagne à l'eau glaciale. Finalement, nous étions tous très heureux d'être loin de la ville et d'avoir l'impression de vivre comme des nomades pendant un mois; ces camps valaient[4] bien un club cinq étoiles[5]!»

[1]centres de vacances pour les enfants   [2]J'ai... Je suis devenu membre d'une association
[3]* religieux   [4]étaient équivalents à   [5]cinq... de grand luxe

Activité 3 Entretien: Quand j'étais petit(e)

1. Quelles étaient tes émissions de télé préférées? Pourquoi?
2. À quelle école allais-tu? Tu l'aimais? Pourquoi?
3. Tu jouais avec tes petits copains? À quels jeux?
4. Qu'est-ce que tu aimais manger? Tu en mangeais souvent? Où?
5. Tu avais un chien ou un chat? Comment s'appelait-il/elle? Comment était-il/elle?
6. Tu recevais de l'argent de poche? Combien? Tu l'économisais ou tu le dépensais? Sur quoi?
7. Tu faisais des tâches ménagères à la maison? Lesquelles?
8. Est-ce que tu regardais les dessins animés le samedi? Lesquels?
9. Est-ce que quelqu'un te lisait les bandes dessinées? Lesquelles?

Allons plus loin!

Pensez à des activités que vous aimiez faire et qui n'existaient pas quand vos grands-parents étaient enfants. Pourquoi est-ce que ces activités n'existaient pas?

La jeunesse

⭐ **Attention! Étudier Grammaire 6.3 et 6.4**

L'album de photos de Marie Lasalle

J'avais 15 ans et j'allais à l'école de filles. Moi, j'avais de la chance. J'aimais l'école et j'avais beaucoup d'amies.

Mme Kaffès était une personne stricte qui savait discipliner ses élèves.

Madeleine et Emma étaient les camarades que je préférais. C'étaient les pitres de la classe.

Florence riait tout le temps. Odile apprenait très vite et Reine avait peur de parler en classe.

Activité 4 Échanges: Les camarades de classe

Est-ce que vous connaissiez ces genres de personnes au lycée? Comment s'appelaient-elles? Expliquez vos réponses.

MODÈLE: É1: Au lycée, est-ce que tu connaissais quelqu'un qui séchait les cours?

É2: Oui, Benny Roberts séchait souvent les cours. Il allait jouer au billard avec ses copains. Et toi, tu connaissais quelqu'un comme ça?

1. quelqu'un qui était doué en musique
2. quelqu'un qui n'était jamais content
3. quelqu'un que tes parents n'aimaient pas
4. quelqu'un que tout le monde admirait
5. quelqu'un qui pouvait sortir quand il/elle voulait
6. quelqu'un qui se passionnait pour les ordinateurs
7. quelqu'un qui était toujours en retard
8. quelqu'un qui dépensait beaucoup d'argent
9. quelqu'un qui...

Act. 5. (partners; whole class) Remind students that Barbara is in Mme Martin's class. This activity uses little new vocabulary. Ask about items you wish to review: *Quand est-ce que Barbara montait à cheval? Est-ce qu'elle s'occupait d'enfants après les cours ou en été?* Assign partners. Later, ask questions: *Que faisait Barbara en été?* Find out also whether any of your students did the same. Basic input: *1. Barbara parlait au téléphone avec des amies. 2. Elle aidait sa mère à préparer le dîner. 3. Elle étudiait. 4. Elle surfait sur Internet, 5. Le week-end, elle rangeait sa chambre. 6. Elle retrouvait ses amis au café. 7. Elle montait à cheval. 8. Le dimanche, elle dînait en famille. 9. En été, elle faisait du vélo à la campagne avec des amis. 10. Elle travaillait dans une colonie de vacances. 11. Elle lisait pendant des heures. 12. Elle pique-niquait au bord de la mer. 13. La veille de Noël, elle achetait des cadeaux. 14. Elle allait à la messe de minuit. 15. Elle dormait tard le matin de Noël. 16. Elle faisait du ski.*

AS 12. Ask about chores and routine activities: *Quand vous étiez au lycée (ou au collège), qui faisait la vaisselle chez vous? (tondait le gazon, sortait les ordures, lavait la voiture, donnait à manger au chien, rangeait votre chambre, faisait votre lit…)*

AS 13. Skits for groups of four: *Papi, Mami,* and two grandchildren. Example exchange: *(Grand-père) Quand j'avais ton âge, personne n'avait de voiture. Mais les gens de votre génération ont tous une voiture! C'est bête! Vous ne l'appréciez même pas! (Petit-enfant) Mais Papi, nous avons besoin d'une voiture. Tout le monde travaille après les cours…*

Activité 5 Récit: L'adolescence de Barbara

Voici certaines activités de Barbara vers l'âge de 15 ans. Posez à votre partenaire des questions basées sur le tableau et demandez-lui s'il (si elle) faisait la même chose à cet âge-là.

> MODÈLE: É1: Que faisait Barbara le week-end?
> É2: Elle montait à cheval.
> É1: Toi, tu montais à cheval à cet âge-là?
> É2: Ah non, je ne montais pas à cheval. J'avais peur des chevaux!

Vocabulaire utile   une colonie de vacances, la messe de minuit, monter à cheval, ranger sa chambre, la veille de Noël

Activité 6 Entretien: La vie au lycée

Act. 6. (partners) During the follow-up discussion, bring in specific questions about activities and mention your own experiences: *Quel sport faisiez-vous? Combien de fois par mois est-ce que vos parents vous donnaient de l'argent de poche? Où est-ce que vous travailliez après les cours? Combien d'argent gagniez-vous?* New vocabulary: *club, équipe, normalement, orchestre, souvenir.*

1. Au lycée, est-ce que tu arrivais normalement à l'heure ou en retard le matin? Pourquoi?
2. Tu lisais beaucoup? Qu'est-ce que tu aimais lire?
3. Qu'est-ce que tu faisais le week-end? (Tu allais au cinéma? Tu te promenais au centre commercial?)
4. Tu étais membre d'une organisation? (l'orchestre? un club? une équipe?) Pourquoi?
5. Tu travaillais après les cours? (Où? Combien d'heures par semaine?)
6. Quels sont tes meilleurs souvenirs de tes années au lycée?

Info: Arts et lettres. The singers and groups named here, who have all appeared at one of the FrancoFolies festivals, offer a sampling of the musical styles and cultural variety that characterize *Francophonie*. If possible, play some songs by at least some of these artists to illustrate the cross-cultural phenomena involved: foreign influences (African, Arab, Hispanic) that are now

Info: Arts et lettres

Les voix de la francophonie

• Zachary Richard joue de l'accordéon à Lafayette en Louisiane.

Chaque année, en été, en France (la Rochelle, depuis 1984), au Québec (Montréal, depuis 1989) et en Belgique (Spa, depuis 1994), plusieurs centaines de milliers[1] de personnes se pressent aux festivals de musique connus sous le nom de «FrancoFolies». La programmation de ces manifestations est très variée, présentant aussi bien les plus grands noms de la chanson francophone que des figures montantes.[2] Ce festival a ainsi permis à des artistes peu connus d'accéder à une notoriété internationale: c'est le cas par exemple du chanteur cadien[3] Zachary Richard.

Tous les genres sont représentés, aussi bien la «chanson à texte» (Linda Lemay, Juliette Gréco, Maxime Le Forestier, Arthur H.) que la pop (Véronique Sanson, Diane Dufresne, M), le rock (Téléphone, Stephan Eicher, les Wampas), le «raï» du Maghreb[4] (Cheb Khaled, Rachid Taha), le rap (MC Solaar, IAM) ou encore la musique «World» (Zachary Richard, Positive Black Soul, Zouk Machine). Les FrancoFolies illustrent bien la superbe vitalité de la francophonie culturelle à travers le monde, et l'immense variété des styles de musique qui se jouent en français.

[1]groupe de 1.000
[2]*rising*
[3]francophone de la Louisiane
[4]Afrique du Nord

fully Integrated in "French" music, multilingual acts (Richard sings in both English and French; Khaled and Taha in Arabic and French; Eicher in French, English, and German; Zouk Machine in creole), as well as diversity within French music, from traditional *chanson à texte* to rock, reggae, and rap. Of particular note is *raï*, which combines rhythms and instruments from Western pop and traditional North African singing traditions such as *Melhoun* and *Malouf*.

La langue en mouvement

Le français québécois

Le français parlé dans d'autres pays du monde diffère du français de France, surtout par son vocabulaire et sa prononciation. Au Québec, par exemple, on peut entendre un accent très différent de l'accent parisien. Le trait le plus remarquable, c'est la prononciation de «t» comme «ts» et de «d» comme «dz» devant les voyelles «i» et «u»: «petsit» pour «petit», et «dzur» pour «dur».

Voici quelques expressions québécoises avec leur équivalent en français de France:

bienvenue = de rien
bonjour = bonjour ou au revoir
un breuvage = une boisson

le déjeuner = le petit déjeuner
le dîner = le déjeuner
le souper = le dîner

La langue en mouvement.
Linguists refer to regional and social varieties of a language as dialects. These are generally comprehensible to speakers of other dialects. A strong Quebec accent may present comprehension problems at first, particularly for nonnative speakers. Features of this accent include differing vowel qualities: /i/ and /u/ (*liquide, toujours*) are pronounced more like the corresponding English vowels of "bit" and "pull": many vowels have become diphthongs; and words such as *moi* may be pronounced *mwè*. There are major differences in vocabulary as well. Since *la révolution tranquille* of the 1960s, when the French language made major inroads with respect to English because of legislation in the province of Quebec, there has been an ongoing debate as to whether the standard language should be metropolitan French (i.e., of France) or a variety of native Canadian French.

Les rapports avec les autres. This section introduces several new nonreflexive pronominal verbs. (See *Mise en train*, 3, p. 228.) Note, too, that indirect object pronouns are introduced, in particular *lui* and *leur*. Bring them into your input as much as possible in statements such as *je lui disais…* , *je leur donnais…* Begin with photos illustrating states of being. (angry man) *Voici un homme qui n'est pas du tout content! Il se fâche. Pourquoi est-ce qu'il se fâche? Parce qu'il a reçu un papillon. Et vous, est-ce que vous vous fâchez quand… ?* New vocabulary: *se battre, s'en aller, s'énerver, s'entendre, se fâcher, finances, gâteau, morceau de, s'occuper de, offrir.*

AS 14. In pairs or groups, students compare their own family life with that of Raoul. Remind students that Raoul comes from Montreal, not France, which is why the bill for electricity is in (Canadian) dollars.

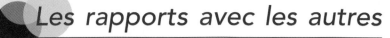

Les rapports avec les autres

★ **Attention! Étudier Grammaire 6.5 et 6.6**

Raoul Durand parle de sa famille.

Dans ma famille, c'était ma mère qui s'occupait des finances.

Mon père s'énervait quand nous ne voulions pas participer aux tâches ménagères.

Mon petit frère s'en allait quand il se fâchait.

Ma grand-mère m'offrait souvent un morceau de gâteau.

Je m'entendais très bien avec ma sœur. Parfois, je lui donnais de l'argent pour faire la vaisselle à ma place.

Nous avions trois chats. Celui que je préférais, c'était Tibert. Il se battait avec les autres chats du quartier.

Activité 7 Discussion: Les autres et moi

Qu'est-ce que vous faisiez dans ces situations quand vous étiez au lycée?

1. Quand quelqu'un voulait m'emprunter un vêtement,...
   a. j'hésitais et je cherchais des excuses.
   b. je m'énervais et je refusais.
   c. je lui prêtais le vêtement.
2. Si mes parents me demandaient d'aider à la maison,...
   a. je me fâchais et je leur disais que c'était injuste.
   b. je leur disais que j'avais trop de devoirs.
   c. je leur obéissais tout de suite.
3. Les jours où je ne voulais pas aller en cours,...
   a. je disais que je ne me sentais pas bien.
   b. je faisais l'école buissonnière.
   c. je faisais des courses pour ma mère.
4. Si (mon père) ne me permettait pas de sortir,...
   a. je sortais sans rien lui dire.
   b. je me disputais avec lui.
   c. je pleurais.
5. Si un(e) de mes ami(e)s se moquait de moi,...
   a. je faisais la tête et je refusais de lui parler.
   b. je me battais avec lui/elle.
   c. je ne le/la prenais pas au sérieux. Ça me faisait rire.

Maintenant, c'est à vous!

Moi aussi!	Ça, c'est une bonne idée!
Moi non, je...	Qu'est-ce qui se passait ensuite?
Ça, c'est rigolo!	Et tu n'avais jamais d'ennuis?

MODÈLE: É1: Quand mon père ne me permettait pas de sortir, je
me disputais avec lui.
É2: Et qu'est-ce qui se passait ensuite?

Activité 8 Sondage: La famille

À votre avis, est-ce qu'on observe les situations suivantes *souvent, quelquefois* ou *rarement* dans une famille moderne? Pourquoi?

MODÈLE: un père qui s'occupe du ménage →
On ne voit pas ça très souvent, mais je connais des pères qui font le ménage.

1. des parents qui s'intéressent aux amis de leurs enfants
2. des enfants qui se disputent parce qu'ils veulent tous faire la vaisselle
3. des parents qui s'inquiètent quand les enfants rentrent très tard

4. des enfants qui se fâchent parce que leurs parents leur donnent trop d'argent de poche
5. des enfants qui se battent quelquefois
6. une mère qui s'occupe de la voiture
7. un mari qui s'énerve parce que sa femme veut travailler en dehors de la maison
8. une famille où tout le monde s'entend bien et où il n'y a jamais de disputes

Activité 9 Sondage: La politesse

Que pensez-vous des suggestions suivantes? Décidez avec votre partenaire si vous êtes d'accord ou non, ou si ça dépend des circonstances.

1. On doit s'excuser quand on bouscule une autre personne.
2. Il est acceptable de crier très fort quand on s'énerve.
3. Si quelqu'un dit «merci», il est poli de lui répondre «de rien».
4. Il est normal de s'occuper des affaires de ses voisins.
5. En voiture, on peut klaxonner quand on est pressé.
6. On ne doit pas parler et mâcher du chewing-gum en même temps.
7. Il vaut mieux éviter de se disputer avec un étranger.
8. Les hommes doivent ouvrir la porte pour les femmes.
9. On peut mettre la télé si la conversation n'est pas intéressante.
10. Il est impoli d'utiliser son portable au restaurant quand on dîne seul.

Activité 10 Dans le monde francophone: Pourquoi y a-t-il des méchants?

Lisez la question d'Ève-Marie et la réponse de la revue *Astrapi* à la page suivante. Ensuite, dites si ces phrases font partie de la réponse.

1. On devient méchant parce qu'on est mal nourri.
2. Parfois, on devient méchant parce qu'on cherche à se défendre.
3. Dans certains cas, on ne sait pas pourquoi les gens sont méchants.
4. Le monde est divisé en deux groupes: les bons et les méchants.
5. L'amour joue peut-être un rôle dans la formation de notre caractère.
6. On est influencé par les cycles de la lune.

Allons plus loin!

Avec un(e) partenaire, faites une liste de situations qui peuvent influencer l'humeur et la conduite des gens. Par exemple: *On dit que les gens sont de mauvaise humeur et qu'ils conduisent mal quand il pleut.*

Act. 9. (whole class) Read the statements aloud as students write *d'accord/pas d'accord*. Then take a survey of the answers, expanding each by asking for reasons behind the answers. Ask if anyone can think of other behaviors they particularly like or dislike. New vocabulary: *bousculer, crier, de rien, s'excuser, il vaut mieux, impoli(e), klaxonner, mâcher du chewing-gum, s'occuper de, portable, pressé(e)*.

AS 16. In groups of three, students prepare a description of a fictitious person's behavior. Later, they present their work to the class. Encourage humor. (Examples: a straightforward narrative of the behavior of a very crude person, an ironic presentation of a false saint, etc.)

Act. 10. (whole class; partners; small groups) (1) As students look at the realia, ask them how *les méchants* behave: *Ils se fâchent beaucoup…* (2) Read Ève-Marie's question and ask students to answer. (3) Explain that the children's magazine *Astrapi* has replied. Read the text aloud and ask students to reply *vrai/faux* to the statements in *Act. 10.* Have students share their answers with the class. New vocabulary (for recognition only): *de mauvaise humeur, se défendre, lune, mal nourri(e), méchant(e)*.

Pourquoi y a-t-il des méchants ?

J'ai horreur d'être gentil !

Cette question est posée par Eve-Marie (8 ans). Voici la réponse d'Astrapi.

Dans certains films à la télé, il y a les gentils,
qui sont toujours très gentils,
et les méchants, qui sont vraiment très méchants.

Mais dans la vie, est-ce qu'on peut aussi facilement
partager le monde en bons et en méchants ?

Souvent, on devient méchant
parce qu'on se sent attaqué
et qu'on cherche à se défendre.
Souvent, on devient méchant
parce qu'on n'est pas assez aimé
ou on croit qu'on n'est pas aimé.
Mais il y a aussi des cas où on ne sait pas
du tout pourquoi certains
deviennent aussi méchants que ça !

Au fond, chacun de nous a tout à la fois
du bon et du méchant en soi.

**As-tu une autre réponse ? Si tu veux, tu peux aussi nous envoyer
d'autres questions sur d'autres sujets.**

Souvenirs et événements du passé

✶ Attention! Étudier Grammaire 6.7 et 6.8

Les fêtes et les jours fériés

Souvenirs et événements du passé. Use photos to introduce the names of holidays and special events and the activities associated with them. Talk about what your family (or a fictitious family) used to do on various occasions. Include seasons, months, and dates. As you discuss the display, talk about traditions in the United States, and if you have international students, ask about holidays and customs in their countries. New vocabulary: *la Chandeleur, cœur, crêpe, croire, défilé, fête des Rois, feu d'artifice, fève, galette, Hanoukka, jour de l'An, jour férié, lis, morceau, muguet, le nouvel an, Pâques, poisson d'avril, Ramadan, réveillon de Noël, sapin, la Toussaint.*

AS 17. Use your PF to introduce names of American holidays and traditions associated with them.

le jour de l'An

le nouvel an chinois

un cœur — la Saint-Valentin

Pâques — un lis

la Bastille — la fête nationale

le Ramadan

la Toussaint — la fête des Morts

Hanoukka

DÉC 24 — le réveillon de Noël

Noël — un sapin

Les traditions

Le 6 janvier (la fête des Rois), Emmanuel a trouvé la fève dans son morceau de galette.

Le 2 février, Nathalie a réussi à faire sauter sa crêpe pour la Chandeleur.

L'année dernière, Bernard et Christine Lasalle ont vu le défilé pendant la fête du mardi gras à Nice.

Le premier avril, ses camarades de classe ont attaché un poisson d'avril au dos de Joël.

Le premier mai, Francis Lasalle a offert du muguet à Marie.

Tous les ans, la famille Lasalle va voir les feux d'artifice le 14 juillet.

Activité 11 Associations: Les fêtes et les coutumes

Associez les fêtes aux traditions dans la liste. À quelles autres traditions pensez-vous quand vous pensez à ces fêtes?

1. un bon dîner et des crêpes
2. des feux d'artifice et des défilés
3. un sapin et des cadeaux
4. les Rois mages et une galette
5. des œufs décorés et des lapins
6. des costumes extravagants et des bals
7. des bougies allumées dans la menora
8. des Cupidons et des cœurs
9. des cartes de vœux et des cadeaux
10. des résolutions et du champagne
11. des orchestres et des fêtes dans la rue
12. ?

la Saint-Valentin
la fête nationale
la Chandeleur
Noël
la fête des Rois
le mardi gras
Pâques
Hanoukka
le nouvel an

Act. 11. (partners) Be sure students understand the vocabulary, then assign pairs. During follow-up, encourage them to state activities they did that are not suggested in the text. New vocabulary: *bal, bougie, carte de vœux, coutume, Cupidon, extravagant(e), lapin, œufs décorés, Rois mages.*

AS 18. Divide the class into small groups to discuss ideal gifts for *la fête des Mères, la fête des Pères,* and *la Saint-Valentin.*

Activité 12 Définitions: Descriptions des fêtes

Regardez les dessins à la page précédente et écoutez la description. Ensuite, identifiez la fête.

1. Cette fête sacrée islamique dure 30 jours. Pendant cette période, les gens ne mangent pas entre le lever et le coucher du soleil. Chaque soir, il y a un grand dîner familial.
2. Cette fête juive dure huit jours. Le soir, la famille se regroupe autour d'un chandelier où chaque personne allume une bougie. Ensuite, il y a un bon dîner familial et des cadeaux pour les enfants.
3. Cette fête chrétienne est célébrée le 25 décembre. Le matin, les enfants se précipitent pour voir si le père Noël leur a laissé des cadeaux. Tout le monde offre des cadeaux et on fait un bon dîner en famille.
4. C'est la fête de Cupidon et des amoureux. Ce jour-là, on échange des cartes et des cadeaux, surtout des fleurs ou des bonbons.
5. Cette fête dure trois semaines et marque le début de l'année lunaire. Il y a des dîners de famille somptueux, des vœux de printemps et des cadeaux. La danse du dragon et du lion est un des moments magiques de la fête.
6. C'est le jour avant les privations du Carême. Dans certaines villes, il y a même des carnavals, des bals et des défilés. Beaucoup de gens font la fête dans les rues.
7. Ce n'est pas une fête religieuse mais patriotique. Sa date dépend du pays où on la célèbre, mais on l'associe très souvent à des feux d'artifice et, souvent, à des défilés militaires.

Act. 12. Provide input that includes the vocabulary in the drawings on the preceding page. After students have heard the pronunciation of names and descriptions of the holidays, read each statement aloud and ask them to name the holiday. For each holiday, encourage students to contribute more information. Vocabulary in this activity is for comprehension only. Encourage students to find cognates in their own language.

Allons plus loin!

Quelle est votre fête préférée? Qu'est-ce que vous aimez faire pour fêter votre anniversaire? Que faites-vous pour la fête des Mères et pour la fête des Pères?

Act. 13. (partners) Students may interview each other (*É1 → É2; É2 → É1*) or discuss each item together. Later, say what you used to do and invite the class to compare their traditions with yours. New vocabulary: *bonbons, se déguiser, dinde, échanger, Jour d'action de grâce, laisser, veille.*

Activité 13 Entretien: Les traditions américaines

Répondez aux questions en disant quelles autres coutumes et traditions existaient dans votre famille quand vous étiez petit(e).

MODÈLE: É1: Est-ce que tu cherchais des œufs le jour de Pâques?
É2: Oui, toujours. Et avant, nous allions à la messe dans nos beaux vêtements neufs. Moi, j'avais toujours très froid.

Quand tu étais petit(e), est-ce que...

1. tu croyais au père Noël? Tu lui laissais des petits gâteaux et du lait la veille de Noël?
2. tu te déguisais pour aller chez les voisins pour Halloween?
3. tu pique-niquais et tu allais voir un feu d'artifice le jour de la fête nationale?
4. tu mangeais trop de bonbons avant le petit déjeuner le jour de Pâques?
5. tu avais un gâteau avec des bougies pour ton anniversaire?
6. tu aidais à préparer le petit déjeuner pour ta mère le jour de la fête des Mères?
7. tu aidais à allumer les bougies de la menora pendant Hanoukka?
8. ta famille mangeait de la dinde et regardait des matchs de football américain le Jour d'action de grâce?
9. tu offrais une cravate à ton père pour la fête des Pères?
10. tu échangeais des cartes et des bonbons avec tes camarades de classe à la Saint-Valentin?

LECTURE

Le jour où je suis devenu grand

Le narrateur est le fils de parents algériens émigrés en France. Il est l'aîné des enfants, et, comme il aime beaucoup lire, on le considère comme «l'intellectuel» de la famille.

Ma mère avait fait écrire un mot magique par un homme-sorcier[1] pour faire de moi un savant docteur. Et elle était persuadée que la magie fonctionnait à merveille quand elle me regardait étudier. Quand j'étais petit, sitôt rentré de classe, mes devoirs et mes leçons absorbaient tout, mon temps, mon énergie et ma santé. Alors, pendant que je travaillais sur la table de la cuisine, elle tenait mes frères et sœurs à distance pour me permettre de me concentrer. Elle m'apportait des gâteaux au miel qu'elle avait cuisinés pour moi.

Mais un jour je suis devenu grand. Brutalement.

Je me souviens très bien de ce jour. J'étais avec ma mère à la maison. Quelqu'un a sonné à la porte et elle m'a dit: «Va ouvrir, ton père a sonné. Il a dû oublier[2] ses clés.» Et j'ai couru à la porte. J'ai ouvert, mais ce n'était pas mon père du tout. C'était un autre homme. Un travailleur comme lui. C'était son chef, celui qui lui donnait les ordres et la paye.

Lecture. The unnamed narrator in *Les Voleurs d'écritures* offers many autobiographical echoes of the author, Azouz Begag. Born in the suburbs of Lyon to Algerian parents, Begag was trained as a sociologist, but gained recognition as a novelist with his memoir, *Le Gone du Chaâba* (1986). After publishing several other books, he moved on to a career in politics: in 2004, he was appointed to the Villepin government as *Ministre délégué à la Promotion de l'Égalité des chances*. He has been an influential, though unofficial, spokesperson for the *"Beurs"*—native French people of North African descent. It is crucial to point out that the narrator is *not* a foreigner, but that he is pulled between two cultures. Lead the students into an attentive reading, using the *Avez-vous compris?* questions, to pick up clues as to the status and circumstances of the people involved: because they live in a small apartment, children have to do their homework at the kitchen table. Because the mother has a limited command of French, which is not her first language, the narrator serves as a linguistic and cultural go-between, and the family puts great hope in his future achievements through education. The accidental death of his father—an

[1]magicien [2]Il a probablement oublié

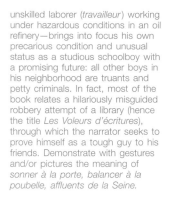

unskilled laborer (*travailleur*) working under hazardous conditions in an oil refinery—brings into focus his own precarious condition and unusual status as a studious schoolboy with a promising future: all other boys in his neighborhood are truants and petty criminals. In fact, most of the book relates a hilariously misguided robbery attempt of a library (hence the title *Les Voleurs d'écritures*), through which the narrator seeks to prove himself as a tough guy to his friends. Demonstrate with gestures and/or pictures the meaning of *sonner à la porte, balancer à la poubelle, affluents de la Seine.*

—Votre mari est DCD.

—Bonjour p'tit! Ta maman est là?

—Mon père n'est pas encore rentré, j'ai répondu, parce que ma mère ne pouvait pas bien comprendre ce qu'il allait dire.

Elle ne pouvait pas non plus bien lui parler. Mais il a insisté. Son regard était bizarre. Alors je suis allé chercher ma mère. Il lui a jeté à la figure[3] le mot DCD.[4] Elle m'a regardé et m'a demandé ce qu'il avait «dicidi» le chef, et moi je ne pouvais pas encore comprendre ce que voulait dire «votre mari est DCD». Ensuite il a dit: «Monsieur Slimane est mort cet après-midi... un accident du travail.» Et ma mère qui ne comprenait qu'un minimum de français est tombée sur le carrelage.[5] Moi je suis devenu grand et vieux en même temps.

À partir de ce jour, j'ai balancé à la poubelle[6] mon rêve de devenir docteur savant. Volatilisée[7] l'envie d'apprendre le calcul, les affluents de la Seine, l'histoire des rois Louis, les récitations de Paul Verlaine.[8] Quand mon père est devenu DCD, j'ai considéré ces choses sans importance dans la vie et complètement inutiles.

Devenir riche! C'est ça que je voulais. Tout de suite. Je n'avais plus le temps de préparer mon avenir. Les savants ne sont jamais riches. Ils sont tellement passionnés par leur travail qu'ils oublient de gagner de l'argent pour le rapporter à leur famille.

Adapté des *Voleurs d'écritures* d'Azouz Begag. Illustrations de Catherine Louis. Paris, Le Seuil, coll. «Petit Point», 1990.

---

[3]visage   [4]DCD = décédé: mort   [5]sol   [6]balancé... abandonné   [7]disparue   [8]poète français (1844–1896)

Avez-vous compris?

Vraí ou faux? Si c'est faux, corrigez la phrase.

1. L'ambition du narrateur a toujours été de devenir riche.
2. Il travaillait dans la cuisine pour avoir des gâteaux.
3. Il aimait beaucoup faire ses devoirs.
4. La mère a imaginé que le père était rentré sans ses clés.
5. Quand le chef a parlé à la mère, elle n'a rien compris.
6. Après la mort de son père, le narrateur a changé d'opinion sur l'importance des études.
7. Le narrateur a changé physiquement ce jour-là.

À vous la parole!

Imaginez des suites possibles à l'histoire du narrateur. Pour gagner beaucoup d'argent...

- Il abandonne l'école et va chercher du travail...
- Il décide de faire des études de marketing...
- Il préfère exercer des activités illégales...
- ...

À vous d'écrire. Before assigning the activity as homework, brainstorm with the class to list a few differences to extend the *modèle*. Write them in two columns, one for present tense and one for past descriptive. New vocabulary: *il y a un siècle.*

À vous d'écrire

Il y a un siècle, la vie était bien différente de la vie d'aujourd'hui. Comparez la vie dans votre ville il y a 100 ans et la vie d'aujourd'hui. Avant de commencer, faites une liste des choses qui étaient différentes en 19–.

MODÈLE: *Il y a 100 ans, les gens n'avaient pas de télévision. Aujourd'hui, tout le monde a la télé (et la regarde trop!).*

Vocabulaire

L'enfance

avoir peur (de)	to be afraid (of)
bâtir un château de sable	to build a sand castle
une colonie de vacances	a summer camp
dessiner	to draw
grimper aux arbres	to climb trees
jouer à cache-cache	to play hide-and-seek
au base-ball	to play baseball
monter à cheval	to ride a horse
un spectacle	to put on a play
obéir à ses parents	to obey one's parents
pleurer	to weep, cry
recevoir de l'argent de poche	to get an allowance
regarder les dessins animés	to watch cartoons
une émission de télé	to watch a television show
une bande dessinée	a comic strip
un jeu (des jeux)	a game (games)

Mots apparentés: **un album de photos, un tricycle**

L'adolescence

chercher des excuses	to make excuses
dépenser de l'argent	to spend money
économiser de l'argent	to save money
emprunter (un CD)	to borrow (a CD)
s'en aller	to go away
faire un devoir	to do homework
l'école buissonnière	to play hookey
partie d'une équipe	to be on a team
le pitre	to act silly
la tête	to sulk, pout
mâcher du chewing-gum	to chew gum
prêter (un livre)	to lend (a book)
sécher un cours	to cut a class

Les sentiments, les émotions et la conduite

avoir des ennuis	to have problems
se battre (avec qqn)	to fight (with someone)
crier fort	to scream loudly
se disputer (avec)	to argue (with)
s'énerver	to get irritated
s'entendre (avec)	to get along (with)
être impoli(e)	to be impolite
s'excuser	to apologize
se fâcher	to get angry
s'inquiéter (de)	to worry (about)
s'intéresser à	to be interested in
se moquer de	to make fun of
s'occuper de	to take care of
se passionner (pour)	to be excited (about)
prendre au sérieux	to take seriously
rire	to laugh
se sentir bien (mal)	to feel good (bad)

Les fêtes et les traditions

Holidays and traditions

la Chandeleur	Candlemas
la fête des Mères (Pères)	Mother's (Father's) Day
la fête des Rois	Epiphany (January 6)
la fête nationale	the national holiday
Hanoukka (*f.*)	Hanukkah
le jour d'Action de grâce	Thanksgiving (*U.S.*)
le jour de l'An	New Year's Day
un jour férié	a public holiday
le mardi gras	Mardi Gras
Noël (*m.*)	Christmas
le nouvel an (chinois)	(Chinese) New Year's
Pâques (*m.*)	Easter
Ramadan (*m.*)	Islamic holy period
la Saint-Valentin	Valentine's Day
la Toussaint	All Saints' Day
se déguiser	to wear a costume
manger de la dinde	to eat turkey
offrir un cadeau	to give a gift
faire sauter des crêpes	to flip crepes
les amoureux	lovers
des bonbons (*m.*)	candy
des bougies (*f.*)	candles
le Carême	Lent
une carte de vœux	a greeting card
un cœur	a heart

une coutume	a custom
un défilé	a parade
les feux (*m.*) d'artifice	fireworks
une fève	a bean; charm hidden in a *galette des Rois*
la galette des Rois	a special cake for Epiphany
le lait	milk
un lapin	a rabbit
un lis	a lily
une menora	a menorah
la messe de minuit	midnight mass
un morceau (de gâteau)	a piece (of cake)
le muguet	lily-of-the-valley
un œuf de Pâques	an Easter egg
le père Noël	Santa Claus
un poisson d'avril	an April Fools' joke
le réveillon de Noël	Christmas Eve dinner
les Rois mages	the Wise Men
un sapin	a fir tree
des souvenirs (*m.*)	memories
la veille (de)	the eve/day before

Mots apparentés: **un bal, célébrer, commémorer, un costume, Cupidon, une résolution**

Adjectifs

doué(e)	gifted
juif/juive	Jewish
sacré(e)	sacred

Mots apparentés: **acceptable, décoré(e), extravagant(e), injuste, islamique, passionné(e), strict(e)**

Substantifs

un(e) chat(te)	a cat
une église	a church

un(e) élève	a pupil
l'espace (*m.*)	space
un étranger / une étrangère	a stranger; a foreigner
la glace	ice
un jardin	a garden, yard
un médecin	a doctor
un patineur / une patineuse	a skater
la politesse	politeness
une vedette	a movie star
la vie sous-marine	marine life

Mots apparentés: **un club, l'élocution** (*f.*), **les finances** (*f.*), **un navigateur / une navigatrice, un orchestre**

Verbes

échanger	to exchange
éviter	to avoid
faire le ménage	to do housework
klaxonner	to blow a (car) horn
protéger	to protect

Mots apparentés: **discipliner, interpréter, permettre**

Mots et expressions utiles

Ça me faisait rire.	That used to make me laugh.
en dehors de la maison	outside the house
il vaut mieux	it's better (+ *inf.*)
normalement	usually, generally
Qu'est-ce qui se passe?	What's going on?

Grammaire et exercices

6.1 Saying what you used to do: The imperfect

A. The imperfect (**l'imparfait**) is a past tense used to describe actions or conditions that occurred repeatedly or habitually in the past. It is often used where English speakers use the phrases *used to* and *would*, or just a simple past-tense form.

> ➤ The imperfect often denotes "used to."

> ✴ You will learn more about the imperfect in **Grammaire 6.3, 6.8, 8.5, 11.5, 12.2, and 12.5.**

Chaque fois que j'**allais** à Paris, j'**envoyais** beaucoup de cartes postales à mes amis aux États-Unis.

Each time I went to Paris, I used to (would) send a lot of postcards to my friends in the United States.

—Que **faisait** Adrienne le dimanche quand elle **était** petite?
—Elle **allait** toujours à la messe avec ses parents.

What did Adrienne do on Sundays when she was little?
She always went to Mass with her parents.

B. The endings used to form the imperfect are the same for all verbs. The stem is the same as that of the **nous** form of the present tense.

> ➤ Imperfect stem = present-tense **nous** stem.

L'IMPARFAIT		
parler **parlons** → parl-	**finir** **finissons** → finiss-	**vendre** **vendons** → vend-
je parl**ais**	je finiss**ais**	je vend**ais**
tu parl**ais**	tu finiss**ais**	tu vend**ais**
il/elle/on parl**ait**	il/elle/on finiss**ait**	il/elle/on vend**ait**
nous parl**ions**	nous finiss**ions**	nous vend**ions**
vous parl**iez**	vous finiss**iez**	vous vend**iez**
ils/elles parl**aient**	ils/elles finiss**aient**	ils/elles vend**aient**

> ➤ Spelling changes in the imperfect: **c → ç** and **g → ge** before -a: **je commençais, je mangeais**

6.1. Review forms of the *imparfait* with PF input before assigning. The use of the imperfect tense is introduced here and practiced progressively throughout the remainder of the course. In this section, we introduce the imperfect for habitual or repeated events in the past, primarily with verbs that represent actions. The use of the imperfect for description of past states is presented in *Grammaire 6.3*.

Pronunciation Hint

The endings **-ais, -ait,** and **-aient** are all pronounced the same: **-ai~~s~~, -ai~~t~~, -ai~~ent~~.**

C. The verb **être** has an irregular stem in the imperfect: **ét-.**

être	
j' ét**ais**	nous ét**ions**
tu ét**ais**	vous ét**iez**
il/elle/on ét**ait**	ils/elles ét**aient**

Quand j'**étais** petit, je prenais toujours un chocolat chaud au petit déjeuner.

When I was little, I always used to drink hot chocolate at breakfast.

D. All other verbs with irregular present-tense forms follow the regular conjugation pattern for the imperfect. Here are some examples.*

aller: nous allons → **all-**	j'all**ais**	nous all**ions**
avoir: nous avons → **av-**	j'av**ais**	nous av**ions**
devoir: nous devons → **dev-**	je dev**ais**	nous dev**ions**
dire: nous disons → **dis-**	je dis**ais**	nous dis**ions**
écrire: nous écrivons → **écriv-**	j'écriv**ais**	nous écriv**ions**
faire: nous faisons → **fais-**	je fais**ais**	nous fais**ions**
lire: nous lisons → **lis-**	je lis**ais**	nous lis**ions**
prendre: nous prenons → **pren-**	je pren**ais**	nous pren**ions**
venir: nous venons → **ven-**	je ven**ais**	nous ven**ions**
vouloir: nous voulons → **voul-**	je voul**ais**	nous voul**ions**

À cette époque, mes deux grand-mères **venaient** toujours chez nous le dimanche.

At that time, my two grandmothers always came to our house on Sundays.

Exercice 1 Au lycée

Regardez les dessins et complétez les phrases à la page suivante pour dire ce que faisait chaque personne pendant ses années au lycée.

> MODÈLE: *Julien et ses copains* jouaient au volley-ball.

Agnès

Jean-Yves

Julien

In the left margin:

Ex. 1. This exercise provides contextualized input with *imparfait* forms. Read each sentence aloud and have students supply the name. For each one, follow by saying whether the activity was true for you and asking someone in class to do the same. *Jean-Yves participait à des courses de vélo. Pas moi. Je ne participais jamais à des courses de vélo. Et vous, Alicia? (Mes amis et moi, nous aussi, nous dansions beaucoup.) Et vous, Édouard? Est-ce que vos amis et vous, vous… ?*
  Alternative: Have partners take turns reading the sentences to one another, adding the appropriate name.

ES 1. *Jumeaux.* Have students imagine that each person in *Ex. 1* has a twin with opposite tastes. (Use imaginary names.) Students should first use the negative, then suggest an activity.—*Agnès dansait beaucoup. Que faisait sa sœur Cassandre? Est-ce qu'elle dansait aussi? —Non, elle ne dansait pas. Elle restait à la maison.*

*Present-tense forms for **écrire, lire,** and **dire** are introduced in **Grammaire 6.2.**

1. _____ lisait le journal tous les jours.
2. _____ et ses amis dansaient très souvent.
3. _____ écoutait de la musique dans la nature.
4. Chaque soir, _____ regardait les actualités à la télévision.
5. En été, _____ participait à des courses de vélo.
6. _____ et ses amis allaient souvent à la plage.
7. Le week-end, _____ et ses copains sortaient ensemble.
8. _____ bavardait avec ses amis au café.
9. _____ étudiait beaucoup et préparait tous ses examens.

Exercice 2 Souvenirs d'enfance

Que faisait Barbara quand elle était petite? Mettez-vous à sa place et terminez ses phrases en utilisant l'imparfait.

Quand j'étais petite,...

MODÈLE: faire mes devoirs le soir → je faisais mes devoirs le soir.

1. aller à l'école à pied
2. adorer mes institutrices
3. aimer beaucoup les activités en classe
4. m'amuser avec mes camarades pendant la récréation
5. rentrer chez moi à midi pour déjeuner
6. mettre la table pour le dîner
7. attendre l'été avec impatience

Tous les dimanches, mes frères, mes sœurs et moi,...

MODÈLE: nous lever de bonne heure → nous nous levions de bonne heure.

8. aller à l'église à 9 h
9. faire un grand repas à midi
10. nous promener dans la forêt l'après-midi
11. faire la sieste après la promenade
12. finir nos devoirs pour le lendemain

Ex. 2. After students have prepared the assignment, you might have them practice questions and answers in pairs, based on the items in the exercise: *Est-ce que tu allais à l'école à pied? Est-ce que ta famille et toi, vous alliez à l'église le dimanche?*

Exercice 3 Les inconvénients d'une grande ville

Quand Agnès Rouet avait 10 ans, ses parents ont décidé de quitter la grande ville. Vous allez savoir pourquoi. Utilisez l'imparfait.

MODÈLE: Autrefois, les Rouet / louer un appartement en banlieue → Autrefois, les Rouet louaient un appartement en banlieue.

1. tous les matins, M. et Mme Rouet / se lever à 5 h
2. Mme Rouet / prendre le bus pour aller au travail
3. quelquefois, elle / devoir attendre l'autobus une demi-heure
4. M. Rouet / aller au travail en voiture, dans sa vieille Deux Chevaux
5. il / y avoir toujours beaucoup de circulation
6. M. Rouet / arriver au bureau furieux
7. il / être obligé de déjeuner en ville et ça / coûter cher
8. leurs enfants / aller à l'école en bus
9. ils / finir les cours à 16 h 30
10. ils / rentrer à la maison et / rester seuls jusqu'à 19 h

Ex. 3. Before assigning, provide input on the verb forms by asking choice questions on the facts in the statements. Example: *Autrefois, est-ce qu'Agnès louait un appartement en banlieue ou est-ce qu'elle habitait chez ses parents?*

The verbs **dire**, **lire**, and **écrire**

6.2. Students already know many of the forms introduced here from previous activities and input. Point out the irregularities and review the past participles (introduced in *Grammaire 5.2*).

These verbs have similar forms in the present tense. Note the irregular form **vous dites.**

	dire (*to say*)	**lire** (*to read*)	**écrire** (*to write*)
je/j'	dis	lis	écris
tu	dis	lis	écris
il/elle/on	dit	lit	écrit
nous	disons	lisons	écrivons
vous	dites	lisez	écrivez
ils/elles	disent	lisent	écrivent
PASSÉ COMPOSÉ	j'ai **dit**	j'ai **lu**	j'ai **écrit**
IMPARFAIT	je **disais**	je **lisais**	j'**écrivais**

➤ **Comment dit-on... ?**
= *How do you say . . . ?*

Les jeunes Français **disent** souvent «Ciao».

Est-ce que vous **lisez** régulièrement le journal?

Mes parents m'**écrivent** souvent.

Young French people often say "Ciao."

Do you read the newspaper regularly?

My parents write to me often.

Pronunciation Hint

Note that final **-s** and **-t** in the singular forms are silent: **je dis, elle écrit,** etc. As always, final **-ent** in the plural forms is silent, but the preceding consonant (**s** or **v**) is pronounced: **ils lisent.** (This **s** is pronounced **z**.) Also: **vous dites.**

Exercice 4 À l'université

Complétez les phrases et dites si vous faites ces activités dans votre classe de français.

1. Nous _____ les explications grammaticales du livre. (lire)
2. Nous _____ des rédactions. (écrire)
3. Le professeur nous _____ des poèmes en français. (lire)
4. Moi, je _____ un journal ou un magazine français. (lire)
5. Je _____ bonjour au professeur quand j'entre dans la classe. (dire)
6. Tous les étudiants _____ des choses intéressantes. (dire)
7. J'_____ quelquefois des phrases au tableau. (écrire)
8. Le professeur _____ les nouveaux mots de vocabulaire au tableau. (écrire)

6.3. Review verbs, expressions, and imperfect forms with pictures and imaginary situations. Use choice questions and include expressions with *avoir* from *Chapitre 4*. (woman with headache) *Hier, cette femme ne se sentait pas bien. Elle était un peu malade. À votre avis, de quoi est-ce qu'elle avait besoin? Est-ce qu'elle avait besoin d'aspirine ou est-ce qu'elle avait besoin de faire une promenade dans le parc?* Write the target vocabulary on the board: *se sentait, avait besoin.*

6.3 Describing past states: More on the imperfect

Some verbs describe actions (*run, jump, put, eat*) and others describe states of being (*want, know, have, be, can*). You already know how to express a variety of states with **être** plus an adjective (**être fatigué**), or with **avoir** plus a noun (**avoir sommeil**). You also know the following verbs that describe states of being: **aimer, vouloir, pouvoir, connaître, savoir,** and **devoir.**

To describe a state of being *in the past*, French normally uses the imperfect tense. This is because the imperfect presents a situation as existing at some time in the past, without suggesting a definite beginning or end.

★ Review **Grammaire 4.7** *on expressions with* **avoir.**

Je ne me **sentais** pas bien hier. Je **savais** que j'**étais** malade parce que je n'**avais** pas envie de manger.	*I didn't feel well yesterday. I knew that I was sick because I didn't feel like eating.*
Quand ma sœur **avait** 15 ans, elle **voulait** devenir championne de patinage.	*When my sister was 15, she wanted to become an ice-skating champion.*

★ *You will learn more about the imperfect in* **Grammaire 6.8, 8.6, 11.5, 12.2,** *and* **12.5.**

Exercice 5 Une semaine difficile

Raoul décrit sa semaine. Utilisez un des verbes indiqués à l'imparfait.

avoir, devoir, être

Le semaine dernière _____¹ une semaine très difficile. J'_____² un peu malade et je n'_____³ pas le temps de dormir suffisamment. Donc, j'_____⁴ très sommeil pendant tous mes cours. J'_____⁵ beaucoup de devoirs et en plus je _____⁶ travailler tous les jours.

avoir, être, savoir, vouloir

Un ami canadien était de passage à Bâton Rouge. Je _____⁷ sortir avec lui, mais ce n'_____⁸ pas possible. Je _____⁹ que j'_____¹⁰ besoin de me reposer, mais je ne _____¹¹ pas manquer mes cours, puisque c'_____¹² la dernière semaine du semestre. Vive les vacances!

Students should eventually come to understand that although past states are most often expressed with the *imparfait*, this is not always the case. (*Grammaire 12.2* shows how a number of "state" verbs have "special" meanings when used in the *p.c.*) What is crucial is whether the state is viewed as having a delimited duration (*p.c.*) or simply as being true at a particular time in the past (*imparfait*). It may be useful to think of the *imparfait* as the "time machine tense": we arrive at a point of time in the past and know only what was going on at that moment; we don't know when it started or when it ended. The *p.c.*, on the other hand, is the tense of an omniscient narrator looking back at the past from the point of view of the present and seeing its beginning and its ending; the state may then be seen as one whole, no matter how long it lasted.

6.4 Linking ideas: Relative pronouns

6.4. Acquisition of relative pronouns usually takes considerable time. We introduce *qui, que,* and *où* here because of their relatively high frequency. This presentation should be considered primarily as an advance organizer, to help students begin to understand how these pronouns are used when they encounter them. Although students may be able to use *qui* and *que* accurately in highly controlled written tasks, few are able to do so in speech at this stage.

A. Relative pronouns are used to make one sentence out of two. There are four relative pronouns in English: *that, who(m), which,* and *where.*

This is a high school. I attended this high school. →
   This is *the high school that* I attended.
Mr. Langdon is a teacher. He taught me the most. →
   Mr. Langdon is *the teacher who* taught me the most.

B. In French, the relative pronoun **qui** is used for both people and inanimate objects. **Qui** is used when the preceding noun is the *subject* of the following verb.

➤ **Qui** is usually directly followed by a verb.

J'avais **un ami** *qui* jouait dans
l'orchestre. (**Mon ami** jouait...)
Je cherchais **le livre** *qui* était sur
mon lit. (**Le livre** était...)

*I had a friend who played in the
orchestra.*
*I was looking for the book that was
on my bed.*

➤ **Que** is usually followed
by a subject + verb.

C. The relative pronoun **que (qu')** is also used for both people and things. **Que**
is used when the preceding noun is the *direct object* of the following verb.

Comment s'appelait **le garçon** *que*
nous rencontrions tous les jours
à la bibliothèque? (Nous
rencontrions **le garçon**...)
Vogue était **le magazine** *que* je lisais
quand j'étais au lycée. (Je lisais
le magazine...)

*What was the name of the boy we
used to meet every day in the
library?*

*Vogue was the magazine (that) I
used to read when I was in high
school.*

➤ A direct object is a
noun that follows a verb
directly, with no preposition
separating them.

> **J'aime** *cette couleur.*
> **J'ai rencontré** *mon*
> *cousin.*

D. Use the relative pronoun **où** to refer to a place where something happens or
to a point in time when something happens.

Maman, comment s'appelle **le
magasin** *où* tu achetais tous
nos vêtements?
J'étais malade **le jour** *où* Daniel
m'a téléphoné.

*Mom, what's the name of the shop
where you used to buy all our
clothes?*
*I was sick the day (that) Daniel
called me.*

➤ **Où** can refer to a place
or a time.

E. Note that the relative pronoun may sometimes be omitted in English, but it is
always present in French.

Denise, tu portes la robe **que** je
voulais acheter.

*Denise, you're wearing the dress
(that) I wanted to buy.*

Exercice 6 Définitions

Complétez les définitions avec un mot de la liste à droite, puis avec le pronom
qui ou **que (qu')**.

MODÈLE: *Un ordinateur* est une machine *qui* obéit à des programmes.

1. _____ est un animal _____ on ne
trouve que dans les mythes.
2. _____ est l'ensemble des gens _____
vivent dans un pays.
3. _____ est un âge _____ les
parents trouvent difficile.
4. _____ est un véhicule _____ navigue
sur les eaux.
5. _____ est une personne _____ fait le
clown.
6. _____ est une tâche ménagère _____
les enfants détestent.
7. _____ est un petit cahier _____ on
utilise pour écrire des adresses.
8. _____ est le terrain _____ entoure
une maison.

a. Un pitre
b. Un carnet
c. La vaisselle
d. Un jardin
e. Une licorne
f. Un peuple
g. L'adolescence
h. Un bateau

Exercice 7 Journées d'hiver

Raoul raconte des souvenirs de son enfance à Montréal. Complétez les phrases par le pronom relatif **qui, que** ou **où**.

Quand j'étais petit, nous habitions une ville _____¹ était très belle en hiver. C'étaient le silence du matin et le mystère du paysage blanc _____² j'aimais surtout. Je n'aimais pas sortir les jours _____³ il faisait très froid. Je restais à la maison _____⁴ je lisais des livres _____⁵ j'empruntais à la bibliothèque. Mon frère, _____⁶ n'aimait pas non plus sortir, restait lui aussi à la maison. En général, il chantait et jouait de la guitare. Mon père, _____⁷ travaillait, nous téléphonait toujours vers quatre heures. En fin d'après-midi, je passais de très bons moments dans la cuisine, _____⁸ ma mère préparait le dîner. Les gâteaux _____⁹ elle nous faisait sentaient si bon!
Voilà les bons souvenirs _____¹⁰ je garde de ces journées d'hiver.

Exercice 8 Souvenirs d'enfance

Ex. 8. In-class follow-up: Have students modify their answers to describe their own childhood, either by simple negation or by altering the lexical content.

Sarah et Agnès racontent leurs souvenirs. Combinez les deux phrases en employant un pronom relatif **(qui, que, où)**.

MODÈLE: Je ne vais jamais oublier les gâteaux. Ma grand-mère faisait ces gâteaux. →
Je ne vais jamais oublier les gâteaux que ma grand-mère faisait.

1. J'avais deux cousines. Elles nous racontaient des histoires fascinantes.
2. Près de chez nous, il y avait un parc. Nous jouions souvent dans ce parc.
3. Je faisais aussi des promenades à bicyclette. J'aimais beaucoup ces promenades.
4. Il y avait une maîtresse. Elle nous apprenait les noms de toutes les plantes.
5. Je jouais avec une petite fille. Elle avait un gros chien.
6. J'adorais la colonie de vacances. J'allais dans cette colonie de vacances en été.
7. À l'école, j'avais une copine. J'aimais beaucoup cette copine.
8. Il y avait une piscine près de chez nous. Je nageais souvent dans cette piscine.

6.5 Indirect object pronouns

6.5. Most students are not able to use object pronouns in their speech until toward the end of the first year, but they do learn to recognize and understand them when they are used in teacher-talk and in readings. Their use will be facilitated if students associate them with particular verbs. It helps for students to learn entire verbal expressions; e.g., *donner quelque chose à quelqu'un*.

A. In French, an indirect object noun is always preceded by the preposition **à**.

Je posais beaucoup de questions à **Mᵐᵉ Kaffès.**	*I asked Madame Kaffès a lot of questions.*
Mᵐᵉ Kaffès expliquait les problèmes de maths **aux élèves.**	*Madame Kaffès explained the math problems to the pupils.*

Definition: An indirect object is a noun indicating to whom or for whom an action is performed.

★ *Review Grammaire 4.5 on direct object pronouns.*

B. Indirect object pronouns are used to avoid repeating an indirect object noun. You already know most of these pronouns because they are the same as the direct object pronouns. The only forms that are different are **lui** and **leur.**

ES 4. Focused practice with *lui*. Distribute one set of questions to half the class and a second set to the remainder. Students answer using *lui*: —*Est-ce que tu parles au professeur en français? —Oui, je lui parle en français.* Suggestions: *offrir des fleurs à ta mère; (dans le bus) dire bonjour au conducteur; demander de l'argent à ton père; prêter de l'argent à ton (ta) camarade de chambre; écrire des messages électroniques à ton prof de français; téléphoner.*

➤ **lui** = (to) him or her, depending on context

ES 5. Modify *ES 4* to practice sentences with *leur: Tu parles à tes amis en français?* Suggestions: *téléphoner à tes profs; écrire des courriels à tes copains; offrir des cadeaux de Noël à tes amis (tes parents); (dans l'avion) parler aux autres voyageurs.*

✹ Review **Grammaire 2.2D** and **4.5 (C and D)** on placement of reflexive and direct object pronouns with negation and infinitives.

INDIRECT OBJECT PRONOUNS	
me/m' (*to*) *me*	**nous** (*to*) *us*
te/t' (*to*) *you* (*familiar*)	**vous** (*to*) *you* (*formal, plural*)
lui (*to*) *him,* (*to*) *her*	**leur** (*to*) *them*

J'étais à côté de Madeleine et je **lui** donnais toujours la réponse. Emma et Florence étaient de l'autre côté de la salle. Je **leur** écrivais souvent des petits mots.

I was next to Madeleine, and I always gave her the answer. Emma and Florence were on the other side of the room. I often wrote them little notes.

C. Indirect object pronouns, just like reflexive and direct object pronouns, are placed before conjugated verbs or between a conjugated verb and an infinitive.

Georges **m'a expliqué** la leçon de français.
Je ne peux pas **te donner** le livre maintenant.

Georges explained the French lesson to me.
I can't give you the book now.

D. In negative sentences, indirect objects precede their verb and are placed between **ne** and the verb.

Je ne **lui** parle pas souvent.
Elle ne **leur** a pas dit ça.

I don't talk to him/her often.
She didn't tell them that (say that to them).

E. Some verbs require an indirect object in French although the equivalent English verb takes a direct object:

obéir à... , répondre à... , téléphoner à...

—Tu as été poli quand tu as répondu **au professeur**?
—Mais oui, je **lui** ai répondu très poliment!

Were you polite when you answered the instructor?
Oh yes, I answered him (her) very politely!

Exercice 9 Ton adolescence

Ex. 9. Note that in the first two sentences, the indirect object is the object of an infinitive complement and the pronoun will need to precede the infinitive. This may be used for partner Q/A practice.

Un camarade vous pose des questions. Répondez en employant **lui** ou **leur**.

MODÈLE: Tu obéissais *à tes parents*, même si tu ne voulais pas? →
Oui, je leur obéissais toujours (en général). (Non, je ne leur obéissais pas toujours.)

1. Si tu voulais sortir, est-ce que tu devais demander la permission *à tes parents*?
2. Est-ce que tu pouvais téléphoner *à ton meilleur ami (ta meilleure amie)* tous les soirs?
3. Est-ce que tu écrivais *à ton acteur favori (ton actrice favorite)*?
4. Au lycée, est-ce que tu écrivais des mots *à tes camarades* pendant les cours?
5. Est-ce que tu posais beaucoup de questions *à tes professeurs*?
6. Est-ce que tu offrais des cadeaux *à ton professeur favori*?

7. Est-ce que tu empruntais souvent des CD *à tes camarades*?
8. Est-ce que tu demandais de l'argent *à tes copains*?
9. Est-ce que tu rendais souvent visite *à tes grands-parents*?

Exercice 10 La vie d'un enfant d'autrefois

Joël Colin pose des questions à son grand-père Francis Lasalle sur son enfance. Complétez les phrases avec **nous, vous** ou **leur.**

JOËL: Papi, est-ce que tu obéissais toujours à tes parents?

FRANCIS: Euh... oui, d'habitude je _____[1] obéissais, mais pas toujours, tu sais.

JOËL: Est-ce que tes frères et toi, vous receviez de l'argent de poche?

FRANCIS: Non, nos parents ne _____[2] donnaient pas d'argent régulièrement, mais ils _____[3] donnaient de l'argent de poche de temps en temps.

JOËL: Et à Noël, ils _____[4] offraient beaucoup de cadeaux, non?

FRANCIS: Oui, ils _____[5] offraient des cadeaux, mais pas autant qu'à vous aujourd'hui.

Ex. 10. This exercise includes first-, second-, and third-person indirect objects with verbs in the *imparfait*. In pairs, students might take turns reading Joël's questions as their partner answers for Francis, and then reverse roles.

Exercice 11 Interrogatoire

Claudine Colin pose des questions à son fils. Mettez-vous à la place de Joël et répondez au négatif.

MODÈLE: Est-ce que tu as téléphoné à ton père? →
Non, maman, je ne lui ai pas téléphoné.

1. Est-ce que tu as écrit à ton grand-père?
2. As-tu rendu les CD à Clarisse et Marise?
3. Tu m'as promis de rester à la maison cet après-midi, n'est-ce pas?
4. Tu nous as dit, à ton père et à moi, que tu avais des devoirs à faire, n'est-ce pas?
5. Je t'ai prêté mon stylo, non?
6. Est-ce que tu as donné de l'eau au chien?
7. Est-ce que tu nous as laissé un morceau de gâteau?
8. Est-ce que Marise t'a demandé un service?
9. Tu as rendu visite à Mme Avôké, n'est-ce pas?
10. Enfin, est-ce que tu as obéi à ton père et moi?

Ex. 11. This exercise requires negative responses with verbs in the *passé composé;* it includes indirect objects of all three persons. Students might practice together with each person asking the questions, then answering as the partner assumes the role of Claudine.

6.6 Idiomatic reflexive verbs

6.6. Before assigning, prepare students for this section by reviewing the use of reflexive pronouns with some of the more obvious reflexive verbs (*se lever, se laver, se brosser les dents*). Use photos or a transparency of the drawings at the beginning of *Les rapports avec les autres* to review verbs in this section. Include personalized questions and asides to bring in a variety of forms. Write examples such as *nous nous entendons* (or *nous nous entendions*) on the board. Point out pronoun placement and negative forms.

For most of the reflexive verbs you have seen so far, the subject and the object refer to the same person: the subject is acting on himself or herself. **(Il se rase. Elle s'habille.)** However, some verbs are used with reflexive pronouns even though they have no obvious reflexive meaning; that is, the subject is not acting on himself or herself. Here are some examples.

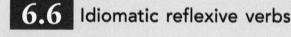

★ *Review* **Grammaire 2.2** *on reflexive verbs.*

s'en aller	*to leave, go away*
se battre avec quelqu'un	*to fight with someone*
se disputer avec quelqu'un	*to quarrel with someone*
s'énerver	*to be annoyed*
s'ennuyer	*to be bored*
s'entendre avec quelqu'un	*to get along with someone*
se fâcher avec quelqu'un	*to get angry with someone*
s'inquiéter de quelque chose	*to worry about something*
s'intéresser à quelque chose	*to be interested in something*
s'occuper de quelque chose	*to take care of something*
se rappeler quelque chose	*to remember something*
se sentir	*to feel (good/bad)*
se souvenir de quelque chose	*to remember something*

Je **m'entendais** assez bien avec ma sœur, mais nous **nous disputions** quelquefois.

I got along pretty well with my sister, but we used to quarrel sometimes.

—Est-ce que tu **te rappelles** le prof de maths?

Do you remember the math teacher?

—Tu veux dire M. Morin, le professeur qui **se fâchait** tout le temps?

You mean Mr. Morin, the teacher who was always getting angry?

Exercice 12 Souvenirs d'adolescence

Comparez votre adolescence avec celle de Raoul Durand. Posez des questions et ensuite, répondez d'après votre expérience.

MODÈLE: Raoul ne se battait pas avec ses frères et sœurs.
           —Et toi, tu te battais avec tes frères et sœurs?
           —Oui, je me battais avec mes frères et sœurs. (Non, je ne me battais pas avec mes frères et sœurs.)

Ex. 12. Students need only make simple transformations to first-person forms in their answers. After they have done the assignment, you might have partners compare their answers. Later, you could practice *vous/nous* by asking whether both partners did the same as Raoul: *Est-ce que vous vous entendiez bien avec… ? (Oui, nous nous entendions bien / Non, nous ne nous entendions pas bien…).*

Les souvenirs de Raoul:

1. Il s'entendait très bien avec ses professeurs et ses camarades de classe.
2. Il s'inquiétait de ses résultats aux examens.
3. Il ne se fâchait jamais avec ses copains.
4. Il se disputait de temps en temps avec ses parents.
5. Il s'occupait de la voiture de ses parents.
6. Il s'intéressait beaucoup aux sports d'hiver.
7. Il s'ennuyait parfois en été.

Maintenant, posez les mêmes questions à votre professeur.

MODÈLE: Est-ce que vous vous battiez avec vos frères et sœurs, madame (monsieur)?

6.7 The verbs **voir** and **croire**

A. The verbs **voir** and **croire** have the same conjugation pattern. Notice that the **i** changes to **y** in the **nous** and **vous** forms.

voir (*to see*)		**croire** (*to believe*)	
je vois	nous voyons	je crois	nous croyons
tu vois	vous voyez	tu crois	vous croyez
il/elle/on voit	ils/elles voient	il/elle/on croit	ils/elles croient
PASSÉ COMPOSÉ: j'ai **vu**, j'ai **cru**			
IMPARFAIT: je **voyais**, je **croyais**			

B. When **croire** is used with **à**, it has the meaning *to believe in*.

> Les petits enfants **croient au** père Noël.   *Little children believe in Santa Claus.*
>
> Elle **ne croyait pas aux** licornes.   *She didn't believe in unicorns.*

➤ Exceptions: **croire en Dieu** = *to believe in God*; **croire en qqn** = **avoir confiance en qqn.**

C. If **croire** or **voir** is followed by a statement, the statement must be introduced by **que.**

> Je **crois qu'**elle a eu une enfance très heureuse.   *I think (that) she had a very happy childhood.*
>
> Je **vois que** j'avais bien tort.   *I see (that) I was wrong.*

D. Here are a few useful expressions with **croire** and **voir:**

> Je crois que oui (non).   *I think so. (I don't think so.)*
> Tu crois? Moi, je ne crois pas.   *Do you think so? I don't.*
> Tu vois? Je te l'avais dit!   *You see? I told you so!*

Exercice 13 Principes

Faites des phrases en employant le présent de **croire à.**

> MODÈLES: Je suis toujours très poli(e). (les bonnes manières) →
> Je crois aux bonnes manières.
>
> Mes parents sont mariés depuis trente-deux ans. (le divorce) →
> Ils ne croient pas au divorce.

1. Agnès Rouet est féministe. (l'égalité des sexes)
2. Les Lasalle ne donnent jamais de fessées à Nathalie. (la punition corporelle)
3. Toi et moi, nous votons à toutes les élections. (la démocratie)
4. Tu as beaucoup d'amis. (l'amitié)
5. J'adore toutes les fêtes de l'année. (les traditions)
6. Vous êtes fiancé(e). (le mariage)

Ex. 13. This exercise practices the forms of *croire* in the sense of "believing in" something (*croire à*). As a follow-up, after students have done the assignment, you might provide additional input by saying what Agnès does and asking if students do the same: *Agnès est féministe, c'est-à-dire, elle croit à l'égalité des sexes. Et vous, est-ce que vous croyez aussi à l'égalité des sexes?*

Exercice 14 Les fêtes et les traditions

Complétez par **voir** ou **croire** au présent.

1. À Noël, on _____ des arbres de Noël et des cadeaux enveloppés de papier coloré.
2. Aux États-Unis, nous _____ des enfants en déguisements* de toutes sortes à Halloween.
3. Dans votre famille, est-ce que vous _____ que la dinde est indispensable au repas principal du jour d'Action de grâce?
4. Moi, je ne _____ pas pourquoi on associe des lapins et des œufs colorés à la fête de Pâques.
5. Les musulmans _____ qu'il faut s'abstenir de manger entre le lever et le coucher du soleil pendant le Ramadan.
6. Dans les familles juives, on _____ à la tradition de l'hospitalité à Pâque.†

6.8. This section is a summary of what students have learned so far about the two past tenses (aspects). Other uses of the *imparfait* are presented in subsequent chapters (*Grammaire 8.5, 11.5, 12.2, 12.5*).

Before assigning, review with examples that show the *imparfait* as expressing habitual action, feelings, and states of being in the past: *je jouais aux donjons et dragons, je me fâchais quelquefois.* Illustrate the *passé composé* with events from the past: *Quand j'avais 12 ans, je me suis cassé le pied. Et vous… ?*

6.8 Different perspectives on the past: Summary of **passé composé** and imperfect

➤ **imparfait** = *used to do, did, would do regularly*

A. The imperfect is used to say what one *used to do* or *did regularly* in the past. In English, this is sometimes expressed with *would*.

> À Noël, **nous allions** chez mes grands-parents.
>
> *Every Christmas, we went (would go) to my grandparents' house.*

➤ **imparfait** = description of past state

B. The imperfect is often used to describe states of being and feelings in the past.

> Quand **j'avais** 10 ans, **je détestais** encore les garçons.
>
> *When I was 10, I still hated boys.*

➤ **passé compose** = completed past event

C. The **passé composé,** in contrast to the imperfect, presents an action as a single event, completed at one time in the past. It is used to say *what happened.*

> À l'âge de 6 ans, **j'ai découvert** que le père Noël n'existait pas.
>
> *At age 6, I discovered that Santa Claus did not exist.*
>
> Quand j'avais 10 ans, nous **sommes allés** à Dakar.
>
> *When I was 10, we went to Dakar.*

---

*costumes
†*Passover* (≠ Pâques *Easter*)

Exercice 15 Mes activités du passé

Dites quelles activités de cette liste vous avez faites hier. Ensuite, dites si vous les faisiez quand vous étiez petit(e) et à quelle fréquence.

Vocabulaire utile   souvent, tous les jours, de temps en temps, une fois par semaine

MODÈLES: Hier, j'ai mangé des spaghettis. →
Quand j'étais petit(e), je mangeais souvent des spaghettis.

Hier, je ne suis pas allé(e) à la banque. →
Quand j'étais petit(e), je n'allais jamais à la banque.

1. Hier, je me suis levé(e) avant 8 h.
2. Hier, j'ai porté un jean et un tee-shirt.
3. Hier, je suis allé(e) à l'université.
4. Hier, j'ai parlé au téléphone avec des amis.
5. Hier, j'ai conduit une voiture.
6. Hier, j'ai regardé la télé.
7. Hier, je me suis couché(e) à minuit et demi.
8. Hier, j'ai lu les bandes dessinées dans le journal.

Ex. 15. Students will need to produce only *imparfait* forms. In class, provide input by asking for a show of hands of those who did each activity yesterday and a show of hands for who did the activities when they were children. (Some students will raise their hands to show they did the activities as children, but they will not raise their hands to say they did them yesterday.)

GOALS FOR *CHAPITRE 6*.
Input and conversation focus on childhood, teen years, and what students used to do and feel as they were growing up. Linguistically, students begin to comprehend and use the imperfect to express habitual past action and states of being. *Functional goal:* Be able to say some things you used to do on particular occasions, and how you felt.

MISE EN TRAIN.
It is unrealistic to expect students to able to use the imperfect (*imparfait*) accurately until they have had much exposure over a number of months. Students learn the forms easily; however, you will find that in conversation, their control of those forms is unpredictable. Provide abundant input and ample opportunity for them to use the *imparfait* in the formulation and expression of thought. Use expansion, not direct correction, when mistakes occur. (See IM, Expansion Techniques.)

We do not recommend contrastive study of *passé composé* and *imparfait* at this point. You will find a brief review of what students have learned about each of these two aspects of the past tense in *Grammaire 6.8*, with further explanation in later chapters, after students have had plenty of exposure to each.

1. Tell students about your childhood and youth. Use your PF or photos (you as child, teenager) and realia (stuffed animal, soccer ball) to make the topic real. Write new verb forms on the board and include students as you do your narrative: *Je lisais énormément de bandes dessinées. J'adorais* Calvin et Hobbes. *Est-ce que vous lisiez aussi des bandes dessinées? Lesquelles aimiez-vous?* Afterward, point out the verb endings and explain how to form the *imparfait.*

AS 1. Give students a few minutes to talk about comic strip and TV preferences when they were in elementary school.

AS 2. Select PF photos of adults and ask the class what each person probably used to do as a child. (PF/quiet intellectual) *Il lisait, regardait Sesame Street, jouait avec des Legos, prenait des leçons de piano,* etc.

AS 3. Each day for several days, describe one or two people you knew as a child or teen, saying what they used to do. *Joe était dans ma classe de physique. Il avait une petite voiture rouge. Il conduisait comme…*

2. Association activity. Use photos to introduce favorite activities for children and teens. Gradually associate each activity with a student so that you can review during input or warm-up sessions: *Qui oubliait de faire ses devoirs parce qu'il jouait à (Pokemon)? Qui mangeait du beurre de cacahuètes sur des Oréos?*

AS 4. Autograph activity. Use information learned during *Mise en train, Act. 2,* to build an autograph activity. (*Est-ce que tu jouais à la poupée avec tes amis? Est-ce que tu avais des patins en ligne?*, etc.)

3. Feelings, emotions and behavior. Introduce reflexives and verbs for "states of being" and behavior with your PF, gestures, and realia. (See *Vocabulaire, Les sentiments, les émotions et la conduite* for verbs.) Describe situations and ask how students feel or react. (Hold up a parking ticket.) *Ça, c'est un papillon. Alors, imaginez que vous allez en classe, vous retournez à votre voiture, vous êtes en retard de deux minutes, et voilà! Un papillon! Quelle est votre réaction? Moi, je me fâche! Et vous…* Write the verbs on the board and review often.

le Québec

Escales francophones. The cultural video segments that accompany this feature appear after *Chapitres 4, 6, 8, 10,* and *12* in the online ActivityPak, which can be accessed from the *Deux mondes* Online Learning Center (**www.mhhe.com/ deuxmondes6**). The videoscripts for these segments are located in the IM.

La richesse du Québec

Seule province canadienne majoritairement francophone, le Québec est immense (trois fois la surface de la France) mais faiblement[1] peuplé (7 millions et demi d'habitants). Il est divisé en vingt régions touristiques, certaines gigantesques mais presque désertes, comme le Grand-Nord, territoire habité par les Amérindiens (Inuits, Cris et Naskapis) qui couvre la moitié[2] de la province. Le Québec comprend aussi plusieurs grandes métropoles urbaines dont Montréal, ville de 3 millions d'habitants.

On trouve plus d'un million de lacs et de cours d'eau[3] au Québec. Le plus important est le fleuve Saint-Laurent qui traverse le Québec sur plus de 1.000 km. On a construit d'impressionnantes installations hydroélectriques dans la Baie James pour exploiter cette ressource précieuse qu'est l'eau. Le Québec est aussi une région de montagnes (les Laurentides et les Appalaches) et de forêts qui représentent une richesse économique importante.

● L'ancien et le nouveau à Québec

En plus des merveilles naturelles, les attraits du Québec sont nombreux et divers: monuments historiques, musées, manifestations culturelles[4] de dimension internationale et, bien sûr, une cuisine délicieuse!

---

[1]≠ fortement   [2]1/2   [3]cours... fleuves ou rivières   [4]manifestations... comme un festival, une exposition, un concert

Québec, une ville fortifiée

Le site de la ville de Québec (le cap Diamant) forme une citadelle naturelle qui domine le fleuve Saint-Laurent. En 1608, l'explorateur français Samuel de Champlain a établi un poste de commerce des fourrures[1] au pied du cap Diamant, dans la «Basse-Ville». C'est aussi là que se sont installés les marchands et les artisans. C'est dans la «Haute-Ville» que l'on a construit plus tard des remparts. Ceux-ci font aujourd'hui de Québec un endroit unique; c'est en effet la seule ville fortifiée en Amérique du Nord. De plus, l'arrondissement historique du Vieux-Québec est inscrit au patrimoine[2] mondial de l'Unesco depuis 1985.

(Continued)

---

[1]commerce... *fur trading*   [2]héritage

MULTIMÉDIA

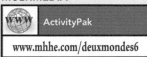
www ActivityPak

www.mhhe.com/deuxmondes6

Pre-reading activity. Review the administrative division of Canada into 10 provinces (*Alberta, Ontario, Colombie-Britannique, Québec, Île-du-Prince-Édouard, Saskatchewan, Manitoba, Terre-Neuve-et-Labrador, Nouveau-Brunswick, Nouvelle-Écosse*) and 3 territories (*Territoires du Nord-Ouest, du Yukon et du Nunavut*). Outside of Quebec, only New Brunswick (formerly known as *Acadie*) has a significant French-speaking population (less than 32% overall). In fact, most of Quebec is unpopulated, and more than 80% of its inhabitants are concentrated along the banks of the Saint Lawrence river and—as in the rest of Canada—along the border with the U.S.

Pre-reading activity. Make sure that students know what UNESCO is and that sites such as Quebec, the Casbah in Algiers, and the Great Wall of China are among hundreds of cities, buildings, or natural areas on the "World Heritage" list. Point out that the city of Quebec, which is almost entirely French-speaking and mostly inhabited by Canadians of French descent, holds far more historical and sentimental value to the *francophones* (and nationalists) than Montreal, a modern metropolis that is becoming increasingly diverse and multilingual.

● Le Vieux-Québec en hiver

Les fortifications n'ont pas empêché[3] la ville de Québec d'être envahie[4] par les troupes britanniques à la suite de la bataille des Plaines d'Abraham, le 13 septembre 1759. Les Anglais ont ensuite édifié une énorme Citadelle (1819–1850) qui reste encore aujourd'hui un poste militaire. Maintenant que les batailles ne sont plus qu'un lointain[5] souvenir, la ville fortifiée est une superbe attraction touristique, qui donne à Québec un charme sans équivalent sur le continent nord-américain.

---

[3]arrêté   [4]occupée militairement   [5]distant

Pre-reading activity. The "Winter Carnival" is a good example of *québécois* ingenuity at turning liabilities—such as extremely inclement weather—into assets. It is one of the many postwar creations that has turned Quebec, once a rural, underdeveloped province, into a major tourist attraction.

Le Carnaval de Québec

En 2004, le Carnaval de Québec a fêté ses 50 ans. Cette manifestation se tient[1] chaque année pendant deux semaines en janvier-février dans la ville historique de Québec. Elle attire des milliers de gens du Canada, des États-Unis et du monde entier. Bain de neige, spectacles multimédias, jeu de football géant, pêche sur la glace, sculptures sur neige, promenades en carrioles[2] ou en traîneaux à chiens,[3] palais de glace, patinage... les activités sont nombreuses. Mais l'attraction principale, c'est le défilé nocturne, mené par le célèbre Bonhomme Carnaval, réplique vivante du Bonhomme de neige qui a enchanté l'enfance[4] de tous les Québécois. Tout le monde s'amuse beaucoup, en dépit du froid intense. Pour se réchauffer,[5] on mange des «queues de castor»,[6] des pâtisseries au sirop d'érable,[7] et on boit du «caribou», mélange[8] alcoolisé à consommer avec modération!

---

[1]se... *is held*   [2]véhicules tirés par des chevaux   [3]traîneaux... *dog sleds*   [4]< enfant   [5]se... < chauffer < chaud   [6]queues... *beaver tails*   [7]arbre symbole du Canada   [8]*mixture*

● Le Bonhomme de neige au Carnaval

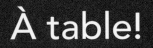

À table!

Le fromage français: on a
l'embarras du choix!

CO Photo. Point out that open-air markets, such as the one shown here are common throughout France. Many shop there in the belief that the produce is fresher and that one can find local products and specialty foods not available elsewhere. Identify as many cheeses as possible, and ask students to help you name French cheeses. This might be a good time to look at the advertisement for *la tartine de Normandie* on p. 235.

Objectifs

In *Chapitre 7*, you will learn to talk about food, purchasing ingredients, preparing meals, and eating in restaurants.

Instructor information. For goals and *Mise en train* activities for this chapter, please refer to p. 260 at the end of this chapter.

Les aliments et les boissons

Les aliments et les boissons.
(1) Personalized input: Review words for foods and meals from *Mise en train* with your PF, and introduce new words in the display. (2) Culture: Use the art to discuss typical French meals and to compare the foods here with what students usually eat. In your input, you will use both partitive and definite articles, as well as *en*. Students may not be able to produce these articles accurately on their own but should easily comprehend your meaning. After multiple encounters with it, students should begin to use the vocabulary. New vocabulary: *aliment, boisson; petit déjeuner: baguette, beurre, confiture, lait, pain, tartine; déjeuner: bifteck, frites, glace, jambon, légume, pommes de terre, sandwich, soupe aux légumes; goûter: gâteau, pain au chocolat, sucre, tarte aux pommes; dîner: assiette, concombre, crème caramel, fromage, haricots verts, hors-d'œuvre, œuf, radis, riz, saucisson, tomate, tranche de, veau.*

AS 1. Association activity. Use what you learn about students' favorite foods, eating habits, etc., to enliven review of food terms: *Voici des mangues. Qui aime les mangues? Oui, c'est Katia! Est-ce que Katia mange des mangues tous les jours? Quand est-ce qu'elle aime en manger?*

★ **Attention! Étudier Grammaire 7.1 et 7.2**

LE PETIT DÉJEUNER

du pain
(une baguette)
du café au lait
← du jus d'orange
du beurre
de la confiture
une tartine

LE DÉJEUNER

un sandwich au jambon
↙ des fruits
de la soupe aux légumes

Du vin? Merci! Moi, je bois de l'eau minérale.

un bifteck et des pommes de terre frites
une glace
une salade →

LE THÉ (LE GOÛTER)

Moi, j'aime le thé! J'en bois tous les jours.

une tarte aux pommes
un gâteau
un pain au chocolat
du thé
du sucre
du lait

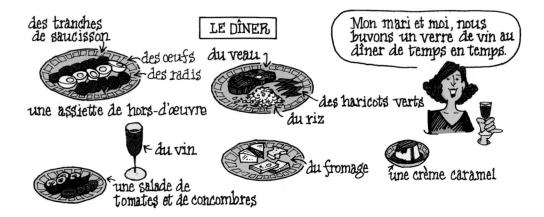

Activité 1 Discussion: Les nourritures et les boissons

Dites si on mange les aliments suivants au petit déjeuner, au déjeuner, au goûter ou au dîner.

MODÈLE: les crêpes avec du sirop d'érable →
On les mange au petit déjeuner.

les toasts avec de la confiture
le veau aux haricots verts
la soupe
le bifteck grillé
le fromage
les pommes de terre frites
la glace à la vanille
le gâteau au chocolat

les concombres
les sandwichs au jambon
les yaourts
le poisson grillé
la tarte aux pommes
les œufs
le rosbif au jus
les spaghettis à l'italienne

Maintenant, c'est à vous! Avec un(e) partenaire, dites si vous aimez ces aliments et à quelle fréquence vous les mangez (**souvent, tous les (jours), de temps en temps, ne... jamais, ...**).

MODÈLE: É1: Le bifteck grillé? Je l'adore! J'en mange très souvent.
É2: Moi aussi! Mais je préfère le poulet frit.

Activité 2 Enquête: Les aliments

Passez cette petite épreuve pour déterminer si vous êtes bien, passablement ou mal informé(e) sur la nutrition.

1. Lesquelles de ces boissons ne sont pas sucrées?
   a. l'eau minérale
   b. le café noir
   c. le jus d'orange
   d. le chocolat
   e. la limonade
2. Lequel de ces desserts a le moins de calories?
   a. un morceau de tarte aux pommes
   b. des fruits frais en compote
   c. un morceau de gâteau au chocolat
   d. un sorbet à l'orange
   e. une glace à la vanille

Act. 1 (partners) (1) Review the foods in the activity with your PF, including any new ones. Then go through the list with the class, asking students as a group to answer. Multiple answers to any one item stimulate input/discussion: *Vous proposez des concombres comme petit déjeuner, Marcus? Vous en mangez au petit déjeuner, vous? Avec des toasts?* (2) For *Maintenant, c'est à vous!* do several examples that include *le, la,* and *les.* Write some of these on the board to review. Also point out *en* in *j'en mange* and briefly review its function here. Assign the activity to partners, who might also ask each other when they eat particular foods. (3) Follow-up: Students ask you if you like various foods and when you eat them. New vocabulary: *grillé(e), œuf, poulet, rosbif au jus, sirop, spaghettis à l'italienne, vanille, veau, yaourt.*

AS 2. *Enquête.* (See IRK: *La nourriture.*)

Act. 2. (whole class) (1) Read aloud each item and its choices so that students can answer. (2) Follow with pictures and ask more questions. With photos, you can use a broad vocabulary. (turkey/pork roast) *Est-ce qu'il y a plus de matières grasses dans une tranche de porc rôti ou dans une salade de fruits?* New vocabulary: *aliment, banane, bifteck, biscotte, blanc de poulet, calorie, casse-croûte, en compote, coca, frais/fraîche, informé(e), limonade, matières grasses, nutrition, pizza, plat, porc, protéine, rôti(e) sucré(e), tranche, vanille, yaourt.*

3. Lesquels de ces casse-croûte donnent le plus d'énergie?

  a. des biscottes avec du fromage   **d.** des bonbons et un coca

  b. du yaourt sans sucre   **e.** un pain au chocolat

  c. une part de pizza

4. Lesquels de ces aliments sont riches en protéines?

  a. le bifteck   **d.** le bacon

  b. les spaghettis   **e.** la soupe aux légumes

  c. le poisson

5. Lesquels de ces plats ont peu de matières grasses?

  a. un blanc de poulet   **d.** une salade de fruits

  b. du rosbif au jus   **e.** une tranche de porc rôti

  c. du gâteau à la crème

Activité 3 Échanges: Qu'est-ce qu'on va manger aujourd'hui?

D'abord, regardez la liste d'aliments. Ensuite, préparez deux menus pour la journée (petit déjeuner, déjeuner et dîner): (1) un menu sain et nourrissant et (2) un menu composé de vos plats et boissons préférés. Enfin, comparez vos menus avec ceux d'un(e) partenaire.

PETIT DÉJEUNER	DÉJEUNER	DÎNER
• un Smoothie: mangue, orange, banane, abricot • des céréales froides • des crêpes au sirop • des œufs • des toasts • du bacon • du jambon • du fromage • du café • du thé • du lait • des pains au chocolat • des croissants • des yaourts • du pain complet	• de la soupe: au poulet, à la tomate, aux légumes • une salade verte • une salade de fruits • un sandwich: au jambon, au rosbif, au poulet • un hamburger et des frites • du jus de fruit • un coca • des spaghettis à l'italienne • du thé glacé • une glace ou un sorbet • des fruits • du gâteau au chocolat	• du rosbif au jus • du veau avec des haricots verts • de la lasagne • une salade • du poisson grillé • des pommes de terre • des hors-d'œuvre: radis, saucisson, tomates • du vin • du jus de fruit • de l'eau minérale • du poulet rôti avec des carottes et des oignons • des brocolis • une crème caramel • une tarte aux pommes

Activité 4 Entretien: Mes habitudes

Posez les questions à votre camarade de classe, en lui demandant de vous expliquer ses réponses.

> MODÈLE: É1: Qu'est-ce que tu bois quand tu vas au restaurant?
> É2: Normalement, je bois de l'eau. Si c'est une grande occasion, je prends parfois du vin.

Qu'est-ce que tu bois quand...

1. tu ne peux pas dormir?
2. tu retrouves tes amis au café?
3. ta famille fête une occasion importante?
4. tu as froid?
5. tu as sommeil le matin de bonne heure?

Qu'est-ce que tu manges...

6. comme petit déjeuner quand tu es pressé(e)?
7. quand tu comptes les calories ou quand tu fais un régime?
8. dans ton restaurant préféré?
9. le soir, avant de te coucher?
10. maintenant mais que tu détestais quand tu étais petit(e)?

Act. 4. (partners; whole class) (1) Do a brief review with photos as needed. Include forms of *boire*. (2) Ask the questions to get a few answers for each, and mention your own habits: *Qu'est-ce que vous buvez quand vous allez au restaurant? Alors, Tonya boit de l'eau. Luis et Greg boivent du vin. Moi, d'habitude, je bois de l'eau minérale.* (3) Assign for partner discussion. Later, find out and expand answers students got from their partners. New vocabulary: *compter, de bonne heure, faire un régime, retrouver.*

Activité 5 Dans le monde francophone: La tartine de Normandie

Écoutez votre professeur et cherchez la bonne description du produit.

1. Il est célèbre et coûte très cher. On le sert comme hors-d'œuvre.
2. Ce sont des produits faits principalement de lait.
3. Il est produit par des insectes et il est délicieux sur les toasts.
4. C'est un jus de pomme distillé et transformé en alcool.
5. Servies comme plat principal, elles sont une espèce de saucisson.
6. Ce sont des fruits de mer qui produisent parfois des perles.
7. C'est un produit laitier. En France, il y en a approximativement 300 sortes.
8. Ce produit laitier est un des plus célèbres de la Normandie.

Act. 5. (whole class) (1) Use the ATE note to talk about the realia. Point out the products, explaining what they are and saying their names clearly. (Photos are helpful.) Several of them are likely to be new to students. (2) Do the items aloud with the class, following each with a choice of answers: Item 1 + *Est-ce que c'est le miel ou bien c'est le foie gras?* etc. (3) Finish by reading the items again, this time without choices of answer. Answers: *1. le foie gras, 2. des produits laitiers, 3. le miel, 4. le calvados, 5. les andouilles, 6. des huîtres, 7. le fromage, 8. le beurre.* New vocabulary (for recognition only): *alcool, coûter, distillé(e), une espèce de, fruits de mer, perle, principalement, produire, produit.*

La tartine de Normandie. Locate *Normandie* on the map of France located at the back of the book. Encourage students to visit the Calvados web site. Explain that it is particularly famous for dairy products and *calvados*, a potent apple brandy. Identify the products in the ad and ask which are known in the United States, who has tried them, etc. Culture: Mention that the Norman invasions of England, which resulted in the Battle of Hastings in 1066, established French as an important language there. As the English language evolved, many French words remained and can now be found in a variety of forms.

la tartine de Normandie
Une tranche de terroir au creux de la main

Allons plus loin! Préparez «la tartine» de votre état ou pays et expliquez-la à vos camarades de classe.

On fait les provisions

⭐ **Attention! Étudier Grammaire 7.3 et 7.4**

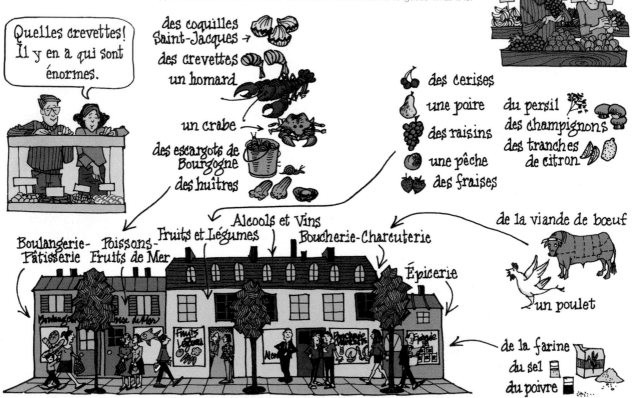

Activité 6: Échanges: Les magasins d'alimentation

Regardez les dessins et posez des questions à votre camarade de classe.

MODÈLE: É1: Où est-ce qu'on peut trouver des pommes?
　　　　 É2: Chez le marchand de fruits et légumes.
　　　　 É2: Où est-ce qu'on vend des crevettes?
　　　　 É1: On vend des crevettes à la poissonnerie.

Act. 7. (whole class) (1) Call attention to the list of answers. (2) Read the descriptions aloud and ask students to find the correct food. Do rough line drawings to help explain the unfamiliar words. (Students should not be held accountable for them.) (3) You may wish to have the class identify cognates of English words or words borrowed from French. New vocabulary: *arôme, croustillant(e), délice, pinces, poudre, poudré(e), produit laitier, se propager, racine.*

Activité 7 Casse-tête: Les aliments

De quel aliment s'agit-il dans chacune de ces définitions?

Réponses possibles   le jus d'orange, le sel, le yaourt, une carotte, la salade, le homard, les fraises, la farine, un croissant, les œufs, les cerises, les champignons

1. C'est un légume long et orange. Nous en mangeons la racine.
2. C'est un fruit de mer. D'habitude, nous en mangeons les pinces.
3. C'est une poudre à base de céréales. On l'utilise dans le pain.
4. C'est un délice de l'été à l'arôme délicat. Nous en prenons comme dessert avec de la crème.
5. Nous mettons ce condiment blanc et poudré dans presque tous nos plats.
6. Il faut casser cet ingrédient avant de faire une omelette.
7. Pâtisserie croustillante, elle est délicieuse avec un café au lait.
8. Cette boisson, riche en vitamine C, vient d'un fruit.
9. En France, on la mange après le plat principal, souvent avec une sauce vinaigrette.
10. Ce produit laitier est riche en protéines et contient peu de calories.
11. Cet aliment ne contient pas de chlorophylle et se propage par des spores.
12. Nous mettons ces petits fruits rouges et rondes dans des tartes et des confitures.

AS 7. *Casse-tête.* Ask sets of partners to prepare 6–8 simple riddles. Example: *Qu'est-ce qui est long et jaune? On l'achète chez le marchand de fruits et de légumes.* (*une banane*) The partners then join another pair of students and take turns asking their riddles. (See IRK: *Vingt questions.*)

Les francophones sur le vif. Open-air markets are very much alive in French cities and villages, because they offer unequaled choice and freshness for items such as cut flowers, fruits and vegetables, cheese, and *charcuterie.* They also provide locally made and nonindustrial products not available in *la grande distribution.* The first oversized *hypermarchés* were opened by Carrefour in 1960. Point out that these are much larger and stocked with a greater variety of items than American supermarkets. There are few comparable stores in the United States, although the French company Auchan has opened some outlets. Small neighborhood

Les francophones sur le vif

Farida Abdel, 28 ans, employée de la SNCF[1] à Bayonne (Aquitaine)

Où préférez-vous faire vos provisions?

Pour les fruits et les légumes et aussi les fromages, je préfère aller au petit marché en plein air[2] qui se tient sur la place de mon quartier le mardi et le jeudi matin. Les produits sont très frais, de bonne qualité, mais pas trop chers, et l'ambiance est sympathique parce que les marchands adorent discuter avec leurs clients. Pour les autres achats, je vais dans un hypermarché en banlieue. Bien que je n'aime pas beaucoup ça—c'est si impersonnel!—, il faut admettre que c'est pratique: on y trouve de tout, pas seulement de la nourriture: des vêtements, de l'électro-ménager,[3] du vin et des alcools, des livres ou des accessoires auto. J'aime bien fréquenter[4] les petits magasins de quartier, mais je n'ai pas toujours le temps et je ne veux pas dépenser trop pour des achats ordinaires.

[1]Société Nationale des Chemins de Fer (les trains)
[2]en... à l'extérieur
[3]appareils électriques pour la maison (grille-pain, four à micro-ondes, etc.)
[4]aller régulièrement dans

stores retain their edge in terms of specialty products and convenience, because going to the *hypermarchés* often involves a lengthy drive to the suburbs. Although most people now stock up on ordinary items at the *hypermarchés,* they buy their bread, pastries, and meat from smaller stores, especially for festive occasions. Have students think up advantages and drawbacks to each style of shopping: *On peut payer avec une carte bleue ou par chèque; il faut payer en liquide; il n'y a pas de produits surgelés; on peut discuter avec les vendeurs; on peut y aller quand on veut; les produits sont toujours frais; on peut y aller à pied,* etc.

Act. 8. (whole class; partners) (1) Explain that people in France prefer to buy very fresh products and usually shop every day rather than stocking up, and that they often buy from specialty shops. Supermarket chains such as *Casino* sell all types of alcoholic beverages along with foodstuffs. (2) Ask questions about food prices and quantities, to review. (3) Assign pairs to do the shopping problems. Check totals and see who finishes most rapidly and accurately. Afterward, ask for explanations such as *trois kilos d'oignons à 1€ le kilo, ça fait…*

Ça fait penser

Quelques proverbes «alimentaires»

• On reconnaît l'arbre à ses fruits.
• Il vaut mieux aller au boulanger qu'au médecin.
• On ne fait pas d'omelette sans casser des œufs.
• Il faut garder une poire pour la soif.

Ça fait penser.
Have students guess the meaning of the proverbs, in French if possible. Here are paraphrases that could be used for a matching exercise: (1) *On peut juger le caractère d'une personne par ses actions.* (2) *La maladie coûte plus cher que la nourriture.* (3) *Il faut faire des sacrifices pour accomplir quelque chose d'intéressant.* (4) *Il faut garder quelque chose pour les jours où on n'aura rien.*

Activité 8 Entretien: Le supermarché Casino

New vocabulary: *avocat, bouteille, côte de porc, framboise, gruyère, huile d'olive, mandarine, moutarde, petits pois, viande hachée.*

Vous allez faire des courses à Casino. Pour chaque liste, calculez combien vous allez dépenser. Attention aux quantités! (Un kilo = 1000 grammes.)

MODÈLE: Le jambon coûte 8€ le kilo. 250g, ça fait un quart de kilo. Alors, ça fait 2€.

LISTE 1
250 grammes de jambon
3 boîtes de petits pois
2 avocats
500 grammes de viande hachée
2 kilos de mandarines

LISTE 2
1 bouteille de beaujolais
3 kilos d'oignons
250 grammes de gruyère
2 kilos de pommes
6 boîtes de jus de tomate

LISTE 3
1 pot de moutarde
500 grammes de beurre
4 yaourts aux fruits
1 kilo de tomates
500 grammes de citrons

Activité 9 Entretien: Les provisions et la nourriture

Act. 9. (partners) Before assigning partners, review the items to be sure all understand. Write new terms on the board as you talk. Afterward, ask questions for partners to ask each other, such as *Qui mange beaucoup de malbouffe? (Sean) Il en mange souvent? Tous les jours? Une fois par jour? Qu'est-ce que vous mangez, Sean?* End with comprehension questions to the class: *Qui achète beaucoup de fruits et de légumes? (Harry) Oui, c'est Harry. Pourquoi en achète-t-il beaucoup? Ah oui, son père a un restaurant. Harry fait les provisions pour lui.* New vocabulary: *chips, congelé(e), façon, grignoter, prêt à chauffer, sain(e), mal-bouffe, valeur nutritive, végétalien(ne), végétarien(ne).*

1. C'est toi qui fais les provisions chez toi? Pourquoi?
2. Qui cuisine chez toi? Toi, tu aimes cuisiner? Quels plats aimes-tu préparer?
3. Tu achètes tout au supermarché? Sinon, où vas-tu? Tu achètes des repas congelés ou prêts à chauffer? Quand? Pourquoi?
4. Tu aimes les fruits et légumes? En achètes-tu souvent? Frais ou congelés?
5. Tu lis toutes les valeurs nutritives avant d'acheter un produit? Pourquoi?
6. Tu aimes grignoter entre les repas? Que prends-tu? Tu dépenses combien chaque semaine pour des chips, des cocas, etc.?
7. Est-ce que tu manges des aliments plutôt sains d'habitude? Lesquels?
8. Manges-tu trop de mal-bouffe (commes les chips, les frites, etc.). Quand? Quoi? Pourquoi?
9. Est-ce que tu connais des végétarien(ne)s? des végétalien(ne)s? Quelle est la différence entre ces deux façons de se nourrir?

L'art de la cuisine

L'art de la cuisine. Explain that Bernard and Christine are going to have guests to dinner and describe their various preparations, reviewing/introducing more food vocabulary. Ask personal questions as you describe each drawing: *Vous aimez cuisiner? Quel plat aimez-vous faire? Qui cuisine chez vous?* Include *des bougies, une nappe, le comptoir,* etc., in your input. New vocabulary: *bol, couteau, cuillère, faire les provisions, fourchette, se mettre à table, mettre le couvert, recette, serviette, vérifier, verre.*

AS 8. TPR (See IRK for sequence *Clafoutis aux abricots*.)

AS 9. Using French cookbooks and magazines that have color photos of meals and dishes, show a number of dishes to the class, naming their ingredients. Then distribute the items to allow students to examine. After they have a chance to look over the materials, ask questions such as: *Qui a la photo de la bouillabaisse?*

★ **Attention! Étudier Grammaire 7.5**

Des invités à dîner

Bernard et Christine cherchent des recettes intéressantes.

Bernard achète du pain à la boulangerie.

De retour chez eux, Christine commence à préparer les plats.

C'est Bernard qui met le couvert.

Ils vérifient que tout est prêt avant l'arrivée des invités.

Tout le monde se met à table et ils servent le dîner.

Activité 10 Définitions: Se débrouiller dans la cuisine

_____ **1.** Nous y mélangeons les ingrédients d'une recette.

_____ **2.** Nous nous en servons pour prendre de la soupe.

_____ **3.** C'est l'ensemble des ustensiles que nous utilisons au repas.

_____ **4.** On l'utilise pour manger de la salade.

_____ **5.** Ce sont les instructions pour préparer un plat.

_____ **6.** Normalement, nous buvons notre café dans cet objet.

_____ **7.** Nous l'utilisons pour couper la viande.

_____ **8.** On s'en sert pour s'essuyer la bouche pendant un repas.

_____ **9.** Nous y mettons les aliments pour les manger.

____**10.** C'est le récipient où nous cuisinons des plats.

a. un couteau
b. une assiette
c. un bol
d. un couvert
e. une serviette
f. une fourchette
g. une recette
h. une tasse
i. une cuillère
j. une poêle

Act. 10. Review vocabulary for shopping, cooking, and serving a meal and new vocabulary using your PF and the display art. Read the definitions and ask for the terms. New vocabulary: *mélanger, plat, poêle, récipient, tasse, ustensile*. Answers: 1c, 2i, 3d, 4f, 5g, 6h, 7a, 8e, 9b, 10j.

Act. 11. (partners) Review vocabulary as needed before you assign the activity. Later, ask about other dishes: *votre pizza préférée, un hamburger, une tarte au citron,* etc. New vocabulary: *ail, épices, omelette, purée.*

Activité 11 Échanges: Savez-vous cuisiner?

Nommez autant d'ingrédients que possible pour chaque plat.

MODÈLE: Dans une purée de pommes de terre, il y a des pommes de terre, du lait, du beurre, du sel et un peu de poivre.

Suggestions

du beurre	du sucre	de la farine	des épices
des œufs	du vin	de l'huile	du sel
de l'ail	des oignons	du lait	du poivre

● La bouillabaisse, spécialité de Provence

AS 10. Do a TPR sequence in which the class prepares a "mystery dish." After they have followed your instructions, have students name the dish. (At first, choose an "easy" dish such as pizza.)

AS 11. Name a food and have the class think of all the dishes they can associate with that food. Explore the associations, developing as much spontaneous conversation as possible. Example: *le chocolat* (*bonbons au chocolat, gâteau au chocolat*).

1. Avec quoi est-ce qu'on fait une omelette aux champignons?
2. Qu'est-ce qui est indispensable pour faire les crêpes?
3. Que met-on dans la sauce tomate à l'italienne?
4. Avec quoi est-ce qu'on fait un gâteau au chocolat?
5. Qu'est-ce qu'on met dans le steak au poivre?
6. Quels sont les ingrédients dans une tarte aux cerises?
7. De quoi est-ce qu'on a besoin pour une sauce vinaigrette?

Act. 12. (partners; small groups) Before assigning, discuss the dietary needs of the guests. Review and write on board terms such as *sucré(e), riche en protéines, maigrir,* and *grossir.* Follow up with general discussion to see what solutions students found. New vocabulary: *basilic, crème Chantilly, crudités, poché(e), vapeur.*

MENU 1

une soupe de poissons, une salade de tomates et de concombres, des spaghettis à la bolognaise avec du fromage et un gâteau au chocolat

---

MENU 2

une soupe iranienne à base de yaourt, une assiette de crudités, des filets de sole pochés, des haricots verts et une tarte aux pêches

---

MENU 3

une soupe aux tomates et au basilic, des escargots de Bourgogne, des blancs de poulet à la crème et aux champignons et une crème caramel

---

Activité 12 Échanges: Que servir?

Considérez les invités et choisissez un menu. Précisez les modifications éventuelles à faire.

vendredi 6: Mme Dubois, doit maigrir/adore le sucre

samedi 14: Pierre et Jean, cyclistes/doivent participer à une course le 15

mercredi 18: les Delachaux, riches/aiment bien manger!

samedi 28: les Grognon, le patron!/Madame ne mange pas de viande rouge

---

MENU 4

une soupe aux légumes, des coquilles Saint-Jacques, un rôti de porc avec des pommes de terre vapeur, des fraises avec de la crème Chantilly

---

Act. 13. (whole class) (1) Introduce the new words with PF, realia, or objects and pretend to demonstrate the recipe: *Maintenant, je coupe le persil en tout petits morceaux, puis je casse les œufs…* Include choice questions often: *Qu'est-ce que je fais d'abord? Je coupe l'ail en 4 ou je fais cuire les tomates?* (2) Use TPR to have students do the steps in the recipe. (3) Read the recipe aloud, then ask students to tell you the steps in their proper order. New vocabulary (for recognition only): *à feu vif, couper, cuire,*

Activité 13 Dans le monde francophone: Les œufs miroir aux tomates provençales

glisser, mijoter, parsemer, poêle, poivrer, recouvrir, rondelle, saler, verser.

Mettez dans le bon ordre toutes les étapes pour préparer les œufs miroir.

_____ Faites glisser les œufs sur les tomates.

_____ Parsemez les tomates de persil et d'ail.

_____ Versez l'huile d'olive dans la poêle.

_____ Salez et poivrez les œufs.

__1__ Coupez l'ail en quatre.

_____ Laissez les tomates, le persil et l'ail mijoter dix minutes.

_____ Attendez que le blanc de l'œuf recouvre le jaune.

_____ Faites cuire les œufs cinq minutes à feu vif.

_____ Mettez du sel et du poivre sur les tomates.

_____ Mettez les rondelles de tomates dans la poêle.

AS 12. *Recettes.* Ask students to tell about a recipe for a simple dish they enjoy. In groups, they describe their dish and give the ingredients and instructions. The listeners take notes. (Optional: Listeners sign and give you their papers for a comprehension grade.)

AS 13. Have students prepare TPR sequences based on recipes for their favorite dishes. In groups of 3–4, the "chef" has the others prepare the dish.

Ça fait penser

- En français, une casserole est l'ustensile de cuisine dans lequel on prépare un plat.
- Le «French dressing» rouge et sucré n'existe pas en France.
- Les Français mangent leur salade avec de la sauce vinaigrette.

Œufs miroir aux tomates provençales

Pour 4 personnes, 4 tomates, 8 œufs extra-frais, 1/2 bouquet de persil, 2 gousses d'ail, 2 c. à soupe d'huile d'olive, sel, poivre.
Épluchez les gousses d'ail. Lavez le persil. Mixez les gousses d'ail coupées en 4 avec les feuilles de persil.
Faites chauffer l'huile dans une large poêle. Mettez-y les tomates découpées en rondelles. Poivrez, salez, parsemez de persillade. Couvrez la poêle et laissez mijoter 10 mn. Cassez les œufs dans 2 bols. Faites-les glisser sur les tomates. Couvrez de nouveau la poêle et faites cuire à feu vif environ 5 mn. Le jaune de l'œuf doit être recouvert de blanc. Salez et poivrez.

Act. 14. (whole class) During follow-up, have students name other ingredients that are not mentioned for these dishes and ask about other dishes such as *mousse au chocolat.* New vocabulary: names of dishes, *battu(e), caramélisé(e), composé(e), dessert, plat, poivré(e).*

Activité 14 Discussion: Quelques plats français

AS 14. Do a TPR sequence in which the class prepares a classic French dish such as *quiche.* Afterward, ask students about the ingredients and preparation steps.

Que savez-vous de la cuisine française? Essayez d'identifier la description de chacun de ces plats traditionnels.

Cliquez là! Have students find a recipe that is simple enough for them to make on their own. They should print out the recipe and bring it to class. In follow-up discussion, find out what students chose to prepare and put them in groups to explain how to do so. If several students chose to prepare the same type of dish, it might be interesting to group them together to compare their recipes.

a. le coq au vin
b. la crème caramel
c. la sauce hollandaise
d. la salade niçoise

e. les coquilles Saint-Jacques
f. la bouillabaisse
g. le steak au poivre
h. la quiche lorraine

Cliquez là!

Qu'est-ce que vous aimez manger—du chocolat, de l'agneau, des plats végétariens… ? Trouvez une bonne recette d'une culture francophone. Quels en sont les ingrédients? Et comment allez-vous la préparer?

_____ **1.** C'est un bifteck bien poivré et grillé, servi avec une sauce au vin.

_____ **2.** Ce dessert léger est composé d'œufs, de sucre et de lait. Il est recouvert d'une sauce au sucre caramélisé.

_____ **3.** Cette tarte n'est pas sucrée, mais salée! Elle est faite d'œufs battus et de crème.

_____ **4.** C'est une soupe composée de poissons, de fruits de mer et d'épices.

_____ **5.** Le nom de ce plat vient de la ville de Nice. On le sert comme hors-d'œuvre ou comme déjeuner en été.

_____ **6.** On sert cette sauce très riche avec des œufs, du poisson ou des légumes.

_____ **7.** On sert ce plat avec des pommes de terre ou du riz; le poulet en est un des ingrédients principaux.

_____ **8.** C'est un plat nappé d'une sauce à la crème et servi dans des coquilles.

La langue en mouvement. It is generally estimated that at least half of modern English vocabulary is of French origin. Much of this borrowing can be traced to the period of the Norman occupation of England (the 12th to the 14th centuries), when French was spoken by the English elite. Current British English uses many French words for food items, such as courgette (squash), gâteau (cake), and aubergine (eggplant). Have students brainstorm to come up with as many food-related words borrowed from French as they can.

La langue en mouvement

Emprunts gastronomiques

Au cours des siècles, beaucoup de mots sont passés du français en anglais et vice versa. Par exemple, il est facile de reconnaître les origines françaises de mots comme *menu, cuisine, gastronomy* et *gourmet*. Il est intéressant de remarquer que *cuisine* et *kitchen* viennent du même mot latin, mais que *kitchen* est arrivé par la route des langues germaniques. Reconnaissez-vous les mots français qui sont à l'origine des mots *puree, saute* et *blanch*?

Au restaurant. Use the art to introduce restaurant vocabulary and to discuss typical French meals. Compare the foods mentioned here with those students order in a good restaurant. Have students compare their favorite restaurant with the one in the drawings: *Il y a un sommelier à Joe's Grill, Lewis?* Finally, review the situations using *être en train de*. New vocabulary: *addition, commande, crudités, escalope, flageolet, gigot, pourboire, saumon, serveur/serveuse, sommelier/sommelière, terrine.*

Au restaurant

AS 15. TPR (See IRK, *Dînons au restaurant.*)

AS 16. Ask students to name some inexpensive, average, and elegant restaurants in your town or elsewhere. Then ask them to imagine as many foods as possible that one might find in each of these. Finally, ask comparative questions: *Est-ce que le poulet grillé est meilleur chez Maman ou chez Larry? Ça coûte plus cher chez Angelo ou chez Mario?*

★ **Attention! Étudier Grammaire 7.6 et 7.7**

Claudine et Victor vont au restaurant.

Cliquez là!

Les revenus de l'industrie du vin en France s'élèvent à plus de neuf milliards d'euros par an. Quelles régions produisent du vin? Choisissez une région à présenter en classe. Où se situe cette région? Quelle est sa ville principale et pourquoi est-ce un bon endroit pour cultiver la vigne? Quels types de vin y produit-on?

www.mhhe.com/deuxmondes6

Des crudités, des escalopes de veau à la crème et aux champignons et des pommes vapeur, s'il vous plaît.

Moi, je voudrais la terrine de saumon et le gigot aux flageolets.

Le maître d'hôtel les conduit à leur table.

Maintenant, ils sont en train de passer leur commande.

Le sommelier leur propose un vin de Bourgogne.

Cliquez là! You may choose to assign one of the following wine-growing regions to groups of students: Alsace, Bourgogne, Bordelais, Champagne, Val de Loire, or Côtes du Rhône. They should come to class prepared to describe the region, to locate it on a map, and to mention wines from the area. Expansion: Ask students to find out how they can participate in the wine harvest as a temporary worker.

Le serveur leur apporte le dîner.

Avant le dessert, Victor prend du fromage.

Maintenant, le serveur est en train de donner l'addition à Victor.

Avant de partir, ils laissent un pourboire généreux.

Ça fait penser

• En 600 avant J.-C., les Grecs se sont installés à Marseille. Ils ont planté les premiers pieds de vigne.

INFO: Société

La cuisine sénégalaise: Le thieboudienne

Le thieboudienne est un ragoût[1] servi avec du riz blanc. Facile à faire et bon marché, il se prépare avec du thiof, un poisson de l'Atlantique, des tomates, des poivrons verts,[2] des carottes, des patates douces,[3] des navets,[4] des aubergines,[5] des oignons et, naturellement, du piment.[6] Traditionnellement, on le sert dans un grand plat collectif et les convives[7] mangent avec les doigts. Que boit-on avec ça? Une boisson sénégalaise, comme le jus de bissap au goût acidulé,[8] le tamarin (ou dakhar), un jus plus sucré, le thé à la menthe et, si vous n'êtes pas musulman, du vin de palme ou une bière locale.

• Un repas traditionnel au Sénégal

[1] un plat cuisiné de viande ou de poissons et de légumes
[2] poivrons... *bell peppers*
[3] patates... des légumes tropicaux sucrés
[4] *turnips*
[5] *eggplants*
[6] un condiment très fort
[7] personnes qui participent à un repas
[8] le citron, l'orange ont une saveur acidulée

Info: Société. Although there is no "typical" West African cuisine, the *thieboudienne* is fairly representative of a common type of stew combining local meat or fish, when available, and a variety of vegetables. Although it is not native to Africa, rice has become the starch of choice to accompany most dishes, over more traditional staples such as millet and a paste made from the cassava root (*fufu*). The dish is well spiced and cooks for a long time, both measures to prevent food poisoning from fish or meat that has been stored without having been refrigerated. Eating from a common dish is a way to show that a meal is also about sharing and togetherness.

Act. 15. (whole class) Read each item and the choices aloud for students to tell you the logical conclusion. Ask students to identify customs not practiced in their country of origin and in their homes. New vocabulary: *entrée, faire goûter.*

Act. 16. (partners) Explain the situation and briefly review vocabulary. Assign partners. Encourage students to respond freely and to look at the *Suggestions* only after they have explained in their own words. New vocabulary: *l'addition, Ça veut dire quoi?, le plat du jour, service compris.*

Cliquez là!

Allez en Belgique! Choisissez un restaurant à Bruxelles où vous voudriez dîner, puis faites une description de ce restaurant et ses plats pour vos camarades de classe.

www.mhhe.com/deuxmondes6

Cliquez là! Follow-up activity: Assign students to groups of 2–3 and have them compare their choices of restaurant and foods, the amount they intend to spend, and their reasons for choosing that particular establishment. Later, you might ask students to recommend a restaurant in Brussels to you. If differences of opinion arise, the discussion becomes more interesting and students will begin to explain and defend their choices in more detail. Expansion: Encourage students also to browse for boutiques, sights to see, museums, and other points of interest in Brussels.

Activité 15 Discussion: Dans un restaurant

En France, quand est-ce qu'on fait ces choses dans un restaurant?

1. On prend la salade...
   a. après avoir terminé le plat principal.
   b. avant de prendre le plat principal.
2. On mange du fromage...
   a. après avoir terminé la soupe.
   b. avant de prendre le dessert.
3. On prend des hors-d'œuvre...
   a. après avoir pris le dessert.
   b. avant de manger le plat principal.
4. On boit du café...
   a. après avoir pris le dessert.
   b. avant de prendre le fromage.
5. Le sommelier fait goûter le vin...
   a. après l'avoir servi.
   b. avant de le servir.
6. On mange le plat principal...
   a. après l'entrée.
   b. avant l'entrée.

Activité 16 Entretien: Se débrouiller au restaurant

Vous êtes dans un restaurant français pour la première fois avec votre partenaire et vous vous sentez un peu mal à l'aise. Vous posez des questions à votre ami(e). Ensuite votre ami(e), à son tour, va vous poser des questions.

Suggestions le pourboire est compris dans le prix du repas; la note qu'on paie après le repas; le sommelier; le plat spécial offert aujourd'hui; le plat qui précède le plat principal; l'argent qu'on laisse au serveur; des légumes crus (pas cuits); la serveuse

Étudiant(e) 1

1. Comment s'appelle le monsieur qui sert le vin?
2. Qu'est-ce que c'est que l'addition?
3. «Des crudités», qu'est-ce que ça veut dire?
4. C'est qui, cette femme qui sert à la table à côté de nous?
5. ?

Étudiant(e) 2

1. C'est quoi, le plat du jour?
2. Qu'est-ce que c'est qu'un pourboire?
3. Ça veut dire quoi, «service compris»?
4. L'entrée, c'est quoi?
5. ? **Act. 17.** (partners) Demonstrate with a few volunteers to explain the unfamiliar vocabulary. After partners do the activity, practice *en* by offering students other foods and drinks: *Encore de la mousse au chocolat?—Merci, j'en ai assez pris.* New vocabulary: *encore + partitive article, j'en ai assez pris, vexer.*

Activité 17 Entretien: Formules de politesse

Vous avez dîné chez un ami (une amie) et vous avez trop mangé et trop bu. Qu'est-ce que vous lui répondez pour ne pas le/la vexer?

MODÈLE: Tu veux encore du vin? →
Merci, il est délicieux, mais j'en ai assez pris.

1. Un peu de cognac?
2. Tu as goûté ces chocolats?
3. Encore du rôti à l'ail?

4. Tu veux du café?
5. Essaie ces escargots! Ils sont délicieux.
6. Encore de la salade?

Suggestions

Plus de (café), merci. J'en ai déjà trop pris.
Merci. Il est délicieux, mais je n'ai plus faim.
Rien de plus, merci. J'ai très bien mangé!
Plus rien, merci. J'ai (bu) un peu trop de (vin).
Merci. Je ne prends pas d'(alcool).

Activité 18
Entretien: Au restaurant «Chez Michel»

Lisez le menu et choisissez des plats pour...

1. quelqu'un qui évite les matières grasses.
2. une personne robuste qui mange de tout.
3. une personne qui ne prend jamais de viande rouge.
4. des végétariens ou des végétaliens.

À vous la parole! Vous dînez avec des amis au restaurant «Chez Michel», un très bon restaurant parisien. Avec votre partenaire, jouez les rôles du client (de la cliente) et du serveur (de la serveuse).

LE SERVEUR: Vous désirez, (mademoiselle)?
    VOUS: Comme hors-d'œuvre, je voudrais...
LE SERVEUR: Et comme salade... ?
    VOUS: ...
LE SERVEUR: ...
LE SERVEUR: Et avec ça, c'est tout?
    VOUS: ...

Suggestions

Est-ce que le service est compris?
Il est comment, le canard à l'orange?
Monsieur (Madame, Mademoiselle), l'addition, s'il vous plaît!
Quelle est la spécialité de la maison?

Act. 18. (partners; whole class; small groups) (1) Discuss the menu before assigning. Example questions: *Qu'est-ce qu'on prend si on préfère le bœuf? Qu'est-ce qu'il y a dans une salade niçoise? Est-ce qu'il y a quelqu'un dans la classe qui aimerait commander les cailles aux raisins?* (2) Afterward, lead a discussion about what students decided to recommend for each customer. New vocabulary: menu items, *à point, bien cuit(e), cru(e), saignant(e)*.

À vous la parole! Review restaurant expressions: *Que vas-tu (Qu'allez-vous) commander?*, etc. Then put students in groups of three for skits: Diners make their choices, then the waiters arrive to take their orders. Waiters should write down each diner's name and order.

Chez Michel
Menu à 54€*

Entrée au choix

Hors-d'œuvre
terrine du chef
œufs en gelée
terrine de saumon
consommé de légumes
crème d'asperges
avocat vinaigrette

Salades
salade du jardin
salade d'endives aux noix
salade niçoise
salade du chef

Plat garni au choix

Viandes
châteaubriand aux pommes
tournedos béarnaise
gigot d'agneau aux flageolets
escalope de veau aux morilles

Volailles
coq au vin
cailles aux raisins
canard à l'orange

Poissons et fruits de mer
sole meunière pommes vapeur
turbot à l'oseille
homard à l'américaine
moules marinières
gratin d'écrevisses

Fromages
camembert
brie
plateau assorti

Desserts
mousse au chocolat
île flottante
orange givrée
crème caramel
tarte maison

Café ou thé

*boissons non comprises
service compris

AS 17. Students prepare and present a restaurant skit. Encourage complications such as a fly in the soup, mixed-up orders, underdone steak, or special changes to dishes.

un bifteck cru   saignant   à point   bien cuit

LECTURE

«Le Corbeau et le Renard»

Maître Corbeau, sur un arbre perché,
    Tenait en son bec un fromage.
Maître Renard, par l'odeur alléché,[1]
    Lui tint à peu près ce langage[2]:
    «Hé! Bonjour, Monsieur du Corbeau,
Que vous êtes joli! que vous me semblez beau!
    Sans mentir, si votre ramage[3]
    se rapporte[4] à votre plumage,[5]
Vous êtes le phénix[6] des hôtes[7] de ces bois.[8]»
À ces mots, le Corbeau ne se sent pas de joie[9];
    Et pour montrer sa belle voix,
Il ouvre un large bec, laisse tomber sa proie.[10]
Le Renard s'en saisit[11] et dit: «Mon bon
    Monsieur,
    Apprenez que tout flatteur
    Vit aux dépens de celui qui l'écoute.[12]
Cette leçon vaut bien un fromage, sans doute.»
    Le Corbeau, honteux[13] et confus,
Jura,[14] mais un peu tard, qu'on ne l'y prendrait
    plus.[15]

Le Corbeau et le Renard

Extrait des *Fables* (Livre I) de Jean de La Fontaine (1621–1695)

[1]attiré [2]tint... a parlé à peu près comme ça [3]voix, chant [4]se... est proportionnel [5]les oiseaux ont des plumes, qui forment un plumage [6]oiseau mythique [7]habitants [8]ces... cette forêt [9]ne... n'est pas très content [10]victime (le fromage) [11]s'en... l'a pris rapidement [12]Vit... Dépend de sa victime [13]qui a honte [14]A affirmé [15]on... il avait appris sa leçon

Avez-vous compris?

1. Que veut le renard?
   a. manger le corbeau
   b. prendre le fromage du corbeau
   c. se moquer du corbeau
   d. entendre le corbeau chanter
2. Quelle est la stratégie du renard?
   a. amuser le corbeau
   b. distraire le corbeau
   c. flatter le corbeau
   d. intimider le corbeau
3. Pourquoi est-ce que le corbeau accepte de chanter?
   a. Il est très sympathique.
   b. Il est très heureux.
   c. Il est vaniteux.
   d. Il a peur.
4. Comment est le corbeau à la fin de l'histoire? Il est...
   a. furieux.
   b. honteux.
   c. triste.
   d. surpris.

5. Quelle est la morale de cette fable?
   a. Les corbeaux sont idiots.
   b. Les flatteurs ont souvent des intérêts personnels.
   c. Les renards sont manipulateurs.
   d. Les corbeaux n'aiment pas la flatterie.

À vous la parole!   La suite de l'histoire: Maître Corbeau rentre chez lui sans son fromage et raconte ses mésaventures à sa femme. Imaginez leur dialogue.

MME CORBEAU: Qu'est-ce qui est arrivé? Où est ton fromage?

MAÎTRE CORBEAU: Quelle histoire! J'étais perché sur un arbre, avec mon fromage dans le bec,...

 À vous d'écrire

Préparez un petit article publicitaire pour votre restaurant préféré. Dans votre article, donnez des renseignements importants aux clients potentiels, tels que les heures, le décor, le service, les spécialités et les prix. (Inventez les détails si vous n'en êtes pas certain[e].)

À vous d'écrire. Before assigning as homework or group work, have the class select a local restaurant everyone knows and brainstorm ideas on how to create a brochure for that restaurant. You or a volunteer will act as secretary and write all suggestions on the board. Then help the class decide how to organize the brochure.

 ## Rendez-vous cinéma

Le Chemin du retour

Épisode 4: «La disparition d'Antoine»

Le grand-père de Camille, Antoine, a-t-il été un traître pendant la guerre? En 1943, pendant l'occupation de la France par les Nazis, il a quitté Paris pour un petit village, Saint-Jean-de-Causse. Louise est morte, et Camille décide de mener une enquête.

Vocabulaire

Les légumes

Vegetables

l'ail (*m.*)	garlic
les avocats (*m.*)	avocados
le basilic	basil
les champignons (*m.*)	mushrooms
les haricots (*m.*) verts	green beans
la laitue	lettuce
les oignons (*m.*)	onions
le persil	parsley
les petits pois (*m.*)	peas
les pommes (*f.*) de terre	potatoes
les radis (*m.*)	radishes

Mots apparentés: **les asperges** (*f.*), **les brocolis** (*m.*), **les carottes** (*f.*), **un concombre, les tomates** (*f.*)

Les fruits et les desserts

Fruit and desserts

les cerises (*f.*)	cherries
les citrons (*m.*)	lemons
les fraises (*f.*)	strawberries
les framboises (*f.*)	raspberries
les pêches (*f.*)	peaches
les poires (*f.*)	pears
les pommes (*f.*)	apples
les raisins	grapes
la crème caramel	flan, custard with a caramel sauce
la crème Chantilly	whipped cream
un gâteau	a cake
une pâtisserie	a pastry
le sirop d'érable	maple syrup
une tarte aux pommes	an apple pie

Mots apparentés: **les abricots** (*m.*), **les bananes** (*f.*), **les crêpes** (*f.*), **les mangues** (*f.*), **les mandarines** (*f.*), **les oranges** (*f.*), **le sorbet**

Le pain, l'épicerie et les produits laitiers

Bread, grocery, and dairy products

une baguette	a long, thin loaf of bread
le beurre	butter
la confiture	jam, jelly
les épices (*f.*)	spices
la farine	flour
le fromage	cheese
la glace (à la vanille)	(vanilla) ice cream
le gruyère	gruyere (*Swiss cheese*)
l'huile d'olive (*f.*)	olive oil
le lait	milk
la moutarde	mustard
les noix (*f.*)	walnuts
les œufs (*m.*)	eggs
un pain au chocolat	a chocolate croissant
le pain complet	whole-grain bread
le poivre	pepper
le riz	rice
le sel	salt
le sucre	sugar
le yaourt	yogurt

Mots apparentés: **le brie, le camembert, des céréales** (*f.*), **les chips** (*m.*), **le chocolat, la crème, un croissant, un sandwich**

La viande, le poisson et les fruits de mer

Meat, fish, and seafood

l'agneau (*m.*)	lamb
le bifteck	steak
le bœuf (haché)	beef (ground)
les coquilles (*f.*) Saint-Jacques	scallops
les côtes (*f.*) de porc	pork chops
les crevettes (*f.*)	shrimp
les escargots (*m.*)	snails
le gigot	leg of lamb
le homard	lobster
les huîtres (*f.*)	oysters

le jambon	ham
les moules (*f.*)	mussels
le poulet	chicken
un blanc de poulet	a chicken breast
un rôti de porc	a pork roast
le saucisson	salami (hard sausage)
le saumon	salmon
le veau	veal
la volaille	poultry

Mots apparentés: **le bacon, la volaille, le crabe, un hamburger, le rosbif, la sole**

Pour parler de la nourriture

Talking about food

à point	medium (*medium well-done*)
battu(e)	beaten, whisked
beurré(e)	buttered
congelé(e)	frozen
croustillant(e)	crusty, crunchy
cru(e)	raw
cuit(e); bien cuit(e)	cooked; well-done
épicé(e)	spicy
frais/fraîche	fresh
frit(e)	fried
fumé(e)	smoked
garni(e)	garnished
haché(e)	chopped, ground
léger/légère	light, fluffy, delicate
nappé(e) de	covered with
poché(e)	poached
recouvert(e) de	covered (in)
saignant(e)	rare (*meat*)
sain(e)	healthy; healthful
salé(e)	salty, salted
sucré(e)	sweet
végétalien(ne)	vegan
les aliments (*m.*)	foods
une boîte (de)	a can (of)
un goût	a taste, flavor
le mal-bouffe	junk food
les matières (*f.*) **grasses**	fats (*in food*)
un morceau (de)	a piece (of)
une part de pizza	a slice of pizza
une poêle	a frying pan
une poudre	a powder
un produit laitier	a dairy product
une recette	a recipe
un récipient	a container

une tranche (de porc, jambon)	a slice (of pork, ham)
compter les calories	to count calories
faire un régime	to go on a diet
grignoter	to eat a snack
maigrir	to lose weight
mélanger	to mix

Mots apparentés: **un arôme, des calories** (*f.*), **caramélisé(e), composé(e) (de), en compote, la fibre, fin(e), un gramme, grillé(e), un ingrédient, un kilo, les protéines** (*f.*), **riche (en), un ustensile, végétarien(ne), les vitamines** (*f.*)

Magasins d'alimentation

Food stores

une boucherie	a butcher shop
une boulangerie	a bakery
une charcuterie	a delicatessen (pork)
une épicerie	a grocery store
un(e) marchand(e)	a merchant
une pâtisserie	a pastry shop
une poissonnerie	a fish market

Les repas, les boissons et la table

Meals and the table

une assiette	a plate
le casse-croûte	snack
un coca	a soft drink
un couteau	a knife
une cuillère	a spoon
le déjeuner	lunch
le dîner	dinner
l'eau (*f.*)	water
une fourchette	a fork
une limonade	sweet, carbonated drink (*like 7-up*)
le petit déjeuner	breakfast
une serviette	a napkin
une tasse	a cup
le thé	tea
un verre	a glass
le vin	wine
couper	to cut
faire les provisions	to buy groceries
goûter	to taste
se mettre à table	to sit down at the table
mettre le couvert	to set the table

poivrer	to pepper
saler	to salt
verser	to pour

Mots apparentés: **l'alcool** (*m.*), **le café au lait, le champagne, le cidre, le cognac, une sauce vinaigrette**

Au restaurant

In a restaurant

l'addition (*f.*)	the tab, bill
l'entrée (*f.*)	the first course
le maître d'hôtel	the host (maître d')
le plat du jour	today's special
le plat principal	the main course
le pourboire	the tip
une serveur / une serveuse	a waiter, waitress
le sommelier / la sommelière	the wine steward
boire	to drink
commander	to order
conseiller	to recommend
coûter	to cost
laisser un pourboire	to leave a tip
se mettre à (+ *inf.*)	to start
passer la commande	to place an order
retrouver des amis	meet up with friends
vexer	to offend
Encore du / de la / de l'... ?	Would you like more . . . ?
Est-ce que le service est compris?	Is the tip included in the tab?

J'ai très bien mangé!	That was really good!
J'en ai assez / trop pris.	I've had enough / too much.
Je n'ai plus faim.	I'm no longer hungry.
Plus de (café), merci.	No more (coffee), thanks.
Rien de plus, merci.	Nothing else, thanks.

Mots apparentés: **payer, recommander, suggérer**

Le menu

Menu items

la bouillabaisse	Mediterranean fish stew
le canard à l'orange	duck in orange sauce
la choucroute	sauerkraut
le coq au vin	chicken cooked in wine
les crudités (*f.*)	raw vegetables served as an appetizer
une escalope de veau	a veal cutlet
des frites (*f.*)	French fries
un gigot aux flageolets	a leg of lamb with beans
le pâté de foie gras	meat paste of goose liver
les pommes (*f.*) vapeur	steamed potatoes
le rosbif au jus	roast beef with drippings
la salade niçoise	salad of rice, vegetables, tuna
les spaghettis (*m.*) à l'italienne	Italian spaghetti
le steak au poivre	pepper steak
une terrine de saumon	a cold salmon pâté

Mots apparentés: **les endives** (*f.*), **les hors-d'œuvre** (*m.*), **une île flottante, la lasagne, la mousse au chocolat, la purée**

Grammaire et exercices

 7.1 Review of articles

7.1. Students saw and practiced the partitive articles in *Grammaire 3.6*. Point out that the verb of which the given noun is the object determines the article choice, e.g., *j'aime le café*, but *j'aime boire du café tous les matins*. Remind students of the use of *de* in negative sentences and after expressions of quantity (presented in *Grammaire 3.6*).

A. Definite articles (**le, la, l', les**) are used as the equivalent of *the* in English.

> **Le** lait que j'ai acheté est dans **le** réfrigérateur.
>
> *The milk I bought is in the refrigerator.*

Definite articles are also used to talk about people or things in general. In such cases, English generally uses no articles at all.

> **La** mousse au chocolat est mon dessert préféré.
>
> *Chocolate mousse is my favorite dessert.*
>
> **Les** femmes boivent plus d'eau minérale que **les** hommes.
>
> *Women drink more mineral water than men (do).*

B. Remember that indefinite articles (**un, une, des**) are used for countable nouns (**des croissants**), whereas partitive articles (**du, de la, de l'**) are used for mass nouns (**de la confiture**).

> J'ai acheté **des** provisions pour le petit déjeuner. J'ai pris **des** croissants, **du** beurre et **de la** confiture.
>
> *I bought groceries for breakfast. I got (some) croissants, butter, and jam.*

C. To choose the appropriate article, look at the kind of verb used in the sentence. With verbs describing likes or dislikes, such as **aimer, adorer, détester,** and **préférer,** use the definite article because you are talking about things in a general sense.

> Nathalie **aime** beaucoup **les** carottes et **les** petits pois, mais elle **déteste les** épinards.
>
> *Nathalie likes carrots and peas a lot, but she detests spinach.*
>
> Je n'**aime** pas **le** café fort.
>
> *I don't like strong coffee.*

On the other hand, if the verb deals with having, obtaining, or consuming, use **du, de la, de l',** or **des,** because you are talking about some amount of a thing. Such verbs include **avoir, acheter, manger, boire, prendre,** and many others.

> Les Français **boivent du** café après le dîner.
>
> *The French drink coffee after dinner.*
>
> Nous **mangeons de la** pizza tous les vendredis soir.
>
> *We eat pizza every Friday night.*

D. In negative sentences, the indefinite or partitive article becomes **de.** Definite articles do not change.

> Je **n'**achète **jamais de** crème et je **n'**ai **plus de** lait. Est-ce que vous pouvez boire votre café noir?
>
> *I never buy cream, and I don't have any milk left. Can you drink your coffee black?*

Sidebar:

★ *Review* **Grammaire A.3** *and* **A.5** *on articles.*

➤ Definite articles: **le, la, l', les**

ES 1. Ask about foods to practice definite articles in negative and affirmative sentences: *Est-ce que vous aimez les petits pois? Je les aime/ Je ne les aime pas.* Suggestions: *le sucre, la pizza, les croissants, le fromage, le beurre, la soupe aux légumes, le chocolat, les épinards.*

★ *Review* **Grammaire 3.6** *on partitive articles.*

➤ Countable nouns take indefinite articles: **un, une, des.** Mass nouns take partitive articles: **du, de la, de l'.**

ES 2. Use choice questions for input with partitive articles: *Est-ce que vous mangez plus souvent du beurre ou de la margarine?* Suggestions: *du bifteck ou du rôti de bœuf; de la soupe aux carottes ou de la soupe aux pommes de terre; des haricots verts ou des petits pois; du gâteau ou de la crème caramel; des pommes ou des poires.*

➤ Verbs of preference: definite article
➤ Verbs of "consumption": indefinite or partitive article

➤ Je mange *du* chocolat.
➤ Tu *ne* manges *pas de* chocolat.
➤ Je mange *trop de* chocolat!
➤ Tu *n'*aimes *pas le* chocolat.

De is also used after expressions of quantity.

QUELQUES EXPRESSIONS DE QUANTITÉ

beaucoup de *a lot of*

assez de *enough*

une livre de *a pound of*

un litre de *a liter of*

un verre de *a glass of*

un peu de *a little*

trop de *too much, too many*

un kilo(gramme) de *a kilogram of*

une douzaine de *a dozen*

une tasse de *a cup of*

Agnès a acheté **un litre de** lait et **un kilo de** gruyère.

Agnès bought a liter of milk and a kilo of gruyère cheese.

Exercice 1 Vos goûts

Ex. 1. This exercise practices the generic use of the definite article with *aimer*. It can be used for partner practice. Afterward, for practice with partitive articles, you might have students substitute *manger* for *aimer*.

Répondez par **oui** ou **non** et puis indiquez un autre aliment de la même catégorie que vous préférez.

MODÈLE: Tu aimes le jus d'orange? →
Oui, j'aime le jus d'orange, mais j'aime mieux le jus de raisin. (Non, je n'aime pas le jus d'orange. J'aime mieux le jus de pomme.)

1. Tu aimes les petits pois?
2. Tu aimes les cerises?
3. Tu aimes le jambon?
4. Tu aimes la bière?
5. Tu aimes les huîtres?
6. Tu aimes le lait?
7. Tu aimes la tarte aux pommes?
8. Tu aimes le porc?
9. ?

Exercice 2 Les courses

Ex. 2. This exercise gives input with partitives. Students practice partitives and *de* with negation. Some answers may vary. It can be used in class as a role-play. Encourage students to explain their answers.

Avec votre ami(e), vous allez préparer un dîner pour des amis français. Votre ami(e) ne sait pas faire la cuisine mais il/elle va faire les courses. Répondez à ses questions.

Le menu: des spaghettis à l'italienne, de la salade, une crème caramel

MODÈLES: J'achète des pâtes? →
Oui, achète des pâtes (pour les spaghettis).

J'achète du poisson? →
Non, n'achète pas de poisson. (Ce n'est pas nécessaire.)

1. J'achète de la sauce tomate?
2. ... du riz?
3. ... du bifteck?
4. ... du bœuf haché?
5. ... de la laitue?
6. ... des pommes de terre?
7. ... de l'huile et du vinaigre?
8. ... des oignons?
9. ... de la glace?
10. ... du lait?
11. ... des œufs?
12. ... du sucre?

Exercice 3 Combien en consommez-vous?

Utilisez l'expression de quantité appropriée.

Vocabulaire utile   assez de, trop de, beaucoup de, (un) peu de, une (demi-)livre de, un kilo de, un (deux, trois,...) litre(s) de, une (demi-)douzaine de, une tasse de, un verre de, une bouteille de, une (deux, trois) portion(s) de

1. Je bois _____ café(s) par jour.
2. Je bois _____ eau chaque jour.
3. Je consomme _____ œufs par semaine.
4. Je consomme _____ beurre chaque mois.
5. Je mange _____ viande chaque semaine.
6. Je mange _____ fruits par jour.
7. Je mange _____ légumes par jour.

Ex. 3. This exercise practices *de* after expressions of quantity. Partners might compare their habits. Encourage students to comment on their partner's statements (*C'est beaucoup./C'est bon pour la santé…*).

Exercice 4 Les préférences et les habitudes

Faites des questions et des réponses, en employant la forme appropriée de l'article.

MODÈLE: manger souvent / frites (*f.*) →
        É1: Est-ce que tu manges souvent des frites?
        É2: Oui, je... (Non, je...)

1. acheter quelquefois / bonbons au chocolat
2. aimer / escargots
3. manger souvent / dinde (*f.*)
4. consommer beaucoup / fromage (*m.*)
5. détester / poisson (*m.*)
6. adorer / glace (*f.*)

Ex. 4. This exercise requires students to choose between the definite or partitive article (or *de*). After students have prepared and checked their answers, this might be used for Q/A practice in class. Remind them to pay attention to expressions of quantity and the meaning of the verbs. You may need to point out that *quelquefois* and *souvent* are adverbs, not expressions of quantity.

7.2 The verb **boire**

The verb **boire** is similar to **croire** and **voir**. Note, however, its irregular plural forms.

✸ *Review **Grammaire 6.7** on **voir** and **croire**.*

7.2. Students should have little trouble with *boire*, similar in conjugation to *voir* and *croire*. Provide input with the present and the *passé composé: Est-ce que vous buvez du champagne pour fêter le nouvel an? Combien de verres avez-vous bus l'année dernière?*

boire (*to drink*)	
je bois	nous b**uv**ons
tu bois	vous b**uv**ez
il/elle/on boit	ils/elles boi**v**ent
PASSÉ COMPOSÉ: j'ai **bu**	
IMPARFAIT: je **buvais**	

—Monsieur, que voulez-vous **boire**?
—Du thé, s'il vous plaît.

Sir, what would you like to drink?
Tea, please.

Les Français **boivent** souvent de. l'eau minérale

The French often drink mineral water.

Ex. 5. Remind students that *boire* calls for the partitive (or indefinite) article, even when describing general habits.

Exercice 5 Boissons favorites

Répondez aux questions par des phrases avec **boire**.

MODÈLE: Que boivent vos parents avec les repas? →
Ils boivent du thé glacé (du café).

1. Que buvez-vous le matin?
2. Que boivent vos amis quand ils se retrouvent au resto-U?
3. Quand vous sortez avec des amis, que buvez-vous? (nous)
4. Qui boit plus de thé, à votre avis, les Anglais ou les Français?
5. Qu'est-ce que vous avez bu ce matin avant d'aller en cours?
6. Que buviez-vous avec vos repas quand vous étiez petit(e)?
7. Qui buvait du café chez vous quand vous étiez petit(e)?
8. Qu'est-ce qu'on a bu à la dernière fête où vous êtes allé(e)?

7.3. *En* was first mentioned in the presentation of *il y a* in *Grammaire B.1*, and students have seen and used it in fixed expressions. However, this is the first systematic presentation of this pronoun. We present its most common use: replacing a noun and its partitive or indefinite article, or *de* + noun following an expression of quantity. We also include the prepositional use of *en* (*Ce livre? J'en ai besoin.*). This usage should be acquired through input with common expressions: *j'en ai envie/peur.*

7.3 Expressing quantities: The pronoun en

✱ *Review **Grammaire B.1.C** on the use of **en** with **il y a**.*

✱ *Review **Grammaire 4.5.D** on placement of pronouns with infinitives.*

➤ Placement before infinitive: **Je veux *en* manger.**

➤ Uses of en: **Tu as des œufs?**
—**J'en ai trois.**
(I have three of them.)
—**J'en ai.**
(I have some.)
—**Je n'en ai pas.**
(I don't have any.)
—**J'en ai beaucoup.**
(I have a lot.)

A. You are already familiar with the use of the pronoun **en** to replace a noun preceded by a number.

—Avez-vous trois enfants? *Do you have three children?*
—Non, j'**en** ai **quatre.** *No, I have four (of them).*

B. **En** also replaces a noun with a partitive article **(du, de la, de l')** or an indefinite article **(un, une, des).** The English equivalent is *some* or *any*.

—Est-ce que Raoul prend toujours du café après le dîner? *Does Raoul always have coffee after dinner?*
—Oui, il **en** prend toujours. *Yes, he always has some.*

—As-tu des fruits pour le dessert? *Do you have some fruit for dessert?*
—Non, je n'**en** ai pas, mais Daniel va **en** apporter. *No, I don't have any, but Daniel is going to bring some.*

In this use, **en** can refer to people or things.

C. Use **en** to replace nouns preceded by other expressions of quantity such as **un peu, beaucoup, assez, trop.**

—Est-ce qu'il y a encore de la glace au chocolat? *Is there still some chocolate ice cream?*
—Oui, il y **en** a encore **beaucoup.** *Yes, there's still a lot (of it).*

—Je dois acheter du lait à l'épicerie? *Should I buy some milk at the grocery store?*
—Non, j'**en** ai déjà **trop.** *No, I already have too much.*

D. En is also used to replace the preposition **de** + the name of a thing. This often happens with expressions that require **de,** such as **avoir besoin (envie, peur) de.**

➤ **En** also replaces the preposition **de** + a thing: j'**en** ai peur.

—Tu as besoin **de poivre** pour cette recette?

Do you need pepper for this recipe?

—Oui, j'**en** ai besoin.

Yes, I need it (some).

Exercice 6 Habitudes alimentaires

Vous passez quelques jours chez une nouvelle amie. Elle vous pose beaucoup de questions pour connaître vos goûts. Répondez-lui en utilisant le pronom **en.**

MODÈLE: Tu mets du lait dans ton café le matin? →
            Oui, j'en mets. (Non, je n'en mets pas.)

1. Est-ce que tu voudrais des croissants pour ton petit déjeuner?
2. Tu bois du café le matin?
3. Tu aimes prendre de la viande à tous les repas?
4. Tu prends du vin à tous les repas?
5. Tu manges du poisson de temps en temps?
6. Tu manges beaucoup de desserts?

Ex. 6. This exercise practices *en* in place of the partitive or *des,* with present-tense, first-person verbs. It can be used for class pair work.

Exercice 7 Combien?

Répondez aux questions en utilisant **en.**

MODÈLE: Il y a combien d'œufs dans une douzaine? → Il y en a douze.

1. Combien de grammes y a-t-il dans un kilo?
2. Est-ce qu'on a besoin de beurre pour faire une omelette?
3. Est-ce que les enfants ont souvent envie de bonbons?
4. Est-ce qu'il y a beaucoup de caféine dans le café?
5. Y a-t-il de la caféine dans le thé?
6. Combien d'œufs est-ce qu'il y a dans une demi-douzaine?
7. Est-ce qu'il y a du fromage dans la glace?

Ex. 7. This exercise practices *en* with *il y a* and expressions with *avoir.* Use for oral pair work or whole-class discussion.

7.4   Expressing *all* and *everything:* Using **tout**

Tout can be used as an adjective or a pronoun.

A. As an adjective, **tout** corresponds to *all* or *the whole* in English. It agrees in gender and number with the word it modifies: **tout, toute, tous, tout.**

Tout le repas a été délicieux!

The whole meal was delicious.

Tous les œufs sont cassés.

All the eggs are broken.

Nous avons mangé **toute** la pizza.

We ate the whole pizza.

B. As a pronoun, **tout** corresponds to *everything* in English. It is invariable in form.

Tout est prêt pour le dîner.	*Everything is ready for dinner.*
Les enfants ont **tout** mangé.	*The children ate everything.*

Exercice 8 Généralisations: Que pensez-vous?

Complétez la phrase avec **tout, tous, toute** ou **toutes**. Ensuite, dites si c'est vrai, et justifiez votre réponse.

MODÈLE: Les Américains mangent des hamburgers *tous* les jours. →
Non, ce n'est pas vrai. Ils mangent des hamburgers de temps en temps, pas *tous* les jours.

1. Les Français boivent du vin à _____ les repas.
2. _____ les Françaises savent bien cuisiner.
3. En France, on boit du café pendant _____ le repas.
4. _____ les cuisines américaines sont équipées d'un four à micro-ondes.
5. _____ la viande rouge est mauvaise pour la santé.
6. Il est impoli de manger _____ un gâteau sans le partager avec ses amis.

7.5 More on asking questions: Qui, que, quoi

✳ *Review* **Grammaire B.2** *and 3.2.*

7.5. Students have already seen *qui* and *que* in *Grammaire 3.2*. This section is a review and an introduction to the use of preposition + *quoi* and *qu'est-ce qui*? In B, we contrast the two renderings in French of "What is … ?" (Learners tend to overgeneralize *Qu'est-ce que c'est?*) You may wish to do some more focused input activities before assigning. Use a picture of people eating together, and ask questions: *Qui mange ici?* (*un homme/une femme/un couple*) *Qu'est-ce qu'ils mangent/boivent? Qui a préparé le repas? Avec quoi mangent-ils?* (*Avec les doigts ou des couverts?*) *De quoi parlent-ils?*, etc. Except for short formulaic questions such as *Qui est à la porte?* and *Que pense ton père?*, we continue to recommend that students use *est-ce que* instead of the more complex inverted forms of questions. Remind students that *qu'est-ce que = que + est-ce que*. They will require some time and considerable input before they acquire the ability to use *qu'est-ce qui* appropriately.

A. You are already familiar with various kinds of questions. Here is a summary of how to form questions with **qui, que,** and **quoi.** Notice that the question form depends not only on whether you are asking about people or things but also on the function of the person or thing in the sentence: subject, direct object, or object of a preposition.

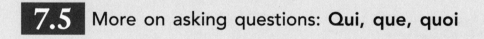

ASKING ABOUT PEOPLE	
Subject: **Qui... ?**	
Qui fait la vaisselle?	*Who's doing the dishes?*
Qui fait les meilleures crêpes?	*Who makes the best crepes?*
Direct object: **Qui + est-ce que... ?, Qui + inversion . . . ?**	
Qui est-ce que tu as rencontré au restaurant? Qui as-tu rencontré au restaurant?	*Who(m) did you meet at the restaurant?*
Object of a preposition: Preposition + **qui** + **est-ce que... ?** Preposition + **qui** + inversion . . . ?	
Avec qui est-ce qu'il déjeune? Avec qui déjeune-t-il?	*With whom is he having lunch?* *(Who is he having lunch with?)*

ASKING ABOUT THINGS

Subject: **Qu'est-ce qui... ?**

Qu'est-ce qui brûle?	*What's burning?*
Qu'est-ce qui se passe?	*What's going on?*

Direct object: **Qu'est-ce que... ?, Que** + inversion . . . ?

Qu'est-ce que tu bois au petit déjeuner?
Que bois-tu au petit déjeuner? } *What do you drink at breakfast?*

Object of preposition: Preposition + **quoi** + **est-ce que... ?**
Preposition + **quoi** + inversion . . . ?

Avec quoi est-ce qu'on boit du vin blanc?
Avec quoi boit-on du vin blanc? } *With what do you drink white wine?*
(What do you drink with white wine?)

➤ French has two question forms:
• Informal: **est-ce que... ?** **Qu'est-ce que tu fais?**
• Formal: subject-verb inversion: **Que** *fais-tu?*

➤ In French questions, the preposition must come first:
De quoi/qui... ?
À quoi/qui... ?
Avec quoi/qui... ?
Pour quoi/qui... ?

B. English questions of the form "What is (something)?" are expressed two ways in French, depending on the meaning:

1. If you are asking for a definition or explanation of an unfamiliar term, use **Qu'est-ce que c'est que... ?**

—**Qu'est-ce que c'est qu'**une aubergine? — *What's an eggplant?*
—C'est un gros légume à la peau violet foncé. — *It's a large vegetable with a dark purple skin.*

2. If you are asking someone to identify a particular item from a set of possible items, use **Quel(le) est... ?**

—**Quel est** ton dessert préféré? — *What's your favorite dessert?*
—C'est la tarte aux pêches. — *Peach pie.*

Exercice 9 «Jeopardy»

Complétez chaque question, et puis trouvez la réponse correcte.

MODÈLE: *Qu'est-ce qu'*on met dans une sauce mayonnaise? des œufs

1. _____ on prend quand on a très chaud?   **a.** le sel
2. Avec _____ est-ce qu'on fait une omelette?   **b.** les enfants
3. _____ donne plus de goût aux aliments?   **c.** un dessert
4. _____ on met dans une bouillabaisse?   **d.** des œufs
5. Avec _____ est-ce qu'on sert du vin rouge?   **e.** la dinde
6. _____ mange le plus de bonbons?   **f.** de la viande rouge
7. _____ on prend à la fin d'un bon dîner?   **g.** de la limonade
8. Sur _____ est-ce qu'on met de la confiture?   **h.** du pain
9. _____ prépare les repas dans un restaurant?   **i.** des fruits de mer
10. _____ est au four, le Jour d'action de grâce?   **j.** le chef de cuisine

Ex. 9. This exercise requires students to use *qu'est-ce que, qu'est-ce qui, quoi,* and *qui.* As a follow-up, students can ask and answer questions with a partner.

Exercice 10 Une soirée

Les étudiants de Mme Martin arrivent chez Jacqueline pour une soirée. Voici les réponses de Jacqueline. Formulez les questions.

> MODÈLE: *Denise* n'est pas encore là. → Qui n'est pas encore là?

1. Louis doit venir *avec Daniel.*
2. J'ai fait *une mousse au chocolat.*
3. J'ai demandé *à Denise* d'apporter des chips.
4. Nous avons besoin *de glace et de verres.*
5. *Louis* a apporté des CD de musique cadienne.
6. Je voudrais parler *du film que nous avons vu hier.*
7. *Le café* sent si bon.
8. Raoul va inviter *son camarade de chambre.*

Exercice 11 Questions gastronomiques

Vous êtes au restaurant avec des amis français et vous parlez de la nourriture. Trouvez la question appropriée pour chaque réponse.

> MODÈLES: La spécialité de l'Alsace, c'est la choucroute. →
> Quelle est la spécialité de l'Alsace?
>
> Le calvados, c'est une liqueur faite de cidre. →
> Qu'est-ce que c'est que le calvados?

1. Les carottes sont mon légume favori.
2. Le plat du jour, c'est les coquilles Saint-Jacques.
3. Une boulangerie, c'est un magasin où on ne vend que du pain.
4. La boisson que je préfère, c'est le lait.
5. Le meilleur type de café, c'est l'arabica.
6. Une mandarine, c'est une sorte de petite orange douce et parfumée.

7.6 Ongoing actions: **Être en train de**

A. As you know, the present tense in French **(je parle)** has several English equivalents, including the simple present (*I speak*) and the progressive present (*I am speaking*). Notice that where English uses the progressive present to indicate that an action is going on at the time of speaking, French generally uses just the simple present tense.

> —Mme Martin est dans son bureau?   *Is Madame Martin in her office?*
> —Oui. Elle **parle** avec Albert.   *Yes. She's speaking with Albert.*

B. If you wish to emphasize that the action is going on as you are speaking, you can use the expression **être en train de** + infinitive.

> —Tu vas payer l'addition, Charles?   *Are you going to pay the bill, Charles?*
> —Oui, je **suis en train de** le **faire** maintenant.   *Yes, I'm doing it (right) now.*

Ex. 12. Use in class for input: *Qui est en train de goûter le vin? C'est Bernard ou Christine qui est en train de prendre un bain?*

Exercice 12 Qu'est-ce qu'ils sont en train de faire?

Pour chaque dessin, dites ce que Bernard et Christine sont en train de faire.

> MODÈLE: (Numéro 1.) Christine est en train de réserver une table.

Suggestions

se baigner
bavarder avec leurs amis
commander leur dîner
entrer dans le restaurant
demander l'addition
s'habiller
goûter le vin
régler l'addition
retrouver leurs amis
rentrer chez eux après
  avoir laissé le pourboire

7.7 **Ordering events: Avant, après**

7.7. Before assigning, review *avant/après* with nouns: *Qu'est-ce que vous avez fait avant le cours aujourd'hui? après le cours hier?* Write a few preposition + noun examples on the board. Then use pictures of people as your context and ask questions: *Est-ce qu'il a passé sa commande avant de manger? Après avoir mangé, est-ce qu'il a laissé un pourboire?* Write examples on the board. Finally, using what you have written, call attention to the difference between *avant/après* + noun and *avant de* + infinitive. Point out that *après* requires a past infinitive: *avoir/être* + past participle.

A. The prepositions **avant** (*before*) and **après** (*after*) are often used with nouns to indicate the order of events. French generally uses infinitives after prepositions, whereas English more often uses gerunds (*before going, after studying*). Students usually have little difficulty with the *avant de* construction. However, they may not acquire the use of *après avoir/être…* until much later. This construction is included here mainly for recognition.

Avant de… and *après…* are two examples of the fact that

> **Avant le dessert,** nous avons pris du fromage.
>
> *We had cheese before dessert.*
>
> Nous avons pris la salade **après le plat principal.**
>
> *We had the salad after the main course.*

B. To express *before doing something,* use **avant de** followed by an infinitive.

➤ **avant de** + infinitive

> On casse les œufs **avant de faire** une omelette.
>
> *One breaks the eggs before making an omelet.*

C. To express *after doing something,* use **après** followed by a past infinitive. A past infinitive = **avoir** or **être** + past participle. With **être,** the past participle agrees with the understood subject.

➤ **après** + past infinitive
Past infinitive:
avoir parlé
être sorti(e)(s)

> **Après avoir dîné** au restaurant chinois, nous sommes rentrés.
>
> *After eating at the Chinese restaurant, we went home.*
>
> **Après être allés** à l'épicerie, nous avons dû passer à la boulangerie.
>
> *After going to the grocery store, we had to go to the bakery.*

Ex. 13. Answers may vary. Before you assign this exercise, remind students that *avant de* is followed by an infinitive.

Exercice 13 Du monde à dîner

Vous invitez des amis à dîner chez vous. Dans quel ordre faites-vous les actions suivantes? Répondez avec **avant de** + infinitif.

> MODÈLE: téléphoner aux amis / faire une liste des invités →
> Je fais une liste des invités avant de téléphoner aux amis.

1. inviter des amis / choisir un menu
2. faire les provisions / lire la recette
3. aller au supermarché / faire une liste
4. m'habiller pour la soirée / faire la cuisine
5. mettre la table / préparer le repas
6. servir le dessert / débarrasser la table (≠ mettre la table)

Ex. 14. Review the *après avoir* + past participle and *après être* + past participle constructions before assigning for homework.

Exercice 14 Priorités

Que fait l'étudiant typique dans ces situations? Employez **après avoir/être** + un participe passé.

> MODÈLE: passer des examens / étudier →
> Un étudiant typique passe des examens après avoir étudié.

1. finir ses devoirs / regarder la télé
2. aller en cours / étudier
3. lire des articles / écrire une thèse
4. regarder son manuel de laboratoire / écouter les CD
5. écrire une rédaction / réfléchir au sujet
6. répondre / écouter les questions du prof
7. aller à la bibliothèque / aller prendre un café
8. se coucher / rentrer du cinéma

GOALS FOR *CHAPITRE 7*.
Students develop vocabulary for talking about food, buying groceries, eating out, and other related activities. They learn new ways to ask questions and to situate events in time. *Functional goals:* (1) Order a meal in a restaurant; (2) Compliment your dinner hosts on the meal; (3) Accept or refuse food and drink graciously; (3) Discuss a recipe: list the ingredients and explain how to prepare the dish.

MISE EN TRAIN.
1. Use your PF to introduce the most common foods and beverages for breakfast, lunch, and dinner. As you continue this input activity over the next few days, introduce more foods, ingredients, descriptions of foods, nutrition, and stores where one purchases food in France. Ask what students like to eat when they are tired, hungry, or not feeling well; what people eat who are trying to lose/gain weight or have a balanced diet; what foods are bad/good for teeth, young children; etc.

2. Use your PF, the Internet, and other sources (cookbooks, food magazines, etc.) to introduce popular and traditional dishes from the Francophone world. Talk about customs relating to eating (hours for meals, the order in which dishes are served, table manners, etc.).

3. Show pictures of people eating in different types of restaurants, menus, restaurant guides such as the *Michelin* red guide, etc., to bring in names of more foods and special dishes. Include restaurant terminology such as *carte, maître d'hôtel, menu à prix fixe, serveur/serveuse, service compris, pourboire.*

Parlons de la Terre!

L'énergie nucléaire joue un rôle très important en France.

Objectifs

CO Photo. Many are still uneasy after the Chernobyl incident in 1986, yet 78% of electricity produced in France today is from nuclear sources. This dependence on nuclear energy with minimal pursuit of other renewable energy sources is controversial. The French are increasingly concerned about environmental pollution and are disturbed by the tendency of industries to create and sell products based on technologies whose effects are not fully understood. At this time, genetically modified foods are not legally sold in France.

In *Chapitre 8,* you will talk about geographical features of the Earth, weather, and climates, and about ecological and environmental issues. You will learn more about the Francophone world and more about how to describe past time. You will also discuss how people can affect their environment.

Instructor information. For goals and *Mise en train* activities for this chapter, please refer to p. 286 at the end of this chapter.

Activités et lectures

En France et ailleurs. (1) Review terms from *Mise en Train, Act. 1* (*falaise, colline, forêt...*) and add new words from the art. (2) As students look at the map, point out that France has a geographical diversity almost as complex as that of the United States. Ask what natural features one can find in various places: *Dans les Alpes, est-ce qu'on trouve des falaises? des dunes?* (3) Ask specific questions about the map: *Quelles montagnes se trouvent à la frontière entre la France et l'Espagne? Quelles villes sont situées près d'un fleuve? Quels sports est-ce qu'on fait dans les Gorges de l'Ardèche?* New vocabulary / place names: *colline, côte, dune, falaise, fleuve, forêt, golfe, gorge, marais, massif, mer, pin, rapides, rivière, sapin, volcan éteint.*

En France et ailleurs

★ **Attention! Étudier Grammaire 8.1**

AS 2. Show slides or photos of different regions in France to illustrate its geographical diversity. Point out that modern France is made up of many former small "states" that represent several different ethnic backgrounds and languages.

AS 3. Distribute travel brochures or pages you've printed from the web and tell students they are going to visit the country described in their brochure. Ask questions about what they are going to see and do there.

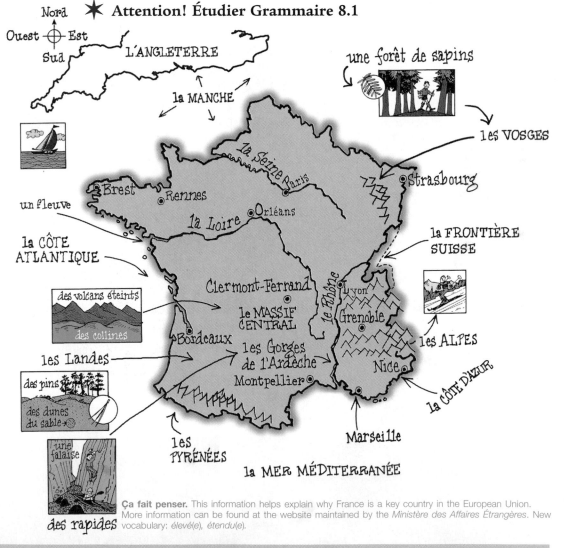

Ça fait penser. This information helps explain why France is a key country in the European Union. More information can be found at the website maintained by the *Ministère des Affaires Étrangères*. New vocabulary: *élevé(e), étendu(e).*

Ça fait penser

- La France est le pays le plus étendu de l'Europe occidentale. Elle a 2.075 km de frontières maritimes, 1.000 km de frontières montagneuses et 195 km de frontières fluviales.
- La France possède le sommet le plus élevé d'Europe occidentale et la principale forêt de l'Union européenne.

Activité 1 Interro: La carte de France

Regardez la carte et les dessins et répondez aux questions.

Comment s'appelle...

1. la capitale qui se situe aux bords de la Seine?
2. la ville dans les Alpes connue pour les Jeux Olympiques d'hiver?
3. la région des dunes et des forêts de pins dans le Sud-Ouest?
4. le grand fleuve qui se jette dans la Manche?
5. la ville au Nord-Est, siège du Parlement européen?
6. la côte méditerranéenne près de Nice?
7. l'endroit où on peut trouver des rapides et des falaises?
8. le fleuve qui commence dans les Alpes et descend vers la Méditerranée?
9. le large bras de mer formé par l'Atlantique entre la France et l'Angleterre?
10. les montagnes à la frontière de la France et de l'Espagne?
11. la région où on peut trouver des volcans éteints?
12. la ville située aux bords de la Loire?

Info: Société

La France dans sa diversité

Quand on parle de la France, on pense souvent à l'«Hexagone». En réalité, le territoire francais est morcelé sur l'ensemble de la planète, avec ses départements et territoires d'outre-mer (D.O.M.-T.O.M.) et une île en Méditerranée, la Corse. La France est donc présente

- dans les Antilles (Martinique et Guadeloupe),
- dans l'océan Indien (Réunion et Mayotte),
- en Amérique du Nord (Saint-Pierre-et-Miquelon, Terre-Neuve),
- en Amérique du Sud (Guyane),
- dans le Pacifique (Wallis-et-Futuna, Polynésie française, Nouvelle-Calédonie).

Naturellement, le français y est langue officielle, mais on y parle aussi de nombreuses langues locales, comme le créole, le kanak et le swahili. Dans l'Hexagone, on ne parle pas uniquement français non plus, mais aussi breton, alsacien, basque, arabe et occitan; de même, beaucoup de Corses s'expriment dans leur langue. L'unité française cache donc une grande diversité géographique, linguistique et culturelle.

● Paul Gauguin (1848–1903), *Mahana Maa*, 1892. L'île de Tahiti, en Polynésie française (Pacifique sud), est l'un des plus célèbres territoires d'outre-mer.

Act. 2. (partners) Ask questions before students do the activity so that they can hear the pronunciation of unfamiliar vocabulary and place names. If possible, show pictures of the places as you do so. Follow up by encouraging students to ask questions about other places (*monter en haut de la statue de la Liberté*). New vocabulary: cities/countries, *cadien(ne)*, *canal*, *casbah*, *descente*, *flamand(e)*, *gondole*, *palais*, *pays*, *pyramide*, *souk* (*marché arabe*).

Activité 2 Échanges: Voyages dans le monde

Dans quel pays et dans quelle ville est-ce qu'on peut faire les activités suivantes?

MODÈLE: visiter le Kremlin →
          É1: Où est-ce qu'on peut visiter le Kremlin?
          É2: On peut le voir à Moscou, en Russie.

ACTIVITÉS	VILLES	PAYS
1. voir les pyramides et le Sphinx	à Montréal	au Canada
2. faire une promenade en gondole sur le Grand Canal	à Athènes	en Égypte
3. écouter du bon jazz et goûter à la cuisine cadienne	au Caire	en Belgique
4. visiter le Palais Impérial	à Bruges	aux États-Unis
5. voir le Parthénon	à Casablanca	au Maroc
6. visiter la «Venise du Nord» et voir ses musées d'art flamand	à La Nouvelle-Orléans	en Grèce
7. parler français en faisant une descente du Saint-Laurent	à Tokyo	en Italie
8. faire des achats dans un souk et visiter une casbah	à Venise	au Japon

Act. 3. (whole class) (1) Read the descriptions aloud for students to identify the countries. (2) Help locate the countries on the maps in the front of the book and ask students to describe other countries they see on the maps for their classmates to guess. New vocabulary: *ancien(ne)*, *archipel*, *désertique*, *détroit*, *fier/fière*, *golfe*, *marécageux/marécageuse*, *moitié*, *neutralité*, *quart*, *superficie*.

Activité 3 Associations: Identifiez le pays

_____ **1.** Ce pays, de culture multi-ethnique et de langue portugaise, occupe la moitié de la superficie de l'Amérique du Sud.

_____ **2.** Cet état d'Asie orientale, l'ancienne Formose, est séparé de la Chine continentale par un détroit.

_____ **3.** Cette île, capitale de la Polynésie française, est située dans un archipel du Pacifique sud.

_____ **4.** Ce pays désertique, qui a un quart des réserves pétrolières du monde, se situe entre la mer Rouge et le golfe Persique.

_____ **5.** Au cœur de l'Europe, ce pays montagneux connu pour sa neutralité politique a quatre langues officielles.

_____ **6.** Cet état américain marécageux, traversé par un grand fleuve, est fier de son héritage français.

a. l'Arabie saoudite
b. Taïwan
c. la Louisiane
d. Tahiti
e. la Suisse
f. le Brésil

Activité 4 Dans le monde francophone: Une publicité

LES SEYCHELLES

« Je ne veux pas que vous alliez aux Seychelles. Ces 92 îles de rêve, éparpillées sur plus de 400 000 km² sont vraiment trop belles. Pas question de découvrir ces splendides plages, douces et chaudes, blotties sous les cocotiers. Jamais je ne vous laisserai vous prélasser dans les eaux turquoises de cet océan, à quelques degrés de l'équateur et ne comptez pas sur moi pour vous offrir un de ces savoureux punch coco dans la lumière dorée au coucher du soleil. Je vous interdis d'assister à la ponte des grandes tortues de mer à l'Île Curieuse ou de surprendre les oiseaux rares de Frégate. Je ne vous permets pas non plus d'explorer les fonds sous-marins d'une rare richesse de Desroches. Et que je ne vous surprenne pas sur une de ces vedettes puissantes qui vous emmènent à la pêche à l'espadon ou au marlin. Le grand Catamaran luxueux qui permet le mouillage dans les baies désertes n'est pas non plus pour vous. Et si j'apprends que les spécialistes VPS ont obtenu une petite île privée uniquement pour vous je ne le supporterai pas».
Certains peuvent croire que le paradis leur est réservé: Bienvenue aux Seychelles.

En conseillant de ne pas aller aux Seychelles, cette publicité donne justement envie d'y aller. Pourquoi? Décidez si les phrases sont vraies ou fausses.

1. Le climat de la région est doux et tropical.
2. On peut voir les grandes tortues de mer en train de pondre des œufs.
3. Il n'y a pas de plages, mais des forêts de cocotiers.
4. On peut observer des oiseaux rares.
5. Il est dangereux de faire des explorations sous-marines près des îles.
6. Le coucher du soleil est vraiment très beau.
7. Malgré la proximité de l'équateur, les eaux de l'océan sont froides.
8. On peut se baigner dans des baies désertes.

Allons plus loin!

Avec d'autres étudiant(e)s, essayez la même formule. Créez une publicité «négative» pour un lieu qui vous plaît beaucoup dans votre ville, votre état ou ailleurs.

Cliquez là!

Visitez un site Web consacré aux Seychelles. Qui habitait là avant l'arrivée des Européens? Quels pays ont colonisé ces îles? Quelle(s) langue(s) est-ce qu'on y parle aujourd'hui?

www.mhhe.com/deuxmondes6

La géographie et le climat

La géographie et le climat. Use your PF to talk about places/countries, their geography, climate conditions, and activities that people can do in those areas. As you do so, ask questions about where students are from: *Le Sahara est un désert énorme! Et vous, est-ce qu'il y a quelqu'un qui habite près d'un désert? Vous, Enrique? Où habitez-vous? Comment est le climat chez vous? Combien de saisons avez-vous là-bas? Est-ce qu'il pleut de temps en temps? En quelle saison?* etc. Talk about personal experiences with the weather: *Quand j'ai visité le Kansas, nous nous sommes réfugiés au sous-sol de la maison de mes parents à cause d'un avertissement de tornade. Qui dans la classe a déjà vu une tornade? Vous, Keisha? Où étiez-vous? Qu'est-ce que vous avez fait? Vous aviez peur?* New vocabulary: *colline, fleuve, golfe, gorge, île, orage, ouragan, péninsule, plaine.*

AS 7. Distribute photos of different types of climate and geographical features to several students. Then describe the photos one by one and have the person holding a photo you have just described hold that photo up for the class to see. Alternatively, place the group of photos so that all students can see them (such as in the chalk tray). Put a card with an alphabet letter beside each photo. Describe the photos randomly; after each description, ask students to say the letter of the one you have just described.

★ **Attention! Étudier Grammaire 8.2 et 8.3**

Activité 5 Définitions: Termes géographiques

_____ 1. étendue de sable au bord de la mer
_____ 2. cours d'eau important qui se jette dans la mer
_____ 3. pays aride où il y a peu de végétation
_____ 4. petit golfe
_____ 5. étendue de terre entourée d'eau
_____ 6. étendue de terrain couverte d'arbres
_____ 7. grande masse verticale de pierre dure
_____ 8. accumulation de neige transformée en glace qui se déplace lentement
_____ 9. presqu'île; bras de terre entouré d'eau de trois côtés

a. une péninsule
b. un glacier
c. une plage
d. une île
e. un fleuve
f. un désert
g. une forêt
h. une baie
i. une falaise

Act. 5. (whole class) Read the definitions and ask students to identify the terms. Then encourage them to create other definitions for words such as *forêt* and *rivière*. New vocabulary: *aride, cours d'eau, couvert(e), dun(e), se déplacer, entouré(e), étendue, glace, péninsule, pierre, presqu'île, terrain, végétation.*

Activité 6 Associations: Endroits et activités

Que voit-on dans les endroits suivants et qu'est-ce qu'on peut y faire?

Vocabulaire utile
des falaises, du sable, des îles, des cascades, des collines, des dunes, des plaines, des baies, des glaciers, des gorges, des forêts, des plages, des vallées, des fleuves, des collines, des rochers

Act. 6. (whole class; partners) Encourage students to think of as many likely geographical features and activities for each place as possible. During follow-up, write new terms that arise on the board. Find out who has visited such places, what they did, etc. Finally, ask what one *won't* find in the particular places or *can't* do there. New vocabulary: *cascade, colline, rivière, rocher, tropicale, vallée.*

MODÈLE: dans les Gorges du Tarn →
On y voit des falaises, des rochers et des rivières. On peut faire du canoë, du kayak, du rafting, de l'escalade, …

1. dans des montagnes comme les Alpes et les Rocheuses
2. dans un désert comme le Sahara ou le Gobi
3. sur la côte nord-ouest de l'Amérique du Nord
4. dans la jungle de l'Amazone
5. sur une île tropicale comme Tahiti
6. dans l'état où se trouve votre université
7. ?

À vous la parole!   Si vous pouviez sortir de la ville, où voudriez-vous passer des vacances? Qu'est-ce que vous aimeriez faire?

Activité 7 Échanges: Quel temps fait-il?

À votre avis, quel temps fait-il dans les endroits suivants?

MODÈLE: en hiver, dans l'Alaska du nord →
É1: Quel temps fait-il en hiver dans l'Alaska du nord?
É2: Il fait très froid, il neige, il y a de la glace et le vent est très froid.

Suggestions   de la pluie, un ciel couvert (gris, bleu), du soleil, du brouillard, de la neige, de l'humidité, de la glace, du vent, des orages, de la foudre, du tonnerre

au printemps, là où tu vis
pendant un ouragan sur une île du Pacifique
en novembre, sur la côte atlantique canadienne
pendant une tempête de neige dans les Alpes
l'après-midi, dans une forêt tropicale
le soir, à Londres, d'après les images stéréotypées
en été, là où tu vis
dans le désert de l'Arizona, un jour d'été

Activité 8 Entretien: La nature et moi

1. Tu vas parfois à la mer? Où aimes-tu aller? Qu'est-ce que tu fais là-bas?
2. As-tu passé des vacances à la montagne? Quand? Avec qui? Tu as fais des randonnées? de l'escalade? du kayak? de la parapente?
3. As-tu déjà visité un désert? Lequel? Tu y es resté(e) longtemps? Comment l'as-tu trouvé?
4. Tu aimes le climat d'où tu viens? Pourquoi? Tu voudrais y passer ta vie?
5. Est-ce que le temps qu'il fait affecte la conduite des gens, à ton avis? De quelle manière?
6. Tu as peur des orages? Que doit-on faire pour se protéger contre un orage dangereux?
7. Quelle est ta saison préférée? Pourquoi? Qu'est-ce que tu aimes faire en cette saison?

Act. 7. (partners) Before students look at the activity, elicit the name of a favorite or interesting place. (Aspen) *Tiens! Jason a proposé la ville d'Aspen! Combien d'entre vous y êtes déjà allés? À quel mois de l'année? Janvier, Marcus? Et quel temps faisait-il à Aspen au mois de janvier? Juillet, Melody? Quel temps… en juillet?* Expand their answers with questions. *Y avait-il beaucoup de vent au mois de janvier? Est-ce qu'il a plu pendant votre visite en juillet? Y avait-il des orages?* Assign the activity to partners. Later, in the follow-up, see how many weather items students can come up with for each item. New vocabulary: *tempête, tonnerre, vivre.*

Act. 8. (partners) To generate further discussion during the follow-up, for each item, ask a few volunteers what their partners answered for that item. Afterward, have the class ask you the questions, switching to *vous* forms. New vocabulary: *là-bas, conduite, parapente, se protéger, randonnée.*

AS 8. Create a signature search of 10–15 items, using students' answers from *Act. 8* and others of your choice. Afterward, find out how many people answered negatively and how many answered affirmatively for each item.

Activité 9 Sondage: Ô marâtre nature

Écoutez et marquez votre décision dans chaque cas. Ensuite, comparez vos réponses avec celles de vos camarades de classe.

1. Vous êtes dehors. Soudainement, il y a un coup de foudre et un coup de tonnerre.
   a. Il vaut mieux s'étendre par terre et se couvrir la tête des mains.
   b. Il faut se cacher sous un arbre et se boucher les oreilles.
2. Pendant votre randonnée en montagne, il arrive une grosse tempête de neige.
   a. On doit s'abriter sous un rocher et attendre la fin de la tempête.
   b. Il vaut mieux continuer la randonnée, mais très prudemment.
3. La météo vient d'annoncer qu'une tornade s'approche de votre quartier.
   a. Il faut ouvrir les portes et les fenêtres pour réduire la pression de l'orage.
   b. Il faut descendre au sous-sol en emportant sa radio et une torche électrique.
4. Dans le désert, on contemple le lit d'une rivière sèche pour dresser sa tente.
   a. Si le ciel est clair, il n'y a aucun danger. On peut y camper.
   b. C'est trop dangereux! Il y a risque d'inondation soudaine.

Activité 10 Dans le monde francophone: Les climats variés

Voici des descriptions extraites d'une brochure. Posez des questions à votre partenaire.

    MODÈLE: É1: C'est quand, l'été indien au Québec?
               É2: C'est en automne, vers la fin septembre.

la Tunisie	le Québec	la Nouvelle-Calédonie
pays maghrébin désertique et montagneux en Afrique du Nord	**province boisée et montagneuse d'un grand pays en Amérique du Nord**	**longue île montagneuse entourée d'un récif-barrière dans le Pacifique près de l'Australie**
Froid et très froid (–10°C) la nuit en hiver dans le Sahara; pas de demi-saison; été très sec et chaud à très chaud.	Hiver rigoureux. Été tempéré dans le nord, chaud dans le sud, superbe «été indien» fin septembre.	Saisons inversées par rapport à l'hémisphère nord, hiver (juin à septembre) frais et humide, intersaisons agréables et été (décembre à mars) chaud

À vous la parole!   Persuadez la classe de visiter votre état (ou pays). **Idées:** parlez de sa géographie (lacs, montagnes, etc.), de son climat, des activités possibles, des villes et des sites à visiter, en montrant des dessins.

Questions écologiques

Questions écologiques. This section focuses on how individuals can affect their environment. Activities include the *imparfait* for *used to* and *was doing,* and the conditional of *devoir* for *ought to, should.* (1) (See *Mise en train, Act. 3.*) Show photos of ecological topics (traffic jams, piles of trash, recycle bins . . .): *Tous ces déchets! Qu'est-ce qu'il y a dans ce tas de détritus?* (des bouteilles . . .) *Pour avoir moins de déchets, qu'est-ce qu'on devrait faire?* (2) Describe the art scenes for students to identify, including frequent questions: *Qui ne recyclait pas ses journaux?* (Marie) *Et vous, est-ce que vous recyclez les journaux chez vous?* List ecological errors on the board as you talk. New vocabulary: *bruit, couler, cultiver, déchets, déranger, détergent, eaux, gaspiller, phosphates, pollution, se rendre compte.*

★ **Attention! Étudier Grammaire 8.4 et 8.5**

Vous devriez recycler ces journaux.

Ne laisse pas couler l'eau. Tu ne devrais pas la gaspiller.

On ne devrait pas cultiver son jardin dans le désert.

Il est interdit de jeter les déchets par terre.

En ville, le bruit peut déranger les autres.

Jean-Yves a vu un film sur les fleuves.

Il s'est rendu compte qu'il contribuait à la pollution des eaux.

Il a acheté un détergent sans phosphates.

Act. 11. (partners) This activity uses the *imparfait* to represent continuing actions that ceased because of a particular event. Be sure students understand the vocabulary and the sequential meaning in the headings. Partners should take turns asking questions. New vocabulary: *baisser, coccinelle, déchets, hybride, insecticide, jardinage, poubelle, 4 X 4 (quatre-quatre), réchauffement de la planète, se servir de.*

Activité 11 Interro: Transformations écologiques

Qu'est-ce qui a influencé ces personnes? Que faisaient-elles jusque-là? Qu'est-ce qu'elles ont fait après?

MODÈLE: É1: Qui a lu un article sur le jardinage naturel?
   É2: Francis Lasalle.
   É1: Que faisait Francis jusque-là?
   É2: Il se servait d'insecticides.

	LE MOMENT CLÉ	AVANT	LE RÉSULTAT
Francis Lasalle	a lu un article sur le jardinage naturel	se servait d'insecticides	a acheté des coccinelles pour son jardin
Marie Lasalle	a assisté à une conférence sur le recyclage	jetait tous ses déchets à la poubelle	a commencé à recycler les objets en verre et en plastique
Julien Leroux	a vu un film sur le réchauffement de la planète	allait partout dans son 4 × 4	a décidé d'acheter une voiture hybride
Emmanuel Colin	a appris que le bruit est une forme de pollution	écoutait sa radio avec le volume au maximum	a baissé le volume de sa radio

Act. 12. (partners; small groups) Read the statements and have students jot down their own answers. Later, have partners or small groups discuss their answers and say why the habits are bothersome. New vocabulary: *émissions, embêtant(e) hygiénique, saleté, stationner, texto, trottoir.*

Activité 12 Sondage: La vie en société

Dites pourquoi ces habitudes qui affectent notre environnement sont mal vues.

MODÈLE: boire son café et se raser pendant qu'on conduit le matin →
   Ça peut mettre quelqu'un en danger! Il faut être attentif au volant.

Suggestions

AS 10. Debate. Teams represent two points of view: (1) individuals should recycle their garbage, and (2) recycling is hard work, and individuals can't make much difference anyway. Debates can be done within the groups with you circulating to listen, or more formally with you serving as moderator.

AS 11. With partners or in groups, students create a list of environmental offenses or pet peeves and a set of punishments for the offenders. Examples: creating wall graffiti/cleaning the wall; tossing trash out of car windows/clearing trash from roadbanks; picking flowers in parks/working in park flower beds; smoking in nonsmoking areas/having to smell smoke or bad odors for a week.

C'est impoli.
Ça peut mettre quelqu'un en danger.
C'est mauvais pour l'environnement.

C'est illégal.
C'est embêtant mais pas grave.
Ce n'est pas hygiénique.

1. envoyer des textos pendant qu'on conduit
2. laisser son chien faire des saletés sur le trottoir
3. refuser de recycler, malgré les règlements
4. fumer dans un endroit public
5. stationner dans un espace interdit ou privé
6. faire des graffiti sur les murs des endroits publics
7. faire du bruit qui dérange ses voisins
8. jeter des déchets par terre
9. conduire son 4 × 4 hors route
10. ignorer les émissions excessives de sa voiture

Activité 13 Récit: Faux-pas écologiques

Identifiez les erreurs que Raoul est en train de commettre et dites ce qu'il devrait faire pour ne pas contribuer à la dégradation de l'environnement.

1.

2.

3.

4.

5.

6.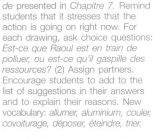

MODÈLE: Il est en train de jeter une boîte en aluminium par terre. →
Il devrait recycler les objets en aluminium recyclable.

FAUX-PAS ÉCOLOGIQUES

- gaspiller de l'énergie
- laisser couler l'eau
- laisser les lampes allumées
- jeter les bouteilles en verre
- jeter une boîte en aluminium par terre
- contribuer à la pollution de l'air
- utiliser trop de détergents
- ?

HABITUDES ÉCOLOGIQUES

- déposer les ordures dans une poubelle
- utiliser moins de détergents, et sans phosphates
- utiliser les transports en commun
- faire du covoiturage
- se déplacer en vélo
- trier les déchets
- recycler les récipients en verre
- arrêter l'eau (éteindre les lumières) quand on ne s'en sert pas
- ?

Act. 13. (whole class; partners) (1) Point out the use of *être en train de* presented in *Chapitre 7*. Remind students that it stresses that the action is going on right now. For each drawing, ask choice questions: *Est-ce que Raoul est en train de polluer, ou est-ce qu'il gaspille des ressources?* (2) Assign partners. Encourage students to add to the list of suggestions in their answers and to explain their reasons. New vocabulary: *allumer, aluminium, couler, covoiturage, déposer, éteindre, trier.*

AS 12. Have partners or small groups draw up a list of things that the university could do to avoid wasting materials and to help create a safe, clean environment.

Ça fait penser

En France...

- chaque habitant produit en moyenne 352 kg d'ordures ménagères par an.
- le bruit qui touche le plus les gens provient de la circulation.
- chaque habitant consomme en moyenne 282 litres d'eau potable chaque année.

Ça fait penser. Read statements aloud and ask factual questions about them. Ask also whether they would be more or less true for the United States or students' country of origin.

Les francophones sur le vif. Since the 1990s, environmentalism has become influential in French political life. Although the right-leaning *Génération Écologie* (founded in 1990) has not fared well, the leftist *Verts* (founded in 1984) have scored several important electoral victories in national and European elections. Dominique Voynet was minister of the environment between 1997 and 2001. Lately, major environmental issues have generated calls to action. 74% of the population is concentrated on barely 16% of the territory, mostly in cities, where noise pollution is a serious issue: 9 million people (or about 15.6% of the population) live in areas exposed to noise levels above 65 decibels. Pollution from vehicle emissions now frequently reaches emergency levels in large cities on overcast days. There are continuing concerns about the dangers of nuclear energy (France has the world's highest density of nuclear plants), which produces nearly 80% of the country's electricity. Water-table contamination by nitrates has become particularly severe in some rural areas, such as Brittany, because of a growing number of pig farms.

Les francophones sur le vif

Yolande Madec, 45 ans, propriétaire d'un magasin d'alimentation bio et membre des Verts,[1] Plougastel (Bretagne)

Pourquoi militez-vous dans une association de défense de l'environnement?

C'est évident, non? Regardez autour de vous: marées noires[2] sur la côte atlantique, pics de pollution de plus en plus fréquents dans les grandes villes, nitrates dans l'eau potable[3]… et bien sûr nos 59 centrales nucléaires! Heureusement que les Français se rendent compte aujourd'hui que la préservation de la nature est une affaire sérieuse, depuis les succès électoraux des Verts. Nous voulons faire prendre conscience à nos concitoyens que l'écologie n'est pas une mode,[4] mais un mode de vie; il faut apprendre à recycler le verre, le plastique et le papier, à utiliser moins d'eau, à ne pas jeter d'ordures dans les parcs et sur les plages, à prendre les transports en commun ou sa bicyclette pour se déplacer. C'est beaucoup d'efforts, mais notre belle planète en vaut la peine,[5] vous ne trouvez pas?

[1]parti politique des écologistes
[2]marées... versements de pétrole dans la mer
[3]eau... l'eau qu'on boit
[4]fad
[5]en... mérite cet effort

Act. 14. (partners) Explain that students should compare life today with the way it was in the past. Go over the *modèle* with a volunteer or two, then assign the activity. New vocabulary: *atome, consommer, domaine, éclairé(e), essence, pareil, perpétuel(le)*.

Activité 14 Échanges: Au milieu du XXᵉ siècle

Voici comment vivaient les Américains pendant les années 50. Est-ce que la vie a changé depuis? Si oui, dites ce qui a provoqué le changement. Sinon, expliquez votre avis.

MODÈLE: Pendant les années 50, on pensait très peu à conserver l'énergie. →
É1: Aujourd'hui, tout le monde en parle mais la situation n'a pas changé. Regarde ces grosses voitures, par exemple!
É2: Peut-être. Pourtant, nous avons fait des progrès dans certains domaines. Par exemple...

Pendant les années 50...

1. les voitures étaient grandes et consommaient beaucoup d'essence.
2. l'équipement ménager consommait beaucoup d'électricité ou de gaz.
3. le covoiturage n'était pas une priorité.
4. on rêvait de créer une source perpétuelle d'énergie à partir de l'atome.
5. les rues n'étaient pas bien éclairées, sauf au centre-ville.
6. on utilisait très peu le vélo comme moyen de transport.
7. beaucoup de gens voyageaient en train et en autocar.
8. la plupart des familles possédaient seulement une voiture.
9. l'essence coûtait plus cher proportionnellement aux salaires.

Exprime-toi!

J'en ai marre!
C'est dégoûtant!
On délire ou quoi?
Tout le monde fait pareil!
Ce n'est pas une raison!
On devrait l'interdire!
On a tort! (tort de...)
C'est pas juste!
Ça suffit!

Activité 15 Associations: Écolo ou pas?

Décidez s'il s'agit dans chaque cas de (1) «l'écolo» ou (2) d'une personne «sans-souci».

Qui...

- prend l'autobus pour aller au travail?
- n'a jamais le temps de recycler ses déchets?
- conduit une voiture puissante à grande vitesse?
- a persuadé son père de planter un jardin naturel?
- adore faire de l'équitation sur la plage?
- laisse ses ordures après avoir campé en montagne?

- organise des courses en buggy de dune avec ses copains?
- se porte volontaire pour nettoyer le parc?
- a acheté une voiture hybride l'année dernière?
- visite les forêts nationales en motoneige chaque hiver?
- emporte ses ordures quand il fait du camping?
- a remplacé ses ampoules incandescentes par des ampoules fluorescentes?

Act. 15. (whole class; partners) Explain that students are to use stereotypical images to divide the actions into two categories. Make a few statements and ask them to decide if each refers to the *écolo* or the *sans-souci*. Suggestions: *Il jette des boîtes et des bouteilles par terre dans le parc. Il préfère se déplacer en vélo. Il n'éteint pas les lumières quand il sort. Il laisse les saletés de son chien sur le trottoir.* New vocabulary: *ampoule, courses (races), équitation, motoneige, se porter volontaire, puissant(e), à grande vitesse.*

Realia. This ad from Carrefour, a major chain of *hypermarchés*, reflects the intensity of public feeling about the environment. Businesses in Western Europe feel compelled to respond to public concern in these areas.

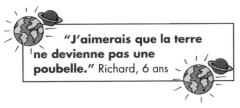

"**J'aimerais que la terre ne devienne pas une poubelle.**" Richard, 6 ans

La langue en mouvement

Mots raccourcis

Le mot *écolo*, forme abrégée d'*écologiste*, illustre un phénomène très fréquent en français courant: l'emploi de mots qui ont perdu leur dernière syllabe (ou leurs deux ou trois dernières syllabes). Par exemple, on entend souvent *foot, télé, aprèm, météo, fac* et *appart*. Pour certains mots, la forme courte est devenue plus courante que la forme longue, comme dans *métro* (< *métropolitain*), *vélo* (< *vélocipède*) et *cinéma* (< *cinématographe*), qui devient en français courant *ciné*. De même, certaines formes courtes sont très utilisées comme préfixes ou adjectifs; beaucoup de consommateurs achètent des *produits bio* dans des *éco-emballages*.

La langue en mouvement. The same process of clipping or abbreviation exists in English, although it is less widespread. In French, the short forms retain the same gender as the full words. Many of these short forms end in -*o: resto* (restaurant), *ado* (adolescent), *McDo* (McDonald's), *accro* (*accroché*, meaning drug addict or fanatic). Sometimes a final -*o* appears even when it is not present in the long form: *intello* (*intellectuel*), *dico* (*dictionnaire*).

Ça fait penser

En France...

- 38.000 hectares de la superficie rurale disparaissent sous la construction chaque année.
- Entre 2000 et 2005, les espaces agricoles ont diminué d'environ 300.000 hectares.
- Entre 2000 et 2005, les forêts ont progressé de 136.000 hectares.
- 7 % des prairies disparaissent tous les cinq ans.

Ça fait penser. The statistics came from the web site of the *Ministère de l'Aménagement du Territoire et de l'Environnement, 2000.* Forestland is increasing because of commercial production of timber. France, like many other countries, is debating how to deal with increasing urban sprawl. A *hectare* equals approximately 2.7 acres.

Activité 16 Discussion: Questions écologiques

Vous vous inquiétez des problèmes écologiques? En groupes, proposez ce qu'on peut faire pour les résoudre.

MODÈLE: À mon avis, nous devrions sauver *les espèces en danger d'extinction.* Nous devrions *restaurer leur habitat.*

PROBLÈMES ÉCOLOGIQUES

1. la forêt humide en danger
2. la pollution des rivières et des fleuves
3. les antibiotiques dans la viande et la volaille
4. la croissance des centrales nucléaires
5. la quantité énorme des ordures
6. la pollution de l'air
7. la dépendance aux combustibles fossiles et au pétrole
8. les effets des changements climatiques
9. l'emploi excessif du polystyrène (du plastique)
10. ?

SOLUTIONS

a. arrêter d'employer des pesticides toxiques
b. demander des verres et des assiettes en papier plutôt qu'en plastique
c. développer d'autres sources d'énergie
d. participer aux programmes de recyclage
e. limiter les émissions industrielles
f. arrêter de déboiser les forêts
g. acheter des produits bio
h. consommer moins d'énergie
i. acheter plus de produits verts
j. développer les transports en commun
k. encourager la production de voitures hybrides
l. nettoyer les eaux polluées
m. ?

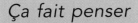 # LECTURE

Mes éco-vacances au Gabon

En septembre, Amélie, une jeune Parisienne, retrouve son amie Sylvaine, qu'elle n'avait pas vue depuis plusieurs mois.

—Bonjour, Sylvaine!

—Amélie! Comment vas-tu?

—Moi, ça va. Alors, ces vacances?

—Quand je t'ai dit que je partais en Afrique, tu as peut-être pensé que j'allais au soleil, au bord de la mer, ou bien en safari?

—C'est clair!

—Eh bien, pas du tout! En fait j'étais au Gabon, en pleine forêt équatoriale.

—Ouh là! Tu me fais peur.

—Est-ce que tu savais que l'Afrique centrale possède la deuxième plus grande forêt du monde?

—Mmm, non. Ça doit être immense...

- L'écotourisme en Afrique protège l'environnement et la culture locale.

—1.840.000 de km² (kilométres carrés), plus de trois fois la superficie de la France! C'est le paradis des botanistes et des zoologistes.

—Super! Mais quel rapport avec les vacances?

—Ah, oui, tu ne savais pas? Fini pour moi les vacances où on bronze[1] sur une plage bordée de cocotiers,[2] où on achète des souvenirs idiots, où tout le monde prend les mêmes photos des mêmes monuments. Maintenant je veux voyager responsable! J'ai trouvé ce «circuit aventure» génial: huit jours au Gabon, un pays où la forêt couvre 80 % du territoire et la densité de la population n'est que de 4 personnes au km².

—Diable![3] On doit se sentir seul.

—Il n'y a presque personne, mais beaucoup d'animaux: des milliers d'éléphants, de gorilles, de chimpanzés, d'hippopotames, des centaines d'espèces d'oiseaux... Tu te rends compte?

—J'imagine qu'il est difficile d'approcher tous ces animaux, non?

—Bien sûr, pour accéder à des lieux aussi magiques, il n'y a ni avion, ni train. On peut seulement voyager en petit groupe, d'abord en voiture, et ensuite en pirogue, puis à pied. Ainsi le tourisme a moins d'impact sur l'environnement. De plus, on ne mange que des produits locaux.

—C'est admirable! Mais le confort...

—Ah, évidemment, les hôtels trois étoiles avec minibar, climatisation[4] centrale et centre de fitness, c'est rare dans la région. Mais je précise que dans le modeste «lodge» où nous étions hébergés[5] à Iguéla, dans le parc national du Loango, il y avait de l'eau chaude et des toilettes privées!

—Bon, tout de même! Et qu'est-ce que tu as vu de beau, dans ce parc?

—Tu sais combien j'adore les fleurs—j'étais servie! On trouve des orchidées dans toutes les régions du pays, en zone côtière, en montagne, en savanes, en forêt. D'après les estimations, le nombre d'espèces d'orchidées existant au Gabon approche 320. Comme de nombreux endroits n'ont pratiquement pas été explorés, il est toujours possible de découvrir une espèce inconnue; c'est incroyable, non?

—En effet. Tu en as ramené, de ces fameuses orchidées?

—Absolument pas! Il faut respecter les écosystèmes fragiles: admirer sans toucher.

—Et... tu ne t'es pas ennuyée, sans cinéma, ni bars, ni boîte de nuit[6]?

—Les huit jours sont passés très vite. En fait, il était très difficile de quitter ce paradis terrestre et de rentrer à Paris, où il y a vraiment très peu d'éléphants et d'orchidées sauvages...

—Oui, et très peu d'insectes, mais beaucoup de gens et de distractions, merci.

—L'écotourisme permet aussi d'aider le développement durable, tu sais?

—Bravo! Mais pour mes vacances, moi, je préfère me reposer, lire des romans policiers et rencontrer de beaux gars[7] sur la plage.

---

[1]*gets a tan*   [2]arbres qui produisent des noix de coco   [3]expression de surprise   [4]*air conditioning*
[5]logés   [6]boîte... club, discothèque   [7]hommes

Pre-reading activity. Write on the board various categories of tourism, and have the students propose typical activities for each one: *le tourisme culturel, le tourisme sportif, l'écotourisme, le tourisme «relaxe»*. If they have difficulties with this, you can propose activities and ask them to place them in the right category: *visiter un musée, faire de la plongée, observer des animaux sauvages, aller à la plage.* Locate on a map of Africa (there is one at the back of *Deux mondes*) *le Gabon* and other French-speaking countries in the region: *le Cameroun, le Congo, la République Démocratique du Congo* (formerly *Zaïre*), *la République Centrafricaine, le Burundi, le Rwanda.* You can find out further information on the web if you do a search with the key terms *écotourisme* and *Gabon*.

Avez-vous compris?   Formulez des alternatives aux pratiques suivantes pour respecter les principes de l'écotourisme.

1. Je fais des réservations «tout compris» en payant tout en avance pour ne rien avoir à dépenser sur place.
2. Je reste uniquement dans de grandes chaînes d'hôtels car ils sont plus confortables.
3. Quand j'achète quelque chose sur place, je marchande pour obtenir le meilleur prix: je ne veux pas payer trop cher!
4. J'aime bien rapporter des plantes ou des minéraux que je trouve en me promenant: c'est authentique et ça ne coûte rien.
5. J'aime aller dans des sites sauvages que personne n'a encore visités.
6. Même à l'étranger, je préfère manger comme chez moi.
7. Je fais du tourisme seulement pour m'amuser et me distraire.
8. ?

MULTIMÉDIA

Online Workbook / Lab Manual

Online Learning Center and Audio Program

ActivityPak

www.mhhe.com/deuxmondes6

À vous d'écrire.
(1) Explain the situation. Ask students to imagine a large African city in which one sees an international population and the influences of both the Western world and African traditions. What might they expect to see or hear? Write ideas on the board as the class talks. (2) Composition: Students should describe a number of events that were occurring at a particular time in the past, using the *imparfait*. In most cases, they should connect these with a completed action. Example: *J'ai pris une limonade à la terrasse d'un café et j'ai regardé autour de moi. Les conducteurs klaxonnaient; les gens marchaient vite; un homme qui portait des vêtements typiques des habitants des villages…*

À vous d'écrire

Vous venez d'arriver à Dakar au Sénégal. Vous vous êtes promené(e) un peu et maintenant, vous écrivez à votre ami(e). Vous voudriez lui dépeindre une image très vive de ce que vous avez vu: des touristes avec leurs appareils photo, des vendeurs de fruits, des hommes d'affaires en costume traditionnel, des clients élégants dans les boutiques, une circulation intense dans les rues… Dans votre lettre, employez l'imparfait pour dire ce qui se passait autour de vous.

MODÈLE: *Cher (Chère)…*

Me voilà enfin, confortablement installé(e) dans ma chambre. Il me semble que je vais aimer Dakar. Je me suis promené(e) un peu cet après-midi. Il faisait un temps splendide. Il y avait des gens qui… Beaucoup de personnes…

Avec toutes mes amitiés,

● Un écosystème fragile en Côte-d'Ivoire

Vocabulaire

La géographie et la Terre

Geography and the Earth

au bord de	at the edge of
aux bords de	on the banks of
couvert(e) (de)	covered (with)
entouré(e) (de)	surrounded (by)
se jeter	to flow into
large	wide
marécageux/ marécageuse	swampy
montagneux/ montagneuse	mountainous
situé(e)	located
se situer	to be located
des collines (*f.*)	hills
la côte	the coast
un cours d'eau	a stream, river
un détroit	a strait
l'est (*m.*)	east
un état	a state
une étendue (de)	a stretch, expanse (of)
une falaise	a cliff
un fleuve	a river
la forêt humide	the rainforest
la frontière	the border
un golfe	a gulf
une île	an island
la Manche	the English Channel
le nord	north
l'ouest (*m.*)	west
la pierre	stone
un pin	a pine tree
une presqu'île	a peninsula
les réserves petrolières	oil reserves
une rivière	a stream
un rocher	a rock
le sable	sand
un sapin	a fir tree
le sud	south
la superficie	surface area
un volcan éteint	an extinct volcano

Mots apparentés: **un archipel, aride, une baie, une cascade, continental(e), un désert, désertique, une dune, un glacier, une gorge, une jungle, un océan,** **une péninsule, une plaine, des rapides** (*m.*), **un terrain, tropical(e), une vallée, la végétation**

Le temps et le climat

Weather and climate

le ciel (*f.*)	the sky
la foudre	lightning
un coup de foudre	a bolt of lightning
la glace	ice
une inondation	a flood
un nuage	a cloud
un orage	a storm
un ouragan	a hurricane
la pluie	rain
une tempête	a storm, tempest
le tonnerre	thunder
une tornade	a tornado

Préoccupations écologiques

Environmental concerns

une centrale nucléaire	a nuclear power plant
les combustibles (*m.*) **fossiles**	fossil fuels
la croissance (de)	the increase (in)
les déchets (*m.*)	trash
les eaux (*f.*) **(de)**	the waters (of)
l'essence (*f.*)	gasoline
une motoneige	a snowmobile
la quantité des ordures (*f.*)	the quantity of garbage
le pétrole	oil
le réchauffement de la planète	global warming
un 4 × 4 ("quatre-quatre")	a four-wheel drive vehicle
contribuer (à)	to contribute (to)
déboiser (les forêts)	to clear away (forests)
déranger	to disturb, bother
gaspiller l'énergie	to waste energy
jeter (une boîte)	to throw away (a can)
laisser couler l'eau	to leave water running
se servir de pesticides	to use pesticides

Mots apparentés: **les antibiotiques** (*m.*), **un buggy de dune, la dégradation, un détergent, l'électricité, les émissions** (*f.*) **industrielles, l'extinction, le gaz, les graffiti** (*m.*), **pollué(e), la pollution, toxique**

Solutions environnementales

Environmental solutions

des aliments bio	organic produce
allumé(e)	lighted
une ampoule	a lightbulb
l'autocar (*m.*)	cross-country bus
une coccinelle	a ladybug
interdit(e)	forbidden
le jardinage naturel	organic gardening
une poubelle	a trash can
un produit vert	a natural product
puissant(e)	powerful
une voiture hybride	a hybrid car
baisser (le volume)	to lower (the volume)
consommer moins (de)	to consume less (of)
déposer dans une poubelle	to put, place in a garbage can
emporter ses ordures	to carry away one's garbage
éteindre les lumières	to turn off the lights
faire du covoiturage	to carpool
des progrès	to make progress
nettoyer	to clean
se porter volontaire	to volunteer
(se) protéger	to protect (oneself)
recycler le verre	to recycle glass
remplacer	to replace
se rendre compte	to realize, recognize
résoudre	to resolve
sauver	to save
trier les déchets	to sort trash

Mots apparentés: **excessif/excessive, fluorescent(e), incandescent(e), les phosphates** (*f.*)**, planter, le recyclage**

La description

attentif/attentive	attentive
Cadien(ne)	Cajun
dur(e)	hard (≠soft)
éclairé(e)	lit, lighted
fier/fière	proud
flamand(e)	Flemish
prudemment	carefully
puissant(e)	powerful
sec/sèche	dry

Mots apparentés: **dangereux/dangereuse, recyclable**

Substantifs

la casbah	the old part of an Arab city
la conduite	conduct, behavior
l' équitation (*f.*)	horseback riding
un lieu	a place, spot
la moitié (de)	half (of)
une publicité	an ad
un quart (de)	a quarter (of)
un texto	a text message
un souk	an Arab market
une torche électrique	a flashlight
le volant	the steering wheel

Mots apparentés: **l'aluminium** (*m.*)**, un atome, une gondole, le jazz, la neutralité, un palais, une pyramide**

Verbes

s'abriter	to take shelter
se boucher les oreilles	to cover one's ears
se cacher	to hide
se déplacer	to move from one place to another
dresser une tente	to set up a tent
emporter	to carry with you
s'étendre	to lie down, stretch out
faire de la parapente	to hang glide
une randonnée	to go on a hike
réduire la pression	to reduce the pressure (*of air*)
se trouver	to be located
vivre (à/en/dans)	to live (in)

Mots et expressions utiles

(à) grande vitesse	(at) high speed
les années 50	the 1950's
là-bas	(over) there
pourtant	however
la santé	health
sauf	except, save
Ça suffit!	That's enough!
J'en ai marre!	I'm fed up.
On a tort (de)... !	They're wrong (to) . . .
On devrait l'interdire!	They should forbid it!
On délire ou quoi?	Are they nuts or what?
Tout le monde fait pareil.	Everybody does the same thing.

Grammaire et exercises

8.1 Expressing location, destination, and origin: Prepositions + place names

A. Cities. Use **à** (*to, at, in*) and **de** (*from*) with names of cities.

Agnès Rouet habite **à Paris.**　　　*Agnès Rouet lives in Paris.*
Julien Leroux vient **de Bruxelles.**　　*Julien Leroux comes from Brussels.*

B. Continents, Countries, and Provinces. The preposition used depends on whether the name is masculine, feminine, or plural. In general, names of continents, countries, and provinces that end in **-e** are feminine, and all others are masculine: **la Tunisie, l'Égypte, la Côte-d'Ivoire; le Maroc, le Danemark, le Québec.** (Exception: **le Mexique.**) A few place names are plural: **les États-Unis, les Pays-Bas.**

PREPOSITIONS WITH COUNTRIES, CONTINENTS, AND PROVINCES		
all feminines, masculines starting with a vowel	**other masculines**	**plural**
in, to / *from* **en** Suède, **en** Iran **de** France, **d'**Israël	**au** Canada **du** Sénégal	**aux** États-Unis **des** États-Unis

Nous allons **en Allemagne** et **au Luxembourg.**　　*We're going to Germany and Luxemburg.*
Leila vient **de Tunisie** et son mari vient **du Maroc.**　　*Leila comes from Tunisia, and her husband comes from Morocco.*
Julien est rentré **des États-Unis** hier.　　*Julien came back from the United States yesterday.*

C. U.S. States. Most states are masculine because their names do not end in **-e: le Connecticut, le Kentucky, le Maryland,** etc. (Exception: **le Maine.**) Nine states change their spelling in French and thus become feminine: **la Californie, la Caroline du Nord et du Sud, la Floride, la Géorgie, la Louisiane, la Pennsylvanie, la Virginie, la Virginie-Occidentale.**

With feminine names, use **en** and **de** as previously explained: **en Californie; de Louisiane.** Likewise, masculine names take **du (de l'),** but **dans le** is usually preferred to **au: dans le Michigan, dans l'Ohio; du Texas, de l'Iowa.**

Exercice 1 Tour de France

Vous allez visiter la France et vous décrivez votre itinéraire. Suivez le modèle.

MODÈLE:　Paris (Île-de-France) → Je vais d'abord à Paris, en Île-de-France.
　　　　　Reims (Champagne) → De Paris, je vais à Reims, en Champagne.

1. Strasbourg (Alsace)
2. Dijon (Bourgogne)
3. Grenoble (Savoie)
4. Arles (Provence)
5. Clermont-Ferrand (Auvergne)
6. La Rochelle (Poitou)
7. Tours (Touraine)

8.1. This section is included mainly for reference. At this point, students should realize that there is considerable variation, that place names have gender, and that many take an article. They should also acquire common combinations as set expressions (*des États-Unis, en France, au Canada*). Use choice questions to review *en, au,* and *aux* + names of countries/states: *Pour visiter Genève, est-ce qu'on va en Belgique ou en Suisse? Est-ce que le Taj Mahal se trouve au Pakistan ou en Inde?* For cities: *En Russie, est-ce que vous pouvez aller à Moscou ou à Prague?* To review *de, du,* and *des* + countries/states, use nationalities: *D'où viennent les Ivoiriens, du Sénégal ou de Côte-d'Ivoire? Est-ce que les Navajos habitent au Canada ou aux États-Unis?*

➤ Cities: Use **à** and **de.**
　Countries:
　　en/de + fem.
　　au/du + masc.
Most country names ending in **-e** are feminine. To check gender, see the maps in the front of this book. *Shortcut:* If a country name starts with a vowel or ends in **-e,** use **en/de.** Otherwise, use **au/du.** *Exception:* **le Mexique**

➤ U.S. states:
　en/de + fem.
　dans le/du + masc.

ES 1. List a few continents, countries, and states on the board. Ask students to name related places and write them under these names, in columns: *l'Afrique/le Congo, le Sénégal; la Louisiane/La Nouvelle-Orléans, Baton Rouge; l'Angleterre/Londres, Brighton.* Then have partners ask and answer questions following this model: —*Tu vas en Amérique du Sud?* —*Oui, je vais en Argentine.*

Ex. 1. This exercise practices *à* and *de* with cities, and *en/au* with provinces. Remind students that the same rules usually apply for provinces as for continents, countries, and states.

Exercice 2 Le tour du monde

Posez des questions à un jeune globe-trotter. Donnez aussi ses réponses.

> MODÈLE: l'Amérique du Sud / le Pérou et l'Argentine →
> —Est-ce que tu vas en Amérique du Sud?
> —Oui, je vais au Pérou et en Argentine.

1. l'Europe / le Portugal et l'Espagne
2. l'Asie / la Chine et l'Inde
3. l'Afrique / la Côte-d'Ivoire et le Sénégal
4. l'Afrique du Nord / la Tunisie et le Maroc
5. la Louisiane / Baton Rouge et La Nouvelle-Orléans
6. le Canada / Montréal et Toronto
7. l'Amérique du Sud / le Brésil et l'Argentine
8. l'Amérique du Nord / les États-Unis: la Californie et le Texas

Exercice 3 Le marché international

Savez-vous de quels pays viennent les produits et les aliments suivants?

> MODÈLES: les stylos Waterman →
> D'où viennent les stylos Waterman?
> Les stylos Waterman viennent de France.
>
> le sushi →
> D'où vient le sushi?
> Le sushi vient du Japon.

1. les Volkswagen
2. les appareils Sony
3. le jambalaya
4. les vins de Bourgogne
5. les enchiladas et les tacos
6. le cappuccino
7. les Cadillac
8. le sucre d'érable

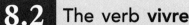 **8.2** The verb **vivre**

The verb **vivre** is irregular but is similar to **écrire** in the present and the imperfect. Like **vivre: survivre (à)** (*to survive*).

vivre (*to live*)	
je vis	nous vivons
tu vis	vous vivez
il/elle/on vit	ils/elles vivent

PASSÉ COMPOSÉ: j'ai **vécu**
IMPARFAIT: je **vivais**

Je **vis** à La Nouvelle-Orléans depuis dix ans.	*I've been living in New Orleans for ten years.*
Mes parents **vivaient** à Toronto quand je suis né.	*My parents were living in Toronto when I was born.*
L'accident était horrible, mais miraculeusement, tout le monde **a survécu.**	*The accident was horrible, but miraculously, everyone survived.*

Exercice 4 Les oiseaux et l'environnement

Employez une des formes de **vivre** ou **survivre.**

Il y a près de 9.000 espèces d'oiseaux qui _____¹ dans le monde. Chaque espèce _____² dans un milieu particulier. Par exemple, les pics,* oiseaux à becs longs, pointus et solides, _____³ dans les forêts. L'aigle royal _____⁴ en haute montagne, dans les Alpes et les Pyrénées. Le flamant rose, grand oiseau au long cou, ne peut _____⁵ qu'au bord de lacs salés peu profonds.

   Toutes ces espèces _____⁶ (*passé composé*) dans une paix relative jusqu'à récemment. Mais aujourd'hui, celles qui _____⁷ (*p.c.*) sont souvent menacées par la destruction de leur habitat ou la pollution des eaux. Pourtant, certaines espèces se sont bien adaptées au milieu humain. Par exemple, la cigogne† blanche, qui autrefois _____⁸ (*imparfait*) exclusivement dans les rochers ou les arbres, aujourd'hui construit souvent ses nids énormes sur des toits de maisons, surtout en Alsace.

   Puisque nous _____⁹ tous sur la même planète, nous devrions tous aider à protéger ces belles créatures à plumes.

8.3 Review of direct and indirect objects: More on object pronouns

A. Me, te, nous, and **vous** are used as both direct and indirect objects. The remaining forms, however, are different for direct and indirect objects.

DIRECT OBJECTS	INDIRECT OBJECTS
le (l')	lui
la (l')	leur
les	

★ Review **Grammaire 4.5** *on direct object pronouns and* **6.5** *on indirect object pronouns.*

8.3. This section reviews the difference between the object pronouns *le/la/les* and *lui/leur*. Remind students that it is important to learn prepositions with new verbs, and that *lui/leur* = *à* + name(s) of person(s). Point out that two object pronouns can occur in the same sentence and that when this is the case, the third-person direct object pronoun precedes the third-person indirect object pronoun. (For more information, see *Grammaire 10.4*.)

---

*woodpeckers
†stork

> A direct object has *no* preposition: verb + noun. **J'adore *les oiseaux.***

> An indirect object is preceded by **à**: verb + **à** + noun. **Je parle à *mon chat.***

> D.O.: **J'écoute *les oiseaux.***

> I.O.: **Je ressemble à *ma mère.***

> Le/la/les come before lui/leur.

★ You will learn more about the order of object pronouns in **Grammaire 10.4.**

B. Remember that in French, a direct object has no preposition before it, whereas an indirect object is preceded by **à**.

DIRECT OBJECT

J'ai beaucoup aimé **ce film.** → *I really liked that film.*
Je **l'**ai beaucoup aimé. *I really liked **it**.*

INDIRECT OBJECT

Christine écrit souvent **à ses parents.** → *Christine often writes to her parents.*
Elle **leur** écrit souvent. *She often writes to **them**.*

C. The kind of object a French verb takes is not necessarily the same as that for the corresponding English verb: some French verbs require prepositions where their English counterparts do not, and vice versa.

DIRECT OBJECTS IN FRENCH	INDIRECT OBJECTS IN FRENCH
attendre *to wait for*	**obéir à** *to obey*
chercher *to look for*	**plaire à** *to please*
demander *to ask for*	**répondre à** *to answer*
écouter *to listen to*	**ressembler à** *to resemble*
payer *to pay for*	**téléphoner à** *to telephone*
regarder *to look at*	

D. Many verbs can be used with both a direct and an indirect object: **montrer quelque chose à quelqu'un.**

—Camille, montre **ton dessin à papa.** *Camille, show your drawing to Daddy.*
—Je ne veux pas **le lui** montrer. *I don't want to show it to him.*

---

apporter qqch. à qqn. *to bring*
demander qqch. à qqn. *to ask (for)*
dire qqch. à qqn. *to say, tell*
donner qqch. à qqn. *to give*
emprunter qqch. à qqn. *to borrow (from)*

expliquer qqch. à qqn. *to explain*
offrir qqch. à qqn. *to offer, give*
prêter qqch. à qqn. *to lend*
promettre qqch. à qqn. *to promise*
rendre qqch. à qqn. *to give back*

Ex. 5. Students need to pay close attention to whether the verbs take a preposition before an object. After they have done the homework, this can be used for partner practice.

Exercice 5 Questions pour un(e) militant(e)

Vous interviewez un(e) militant(e) de l'environnement. D'abord, complétez la question avec la préposition **à**, si nécessaire, sans oublier de faire les contractions nécessaires. Puis jouez le rôle de l'activiste et répondez avec le pronom correct.

MODÈLE: Expliquez-vous __à__ vos amis les causes des problèmes écologiques?
Oui, je leur explique les causes des problèmes.

1. Allez-vous écrire _____ cette compagnie qui construit un cinéma à quatorze salles en pleine campagne?
2. Écoutez-vous _____ les gens qui disent que le réchauffement de la planète est un mythe?
3. Téléphonez-vous toutes les semaines _____ vos représentants dans le gouvernement?
4. Regardez-vous _____ les documentaires sur la nature à la télévision?

5. Que voudriez-vous dire _____ une personne qui ne fait rien pour protéger l'environnement?

6. Donnez-vous de l'argent _____ les associations qui travaillent pour la protection des espèces en danger?

Exercice 6 Décisions environnementales

Ex. 6. This exercise practices third-person double object pronouns. In class, you might wish to have partners compare their answers.

Vous êtes président (présidente) et aujourd'hui, vous considérez des demandes qui vont avoir un effet sur l'environnement. Quelle décision prenez-vous dans chaque cas?

MODÈLE: Une industrie d'exploitation agricole voudrait la permission de drainer des zones humides importantes. (donner) →
Je la lui donne. (Je ne la lui donne pas.)

1. Un entrepreneur demande la permission exceptionnelle de construire dans une zone protégée. (donner)
2. Les membres d'un club écologiste cherchent les noms de compagnies qui construisent avec des produits naturels. (envoyer)
3. Une femme voudrait votre signature sur sa pétition pour sauver les oiseaux en danger. (promettre)
4. Les élèves d'une école primaire demandent un centre de recyclage dans leur quartier. (accorder)
5. Une industrie demande un brevet* d'invention pour un plastique qui se décompose en matière organique. (donner)

8.4 Expressing *should*: More on **devoir**

8.4. Review/introduce the conditional of *devoir* by talking about real or imaginary dilemmas, perhaps with photos: *Voici Michel. Il adore le base-ball et il y a un match important à la télé ce soir. Pourtant, demain, il a un examen de maths. Quel dilemme! À votre avis, qu'est-ce qu'il devrait faire? Est-ce qu'il devrait étudier, ou est-ce qu'il devrait regarder le match de base-ball?* Include questions and remarks to practice other forms. Later, explain the conjugation pattern using the forms on the board. Point out the irregular stem of *devoir,* the endings of the *imparfait,* and the fact that *r* occurs before the endings. We introduce these forms mainly as vocabulary for now. The conditional mood is presented in *Grammaire 11.1.*

A. You already know that the present tense of **devoir** is used with an infinitive to express obligation or probability.

Est-ce que nous **devons** finir le chapitre pour demain?
Albert est absent. Il **doit** être malade aujourd'hui.

Do we have to finish the chapter for tomorrow?
Albert is absent. He must be sick today.

B. One of the most frequent uses of **devoir** is to convey the notion of *should* or *ought to*. To express *should*, use **devoir** in the conditional + an infinitive.

CONDITIONAL OF **devoir** (*should, ought to*)	
je dev**r**ais	nous dev**r**ions
tu dev**r**ais	vous dev**r**iez
il/elle/on dev**r**ait	ils/elles dev**r**aient

On **devrait** recycler les boîtes en aluminium.
Nous **ne devrions pas** gaspiller l'électricité.

People should recycle aluminum cans.
We shouldn't waste electricity.

★ Review **Grammaire 3.4 B** and **C** on **devoir**.

ES 2. In groups, students state as many rules as they can related to high school (*on ne devrait pas courir dans les couloirs, parler en classe...*) and to university life (*on ne devrait pas sécher les cours, fumer au resto-U...*).

➤ **je dois** + inf. = *I must*
je devrais + inf. = *I should*

➤ Notice that conditional endings are the same as for **imparfait**.

➤ Conditional stem of **devoir** = **devr-**

★ *You will learn more about the conditional in* **Grammaire 11.1.**

---

*patent

Ex. 7. This exercise practices all forms of the conditional of *devoir*. After students have prepared and checked their answers at home, have them discuss their views in pairs or small groups for additional input.

Exercice 7 Qu'est-ce que nous devrions faire?

Complétez par des formes de **devoir** au conditionnel. Ensuite, dites **oui** ou **non** et expliquez votre opinion.

> MODÈLE: Pour conserver les ressources naturelles...
> nous *devrions* recycler les journaux et les magazines.
> Oui, je suis d'accord, parce que c'est vraiment facile. (Non, je ne suis pas d'accord: il faut surtout en consommer moins.)

1. Pour aider à diminuer la pollution de l'air...
   a. nous _____ limiter les émissions toxiques.
   b. je _____ marcher ou prendre les transports en commun.
2. Pour éviter de gaspiller de l'eau...
   a. je ne _____ pas laisser couler l'eau quand je me brosse les dents.
   b. les gens ne _____ pas arroser leur jardin tous les jours.
3. Pour diminuer la contamination de la terre et des eaux...
   a. les agriculteurs ne _____ pas se servir d'insecticides.
   b. nous _____ acheter des détergents sans phosphates.
4. Pour résoudre le problème des déchets...
   a. tout le monde _____ trier les déchets et recycler.
   b. le gouvernement _____ limiter l'usage du plastique.

8.5. Up to this point, we have emphasized the imperfect to describe habitual past actions and past states. We now introduce the function of describing past ongoing actions, simultaneous actions (*je lisais pendant que Denise écrivait une lettre*), and an ongoing action interrupted by another action (*je mangeais quand le téléphone a sonné*). This section compares and summarizes the basic uses of the *imparfait* and the *passé composé*. However, the explanation of the *imparfait/passé composé* contrast is only begun in this chapter. The two tenses are still largely treated separately at this point. In *Grammaire 12.5*, we focus on the ways in which the two tenses interact in a connected narration (background versus main story line).

8.5 What was going on: More on the imperfect

✹ Review the formation of the imperfect in **Grammaire 6.1.**

✹ Review **Grammaire 6.1** on the use of the imperfect to describe habitual past actions.

✹ Review **Grammaire 6.3** on the use of the imperfect to describe a past state.

➤ The imperfect is used to describe a past action in progress.

The **passé composé** and the imperfect are both past tenses. The tense you use depends on how you regard the past action, for instance, as a single completed action or as an ongoing situation in the past.

A. *Habitual* or *repeated past actions* are expressed with the imperfect. Adverbs that often occur with the **imparfait: souvent, d'habitude, tous les jours, tous les ans.**

> Autrefois, les gens **jetaient** tous leurs déchets. On ne **recyclait** rien.
>
> *In the past, people used to throw away all their trash. They didn't recycle anything.*

B. A *past state* or *ongoing condition* is also described with the imperfect.

> Autrefois, nous ne **savions** pas que beaucoup de produits ordinaires **étaient** toxiques.
>
> *In the past, we didn't know that many everyday products were toxic.*

C. Another use of the imperfect is to describe an action that was *in progress* at a particular time in the past.

> Quand j'ai visité la classe de mon frère, le professeur **parlait** de l'écologie et les élèves **faisaient** des projets sur l'environnement.
>
> *When I visited my brother's class, the teacher was talking about ecology, and the pupils were doing projects on the environment.*

Pendant que (*While*) can be used to emphasize that several actions were happening simultaneously.

Pendant qu'on **utilisait** des produits pleins de phosphates, les algues **se multipliaient** dans les mers.

While people were using products full of phosphates, algae were multiplying in the seas.

D. The **passé composé** presents an action as *a single event*, completed at one time in the past. Adverbs that often occur with the **passé composé: puis, ensuite, soudain, tout à coup** (*all at once*).

Les scientifiques **ont trouvé** beaucoup d'indications du réchauffement de la planète.

Scientists (have) discovered many signs of global warming.

Soudain, tout le monde **a commencé** à s'inquiéter.

Suddenly, everyone began (has begun) to worry.

E. The imperfect and the **passé composé** are often used together to describe what was going on (imperfect) when something else happened **(passé composé).**

Je **lisais** un article sur l'écologie quand les lumières **se sont éteintes.**

I was reading an article on ecology when the lights went out.

Je **cherchais** des bougies quand les enfants **ont commencé** à pleurer.

I was looking for some candles when the kids started crying.

ES. 3. Review ongoing past actions by presenting scenarios and asking students what they thought was going on: *Je suis allé(e) au restaurant samedi dernier. Imaginez la situation. Quand j'y suis entré(e), qu'est-ce qui se passait? Que faisaient les autres clients? Est-ce qu'ils mangeaient?* Encourage students to add verbs: *Et que faisaient les serveurs? les personnes qui travaillaient dans la cuisine?*

ES. 4. Tell students you "saw" them in different places and ask what they were doing there: *Je vous ai vu(e) au cinéma. Que faisiez-vous au cinéma? Je regardais/mangeais/buvais…* Suggestions: *à la bibliothèque, au resto, dans une boîte, dans un grand magasin, à la pharmacie.*

ES. 5. Distribute photos of action verbs to all students and have them use the verbs as their excuse for missing class last week: *Alors, Joe, vous étiez absent mercredi dernier. Pourquoi? Je faisais du camping au bord du lac.* Review often: *Qui a séché jeudi parce qu'elle… ? Pourquoi est-ce que Joe était absent… ?* Variation: Tell individual students to imagine that they have recently heard about amazing events and ask them what they were doing at the time they learned about the events: *On a annoncé à la radio qu'Elvis n'était pas mort. Moi, je lisais une bande dessinée quand on a annoncé…*

SUMMARY OF PAST-TENSE USES	IMPERFECT	PASSÉ COMPOSÉ
Habitual past action	Autrefois, on **jetait** tout à la poubelle.	
Single past action		Finalement, on **a compris** la nécessité de conserver les ressources naturelles.
Description of past state	Il y a 30 ans, il n'y **avait** pas de centres de recyclage.	
Past action in progress	Il y a 30 ans, on **commençait** tout juste* à trier les déchets pour les recycler.	
Ongoing past action + interrupting action	Je **vivais** en France…	…au moment où la centrale nucléaire de Tchernobyl **a explosé.**

*tout… *only just*

Ex. 8. This requires *imparfait* forms to describe an ongoing situation. For further input, you might discuss other real or imaginary historical times: *l'époque de Napoléon, l'an 2050,* etc.

Exercice 8 Science-fiction ou possibilité?

C'est l'an 3050 et un grand-père et sa petite-fille discutent la question suivante: *Qu'est-ce que c'est qu'un arbre?* Changez les verbes à l'imparfait.

MODÈLE: Les arbres (couvrir) la terre. →
Les arbres couvraient la terre.

1. Beaucoup d'animaux (vivre) dans les arbres.
2. Les arbres (empêcher) l'érosion.
3. Ils (émettre) de l'oxygène.
4. Les enfants (grimper) aux arbres.
5. Les gens (pique-niquer) sous leurs branches.
6. Tout le monde les (trouver) très beaux.
7. Mais les arbres n'(être) pas appréciés.
8. Les gens ne (comprendre) pas leur importance.

Ex. 9. Students will need to use the *imparfait* and the *passé composé* only in a fixed pattern.

Exercice 9 Panne d'électricité

Chez les Colin, chacun s'occupait à sa façon un dimanche soir, quand il y a eu une panne d'électricité. Conjuguez les verbes au temps approprié (imparfait ou passé composé).

MODÈLE: Joël *lisait* (lire) des bandes dessinées quand la lumière *s'est éteinte* (s'éteindre).

1. Marise _____ (faire) la vaisselle quand le lave-vaisselle _____ (s'arrêter).
2. Victor _____ (envoyer) un courriel à un ami canadien quand son ordinateur _____ (s'éteindre).
3. Claudine _____ (écouter) les informations quand tout à coup elle n'_____ plus rien _____ (entendre).
4. Emmanuel _____ (parler) au téléphone quand la communication _____ (être) coupée.
5. Clarisse _____ (écouter) une symphonie de Beethoven quand le CD _____ (s'arrêter).

GOALS FOR *CHAPITRE 8.*
In *Chapitre 8,* students talk about the Earth, its geographical features, its weather, and its ecology. They explore daily environmental concerns that can be affected by individual behavior. *Functional goals:* (1) Describe the geographical features of familiar countries or places; (2) Describe weather conditions and their effect on people; (3) Say what someone ought to do.

MISE EN TRAIN.
1. Nature and names of countries. (1) Use your PF and realia such as travel brochures to introduce names of natural features (*falaise, fleuve...*) and weather (*ouragon, foudre*): *et ... sur cette photo, on ne peut pas bronzer au soleil. Ce grand orage tropical, c'est un ouragan. Qui dans la classe a déjà vu un ouragan?* (2) Use prepositions with names of countries in your input: *En Suisse, vous allez trouver des glaciers. Y a-t-il des glaciers au Canada?* Write examples on the board as they occur (*au + Brésil, en + Floride*).

AS 1. Show photos of countries and describe their physical features and climate, distributing photos to individuals as you talk. Later, recall them one by one: *Qui a la photo prise dans un pays qui est aussi un continent? Il a énormément de déserts et... ? Ah, Carole! Oui, c'est l'Australie. Rendez-moi la photo de l'Australie, s'il vous plaît.*

2. Environment and activities. Review weather terms from *Chapitre 2* and introduce the new vocabulary on that topic in this chapter. In your input, relate weather to activities and moods and to surrounding geographical features. Use pictures of people involved in various sports and activities in a variety of places. *Est-ce que cette photo a été prise dans la plaine ou à la montagne? Y a-t-il des rapides? une falaise? Quel temps fait-il sur cette photo? Et ces jeunes qui montent la falaise, ils font du ski ou de l'escalade?...* Ask who has done the activities, seen the places, what other activities are done there. Review past vocabulary for outdoor activities and add new ones such as *le kayak, le canyoning, le rafting, la plongée, la parapente, la balade à cheval (à vélo), le char à vent,* and *la trampoline.*

3. Environment and ecology. Introduce the conditional of *devoir* (*ought / should*) and vocabulary for environmental concerns along with a review of terms related to nature. Use posters, flyers, and other realia depicting environmental concerns. *Jeanette porte un tee-shirt intéressant. Il dit: «Sauvez la forêt.» Pourquoi veut-on sauver la forêt? Pourquoi est-elle importante?* (*les animaux, les oiseaux, les promenades...*) *Est-ce que la forêt est en danger? Pourquoi est-elle en danger?* (*la pollution, le déboisement, la construction...*) Include useful as well as poor ecological/environmental practices in your input (*trier les déchets, ne pas gaspiller l'eau, l'énergie...*) and some world issues (*le réchauffement de la planète, la quantité d'eau, de pétrole, de combustibles fossiles... les habitats des animaux et des oiseaux disparaissent sous la construction...*).

Escales francophones

Escales francophones. The cultural video segments that accompany this feature appear after *Chapitres 4, 6, 8, 10,* and *12* in the online Activity Pak. The videoscripts for these segments are located in the IM.

MULTIMÉDIA

WWW ActivityPak

www.mhhe.com/deuxmondes6

Pre-reading activity. In addition to its very rich history, Senegal has the distinction of being one of the very few sub-Saharan countries with a fully functioning democracy. In 2001, Abdoulaye Wade won the presidency against incumbent Abdou Diouf, who had been prime minister and successor of Léopold Sédar Senghor, the country's first president. He was reelected in 2007.

le Sénégal

Le Sénégal, pays de grande diversité

Le Sénégal est l'un des pays les plus stables et prospères d'Afrique. Il n'est ni très vaste (1/3 de la France) ni très peuplé (10 millions d'habitants), mais il offre une grande diversité de paysages et de cultures. Les Sénégalais sont aussi fiers[1] de leurs institutions démocratiques que de leur patrimoine artistique. Il y a une vingtaine d'ethnies au Sénégal, dont les Pulaars, les Wolofs et les Sérères. Les Wolofs représentent 43 % de la population et leur langue, le wolof, est parlée par 80 % de la population. Le français est la langue officielle. Alors qu'il y a de nombreux fonctionnaires[2] dans les grandes villes comme Dakar, beaucoup de Sénégalais sont agriculteurs: ils cultivent l'arachide[3] ou le millet.

• L'agriculture au Sénégal

Le Sénégal a une histoire très ancienne: il a abrité plusieurs grandes civilisations avant l'arrivée des Européens: l'empire du Ghana (VIIIᵉ–XIᵉ siècles), de Tukrur (XIᵉ siècle), du Mali (XIIIᵉ siècle) et de Jolof (XVᵉ siècle). Aujourd'hui, le climat tropical, les plages magnifiques, la flore (les fleurs vivement[4] colorées des bougainvillées et les arbres géants comme le baobab) et la faune sauvage (oiseaux, tortues, grands poissons de mer comme l'espadon[5] ou le barracuda) attirent de très nombreux touristes, en particulier dans la région de Casamance, au sud.

---

[1]*proud* [2]*employés de l'État* [3]*peanuts* [4]*fortement* [5]*swordfish*

Pre-reading activity. Because of its privileged location on the westernmost point of Africa, Gorée Island was an ideal place for a slave trading post, and as such, it was disputed among Portugal, Holland, England, and France for two centuries.

Between 12 and 20 million Africans were deported to America from 1619 to the mid-19th century. France was one of the first countries to

L'île de Gorée, mémoire de l'esclavage

Occupée par les Portugais dès[1] 1444, l'île de Gorée est rapidement devenue le centre du commerce des esclaves. En 1536, on y construisit[2] la première esclaverie et, au XVIIᵉ

---

[1]*à partir de*   [2]*< construire (passé simple)*

regulate the status and treatment of slaves through the *Édit du Roi sur la police de l'Amérique française,* an edict better known as the *Code noir,* authored by Louis XIV's prime minister, Jean-Baptiste Colbert, in 1685.

• L'escalier de la «maison des esclaves», l'île de Gorée

siècle, les Français s'y installèrent[3] à la place des Hollandais. Les colonies des Antilles étaient la principale destination des Africains capturés sur place et emprisonnés à Gorée avant d'être embarqués[4] pour un dangereux voyage transatlantique de trois à six semaines. Les conditions de détention étaient lamentables et de terribles épidémies ravageaient l'île, si bien qu'une grande partie des captifs mouraient avant d'arriver en Amérique. Après l'abolition de l'esclavage en 1848, Gorée a presque été abandonnée. Aujourd'hui, la «maison des esclaves», construite vers 1780, a été transformée en musée, où on peut découvrir les vestiges[5] de cette sombre époque. C'est désormais un lieu de pèlerinage[6] qui reçoit des milliers de visiteurs, anonymes ou célèbres comme Bill Clinton, George W. Bush ou le pape Jean-Paul II.

---

[3]s'y...< s'installer (passé simple) [4]*loaded into ships* [5]souvenirs [6]un voyage à motivation religieuse ou sentimentale

Pre-reading activity. The Mandingo people today are found in Mali, Guinea, Gambia, Senegal, Ivory Coast, Burkina Faso, and Guinea Bissau. Have students locate these countries on the map of Africa located at the back of the textbook. The art of the *griot,* which combines poetry recitation with singing, is one of the sources of rap.

● Une griotte chante à une cérémonie de mariage.

Les griots, bardes d'Afrique de l'ouest

À l'origine, les griots étaient des musiciens de cour[1] de l'empire du Mali (XIIIᵉ–XVᵉ siècles), qui racontaient l'histoire de leur peuple, les Malinké (ou Mandingues). Leur récit[2] le plus connu est l'épopée[3] de Sundiata Keita, le premier roi du Mali. Aujourd'hui, ils interprètent des chansons traditionnelles ou racontent des histoires lors de[4] cérémonies publiques ou privées. Pour les mariages, par exemple, ils chantent les louanges[5] des mariés et de leurs familles. Les griots chantent en s'accompagnant de la kora, une sorte de luth à 21 cordes[6] fabriqué avec une calebasse,[7] ou du balafon,[8] une sorte de xylophone. Ils apprennent leurs poèmes par transmission orale et, généralement, la tradition se perpétue à l'intérieur d'une même famille. Des musiciens pop comme le groupe Touré Kunda, Youssou N'dour (Sénégal), Ali Farka Touré ou Salif Keita (Mali), mondialement connus grâce à la popularité de la *World Music*, s'inspirent du style musical des griots.

---

[1]entourage d'un roi [2]histoire [3]histoire d'un héros [4]lors... au moment de [5]*praises* [6]*strings* [7]une sorte de gourde [8]un instrument à percussion

L'enseignement, les carrières et l'avenir

Les étudiants discutent de leurs cours devant la fac.

CO Photo. Mention that French universities are located in cities, preferably as close to downtown as possible. Large green campuses such as those found in the United States are not common. In general, people feel that the cultural and social attractions of the city are an important part of intellectual life, that there is a symbiotic relationship between the city and the university.

Objectifs

In *Chapitre 9*, you will talk about university life, jobs, and career plans. You will also learn more about how to express future time.

Instructor information. For goals and *Mise en train* activities for this chapter, please refer to p. 316, at the end of this chapter.

L'enseignement et la formation professionnelle. *(See* Mise en train, Act. 1.*)* (1) While you discuss the drawings, compare your own university career with that of Agnès Rouet: *Agnès s'est inscrite à… Moi, je me suis inscrit(e) à l'université de…* (2) Include questions to students such as *En quelle année est-ce que vous vous êtes inscrit(e) pour la première fois? Vous vous êtes inscrit(e) à combien de cours ce semestre?* (3) Call attention to the differences between the American educational system and the French: *Agnès a dû bûcher pour le bac. C'est un examen national à la fin du lycée en France. Il est très difficile. Aux États-Unis, est-ce que les étudiants sont obligés de passer un examen avant de s'inscrire à l'université? Lequel?* New vocabulary: *au bout de, bac (baccalauréat), bûcher, échouer, être reçu(e), s'inscrire, licence, Master recherche, sécher un cours.*

L'enseignement et la formation professionnelle

AS 2. Have students list everything they did to be admitted and enrolled in the university, both before and after arriving on campus. Put this on the board under *avant* and *après* (*l'inscription*). Examples: *passer des examens, poser ma candidature, m'inscrire, choisir mon programme d'études, établir un compte en banque.* Ask how many students did each item in the lists. Discuss which item was the hardest to do, the most time consuming, the most nerve-wracking, etc.

La formation d'Agnès Rouet

✷ Attention! Étudier Grammaire 9.1 et 9.2

Agnès a réussi au bac à l'âge de 18 ans. Elle a dû bûcher dur avant de le passer.

La cousine d'Agnès n'a pas été reçue. Elle a échoué à certains examens.

Agnès s'est inscrite à la faculté des Sciences Humaines et Sociales de l'université Paris VII.

Elle a assisté à des conférences. Parfois, elle a séché ses cours.

Cliquez là!

Visitez le site d'une université dans un pays de langue française et essayez d'obtenir des détails. Que faut-il faire pour s'inscrire à cette université? Y a-t-il des services d'orientation pour les nouveaux étudiants? Lesquels? Quelle faculté propose la formation que vous suivez dans votre université?

Au bout de trois ans, Agnès a reçu sa licence.

Maintenant, elle fait sa quatrième année d'études. Elle est en train de préparer un diplôme de Master recherche en sociologie.

Act. 1. (whole class) Most terms here apply to the United States as well as the French/Francophone systems. (1) Review display terms and introduce new ones from *Act. 1*. (2) Read the riddles and ask the class to scan for the answers. Encourage them to think of other riddles (*Les étudiants l'écoutent, le professeur la prononce. Qu'est-ce que c'est? Une conférence*). (3) Ask students questions about their experiences: *Ils sont chers, les frais d'inscription? Combien payez-vous? Est-ce une bonne idée de créer un bac américain?*, etc. (4) Talk about the use of *y* in this activity. First, remind students that *y* often replaces *à* + a place (*j'y vais*). Then, explain that here, *y* replaces *à* + a noun (*je réfléchis à mes problèmes → j'y réfléchis*). Review the examples in this activity and ask what *y* is replacing. New vocabulary: *année scolaire, au début, domaine, épreuve, frais d'inscription, payer, recevoir, se spécialiser, spécialité.*

Activité 1 Casse-tête: L'université française

1. On les paie quand on s'inscrit aux cours.
2. On y réfléchit, et puis on y répond.
3. Pour y réussir, il faut étudier.
4. On s'y inscrit au début de l'année scolaire.
5. C'est le domaine dans lequel on se spécialise.
6. En France, chaque étudiant à l'université y a réussi.
7. On le reçoit à la fin de trois ans d'études.
8. C'est l'état d'avoir réussi à un examen.
9. C'est le contraire d'être reçu(e). On doit repasser l'examen.

a. les examens
b. les cours
c. être reçu(e)
d. la spécialité
e. les frais d'inscription
f. le bac
g. échouer à une épreuve
h. la licence
i. les questions d'un examen

Activité 2 Discussion: Conseils aux futurs étudiants

Act. 2. (whole class; partners) (1) Ask students what they feared when they entered the university. Accept French or English replies, putting new words on the board. Explain that the fears in the activity were expressed by beginning university students in France. Do the activity as a discussion, or briefly review the issues and unfamiliar vocabulary and then assign partners. (2) If done as a partner activity, review opinions and conclusions, asking for reasons. New vocabulary: *Au boulot!, conseil, conseiller/ conseillère, convenir (convient), encadré(e), énorme, exagérer, paraître (paraît), rater, séance d'orientation, se sentir.*

AS 3. *Échanges.* (See IRK for activity.)

Qu'est-ce que vous recommandez à ceux qui vont entrer en fac l'année prochaine? Dites **oui** ou **non**. Si vous n'aimez pas les suggestions, proposez-en une autre.

1. On se sent perdu. L'université paraît énorme.
   a. Trouvez un étudiant de deuxième année et suivez-le.
   b. Ne ratez pas les séances d'orientation.
2. On n'est pas certain d'avoir choisi les bons cours.
   a. Parlez avec les conseillers d'orientation.
   b. Téléphonez à vos parents.
3. On a peur de rater les examens.
   a. Travaillez régulièrement.
   b. Amusez-vous pendant l'année et bûchez avant les examens.
4. Au lycée, on est encadré. À la fac, on ne sait pas s'organiser.
   a. Observez vos copains, puis faites comme eux.
   b. Trouvez la manière d'étudier qui vous convient.
5. Quelqu'un propose une petite sortie à la fin de la semaine de cours.
   a. Restez à la maison. Au boulot!
   b. Il faut s'amuser! Sortez avec lui, mais n'exagérez pas.

Activité 3 Sondage: Que pensez-vous de l'université?

Act. 3. (partners; small groups) Be sure everyone understands the items in the list. Have students work in small groups/pairs. Then do a general class comparison of answers. Assign *À vous la parole!* to the same pairs/groups or as homework. New vocabulary: *accès, emploi, insuffisant(e), mention, nul(le), passable, promotionnel(le), resto-U, santé, service.*

AS 4. Partners prepare a letter to the university suggesting how it can facilitate life for entering freshmen. (International students write about how life could be made easier for incoming students from other countries.)

Donnez des mentions à votre université. Regardez les catégories et ensuite, comparez vos réponses avec celles des autres étudiant(e)s. Enfin, expliquez vos raisons.

Vocabulaire utile Très Bien, Bien, Assez Bien, Passable, Insuffisant, Nul

1. le système d'inscription
2. l'accès aux professeurs
3. la qualité des cours
4. les résidences universitaires
5. le service de stages et d'emplois
6. les salles informatiques
7. le service de santé pour étudiants
8. le service information et orientation
9. le parking
10. le resto-U

À vous la parole! Avec des camarades de classe, préparez le texte d'une brochure promotionnelle sur votre université.

Act. 4. (whole class) These young people were selected to represent area youth by the *Région Provence-Alpes-Côte d'Azur.* (1) Pronounce the names as you introduce each student briefly and ask simple review questions: *Et Hugo Zink, il a 20 ou 21 ans?* (2) Ask the questions while students skim for answers. Add

●*Activité 4* Dans le monde francophone: Paroles de jeunes

Voici des étudiants choisis pour représenter la voix de la jeunesse à la Foire de Marseille. Écoutez votre professeur et dites le nom de la personne en question.

Muriel LAMY (ALPES-MARITIMES) :

« *J'aime la rencontre, celle avec le public, celle avec les personnages* ».

22 ans - Master en arts du spectacle à Nice.
Signe particulier : dingue de théâtre.
S'intéresse de près à la mise en scène.

Hugo ZINK (ALPES-MARITIMES) :

« *Me nourrir du quotidien pour vivre au gré de ma plume* ».

21 ans - Master en arts du spectacle à Nice.
Signe particulier : jeune homme de plume.
Aime raconter des histoires.

other questions to deepen comprehension of the text: *Qui est dingue de théâtre? Est-ce qu'Hugo utilise le mot «écrivain»? Qu'est-ce qu'il dit?*

Jean-Matthieu RICŒUR (BOUCHES-DU-RHÔNE) :

« *L'amour de la mer m'a donné le goût de la compétition et du voyage* ».

17 ans - en terminale sport-études au lycée Marseilleveyre de Marseille.
Signe particulier : amoureux de la mer.
Champion de France de voile, série 420, 5e mondial - 6e européen.

Anne CONSTANT (VAR) :

« *Apprendre pour réaliser des belles choses et transmettre son savoir* ».

20 ans - En 1ère année de CAP-BEP menuiserie au CFA des Compagnons du devoir à Marseille.
Signe particulier : aime le bois sous toutes ses formes.
Entend assurer la relève de sa famille de menuisiers de père en fille.

Answers: 1. Hugo 2. Muriel 3. Hugo 4. Hugo et Muriel 5. Jean-Matthieu 6. Hugo 7. Anne 8. Muriel 9. Anne 10. Jean-Matthieu. New vocabulary: *arts du spectacle, écrivain, poursuivre.*

1. Quel jeune homme prépare un Master en arts du spectacle?
2. Qui aime la rencontre avec le public?
3. Qui voudrait devenir écrivain?
4. Lesquelles de ces quatre personnes s'intéressent au théâtre?
5. Qui fait un bac en sport-études dans un lycée à Marseille?
6. Qui aime raconter des histoires?
7. Qui veut poursuivre le métier de son père et travailler le bois?
8. Qui s'intéresse à la production de pièces de théâtre?
9. Qui apprend pour pouvoir créer de belles choses?
10. Lequel de ces jeunes a le goût de la compétition et du voyage?

À vous la parole!   En groupes de cinq, préparez des questions d'interview pour chacun des étudiants présentés dans ce texte. Ensuite, créez un sketch dans lequel un animateur (ou une animatrice) pose des questions et les jeunes Français y répondent. Enfin, jouez votre sketch pour la classe.

Ça fait penser

Aujourd'hui, beaucoup d'étudiants choisissent de préparer un diplôme tout en recevant un salaire. Cela leur permet d'alterner des périodes de travail et de formation sous un contrat d'alternance proposé par une entreprise. On peut préparer une licence ou un Master professionnel tout en travaillant.

Ça fait penser. Activity: Read the text aloud, then ask if there is a work-study or co-op program in your school; who is in it; what options are available; etc. Note that the two-year *Master professionnel* has replaced the *Maîtrise + DESS* since the reforms of 2002.

Cartoon: Point out the workers (*ouvriers*), the boss (*patron*), and the student intern (*stagiaire*). Ask students to help you interpret the cartoon and to list problems co-op students might have (*trop de travail, fatigue, pas assez de temps pour étudier*, etc.). Ask why the workers seem appalled. Culture: Cooperative education has existed in the United States since the 1950s but is a relatively new option in France. It exemplifies the university system's gradual evolution to accommodate a broader range of students. The cartoon shows typical student skepticism.

See Instructor's notes on page 308.

INFO: Société
Passe ton bac d'abord!

S'il existe un symbole du système éducatif français, c'est bien le diplôme du baccalauréat. Chaque année en juin, pendant plusieurs jours, les candidats dans toute la France passent simultanément des examens écrits et oraux[1] dans diverses matières: littérature et langue françaises, philosophie, histoire, géographie, langues vivantes, mathématiques, sciences et autres matières plus spécialisées.

Pour réussir, il faut obtenir au moins 10/20 de moyenne[2] sur l'ensemble des épreuves.[3]
Seuls ceux qui réussissent (environ 70 % d'une classe d'âge) ont le droit[4] de s'inscrire à l'université. Si «le bac» reste important, il a perdu une grande partie de son prestige parce qu'il ne représente plus une garantie d'emploi: près de la moitié[5] des bacheliers[6] n'ont toujours pas trouvé de travail au bout de[7] six mois.

[1]pluriel d'**oral**   [3]parties d'un examen   [5]50 %   [7]au... après une période de
[2]de... *average*   [4]le... la possibilité   [6]personnes qui ont le bac

---

Activité 5 Dans le monde francophone: Comment préparer le bac

Le magazine *Phosphore* propose une méthode pour préparer le bac. Groupez les détails qui font partie de chaque stratégie.

Stratégies

_____ Faites un planning efficace.

__8__ Boostez votre mémoire.

_____ Trouvez le bon tempo pour vous.

_____ Musclez votre écriture.

_____ Révisez à plusieurs.

_____ Attention aux procédés mnémotechniques.

Détails

1. Soyez réaliste; faites une liste de vos priorités.
2. Reposez-vous souvent pour recharger vos batteries.
3. Profitez des moments de la journée où vous travaillez le mieux.
4. Développez des méthodes pour réactiver votre mémoire.
5. Évitez le stress; ne faites rien à la dernière minute.
6. Exprimez-vous d'une manière simple et claire.
7. Gardez dix minutes à la fin d'une épreuve pour vous relire.
8. Réexpliquez la matière à d'autres étudiants pour mieux la comprendre.
9. Préparez-vous avant de participer aux séances en groupe.
10. Inventez des exercices mentaux afin de mieux retenir la matière.

Cliquez là!

Visitez un site Web consacré aux besoins des étudiants. Quelles sortes d'articles y trouve-t-on? Est-ce que les renseignements vous semblent utiles? Y en a-t-il qui sont importants pour les étudiants américains?

www.mhhe.com/deuxmondes6

Le travail et les métiers. (See *Mise en train, Act. 2*.) Review/introduce terms for jobs and work. Include *depuis* + time expressions in your input as you describe the pictures. Ask questions such as *Est-ce que cet homme est médecin ou dentiste? Est-ce qu'il est en train d'opérer un malade? Votre frère est dentiste, Lucie? Depuis combien de temps?* Include students from time to time: *Quelle personne en classe voudrait devenir dentiste?* New vocabulary: *avocat(e), coiffeur/coiffeuse, conseiller/conseillère conjugal(e), couper les cheveux, cuisinier/ cuisinière, défendre les accusés, enseigner aux enfants, éteindre des incendies, fonctionnaire, gouvernement, instituteur/institutrice, médecin, ouvrier/ouvrière, photographe, pompier/pompière.*

Le travail et les métiers

AS 5. Hold up photos of famous people and ask what they do/did. Examples: Napoléon (*général, empereur*), Madonna (*chanteuse, danseuse, mère*).

AS 6. Autograph activity. (See *IRK, Signe ici!*)

AS 7. Students hand you a signed paper that says what they want to be. Spend 10–12 minutes on an autograph activity based on their replies. (Example: *devenir photographe et vivre à San Francisco.*) Students ask their classmates until they find the right person for each item. *Anne, est-ce que tu voudrais devenir… ? Pourquoi?*

✳ **Attention! Étudier Grammaire 9.3 et 9.4**

Une avocate défend les accusés.

Un fonctionnaire travaille pour le gouvernement.

Une conseillère conjugale aide les mariages en difficulté.

Un instituteur enseigne aux enfants.

Cette ouvrière travaille dans le bâtiment.

Un photographe prend des photos.

Un pompier éteint des incendies.

Un médecin s'occupe des malades.

Un cuisinier prépare des repas.

Un coiffeur coupe les cheveux.

Act. 6. (whole class; partners) This activity gives input on work that people do. If you assign it to partners, review the display quickly first, as well as any new vocabulary in the activity. New vocabulary: *chef d'équipe, comptabilité, exposer une œuvre, formation, métier exigeant.*

• Des agents de police à Paris

AS 8. Students help you name all workers who are necessary to various enterprises (*dans un grand magasin: vendeurs, secrétaires...*).

AS 9. With students, list jobs one can now do at home and the advantages and disadvantages of working at home (*architecte...*).

Activité 6 Interro: Qui est-ce?

Regardez les dessins à la page précédente et écoutez le professeur. Ensuite, identifiez la personne dans la description. (C'est un/une... Ce sont des...)

> MODÈLE: Il travaille dans un salon de beauté et il coiffe les gens. →
> C'est un coiffeur.

1. Elle présente des arguments pour défendre ses clients.
2. Cette personne risque parfois sa vie pour éteindre des incendies.
3. Nous consultons cette personne si nous ne nous sentons pas bien.
4. Elle donne des conseils aux époux qui s'entendent mal.
5. Cette personne est le chef d'équipe dans la cuisine d'un bon restaurant.
6. Elle fait un métier exigeant et peut-être dangereux.
7. Cette personne travaille avec des enfants pendant l'année scolaire.
8. Les membres de cette profession sont parfois des artistes qui exposent leurs œuvres.
9. Il a peut-être suivi une formation en comptabilité ou en commerce.
10. Il travaille à la poste ou bien à la mairie.

Act. 7. (partners) Review new words, then assign for pair work. Students may add more qualities to the list as needed. Afterward, hold a general discussion of students' answers. New vocabulary: *chirurgien(ne), comptable, courageux/courageuse, distribuer le courrier, ingénieur informaticien(ne), mécanicien(ne), métier, opérer, système d'exploitation, vétérinaire.*

Activité 7 Associations: Les métiers

Dites ce que font ces personnes et les qualités importantes pour leur travail.

> MODÈLE: Les instituteurs et les institutrices enseignent aux enfants. Ils ont besoin d'être patients et bien informés.

Suggestions calme, courageux, en bonne forme, patient, bien informé...

1. les professeurs
2. les facteurs/factrices
3. les chauffeurs de taxi
4. les vétérinaires
5. les mécanicien(ne)s
6. les pompiers/pompières
7. les comptables
8. les chirurgien(ne)s
9. les ingénieurs informaticien(ne)s
10. les serveurs/serveuses

a. servent à table
b. éteignent les incendies
c. s'occupent des finances
d. opèrent les malades
e. s'occupent des animaux malades
f. distribuent le courrier
g. conduisent un taxi
h. enseignent à l'université ou au lycée
i. réparent les voitures
j. s'occupent des systèmes d'exploitation de l'ordinateur

Activité 8 Discussion: Les études et la formation

Avec un(e) partenaire, décidez ce que ces personnes ont dû faire pour atteindre leur niveau d'expertise.

MODÈLE: Jean-Michel Cousteau, océanographe
É1: Jean-Michel Cousteau a dû faire des études universitaires en sciences et mathématiques.
É2: C'est vrai. En plus, il a dû faire des stages avec son père.

1. Paul Bocuse, chef cuisinier
2. Surya Bonaly, patineuse olympique
3. Camara Laye, romancier guinéen
4. Yves Duteil, chanteur
5. Émilie Ndogo, journaliste radio camerounaise
6. Denis Hallier, pisteur-secouriste suisse
7. Pierre Chaline, éducateur de rue (pour adolescents SDF)

• faire des études universitaires (dans quelles matières?)
• faire un stage (une période d'apprentissage) (en quoi? où?)
• suivre un programme d'entraînement physique (lequel?)
• faire des recherches (sur quel sujet?)
• prendre des leçons particulières (de quoi?)
• s'entraîner (à faire quoi?)
• ?

À *vous la parole!* En groupes de quatre, comparez les programmes d'études que vous devez suivre pour préparer la carrière de votre choix. Décidez quel programme est le plus compliqué et le plus long et...

La langue en mouvement

La féminisation des noms de métier

Que faire quand les femmes exercent des professions traditionnellement masculines? Pour certaines professions, une désignation féminine a été trouvée et acceptée, comme *une avocate*, *une chirurgienne, une architecte*. Tout le monde dit en conversation *la prof*, et l'emploi de *madame la ministre* pour désigner une femme à la tête d'un ministère gouvernemental ne choque plus beaucoup de gens. Pourtant, l'Académie française et une grande partie de la société française ont résisté à certaines de ces innovations; par conséquent, un grand nombre de Français continuent à dire *un professeur, un écrivain* et *un juge*, même pour des femmes. Par contre, d'autres pays francophones, notamment la Belgique, la Suisse et le Québec, ont procédé assez rapidement à l'adoption de nouvelles formes telles qu'*une professeure, une écrivaine* et *une pompière*, formes qui sont employées par certains Français, mais qui mettent du temps à entrer dans les dictionnaires français de France.

Act. 8. (partners) Make everyone understands the vocabulary, then do an example or two with the class: *Denis a dû apprendre à faire du ski, suivre un entraînement en techniques de premier secours…* Students should use the *passé composé* of *devoir* (*had to*). Afterward, ask what each person probably did to prepare for the chosen work. New vocabulary: *apprentissage, entraînement, leçons particulières, niveau d'expertise, océanographe, pisteur-secouriste, romancier/romancière, SDF* (*sans domicile fixe*).

La langue en mouvement. This problem is more significant in French than in English because of the greater role of gender in French. It was addressed in the 1970s in Canada and in the 1980s and again in the 1990s in France by the formation of official commissions charged with recommending new feminine terms where needed. In France, this resulted in vehement outcries from the *Académie française*, because its members felt that their authority was being usurped and that any changes in existing terms would debase the language. The relatively conservative recommendations of the commission, obligatory in all government administrations, have been adopted by some newspapers but not others. Explain to students that the *Académie française* was founded in 1634 to create an up-to-date *dictionnaire* of the French language. Where a feminine term is not available, there remains the option of adding *femme* before the masculine term: *une femme écrivain, une femme médecin*. It has been hard to feminize words such as *professeur* and *médecin*, since *professeuse* refers to a female who professes and *médecine* means 'a drug'. Traditionally *la générale* and *la présidente* have designated the wife of the general or president.

Act. 9. (whole class) The object of this game is to reason through a problem in French. Students should jot down their answers for the follow-up discussion of the solution. New vocabulary: *dentiste, secrétaire*.

AS 10. *Situation: Interview avec un conseiller/une conseillère.* (See IRK for activity.)

Activité 9 Casse-tête: Devinez leur métier

LES PERSONNES	LES MÉTIERS	
les Hubert (Jacques et Anne)	médecin	instituteur/institutrice
les Potin (René et Cécile)	avocat(e)	secrétaire
les Bodard (Serge et Michèle)	ingénieur(e)	
	dentiste	

1. Anne travaille dans un hôpital, mais elle n'est pas médecin.
2. Serge enseigne à des enfants.
3. Jacques travaille avec des infirmiers et des infirmières.
4. La secrétaire est mariée au médecin.
5. Le mari de l'avocate est ingénieur.
6. Le mari de la dentiste travaille dans une école.

Act. 10. (partners; whole class) Review the items with the class to explain words as needed, then allow a few minutes for students to rank the items. Later, pair students to discuss and explain their priorities. Do a follow-up with the whole class. New vocabulary: *assurance maladie, autonomie, avancement, avantages sociaux, entreprise, modéré(e), niveau, patron(ne), poste, prestige, priorité, proximité, raisonnable, salaire élevé, tension.*

AS 11. List some pairs of jobs on the board. In groups, students compare the jobs, giving the advantages and disadvantages of each one. (Example: *comptable, coiffeur*)

Activité 10 Enquête: Le poste idéal

Déterminez l'ordre de priorité que ces critères vont avoir pour vous quand vous chercherez un poste à la fin de vos études. Indiquez ici leur ordre d'importance.

_____ un salaire élevé
_____ des chances d'avancement
_____ la possibilité de voyager
_____ les vacances et les congés
_____ la possibilité de travailler à la maison
_____ un niveau de tension modéré
_____ l'autonomie
_____ le prestige de l'entreprise
_____ la proximité de ma famille
_____ les avantages sociaux (l'assurance maladie...)
_____ un patron sympathique et raisonnable

Act. 11. (whole class; partners) Before you assign the activity, explain the *depuis* construction (*depuis* + expression of time + present tense) as you use it in natural input. Ask how long some professions not listed in the activity have existed. Suggestions: *vedette de cinéma/20ᵉ siècle, industrialiste/19ᵉ siècle, chirurgien/l'antiquité.* Answers need only be approximate. As a follow-up, discuss students' answers. New vocabulary: *animateur/animatrice, chef d'orchestre, couturier/couturière, créateur/créatrice, depuis, époque, exercer un métier, marchandise, psychiatre, revendre, siècle.*

AS 12. *What's my line?* Each student selects a secret profession. In groups, each person is interviewed by the other members of his/her group while they guess the profession. Only *oui/non* are acceptable as answers.

À vous la parole! Maintenant, comparez vos réponses à celles de votre partenaire.

MODÈLE: É1: J'ai mis le niveau de tension en premier parce que je ne veux pas travailler dans un endroit où les gens sont inquiets et stressés.
   É2: Moi non plus, mais un peu de tension est normal, à mon avis. Si le salaire est bon, je peux supporter un peu de stress.

Activité 11 Discussion: Les métiers et le passage du temps

Depuis combien de temps (approximativement) existent ces métiers? Que font les gens qui les exercent?

MODÈLE: commerçant → Ce métier existe depuis le début de la civilisation. Les commerçants achètent et revendent des marchandises.

Vocabulaire utile   depuis (cinquante) ans, depuis le début (du XXᵉ siècle), depuis l'époque de (Jules César)

1. créateur/créatrice de jeux vidéo
2. agriculteur
3. photographe
4. psychiatre
5. chauffeur

6. animateur/animatrice à la télé
7. couturier/couturière
8. professeur de lycée
9. chef d'orchestre
10. facteur/factrice

À vous la parole!   Faites une liste de métiers qui n'existent plus et expliquez pourquoi ils ont disparu.

Les francophones sur le vif. For years, employment—and unemployment—has been of great concern to French people and their government. Various left- or right-wing policies have failed to significantly reduce an unemployment rate that still hovers around 12%, and almost 25% in the 18–25 age group (among those seeking work). Anyone registered with the ANPE can apply for a *stage,* ubiquitous professional skills workshops that are supposed to make job seekers more employable. *Stages* are state subsidized, and participants receive a stipend. Manuel Benoit's plight is typical in that finding a job often proves easier than keeping it: employers receive a substantial tax break for each new hire, but they then incur an enormous fiscal burden when a term contract (CDD) becomes a permanent one (CDI: *Contrat à Durée Indéterminée*), usually after a probationary period of nine months.

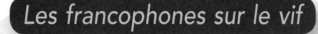

Les francophones sur le vif

Manuel Benoit, 23 ans, employé en Contrat à Durée Déterminée (CDD) dans une entreprise de transports, Clermont-Ferrand

Quelle est votre stratégie pour trouver un travail stable?

Oh, vous savez, j'ai essayé pas mal de stratégies, sans beaucoup de résultats. D'abord, j'ai été chômeur[1] pendant deux ans. Bien sûr, je me suis inscrit à l'ANPE,[2] qui m'a indiqué des possibilités d'emploi; mais c'était toujours la même musique, «qualifications insuffisantes, pas d'expérience». Comment accumuler de l'expérience sans avoir l'occasion de travailler? Je regrette un peu d'avoir arrêté mes études au bac, mais j'ai des amis qui ont des diplômes et qui ne sont pas mieux lotis[3] que moi.

Ensuite, j'ai fait des stages,[4] comme tout le monde: informatique, gestion, comptabilité… Finalement, je suis arrivé à décrocher[5] des petits boulots,[6] un CDD après l'autre: six mois ici, neuf mois là—impossible de se faire embaucher[7] définitivement, ça coûte trop cher au patron.[8] En ce moment, je fais de gros efforts pour montrer que ça vaut la peine[9] de me garder. Mes employeurs apprécient ma bonne volonté et mes initiatives; est-ce que ce sera suffisant? Je reste optimiste, mais sans trop d'illusions.

[1]personne qui n'a pas d'emploi
[2]l'Agence nationale pour l'emploi
[3]qui… dont la situation n'est pas meilleure
[4]formations professionnelles courtes et spécifiques
[5]obtenir (*fam.*)

[6]jobs (*fam.*)
[7]faire… faire prendre comme employé
[8]chef d'entreprise
[9]ça… l'effort est justifié

Because this situation is likely to be unfamiliar to your students, it is a good idea to have them retell Manuel's history in a more chronological, step-by-step fashion: *À 18 ans, il passe le bac et il le réussit. Il cherche du travail mais n'en trouve pas. Il s'inscrit à l'ANPE. Il reste au chômage pendant deux ans. Il fait quelques stages. Finalement, il trouve du travail, mais seulement pour quelques mois, puis il redevient chômeur.*

Activité 12 Échanges: Les secrets d'un CV réussi

Un curriculum vitæ peut vous ouvrir la porte à l'emploi que vous désirez. Avec un(e) partenaire, décidez si vous êtes d'accord ou non avec ces conseils. Sinon, expliquez pourquoi pas et corrigez la phrase.

1. Le CV doit paraître impeccable, imprimé au laser si possible.
2. Ne suivez pas l'ordre classique pour présenter les informations. Mélangez les détails.
3. La clarté est essentielle. Soyez précis au lieu de généraliser.
4. Précisez où vous avez étudié et les secteurs dans lesquels vous avez travaillé.
5. Utilisez le maximum de termes techniques.
6. L'honnêteté est essentielle. Vous devez être responsable du contenu du CV si l'on vous interroge.
7. Il faut que le CV soit très long pour augmenter vos chances d'être lu(e).
8. Montrez que votre formation a suivi un cours logique et que vous êtes une personne organisée.

L'avenir

★ **Attention! Étudier Grammaire 9.5**

L'année dernière, Raoul a pris la décision de préparer un doctorat.

Au mois de janvier, Sarah et Agnès ont décidé de voyager ensemble cet été.

Julien vient de recevoir une offre de poste. Acceptera-t-il de devenir vice-président chargé des relations publiques à TF1?

Activité 13 Récit: L'avenir de Jean-Yves

Jean-Yves, Sarah et Agnès ont consulté une voyante. D'abord, écoutez votre professeur et ensuite, mettez les prédictions dans le bon ordre d'après les dessins.

Act. 13 (whole class; partners) First, explain the meaning of *voyante* and that she is going to tell Jean-Yves about his future. Then, narrate each scene in the art using the future tense and basic sentences. Basic sentences: 1. *Jean-Yves finira ses études.* 2. *Il partira en voyage.* 3. *Il rencontrera une femme riche.* 4. *Ils se marieront.* 5. *Ils achèteront une maison énorme.* 6. *Ils auront cinq enfants.* 7. *Jean-Yves ne sera pas obligé de travailler et il s'ennuiera.* 8. *Il cherchera un emploi.* 9. *Il trouvera un poste et il sera heureux.*
Next, read the statements following the art aloud while students mark their answers; afterward, review the answers with the class. Finally, have partners retell the predictions together using third-person forms: *Jean-Yves recevra son diplôme en sciences politiques...* Encourage them to add more details for each frame: *Il aura l'air content parce qu'il ne sera plus obligé de passer des examens. Il sera libre!* Answers: 1g, 2e, 3h, 4d, 5i, 6b, 7f, 8c, 9a. New vocabulary: *coup de foudre, loisirs, luxe, milliardaire, satisfait(e), voyante.*

Les prédictions

a. Vous aimerez votre travail et vous serez très content d'y aller tous les jours.

b. Vous ferez un mariage de rêve et vous aurez cinq enfants. Ils seront tous très intelligents et *très* actifs.

c. Vous déciderez de chercher un travail qui vous permettra d'utiliser votre formation professionnelle.

d. Vous aurez un très beau mariage. Sarah et Agnès seront parmi vos invités.

e. Après vos études, vous chercherez l'aventure. Vous partirez pour découvrir le monde.

f. Votre femme vous adorera et vous aurez une vie idéale ensemble. Pourtant, vous ne serez pas satisfait.

g. Vous finirez vos études et vous recevrez un Master en sciences politiques.

h. Vous rencontrerez une belle femme et ce sera le coup de foudre! Plus tard, vous découvrirez qu'elle est milliardaire!

i. Vous serez riche et vous n'aurez pas besoin de travailler. Vous achèterez une maison énorme et vous aurez une vie de loisirs et de luxe.

Allons plus loin!   Avec un(e) camarade de classe, racontez l'avenir prédit pour Jean-Yves. Ajoutez des détails intéressants pour embellir votre version. Ensuite, changez de partenaire et comparez votre version de l'histoire à la sienne. Utilisez le futur: **Vous aurez (serez, ferez,...).**

Act. 14. (whole class; partners) (1) With students, imagine you are making resolutions for yourselves. Say whether each item applies to you, and ask students if it applies to them. (2) Assign the activity for partner discussion. (3) Optional follow-up: Count the number of people saying *oui* to each item. New vocabulary: *améliorer, arrêter de fumer, bouquin, manuel.*

AS 13. Autograph activity. (See IRK, *Ta future profession.*)

AS 14. Students create resolutions for a perfect person who does everything right but wants to be more like everyone else. *Je n'étudierai pas tous les soirs et je...*

AS 15. Students create resolutions for someone they think needs to reform. (*le P.D.G. d'une entreprise qui contribue à la pollution de l'air...*)

Activité 14 Discussion: Que faire pour s'améliorer?

Vous avez promis à vos parents et à vos amis de changer certaines de vos mauvaises habitudes. Maintenant, vous faites une liste de ce que vous changerez. Dites **oui** ou **non.**

1. Pour améliorer ma santé...
   a. j'arrêterai de fumer.
   b. je ferai plus de gymnastique.
   c. je mangerai moins d'aliments sucrés.
   d. je boirai plus d'eau et moins de coca.
2. Dans mes rapports avec les autres...
   a. je passerai plus de temps avec mes parents.
   b. je ne me disputerai avec personne.
   c. je serai plus généreux/généreuse.
   d. je chercherai à connaître plus de gens.
3. Pour améliorer ma situation financière...
   a. je ferai des économies.
   b. je chercherai un travail.
   c. j'achèterai moins de vêtements.
   d. je mangerai moins souvent au restaurant.
4. À l'université, pour améliorer mes notes...
   a. j'arriverai en cours avec mes bouquins et mes devoirs.
   b. j'étudierai chez moi, et pas devant la télé.
   c. je n'aurai pas peur de poser des questions en cours.
   d. j'achèterai le manuel pour chaque cours.

Act. 15. (partners) Read the predictions aloud for students to write their answers. Then assign for partner discussion. Ask students to explain the reasons for their answers. To do so, they will need to produce future-tense statements. Lead a follow-up discussion about students' replies.
À vous la parole! Have groups read their predictions aloud afterward. New vocabulary: *éliminer, grâce à, inspecter, rouler, tabac, thérapie, traiter, vogue, virus informatique.*

AS 16. Students write predictions about how your university will be different in the future.

Activité 15 Sondage: Prédictions

Est-ce que nous verrons les changements suivants dans les 25 ans à venir? Écoutez le professeur et dites **oui** ou **non.** Si vous dites **non,** expliquez pourquoi.

1. Nous trouverons le moyen d'éliminer les virus informatiques.
2. Tous les pays d'Amérique du Nord auront le même gouvernement.
3. Les médecins traiteront beaucoup de maladies par la thérapie génétique.
4. Les transports en commun auront plus d'importance que la voiture.
5. Avant de louer une chambre d'hôtel, on l'inspectera sur Internet.
6. Grâce à la vogue du recyclage, il n'y aura plus de déchets.
7. Il y aura moins de divorces et plus de mariages.
8. Tous les cours se feront sur ordinateur. Il n'y aura plus de profs ni de salles de classe.
9. Le tabac sera important dans la production des médicaments.
10. On ne pourra plus rouler en voiture dans le centre des grandes villes.

À vous la parole! En groupes, préparez une liste de prédictions pour vos camarades de classe et pour votre professeur. Présentez-les à la classe.

Activité 16 Entretien: Le travail et l'avenir

1. Est-ce que tu travailles maintenant? Si oui, où et depuis combien de temps? Qu'est-ce que tu fais? Est-ce que ton travail te plaît?
2. Quel type de poste vas-tu chercher quand tu auras fini tes études? Quels facteurs seront les plus importants dans ta décision?
3. Est-ce que tu aimerais travailler à la maison? Pourquoi ou pourquoi pas?
4. Comment est-ce que ta vie va changer quand tu auras trouvé un travail stable et que tu commenceras à gagner un bon salaire?
5. Tu penses faire le même travail toute ta vie? Pourquoi ou pourquoi pas?
6. Que veut dire «réussir dans la vie» pour toi?

Act. 16. (partners) Option 1: *É1* interviews *É2*, then they reverse the procedure. Option 2: Students discuss their answers to each item together rather than do a formal interview. Afterward, hold a general discussion about their replies. New vocabulary: *gagner un salaire, plaire à quelqu'un.*

INFO: Société

Le foulard islamique à l'école: Interdire ou pas?

En octobre 1989, trois jeunes filles d'origine maghrébine,[1] élèves au lycée de Creil dans la banlieue parisienne, sont venues à l'école coiffées[2] d'un foulard, nommé «hidjab», porté par les femmes de religion musulmane. Les lycéennes, qui ont refusé d'enlever leur foulard à la demande du proviseur,[3] ont été expulsées. Cet incident a provoqué «l'affaire du voile[4]»: dans un système éducatif laïque[5] depuis 1905, les élèves ont-ils le droit de porter des «signes ostentatoires d'appartenance religieuse»? Un décret officiel autorisant le port[6] du voile n'a pas arrêté la polémique: que faire des autres signes religieux comme la kippa juive ou la croix des chrétiens? Certains ont argumenté que le foulard était sexiste; d'autres ont affirmé qu'il fallait accepter la culture des Maghrébins, la plus grande minorité ethnique et religieuse de France. En 2004, le gouvernement français a interdit le voile dans les écoles. Ce débat qui continue aujourd'hui n'est pas seulement religieux, mais aussi politique et social.

[1] originaire d'Afrique du Nord
[2] la tête couverte
[3] directeur d'un lycée
[4] foulard
[5] ≠religieux
[6] <porter

• Deux jeunes filles portent leur foulard à l'entrée d'un lycée français.

Info: Société. Remind students that the Maghreb comprises Morocco, Algeria, and Tunisia (as well as Mauritania and Libya, although there is little immigration to France from these countries). There are currently about four million people in France with North African origins; some are foreigners, others were born in France and have French citizenship (in which case they are known as *beurs*). The vast majority of them are Muslim. Immigration from the *Maghreb* was massive in the 50s and 60s, when France needed cheap manual labor; these workers never left (as they were meant to) and founded families that have more children than the French average. Long a silent minority, *Maghrébins* have now become increasingly visible as they gain prominence in politics (ministers Rachida Dati and Azouz Bégag), sports (Zinédine Zidane), TV (Rachid Arhab), music (Faudel, Rachid Taha, Lââm), movies (Isabelle Adjani, Jamel Debbouze, Sami Nacéri). As a result, Maghrebi customs, traditions, and foods have become an integral part of French culture.

LECTURE

Premier boulot

Élodie Montaygnac (voir Les francophones sur le vif, p. 137) raconte comment elle a obtenu son premier emploi.

Pre-reading activity. Explain what FNAC is, its importance as the best-known place to purchase books, music, films, and electronics. If possible, show its web site and look up the *Recrutement* rubric (link at the bottom of the home page). As an example of a *chaîne de grande distribution alimentaire,* look up job recruitment pages on the Carrefour and Peugeot-Citroën websites.

Use the *Avez-vous compris?* activity to verify comprehension and initiate further discussion about the job search experience for French university graduates. Elicit students' explanations as to why application letters must be handwritten (for graphologic analysis, a routine practice in France), why the second interviewer makes the remark about the *35 heures,* and why Élodie feels particularly fortunate to have found a job so quickly—in 2007, the unemployment rate among *les jeunes* (18–25-year-olds) was above 21%, among those who were seeking employment). Answers: 1e; 2f; 3g; 4h; 5d; 6b; 7i; 8c; 9a.

En juillet, j'ai enfin terminé mes études avec un Master de Gestion de l'université Montesquieu (Bordeaux IV). J'étais très fière, et prête à me lancer sur le marché de l'emploi. J'ai commencé à regarder les petites annonces dans les journaux et sur Internet, et j'ai pris rendez-vous au service commun universitaire d'information et d'orientation (SCUIO) de l'université, qui est chargé de l'insertion professionnelle des étudiants. Le service a un espace documentaire sur les formations[1] et les métiers où on peut s'informer soi-même, et propose des sessions sur les techniques de recherche d'emploi. J'ai également parlé à un conseiller pour avoir une orientation personnalisée, et je me suis inscrite à l'Association pour l'emploi des cadres (APEC). J'ai préparé mon CV. Bref, je m'étais bien organisée.

Seul problème: je me suis rendu compte que, dans le monde de l'entreprise, il ne se passe presque rien au mois d'août: la plupart des Français sont en vacances! En septembre, l'activité a repris[2] et j'ai répondu à plusieurs annonces en envoyant mon CV et des lettres de motivation manuscrites avec une photo. J'ai obtenu trois entretiens, assez rapidement: j'étais très optimiste, car j'ai entendu dire qu'il fallait candidater à des dizaines de postes pour avoir une chance de recevoir une réponse.

Premier entretien: une chaîne de grande distribution alimentaire.[3] Ce n'est pas mon secteur préféré, mais les hypermarchés sont en pleine expansion et recrutent beaucoup... Le bureau se trouvait dans une tour impressionnante à la Défense. Mon interlocuteur m'a posé de nombreuses questions sur mes qualifications et mes diplômes, et mon expérience:

● Au boulot! L'arche de la Défense à Paris

---

[1] préparations professionnelles
[2] recommencé
[3] chaîne... chaîne de supermarchés et hypermarchés

—Vous aurez une cinquantaine de personnes sous votre responsabilité. Vous devrez prendre des décisions importantes tous les jours. Vous verrez, c'est un travail stimulant! Nous vous donnerons une voiture de fonction, et vos frais de repas seront remboursés. Bien sûr, il y aura des possibilités d'avancement rapide, si vous êtes performante.

Ça ne m'intéressait pas particulièrement, car il était nécessaire de quitter la région bordelaise pour commencer. Dommage! C'était un boulot[4] bien payé...

Deuxième entretien: un constructeur automobile. Ça tombait bien, mon père était garagiste et je connais bien les voitures; c'est un avantage car on ne trouve pas beaucoup de femmes dans cette branche d'activité. Le DRH[5] était un monsieur assez nerveux:

—Vous le savez, notre secteur est en crise. Alors, nous cherchons quelqu'un qui pourra dynamiser la vente de nos modèles auprès d'une clientèle jeune, qui travaillera *beaucoup*. Il faudra s'investir! Vous avez des questions?
—Euh... Est-ce que j'aurai des vacances? Est-ce que je pourrai rester tranquillement chez moi le week-end?
—Éventuellement, mais autant vous dire qu'on ne pratique pas les 35 heures chez nous!

Il m'a remerciée un peu froidement d'être venue. Je n'ai pas été engagée et je ne sais pas s'il trouvera quelqu'un d'assez «motivé» pour travailler autant!

Troisième entretien: la FNAC, où l'ambiance est apparemment beaucoup plus relaxe. J'ai été reçue par une dame souriante; elle m'a demandé quel était mon projet professionnel, et ce que je faisait pendant mon temps libre—c'était plutôt bon signe! Je lui ai parlé de ma passion pour le cinéma.

—Très bien. Vous n'aurez probablement pas l'occasion d'utiliser votre connaissance du cinéma, mais nous aimons que nos cadres s'intéressent vraiment aux produits culturels que nous vendons, littérature, musique ou film.

Finalement, j'ai été engagée, et j'étais ravie parce que c'était de loin ma compagnie préférée. Je suis consciente d'avoir pas mal de chance: plusieurs de mes camarades d'université qui ont le même diplôme que moi sont encore au chômage.

---

[4] travail [5] Directeur des Ressources Humaines

Avez-vous compris? Dans quel ordre est-ce qu'Élodie a fait les étapes de la préparation à la recherche d'un emploi?

_____ **a.** se présenter aux entretiens
_____ **b.** rédiger une lettre de motivation manuscrite
_____ **c.** acheter des vêtements neufs pour faire bonne impression
_____ **d.** regarder les petites annonces dans les journaux et sur Internet
_____ **e.** finir ses études pour obtenir un diplôme
_____ **f.** visiter le service d'information et d'orientation de votre université
_____ **g.** s'inscrire à l'Agence nationale pour l'emploi (ANPE) ou à l'APEC
_____ **h.** préparer un CV à jour
_____ **i.** envoyer des dossiers de candidature

Realia. These magazines are widely used in France for finding out what sorts of educational opportunities are available to young people. High school and university counseling services are less available in France than in the United States. Information is also available through Minitel and the Internet, and students can enroll from home.

Allons plus loin!

Poursuivre ses études ou chercher du travail? C'est parfois une décision difficile à prendre... Avec un(e) partenaire, déterminez les avantages et les inconvénients de chaque possibilité.

MODÈLE: Si on poursuit ses études, on n'est pas assuré de...
Si on cherche un travail, on est plus...

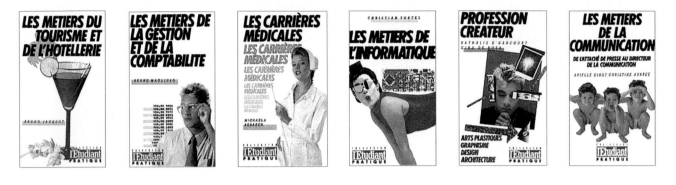

MULTIMÉDIA

🎞	*Le Chemin du retour* on DVD
QUIA	Online Workbook / Lab Manual
WWW	Online Learning Center and Audio Program
	ActivityPak

www.mhhe.com/deuxmondes6

À vous d'écrire

Imaginez votre situation professionnelle dans dix ans, lorsque vous aurez trouvé votre emploi idéal. En employant des verbes au futur, décrivez vos activités, vos conditions de travail, votre lieu de travail, vos collègues, etc.

MODÈLE: *Dans dix ans, je travaillerai dans un grand cabinet d'avocats à New York. J'aurai un immense bureau avec vue sur Central Park. J'arriverai chaque matin vers 10 heures...*

Rendez-vous cinéma

Le Chemin du retour

Épisode 5: «Une piste à suivre»

Parti enquêter dans les Cévennes à la demande de Camille, Rachid ne rapporte aucune information nouvelle, à l'exception du nom de quelqu'un mentionné dans une lettre qu'Antoine a envoyée à sa famille. Mais un historien, ami de Bruno, a trouvé des documents sur le grand-père Antoine, qui a peut-être collaboré avec l'ennemi. Camille, très perturbée, part immédiatement pour Saint-Jean; va-t-elle enfin découvrir la vérité en parlant aux villageois qui ont connu Antoine?

Vocabulaire

L'université et le lycée

University and high school

l'année (f.) scolaire	the school year
les arts (m.) du spectacle	theater arts
le bac (le baccalauréat)	*national exam in France at the end of* **lycée**
une bourse	a scholarship
un conseil	a piece of advice
un domaine	an area (of study)
une épreuve	a test
la formation	training
les frais (m.) d'inscription	enrollment fees
une leçon particulière	a private lesson
la licence	*diploma awarded in France upon completion of third-year university exams*
un manuel	a textbook
le Master	*diploma awarded in France for two years of study beyond the* **licence**
une matière	a school subject
une mention	a grade (distinction)
un resto-U	a university restaurant
une séance (d'orientation)	an (orientation) meeting
une spécialité	a major (*subject*)
améliorer	to improve
assister à une réunion	to attend a meeting
bûcher (*fam.*)	to cram, study hard
découvrir	to discover
échouer à	to flunk, fail (*an exam*)
être reçu(e) (à)	to pass (*a course, exam*)
encadré(e)	to be nurtured
faire des recherches	to do research
un stage	to do an internship
s'inscrire à (la fac)	to enroll in (college)
poursuivre un métier	to pursue a career
préparer un doctorat	to work towards a Ph.D.
rater (une conférence)	to miss (a lecture)
recevoir un diplôme	to get a degree
sécher un cours	to cut class
se spécialiser (en)	to major (in)

Mots apparentés: **s'organiser, payer, poser une question**

Les métiers

Professions

un animateur / une animatrice	a talk show host
un(e) avocat(e)	a lawyer
un(e) chef d'orchestre	a conductor
un(e) chirurgien(ne)	a surgeon
un(e) comptable	an accountant
un conseiller / une conseillère	a counselor
un couturier / une couturière	a fashion designer
un cuisinier / une cuisinière	a cook
un écrivain / une femme écrivain	a writer
un(e) fonctionnaire	a government employee
un(e) ingénieur informaticien(ne)	a computer engineer
un instituteur / une institutrice	a primary school teacher
un médecin / une femme médecin	a doctor
un ouvrier / une ouvrière	a worker
un(e) patron(ne)	a boss, employer
un(e) photographe	a photographer
un(e) pisteur secouriste	a ski patrol member
un pompier / une pompière	a firefighter
un romancier / une romancière	a novelist

Mots apparentés: **un agriculteur / une agricultrice, un coiffeur / une coiffeuse, un(e) dentiste, un(e) journaliste, un(e) mécanicien(ne), un(e) océanographe, un(e) psychiatre, un(e) secrétaire, un(e) vétérinaire**

Le travail

Work

l'assurance (f.) maladie	health insurance
les avantages (m.) sociaux	benefits (*work*)
un(e) chef d'équipe	a team leader
la comptabilité	accounting
un congé	a leave, time off

307

un emploi	a job
les loisirs (*m.*)	leisure
le luxe	luxury
un métier exigeant	a demanding job
le niveau de tension	stress level
la réussite	success
le système d'exploitation	the operating system
couper les cheveux	to cut hair
distribuer le courrier	to deliver the mail
enseigner (aux enfants)	to teach (children)
établir	to establish
éteindre un incendie	to extinguish a fire
être chargé(e) de	to be in charge of
exposer une œuvre	to exhibit a piece of (art)work
s'exprimer	to express oneself
gagner un salaire (élevé)	to earn a (high) salary
marchander	to bargain over
prendre une décision	to make a decision
réfléchir (à)	to think (about)
supporter (le stress)	to bear, withstand (the stress)

Mots apparentés: **l'autonomie** (*f.*), **l'avancement** (*m.*), **un CV, défendre les accusés, une entreprise, inspecter, une offre, opérer, un poste, les relations** (*f.*) **publiques, réparer**

La description

insuffisant(e)	insufficient
malade	sick
nul(le) (en chimie)	weak (in chemistry)
prédit(e)	predicted
satisfait(e)	satisfied

Mots apparentés: **conjugal(e), courageux/courageuse, énorme, financier/financière, généreux/généreuse, modéré(e), passable, précis(e), scandinave, stressé(e)**

Substantifs

l'avenir (*m.*)	the future
un bouquin (*fam.*)	a book

les époux (*m.*)	married couple
la génie mécanique	mechanical engineering
l'honnêteté (*f.*)	honesty
un mariage	a marriage; a wedding
un(e) milliardaire	a billionaire
une sortie	an outing
le tabac	tobacco
un virus informatique	a computer virus
une voyante	a clairvoyant

Mots apparentés: **un argument, une capacité, une carrière, le gouvernement, une maladie, la marchandise, l'océanographie** (*f.*), **une prédiction, le prestige, la priorité, la proximité, un risque, la thérapie**

Verbes

arrêter de fumer	to stop smoking
avoir lieu	to take place
se détendre	to relax
paraître	to seem
raconter des histoires	to tell stories

Mots apparentés: **accepter (de), augmenter, diminuer, éliminer, traiter**

Mots et expressions utiles

Au boulot!	Get to work! Let's get to work!
au bout de	at the end of
au début	in the beginning
Ça me convient.	That suits me.
Ça te plaît?	Do you like that?
le coup de foudre	love at first sight
Depuis combien de temps?	For how long? (How long?)
grâce à	thanks to
N'exagérez pas!	Don't overdo it!
On se sent perdu(e).	You feel lost. (One feels lost).
parfois	sometimes
parmi	among

Continued from page 294.

Info: Société: Although it no longer ensures employment, the *baccalauréat* remains the indispensable passport to higher education. Point out that unlike American standardized testing, the *bac* does not resort to multiple-choice questions, and that exams involve either writing an essay (*une dissertation*), usually within a four-hour sitting, or solving problems. The relative weight of each subject matter and the type of exam (written or oral) are determined by the track (*filière*) that each student has followed for three years.

Unlike the SAT, the *bac* does not result in a competitive score used for applying to selective universities: anything less than *la moyenne* (10/20) is a fail, forcing the candidate to retake the examination. A 10 or higher is a pass, allowing the student to register at a university, but *mentions* (*assez bien,* 12–14/20; *bien,* 14–16/20, and *très bien,* above 16/20) are essential for being admitted to a *classe préparatoire* leading to a *grande école* and, eventually, to the best executive positions. Emphasize that the 70% figure does not apply to those who take the *bac* but to an entire age group, including all those who dropped out after the mandatory schooling age (16). After a reform toward "democratization," the rate of success jumped to a historic record of 81.9% in 2006 (compared to 75.1% in 1995). However, the average rate of those who obtain the *bac* in the overall population hovers around 62.5% for any given age group, including those who dropped out of high school.

Grammaire et exercices

9.1 This section reviews the locative use of *y* (= *there*) and introduces its less common nonlocative use. You may wish to remind students that *à* + person is replaced by an indirect object pronoun (see *Grammaire 6.5*): *J'écris à ma mère.* → *Je lui écris.* Students will need time and considerable input before they can use these pronouns correctly. It is our goal to help them understand these words when used in speech.

 9.1 Other uses of y: J'y pense

Before assigning this section, review usage of *y* with photos: (doing budget) *Cet homme réfléchit à ses finances. Pourquoi est-ce qu'il y réfléchit? Parce qu'il n'est pas riche, n'est-ce pas?* On the board: *Il réfléchit à ses finances = Il y réfléchit.* Point out that à + place, thing, or idea = *y*, and that *y* is placed before the verb. Negative: *il n'y pense pas.*

A. The pronoun **y** is used to replace a prepositional phrase referring to a place. In this case, **y** is equivalent to English *there*. **Y** must be used in French, although *there* is sometimes omitted in English.

> ★ Review **Grammaire 2.3** on the pronoun **y**.

ES 1. Have students answer with *y*: *Vous pensez encore à votre cours précédent? (Je n'y pense plus.) au week-end passé? aux dernières vacances? au dernier film que vous avez vu?; Vous pensez déjà au prochain examen? à vos projets pour le week-end? aux prochaines vacances? à l'année prochaine?*

—As-tu fait des études **en France**?   *Did you study in France?*
—Oui, j'**y** ai fait deux ans d'études.   *Yes, I studied there for two years.*

B. **Y** can also replace any phrase made up of **à** + a noun indicating an idea or thing.

—Est-ce qu'Albert réussit **à tous ses examens**?   *Does Albert pass all his exams?*
—Oui, il **y** réussit toujours.   *Yes, he always passes them.*

—Pensez-vous déjà **à votre future carrière**?   *Are you already thinking about your future profession?*
—Oui, j'**y** pense beaucoup.   *Yes, I think about it a lot.*

> ➤ **Rappel: y** comes just before the conjugated verb.
> **je + y = j'y**

C. Here are some of the verbs with which you are likely to use **y**.

assister à *to attend*	**réfléchir à** *to think about*
participer à *to participate in*	**répondre à** *to answer*
penser à *to think about*	**réussir à un examen** *to pass a test*

> ➤ **Y** has two uses:
> **y** = *there* (**à Lyon, dans ma chambre**)
> **y** = **à** + a thing (**j'y pense**)

Exercice 1 Votre vie à l'université

Ex. 1. Locative and nonlocative uses of *y* are practiced together in this exercise. Can be used for oral pair work.

Répondez en employant le pronom **y**.

MODÈLE: En général, réussissez-vous à vos examens?→
       Oui, j'y réussis. (Non, je n'y réussis pas.)

1. Habitez-vous à la cité universitaire?
2. Est-ce que vous êtes déjà allé(e) à la bibliothèque cette semaine?
3. Est-ce que vous participez beaucoup aux discussions en classe?
4. Répondez-vous souvent aux questions?
5. Assistez-vous parfois aux matchs de basket?
6. Pensez-vous souvent à votre future carrière?

9.2 By this point, most students will have already produced some of these pronouns in their speech. This section reviews those uses and adds their use with prepositions and in compound subjects. Point B: You may wish to explain that emphatic pronouns are not used after the preposition *à* because the indirect object pronouns are used instead: *Je lui ai offert des fleurs.*
Put *lui/elle* on the board and ask questions using photos or famous names. *Est-ce que vous voudriez jouer au tennis avec Serena Williams? (avec elle) jouer dans un film avec Emmanuelle Béart?* Then do the same with *eux/elles: sortir avec Brad Pitt et Angelina Jolie; parler avec Jules César et Cléopâtre; jouer au tennis avec Venus et Serena Williams?*

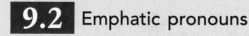 Emphatic pronouns

A. The emphatic pronouns **(pronoms accentués)** are **moi, toi, lui** (*him*), **elle, nous, vous, eux** (*them, m.*), **elles**. They are often used to emphasize the subject, and after **c'est**.

Moi, je m'appelle Denise.   *My name is Denise.*
C'est Étienne? Oui, c'est **lui**.   *Is that Étienne? Yes, that's him.*

> ➤ Emphatic pronouns:
> | | |
> |---|---|
> | moi | nous |
> | toi | vous |
> | lui/elle | eux/elles |

➤ Use emphatic pronouns after all prepositions except **à: avec eux, pour elles, sans moi.**

➤ Indirect object pronoun: verb + **à** + person (*m.* or *f.*) = **lui** (placed before the verb)
J'ai parlé à *Marise.* → **Je lui ai parlé.**

✸ Review **Grammaire 4.2** *on how to make comparisons.*

B. Emphatic pronouns also replace nouns after prepositions other than **à.**

—Tu sors avec tes copains ce soir?   *Are you going out with your friends tonight?*

—Oui, je sors **avec eux.**   *Yes, I'm going out with them.*

Tu peux faire des courses **pour moi?**   *Can you do some errands for me?*

C. Emphatic pronouns are used in comparisons, after **que.**

Mes amis sont plus sérieux **que moi.**   *My friends are more serious than I.*

D. Emphatic pronouns are used to form short questions and answers and can be combined with **aussi** and **non plus.**

—J'ai reçu une bonne note. Et **toi?**   *I got a good grade. Did you?*
—**Moi aussi!**   *Me too!*

—Je n'aime pas bûcher avant un examen.   *I don't like to cram for a test.*
—**Moi non plus!**   *Me neither!*

E. They also replace subject pronouns if there is more than one subject.

Charles et **moi,** nous sommes copains.   *Charles and I are good friends.*

Exercice 2 Comparaisons

Écrivez les réponses en utilisant des pronoms accentués. En classe, posez les questions à des camarades et comparez vos réponses.

> MODÈLE: Tu es aussi conservateur/conservatrice que tes parents? →
> Oui, je suis aussi conservateur/conservatrice qu'*eux.* (Non, je suis moins...)

1. Tu es plus intelligent(e) que ton père?
2. Tu es moins intéressant(e) que tes frères et sœurs?
3. Tu es aussi dynamique que ton meilleur ami (ta meilleure amie)?
4. Est-ce que tes camarades de classe sont aussi intelligents que toi?
5. Est-ce que tes professeurs sont aussi sympathiques que tes parents?
6. Tu es aussi équilibré(e) que ton meilleur ami (ta meilleure amie)?
7. Est-ce que tes frères et sœurs sont plus courageux que toi?

Ex. 2. This exercise practices emphatic pronouns in comparative contexts and can be used for oral pair work.

Exercice 3 À l'université: Tu as déjà...?

Répondez aux questions avec des pronoms accentués. Ensuite, posez les questions à votre partenaire.

> MODÈLE: Est-ce que tu as déjà déjeuné avec la vice-présidente? →
> Oui, j'ai déjeuné avec elle. (Non, je n'ai jamais déjeuné avec elle.) Et toi?

1. Est-ce que tu as déjà dîné avec le président de l'université?
2. Tu ne t'es jamais disputé(e) avec les conseillers d'orientation?
3. Tu as fait du travail supplémentaire pour ton/ta prof de français?

Ex. 3. Practices emphatic pronouns with prepositions. Can be used for oral pair work. You may need to explain the use of *si* so students can answer appropriately to item 2.

ES 2. Ask what several students are going to do this evening (weekend) and whether others want to do the activity, too. *Scott va jouer au poker ce soir. Est-ce que vous voudriez y jouer avec lui, Melinda?*

4. Tu as fait des courses pour tes camarades de chambre?

5. Tu t'es fâché(e) avec ton/ta professeur préféré(e)?

6. Tu as joué au tennis avec tes ami(e)s?

Exercice 4 Opinions

Ex. 4. Practices emphatic pronouns in compound subjects.

Résumez en une seule phrase avec des pronoms accentués.

MODÈLE: Patricia Kaas chante bien. Yves Duteil aussi chante bien. →
Elle et lui, ils chantent bien.

1. Mon copain va au cinéma ce soir. Sa petite amie va au cinéma avec lui.

2. Le professeur lit le journal tous les jours. Son mari le lit aussi.

3. Les enfants aiment *Astérix.* Nous aussi, nous aimons *Astérix.*

4. Emmanuelle Béart est vedette.* Gérard Depardieu est vedette aussi.

5. Tu paniques avant les examens. Moi aussi, je panique avant les examens.

6. L'écrivain Daniel Pennac a du talent. La femme écrivain Catherine Clément en a aussi.

7. Amélie Mauresmo est dynamique. Zinédine Zidane est dynamique aussi.

9.3. The emphasis here is on the use of *il/elle est* versus *c'est un(e)* with names of professions. You may wish to generalize this concept, pointing out that *c'est* is generally used before nouns when accompanied by an article (*C'est le chef du département*), pronouns, and proper names, whereas *il/elle est* is used before adjectives or prepositions (*Elle est excellente*). *C'est* is also used where there is no specific antecedent for *il* or *elle*, as in *c'est vrai* or *c'est possible*.

Before assigning the section, show photos and make statements using these constructions: (*ouvrier*) *Cet homme travaille dans les rues, n'est-ce pas? Est-ce qu'il est ouvrier ou comptable? C'est un ouvrier. Il est très grand.* Write examples of *il/elle est* + profession and *c'est un/une,* plural forms of these, and *il(s)/elle(s)* + adjectives as you talk. When you have enough examples, use them to explain the points.

9.3 Identifying and describing: **C'est vs. il/elle est**

A. **C'est** and **ce sont** are used with *nouns* to identify people and things.

—Qu'est-ce que c'est? — *What is that?*
—**C'est un ordinateur.** — *It's a computer.*

➤ **C'est/Ce sont +** article + noun

B. **Il/elle est** and **ils/elles sont** are used with *adjectives* to describe people and things.

—Cet ordinateur est cher? — *Is this computer expensive?*
—Oui, **il est cher.** — *Yes, it's expensive.*

➤ **Il/Elle est, Ils/Elles sont +** adjective

C. Either of these constructions can be used to identify someone's profession. Note that with **c'est** and **ce sont,** an article is always used; with a proper name or **il/elle,** no article is used.

Adrienne **est secrétaire.** — *Adrienne is a secretary.*
Jean-Yves? **Il est étudiant.** — *Jean-Yves? He's a student.*
Julien Leroux? **C'est un journaliste.** — *Julien Leroux? He's a reporter.*
Ces gens-là? **Ce sont des ouvriers.** — *Those people? They are workers.*

➤ **C'est/Ce sont +** article + profession
➤ **Il/Elle est +** profession
Note: No article is used here.

D. If an adjective is included to describe the person or profession, **c'est/ce sont** is used instead of **il/elle est, ils/elles sont.**

Raoul Durand? **C'est** un étudiant **très sérieux.** — *Raoul Durand? He's a very serious student.*
Ces femmes-là? **Ce sont** des journalistes **canadiennes.** — *Those women? They are Canadian journalists.*

➤ **C'est/Ce sont +** article + profession + adjective

---

*a star

Ex. 5. This exercise can be used for oral pair work. Afterward, you might use it to practice *c'est* and *c'était + un*(e).

Exercice 5 Personnages célèbres

Identifiez le métier de ces gens. Utilisez **il/elle est** ou **il/elle était**.

MODÈLE: Jean-Paul Sartre → Il était philosophe.

1. Christian Dior	**a.** empereur
2. Marie Curie	**b.** écrivain/femme écrivain
3. Charlemagne	**c.** couturier/couturière
4. Simone de Beauvoir	**d.** chanteur/chanteuse
5. Yves Duteil	**e.** physicien(ne)
6. Charles de Gaulle	**f.** homme/femme d'État

Ex. 6. You may wish to do this exercise orally as a whole-class activity. Ask also about Raoul Durand, Julien Leroux, Marise Colin, and Nathalie Lasalle.

ES 3. Show a few pictures of celebrities and have the class use *c'est / il est* constructions to say all they can about them: (Bill Clinton) *C'est l'ancien président des États-Unis. (Il était président…) Il est américain. C'est un homme intelligent. C'est un démocrate.*

Exercice 6 Qui est-ce?

Identifiez les personnages dans la liste de gauche et puis ajoutez quelques détails. (Si vous en avez besoin, consultez la liste des personnages dans «To the Student» au début du livre.)

MODÈLE: Sarah Thomas →
C'est une étudiante américaine. C'est la camarade de chambre d'Agnès Rouet.

1. Claudine Colin	**a.** petit garçon
2. Christine Lasalle	**b.** étudiant à l'université Paris VII
3. Bernard Lasalle	**c.** professeur dans un lycée
4. Clarisse Colin	**d.** infirmière
5. Joël Colin	**e.** étudiante en hôtellerie
6. Jean-Yves Lescart	**f.** ingénieur

9.4. The present + *depuis* construction is usually difficult for English speakers. However, it is a commonly used structure, and students should be able to understand it when they encounter it in listening or reading. Before assigning, tell some things you have been doing and how long you have been doing them. Then ask questions. Write examples on the board and explain the construction: *Moi, je suis professeur ici à _____ depuis _____ ans. J'ai commencé à enseigner ici en _____. Depuis combien de temps est-ce que vous étudiez dans cette université?*

➤ Use *present tense +* **depuis** + *time expression* for an action that continues into the present.

9.4 Saying what you've been doing: Present tense + depuis

A. To talk about an action or state that began in the past and is still going on, use the *present* tense + **depuis** + a length of time or a date.

Agnès **étudie** l'anglais **depuis six ans.** *Agnès has been studying English for six years.*

B. To ask a question about an action or situation continuing into the present, use **depuis quand... ?** or **depuis combien de temps... ?** + the *present* tense.

—**Depuis quand études**-tu le génie civil? *Since when have you been studying civil engineering?*
—**Depuis** l'année dernière. *Since last year.*

—**Depuis combien de temps** est-ce que tu **habites** à La Nouvelle-Orléans? *How long have you lived in New Orleans?*
—**Depuis** trois **ans.** *Three years.*

C. Note the contrast with the **passé composé** + **pendant,** which is used for an action or situation that *ended* at some time in the past.

> J'**habite** ici **depuis** dix ans.
> Avant, j'**ai habité pendant** deux ans dans l'Ohio.

> *I have lived here for ten years.*
> *Before that, I lived for two years in Ohio.*

> ➤ Use **passé composé** + **pendant** + *time expression* for an action that ended in the past.

Exercice 7 L'histoire de Julien Leroux

Reformulez chaque phrase pour changer le point de vue du passé au présent. *À noter:* Julien a maintenant 32 ans.

> MODÈLE: Julien est venu habiter à Paris à l'âge de 22 ans.
> (Julien/habiter à Paris...) →
> Julien habite à Paris *depuis dix ans.*

1. Julien a acheté un appartement à la Défense à l'âge de 28 ans. (Julien/habiter à la Défense...)
2. Sa mère est venue habiter à Paris il y a cinq ans. (Sa mère/être à Paris...)
3. Julien a pris un poste à TF1 à l'âge de 25 ans. (Julien/travailler pour TF1...)
4. Il a rencontré Bernard il y a huit ans. (Il/connaître Bernard...)
5. Julien a appris à faire de la voile à l'âge de 20 ans. (Julien/faire de la voile...)

Exercice 8 À ton tour!

Répondez en employant le présent + **depuis.**

1. Depuis quand fais-tu des études dans cette université?
2. Où habites-tu? Depuis combien de temps y habites-tu?
3. Où habitent tes parents? Depuis combien de temps?
4. Depuis combien de temps est-ce que tu étudies le français?
5. Depuis quand as-tu ton permis de conduire? ta propre voiture?

9.5 Saying what you will do: The future tense

A. You have already learned to talk about plans and future actions with **aller** + infinitive.

> Je **vais sécher** mes cours demain.

> *I'm going to cut class tomorrow.*

> ✶ Review **Grammaire 2.3** on **aller** + infinitive for a future action.

314 | CHAPITRE 9 *L'enseignement, les carrières et l'avenir*

➤ Future stems:
parler-
finir-
attendr-

✱ *See **Appendix C*** *for spelling changes in* **acheter, appeler,** *etc.*

➤ Future endings: **nous, vous** = same as present-tense endings (**-ons, -ez**); others = same as present-tense forms of **avoir** (**-ai, -as, -a, -ont**)

B. Both French and English also have a future tense (*will go, will read*, etc.). To form the French future tense, add the following endings to the future stem. For most verbs, the future stem is the infinitive. Infinitives ending in **-re** drop the final **-e** before adding the future endings.

FUTURE TENSE		
parler	**finir**	**attendre**
je parler**ai**	je finir**ai**	j'attendr**ai**
tu parler**as**	tu finir**as**	tu attendr**as**
il/elle/on parler**a**	il/elle/on finir**a**	il/elle/on attendr**a**
nous parler**ons**	nous finir**ons**	nous attendr**ons**
vous parler**ez**	vous finir**ez**	vous attendr**ez**
ils/elles parler**ont**	ils/elles finir**ont**	ils/elles attendr**ont**

J'en **parlerai** à mon patron demain matin.	*I'll speak to my boss about it tomorrow morning.*
Nous **finirons** ce projet cette semaine.	*We'll finish this project this week.*
Tu **comprendras** mieux dans quelques jours.	*You will understand better in a few days.*

➤ All future stems, both regular and irregular, end in **-r.**

C. Some verbs form the future tense with an irregular stem.

IRREGULAR FUTURE STEMS					
aller	**ir-**	j'**ir**ai	devoir	**devr-**	je **devr**ai
être	**ser-**	je **ser**ai	recevoir	**recevr-**	je **recevr**ai
faire	**fer-**	je **fer**ai	venir	**viendr-**	je **viendr**ai
avoir	**aur-**	j'**aur**ai	vouloir	**voudr-**	je **voudr**ai
savoir	**saur-**	je **saur**ai	voir	**verr-**	je **verr**ai
pouvoir	**pourr-**	je **pourr**ai	envoyer	**enverr-**	j'**enverr**ai

Après mes études, je **ferai** un voyage en Europe.	*After college, I will take a trip to Europe.*
Est-ce que ton ami **pourra** t'accompagner?	*Will your friend be able to go with you?*

➤ **quand, lorsque** = *when*
➤ **aussitôt que, dès que** = *as soon as*
➤ If the action introduced by **quand,** etc., takes place in future time, French requires use of the future tense.

D. The future tense is generally used in the same way as the English future with *will*. However, in some cases French requires the future tense where English uses the present: in particular, after **quand** and **lorsque** (*when*) and after **aussitôt que** and **dès que** (*as soon as*).

Quand j'**aurai** plus de temps, je t'**écrirai.**	*When I have more time, I'll write you.*
Nous **pourrons** partir **aussitôt que** Sarah **arrivera.**	*We can (will be able to) leave as soon as Sarah arrives.*

E. Use **dans** with a length of time to say when something will happen in the future.

> Albert **finira** ses études **dans deux ans.**
>
> Sarah **rentrera** aux États-Unis **dans trois mois.**

> *Albert will finish his studies in two years.*
>
> *Sarah will go back home to the United States in three months.*

> ➤ **C'est aujourd'hui le 1er juin. Je partirai en France le 1er juillet. Je partirai** *dans* **un mois.**

Exercice 9 Intentions et impossibilités

Faites des questions et répondez-y vous-même en employant le futur. Ensuite, interrogez votre partenaire.

Ex. 9. Practices *je* and *tu* forms, primarily of regular verbs. Use for oral pair work, after students have prepared and checked their answers at home.

> MODÈLE: aller au restaurant ce soir →
> Est-ce que tu iras au restaurant ce soir?
> Oui, j'irai au restaurant ce soir. (Non, je n'irai pas...) Et toi?

1. te coucher tôt ce soir
2. dormir jusqu'à 10 h demain
3. finir tous tes devoirs avant le week-end
4. réussir à tous tes examens ce semestre
5. sortir ce week-end
6. gagner beaucoup d'argent cet été
7. acheter une voiture cette année
8. prendre des vacances la semaine prochaine

Exercice 10 Études à Montpellier

Vous assistez à une réunion pour les étudiants de votre université qui vont aller faire des études à Montpellier, dans le sud de la France, le semestre prochain. Vous posez beaucoup de questions. Employez le futur des verbes indiqués.

Ex. 10. Practices *nous* forms of irregular verbs. In class, have one student ask the question and another answer with *vous*.

> MODÈLE: Est-ce que nous (aller) visiter Paris? →
> Est-ce que nous irons visiter Paris?

1. Est-ce que nous (être) tous ensemble dans les cours?
2. Est-ce que nous (faire) des activités avec des étudiants français?
3. Est-ce que nous (recevoir) d'autres renseignements avant le départ?
4. Est-ce que nous (voir) souvent la directrice du programme?
5. Est-ce que nous (avoir) le temps de voyager dans le reste de l'Europe?
6. Est-ce que nous (savoir) bientôt quels cours nous (pouvoir) suivre?

Exercice 11 Quel avenir!

Les étudiants de Mme Martin imaginent l'avenir de leurs camarades. Employez le futur des verbes logiques pour compléter les phrases à la page suivante.

Ex. 11. This exercise uses only third-person singular forms of the future tense. You might assign a written paragraph in which students write predictions about what will become of members of your class.

DENISE ALLMAN

Denise _____[1] de la chance. Elle _____[2] la première femme candidate à être élue à la présidence américaine. Elle _____[3] facilement les élections, et son mari et elle _____[4] vivre à la Maison Blanche.

aller
avoir
être
gagner

    Denise _____[5] travailler de longues heures, mais son mari et elle _____[6] visiter beaucoup de pays dans le monde. En France, elle _____[7] un discours* en français qui _____[8] tous les Français.

devoir
faire
épater†
pouvoir

LOUIS THIBAUDET

Un jour, en faisant un dîner pour des amis, Louis _____[9] ses talents culinaires. Il _____[10] en France pour travailler avec un chef, et puis il _____[11] en Louisiane. Il _____[12] un restaurant, où nous _____[13] tous dîner.

aller
découvrir
ouvrir
revenir

    Au bout de quelques années, Louis _____[14] un des chefs les plus connus des États-Unis, du monde même! Il _____[15] beaucoup de livres et il _____[16] sa propre émission à la télé qui _____[17] «Thibaudet's Kitchen».

s'appeler
avoir
devenir
écrire

Exercice 12 Soyez plus optimiste!

Le pessimiste parle de son avenir, mais sans beaucoup de confiance. L'optimiste essaie de l'encourager. Donnez les réponses de l'optimiste en employant le futur.

MODÈLE: Je serai surpris si mes copains se souviennent de mon anniversaire. →
          Tu seras surpris *quand* tes copains se *souviendront* de ton anniversaire.

1. Je serai heureux si je réussis à l'examen demain.
2. Je serai très surpris si je reçois un A en cours de français.
3. Je serai surpris si mes amis m'invitent à sortir ce week-end.
4. Je serai étonné si j'ai assez d'argent pour payer mes études.
5. Je serai surpris si je finis mon devoir d'histoire ce soir.

Ex. 12. Note that we provide input only and do not require students to produce the *si* + present, future (result) sequence. At this time, students need to focus on the forms and meaning of the future tense. Here, they will use the future after *quand*. After they have prepared the exercise at home, you might have partners take turns reading the statements and responding for extra practice. Remind students about agreement of adjectives.

GOALS FOR *CHAPITRE 9.*
In *Chapitre 9,* students begin to comprehend and acquire future-tense forms and talk about preparing themselves for the future. Primary topics include the education system, all types of employment and work conditions, and ways to achieve success. *Functional goals:* (1) Say what will be the outcome of a decision, a situation, or an action. (2) Describe your work skills and experience. (3) Explain what one does to get a degree at your university.

MISE EN TRAIN.
1. Student life. Use personal photos/slides to relate your undergraduate experience. Include terms such as *s'inscrire, faire des études en alternance,* and *payer les frais.* (See *Vocabulaire, Chapitre 9.*) Alternatively, use a series of PF photos to roughly depict a fictional student. Specific events need not be shown; simply show the person at the time and say what happened: *Voici Alicia au moment où elle a posé sa candidature à l'université. Elle a l'air un peu stressée, n'est-ce pas? Il y avait beaucoup de candidats. Mais elle a été acceptée et elle a même reçu une bourse...* List terms on the board and review the photos often, using the words you associated with them.

2. Jobs and careers. Use your PF to introduce names of jobs at all levels. Discuss what each job entails, the knowledge, skills, and personal qualities it requires, its advantages, disadvantages, etc.: *Cette femme est agente de voyages. Elle travaille dans une agence de voyages. Pour être agent de voyages, qu'est-ce qu'on doit savoir faire? Utiliser un ordinateur? Organiser un itinéraire?* Write vocabulary as you talk, and include students in your input frequently.

3. The future tense. Use your PF to discuss upcoming events or activities, using the future tense. (Sunday morning scene) *Voici une famille qui commence son dimanche. Tiens! Un journal; est-ce qu'ils liront le journal?* (boy daydreaming) *Ce petit garçon a décidé de devenir astronaute. Qu'est-ce qu'il sera obligé d'étudier?* Include information about students: *Mark, vous avez décidé de vous marier au mois de juin? Est-ce que votre mariage aura lieu dans une église? Vous partirez en voyage de noces après la cérémonie?*

AS 1. Show photos of problems or dilemmas and ask for questions: (stalled car) *Tiens! Sa voiture refuse de bouger. Elle est tombée en panne! Qu'est-ce que cette femme pourra faire, à votre avis? Oui, si elle a son portable, elle pourra téléphoner au garage. Si elle a le système GPS, elle pourra aider les employés du garage à la trouver.*

*speech

†to impress

Les voyages

La cérémonie du
thé au Maroc

CO Photo. The scene is an outdoor festival in the village of Zagora, Morocco. The village chief is pouring tea, and a visitor from the West is just discernible at his right side. Ask students to describe in detail the objects and actions they see. Morocco is nearly 90% Sunni Muslim and has been an independent country since 1956. Previously, it was a French protectorate, and French is still important as a language of business and culture.

Objectifs

In *Chapitre 10*, you will talk about travel experiences, needs, and situations that arise during trips. You will also learn a new way to express necessity.

Instructor information. For goals and *Mise en train* activities for this chapter, please refer to p. 346 at the end of this chapter.

Voyages à l'étranger

les chèques de voyage
le billet d'avion
le passeport

✳ **Attention! Étudier Grammaire 10.1 et 10.2**

Au départ, il faut enregistrer ses bagages.

Parfois, il faut que les passagers attendent le départ d'un vol.

Pendant un vol international, il faut que les passagers remplissent la déclaration de douane.

À l'arrivée, il faut que les passagers fassent la queue au contrôle des passeports.

Même si on n'a rien à déclarer, le douanier fouille parfois les bagages.

Il est essentiel que le voyageur apprenne à se débrouiller.

Activité 1 Ordre logique: Voyage international

En groupes, décidez l'ordre des actions suivantes. Ensuite, comparez vos décisions avec celles de vos camarades de classe.

Avant le départ
_____ s'assurer de ne pas oublier les billets
_____ faire les valises
_____ faire ses réservations
_____ vérifier que le vol va partir à l'heure
_____ économiser l'argent pour le voyage
_____ s'assurer d'avoir un passeport valable

À l'aéroport
_____ vérifier qu'il n'y a rien d'interdit (comme des ciseaux) dans ses bagages à main
_____ chercher la salle d'attente dans la zone sécurisée
_____ enregistrer ses bagages
_____ s'assurer d'avoir ses pièces d'identité
_____ embarquer dans l'avion
_____ passer au contrôle de sûreté

À l'arrivée
_____ sortir de la zone sécurisée
_____ débarquer de l'avion
_____ présenter ses bagages à la douane
_____ mettre ses bagages sur un chariot
_____ passer par le contrôle des passeports
_____ chercher ses valises à la livraison de bagages

Allons plus loin! Avec deux partenaires, imaginez une scène entre un agent de voyages et deux personnes qui vont voyager ensemble. Les deux voyageurs ne sont pas toujours d'accord sur les détails. Présentez votre sketch à la classe.

Activité 2 Échanges: Le voyage organisé

Imaginez que vous allez partir en France en voyage organisé et que vous répondez aux conseils de votre professeur de français. Jouez les deux rôles avec un(e) camarade de classe.

> MODÈLE: PROF: Il faut que vous vous inscriviez bientôt dans le programme.
> VOUS: Pas de problème, monsieur (madame). Je m'inscrirai demain.

1. Il est essentiel que vous emportiez assez d'argent.
2. Il vaut mieux que vous ne preniez pas trop de bagages.
3. Il faut que vous demandiez tout de suite un passeport.
4. Il faut que vous emportiez des chaussures confortables pour faire des excursions.
5. Il est essentiel que vous suiviez les instructions du guide.
6. Il faut que vous ne parliez que français entre vous.
7. Il est important que vous ne sortiez pas seul(e) le soir.
8. Il vaut mieux que vous gardiez l'esprit ouvert.
9. Il faut que vous soyez à l'heure pour les activités organisées.
10. Il faut que vous vous amusiez bien pendant le voyage.

Act. 3. (whole class; partners)
(1) Locate Morocco on the map at the back of the textbook. Briefly discuss its geography and peoples. (2) Relate Bernard and Christine's trip yourself, embellishing it as you wish but sticking to the basic story line. Explain unfamiliar vocabulary as you go and write new words on the board for students to copy. In the first sentence, point out and explain *aillent* (present subjunctive of *aller*). (3) Have students follow in the book as you describe each drawing, pausing to ask questions in order to make sure that they understand. Then describe random individual drawings and ask them to say the number of the drawing you've just described. (4) Read the sentences in the book aloud while students note down the number of the drawings they match; verify answers afterward. (5) Assign partners to tell each other the story or to take turns narrating the events in the frames. New vocabulary (for recognition only): *au dos de, berbère, bijouterie, charmeur de serpents, cour, dromadaire, fontaine, médina, mosquée, ramener, tisser.*

Activité 3 Récit: Vacances au Maroc

Voici les activités de Bernard et Christine Lasalle pendant leurs vacances au Maroc l'année dernière. Les phrases suivantes décrivent chaque dessin. Mettez-les dans le bon ordre d'après les dessins.

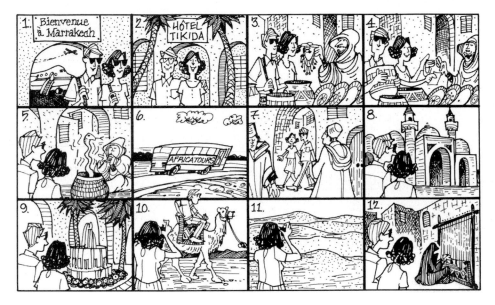

___**1**__ À Marrakech, il a fallu que Bernard et Christine aillent d'abord à l'hôtel.

_____ Ils ont trouvé un charmeur de serpents fascinant mais ils ont gardé leur distance!

_____ Dans un village berbère, ils ont vu une femme qui tissait un beau tapis.

_____ Christine a bien aimé la bijouterie vendue dans les souks (marchés).

_____ Il a fallu que Bernard ramène un certain pot énorme à leur hôtel.

_____ Ils sont sortis de leur hôtel pour explorer la ville de Marrakech.

_____ Ils ont fait une excursion pour voir une oasis.

_____ Ils ont découvert des belles mosquées.

_____ Ils ont visité une casbah ancienne où ils ont admiré la cour et ses fontaines.

_____ Ils sont montés au dos de dromadaire. Bernard était un peu nerveux.

_____ Ils se sont promenés dans la médina (la vieille ville) pittoresque de Marrakech.

_____ Au départ, Christine a photographié les dunes sans fin du Sahara.

Act. 4. (partners) Option 1: Students discuss the questions together. Option 2: *É1* asks all questions and takes notes; then students reverse roles. Afterward, hold a discussion about the students' answers. You might also have the class ask you the questions (using *vous*). New vocabulary: *bateau, faire une croisière, navette spatiale, rendre visite à.*

AS 5. Have students work in pairs or small groups to plan a dream trip. They should say where they would like to go, how they would like to get there, with whom they would travel, what they would like to do there, etc.

Activité 4 Entretien: Les voyages

1. Tu aimes voyager? Tu voyages quelquefois en voiture? en train? en avion? en bateau? Où vas-tu?
2. Tu as de la famille qui habite loin de chez toi? Qui? Tu leur rends visite? Quand? Qui t'accompagne? Tu y es allé(e) cette année?
3. Tu as déjà visité un autre pays? Lequel? Quand? Sinon, quel pays est-ce que tu voudrais visiter? Pourquoi?
4. Si tu étais riche et libre, où aimerais-tu aller? Avec qui? Comment aimerais-tu voyager? (en avion privé, en yacht, en faisant une croisière, en navette spatiale...)

Les francophones sur le vif. The evolution of the SNCF (*Société nationale des chemins de fer français*) in the past few decades has sometimes been at odds with its *mission de service public*. Although the development of TGV (*train à grande vitesse*) lines along some routes has made travel easier and faster than ever before, the rail system remains quite centralized, because the *grandes lignes* arrive in

Les francophones sur le vif

Paul-Henri Jurieu, 56 ans, professeur d'économie à l'université Charles-de-Gaulle/Lille III

Vous travaillez à Lille, mais vous habitez Paris. Est-ce raisonnable?

Tout à fait raisonnable, oui, et je ne suis pas le seul «turbo-prof» dans ce cas. J'ai toujours habité Paris et je voulais y rester, mais comme il était difficile d'y trouver un poste en fac, j'ai décidé de chercher dans une autre ville. C'était justement l'époque où la SNCF a mis en service le TGV «Thalys», entre Paris et Bruxelles. À partir de la gare du Nord, on est à une heure de Lille et c'est donc très facile de faire deux aller-retours par semaine. Ajoutez à ça que le train est confortable et relaxant: on peut y lire, écouter la radio, travailler sur son ordinateur… et, contrairement à l'avion, il circule par tous les temps et vous conduit au cœur[1] de la ville. D'ailleurs, je ne possède pas de voiture, puisqu'avec le métro à Paris et 34.000 km de chemin de fer sur l'ensemble du territoire français, je peux aller pratiquement n'importe où,[2] plus vite—le TGV atteint les 300 km/h!—et à meilleur marché. À l'exception des grèves de cheminots,[3] c'est un système vraiment formidable.

[1]centre
[2]n'importe… dans presque tous les endroits
[3]grèves… *railroad workers' strikes*

Ça fait penser

- Les salariés français ont droit à cinq semaines de vacances.
- En avril 2007, le TGV a battu le record mondial de vitesse en train avec 574 km/h (kilomètres à l'heure).

and depart from Paris—to Lyon and Marseille, to Bordeaux, to Lille and Brussels, and, starting in 2007, to Strasbourg. Thus, connections from one provincial city to another have not significantly improved, and there has been some controversy about the proposed cancellation of less-traveled routes operating at a loss. France still relies heavily on the train for passenger and freight transport, however, which has made it possible for the *cheminots* to keep their preferential treatment: on several occasions, they have demonstrated that rail strikes could virtually paralyze the entire country. Because P-H Jurieu primarily gives arguments in favor of train travel in France, ask the students to find its potential disadvantages.

Activité 5 Situations: Un voyage inoubliable

Avec un(e) partenaire, créez un sketch d'après les faits suivants. Votre professeur va peut-être vous demander de présenter votre petit drame à la classe.

Voyageur/Voyageuse: Au contrôle de sûreté à l'aéroport de Montréal, le contrôleur découvre le petit couteau de votre grand-père dans vos bagages à main! Vous aviez oublié que vous l'aviez. Expliquez au contrôleur pourquoi vous êtes innocent(e) et pourquoi il ne devrait pas enlever un objet qui a une valeur sentimentale pour vous.

Contrôleur/Contrôleuse: À l'aéroport de Montréal, vous découvrez un petit couteau dans les bagages à main de quelqu'un! La personne essaie de vous persuader de son innocence. Expliquez-lui pourquoi vous êtes obligé(e) de garder cet objet.

Act. 5. Read the situations aloud, then divide the class into two subgroups, the *voyageurs* and the *contrôleurs*. In each subgroup, students work together in pairs to develop ideas for their roles. They should jot down their ideas but not write a script. After a given amount of time, the members of one subgroup seek a partner from the opposite subgroup and they practice their skit (*sketch*) together. End by asking volunteers to perform their skits for the class. New vocabulary: *enlever, inoubliable.*

En voiture!

✳ **Attention! Étudier Grammaire 10.3**

Je vais faire le plein et vérifier le niveau d'huile.

Donnez-moi une voiture qui ne consomme pas trop d'essence.

Oui, dites-lui de mettre des nouveaux pneus. Les vieux sont en très mauvais état.

Tu vois ce feu rouge? Ne le brûle pas!

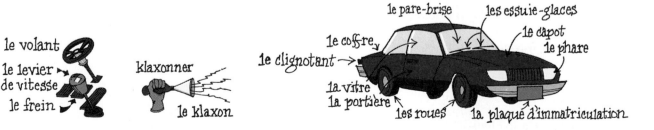

Act. 6. (whole class) (1) Discuss the terms in the list by asking questions about their functions: *Est-ce que le klaxon est une lumière? On utilise les freins pour arrêter la voiture ou pour mettre le moteur en marche?* (2) Read the sentences and allow the group to answer. If there is a pronoun in the sentence, ask what it refers to. You can also provide the terms for the clutch (*la pédale d'embrayage*) and the gas pedal (*l'accélérateur*), which are visible in the drawings. New vocabulary: *abuser, cas d'urgence, ceinture de sécurité, dépasser les limitations de vitesse, marcher, permis de conduire, réservoir, risquer (de), suivre de trop près.*

Activité 6 Associations: L'art de la conduite

Identifiez la suggestion pour chaque objet, personne ou règle.

1. les freins
2. les limitations de vitesse
3. un mécanicien
4. le feu rouge
5. le klaxon
6. l'essence
7. les clignotants
8. la ceinture de sécurité
9. le permis de conduire

a. Ne l'oubliez pas quand vous conduisez. Il vous permet de conduire légalement.
b. Racontez-lui les problèmes de votre voiture.
c. Si quelqu'un vous suit de trop près, ne les employez pas.
d. Utilisez-le en cas d'urgence, mais n'en abusez pas.
e. Arrêtez-vous quand vous le voyez. Ne le brûlez jamais.
f. Mettez-en dans le réservoir, sinon votre voiture ne marchera pas.
g. C'est la règle numéro un: attachez-la chaque fois que vous vous mettez au volant.
h. Ne les dépassez pas, sinon vous risquez de recevoir une contravention.
i. Mettez-les si vous changez de direction.

Cliquez là!

Votre voiture ne fonctionne pas bien? Consultez un mécanicien sur Internet. Lors du prochain cours, racontez votre problème et la solution proposée.

www.mhhe.com/deuxmondes6

Cliquez là! Before students go online, ask them to name their own (or someone else's) car problem. Online, they seek the recommended solution. As a follow-up, students should come to class prepared to state their problem and to say what the recommended solution is.

Act. 7. (partners) Mention new vocabulary before assigning. Afterward, discuss what students recommend. Find out how many people change their own oil, check tire pressure often, etc. New vocabulary: *batterie, entretien, équilibrage des pneus, liquide de frein, moteur, permis de conduire, pression, radiateur.*

Act. 8. (partners) After students discuss the questions, take a survey of their answers. New vocabulary: *tomber en panne.*

Activité 7 Échanges: L'entretien d'une voiture

Avec quelle fréquence devrait-on faire ces choses?

MODÈLE: É1: On devrait laver sa voiture chaque jour.
É2: Je ne suis pas d'accord. On devrait la laver seulement quand elle est sale.

1. changer l'huile dans le moteur
2. vérifier la pression des pneus
3. mettre de l'eau dans le radiateur
4. vérifier la batterie
5. faire le plein d'essence
6. changer les essuie-glaces
7. acheter des pneus
8. faire l'équilibrage des pneus
9. changer le liquide de frein

Vocabulaire utile chaque semaine, toutes les (deux) semaines, trois fois par an, tous les mois, quand il le faut, jamais, chaque année

Activité 8 Entretien: La voiture et moi

1. Quel type de voiture conduis-tu? Elle te plaît ou pas? Elle est grande? belle? pratique? économique? Elle consomme peu d'essence?
2. Tu aimes conduire? Tu conduis combien de miles chaque jour, à peu près?
3. Si tu n'as pas de voiture, comment est-ce que tu te déplaces? En vélo? En bus? À pied?
4. Pour toi, quelle est la voiture idéale?
5. Quelles voitures trouves-tu les plus belles? Pourquoi? Lesquelles n'aimes-tu pas?
6. Tu as déjà eu ou vu un accident? Ta voiture est tombée en panne? Qu'est-ce qui s'est passé?
7. Combien de contraventions as-tu reçues? Pourquoi?

Realia. Use the realia to initiate a discussion of safety rules for using streets and highways. (*regarder dans les deux sens avant de traverser la rue, ne pas jouer dans la rue, porter un casque quand on fait du vélo / de la moto, se reposer de temps en temps pendant un long trajet en voiture, ne pas conduire et envoyer des textos en même temps, ne pas parler au téléphone,* etc.)

ATTACHONS LA CEINTURE DE SÉCURITÉ !

Activité 9 Échanges: Pour mieux conduire

Imaginez que vous et votre partenaire devez passer un examen de conduite. Posez-vous des questions et puis, discutez ensemble de chaque réponse.

MODÈLE: É1: Qu'est-ce qu'on doit faire s'il commence à neiger très fort?
É2: Eh bien, on doit conduire lentement. C'est tout?
É1: Non, il faut aussi mettre les essuie-glaces...

SITUATIONS

1. Il y a du verglas et la voiture commence à glisser.
2. Il pleut et il y a du brouillard.
3. On décide de tourner à gauche.
4. Un enfant se précipite dans la rue pour aller chercher son ballon.
5. On roule vite et, tout d'un coup, le feu passe à l'orange.
6. Une voiture te suit de trop près.
7. ?

IDÉES

- mettre la ceinture de sécurité
- freiner aussi vite que possible
- ralentir ≠ accélérer
- brûler le feu rouge
- rouler (plus lentement)
- mettre (les essuie-glaces)
- mettre le clignotant
- arrêter la voiture
- klaxonner
- changer de vitesse
- ?

Activité 10 Récit: Julien n'a pas de chance!

Julien Leroux a reçu une invitation pour passer le week-end chez des amis à la campagne. Il a décidé d'y aller en voiture. Est-ce qu'il s'est bien amusé pendant sa visite? Pourquoi?

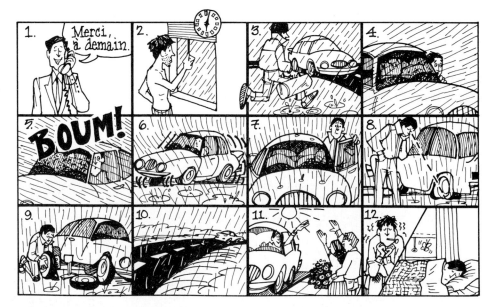

Vocabulaire utile avoir du mal à, entendre un bruit, tomber malade

Comment se débrouiller

Comment se débrouiller. (See *Mise en train, Act. 3.*) The focus of this section is travel survival. Students will learn vocabulary for services and for dealing with situations that travelers might encounter. They will use (but not need to produce) sentences with double object pronouns.

(1) Show photos of individuals engaged in transactions that might be related to travel. Include object pronouns in your input: (person buying stamps) *Cette femme est à la poste, n'est-ce pas? Est-ce qu'elle a acheté des timbres ou une grande enveloppe? Ce sont des timbres. L'employée les lui donne.* (2) Discuss the drawings, explaining about services available in France and elsewhere and mentioning experiences you have had: *À Strasbourg, ma chambre était au 7e étage. J'avais une vue formidable sur la ville. Mais le dernier jour, l'ascenseur est tombé en panne!* (3) Talk about student experiences and preferences: *Qui parmi vous emporte son ordinateur portable en voyage? Qui a déjà logé dans une auberge de jeunesse? Qui a dormi dans un mauvais hôtel? Quels problèmes avez-vous eus?* New vocabulary: *ascenseur, bagagiste, bidet, cabine téléphonique, carte téléphonique prépayée, chambre de libre, combiné, coup de fil, envoyer, escalier, expédition de colis, femme de chambre, gérant(e), mandat-cash, note, poste restante, réception, supplément.* Idioms: *je suis désolé(e).*

✳ **Attention! Étudier Grammaire 10.4**

La poste

En France, Raoul a reçu son courrier à la poste restante. L'employé le lui a donné.

Pendant qu'il était au bureau de poste, il a passé un coup de fil.

Sarah Thomas a acheté une carte téléphonique prépayée dès son arrivée à Paris. Elle s'en est souvent servie.

Jean-Yves s'est trouvé sans argent à Dakar. Ses parents lui en ont envoyé.

À l'hôtel

Activité 11 Échanges: Le savoir-faire

Discutez de ces situations avec un(e) camarade de classe. Donnez vos réactions et expliquez-les.

> MODÈLE: É1: Un clochard s'approche de toi et te demande de l'argent. Est-ce que tu lui en donnes? →
> É2: Oui, je lui en donne. Il a l'air d'avoir faim. (Non, je ne le connais pas. Je ne lui en donne pas.)

1. À la banque, la caissière demande à voir ton passeport. Tu le lui montres?
2. Des gens que tu ne connais pas bien te demandent le numéro de ta chambre d'hôtel. Est-ce que tu le leur donnes?
3. Tu remercies le chauffeur de taxi. Lui donnes-tu aussi un pourboire?
4. Un étranger te demande le chemin pour aller au musée d'Orsay. Est-ce que tu le lui dis?
5. L'employé à la réception de ton hôtel demande à garder ton passeport. Tu le lui laisses?
6. Le serveur dans un restaurant est très désagréable. Est-ce que tu lui laisses un bon pourboire?
7. Un ami excentrique demande à se servir de ton nouvel appareil photo numérique. Tu le lui prêtes?
8. Une copine qui a perdu son portefeuille demande à se servir de ta carte de crédit. Est-ce que tu la lui prêtes?

Activité 12 Récit: Vacances en Corse

Qu'est-ce qu'Adrienne a fait dès son arrivée à l'hôtel?

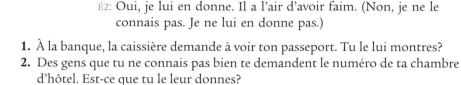

Info: Vie quotidienne. The proliferation of hotel and restaurant guides in France with their specific rating schemes reminds us that not so long ago, there was no real standard of amenities, and that the standard features found in American hotels and motels were available only at the three-star level. Since then, myriad

Info: Vie quotidienne
Se loger en voyage

Lorsqu'on voyage dans un pays inconnu, l'une des principales difficultés consiste à trouver un logement adapté à ses goûts[1] et surtout à son budget. Dans presque tous les pays européens, vous trouverez au centre-ville—généralement tout près de la gare—un bureau appelé «syndicat d'initiative» ou «office du tourisme». Là, on vous aidera à trouver un hôtel selon vos désirs et, généralement, on téléphonera pour vous réserver une chambre.

Pour ceux qui aiment préparer leurs vacances en détail, il existe de nombreux guides qui vous informent sur la qualité des hôtels et—très important en France!—des restaurants. Les plus connus sont les guides *Michelin* et *Gault-Millau*, dont les évaluations gastronomiques[2] («étoiles» ou «toques»[3]) font autorité. Le *Guide du Routard* donne d'excellents trucs[4] pour se loger et manger à bon marché. Pour les plus fortunés,[5] le *Guide des Relais et Châteaux* propose ses hôtels de grand luxe dans des sites prestigieux. Même si vous n'avez pas de guide, vous pouvez toujours juger un hôtel grâce au système de catégorisation officiel, qui attribue entre une et cinq étoiles selon le niveau de confort. À partir de deux étoiles, vous disposerez d'une salle de bains/W.C. dans la chambre et, le plus souvent, d'un téléphone et d'une télévision.

[1]préférences
[2]qui ont rapport avec la grande cuisine
[3]chapeaux portés par les cuisiniers
[4]conseils pratiques
[5]riches

hotel chains (*Ibis, Campanile, Clarine, Première Classe*) have established a new standard at the two-star level. The hotel industry is a fast-changing market, and multinational corporations such as *Accor* (*Formule 1, Etap'Hôtel, Ibis*) and *Envergure* (*Première Classe, Campanile, Bleu Marine*) have driven many mid-level, independently owned hotels out of business.

Partir avec tout le monde, comme tout le monde, pour voir la même chose que tout le monde, est-ce bien raisonnable?

Realia. Ask why the ad shows a sheep and what other signs of a stereotypical tourist are also included (camera, suitcase). Ask what sort of person is likely to use the *Guide du Routard* and what sort is likely to travel like the sheep. Point out that the *Guide du Routard* has a web site with advice and humor. Ask students who visit the site to report their findings.

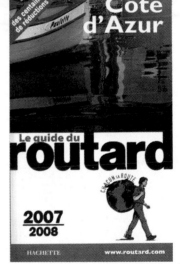

Côte d'Azur — Le guide du routard — 2007 2008 — HACHETTE — www.routard.com

Activité 13 Échanges: Débrouillez-vous!

Imaginez que vous voyagez avec votre partenaire. Décidez comment vous allez vous débrouiller dans les situations suivantes.

MODÈLE: Il n'y a plus de chambres dans une petite ville.

É1: Nous pouvons aller au café pour demander s'il y a quelqu'un qui loue des chambres.

É2: Oui, mais si tout est fermé...

Act. 13. (partners) These situations happen when students are traveling. Define the places and objects before students do the activity in pairs. Example: *L'objet qui vous permet de trouver un numéro de téléphone (annuaire).* Explain the situations. Have students give/work out a plausible solution for each problem. New vocabulary: *ambassade, annuaire, bureau des objets trouvés, matériel électronique, numéro d'urgence, pharmacie de garde.*

Cliquez là!

Visitez le site pour les Guides du Routard. Quels types de renseignements pour voyageurs peut-on y trouver? À quel type de voyageur sont-ils destinés?

www.mhhe.com/deuxmondes6

AS 9. *La naïveté.* In groups, students prepare a scenario based on the unfortunate adventures of a very naïve traveler accustomed to an easy life at home. Suggestion: Two students explain a convoluted story to a policeman at his station. (*Un homme a offert de surveiller mes bagages…*)

AS 10. Do an association activity based on travel experiences and problems students have encountered.

AS 11. Conversation party. Give partners a few minutes to make up a story together about an incredibly eventful trip. Call time and have everyone rise and pretend they're at a party. The object is to tell one's story to at least three people who haven't heard it. Afterward, vote on the most entertaining stories.

Ça fait penser. Ask what visitors prefer to see when they go to students' home states or countries. This is especially interesting if several nations are represented in your class.

Vocabulaire utile   l'ambassade de votre pays, l'annuaire, le bureau des objets trouvés, le numéro d'urgence, la pharmacie de garde

Situations

1. Vous perdez votre passeport.
2. Vous désirez aller dans un magasin qui vend du matériel électronique.
3. Vous avez besoin d'un médicament à deux heures du matin.
4. Vous désirez recevoir des lettres mais vous n'avez pas d'adresse.
5. Vous avez oublié votre carte d'identité dans un grand magasin la veille.
6. Votre voiture tombe en panne en pleine nuit.
7. ?

Ça fait penser

- En 2006, la France a gardé sa place de première destination mondiale, en recevant plus de 76 millions de touristes.
- L'industrie touristique joue un rôle important dans l'économie française et représente plus de 660.000 emplois salariés.
- En 2004, Disneyland Paris est l'un des sites les plus fréquemment visités de France avec 10,2 millions de visiteurs. Le Louvre n'est pas loin derrière, avec 7,3 millions de personnes. Le Parc Astérix n'a accueilli que 1,8 millions de personnes.

Les achats, les produits et les matières. (1) Review names of articles and materials (see *Mise en train, Act. 4*). (2) Introduce the display situations, then ask questions: *Est-ce qu'on trouve des sous-vêtements en soie au souk marocain ou dans la boutique parisienne? Qu'est-ce qui est plus pratique, des sous-vêtements en soie, en coton ou en nylon?* (3) Talk about items students have in class: *Et les boucles d'oreille qu'on peut acheter au souk, elles sont en argent? Karen porte des boucles d'oreille aujourd'hui. Est-ce qu'elles sont aussi en argent? Elles ont des perles ou des turquoises?* (4) Use superlative statements: *Lequel est le plus pratique pour aller en classe, un pantalon en cuir ou un pantalon en coton? Quel collier coûte le plus cher, le collier*

Les achats, les produits et les matières

en or, celui en argent ou celui en verre? New vocabulary: acier, argent, bibelot, bijouterie, bois, boucle d'oreille, bouteille, bracelet, ceinture, collier, combinaison, coton, cristal, cuir, cuivre, culotte, foulard, gants, laine, marché (aux puces), plateau, poterie, slip, soie, soutien-gorge, terre cuite, tissu.

✴ **Attention! Étudier Grammaire 10.5 et 10.6**

AS 12. Show items or pictures and ask where they can be bought: *Regardez cette bague en or, avec des diamants. Où est-ce qu'on peut acheter une belle bague comme celle-ci? Au Prisunic ou dans une bijouterie?*

Un marché à Lomé, au Togo   Un souk à Fès, au Maroc

Une boutique à Paris, en France

Un marché aux puces, à Bruxelles, en Belgique

Activité 14 Associations: Les matières et les objets

Dites en quoi sont faits les objets suivants.

Vocabulaire utile   en bois, en cuir, en terre cuite, en cristal, en soie, en laine, en acier, en argent, en plastique, en verre...

1. une fourchette
2. des ciseaux
3. un manteau
4. de la poterie
5. un chandelier
6. un parachute
7. une poubelle
8. des lunettes
9. une tasse
10. des chaussures
11. un verre à vin
12. des sous-vêtements
13. les pare-brise
14. des boucles d'oreille
15. un parquet
16. un ordinateur

Act. 14. (whole class) Lead the discussion, because many of the objects are manufactured in a variety of materials. Ask students to explain the uses for the product in its different forms: *Des verres à vin en plastique? Quand est-ce qu'on a besoin de ça? Ah! Pour des pique-niques ou sur le patio le soir. Oui, je comprends!* New vocabulary: *chandelier, parachute, parquet, sous-vêtements.*

AS 13. *Idées insolites.* Ask students to think of very impractical inventions (*des chaussures en verre, un chandelier en papier, des boucles d'oreille en fer*). The class must explain why these ideas aren't practical.

La langue en mouvement

Comment comptez-vous?

Les chiffres français ne sont pas les mêmes dans tous les pays francophones. En Belgique et en Suisse, au lieu de dire *soixante-dix* et *quatre-vingt-dix*, on dit *septante* (avec le *p* prononcé) et *nonante*. De même, en Suisse uniquement, *huitante* remplace *quatre-vingts*. Quel serait l'équivalent des chiffres suivants en français de France: *huitante-trois, septante et un, nonante-huit*?

La langue en mouvement. These regional variants correspond to the decimal system. The Standard French equivalents represent remnants of a number system based on twenty, referred to as a vigesimal system (*numération vicésimale*), which was used by the Gauls. Note that *septante* is also used in parts of eastern France as well as in the Canadian provinces of Nova Scotia and New Brunswick.

Activité 15 Échanges: Décisions à prendre

Imaginez que vous allez acheter des cadeaux pour votre famille et vos amis. Faites votre choix et comparez-le avec celui de votre partenaire. Expliquez vos raisons.

> MODÈLE: un portefeuille →
> É1: Moi, je prends le portefeuille en cuir pour mon père. Mon père a beaucoup de goût!
> É2: Et moi, je prends celui en plastique pour mon petit frère. C'est le moins cher.

Vocabulaire utile

C'est le/la plus durable (pratique, insolite...)
C'est le/la moins cher/chère (facile à nettoyer...)
C'est le meilleur (la meilleure).
Ça ne se casse pas (se lave bien).

1. le foulard en coton, celui en soie ou celui en polyester?
2. les assiettes en terre cuite, celles en porcelaine ou celles en acier?
3. la bague en or avec un diamant, celle en argent avec des turquoises ou celle faite à la main en cuivre?
4. les boucles d'oreille avec des perles, celles avec des pierres polies ou celles avec des rubis?
5. le pantalon en cuir, celui en coton ou celui en laine?
6. la montre en or, celle en argent ou celle en acier?

Activité 16 Échanges: Les achats

Quand et pourquoi est-ce que vous achetez les objets suivants? Est-ce qu'il y a d'autres achats que vous faites? Lesquels? Où est-ce que vous les faites?

> MODÈLE: É1: Moi, j'achète des bottes vers la fin de l'hiver quand elles sont en solde.
> É2: Tu as de la chance. Ma pointure est très difficile à trouver. Alors, je suis obligé(e) d'acheter des bottes quand je peux trouver ma pointure.

LES OBJETS

1. des vêtements
2. des chocolats
3. des sous-vêtements
4. des chaussettes
5. des CD
6. du parfum
7. des livres
8. des gants

LES RAISONS POSSIBLES

Il/Elle est (Ils/Elles sont) en solde.
Quand j'ai assez d'argent.
Quand on m'a offert de l'argent en cadeau.
Quand j'en ai besoin.
Quand je trouve (ma taille, ma pointure).
Si je dois acheter un cadeau.
?

LECTURE

L'arrivée en ville

Amoin, une jeune fille de 14 ans, habite dans un petit village de Côte-d'Ivoire. À l'invitation de son oncle, professeur dans une école d'Abidjan, elle a l'occasion d'aller séjourner dans la grande ville. Mais son taxi-brousse[1] arrive à la gare routière très en retard.

Seulement, c'est déjà le crépuscule[2] quand le taxi-brousse atteint la ville. Déjà les lampes sont allumées dans les rues encombrées de voitures. Amoin est éblouie[3] par ces innombrables voitures aux phares allumés, ces panneaux électriques aux couleurs vives[4] qui signalent les vitrines des magasins. [...] Cette entrée dans la ville est très agréable car, avec les embouteillages, le taxi roule très lentement et Amoin écarquille[5] les yeux pour mieux prendre contact avec cet univers merveilleux. Enfin, le taxi-brousse s'arrête à la gare. Amoin descend du véhicule, récupère sa valise et se met à chercher son oncle.

Très vite, Amoin se rend compte que cela risque de ne pas être facile de le trouver. En effet, la gare de la ville est très animée. Les gens se bousculent pour descendre des taxis ou pour y monter, pour charger ou décharger les voitures. C'est un continuel mouvement de va-et-vient de voitures, de cris [...] et de commerçants ambulants qui vendent de tout: jouets, assiettes, lampes de poche, pommades,[6] chaussettes, biscuits, etc.

Tout ce mouvement étourdit[7] un peu Amoin qui, pour éviter la bousculade, se met à l'écart[8] avec l'espoir que son oncle la verra plus facilement. Elle remarque que les autres passagers qui sont venus du village dans la même voiture qu'elle s'en vont déjà. Certains sont accueillis par leurs parents, d'autres prennent l'autobus ou les taxis de la ville, les fameux taxi-compteurs. Amoin attend et commence à se sentir seule. «Je pourrais bien partir comme eux, se dit-elle. Mais je ne connais pas chez Tonton.»

[...] Les heures passent. La nuit est complètement tombée. La gare est un peu moins animée maintenant et Amoin ne voit toujours pas son oncle. [...] Alors, Amoin s'approche de la dernière vendeuse de pain sucré. Comme la vendeuse est petite comme elle, cela encourage Amoin à lui parler:

—Est-ce que tu n'as pas vu mon oncle, M. Joseph Konan, un homme grand et mince, portant des lunettes?

—Oui, j'ai bien vu un homme comme ça ici vers deux heures. Il a attendu longtemps, mais il est parti.

—C'est lui! soupire Amoin, qu'est-ce que je vais faire maintenant?

Adapted from *Pain sucré* by Mary Lee Martin-Koné, Monde Noir Poche Jeunesse, Éditions Hatier International, 2002

● Une gare animée en Côte-d'Ivoire

---

[1]en Afrique, taxi qui va d'une ville à une autre   [2]coucher du soleil   [3]elle ne peut plus voir à cause de la lumière   [4]brillantes   [5]ouvre très grand   [6]médicament sous forme de crème   [7]trouble   [8]à... dans un endroit plus tranquille

Avez-vous compris? Répondez aux questions sur le texte.

1. Quelle impression Amoin a-t-elle quand elle voit la ville pour la première fois?
2. Comment est l'ambiance à la gare routière? Quelle est la réaction d'Amoin?
3. Que font les passagers du taxi-brousse après leur arrivée?
4. En principe, qui doit accueillir Amoin? Pourquoi n'est-il pas là?
5. Imaginez les pensées et les sentiments de la jeune fille à la fin de ce passage.

Allons plus loin! *Aidez Amoin!* is a problem-solving activity in a realistic situation. Have students brainstorm in groups, and help them with vocabulary. Point out impossibilities as well: for instance, although M. Konan may have a phone, it can be unrealistic to look someone up in a phone book in an African city. Possible strategies: *dormir à la gare et attendre son oncle le lendemain, téléphoner aux renseignements* (directory assistance).

Allons plus loin! Aidez Amoin! Elle est seule à Abidjan; elle ne connaît pas la ville, ni l'adresse de son oncle. Elle a juste un peu d'argent. Qu'est-ce qu'elle peut faire? Proposez diverses solutions pour aider cette jeune fille.

À vous d'écrire. Read aloud and explain the situation before assigning the activity. You may wish to have students discuss with partners what they might say, or you might ask the class what such a couple would be likely to do in your region. New vocabulary: *avoir du mal à, changer de l'argent, compter, découvrir (découvert), loger, réaliste.*

À vous d'écrire

L'été dernier, les Maegt, un couple belge aux moyens modestes, vous ont demandé de leur préparer un itinéraire de vacances. Ils comptaient passer trois jours et trois nuits dans votre ville et vous avez essayé de leur laisser une impression positive mais réaliste de la région.

Maintenant, faites la description de leur visite. Dites où ils ont logé, où ils ont mangé, les plats et les produits régionaux qu'ils ont découverts, les magasins et les endroits qu'ils ont visités,... . Est-ce qu'ils ont eu du mal à changer leur argent ou à conduire la voiture qu'ils avaient louée?

MODÈLE: *Les Maegt sont arrivés jeudi matin le 23 juin, et ils ont loué une voiture. Ils ont logé à l'hôtel Carson (au motel Super Rest) parce que... Le premier jour de leur visite, ils sont allés...*

MULTIMÉDIA

Online Workbook / Lab Manual

Online Learning Center and Audio Program

ActivityPak

www.mhhe.com/deuxmondes6

Vocabulaire

Partir en voyage

Going on a trip

un agent de voyages	a travel agent
une arrivée ≠ un départ	an arrival ≠ a departure
un avion	a plane
les bagages (*m.*) **à main**	carry-on luggage
un bateau	a boat
un billet aller-retour	a round-trip ticket
un billet d'avion	a plane ticket
une carte d'embarquement	a boarding pass
un chariot	a pushcart (*for luggage*)
le contrôle des passeports de sûreté	passport check security check
le contrôleur / la contrôleuse	inspector
une démarche	a step, action

la douane	customs
un douanier / une douanière	a customs agent
l'enregistrement (*m.*)	check-in counter
le haut-parleur	the loudspeaker
une hôtesse de l'air	a flight attendant (*female*)
un itinéraire	a route, itinerary
la livraison des bagages	the luggage claim area
un passeport (valable)	a (valid) passport
une salle d'attente	a waiting room/area
un steward	a flight attendant (*male*)
une voie	a railroad track
un wagon	a train car
s'assurer	to make sure
débarquer (de)	to get off (from)
embarquer	to get on
enlever	to remove
enregistrer les bagages	to check in luggage
faire une croisière	to go on a cruise
la queue	to wait in line
les valises	to pack (*luggage*)
s'informer	to find out information
rendre visite à qqn	to visit someone

Mots apparentés: une ambassade, une cabine, une carte de crédit, un chèque de voyage, la classe économique, une déclaration, déclarer, une pièce d'identité, première classe, les réservations (*f.*), réserver, vérifier, un voyageur / une voyageuse, yacht

Le logement et les services

Lodging and services

l'annuaire (*m.*)	the phone book
un ascenseur	an elevator
un bagagiste	a porter
le bureau des objets trouvés	the lost-and-found office
une cabine téléphonique	a phone booth
une carte téléphonique prépayée	a prepaid phone card
un code personnel	a PIN (*in France*)
le combiné	the telephone receiver
un coup de fil	a phone call
l'expédition (*f.*) des colis	package shipping
une femme de chambre	a maid
le/la gérant(e)	the manager
un mandat-cash	a postal money order
la note	the bill (*hotel*)

le numéro des urgences	the emergency phone number
une pharmacie de garde	an after-hours pharmacy
la poste restante	general delivery mail
la réception	the reception desk

Mots apparentés: un bidet, payer un supplément

Les parties et l'entretien d'une voiture

Parts and maintenance of a car

le capot	the hood
une ceinture de sécurité	a seat belt
le clignotant	turn signal
le coffre	the trunk
les essuie-glaces (*m.*)	the windshield wipers
le frein	the brake
le klaxon	the horn
le levier de vitesse	the gearshift lever
le pare-brise	the windshield
un phare	a headlight
un pneu (crevé)	a (flat) tire
la portière	the car door
le réservoir	the gas tank
les roues (*f.*)	the wheels
une vitre	a car window
le volant	the steering wheel
changer l'huile	to change the oil
faire l'équilibrage des pneus	to balance the tires
le plein (d'essence)	to fill up (with gas)
vérifier la pression des pneus	to check the tire pressure

Mots apparentés: la batterie, un liquide, le moteur, le radiateur, une station-service

La conduite d'une voiture

Driving a car

un cas d'urgence	an emergency
une contravention	a speeding ticket
un permis de conduire	a driver's license
le verglas	black ice (on the road)
(s')arrêter	to stop
brûler le feu rouge	to run a red light
changer de vitesse	to change gears
dépasser les limitations de vitesse	to exceed the speed limit
freiner	to brake

glisser	to slide
marcher	to work, run
passer à l'orange	to turn yellow
se précipiter	to run, speed
ralentir	to slow down
rouler (vite, lentement)	to drive (fast, slowly)
suivre (de trop près)	to follow (too closely)

Mot apparenté: **accélérer**

Se débrouiller en voyage

Getting by during a trip

un appareil photo (numérique)	a (digital) camera
un étranger / une étrangère	a stranger, foreigner

Mots apparentés: **une excursion, un(e) guide**

demander le chemin	to ask for directions
fouiller les bagages	to search luggage
garder l'esprit ouvert	to keep an open mind
remercier	to thank
remplir la déclaration de douane	to fill out the customs form
tomber en panne	to break down
malade	to get sick

Les matières

Materials

l'acier (*m.*)	steel
l'argent (*m.*)	silver
le bois	wood
le cuir	leather
le cuivre	copper
la laine	wool
l'or (*m.*)	gold
la soie	silk
la terre cuite	clay pottery
le tissu	cloth
le verre	glass

Mots apparentés: **le coton, le cristal, un diamant, une perle, le plastique, le polyester, la porcelaine, la poterie, un rubis, une turquoise**

Les objets et les vêtements

Objects and clothing

un ballon	a large ball
un bibelot	a trinket
la bijouterie	jewelry
des boucles (*f.*) **d'oreille**	earrings
un caleçon	boxer shorts
une ceinture	a belt
des chaussettes (*f.*)	socks
des ciseaux (*m.*)	scissors
un collier	a necklace
une combinaison	a slip
une culotte	women's underpants
un foulard	a scarf
des gants (*m.*)	gloves
un marché aux puces	a flea market
le matériel électronique	electronic equipment
une pierre (polie)	a (polished) stone
un plateau	a tray, platter
une pointure	a shoe size
un portefeuille	a wallet
un slip	briefs, underpants
des sous-vêtements (*m.*)	underwear
un soutien-gorge	a bra
une taille	a clothing size

Mots apparentés: **un bracelet, un chandelier, un parachute, un parfum, un parquet, un pot**

Mots et expressions utiles

en solde	on sale
dès l'arrivée	upon arrival
fait(e) à la main	handmade
inoubliable	unforgettable
insolite	unusual, strange
Je suis désolé(e).	I'm sorry.
sinon	otherwise, if not
tous les trois mois	every three months
tout d'un coup	all at once
tout de suite	right away
toutes les deux semaines	every other week

Grammaire et exercices

10.1. Students will have seen and heard many subjunctive forms in the *Mise en train* and oral activities. Before they study this section, contrast *il faut* + infinitive and *il faut que* + verb in subjunctive: *il faut finir à l'heure/il faut que je finisse à l'heure; il faut lire le livre/il faut que nous lisions le livre; il faut écrire les devoirs/il faut que nous écrivions les devoirs.* Point out that when a subject is named specifically, the *il faut que* + subjunctive construction is required. Though only the present subjunctive is introduced in *Deux mondes*, students should understand that French has two moods (*modes, m.*), indicative and subjunctive, each of which has its own set of tenses, and that the choice of mood is usually dictated by the syntactic context.

Expressing obligation: Il faut que + subjunctive

It will take considerable time and exposure before students begin to use the subjunctive freely. At this time, the goal is for them to begin to comprehend it, both in speech and in written texts. Besides the three types of regular verbs, this section includes the subjunctive of irregular verbs that have regular forms: *écrire, lire,* etc. In *Grammaire 10.2,* we introduce the irregular verbs *faire, aller, avoir, être, boire,* and *prendre.*

A. **Il faut** is followed by an infinitive when obligation is stated in a general sense without mentioning a specific person.

> **Il faut faire** de l'exercice pour maigrir.

> *One (People) must get some exercise to lose weight.*

★ Review **Grammaire 3.4** on **il faut** + *infinitive.*

B. If a specific person *is* mentioned, then **il faut** is followed by the conjunction **que** and a conjugated verb. This verb is conjugated in the subjunctive mood.

> **Il faut que tu choisisses** la date de ton départ.

> *You must choose your departure date.*

Definition: A conjunction connects words, phrases, or sentences: **et, mais,** etc.

C. To form the present subjunctive of most verbs, add the endings shown in the following chart to the subjunctive stem, which is usually the same as the stem for the **ils/elles** present indicative form.

➤ All other tenses presented so far (**présent, passé composé, imparfait, futur**) are in the *indicative* mood.

parler	finir	vendre
Indicative ils **parl**ent	*Indicative* ils **finiss**ent	*Indicative* ils **vend**ent
Subjunctive que je parl**e** que tu parl**es** qu'il/elle/on parl**e** que nous parl**ions** que vous parl**iez** qu'ils/elles parl**ent**	*Subjunctive* que je finiss**e** que tu finiss**es** qu'il/elle/on finiss**e** que nous finiss**ions** que vous finiss**iez** qu'ils/elles finiss**ent**	*Subjunctive* que je vend**e** que tu vend**es** qu'il/elle/on vend**e** que nous vend**ions** que vous vend**iez** qu'ils/elles vend**ent**

➤ For **nous** and **vous**, subjunctive endings are the same as imperfect endings (**-ions, -iez**).

➤ For subjects other than **nous/vous**, subjunctive endings are the same as indicative present-tense endings of regular **-er** verbs (**-e, -es, -e, ent**).

> Il faut que je **parle** à l'agent de voyages.
> Joël, il faut que tu m'**obéisses.**
> Il faut qu'on **vende** la voiture.

> *I have to talk to the travel agent.*
> *Joël, you must obey me.*
> *We need to sell the car.*

ES 1. Put a list of verbs on the board or a transparency for students to use with *on,* to make recommendations for people in different situations. Example: *Que faut-il qu'on fasse pour être en forme? Il faut qu'on mange beaucoup de fruits et de légumes. Il ne faut pas qu'on fume. Il faut qu'on dorme sept ou huit heures chaque nuit.* Suggested verbs with regular third-person forms: *dormir, manger, sortir, choisir, réfléchir, fumer, obéir, rester à la maison, se reposer.* Situations: *quand on est malade, quand on voudrait avoir des bonnes notes, quand on est trop stressé.*

Pronunciation Hint

Notice that in the subjunctive, all of a verb's L-forms (forms other than **nous** and **vous**) are pronounced the same. This is true for all verbs.

D. Some verbs that are irregular in the present tense of the indicative mood are conjugated like regular verbs in the subjunctive. Irregular verbs of this type include **conduire, connaître, dire, dormir, écrire, lire, mettre, partir, sentir, servir, sortir,** and **suivre.**

★ You will learn about irregular subjunctives in **Grammaire 10.2** and **12.1**.

335

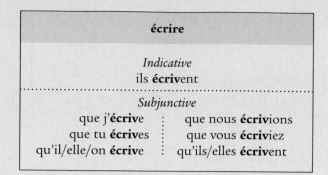

écrire	
Indicative	
ils **écriv**ent	
Subjunctive	
que j'**écriv**e	que nous **écriv**ions
que tu **écriv**es	que vous **écriv**iez
qu'il/elle/on **écriv**e	qu'ils/elles **écriv**ent

Il faut qu'on **parte** avant le 1ᵉʳ juin. | *You/We have to leave before the first of June.*

★ *You will learn about other expressions that require the subjunctive in* **Grammaire 12.1, 13.3,** *and* **14.4.**

In colloquial French, impersonal expressions with *être* such as *il est essentiel* are expressed with *c'est: c'est essentiel que* + subjunctive.

E. The subjunctive is also used after other expressions denoting obligation or necessity, such as **il est nécessaire que.**

Vous êtes fatigué. **Il est nécessaire que** vous vous **reposiez** un peu. | *You're tired. You must rest a little.*

Here are some other expressions that require the use of the subjunctive.

il est essentiel que	**il est indispensable que**
il est important que	**il vaut mieux que** (*it's better, best*)

Emmanuel est malade. **Il vaut mieux qu'**il **reste** chez lui. | *Emmanuel is ill. It's best that he stay home.*

F. Note that **il ne faut pas que** always means *must not*. To say that someone *doesn't have to* do something, use **il n'est pas nécessaire que** + the subjunctive.

➤ **il ne faut pas que...** = *must not . . .*

Il **ne faut pas que** vous sortiez seul(e) la nuit. | *You musn't go out alone at night.*

➤ **il n'est pas nécessaire que...** = *don't/ doesn't have to . . .*

Il **n'est pas nécessaire que** tu dormes dix heures par jour. | *You don't have to sleep ten hours a day.*

G. The present subjunctive is also used following expressions of necessity in a past tense.

Il **a fallu** que nous **dormions** dans la voiture. | *We had to sleep in the car.*

Il **était nécessaire** que j'**apprenne** un peu d'allemand. | *It was necessary for me to learn a little German.*

Ex. 1. This exercise provides practice with first-person singular subjunctive forms of the types of verbs presented in *Grammaire 10.1.* In class, students might ask and answer questions: *Est-ce qu'il faut que tu passes à la banque?—Oui,...* Another option is to have partners imagine they're going to travel together and take turns asking questions with *nous* forms: *Est-ce qu'il faut que nous... ? —Oui, il faut que nous...*

Exercice 1 Le voyage de Sarah Thomas

Sarah pense à tout ce qu'elle doit faire pour préparer son voyage au Maroc. Faites des phrases en utilisant le subjonctif, d'après le modèle.

MODÈLE: chercher plus de renseignements sur le Maroc →
Il faut que je cherche plus de renseignements sur le Maroc.

1. passer à la banque
2. écrire des instructions pour la voisine
3. visiter un site Web marocain
4. choisir une nouvelle valise
5. lire le guide touristique sur le Maroc
6. finir ma dissertation de français
7. rendre des livres à la bibliothèque
8. organiser mes affaires

Exercice 2 Le voyage de Bernard et Christine Lasalle

À l'aéroport, Bernard est nerveux avant le départ et il répète tout ce que dit Christine. Utilisez le subjonctif et suivez le modèle.

> MODÈLE: Nous devrions vérifier le numéro de notre porte d'embarquement. →
> Oui, il faut que nous vérifiions le numéro de notre porte.

1. Nous devrions demander si le vol va partir à l'heure.
2. Nous devrions acheter des magazines.
3. Nous ne devons pas oublier la valise en consigne.*
4. Nous devrions téléphoner aux enfants ce soir.
5. Nous devrions écrire une carte postale à Julien demain.
6. Nous ne devrions pas laisser nos chèques de voyage dans la valise.
7. Nous devrions relire les brochures.
8. Nous devrions nous reposer dans l'avion.

Ex. 2. This exercise practices *nous* forms of the subjunctive. For basic Q/A practice: *Est-ce que nous devrions vérifier… ? —Oui, il faut que nous…* To practice questions with *il faut que*, students might change partners and reverse the format: *Est-ce qu'il faut que nous vérifiions… ? —Oui, nous devrions vérifier…*

Exercice 3 Pour faire un bon voyage

Pour vous, qu'est-ce qui est important quand vous voyagez? Exprimez votre opinion en utilisant une des expressions: **il (n')est (pas) indispensable/il est essentiel/il est important/il vaut mieux/il ne faut pas que** + le subjonctif.

> MODÈLE: partir au moins pour une semaine →
> Il vaut mieux que je parte au moins pour une semaine.
> (Il n'est pas indispensable que je parte au moins pour une semaine.)

1. connaître des gens du pays
2. écrire à mes amis et à ma famille
3. bien dormir chaque nuit
4. voyager dans une voiture confortable
5. acheter des beaux souvenirs
6. rapporter beaucoup de belles photos
7. sortir tous les soirs
8. organiser des projets à l'avance
9. obéir aux règles de la route

Ex. 3. Students are to choose an appropriate impersonal expression to express the level of importance of each item to them personally. This activity lends itself to in-class discussion. Encourage students to use varied expressions, including negation as appropriate: *Alors, David dit qu'il est important qu'il écrive à ses amis et à sa famille, mais qu'il n'est pas essentiel qu'il achète des beaux souvenirs. Vous êtes d'accord, Alicia?* Remind students that verbs following these expressions are always in the subjunctive.

10.2. Before you assign the section, use pictures or situations to provide input, writing forms on the board. Focus on familiar topics such as diet, housework, and typical routine activities: (man washing dishes) *Cet homme fait la vaisselle, n'est-ce pas? Moi aussi, il faut que je fasse la vaisselle tous les jours. Est-ce qu'il y a quelqu'un d'autre qui doit faire la vaisselle?* Later, have students identify the infinitives. Then have them look at the charts in the book and point out that these conjugations follow the usual pattern.

10.2 More about the subjunctive: Irregular-stem verbs

A. The verb **faire** uses the regular subjunctive endings, but it has an irregular subjunctive stem.

---

*baggage check

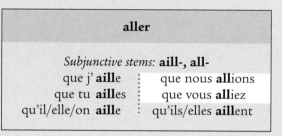

faire	
Subjunctive stem: **fass-**	
que je **fass**e	que nous **fass**ions
que tu **fass**es	que vous **fass**iez
qu'il/elle/on **fass**e	qu'ils/elles **fass**ent

B. A few verbs use two stems in the subjunctive: one for the **nous** and **vous** forms and another for all the other forms. When this is the case, the **nous** and **vous** forms are the same as in the indicative imperfect.

aller	
Subjunctive stems: **aill-, all-**	
que j' **aill**e	que nous **all**ions
que tu **aill**es	que vous **all**iez
qu'il/elle/on **aill**e	qu'ils/elles **aill**ent

Pronunciation Hint

The L-forms (**aille-**) are pronounced like the second syllable of (**je**) tra**vaille.**

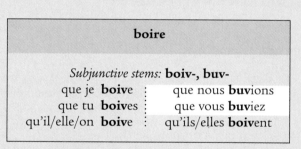

boire	
Subjunctive stems: **boiv-, buv-**	
que je **boiv**e	que nous **buv**ions
que tu **boiv**es	que vous **buv**iez
qu'il/elle/on **boiv**e	qu'ils/elles **boiv**ent

prendre	
Subjunctive stems: **prenn-, pren-**	
que je **prenn**e	que nous **pren**ions
que tu **prenn**es	que vous **pren**iez
qu'il/elle/on **prenn**e	qu'ils/elles **prenn**ent

C. The subjunctive forms of **avoir** and **être** have irregularities in both the stem and the endings.

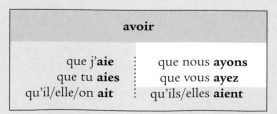

avoir	
que j'**aie**	que nous **ayons**
que tu **aies**	que vous **ayez**
qu'il/elle/on **ait**	qu'ils/elles **aient**

être	
que je **sois**	que nous **soyons**
que tu **sois**	que vous **soyez**
qu'il/elle/on **soit**	qu'ils/elles **soient**

Pronunciation Hint

Avoir: The L-forms and the **ay-** stem are all pronounced like **(j')ai.**
Être: The L-forms and the **soy-** stem are all pronounced /swa/.

Exercice 4 Parents et enfants

Imaginez des parents typiques et écrivez les conseils qu'ils voudraient donner à leur enfant qui va partir en Europe en voyage organisé.

MODÈLES: manger des repas équilibrés →
Il faut que tu manges des repas équilibrés.

être impoli(e) →
Il ne faut pas que tu sois impoli(e).

1. boire beaucoup d'alcool
2. aller dans les mauvais quartiers le soir
3. sortir seul(e)
4. t'endormir à une heure raisonnable
5. faire du bruit à l'hôtel
6. être ponctuel(le)
7. avoir ton passeport sur toi à tout moment
8. nous écrire souvent
9. prendre tes vitamines

Ex. 4. In class, use this to provide input with *fasse*. Ask for volunteers to answer your questions: *Je vais partir en Europe en voyage organisé. À votre avis, que faut-il que je fasse? Oui, Suzanne?* As students volunteer to answer, repeat your questions: *Oui, Larry? Qu'est-ce qu'il faut que je fasse?*

Exercice 5 Conseils au voyageur

Posez des questions et répondez-y. Utilisez le subjonctif.

MODÈLE: dormir ou non, pendant un long voyage en avion? →
Est-ce qu'il vaut mieux que je dorme ou non pendant un long voyage en avion?
Il vaut mieux que vous dormiez. Comme ça, vous n'arriverez pas trop fatigué(e). (Il vaut mieux que vous ne dormiez pas...)

Est-ce qu'il vaut mieux...

1. prendre les billets à l'aéroport ou les télécharger sur Internet?
2. mettre mon passeport dans ma petite valise ou dans ma poche?
3. être à l'aéroport trois heures avant le départ ou non?
4. boire beaucoup ou non, pendant le voyage en avion?
5. utiliser des chèques de voyage ou une carte de crédit?
6. avoir du liquide (de l'argent) pour laisser des pourboires?
7. faire mes valises deux ou trois jours avant ou à la dernière minute?
8. aller prendre des brochures à l'agence de voyages ou visiter des pages Web?

Ex. 5. Do as Q/A partner practice after students have prepared the exercise and corrected their answers. You might prefer to have them practice *tu* forms.

10.3. Point out the similarities in the conjugation patterns but note the difference in the past participles.

10.3 Verbs for traveling: **Conduire** and **suivre**

A. **Conduire** and **suivre** have similar present-tense forms, especially in the singular.

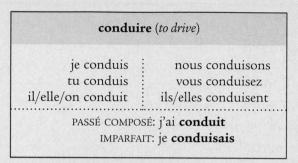

conduire (*to drive*)	
je conduis	nous conduisons
tu conduis	vous conduisez
il/elle/on conduit	ils/elles conduisent
PASSÉ COMPOSÉ: j'ai **conduit**	
IMPARFAIT: je **conduisais**	

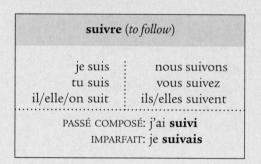

suivre (*to follow*)	
je suis	nous suivons
tu suis	vous suivez
il/elle/on suit	ils/elles suivent
PASSÉ COMPOSÉ: j'ai **suivi**	
IMPARFAIT: je **suivais**	

Raoul **conduit** bien; il ne **suit** jamais les autres voitures de trop près.	*Raoul drives well; he never follows other cars too closely.*
En général, les Français **conduisent** des petites voitures économiques.	*In general, the French drive small economy cars.*

Pronunciation Hint

As always, final consonants are silent. The **s** of the plural forms of **conduire** is pronounced *z*.

B. Other uses: **suivre un cours; se conduire** (*to behave*).

En France, on **suit** des cours pour apprendre à conduire.	*In France, people take classes to learn to drive.*
Essaie de bien **te conduire** à l'école, Nathalie.	*Try to behave well at school, Nathalie.*

Like **conduire: produire** (*to produce*), **reproduire** (*to reproduce*), **traduire** (*to translate*).

Like **suivre: poursuivre** (*to pursue, chase*).

Exercice 6 Façons de conduire

Dites comment conduisent les personnes suivantes.

> MODÈLE: votre frère →
> Mon frère ne conduit pas prudemment. Il respecte rarement le code de la route.

Suggestions

assez bien	ne... pas toujours
bien	prudemment
en général	toujours
lentement	trop vite
mal	comme un fou (une folle)

1. un jeune homme (une jeune fille) de 18 ans
2. les chauffeurs de taxi
3. votre meilleur ami (meilleure amie)
4. vos copains

5. les personnes âgées
6. les gens de votre ville
7. un agent de police
8. vous

Ex. 6. For extra input, ask questions in class: *Comment conduit (conduisent)*... ? Alternatively, partners might ask each other about the different people listed in the activity in random order.

10.4 Double object pronouns

10.4. This section presents the rules for ordering two object pronouns in declarative and interrogative sentences. To be able to understand and use two pronouns together, it is not enough to know the rules; students also need to hear each combination used in context many times. In our experience, most students master these combinations by "sound" and not by rules. Given the complexity of these constructions, we suggest an emphasis on comprehension rather than on production. This section should serve mainly as a reference, particularly for writing activities.

A. When two object pronouns occur together, they always follow a fixed order. When the indirect object is **me, te, se, nous,** or **vous,** it always comes first, before the direct object.

Quand je demande mon courrier, l'employé **me le** donne.	*When I ask for my mail, the postal employee gives it to me.*
Vos photos, monsieur? Je peux **vous les** rendre demain.	*Your pictures, sir? I can give them to you tomorrow.*
J'ai l'adresse d'Adrienne. C'est sa maman qui **me l'**a donnée.	*I have Adrienne's address. Her mother gave it to me.*

B. If the indirect object is **lui** or **leur,** it comes last, after **le/la/les.**

Si un étranger demande votre nom, **le lui** donnez-vous?	*If a stranger asks for your name, do you give it to him?*
—Tu as envoyé ta lettre à tes parents, Raoul?	*Did you send the letter to your parents, Raoul?*
—Oui, je **la leur** ai envoyée.	*Yes, I sent it to them.*

C. **Y** and **en** always come last, after any other object pronouns. Except in the phrase **il y en a,** they do not occur together in the same sentence.

Des magazines? Bien sûr, **il y en a** beaucoup.	*Magazines? Of course, there are lots of them.*
De l'argent? Mes parents **m'en** ont envoyé cette semaine.	*Money? My parents sent me some this week.*
Mes bagages sont à la consigne. Je **les y** ai laissés hier.	*My bags are in the luggage check. I left them there yesterday.*

★ Review **Grammaire 4.5** *(direct object pronouns)* and **6.5** *(indirect object pronouns).*

➤ Order of pronouns:

I.O	D.O
me	
te	le
se	la
nous	les
vous	

D.O	I.O
le	lui
la	leur
les	

★ Review **Grammaire 7.3** **(en),** **8.3** *(review of direct and indirect objects),* and **9.1 (y).**

D. Here is a summary of the order of object pronouns in a declarative sentence or a question. *Note:* At most, only two object pronouns can occur together, one direct and one indirect.

OBJECT PRONOUNS

me (m')
te (t')
se (s')
nous
vous

} before {

le (l')
la (l')
les

} before {

lui
leur

} before {

y
en

} + verb

Ex. 7. We have grouped the items for input with *le/la/les* + *lui/leur* and *lui/leur* + *en*. After students have prepared and checked their answers at home, you may wish to have them compare their answers with a partner for extra input.

Exercice 7 Que faites-vous, d'habitude?

Posez des questions et répondez-y. Utilisez **le (la, les)** + **lui**, ou **le (la, les)** + **leur**.

MODÈLE: donner ton adresse à une personne que tu ne connais pas →
Est-ce que tu la lui donnes?
Oui, je la lui donne. (Non, je ne la lui donne pas.)

1. donner ton manteau à un étranger
2. montrer ton passeport à des agents de police
3. laisser tes derniers sous* à un serveur désagréable
4. prêter ta brosse à dents à ta camarade de chambre

Posez des questions et répondez-y, en utilisant **lui en** ou **leur en**.

5. donner des fleurs à une bonne serveuse
6. demander des conseils à un agent de police
7. offrir du vin au barman
8. laisser de l'argent aux employés du bureau de poste

10.5. Before assigning, review adjective comparisons with sets of three or more items, using objects or pictures: *Toutes ces bagues sont chères. Laquelle de ces bagues est la plus chère?* Include *meilleur(e)* in your input. To review *plus/moins de* + nouns, distribute slips of paper with numbered items to everyone in class. Include several slips for each item you choose: *trois, cinq, sept, verres de vin rouge. Alors, Patrick, vous avez quoi sur votre papier? Alors, Patrick a sept verres de vin rouge. Et Tammy? Tammy a… , Michael a… Qui a le plus de… ?*

10.5 Expressing extremes: The superlative

➤ Adverb: always **le**
le moins souvent
le plus lentement

A. The superlative (*large* → *largest; interesting* → *most interesting*) is formed by adding **le plus/moins, la plus/moins,** or **les plus/moins** to an adjective and **le plus/moins** to an adverb.

J'aime cette robe. C'est **la plus jolie** et **la moins chère**!
C'est la cravate que je mets **le moins souvent**.

I like that dress. It's the prettiest and the least expensive!
This is the tie I wear the least often.

★ *Review* **Grammaire 4.2** *on comparisons.*

B. When used in the superlative, adjectives keep their normal position either before or after the noun. Note that when the superlative expression follows the noun, *there will be two definite articles.*

*pennies

Voilà **le plus grand** marché de Dakar.

Here's the biggest market in Dakar.

Ça, c'est le magasin **le plus cher** de la ville.

That's the most expensive store in town.

➤ Adjective: **le/la/les** agrees with noun.
- If adjective precedes noun:
  le plus grand musée
  la moins belle église
  les plus vieux bâtiments

C. The irregular comparative forms of **bon** and **mauvais** are also used as superlatives.

L'été est **la meilleure** saison pour visiter la Côte-d'Ivoire, mais **la pire** pour les tarifs d'avions.

Summer is the best time to visit the Ivory Coast, but the worst for airfares.

- If adjective follows noun:
  le musée le moins intéressant
  l'église la plus ancienne
  les trains les plus rapides

D. To indicate the extent of a comparison, use **de** + noun.

Ce pays a l'hiver le plus froid **d'**Europe.

This country has the coldest winters in Europe.

Ce sont les plus belles plages **du** monde.

These are the most beautiful beaches in the world.

E. To compare quantities of things, use **le plus de** and **le moins de. Le** is always used, regardless of noun gender.

J'aime aller au magasin qui a **le plus de** vêtements en laine.

I like to go to the store that has the most wool garments.

Quel collier a **le moins de** turquoises?

Which necklace has the fewest turquoises?

➤ Quantity: always use **le plus/moins de**;
le plus de chance
le moins de talent

Exercice 8 Avantages et inconvénients

Complétez ces commentaires avec les superlatifs **le/la/les plus** ou **moins**.

MODÈLE: La vaisselle en porcelaine est _____ luxueuse, mais aussi _____ pratique. →
La vaisselle en porcelaine est *la plus* luxueuse, mais aussi *la moins* pratique.

1. Le coton est le tissu _____ confortable quand il fait chaud.
2. Le polyester est le tissu _____ pratique, mais _____ confortable en été.
3. La laine est le tissu naturel _____ chaud.
4. Les vêtements en soie sont _____ luxueux, mais _____ pratiques.
5. Les portefeuilles en cuir sont _____ beaux et aussi _____ durables.
6. L'or est le métal _____ précieux.

Ex. 8. Students will need to provide superlative constructions with adjectives. Before assigning, you may wish to review with questions about the sentences: *Est-ce que la laine est le tissu naturel le plus chaud ou le moins chaud?*

Exercice 9 Connaissez-vous les matières?

MODÈLE: Lequel dure le plus longtemps: le ciment, le papier ou le bois? →
Le ciment dure le plus longtemps.

1. Lequel coûte le moins cher: le cuir, le polyester ou le coton?
2. Lequel se lave le mieux: la laine, le cuir ou le nylon?
3. Lesquels coûtent le plus cher: les perles, les diamants ou les turquoises?
4. Lequel se casse le plus facilement: la porcelaine, l'argent ou le bois?
5. Lequel s'utilise le moins dans les vêtements pour enfants: le coton, le cuir ou la laine?

Ex. 9. This exercise uses the superlative construction with adverbs and can be done as partner practice. To review superlative with adjectives, add questions such as *Lequel est le plus confortable? le plus pratique?*

Ex. 10. The exercise practices *le plus/moins de* + nouns. For class discussion, ask questions with comparatives, including statements with numbers: *Est-ce que le Cameroun a plus d'habitants francophones ou moins d'habitants francophones que la Belgique? Il a plus d'un million ou moins d'un million d'habitants francophones?*

Exercice 10 Pays francophones

Comparez le nombre d'habitants francophones (qui parlent français) dans ces pays en faisant des phrases au superlatif.

MODÈLE: Madagascar 865.000, le Gabon 1.120.000, le Burkina Faso 695.000 →
Le Gabon a le plus d'habitants francophones. Le Burkina Faso en a le moins.

1. **Pays africains:** le Cameroun 2,95 millions, la Guinée 2 millions, le Sénégal 1,17 millions
2. **Pays européens:** la Belgique 4,3 millions, le Luxembourg 430.000, la Suisse 1,5 millions
3. **Régions nord-américaines:** la Louisiane 198.784, la Nouvelle-Angleterre 264.631, le Québec 6,3 millions

10.6. We have grouped together interrogative *lequel* and demonstrative pronouns (*celui*, etc.) because they often occur together in real language use. Most beginning students do not use either of these pronominalized forms very often, but they are frequent in spoken and written French, and students need to be able to understand them. Review forms of *lequel* with photos of items. Example: (photo/girls) *Laquelle est plus grande? Laquelle a les cheveux longs?* Then use facts or fictitious information about the pictures students have seen to review forms of *celui: Une de ces petites filles n'est pas américaine. Elle est polonaise. (Laquelle?) Celle qui porte la robe blanche.* Work *celui-ci/-là* into your input. Write the pronoun forms in their appropriate groups as you talk, and review their functions at the end of the input period.

10.6 Making distinctions: **Lequel** and **celui**

A. The interrogative **lequel?** (*which one?*) is used to ask about a choice among several objects or people. The form used must agree in gender and number with the noun to which it refers.

	SINGULAR	PLURAL
Masculine	**lequel**	**lesquels**
Feminine	**laquelle**	**lesquelles**

Voici plusieurs modèles de manteaux en laine. **Lesquels** voudriez-vous essayer?

Here are several styles of wool coats. Which ones would you like to try on?

—Voici tous nos ordinateurs.
—**Lequel** est le modèle le plus récent?

Here are all our computers. Which one is the latest model?

B. Demonstrative pronouns are used to point out a previously mentioned object or person. They also agree in gender and number with the noun to which they refer.

	SINGULAR	PLURAL
Masculine	**celui**	**ceux**
Feminine	**celle**	**celles**

➤ Demonstrative pronouns point out a previously mentioned person or object.

le vol que nous avons pris → *celui* que nous avons pris

la ceinture en cuir rouge → *celle* en cuir rouge

C. French demonstrative pronouns have several equivalents in English, depending on how they are used.

—Bernard, regarde ces pulls. Lequel préfères-tu?
—**Ceux en laine** sont très beaux.

Bernard, look at these sweaters. Which one do you prefer?
The wool ones are very beautiful.

Je sais que ma montre retarde, mais **celle de Christine** est toujours en avance.

I know that my watch is slow, but Christine's is always fast.

Tu vois ces garçons? **Celui qui porte l'anorak** est le cousin de Barbara.

Do you see those boys? The one wearing the windbreaker is Barbara's cousin.

D. The suffixes **-ci** (*here*) and **-là** (*there*) can be used with demonstrative pronouns to point out the location of things being talked about.

Quelle montre prenez-vous? **Celle-ci** ou **celle-là**?

Which watch do you want? This one or that one?

—Je ne sais pas quel rasoir choisir.
—**Celui-ci** est bien meilleur.

I don't know which razor to choose.
This one is a lot better.

Exercice 11 Quel cadeau?

Posez des questions et répondez en utilisant les formes de **lequel** et **celui**.

MODÈLE: une robe →
⎰Laquelle de ces robes préfères-tu?
⎱Celle en soie parce que j'aime la couleur.

1. une montre
2. une bague
3. un portefeuille
4. un foulard
5. un vase

a. celui en cuir marron
b. celui en terre cuite
c. celle avec une turquoise
d. celle en or
e. celui en soie

Ex. 11. Students produce only singular forms of both demonstrative and interrogative pronouns. For class review, mention other items: *un bracelet, une ceinture, un chapeau, une jupe.*

Ex. 12. The exercise requires plural forms of *celui*. In class, students can take turns asking the questions, and compare their prepared answers.

Exercice 12 Préférences

Complétez les questions, puis répondez-y.

MODÈLE: les livres: Tu préfères *ceux* qui sont sérieux ou *ceux* qui sont amusants?
Moi, je préfère *ceux* qui sont amusants.

1. les cadeaux (*m.*): Tu préfères _____ qui coûtent cher ou _____ qui sont personnalisés?
2. les cartes (*f.*) d'anniversaire: Tu aimes _____ qui ont un message sentimental ou _____ qui sont comiques?
3. les cravates (*f.*): Tu achètes _____ aux couleurs vives ou _____ qui sont plus discrètes?
4. les portefeuilles (*m.*): Tu aimes mieux _____ en cuir ou _____ en plastique?
5. les meubles (*m.*): Tu préfères _____ qui sont confortables ou _____ qui ont beaucoup de style?

GOALS FOR *CHAPITRE 10*.
In *Chapitre 10,* students begin to comprehend and use language for travel situations and increase their shopping vocabulary. They also begin to comprehend subjunctive forms after *il faut* and other expressions of necessity. *Functional goals:* (1) Describe what you usually do to get ready for a plane trip; (2) Outline a problem your car once had and what had to be done to fix it; (3) Give some helpful tips to a person who is going to travel to a country where tourism is not a well-developed industry.

MISE EN TRAIN.
1. (1) Use your PF and realia to introduce basic travel vocabulary: *Cette femme est en train d'enregistrer ses bagages. Elle a énormément de valises. Comptez-les. Quand vous voyagez, est-ce que vous emportez autant de valises que cette femme?* List new vocabulary so it can be copied from the board. (2) Include subjunctive forms in your input: *À mon avis, il faut qu'on prenne le minimum de bagages.* Write the phrases with subjunctive forms on the board. Later, point out the phrases with

subjunctive and briefly explain that these forms are used after *il faut* and expressions of necessity, that they are in the present subjunctive, and that the forms have a regular pattern of endings. You may wish to assign students to do a preliminary reading of *Grammaire 10.1* and *10.2* at home.

2. Use TPR to introduce essential terms for driving and maintaining a car. (For TPR activities, see IRK, *Chapitre 10.*)

3. Spend a few minutes each day detailing what happened during trips you have taken and asking about students' experiences. Bring in old tickets, your passport, brochures, etc., and describe preparations for your trips, departure details, the voyage, and what happened upon arrival. Include unexpected events you had to deal with and what you did to solve problems. *Vous avez eu des ennuis à l'hôtel, à Lisbonne, Paul? Moi aussi! Il a fallu que je parle au gérant trois fois. C'était pénible!*

AS 1. Show slides/photos of a trip you took abroad. Talk about what you had to do at different stages of the trip and events that occurred.

4. Use your PF to discuss what things are made of, or bring a bag of small objects to class. Show each item, describe its uses and what it is made of, then hand it to a student. Review often: *Alors, cette petite tasse est très utile pour un pique-nique. Est-ce qu'elle est en acier ou en argent?* (*acier*)... *Et qui dans la classe tient un autre objet en acier?* (Claire) *Oui, Claire a un objet en acier. Est-ce que ce sont des lunettes ou des ciseaux?* (*ciseaux*) *Bravo! Claire, passez les ciseaux en acier à...*

Escales francophones. The cultural video segments that accompany this feature appear after *Chapitres 4, 6, 8, 10,* and *12* in the online ActivityPak. The videoscripts for these segments are located in the IM.

MULTIMÉDIA

ActivityPak

www.mhhe.com/deuxmondes6

Pre-reading activity. Use the map of Europe at the back of the textbook to show Belgium's geographical situation, which explains why French, Dutch (Flemish), and German are all official languages. Show examples of *bandes dessinées* such as *Tintin* and *Spirou.*

la Belgique

La Belgique, ce plat[1] pays

Le saviez-vous? La Belgique est un royaume[2] (le monarque actuel est Albert II). C'est aussi l'un des plus récents états d'Europe: il n'a obtenu son indépendance qu'en 1831. L'identité belge est pourtant très ancienne, mais la nation a souvent été divisée: de nos jours encore, elle est partagée[3] en trois provinces autonomes, la Flandre néerlando-phone, la Wallonie francophone et Bruxelles, la capitale, qui est bilingue. Le chanteur belge Jacques Brel appelait son pays natal «le plat pays». Si le relief est effectivement plat dans une grande partie du pays, la Belgique fait toutefois preuve d'une grande diver-sité dans d'autres domaines. On lui doit des créations originales comme la peinture surréaliste de Magritte, les bandes dessinées comme *Tintin, Spirou* et les *Schtroumpfs,* et de magnifiques sites architecturaux comme la Grand-Place de Bruxelles et la vieille ville de Bruges, la «Venise du nord».

● La Grand-Place au crépuscule

Pre-reading activity. Magritte's paintings make excellent points of departure for discussion, especially when considering the possible meanings of the title in relation-ship to the image. *La Trahison des images* (*Treachery of images,* 1929) and *Ceci n'est pas une pomme* (*This is not an apple,* 1964), for instance, raise the issue of confusion between pictorial representation and reality. Many of Magritte's paintings can be viewed on the Internet.

[1]sans relief [2]< roi [3]divisée

Magritte, peintre du rêve

L'œuvre de René Magritte (1898–1967) est facilement reconnaissable. Après des études à l'Académie des Beaux-Arts de Bruxelles, le peintre s'oriente d'abord vers le cubisme alors à la mode (années 20). Établi à Paris, il rencontre le groupe des surré-alistes (écrivains comme Breton et Éluard, artistes comme Miró, Arp et Dalí) et modifie son style sous leur influence. Magritte représente avec réalisme un univers onirique,[1] des situations insolites[2] ou impos-sibles, parfois inquiétantes,[3] mais

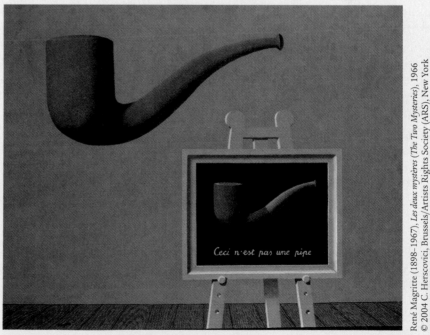

René Magritte (1898–1967), *Les deux mystères* (*The Two Mysteries*), 1966
© 2004 C. Herscovici, Brussels/Artists Rights Society (ARS), New York

● René Magritte (1898–1967), *Les deux mystères,* 1966

[1]relatif aux rêves [2]bizarres [3]troublantes

qui touchent notre imagination poétique. Il n'a pas son égal pour transcrire sur la toile[4] ce que tout le monde a vu en rêve. Le caractère mystérieux de ses œuvres est renforcé par des titres cryptiques, apparemment sans rapport avec le sujet représenté, et parfois provocateur, comme le très célèbre *Ceci n'est pas une pipe*. Ses tableaux, connus et appréciés dans le monde entier, conservent tout leur pouvoir de fascination.

---

[4]un tableau est généralement peint sur une toile

• Le drapeau de l'Union européenne devant la Commission européenne à Bruxelles

Bruxelles, cœur de l'Union européenne

L'Union européenne plonge ses racines[1] historiques dans la Deuxième Guerre mondiale. L'Europe recherchait alors un modèle d'intégration qui la mettrait à l'abri[2] d'une telle folie[3] destructrice. Lors de sa fondation en 1957, la «Communauté économique européenne (CEE)» se composait de six pays (l'Allemagne, la Belgique, la France, l'Italie, le Luxembourg et les Pays-Bas) signataires du traité de Rome. Les institutions actuelles et le nom d'«Union européenne» ont été fixés en 1992 par le traité de Maastricht. L'Union, qui compte vingt-sept membres depuis 2007, est administrée par cinq institutions, dont les plus connues sont le Parlement européen (établi à Strasbourg), le Conseil européen et surtout la puissante Commission européenne, le moteur de l'Union et son organe exécutif, situés à Bruxelles. Le rêve très ancien d'une Europe unifiée a commencé par des accords économiques; aujourd'hui, les citoyens[4] des États membres peuvent circuler et travailler librement dans un autre pays, et la majorité des partenaires a adopté en 2002 une monnaie unique, l'euro. Les objectifs futurs concernent la création d'une politique étrangère et de sécurité commune et la coopération policière et judiciaire.

---

[1]sources, origines [2]mettrait... protégerait [3]*madness* [4]*citizens*

Pre-reading activity. You may want to specify that Denmark, Ireland, and the United Kingdom joined the European Union in 1973; Greece in 1981; Spain and Portugal in 1986; Austria, Finland, and Sweden in 1995; Cyprus, Estonia, Hungary, Lithuania, Latvia, Malta, Poland, the Czech Republic, Slovakia, and Slovenia in 2004; Rumania and Bulgaria in 2007. Denmark, Sweden, and the United Kingdom, however, have refused to adopt the Euro currency.

Les moyens de communication

Cet homme «branché»
profite de l'air.

CO Photo. Describe the man and his setting, as well as the various electronic devices he is using to communicate. Ask students to imagine what he is doing on the computer while he talks on the phone. Ask students whether they have a laptop and how and where they use it. Discuss the pros and cons of laptops and cell phones.

Objectifs

Chapitre 11 helps you talk about the Internet, cinema, and broadcast media. You will learn about trends in electronics and the pleasures and pitfalls of the information highway. You will also learn how to say what you would do in certain situations, using the conditional mood.

Instructor information. For goals and *Mise en train* activities for this chapter, please refer to p. 374.

L'univers de l'électronique This section focuses on uses of electronic equipment and the Internet for daily activities. (1) Review *Mise en train, Act. 2*, or introduce new vocabulary with photos or items. (2) Point out each drawing and explain the caption, adding personal remarks and questions for students: *Qui connaît quelqu'un qui travaille à la maison? Quelle personne dans la classe voyage avec son ordinateur portable?* (3) Ask students to identify the drawings as you describe them in random order. You might wish to review conditional forms (see *Mise en train, Act. 1*) by asking what could be done with the different pieces of equipment in various situations. Example: *Si on est chef d'une troupe de Scouts, à quels moments est-ce qu'on se sert de son portable?* New vocabulary: *accès, agenda, autrement, carnet d'adresses, clavier, collègue, courriel, écran, fichier, imprimante, PC de poche, portable, sinon, service GPS, télécommande.*

L'univers de l'électronique

AS 2. In groups, students list as many uses as they can for each piece of equipment. (*faire des affaires, créer des cartes d'anniversaire, bavarder avec des gens, s'inscrire aux cours,* etc.)

✳ **Attention! Étudier Grammaire 11.1**

« ...ici à Helsinki »

Ma collègue qui voyage me contacte très souvent avec son PC de poche. Sinon, il serait très difficile de coordonner nos affaires.

l'imprimante   l'écran   le clavier

L'ordinateur me permet de travailler chez moi. Autrement, je ferais deux heures d'autoroute pour aller au bureau.

Ce portable me permet l'accès à Internet, à mon courriel et au service GPS. En plus, il contient mon agenda et mon carnet d'adresses.

la souris

Sans Internet, je serais obligée d'aller à la fac pour m'inscrire aux cours.

Bientôt, nous pourrons naviguer sur le Web depuis notre fauteuil favori, en nous servant de la télé et de la télécommande.

Je confirme donc la date de votre safari...

Grâce à mon ordinateur portable, j'ai organisé toutes mes affaires. Maintenant je peux consulter mes fichiers n'importe où.

Act. 1. (whole class; partners) (1) Review the conditional and new vocabulary with pictures. (2) Do the activity with the class yourself or assign to partners. Follow up partner activity with a survey of answers and reasons for those answers. New vocabulary: *davantage, écrire à la main, envoyer des textos, fraudeur, imprimer, lecteur (DVD, MP3), modifier.*

Activité 1 Discussion: Le monde sans l'électronique

1. Si l'ordinateur n'existait pas...
   a. l'inscription à la faculté serait plus facile.
   b. nous écririons nos documents à la main.
   c. ?
2. S'il n'y avait pas de portables...
   a. on ne pourrait pas envoyer des textos.
   b. nous verrions moins d'accidents de voiture.
   c. ?
3. Si on n'avait pas inventé le lecteur DVD...
   a. nous irions plus souvent au cinéma.
   b. les gens utiliseraient davantage leur télé.
   c. ?
4. Sans les lecteurs MP3 et les iPod™...
   a. on ne pourrait pas télécharger de la musique.
   b. je passerais plus de temps à mes études.
   c. ?
5. Si l'appareil photo numérique n'existait pas...
   a. on ne pourrait pas imprimer ses photos à la maison.
   b. les fraudeurs modifieraient moins de photos.
   c. ?

Allons plus loin! Faites une liste des trois appareils électroniques qui vous semblent les plus utiles. Puis, en discussion générale, déterminez les dix appareils les plus populaires dans votre cours et leur ordre d'importance. Enfin, demandez à votre professeur s'il (si elle) est d'accord avec vous.

Activité 2 Définitions: Se servir de l'ordinateur

1. un appareil qui lit un disque compact à lecteur laser
2. la surface où se forment les images visuelles
3. les messages écrits qu'on envoie par ordinateur
4. les touches permettant d'écrire à l'ordinateur
5. le signe mobile qui indique la position sur l'écran
6. un programme qui fait fonctionner un ordinateur
7. un instrument qui permet de «cliquer» sur l'écran
8. le logiciel qui nous permet de naviguer sur des sites Web
9. la page où l'internaute trouve le contenu d'un site Web
10. la machine qui imprime des documents ou des images
11. quelqu'un qui utilise un navigateur pour aller sur des sites Web
12. un ordinateur de taille réduite qui a les fonctions d'un ordinateur de bureau
13. un document électronique qui accompagne un courriel

a. un(e) internaute
b. le navigateur
c. l'écran
d. un fichier joint
e. un ordinateur portable
f. le lecteur CD
g. le clavier
h. la souris
i. le courriel
j. la page d'accueil
k. un logiciel
l. l'imprimante
m. le curseur

Ça fait penser

Les Espaces Culture Multimédia sont des lieux d'accès public qui offrent aux habitants de la France la possibilité de se servir des technologies de l'information et de la communication à très peu de frais.

Ça fait penser. Discuss who is likely to take advantage of this offer and what types of public buildings might house this program. Ask if similar opportunities are available in students' native countries.

Act. 2. (whole class; partners) Use a laptop, ads, or photos to review vocabulary. Assign the activity to partners and check answers with students afterward. Ask them to think of other definitions related to this topic. Alternatively, you may prefer to go over the terms and definitions with the class before assigning to partners. New vocabulary: *appareil, contenu d'un site, courriel, curseur, disque compact, envoyer, faire fonctionner, fichier joint, se former, internaute, laser, lecteur CD, logiciel, naviguer, navigateur, page d'accueil, ordinateur (portable; de bureau), souris, touches.*

Cliquez là!

Visitez un Espace Culturel Multimédia dans la ville française de votre choix. Qu'est-ce qu'on peut y faire?

www.mhhe.com/deuxmondes6

Cliquez là! Students will find the *Espace Culturel Multimédia* centers are located in cities throughout France. Encourage them to select several sites and to compare programs before they make their decision about what to bring to class.

Activité 3 Entretien: L'ordinateur et nous

1. Tu aimes l'ordinateur? Tu t'en sers souvent? Pour faire quoi?
2. Est-ce que tes parents utilisent l'ordinateur autant que toi? Pour les mêmes raisons?
3. Vas-tu sur le Web tous les jours? Combien de temps y passes-tu, d'habitude? Quels sont tes sites préférés?

- Savoir où prendre le train pour Shanghai.
- Retenir 100 000 numéros de téléphone.
- Entendre le rire de votre enfant.
- Lire et répondre à vos mails de l'autre bout de la planète.
- Visiter des millions de sites Internet.
- Connaître les gens, les lieux, les choses.

Découvrir le nouveau PC de poche HP Jornada.

En savoir toujours plus. Les solutions numériques hp.
www.france.hp.com

HEWLETT PACKARD FRANCE

4. Que fais-tu sur Internet? Tu prépares des devoirs pour tes cours? Tu cherches les recettes des plats que tu veux cuisiner? Tu participes à des groupes de discussion? Tu rencontres des amis? Quoi d'autre?
5. Tu aimes les blogs? Tu en lis seulement ou tu participes à certaines discussions? Sur quels sujets? Est-ce que tu as une page perso? Si oui, qu'est-ce que tu y mets? Où est-elle? Sinon, pourquoi pas?
6. Est-ce que tu sais installer des logiciels? Tu sais graver des CD? Tu sais quoi faire si tu as des problèmes techniques? Sinon, qui s'occupe du maintien de ton ordinateur?

La langue en mouvement

Computer ou *ordinateur*? La lutte contre les anglicismes

Avec les nouvelles inventions technologiques, beaucoup de mots anglais ont été adoptés par les Français. Parce que certains Français s'inquiétaient des effets de cette «invasion» de l'anglais sur la langue française, des commissions officielles ont été établies, à partir des années soixante, afin de proposer de nouveaux mots français pour remplacer les mots anglais. Maintenant, on entend beaucoup plus *ordinateur* que *computer*, et *matériel* et *logiciel* ont plus ou moins remplacé *hardware* et *software*, respectivement. *Logiciel* a donné naissance à d'autres mots apparentés comme *gratuiciel, partagiciel, didacticiel* et *ludiciel*. Pouvez-vous deviner le sens de ces mots?

Activité 4 Échanges: Cadeaux de mes rêves

Choisissez des cadeaux pour votre famille, pour vos amis et (pourquoi pas?) pour vous-même. Pour chaque choix, dites les fonctions que vous désirez et pourquoi.

Le nom des personnes
(C'est à vous d'en faire la liste.)

Les cadeaux proposés

un appareil photo numérique	un système GPS
un téléviseur LCD multimédia	un baladeur MP3 ou un iPod™
un ordinateur portable	un PC de poche
un ensemble multimédia	un lecteur MP3

Les fonctions désirées

prendre des photos numériques	parler directement avec quelqu'un sur Internet
recevoir et transmettre des photos	un écran LCD couleur
écouter et partager de la musique	un album photo
télécharger des vidéos	des écouteurs ergonomiques
accéder à la télé	la fonction mains libres
accéder au courriel	la compatibilité avec Blue Tooth
accéder à Internet	l'apparence légère et élégante
organiser son agenda	-?-
jouer aux jeux vidéo	

Act. 5. (partners) Ask some of the questions, asking for volunteers to answer. Be sure all terms are familiar before assigning to partners. New vocabulary: *une console de jeux, des jeux électroniques.*

Activité 5 Entretien: Les technologies électroniques

1. Tu as un (téléphone) portable? Sinon, pourquoi pas? Si oui, pourquoi? Tu t'en sers beaucoup? Pour faire quoi? Quel modèle as-tu? Il te plaît ou pas? Pourquoi?
2. Quelles fonctions a ton portable? Tu peux envoyer des textos? Tu l'utilises pour écouter de la musique? pour jouer? Tu peux recevoir et transmettre des photos? Tu peux accéder à ton courriel?
3. Tu aimes les jeux vidéo? Pourquoi ou pourquoi pas? Est-ce que tu as des copains ou des copines qui les aiment? Ils/Elles ont une console de jeux? un baladeur? des jeux électroniques? Tu joues parfois avec eux/elles?

Ça fait penser
- Sur une population estimée à 62 millions d'habitants, en France, seulement 50 % des foyers sont équipés d'un ordinateur.
- À la fin de 2006 en France, près de 6 millions de blogs étaient tenus par des adolescents.

Act. 4. (partners) Explain the activity and give students a minute to write down five names (or more). Thereafter, discuss the possible gifts and the functions they might have. Encourage students to add gifts and/or functions. Assign partners to do the activity. New vocabulary: *accéder à, album photo, apparence, baladeur MP3, écouteurs ergonomiques, ensemble multimédia, léger/légère, mains libres, partager, photo numérique, téléviseur, transmettre.*

Cliquez là

Vous aimez les technologies électroniques? Cherchez un site ou un webzine sur vos intérêts. Exemples: *Hi-Fi, Photo et Vidéo* ou *PC de poche.* Ensuite, expliquez ce que vous avez trouvé, en donnant le nom et l'adresse du site à la classe.

www.mhhe.com/deuxmondes6

Cliquez là! Ask students to hand you a brief description of the site they describe in class, giving its name, Internet address, and their own name.

AS 3. See how many uses various electronic devices or services could be put to and what the devices would do for the individuals in each case. Write new terms on the board to be copied.

Example: *Le GPS serait utile pour les pêcheurs. Ils pourraient se situer s'ils étaient perdus; ils pourraient consulter la météo...* Suggestions: *un baladeur MP3, un PC de poche, un appareil photo numérique...*

AS 4. Students bring an ad for a cell phone, pocket PC, iPod™, video/electronic games, or other devices. In class, they convince other students of the advantages of their object and why the price is so reasonable.

Ça fait penser. Ask how many students in class participate in blogs and how adolescents in the United States or Canada compare with French youth in terms of blogging. Consider with the class how various family members make use of the computer.

INFO: Société

La «toile» francophone

Après des débuts hésitants, la langue française a imposé sa présence sur Internet. Beaucoup plus avancés sur le plan technique que les autres pays de la francophonie, les Québécois ont joué le rôle de pionniers: ils ont créé des milliers de sites, mais surtout développé un vocabulaire approprié pour éviter d'utiliser trop de mots anglais «importés». On dit, par exemple, «courriel» (et non *e-mail*), «toile» (et non *Web*), «bogue» (et non *bug*), «didacticiel» (et non *courseware*), «babillard» (et non *chat room*). On trouve maintenant, dans tous les domaines, de très nombreuses ressources en français, comme par exemple les grands journaux (*Le Monde* et *Libération* [France], *Le Soir* [Belgique], *La Presse de Montréal*, etc.), les radios et les chaînes de télévision qui émettent en continu (France Inter, Radio France Internationale, Télé 5, France 2), les bibliothèques, les ministères ou les universités—sans oublier les services commerciaux (vente par correspondance de vêtements, de vins, de livres…) et les innombrables sites touristiques ou culturels. On peut très bien fonctionner en virtuel entièrement en français!

> **38**   SPÉCIAL CYBER   FICHIER   PRÉSENTATION   ÉDITION
>
> ► Rubriques
>
> rubrique rubrique rubrique
>
> Internet, CD-ROM, **cybermonde**... Ces mots nouveaux nous envahissent. Ils accompagnent la **révolution** culturelle et industrielle de ce début de siècle >Christophe Agnus
>
> # Voyage dans la planète Cyber

Info société Locating documents in French on the web has become much easier since major search sites have created language specific options: Google France, for instance, has a very useful "pages Francophones only" filter. MSN and Yahoo! also provide comprehensive "France" portals. Other good options include sites originally conceived in French such as *Voilà* or *l'Internaute*. Popular online vendors such as Amazon, eBay or Expedia all have ".fr" versions (the French equivalent to ".com"). In many cases, separate sites, also in French, exist for Quebec.

On se distrait, on s'informe

On se distrait, on s'informe.
(1) Review *Mise en train, Act. 3,* or introduce vocabulary for naming and talking about several types of films and broadcast programs.
(2) Describe the drawings, extending what you say to include students. *Marie aime les intrigues dans les feuilletons. Pourquoi, à votre avis? Qui dans la classe aime les feuilletons à la télé?* (*Lucie*) *Oui, c'est Lucie. Est-ce que vous avez les mêmes raisons que Marie, Lucie? Ce sont les intrigues qui vous attirent?* (3) Note that this section provides input with the relative pronouns *dont, ce qui, ce que,* and *ce dont.* New vocabulary: *s'abonner à, accro du Web, conte de fées, exagérer, fasciner, feuilleton, intrigue, metteur / metteuse en scène, mise en scène, raconter, réalisation.*

★ **Attention! Étudier Grammaire 11.2 et 11.3**

Voilà ce que je te racontais! On peut acheter des contes de fées sur DVD.

Les intrigues me fascinent. C'est ce que j'aime le mieux dans les feuilletons.

Les accros du Web exagèrent de temps en temps. Ils s'abonnent à trop de listes.

Ah! Le voilà! Sur ce site, on peut voir le PC de poche dont je t'ai parlé.

Activité 6 Échanges: Que ferais-tu?

Demandez combien de temps votre partenaire voudrait consacrer aux activités suivantes si on lui donnait un jour de libre supplémentaire chaque semaine.

MODÈLE: É1: Tu regarderais plus la télé?
É2: Oui, je la regarderais au moins une heure de plus. (Je ne pense pas. Je n'aime pas tellement la télé.)

Activités

1. regarder la télé
2. lire des livres
3. lire un journal ou un magazine
4. écouter de la musique ou un livre audio
5. surfer sur le Web
6. louer plus de DVD
7. aller au cinéma
8. jouer aux jeux vidéo
9. participer à des blogs

Suggestions

au moins (une heure)
moins de (deux heures)
pendant (la matinée)
un après-midi
toute la journée
quelques (minutes)
ne... jamais
?

À vous la parole! Answer questions naturally and truthfully, adding observations as you wish.

À vous la parole!   Maintenant, posez les mêmes questions à votre professeur pour voir si vous avez les mêmes goûts.

MODÈLE: Est-ce que vous regarderiez plus la télé, monsieur (madame)?

Act. 6. (partners) Assign for partner discussion, to be followed by a general class discussion about the replies students made. New vocabulary: *consacrer du temps à, livre audio, magazine.*

Cliquez là! Have students begin with lists: *magazines français, journaux francophones*, etc., then narrow the search with key words such as *sports, tennis, couture, recettes végétariennes*... You might also suggest specific names of publications that you enjoy.

Cliquez là!

Trouvez un journal ou un magazine en français à mettre sur la liste de vos sites préférés. Donnez à la classe le nom et l'adresse du site, ainsi que quelques renseignements sur le type d'articles qu'on peut y trouver. Quel genre de personne s'intéresserait à ce site?

www.mhhe.com/deuxmondes6

Act. 7. (partners) Go over the items with the class first and then assign for discussion. Students may select all reasons if they choose and can add others in discussion. They should also do *Allons plus loin!* Afterward, take a survey of preferences and find out several favorite movies. New vocabulary: *avis des critiques, cinématographie, comédie sentimentale, effets spéciaux, film d'animation (d'épouvante), le grand écran, j'irais, surtout, vedette.*

Cliquez là!

Vous aimez le cinéma? Présentez une vedette française ou francophone à la classe, accompagnée d'une photo (si possible). Pour vous préparer, utilisez le site Web de l'acteur ou de l'actrice de votre choix.

www.mhhe.com/deuxmondes6

Cliquez là! Discuss movies and actors from France and the Francophone world with the class, writing names and titles on the board as they occur. Suggest that students also watch a movie featuring the actor they choose to present.

Activité 7 Discussion: Si je voulais voir un film ce soir

Dites **oui** ou **non**. Si vous n'aimez aucune des possibilités, donnez la réponse qui vous convient.

1. Si je voulais regarder un film ce soir, ...
   a. j'en téléchargerais un sur Internet.
   b. j'irais le voir sur le grand écran.
   c. je louerais un DVD.
2. J'aimerais voir...
   a. un film d'animation.
   b. un film d'épouvante.
   c. une comédie sentimentale.
3. Je m'intéresserais surtout...
   a. à la cinématographie.
   b. aux effets spéciaux.
   c. au talent des acteurs.

© Felix-creation-illustration: F. Veançon

- Festival International du Film d'Animation

4. Mon choix de film serait probablement influencé par...
   a. le nom du metteur en scène.
   b. les noms des vedettes.
   c. l'avis des critiques.

AS 5. Students work in pairs to describe their favorite movie. They should do a general outline of the plot, identify the main actors and where the story is set, as well as mention who made the film (if they can).

Allons plus loin!   Comment s'appelle votre film préféré? Pourquoi aimez-vous ce film? À qui le recommanderiez-vous? Pour quelles raisons?

Realia. Ask students what animated films they've seen. Put replies on the board along with names of producers, directors, etc. Ask how animated films have changed since their parents and grandparents were children. (Example: Donald Duck vs. *Le Pôle express*.) Include special effects such as those found in Ang Lee's *Tigre et Dragon* (*Crouching Tiger, Hidden Dragon*). Ask if students think actors may be replaced by animation someday.

Les francophones sur le vif

Les francophones sur le vif. Television in France has undergone a spectacular development in the past 35 years, going from a single black-and-white channel in the 1960s to the current choice of six free, national channels (*TF1, France 2, France 3, France 5, M6,* and *ARTE*), and a few foreign channels in border areas. Although cable TV is emerging, satellite broadcasting has become extremely popular at the European level, with dozens of channels in French, German, Italian, Spanish; English does not dominate in any way. Canal+, which can be accessed via satellite or through a decoder, remains a French favorite. As

Simone Bernard, 57 ans, comptable, Beaune (Bourgogne)

Que regardez-vous à la télévision?

Quand j'étais jeune, la télévision française n'offrait qu'une chaîne publique, gratuite, et en noir et blanc: il était facile de faire le choix. Aujourd'hui, c'est bien plus compliqué… Moi, je continue de préférer France 2, France 3 et France 5 parce que leurs émissions sont d'une plus grande qualité. J'aime aussi beaucoup les émissions artistiques et les documentaires sur ARTE. En revanche, je trouve TF1 trop commerciale (il y a de la publicité tout le temps) et je ne supporte pas du tout le format de M6, le défilement rapide d'images colorées. Mes enfants, eux, n'hésitent pas à payer pour avoir Canal+ et d'autres chaînes câblées, surtout pour les films récents ou en V.O.,[1] et bien sûr le sport. Mes petits-enfants regardent des chaînes à thème, comme Canal Jimmy et Télétoon. Finalement, notre seul point commun, c'est de pratiquer le *zapping* entre toutes ces chaînes!

[1]version originale

a follow-up to the reading, have students state their own viewing preferences, using the categories cited in the text: *chaînes publiques, nationales, commerciales, câblées, à thème.* Point out that the *chaînes publiques* are not the equivalent of "Public Broadcasting" in the U.S., but rather function much like the major networks.

Activité 8 Sondage: Le petit écran

Y a-t-il des choses qu'on ne devrait pas passer à la télé? Qu'est-ce qui est acceptable? Dites si vous êtes d'accord ou pas en expliquant votre réponse.

1. On devrait éviter les questions trop personnelles dans les interviews.
2. On ne devrait pas rediffuser les épisodes de séries anciennes.
3. On devrait nous montrer les exécutions. Ça fait réfléchir.
4. La violence à la télé est responsable des crimes violents.
5. On devrait éliminer tous les feuilletons. Ils sont si bêtes!
6. Les émissions de télé-réalité nous apprennent beaucoup sur la vie.
7. On ne devrait pas repasser constamment les mêmes informations à chaque fois qu'il y a une catastrophe.
8. La naissance d'un bébé à la télé est très éducative pour les enfants.

Suggestions

Je suis d'accord avec toi.   C'est ce qui m'inquiète (me fâche).
Moi, je trouve que...   C'est ce que j'aime (je n'aime pas).

MODÈLE: É1: À mon avis, les pubs à la télé sont des mensonges
                 commerciaux. On devrait les éliminer.
              É2: Je suis d'accord avec toi. Et pourtant, elles sont très amusantes
                 de temps en temps...

Ça fait penser

La télévision est le premier loisir des Français. Ils passent de l'ordre de 3 heures 15 minutes par jour devant le petit écran.

Les Français sont les premiers lecteurs de magazines dans le monde, avec 1.354 exemplaires vendus pour 1.000 habitants.

32 % des Français vont au cinéma au moins une fois par mois.

Activité 9 Entretien: Les médias mixtes

1. Est-ce que tu écoutes la radio? Souvent? Où? Qu'est-ce que tu aimes écouter?
2. Tu lis un journal d'habitude? Lequel? Sur papier ou en ligne? Qu'est-ce qui influence ton choix de journal? Tu lis les bandes dessinées? les opinions? Si tu ne lis pas de journal, pourquoi pas?
3. Est-ce que tu aimes les magazines? Tu en achètes de temps en temps? Lesquels? Tu lis aussi des webzines? Pourquoi ou pourquoi pas?
4. Est-ce que tu fais des achats et des ventes en ligne? Sur quel site en fais-tu? Tu utilises aussi les petites annonces dans le journal? Pourquoi?
5. Est-ce que tu aimes la musique? Quels types de musique? Où aimes-tu l'écouter? Tu en télécharges? Dans un baladeur ou sur un ordinateur? Tu partages ta musique avec tes copains?

Les pièges de l'inforoute

★ **Attention! Étudier Grammaire 11.4 et 11.5**

Tiens! Des pirates informatiques ont fermé le plus grand serveur du monde hier!

Mesdames, messieurs, surveillez vos enfants! Apprenez-leur à limiter la diffusion de leur adresse électronique.

Ça me tente. Si j'allais sur leur site Web, peut-être que je rencontrerais l'homme de mes rêves.

Sois plus optimiste! Ne crois pas tout ce que tu lis dans le journal.

J'en ai marre de ces chaînes privées et de leurs interruptions pour les pubs!

Vous gagneriez plus d'argent si vous étiez diplômé de notre école.

Ça fait penser

En France, la plainte de l'UEJF (l'Union des étudiants juifs de France) contre l'hébergement d'un site Internet nazi a été rejetée au tribunal. Pourtant, la responsabilité des hébergeurs reste très discutée en France et ailleurs.

Activité 10 Sondage: La sécurité en ligne

Lisez les règles suivantes et, pour chacune, dites si vous êtes d'accord ou non. Ensuite, expliquez vos réponses à un(e) autre étudiant(e).

1. Soyez présent(e) pendant que vos enfants surfent sur Internet.
2. Ne donnez jamais vos coordonnées personnelles sur le Web.
3. Utilisez une adresse courriel gratuite pour écrire aux inconnus.
4. Faites régulièrement une sauvegarde de vos fichiers.
5. N'attachez jamais votre photo à un courriel.
6. Abonnez-vous à la newsletter de votre antivirus; elle vous tiendra au courant des dernières alertes virus.
7. Si vous pensez former une relation sérieuse sur le Web, invitez votre correspondant(e) chez vous aussitôt que possible.
8. Évitez de télécharger des programmes d'origine douteuse.
9. Contactez le serveur si vous n'aimez pas le contenu de certains sites.
10. Utilisez un pseudonyme pour tout ce que vous écrivez en ligne.
11. Les enfants sont curieux; encouragez-les à explorer le Web avec leurs copains.
12. Assurez-vous de l'objectivité d'un site quand vous faites des recherches sur Internet.

Activité 11 Discussion: Êtes-vous trop crédule?

Dites **oui** ou **non** et comparez vos réponses avec celles de vos camarades de classe.

1. Si un créancier m'informait qu'il avait reçu une demande de carte de crédit avec mon nom et adresse, mais que je n'avais jamais fait cette demande...
   a. j'accepterais la carte tout de suite.
   b. je demanderais l'avis de mes amis avant de l'accepter.
   c. je me demanderais si j'étais victime d'un vol d'identité et je contacterais la police.
2. Si quelqu'un proposait de me vendre un casque Blue Tooth pour 5 dollars...
   a. je réfléchirais avant de me décider.
   b. je serais inquiet/inquiète mais je le lui achèterais.
   c. je lui demanderais pourquoi il le vend à ce prix ridicule.
3. Si je recevais un courriel qui me demandait une réponse et qui cachait l'adresse de l'expéditeur...
   a. je ferais ce que la lettre me demande de faire.
   b. je l'enverrais au système de filtrage anti-SPAM de mon serveur.
   c. je me plaindrais à l'administrateur du serveur.
4. Si on me demandait d'investir de l'argent dans un projet où je pourrais doubler mon investissement en un mois...
   a. je le ferais si je connaissais bien la personne.
   b. je n'investirais pas, même si je connaissais la personne.
   c. je demanderais tous les détails, même si je connaissais la personne.
5. Si quelqu'un qui venait de trouver l'amour de sa vie m'encourageait à visiter le site Web d'Amour Parfait...
   a. je le ferais tout de suite.
   b. ça me tenterait, mais je ne le visiterais probablement pas.
   c. j'aurais peur et je refuserais.

Act. 10. (whole class; partners) (1) Read the items aloud for students and explain the vocabulary if necessary. Allow time for students to write *oui/non.* (2) Assign partners. Students need to explain their answers and give examples for them. (3) In general discussion, get consensus replies and the reasons for them. *Qui dans ce cours a eu des problèmes de sécurité sur Internet? Connaissez-vous quelqu'un de votre famille ou parmi vos amis qui a eu ce genre de problème?* New vocabulary: *alerte virus, antivirus, contacter, coordonnées, douteux (douteuse), inconnu(e), pseudonyme, soyez, tenir au courant.*

Act. 11. (whole class; partners) (1) Go over the items, answering them yourself and explaining new vocabulary or forms as needed. (2) Assign the activity to partners. They should explain their answers. (3) During follow-up, ask students to describe scams they have encountered. New vocabulary: *casque Blue Tooth, chaîne stéréo, créancier/créancière, crédule, doubler un investissement, expéditeur/expéditrice, investir, menacer, se plaindre, système de filtrage anti-SPAM, vol d'identité.*

AS 9. Skits. Small groups present scams that nearly happened. Example: Two con artists offer to sell a vacant city lot to a naïve person from the country. He is saved by his wife at the last minute.

Activité 12 Dans le monde francophone: Les malfaiteurs du Web

Lisez les commandements. Ensuite, identifiez ceux que les internautes suivant(e)s n'ont pas respectés, en expliquant pourquoi.

1. les pirates d'Internet qui volent de l'argent ou de la musique
2. les personnes qui copient les logiciels achetés par leurs amis
3. les saboteurs d'opérations militaires et policières
4. les gens dont l'identité n'est pas ce qu'ils disent sur Internet
5. les pornographes et les contrebandiers
6. les gens qui envoient des courriels transmettant des virus
7. les pirates informatiques qui s'attaquent aux serveurs
8. les entreprises qui implantent des cookies pour garder une trace des visites sur leur site

Cliquez là!

LE NET: TRAITÉ DE SAVOIR-VIVRE ET NETIQUETTE

Adaptation française d'un document d'Arlene Rinaldi par Christine Vercken

LES DIX COMMANDEMENTS du Computer Ethics Institute

1) Tu n'utiliseras point l'ordinateur pour causer un préjudice à autrui.
2) Tu ne t'immisceras point dans le travail informatique d'autrui.
3) Tu ne fouineras point dans les fichiers d'autrui.
4) Tu n'utiliseras point un ordinateur pour voler.
5) Tu n'utiliseras point un ordinateur pour porter un faux témoignage.
6) Tu n'utiliseras ou ne copieras pas un logiciel que tu n'as point payé.
7) Tu n'utiliseras point les ressources d'autrui sans autorisation.
8) Tu ne voleras pas la propriété intellectuelle d'autrui.
9) Tu réfléchiras aux conséquences de ton programme pour l'humanité.
10) Tu n'utiliseras l'ordinateur qu'avec considération et respect pour autrui.

Département Informatique de l'École Nationale Supérieure des Télécommunications

Activité 13 Échanges: Le monde sans publicité

Dites si vous êtes d'accord ou non en donnant vos raisons. S'il n'y avait pas de pubs...

1. les consommateurs auraient moins de choix.
2. la télé serait moins amusante.
3. il serait plus facile d'aller sur un site Web.
4. nous pourrions regarder nos émissions préférées sans interruption.
5. les gens seraient moins matérialistes.
6. nous ne reconnaîtrions pas les noms des produits.
7. la radio et la télé ne pourraient pas fonctionner.
8. l'économie nationale en souffrirait.
9. nous aurions moins d'informations sur les produits que nous achetons.
10. il y aurait moins de gens hyperactifs.

Act. 14. (whole class) *Rosières* is a brand of kitchen appliances and refers to the kitchen range here. If students do not know the story of Snow White and the Seven Dwarves, you may wish to tell it with the help of class members before assigning the activity. New vocabulary: *féministe, s'inspirer, mijoter, plutôt, séduisant(e), sorcier/sorcière, traditionaliste.*

ROSIERES, ROSIERES, DIS-MOI CE QUE NOUS ALLONS LUI MIJOTER CE SOIR

Activité 14 Dans le monde francophone: Un conte de fées, version commerciale

Regardez de très près cette pub et répondez aux questions suivantes.

1. Est-ce que cette femme est séduisante? Pourquoi?
2. Pour vous, est-ce qu'elle ressemble à une sorcière? Pourquoi?
3. À qui est-ce que cette pub est destinée, à votre avis? Expliquez vos raisons.
4. Diriez-vous que cette pub est plutôt féministe ou traditionaliste? Pourquoi?
5. Comment s'appelle le conte de fées dont s'inspire cette pub?

AS 16. Distribute ads without text to groups and have them write the text. Later, they should show their ad to the class and read their text. Students vote for the best one.

AS 12. For discussion purposes, have students bring to class ads that play on the name of the product (Joe Camel, for example) or that refer to stories, folklore, or stereotypical beliefs. Students should be prepared to explain their choices.

Lecture. Juliette Binoche (born in 1964) is the daughter of French stage actors, so it's not surprising that she followed in their footsteps. She studied acting at the *Conservatoire de Paris,* and by the age of 21, she was working with legendary director Jean-Luc Godard on *Hail Mary.*
   Although she was already well-known in her native France, American audiences were not exposed to her talents until she made her American debut in the critically acclaimed *Unbearable Lightness of Being* opposite Daniel Day-Lewis. In 1996, she earned further international recognition with a Best Supporting Actress Oscar (as well as a host of other awards) for her role in *The English Patient.* In 2000, she joined Johnny Depp and Lena Olin to make *Chocolat* by director Lasse Hallström in Flavigny-sur-Ozerain in Burgundy. *Chocolat* is the story of a mysterious stranger arriving in a small French village and upsetting the established social order with her tempting chocolate creations.

LECTURE

Mon amie Juliette

Mon rêve a toujours été de faire du cinéma, mais comment le réaliser lorsqu'on habite un petit village au fin fond de la France rurale, à des milliers de kilomètres de Hollywood, un village qui semble dater d'un autre siècle?

Et pourtant le miracle s'est produit il y a quelques années: Hollywood est venu à moi! En effet, notre village a été choisi comme décor pour le film *Chocolat*. C'est l'histoire d'une femme (jouée par Juliette Binoche) un peu mystérieuse, qui mène une vie nomade, allant de ville en ville avec sa petite fille. Elle bouleverse[1] l'existence tranquille des habitants en leur faisant découvrir les plaisirs du chocolat. Pour faire plus authentique, le metteur en scène a décidé d'utiliser comme figurants[2] les vrais habitants—j'allais faire du cinéma!

J'avais imaginé toutes sortes d'aventures... En réalité, le tournage[3] d'un film n'est pas si amusant que ça. Il y a beaucoup de technique et une simple prise[4] de quelques minutes peut demander des heures, ou même des jours de travail. Il faut beaucoup de précision, sans quoi on doit refaire la prise, deux fois, dix fois, vingt fois! Finalement, j'ai trouvé ça assez ennuyeux, surtout que j'espérais côtoyer[5] Juliette Binoche tous les jours, et que je l'ai à peine aperçue[6] une ou deux fois.

Au bout de deux semaines, je commençais à trouver le temps long et, pour m'occuper, je me suis mise à observer les techniciens qui préparaient les décors et les figurines en chocolat que l'on voit dans le film. J'ai remarqué qu'ils

---

[1]trouble [2]acteurs qui jouent un tout petit rôle [3]*shooting* [4]< prendre (une séquence de film)
[5]être près de [6]< apercevoir = voir brièvement

jetaient les figurines qui n'étaient pas réussies et je leur ai demandé si je pouvais les avoir. Ils ont accepté et rapidement j'ai pris l'habitude de venir me servir copieusement en chocolat.

Un jour, j'ai ainsi pris et mangé les figurines qu'on avait mises de côté, mais—catastrophe!—c'étaient celles qui étaient destinées au film. Le metteur en scène était furieux, car il a fallu interrompre le tournage pour fabriquer de nouveaux chocolats. J'étais morte de honte[7]! C'est alors que j'ai eu ma plus grande surprise: Juliette

● Juliette Binoche dans le film *Chocolat*

Binoche s'est approchée de moi et avec un sourire m'a remerciée devant tout le monde: «Vous savez, nous sommes tous très fatigués; alors, un jour de vacances est le bienvenu!»

Ma carrière cinématographique s'est arrêtée là; au fond, je crois que je n'étais pas faite pour le grand écran[8]... mais je n'oublierai jamais les délicieux chocolats et la gentillesse de «mon amie Juliette».

---

[7]*shame*   [8]*grand... cinéma*

Avez-vous compris? Répondez aux questions sur le texte.

1. Que veut dire la phrase «Hollywood est venu à moi» dans cette lecture?
2. Est-ce que le tournage d'un film est amusant, d'après la narratrice? Pourquoi?
3. Est-ce que la narratrice a souvent vu Juliette Binoche pendant le tournage?
4. Pour quelle raison est-ce que la narratrice a commencé à observer les techniciens qui préparaient les décors?
5. Pourquoi est-ce que Juliette Binoche a parlé avec la narratrice? Qu'est-ce que Juliette lui a dit?
6. Est-ce que la narratrice a poursuivi une carrière cinématographique?

Avez-vous compris? Lead students into envisioning the director's point of view: He is impatient to complete the movie and finds it difficult to work with a lot of non-professional extras. He would rather be in a Hollywood studio where he can better control the process, and he is irate at the narrator for interrupting the shoot. The lead actress, on the other hand, finds it charming to be filming in an actual village and would like to enjoy the setting a little more than the hectic filming schedule allows. Maybe she senses that it is even more difficult for the extras, and she feels sorry for the girl who has been publicly chastised by the director.

À vous la parole! C'est à votre amie Claire que cette histoire est arrivée. Maintenant, vous voulez parler des aventures de Claire avec un(e) camarade de classe. À deux, reconstruisez l'anecdote sous la forme d'une conversation dans laquelle chaque partenaire va être responsable de faire progresser l'histoire jusqu'à ce qu'elle soit entièrement reconstituée.

MODÈLE: É1: Tu te souviens de Claire Fontaine, ma copine qui rêve de faire du cinéma? Eh bien, elle a eu l'occasion de jouer dans un film.
É2: Ah bon? Quel film?
É1: *Chocolat!* Tu connais l'histoire?
É2: Mais oui. C'est l'histoire d'une femme qui fait découvrir les plaisirs du chocolat...

À vous d'écrire

Êtes-vous doué(e) pour la publicité? Imaginez que vous êtes chargé(e) du marketing des produits suivants à la télé. Choisissez-en deux, puis identifiez la clientèle qui va s'intéresser aux produits. Ensuite, pensez aux heures et aux jours où vous allez faire passer vos pubs. Enfin, décidez du genre des pubs (le type de scénario, les acteurs...) et écrivez vos idées.

Suggestions un jeu vidéo, un appareil photo numérique, une imprimante, une bière, un médicament, un produit qui fait maigrir, une voiture...

MODÈLE: *des céréales en forme d'animaux →*
Les petits enfants aimeraient ces céréales. Je passerais la pub le samedi matin ou en fin d'après-midi quand il y a des émissions pour enfants. Je recommande un scénario amusant avec des dessins animés ou des animaux qui savent parler.

MULTIMÉDIA

Le Chemin du retour on DVD

Online Workbook / Lab Manual

Online Learning Center and Audio Program

ActivityPak

www.mhhe.com/deuxmondes6

Rendez-vous cinéma

Le Chemin du retour

Épisode 6: «La trahison»

À Saint-Jean, Camille apprend que son grand-père a été accusé d'avoir trahi[1] un groupe de résistants en 1943, avec la complicité d'un certain Roland Fergus. Elle a beaucoup de difficulté à accepter cette terrible nouvelle. Pendant ce temps, le patron de Camille n'est pas content de son absence prolongée...

[1]< traître

Vocabulaire

L'ordinateur et le matériel électronique

Computer and electronic equipment

un agenda	a datebook
un appareil	a piece of equipment, appliance
un baladeur MP3	a portable MP3 player
un carnet d'adresses	an address book
le clavier	the keyboard
une console à jeux	a game console
l'écran (*m.*)	the screen
un ensemble multimédia	a multimedia center
des fichiers (*m.*)	(computer) files
joints	an attachment
une imprimante	a printer
un lecteur CD	a CD player
MP3	an MP3 player
un PC de poche	a PDA with Internet access
les photos (*f.*) **numériques**	digital photos
un portable	a cell phone; a laptop
la souris	the mouse
la télécommande	the remote control
un texto	a text message
les touches (*f.*)	the keys (*on a keyboard*)
graver un CD	to burn a CD
imprimer	to print
installer un logiciel	install a (software) program

Mots apparentés: **l'accès** (*m.*)**, un code, la compatibilité, le curseur, un disque compact, électronique, une fonction, fonctionner, (se) former, une image visuelle, indiquer, laser, un LCD, un signe, l'usage** (*m.*)**

Internet et le Web

The Internet and the web

un(e) accro du Web	a web addict
une adresse électronique	an e-mail address
un casque Blue Tooth	a Blue Tooth headset
le courriel	e-mail
des données (*f.*)	information, data

l'expéditeur / l'expéditrice	the sender
un(e) internaute	an Internet user
un lien (mort)	a (broken) link
la page d'accueil	home page
une page perso	a personal web site
un serveur	a service provider
un webzine	a web magazine
s'abonner (à)	to subscribe to
accéder (à)	to access
partager	to share

Mots apparentés: **activer, un album photo, cliquer, consulter, contacter, le cyber-espace, un groupe de discussion, le navigateur, naviguer, le service GPS, transmettre**

Le cinéma, les médias et la presse imprimée

Movies, the media, and the press

une bande dessinée	a comic strip
une chaîne (de télé)	a TV Channel
une comédie sentimentale	a romantic comedy
un conte de fées	a fairy tale
le contenu	contents
des écouteurs (*m.*)	earphones
les effets (*m.*) **spéciaux**	special effects
une émission de télé-réalité	a TV or radio program a reality show
un feuilleton	a soap opera
un film d'épouvante	a horror film
l'intrigue (*f.*)	the plot
les informations (infos) (*f.*)	the news
le metteur / la metteuse en scène	the director
la mise en scène	the production
les opinions (*f.*)	editorials
les petites annonces (*f.*)	classified ads
une publicité (une pub)	an ad, a commercial
un téléviseur	a television set
une vedette	a screen star
une vente en ligne	an online sale
rediffuser	to rerun

Mots apparentés: **la cinématographie, un(e) critique, un épisode, fasciner, un film d'animation, inspirer, un magazine, un rôle, une série, le talent, la violence**

L'inforoute: Les pièges et les précautions

The information highway: Pitfalls and safety precautions

une barrière de sécurité	a firewall
un contrebandier / une contrebandière	a smuggler
les coordonnées (*f.*)	contact information
la diffusion	distribution, circulation
un(e) inconnu(e)	a stranger
un(e) pirate informatique	a hacker
le vol d'identité	identity theft
faire la sauvegarde (d'un fichier)	to save (a file)
implanter un cookie	to plant a cookie
se plaindre (de)	to complain (about)
surveiller	to watch over
tenir (quelqu'un) au courant	to keep (someone) up to date
tenter	to tempt

Mots apparentés: **une alerte virus, un antivirus s'attaquer à, doubler un investissement, investir, les fraudeurs** (*m.*), **menacer, modifier, un(e) pornographe, un pseudonyme, un saboteur / une saboteuse, un système de filtrage anti-SPAM, transmettre un virus**

La description

autant que	just as much as
autrement	otherwise
bête	stupid
branché(e) (*fam.*)	cool, trendy; connected (*technology*)
constamment	constantly
crédule	gullible
davantage	more
de taille réduite	small
diplômé(e)	graduate

léger/légère	light (*weight*)
plutôt	rather
séduisant(e)	appealing

Mots apparentés: **clairement, commercial(e) éducatif/éducative, ergonomique, féministe, hyperactif/hyperactive, matérialiste, violent(e)**

Substantifs

le consommateur / la consommatrice	the consumer
un créancier / une créancière	a creditor
un livre audio	a recorded book
un mensonge	a lie
la naissance d'un bébé	the birth of a child
un sorcier / une sorcière	a sorcerer, witch

Mots apparentés: **l'apparence** (*f.*), **une catastrophe, un(e) collègue, une interruption**

Verbes

apprendre à quelqu'un (à)	to teach someone (to)
consacrer du temps (à)	to devote time (to)
contenir	to contain
coordonner nos affaires	to coordinate our business
écrire à la main	to write by hand
raconter	to tell

Mots et expressions utiles

Ça fait réfléchir.	It makes you think.
Ce qui compte pour moi...	What matters to me...
C'est ce qui m'inquiète.	That's what worries me.
depuis notre fauteuil	from our armchair
d'origine douteuse	of doubtful origin
en plus de (ça)	in addition to (that)
grâce à...	thanks to...
Je suis d'accord avec toi.	I agree with you.
J'en ai marre (de...)	I am fed up (with...)
mains libres	handsfree
sinon...	if not....

Grammaire et exercices

11.1 Saying what you would do: The conditional

A. You have already used some conditional verb forms, such as **je voudrais, j'aimerais,** and **je devrais.** The conditional is most often used to express the result of some hypothetical situation, that is, what would happen "if something were true." In English, this is expressed by *would* + verb.

B. The conditional is formed in French by using the future stem + the imperfect endings, as shown in the following chart. Remember that the future stem of regular verbs is the same as the infinitive, except for **-re** verbs, which drop the final **-e.**

★ Review **Grammaire 2.5. D** and **8.4** for special uses of the conditional of **vouloir, aimer** and **devoir.**

★ Review **Grammaire 9.5. B** and **C** for the forms of the future stem.

★ See **Appendix C** for spelling changes in **acheter, appeler,** etc.

➤ The conditional tells what you *would* do in a hypothetical situation.

➤ conditional = future stem + imperfect endings

	parler	**finir**	**vendre**
	CONDITIONAL		
je	parler**ais**	finir**ais**	vendr**ais**
tu	parler**ais**	finir**ais**	vendr**ais**
il/elle/on	parler**ait**	finir**ait**	vendr**ait**
nous	parler**ions**	finir**ions**	vendr**ions**
vous	parler**iez**	finir**iez**	vendr**iez**
ils/elles	parler**aient**	finir**aient**	vendr**aient**

Nous **parlerions** plus souvent le français si nous avions des amis francophones.

We would speak French more often if we had some French-speaking friends.

À ta place, je **finirais** mon travail avant de sortir.

If I were you, I'd finish my work before going out.

Cet ordinateur se **vendrait** mieux sous un autre nom.

This computer would sell better under another name.

C. Because the conditional stem is the same as the future stem, any verb that is irregular in the future is also irregular in the conditional.

aller	j'**ir**ais		pouvoir	je **pourr**ais
avoir	j'**aur**ais		recevoir	je **recevr**ais
devoir	je **devr**ais		savoir	je **saur**ais
envoyer	j'**enverr**ais		venir	je **viendr**ais
être	je **ser**ais		voir	je **verr**ais
faire	je **fer**ais		vouloir	je **voudr**ais

11.1. Use input techniques from the *Mise en train* activities to review/ introduce verbs in the present conditional. Write a number of forms on the board to explain how the conjugation pattern works. Point out that the endings are the same as those of the imperfect and that the letter *r* always occurs before the endings, as it does in the future tense.

This section is the first systematic presentation of the forms and uses of the present conditional, although students have already used conditional forms of *vouloir, aimer,* and *devoir.* Here, the main goal is the association of the conditional forms with the conditional meaning. Conditional sentences (*si*-clause in imperfect + result clause in conditional) occur for recognition only at this time and are introduced in *Grammaire 11.5.*

ES 1. Ask students to imagine life during an electricity or gas outage: *Nous n'aurions pas de télévision; nous utiliserions des bougies et des lampes à huile; les ordinateurs ne pourraient pas fonctionner,* etc.

Si vous alliez en France cet été,
vous **pourriez** rendre visite à
nos amis à Strasbourg. Moi, je
viendrais vous rejoindre en août
et on **irait** ensemble à Londres.

*If you went to France this summer,
you could visit our friends in
Strasbourg. I would come join
you in August, and we'd go
together to London.*

➤ The conditional is used
to make polite requests.

D. The conditional is also used to make requests without appearing too direct.

Est-ce que vous **pourriez** nous
recommander un bon restaurant?
Auriez-vous l'heure?

*Could you (Would you be able to)
recommend a good restaurant?
Would you have the time? (Could
you tell me what time it is?)*

Exercice 1 Un monde sans télé

Ex. 1. This exercise practices
present conditional forms. After
students have done the exercise
at home and checked their answers, you can have them discuss
their replies in groups. Provide
a list of predicates (on board or
transparency) and have the groups
discuss the reasons behind their
answers. Suggestions: *avoir plus de
temps, parler aux gens, faire plus
d'exercice, ne pas avoir de mauvais
exemples, lire des journaux et des
magazines.*

Imaginez la vie sans télévision. Complétez les phrases avec le conditionnel et
dites si vous êtes d'accord ou non.

MODÈLE: Moins de couples _____ (divorcer). →
Moins de couples divorceraient. Oui, c'est vrai, parce qu'il n'y
aurait pas de football américain à la télé. (Non, ce n'est pas vrai...)

1. Il y _____ (avoir) moins de crimes violents.
2. Je _____ (lire) beaucoup plus.
3. Les Américains _____ (être) en meilleure santé.
4. Nous ne _____ (savoir) pas ce qui se passe dans le monde.
5. On _____ (connaître) moins bien les autres pays du monde.
6. Les candidats _____ (faire) leur campagne de façon plus intelligente.
7. Nous _____ (dormir) plus.
8. Les gens _____ (aller) plus souvent au cinéma.
9. On _____ (acheter) plus de journaux.
10. Les entreprises _____ (dépenser) moins d'argent sur la publicité.

Exercice 2 Par politesse

Ex. 2. This exercise provides functional practice with the "politeness"
use of the conditional.

Sarah Thomas se trouve dans une maison de la presse à Paris, où elle veut
demander beaucoup de choses. Reformulez ses phrases en employant le
conditionnel pour les rendre plus polies.

MODÈLE: *Avez*-vous de la monnaie? → *Auriez*-vous de la monnaie?

1. *Pouvez*-vous m'indiquer la station de métro la plus proche?
2. Est-ce que vous *avez* l'heure?
3. Je *veux* aussi *Le Nouvel Observateur*.
4. Est-ce que vous *pouvez* me commander ce livre?
5. Quand est-ce que je *dois* revenir le chercher?
6. Est-ce que je *peux* prendre un catalogue?
7. *Savez*-vous où se trouve le Bistro de la Sorbonne?

Exercice 3 Si le monde était idéal,...

Ex. 3. The hypothetical situation is
understood even though *si*-clauses
are not given (except in the title).
Students will need to make transformations from the present indicative
to the conditional. You may wish
to have students discuss the sentences together and say whether
they agree or disagree.

Transformez les phrases en employant le conditionnel pour décrire un monde idéal.

MODÈLE: Dans le monde réel, on a besoin de se méfier des* inconnus. →
Dans un monde idéal, on n'aurait pas besoin de se méfier des inconnus.

Dans le monde réel...

1. on ne peut pas toujours croire ce qu'on vous dit.
2. nous sommes souvent influencés par des messages subtils ou subliminaux.
3. on profite quelquefois de la crédulité des gens.
4. les gens dépensent beaucoup d'argent pour des produits inutiles.
5. le travail occupe une très grande partie de notre vie.
6. il n'y a pas assez d'emplois pour tous ceux qui veulent travailler.
7. mentir est quelquefois utile.

11.2. This section is intended to help students understand *dont* in speech and texts. Because it requires a transformation from *de* + noun, the ability to use *dont* in spontaneous speech is not easily acquired, even after much study.

Use input techniques to introduce *dont* and to review *qui/que*. Show photos/ads of products: *Ça, c'est une lotion solaire. C'est le produit dont on a besoin pour se protéger contre les effets du soleil, n'est-ce pas?* Place the pictures in a chalk tray as you finish. Later, ask students to identify the products: *Lequel est le produit dont on a besoin pour se laver les cheveux?*

The relative pronoun **dont**

A. You are already familiar with the relative pronouns **qui, que,** and **où.** Like **qui** and **que,** the relative pronoun **dont** is used for both people and things. **Dont** is used to replace the preposition **de** + a noun.

✴ *Review **Grammaire 6.4** for the uses of the relative pronouns **qui, que,** and **où.***

WITH **DE**	WITH **DONT** (RELATIVE CLAUSE)
J'ai besoin **de** ce magazine.	Je n'ai pas acheté le magazine **dont** j'ai besoin.
I need this magazine.	*I didn't buy the magazine (that) I need.*
Ils parlaient **de** cet homme à la télé.	C'est l'homme **dont** ils parlaient à la télé.
They were talking about this man on TV.	*That's the man (whom) they were talking about on TV.*

➤ The relative pronoun **dont** replaces **de** + noun: **C'est le livre *dont* j'ai parlé. C'est la personne *dont* j'ai besoin.**

➤ **Dont** can refer to people or things.

B. When used in a possessive construction, **dont** corresponds to English *whose.*

WITH **DE**	WITH **DONT** (RELATIVE CLAUSE)
Je connais le frère **de** cette journaliste.	C'est la journaliste **dont** je connais le frère.
I know that reporter's brother.	*That's the reporter whose brother I know.*
Les émissions **de** cette chaîne sont en anglais.	C'est la seule chaîne **dont** les émissions sont en anglais.
This channel's shows are in English.	*It's the only channel whose shows are in English.*

C. Dont is used frequently with verbs or verbal expressions that require **de,** for example: **parler, avoir besoin, avoir envie, avoir peur, se servir, se souvenir.**

L'émission **dont** je me souviens, c'est «La Rue Sésame».	*The program I remember is "Sesame Street."*
L'ordinateur **dont** il se sert est très vieux.	*The computer he uses is very old.*

---

*se... to be suspicious of

Exercice 4 À la FNAC

Sarah et Agnès visitent la FNAC, un magasin spécialisé dans les médias. Reformulez leurs phrases (en italique) en employant **dont**.

> MODÈLE: *J'ai entendu parler de cet auteur cette semaine.*
> *C'est l'auteur...* →
> C'est l'auteur dont j'ai entendu parler cette semaine.

1. *Je parlais de ce magazine l'autre jour.* C'est le magazine...
2. *On discutait de ce livre à la télé.* C'est le livre...
3. *Je connais d'autres films de ce metteur en scène.* C'est un metteur en scène...
4. *J'ai vu tous les films de cette vedette.* C'est une vedette...
5. *Je ne me souviens jamais de ce titre.* C'est un titre...

11.3 More on relative pronouns: Ce qui, ce que, ce dont

A. **Ce qui, ce que,** and **ce dont** are called indefinite relative pronouns. They are used in the same way as **qui, que,** and **dont,** but they are used when the thing referred to is not specified. They usually correspond to English *what.*

SPECIFIC REFERENCE	UNSPECIFIED REFERENCE
noun + **qui**	**ce** + **qui**
Les films qui m'intéressent...	Ce qui m'intéresse...
noun + **que**	**ce** + **que**
Les livres que j'aime...	Ce que j'aime...
noun + **dont**	**Ce** + **dont**
L'ordinateur dont je me sers...	Ce dont je me sers...

Sais-tu **ce qui** s'est passé dans le dernier épisode?	*Do you know what happened in the last episode?*
Je ne vois pas **ce que** tu aimes dans cette émission.	*I don't see what you like about that show.*
Ces reportages sont trop techniques—je ne comprends jamais **ce dont** ils parlent.	*These reports are too technical— I never understand what they're talking about.*

B. **Ce qui, ce que,** and **ce dont** are often combined with **tout,** meaning *everything.*

—Ça t'ennuie qu'il regarde la télé?	*Does it bother you that he watches TV?*
—Non, mais c'est **tout ce qu'**il veut faire!	*No, but that's all he wants to do!*

C. Indefinite relative pronouns are also frequently used in conversation to introduce a new idea.

Ce qui compte, c'est que le travail lui plaise.

What counts is that he likes the work.

Ce que j'aime, c'est voir un vieux film dans une salle de cinéma.

What I like is to see an old film in a movie theater.

Exercice 5 Définitions

Complétez chaque définition avec **ce qui** ou **ce que (ce qu')**. Ensuite, choisissez la bonne définition pour chaque type d'émission ou de film.

1. _____ fait parfois pleurer les téléspectateurs
2. _____ donne des frissons* aux adolescents
3. _____ les enfants préfèrent
4. _____ explique quel temps il va faire demain
5. _____ on regarde pour s'informer
6. _____ on cherche si on veut rire
7. _____ fait peur
8. _____ on regarde avant de faire un long voyage en voiture

a. C'est une comédie.
b. C'est un documentaire.
c. Ce sont les feuilletons.
d. Ce sont les dessins animés.
e. C'est le bulletin† météorologique.
f. C'est un film d'épouvante.

Ex. 5. *Ce qui* and *ce que* occur here in short explanations such as one often hears in conversation. After students have done the assignment, assign for partner practice. Partners take turns giving a description (chosen at random) for the other person to identify.

Exercice 6 «Sa meilleure amie lui a piqué‡ son mari»

Adrienne parle de l'intrigue de son feuilleton favori avec sa collègue Fatima. Complétez leur conversation en employant **ce qui, ce que (ce qu')** ou **ce dont**.

ADRIENNE: La pauvre Jacqueline! Elle ne sait pas _____[1] elle doit faire. Elle vient d'apprendre que son mari Maurice est parti en vacances avec sa meilleure amie Évelyne.

FATIMA: Et sait-elle _____[2] se passe au bureau avec Annick, la secrétaire?

ADRIENNE: Non, ça, elle ne le sait pas encore. _____[3] l'énerve vraiment, c'est qu'ils ont pris sa voiture quand ils sont partis. Alors Jacqueline va chez sa mère pour lui demander _____[4] elle pense de tout cela. Mais tout _____[5] intéresse sa mère, c'est l'argent. Puisque Maurice est très riche, elle trouve qu'elle devrait rester avec lui.

FATIMA: Et c'est _____[6] elle fait?

ADRIENNE: Pour l'instant, oui. Mais tu sais _____[7] va se passer? Elle va apprendre qu'elle attend un bébé. Et ça, ce n'est pas du tout _____[8] elle avait envie.

FATIMA: Quel drame! Je ne vois vraiment pas pourquoi tu regardes ces bêtises!

*shivers, thrills
†bulletin... *weather report*
‡a... *stole*

11.4. Students have heard and used commands since the beginning of the course, often with pronouns: *asseyez-vous, allez-y, dites-lui.* This section provides a summary of what they already know and gives rules for formation of the imperative. It should be used primarily for reference. Pronoun placement is complex: at this time, we review only the use of a single object pronoun with commands.

Do a TPR activity with *vous* (whole class) and *tu* (individuals). Include object pronouns in the input: *Prends ton livre. Maintenant, mets-le sous ton pupitre.* Write examples of commands (with attached object pronouns) on the board. Afterward, use these to review what students already know.

Imperative forms for *nous* are new but should cause little difficulty. Point out that pronouns precede the verb in negative commands. Write headings for two columns on the board: *l'ange* and *le diable. L'ange dit: Lisez la leçon pour demain. Lisez-la. Mais... que dit le diable? Il dit: Ne la lisez pas!* Give more examples and have students say the opposites. Not all items in a column need be negative or affirmative; the point is to illustrate the two types of commands. Other examples for *l'ange: (cette cigarette) Ne la fumez pas;*

11.4 Giving orders: Commands with pronouns

➤ Most commands =
present-tense forms
without the subject

*(vos parents) Ne leur mentez pas;
Couchez-vous de bonne heure;
(votre argent) Économisez-le; (vos
amis quand vous êtes en retard)
Téléphonez-leur; (la bibliothèque)
Allez-y.*

A. Commands (the imperative) are formed by dropping the subject from the verb. They exist for **vous, tu,** and **nous; nous** commands are used for making suggestions.

Commandez votre exemplaire aujourd'hui!	*Order your copy today!*
Ne **mets** pas la radio maintenant, Joël.	*Don't turn on the radio now, Joël.*
Allons au nouveau cinéma ce soir.	*Let's go to the new movie theater tonight.*

➤ All **-er** verbs: the **tu** form drops the final **-s.** Exception: **Vas-y!**

B. For regular **-er** verbs and **aller,** the imperative **tu** form drops the **-s** from the present-tense form.

Victor, n'**allume** pas la télé, s'il te plaît.	*Victor, please don't turn on the TV.*
Va allumer l'imprimante, s'il te plaît.	*Go turn on the printer, please.*

➤ **Être** and **avoir** imperatives = present subjunctive forms

➤ **Rappel: aie** and **ay-** are pronounced just like **(j')ai.**

C. **Être, avoir,** and **savoir** have irregular command forms.

	être	avoir	savoir
tu	sois	aie	sache
vous	soyez	ayez	sachez
nous	soyons	ayons	sachons

Ne **sois** pas si crédule, Claudine.	*Don't be so gullible, Claudine.*
Ayez l'intelligence de bien réfléchir avant d'acheter.	*Have enough intelligence to think carefully before buying.*
Sachez que je ne me sers pas de cartes de crédit.	*I'll have you know that I don't use credit cards.*

✳ *Review* **Grammaire** *4.5 and 6.5.*

➤ Affirmative commands: verb + object pronoun

D. Object pronouns and reflexive pronouns are placed after the verb in affirmative commands. They are attached to the verb form with a hyphen.

Quelle belle page d'accueil! Regardez-**la**!	*What a beautiful home page! Look at it!*
Abonnez-**vous** dès aujourd'hui à ce forum!	*Subscribe to this forum today!*

➤ Affirmative commands: **me, te → moi, toi**

Me and **te** become **moi** and **toi** in affirmative commands.

Dépêche-**toi** de finir, Victor!	*Hurry up and finish, Victor!*
Écoutez-**moi,** s'il vous plaît.	*Listen to me, please.*

➤ Negative commands: **ne** + object pronoun + verb + **pas**

E. In negative commands, object pronouns and reflexive pronouns are placed *before* the verb.

Ne **me** parle pas pendant que je lis le journal.	*Don't talk to me while I'm reading the newspaper.*
Ne **te** mets pas en colère contre l'ordinateur!	*Don't get angry with the computer!*

✳ *Review* **Grammaire** *7.3 and 9.1.*

F. **Y** and **en** follow the same placement rules as other pronouns.

Vous êtes prêt? Allons-**y**!	*Are you ready? Let's go!*
Du papier? Oui, prenons-**en.**	*Some paper? Yes, let's get some.*
Encore un virus? N'**en** parlez pas!	*Another virus? Don't talk about it!*

Pronunciation Hint

Note obligatory liaison: **Allons-ᶻy, prenons-ᶻen.**

Exercice 7 Les sept commandements du HTML

Voici quelques-uns des «dix commandements» pour construire une page Web. Mettez-les à l'impératif en suivant le modèle.

MODÈLE: Tu n'oublieras pas de tester ta page avec différents navigateurs. →
N'oublie pas de tester ta page avec différents navigateurs.

1. Tu auras quelque chose à dire sur ta page Web. (Tu informeras et intéresseras le visiteur; tu ne le décevras point!)
2. Tu ne feras pas une liste de listes.
3. Tu te rappelleras que tes visiteurs n'ont pas tous une connexion puissante. (Et tu ne fourniras pas trop d'informations sur la même page.)
4. Tu vérifieras tes liens pour éliminer les liens morts.
5. Tu permettras les commentaires par courriel sur ta page.
6. Tu amélioreras constamment tes connaissances en HTML.
7. Tu seras créatif/créative malgré toutes ces directives.

Ex. 7. This exercise practices *tu* commands, primarily in the affirmative. In class, you might have students practice *vous* or *nous* commands as a whole-group activity. Note that this will usually require other changes in the sentence as well. *Modèle: employé idéaliste: N'oublions pas de tester nos pages; patron aux employés: N'oubliez pas de tester vos pages.*

★ Review **Grammaire 11.4A** and **B** on imperative forms (*commands*).

➤ The imperative **tu** form for all verbs except **-er** verbs and **avoir** ends in **-s**.

Exercice 8 Les six commandements de la famille branchée

Voici «Les six commandements du parfait parent pour les petits utilisateurs (d'ordinateurs)». Transformez les conseils à l'impératif en suivant le modèle.

MODÈLE: Je m'assurerai que tous les membres de la famille savent qu'un ordinateur est un objet délicat et cher. →
Assurez-vous que tous les membres de la famille savent...

1. Je leur montrerai donc comment bien l'utiliser.
2. En cas d'invasion de très jeunes, je bloquerai les fentes de CD/DVD, je rangerai le clavier et je mettrai la souris en cage.
3. Je n'apporterai mon travail à la maison qu'en cas de nécessité absolue.
4. Je m'assiérai souvent avec mes enfants quand ils utiliseront l'ordinateur.
5. Si les enfants sont branchés en ligne, je saurai où ils vont et combien cela va coûter.
6. Je leur donnerai une chaise confortable. J'essaierai aussi de placer l'ordinateur dans un endroit facile d'accès.

Ex. 8. This exercise practices *vous* commands. Occasionally, other items must also be changed, such as possessives. Some pronoun objects are included (1, 4, 6). In class, the exercise may be used to practice *tu* and *nous* commands as well.

Exercice 9 Conseils pour le consommateur en ligne

Voici des conseils sur le commerce électronique. Dites si vous êtes d'accord ou non avec chaque conseil et répétez-le (ou changez-le) avec un pronom.

MODÈLE: Méfiez-vous des pages qui demandent le numéro de votre carte de crédit dès votre arrivée. →
C'est une bonne idée. Méfiez-vous en. (Ce n'est pas nécessaire. Ne vous en méfiez pas.)

Ex. 9. This exercise practices *vous* commands with object pronouns (direct objects and *en*). Students may respond in the affirmative or the negative

11.5. This section introduces students to the *si + imparfait/conditionnel* sequence used in hypothetical sentences. Ask students to imagine a situation and say what they would do in that situation: *Imaginez un monde sans voitures. Comment est-ce qu'il serait différent?* Write on the board *Dans un monde sans voitures, il y aurait moins de pollution* and explain that the sentence is equivalent to *S'il n'y avait pas de voitures, il y aurait moins de pollution.* Point out the use of the imperfect in the *si*-clause and ask students to help you construct some other hypothetical situations.

GOALS FOR *CHAPITRE 11.* In *Chapitre 11,* students will talk about computers, the Internet, current trends in electronic devices, movies, TV, and other media. They will also discuss related concerns and security issues. They will learn to state simple hypothetical views using the conditional mood. *Functional goals:* (1) Describe your use of computers and the Internet; (2) Tell about a favorite movie or TV program; (3) Give your opinion about a situation and say what you would do.

MISE EN TRAIN.
1. Introduce the conditional by showing photos of situations and asking students if they would do the same thing: (photo of a boy in a tuxedo) *Il va aller à une grande soirée, n'est-ce pas? Il porte un smoking. Si vous alliez à une fête chez vos amis, que mettriez-vous? Pour une fête typique du samedi soir, est-ce que vous mettriez un smoking ou des vêtements de sport?* Write the new verb forms on the board and explain how to derive them at the end of the input period. Use the conditional often in your input during warm-up and elsewhere over the next few days.

2. Use your PF and realia to introduce vocabulary for using the computer and the Internet: *clavier, touches, logiciel, écran, souris, aller sur un site Web, page d'accueil, courriel, mot de passe.* Include also discussion of current Internet issues and terms such as *barrière de sécurité, piratage, pirate informatique, virus.* (See *Vocabulaire, Chapitre 11.*)

3. Distribute listings for TV programs and movies and ask questions about time, place, content, etc. of listed items. Include *feuilleton, documentaire, film d'épouvante,* etc. *Est-ce que (Grey's Anatomy) est un feuilleton ou un documentaire? Quel jour peut-on le voir? À quelle heure?* Ask about students' preferences regarding the broadcast media, cinema, video game usage, and reading: *Qui lit le journal tous les jours? sur Internet ou sur papier? Est-ce que vous préférez regarder les actualités à la télé?*

1. Posez des questions avant d'acheter.
2. Vérifiez la sécurité. (Regardez le petit icône [le cadenas] de votre navigateur, qui doit être en position fermée.)
3. Appréciez (évaluez) la qualité du service. (Les achats en ligne doivent être plus faciles et plus agréables que les achats dans les magasins.)
4. Pour les achats à l'étranger qui peuvent attendre, vérifiez le cours des changes.*
5. Groupez vos commandes. (Vous réduirez très sensiblement les frais de port.)
6. Parlez de vos expériences, en particulier des mauvaises, autour de vous et sur le Web.

ES 4. On the board or a transparency, display unfinished sentences using the conditional and ending with *si....* Ask for volunteers to propose completions. Do two or three endings for each sentence: *Je partirais en Europe si...* (*j'avais plus d'argent, je n'étais pas trop occupé(e), mes parents me donnaient la permission*). Suggestions: *Mes amis seraient surpris si...; Mes parents seraient contents si...; Je dépenserais moins d'argent si...; La vie à l'université serait plus intéressante si...*

11.5 Talking about hypothetical situations: More on the imperfect

We often talk about what we would do *if* something else were true. The statement "if something were true" describes an unreal or hypothetical situation; this is expressed in French by **si** (*if*) + a verb in the imperfect. **Si** + **imperfect** is often used when a result statement is in the conditional.

Si mes parents **achetaient** un ordinateur, je **pourrais** leur envoyer des courriels.	*If my parents bought a computer, I could send them e-mail.*
Monsieur Vincent, que **feriez**-vous **si** vous **aviez** un million de dollars?	*Mr. Vincent, what would you do if you had a million dollars?*

Ex. 10. Students are required only to make simple transformations to heighten their awareness of this structure. The exercise can be done in class by partners.

Exercice 10 Habitudes de consommateur

Un ami parle de ses habitudes quand il fait des achats. Comparez vos habitudes en expliquant ce que vous feriez et en employant des phrases au conditionnel.

MODÈLE: Quand je reçois de l'argent, je le dépense tout de suite. →
Moi aussi, si je recevais de l'argent, je le dépenserais tout de suite. (Moi non, si je recevais de l'argent, je ne le dépenserais pas tout de suite.)

1. Quand je veux vraiment acheter quelque chose, je suis très impatient(e).
2. Quand je suis déprimé(e), j'ai envie de faire des achats.
3. Quand j'ai envie de faire des achats, je laisse mes cartes de crédit à la maison.
4. Quand je fais beaucoup d'achats, je suis encore plus déprimé(e).
5. Quand j'achète quelque chose de cher, je vais dans tous les magasins pour trouver le meilleur prix.
6. Quand je n'aime pas quelque chose, je le rends au magasin.

AS 1. Begin class each day with a brief discussion of news items you and students have heard on the radio or TV or have learned about on the Internet.

---

*cours... exchange rate

La santé et les urgences

Lyon, France: Un médecin ausculte son jeune patient.

CO Photo. Describe the scene and ask students to speculate as to why the child is getting a medical exam. Discuss the medical benefits of the French *Sécurité sociale*, which still covers much of the cost of prescription drugs and medical care. If foreign students are in the class, ask if their countries have a similar system, and ask the class to explain the medical system in the United States.

Objectifs

In *Chapitre 12*, you will talk about fitness and staying healthy. You will learn how to describe illnesses and accidents, and more ways to talk about past experiences.

Instructor information. For goals and *Mise en train* activities for this chapter, please refer to p. 398, at the end of this chapter.

ACTIVITÉS

La santé et le corps humain

Les maladies et les traitements

Les accidents et les urgences

LECTURES

La langue en mouvement Le latin: Lien entre le français et l'anglais

Info: Société Vivre bien, vivre bio

Les francophones sur le vif Ange Simeoni

Lecture *Le Malade imaginaire* [extrait]

GRAMMAIRE

12.1 Saying what you want others to do: More on the subjunctive

12.2 Changes of state: **Passé composé** vs. imperfect

12.3 The present participle

12.4 Expressing events in the recent past: **Venir de** + infinitive

12.5 Narrating in the past tense: **Passé composé** vs. imperfect

Activités et lectures

La santé. (1) Review health situations with drawings. (See *Mise en train, Acts. 1–2.*) Include subjunctive with both *il faut* and expressions of volition. (2) Describe the drawings and captions. Ask students if they agree, if they follow the advice, etc., then expand: *Combien de portions de légumes faut-il que nous mangions par jour? Si vous courez, quelles précautions est-ce qu'on recommande que vous preniez avant de vous mettre en route?* (3) Review body parts presented in the *Deuxième étape,* and add new ones. New vocabulary: Body parts and organs; *se détendre, entraîneur/entraineuse, exiger.*

La santé et le corps humain

★ **Attention! Étudier Grammaire 12.1**

Je voudrais que vous mangiez plus de fruits et de légumes.

Mon entraîneur exige que je fasse de l'exercice tous les jours.

Les médecins recommandent que nous ne consommions pas trop d'alcool.

Je suggère que vous vous détendiez tous les jours.

Il vaut mieux que vous ne maigrissiez pas trop.

Les dentistes préfèrent que leurs clients aient un peu de courage!

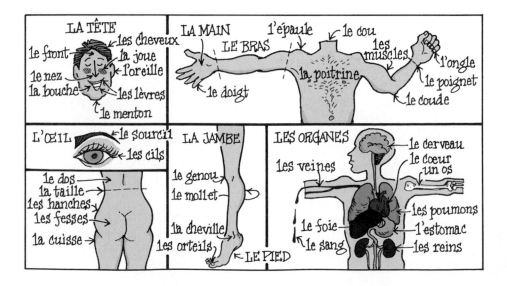

Activité 1 Interros: Les parties du corps

A. Regardez les dessins et dites quelles parties du corps on utilise pour faire les activités suivantes.

1. jouer au tennis	**6.** danser
2. jouer aux échecs	**7.** aimer
3. dormir	**8.** digérer un repas
4. conduire une voiture	**9.** passer un examen
5. faire de l'escalade	**10.** ?

B. Dites comment s'appellent ces parties du corps.

1. la masse nerveuse contenue dans le crâne
2. les organes de la respiration
3. les poils fins qui protègent l'œil
4. le liquide rouge qui circule dans les veines et les artères
5. l'articulation principale de la jambe
6. l'organe central du système de circulation
7. ?

La langue en mouvement

Le latin: Lien entre le français et l'anglais

Le latin constitue un lien utile entre l'anglais et le français parce que les deux langues ont beaucoup utilisé le latin comme source de mots techniques. Par exemple, l'origine commune des adjectifs *pulmonary* et *pulmonaire* est évidente; comme le nom *poumon*, ces deux adjectifs viennent du latin *pulmo = lung*. Quels sont les mots apparentés dans ces deux listes?

Mots français: (1) doigt (2) pied (3) dos (4) cerveau (5) vertige (6) os

Mots anglais: (a) cerebral (b) dorsal (c) pedicure (d) osteoporosis (e) digit (f) vertigo

Activité 2 Discussion: La santé

Quelles recommandations vous semblent les plus logiques? Pourquoi?

1. Qu'est-ce que le médecin nous dit si nous voulons perdre du poids?
   a. Je veux que vous évitiez les matières grasses.
   b. Je suggère que vous fassiez deux heures de gym chaque jour.
   c. Je propose que vous preniez des pilules.

2. Que dit un médecin à ceux qui voudraient améliorer leur mémoire?
   a. Il faut que vous suiviez un régime équilibré.
   b. Je voudrais que vous fassiez des casse-têtes.
   c. Il vaut mieux que vous ne fassiez pas beaucoup d'exercice.
3. Que recommande l'entraîneur à son équipe de tennis?
   a. J'aimerais que vous dormiez huit heures par nuit.
   b. Je voudrais que vous mangiez une nourriture riche en acides.
   c. J'exige que vous buviez un verre de vin rouge tous les jours.
4. Que propose la conseillère à l'étudiant stressé?
   a. Il vaut mieux que vous vous couchiez à la même heure tous les soirs.
   b. Je suggère que vous n'étudiiez pas trop.
   c. J'aimerais que vous appreniez des techniques pour vous détendre.

Act. 3. (whole class; partners) Go through the items with the class to be sure students understand their meaning. Assign to partners or small groups for discussion. End by leading a general class discussion of student opinions and their reasons. New vocabulary: *boisson énergisante, se bronzer, rester en forme, somnifère, soulever des poids.*

AS 3. Lead a class discussion: 1. *Quels aliments sont bons pour la santé? Lesquels faut-il que nous évitions? 2. Est-ce que vous faites attention aux agents conservateurs dans la nourriture? Est-ce qu'ils sont dangereux? 3. Faut-il prendre des vitamines? Pourquoi (pas)? 4. Est-ce que le stress contribue parfois aux maladies? De quelle façon? 5. À votre avis, est-ce que les Américains exagèrent parfois au sujet de la nutrition et de l'exercice?*

Act. 4. (individuals; whole class) Treat this activity as a game. Have students choose *oui, non,* or *parfois.* Then have them work in pairs to figure out their total score. Later, survey for answers. New vocabulary: *contredire, tempérament.*

Activité 3 Discussion: C'est bon pour la santé?

Est-ce que ces activités nous aident à rester en forme ou pas? Pourquoi?

1. faire la sieste l'après-midi
2. choisir des boissons sans sucre
3. se doucher à l'eau froide le matin
4. manger de la viande
5. se bronzer au soleil
6. prendre un somnifère le soir
7. se promener tous les jours
8. éviter la mal-bouffe
9. boire du vin au dîner
10. dormir huit heures par nuit
11. soulever des poids
12. consommer des boissons énergisantes

Activité 4 Enquête: Êtes-vous facile à vivre?

Répondez aux questions suivantes, puis calculez vos points pour savoir comment les autres vous perçoivent.

• Je m'énerve quand je perds mes affaires.	**oui**	**non**	**parfois**
• Je me mets en colère quand on me contredit.	**oui**	**non**	**parfois**
• Je me fâche si le téléphone sonne pendant que je suis sous la douche.	**oui**	**non**	**parfois**
• Je m'impatiente aux feux rouges.	**oui**	**non**	**parfois**
• Ça m'irrite d'être obligé(e) d'attendre quelqu'un.	**oui**	**non**	**parfois**
• Je m'inquiète avant un examen.	**oui**	**non**	**parfois**

Valeurs: oui = 2 points, **parfois** = 1 point, **non** = 0 points

De 8 à 12 points: Il faut que vous vous détendiez. La tension est mauvaise pour la santé.

De 6 à 10 points: Vous avez un tempérament assez équilibré.

De 0 à 4 points: Vous êtes une personne très calme et équilibrée.

Activité 5 Dans le monde francophone: Marchez, nagez, roulez…

Act. 5. (whole class; partners)
(1) Have students skim the text and then ask questions about it, demonstrating by gesture when the meaning isn't clear: *Est-ce qu'il faut faire de la gym pour rester en forme? Que dit cette brochure? Qu'est-ce qu'on peut faire si on prend le métro? si on conduit?* (2) Do the items in the activity, then have students complete statements using subjunctive forms: *Si on prend le métro au travail, il faut qu'on… Si on laisse tomber un objet, il faut qu'on…* Assign *Allons plus loin!* for partner discussion. New vocabulary (for recognition only): *s'accroupir, au lieu de, garer, profondément, ramasser, respirer, sédentaire.*

MARCHEZ, NAGEZ, ROULEZ…

La sédentarité, le travail de bureau sont les pires ennemis de votre forme. Même si vous ne pouvez pratiquer un sport régulièrement, vous pouvez au moins marcher. Prenez l'habitude de descendre à la station précédente, ne vous garez pas juste devant chez vous, montez vos étages à pied (c'est bon pour les chevilles), accroupissez-vous pour ramasser quelque chose (c'est bon pour les cuisses), respirez plusieurs fois par jour très profondément pour oxygéner tout votre corps.

Et le week-end essayez d'aller à la piscine avec les enfants ou faites un peu de bicyclette : vous vous sentirez tellement mieux après.

LE GUIDE PRATIQUE DE VOTRE LIGNE

MAIGRIR EN FORME

Corrigez les phrases incorrectes.

L'auteur de ce guide pratique recommande que…

1. nous garions notre voiture tout près de chez nous.
2. nous nous accroupissions quand nous ramassons des objets.
3. nous prenions l'escalier au lieu de l'ascenseur.
4. nous courions si nous ne pouvons pas pratiquer un sport régulièrement.
5. nous respirions profondément plusieurs fois par jour.
6. nous menions une vie sédentaire.

Allons plus loin!   Faites-vous assez d'exercice tous les jours? Est-ce que vous suivez les conseils offerts par ce guide? Quelles autres formes d'exercice faites-vous chaque semaine?

Allons plus loin! Ask the questions to the whole class, then have volunteers ask you the questions.

Ça fait penser. Read the facts aloud and ask for students' views. *Quels types d'exercice est-ce que les Français préfèrent, à votre avis? (la marche, la pétanque, le football, le cyclisme,* etc.) *Pourquoi est-ce que les gens de gauche fument plus? Et pourquoi est-ce que les extrémistes fument encore plus?*

Ça fait penser

- Plus de 80 % des Français disent pratiquer au moins une activité pour rester en forme.
- Il semble y avoir un rapport entre la consommation de tabac et la tendance politique. On fume plus lorsqu'on est de gauche que de droite, et beaucoup plus si l'on se situe à l'extrême gauche ou à l'extrême droite.

Activité 6 Entretien: Pour rester en forme

1. Combien d'heures est-ce que tu dors la nuit, d'habitude? Tu fais parfois la sieste?
2. Qu'est-ce que tu fais pour combattre le stress? Quand est-ce que tu te sens le plus stressé(e)? Pendant les examens?

3. Pour toi, est-ce que manger est plus un plaisir ou une nécessité? Tu manges sainement, d'habitude? Où manges-tu? Pourquoi?
4. Tu fumes de temps en temps? Est-ce que tu fumais quand tu étais plus jeune? À ton avis, est-ce qu'on devrait interdire de fumer dans les restaurants et les bars?
5. Qu'est-ce que tu aimes faire pour te remonter le moral quand tu te sens triste ou déprimé(e)? Tu te fâches facilement? Que fais-tu pour rester calme?

• La randonnée, c'est bon pour la forme.

Les maladies et les traitements

★ **Attention! Étudier Grammaire 12.2 et 12.3**

Il se mouche.

un rhume

la toux

Il a mal à la gorge.

la fièvre

Il a mal au ventre.

la grippe

des médicaments

du sirop

de la pommade

des comprimés

des gélules

des gouttes

Aïe! Non, merci! Les fleurs me rendent malade!

le nez bouché

une allergie

INFO: Société

Vivre bien, vivre bio

Après avoir pris le goût du sport, les Français du début du XXIᵉ siècle ont celui des produits naturels. Pas les produits allégés[1] qui faisaient fureur[2] il y a 10 ans (à l'époque de l'aérobic et du jogging), mais les produits authentiques. La nourriture bio (légumes, volailles, fromages—même le vin!) envahit[3] les supermarchés et les restaurants, particulièrement depuis que les problèmes de la «vache folle» et du maïs transgénique[4] ont renforcé le sentiment que la qualité des produits de base était essentielle. Les succès politiques du parti écologiste (les Verts) et les manifestations contre la globalisation à Seattle en 1999 ont accentué cette tendance. L'ennemi désigné est maintenant «le McDo», symbole de la «mal-bouffe», à l'opposé des produits régionaux élaborés selon des méthodes traditionnelles. La mode du bio s'allie ainsi à la recherche des racines culturelles.

[1]avec moins de matières grasses
[2]faisaient... avaient beaucoup de succès
[3]< invasion
[4]génétiquement modifié

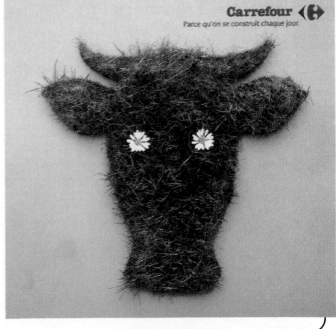

C'est important de savoir ce qu'a mangé le bœuf qu'on va manger.

LA SÉCURITÉ DES PRODUITS CARREFOUR PASSE PAR LE PRINCIPE DE TRAÇABILITÉ. Pour être certain qu'un produit est sûr, il faut pouvoir connaître son cheminement complet en remontant jusqu'à son origine première. Cette traçabilité est précisément un des principes fondateurs des "Filières Qualité" de Carrefour dont le cahier des charges identifie et décrit rigoureusement toutes les étapes d'élaboration du produit, des matières premières utilisées jusqu'à sa présentation en magasin. Ainsi, la viande bovine "Filières Qualité" de Carrefour est issue de la sélection de six races de terroir français. Les animaux sont nourris en priorité d'herbe de pâture et de fourrage en provenance de la région d'élevage.

Carrefour
Parce qu'on se construit chaque jour.

Act. 7. (whole class; partners) (1) Read the items aloud and explain new terms as they arise. Have students write down their choice or *autre.* (2) Assign for partner discussion. Reasons should be given for accepting or rejecting choices, or for new treatments students may add. (3) Notice that students will see and use a number of present participles. You may wish to explain their meaning briefly before assigning the activity to partners. Survey answers later. New vocabulary: *antibiotique, chauffant, se déboucher, étirer, foulure, frotter, guérir, insomniaque, intestinal(e), masser, muscle endolori, persistant(e), remède, soulager, tempes, tendinite, tendon, tisane.*

Cliquez là!

Comment se soigner si on a la grippe ou un rhume? Quelles précautions doit-on prendre pour éviter ces maladies? Consultez des médecins en ligne pour obtenir des réponses à vos questions médicales.

www.mhhe.com/deuxmondes6

Cliquez là! Ask students to research the recommendations about when to consult a doctor for the common ailments mentioned in *Act. 8* (or other ailments of your choice). They should also find out how to care for themselves when ill and what they might do to prevent the illnesses.

Act. 8. (partners) Explain any new vocabulary before students do the activity in pairs. They should think of as many symptoms as possible. Later, ask for symptoms of other illnesses: *un mauvais rhume, une allergie au pollen, une indigestion.* Ask also who in class has had these illnesses, what medications they took, and if they went to the doctor. New vocabulary: *appendicite, douleurs, entorse, frissons, gonflement, maux de tête, partout, piqûre de guêpe, rougeole, rougeurs, symptôme, tousser, vertige, vomissements.*

Activité 7 Discussion: Les remèdes

Identifiez le meilleur remède dans chaque situation. Si vous n'êtes pas d'accord avec les suggestions, proposez-en d'autres à leur place.

1. On peut arrêter une toux persistante...
   a. en prenant des somnifères.
   b. en prenant du sirop.
2. On peut se déboucher le nez...
   a. en prenant des comprimés.
   b. en y mettant des gouttes.
3. On guérit la grippe intestinale...
   a. en prenant des antibiotiques.
   b. en se reposant et en attendant que ça passe.
4. Les insomniaques peuvent dormir mieux...
   a. en buvant du lait chaud avant de se coucher.
   b. en regardant la télé avant d'aller au lit.
5. On peut guérir un mal de tête...
   a. en se mettant du vinaigre sur les tempes.
   b. en prenant de l'aspirine.
6. On peut soulager des muscles endoloris...
   a. en les frottant avec de l'alcool.
   b. en les massant avec une pommade chauffante.
7. On peut soigner une tendinite au poignet...
   a. en faisant des exercices pour étirer le tendon.
   b. en buvant des tisanes.
8. On guérit une foulure à la cheville...
   a. en prenant de la vitamine D.
   b. en y mettant de la glace.

AS 5. TPR. *Ordres du médecin.* Give commands such as: *Déshabillez-vous, prenez une couverture, asseyez-vous sur la table. Montrez-moi où vous avez mal. Respirez profondément. Encore, s'il vous plaît. Avalez. Toussez. Ouvrez la bouche et dites «ah». Prenez ce médicament.*

Activité 8 Échanges: Les maladies et les symptômes

Identifiez les symptômes de ces maladies.

MODÈLE: la rougeole →
On a des rougeurs et une température élevée. Parfois, on a mal à la gorge et on tousse.

Suggestions

le nez bouché	des rougeurs	des vertiges	éternuer
de la fièvre	des vomissements	un gonflement	avoir mal
des douleurs	une toux	des frissons	(partout)

1. un rhume
2. une grippe intestinale
3. une entorse
4. une tendinite
5. l'appendicite
6. une piqûre de guêpe

Les francophones sur le vif

Ange Simeoni, 37 ans, médecin généraliste, Bastia (Corse)

Vos patients viennent vous voir souvent?

« **D**isons que la majorité vient régulièrement, c'est-à-dire une fois par mois, parfois deux, selon la saison: en hiver, on consulte plus souvent à cause de la grippe, des bronchites. Les personnes du troisième âge[1] sont les plus fidèles, bien sûr, et certaines ne manquent jamais leur visite hebdomadaire[2]… Bien sûr, les personnes âgées ont beaucoup de petits problèmes de santé; rien de grave, mais ça les rassure de venir me parler. Je les écoute, je leur donne quelques conseils et surtout je leur fais une ordonnance.[3] Pour se sentir mieux, les Français doivent repartir de chez leur médecin avec une ordonnance, même si, le plus souvent, ils ne finiront pas les médicaments qu'on leur a prescrits. Que voulez-vous que j'y fasse?»

[1]personnes… personnes âgées (à partir de 65 ans environ)
[2]qui se répète chaque semaine
[3]formulaire indispensable pour obtenir certains médicaments

Activité 9 Sondage: Savez-vous vous soigner?

Dites **oui** ou **non.** Ensuite, discutez de vos réponses avec d'autres étudiant(e)s pour savoir si vous avez raison.

1. Si un médicament est bon pour vous, il est bon pour votre ami(e).
2. Pour avoir un bon diagnostic, il faut consulter un second médecin.
3. On se soigne en pratiquant une activité physique.
4. Il faut arrêter de prendre un antibiotique dès qu'on se sent mieux.
5. Il ne faut pas ennuyer le médecin en lui racontant tous vos symptômes.
6. On doit prendre un médicament sur un estomac vide.
7. On peut réduire la fièvre en prenant de l'aspirine.
8. La gymnastique d'entretien aide à rester en forme.
9. Les vaccins sont dangereux. Il vaut mieux prendre des pilules.
10. On peut éviter les rhumes en se lavant fréquemment les mains.

Act. 9. (partners; small groups) Students should be prepared to explain their reasons during follow-up discussion: *Quels sont les inconvénients, les risques, les avantages,* etc.? New vocabulary: *diagnostic, ennuyer, gymnastique d'entretien, réduire, se soigner, vide.*

Les francophones sur le vif. A well-known figure in French literary imagery (see Molière's *Le Malade imaginaire,* in this chapter's *Lecture*), the hypochondriac has taken on a new meaning in the age of *Sécurité sociale,* the comprehensive social safety net created in France in 1945. *La Sécu* not only provides medical care at relatively little or no expense to the patient but also pays out child care subsidies (*allocations familiales*) and other benefits to the vast majority of French citizens, regardless of their social status. Unfortunately, the system has been plagued by widespread abuse, because there have been literally no limits to the number of doctors one could go see, and to the prescriptions each doctor could write. In spite of drastic cuts in benefits in some areas, the massive consumption of prescribed drugs—in which France is the world leader—threatens to keep the *Sécurité sociale* in the red.

Poll your students on how often they and their family members go to a doctor, and for what symptoms. Point out that French people will seek medical help for a number of small ailments that most Americans self-medicate; in addition, many over-the-counter drugs available in North America require a prescription in Europe.

Act. 10. (partners; small groups) Students integrate what they have learned so far as they describe their personal views and methods. Follow up by asking what students mentioned. Students should be prepared to explain their reasons during follow-up discussion. New vocabulary: *boutons, éruption, insomnie, mal au cœur, nourrir, sinus.*

AS 6. Role-play. (See IRK, *Chapitre 12* for activity: *Interview: Chez le médecin.*)

Activité 10 Échanges: Quand je ne vais pas bien

Avec un(e) partenaire, discutez de ce que vous préférez faire quand vous avez les maladies ou les problèmes suivants.

MODÈLE: É1: Quand j'ai un rhume, je prends de la vitamine C.
  É2: Quelle superstition! Moi, je nourris les rhumes. Je mange beaucoup quand j'ai un rhume.
  É1: Tu parles de superstition! Ça, c'est...

1. Quand je tousse beaucoup, je...
2. Si j'ai mal à la tête...
3. Contre une éruption de boutons...
4. Si j'ai mal au cœur...
5. Quand j'ai mal à la gorge...
6. Quand je suis trop fatigué(e)...
7. Les nuits où j'ai de l'insomnie...
8. Quand je suis trop stressé(e)...
9. Pour la grippe, je préfère...
10. Quand j'ai les sinus bouchés...

Act. 11. (1) Go over the questions with the class to be sure all understand the vocabulary. (2) Give students a few minutes to prepare answers to the questions. (3) Assign the activity to partners who will interview each other. (4) Do a follow-up to find out what illnesses were mentioned, what treatments were used, etc. New vocabulary: *durée, ordonnance.*

Activité 11 Entretien: Une maladie d'enfance

Utilisez les questions suivantes comme guide pour décrire une maladie que vous avez eue quand vous étiez enfant.

1. **La maladie:** Quelle maladie as-tu eue? Quand? Qu'est-ce qui t'a rendu(e) malade?
2. **Les symptômes:** Quels symptômes avais-tu? Comment te sentais-tu?
3. **Les soins médicaux:** Es-tu allé(e) chez le médecin? Est-ce qu'il/elle t'a fait une ordonnance? Tu as pris le médicament? Comment était-il?
4. **Les soins chez toi:** Qui t'a soigné(e) pendant cette maladie? Es-tu resté(e) au lit?
5. **La durée de la maladie:** Tu as été malade pendant combien de temps? Qu'est-ce que tu as fait pendant cette période?

Act. 12. (partners) Assign partners to prepare descriptions of an illness. Then assign new partners, one of whom will play the doctor while the other describes symptoms. After they finish, partners should change roles. Circulate to offer help as needed. New vocabulary: *prescrire.*

Activité 12 Situations: Chez le docteur

Vous ne vous sentez pas bien et vous allez consulter le médecin. Avec votre partenaire, jouez les rôles du médecin et du malade. Le médecin aura besoin de faire un diagnostic et de prescrire un traitement.

MÉDECIN: Comment allez-vous aujourd'hui?
  VOUS: Je ne me sens pas très bien, docteur. J'ai...
MÉDECIN: Et depuis quand est-ce que vous... ?
  VOUS: Depuis...
MÉDECIN: Eh bien, je pense que vous avez... Il faut que vous... et vous avez besoin de...
  VOUS: Et quand est-ce que je pourrai... ?
MÉDECIN: ...

Ça fait penser. Ask specific questions: *Combien de centenaires y a-t-il en France aujourd'hui? Est-ce que l'espérance de vie augmente ou diminue? De combien d'années? Que prédit-on pour les filles qui naissent en France aujourd'hui?*

Ça fait penser

- Il y a environ 5.000 centenaires en France. Plus de la moitié de ces personnes d'âge vénérable sont en bonne santé.
- L'espérance de vie moyenne des Français augmente d'environ 100 jours chaque année.
- Les démographes prédisent que la moitié des filles qui naissent en France aujourd'hui deviendront centenaires.

Les accidents et les urgences

✷ **Attention! Étudier Grammaire 12.4 et 12.5**

Qu'est-ce qui s'est passé?

Activité 13 Discussion: Au service des urgences

Lesquelles de ces victimes ont probablement reçu les soins indiqués? Pourquoi?

1. Qui a été opéré d'urgence?
  a. un homme qui vient d'avoir une crise cardiaque
  b. une femme qui vient de se fouler la cheville
2. Qui a dû se faire faire une piqûre?
  a. un campeur qui vient de se couper à la main
  b. une fille qui vient d'être mordue par un chien
3. Qui est sorti de l'hôpital avec des béquilles?
  a. un petit garçon qui vient de tomber d'un arbre
  b. un homme qui vient de souffrir d'une réaction allergique
4. À qui a-t-on mis un pansement?
  a. à un coureur souffrant d'une tendinite
  b. à quelqu'un qui vient de se brûler la main
5. Qui a dû passer la nuit à l'hôpital?
  a. quelqu'un qui vient de se casser le poignet
  b. un pompier qui a respiré trop de fumée

Activité 14 Récits: Voilà ce qui s'est passé.

Voici des accidents qui sont arrivés à quelques personnages de ce livre. Expliquez tout ce qui se passait avant et au moment de leur accident, puis dites ce qui s'est probablement passé à la fin.

MODÈLE: Claudine s'est cassé le bras. Elle descendait l'escalier avec une collègue. C'était une journée normale. Elles parlaient et elles ne faisaient pas très attention. Tout à coup, Claudine a fait un faux pas et... Finalement, elle a dû téléphoner à Victor pour qu'il vienne la chercher.

1. Jean-Yves a avalé une arête. Il...
2. Joël a eu un accident de vélo. Il...
3. Charles s'est cassé la jambe. Il...
4. Agnès s'est évanouie pendant une manifestation. Elle...
5. Emmanuel s'est foulé la cheville. Il...

1.

4.

5.

Emmanuel

À vous la parole!

Demandez à votre partenaire de vous décrire un accident qu'il (qu'elle) a eu et de vous expliquer la cause de cet accident. Ensuite, changez de partenaire et décrivez-lui ce même incident.

À vous la parole! Have students move to a new partner to do this part of the activity, and to a third partner to describe the accident.

Activité 15 Échanges: Accidents

Connaissez-vous quelqu'un (peut-être vous-même) qui a eu un accident? Qu'est-ce qui s'est passé? Décrivez les circonstances en utilisant les suggestions suivantes.

Suggestions   glisser, tomber, se heurter contre, se couper, se casser le bras, laisser tomber, renverser

1. à la maison
2. à l'université
3. pendant des vacances
4. à l'école primaire
5. dans la rue
6. dans une salle de gym

Act. 15. (partners; small groups) Ask where a few accidents are most likely to occur: *se brûler le doigt, se fouler la cheville, tomber d'un arbre,* etc. Then assign for partner or group discussion. Later, ask volunteers to share their answers. Extension: Have students interview several partners to see if they have had accidents such as those mentioned in *Act. 15* and *Act. 16.* New vocabulary: *circonstance, glisser, se heurter, laisser tomber, renverser.*

Activité 16 Récit: Une mauvaise expérience

Dites quels événements ont eu lieu et ce qui se passait à chaque fois.

MODÈLE: (Numéro un.) Francis est sorti de la maison. Il faisait beau...

Vocabulaire utile   une civière, être étendu(e) par terre, une échelle, être sans connaissance, des béquilles, peindre

Act. 16. (whole class; partners) Students should tell this story by naming each main event and stating as much background information for each frame as possible using the *imparfait*. Do the first frame yourself as a model: *Francis voulait travailler dans son jardin, alors il est sorti de la maison. Il faisait beau...* New vocabulary: *échelle, étendu(e) par terre.* Basic sentences: 1. *Francis est sorti de la maison.* 2. *Il a vu son voisin.* 3. *Il a commencé à cultiver son jardin.* 4. *Il a entendu un bruit.* 5. *Le voisin était tombé de son échelle.* 6. *Francis a téléphoné à l'hôpital.* 7. *L'ambulance est arrivée.* 8. *Francis et Marie ont emmené la femme du voisin à l'hôpital.* 9. *Ils ont attendu dans la salle d'attente.* 10. *Le médecin leur a parlé.* 11. *Le voisin est arrivé sur des béquilles.* 12. *Ils sont rentrés chez eux.*

LECTURE

Le Malade imaginaire

Le Malade imaginaire (1673) est la dernière comédie de Molière, le plus grand auteur dramatique français. Molière jouait le rôle d'Argan, mais il était vraiment malade et il est mort à la fin d'une représentation de cette pièce.

Dans la pièce, Argan croit qu'il est très malade et consulte de nombreux médecins. Son frère Béralde n'est pas du tout d'accord avec lui. (Acte III, scène 3)

BÉRALDE: Est-il possible que vous serez toujours embéguiné[1] de vos apothicaires[2] et de vos médecins, et que vous vouliez être malade en dépit des[3] gens et en dépit de la nature?

ARGAN: Comment l'entendez-vous mon frère?

BÉRALDE: J'entends, mon frère, que je ne vois point d'homme qui soit moins malade que vous, et que je ne demanderais point une meilleure constitution que la vôtre. C'est qu'avec tous les soins que vous avez pris,

---

[1]passionné [2]pharmaciens [3]en... malgré les

• Argan et Béralde discutent de la médecine.

vous n'avez pu parvenir[4] encore à gâter[5] la bonté de votre tempérament, et que vous n'êtes point crevé[6] de toutes les médecines qu'on vous a fait prendre.

ARGAN: Mais savez-vous, mon frère, que c'est cela qui me conserve, et que Monsieur Purgon dit que je succomberais s'il était seulement trois jours sans prendre soin de moi?

BÉRALDE: Si vous n'y prenez garde,[7] il prendra tant de soin de vous qu'il vous envoiera en l'autre monde.

ARGAN: Mais raisonnons un peu, mon frère. Vous ne croyez donc point à la médecine? [...] Vous ne tenez pas véritable une chose établie par tout le monde, et que tous les siècles ont révérée?

BÉRALDE: Bien loin de la tenir véritable, je la trouve, entre nous, l'une des plus grandes folies qui soit parmi les hommes, et à regarder les choses en philosophe, je ne vois point de plus plaisante momerie,[8] je ne vois rien de plus ridicule qu'un homme qui se veut mêler[9] d'en guérir un autre.

ARGAN: Les médecins ne savent donc rien, à votre compte?

BÉRALDE: Si fait, mon frère. Ils savent parler en beau latin, savent nommer en grec toutes les maladies, les définir et les diviser; mais pour ce qui est de les guérir, c'est ce qu'ils ne savent point du tout.

---

[4]arriver à   [5]affecter, altérer   [6]mort   [7]Si... Si vous ne faites pas attention
[8]mascarade, spectacle ridicule   [9]qui... qui veut essayer

Avez-vous compris?

A. Pour ou contre les médecins?

Dans chaque cas, dites s'il s'agit de l'opinion de Béralde ou d'Argan.

1. Les pharmaciens et les médecins sont des charlatans.
2. Il y a des gens en bonne santé qui veulent être malades.
3. Si une personne est très malade, il faut qu'elle consulte un médecin.
4. Si on va tout le temps chez le médecin, on se rend malade.
5. Les médecins sont parfois dangereux et il leur arrive de tuer les malades.
6. La médecine est une science respectable qui existe depuis des siècles.
7. Les médecins ne comprennent rien au fonctionnement du corps humain.
8. Les médecins cherchent à mystifier les patients avec des mots grecs et latins.

B. Avez-vous compris ces expressions de la langue du XVIIᵉ siècle?

1. *Comment l'entendez-vous... ?*
   - **a.** Qui vous a dit cela?
   - **b.** Que voulez-vous dire?
   - **c.** De quoi vous méfiez-vous?
2. *Il vous envoiera en l'autre monde.*
   - **a.** Il va vous tuer.
   - **b.** Il va vous envoyer en voyage.
   - **c.** Il va vous ruiner.
   - **d.** Il va vous rendre fou.
3. *à votre compte*
   - **a.** en conclusion
   - **b.** en général
   - **c.** à votre avis
   - **d.** dans votre intérêt

À vous la parole! Avec un(e) partenaire, jouez le rôle d'un médecin et d'un patient (d'une patiente) qui ne se sent pas bien et qui ne mène pas une vie très saine: il/elle est sédentaire, fume, mange gras... Le médecin essaie de lui expliquer comment changer ses habitudes, mais le patient (la patiente) n'est pas très coopératif/coopérative: il/elle trouve l'exercice fatigant et ennuyeux, adore regarder la télé...

MODÈLE: MÉDECIN: Monsieur, il faut absolument que vous mangiez moins gras...

PATIENT(E): Mais docteur, je déteste la salade! J'aime mieux un bon bifteck avec des frites...

À vous d'écrire

La lettre que vous venez de recevoir de votre correspondant français contient le paragraphe suivant. Répondez à ses questions sur les Américains et la santé.

...Je viens de lire un autre article consacré aux Américains et à leur santé. Franchement, je n'arrive pas à les comprendre. Pourquoi est-ce qu'ils continuent à utiliser autant leur voiture alors qu'ils cherchent par tous les moyens à faire de l'exercice dans des clubs de gym? Pourquoi est-ce que les gens qui mangent du poisson afin de réduire leur taux de cholestérol vont aussi dans des fast-foods? Tu peux m'expliquer tout ça?

Vocabulaire

Le corps humain

The human body

les articulations (*f.*)	joints
la bouche	mouth
le bras	arm
le cerveau	brain
la cheville	ankle
les cils (*m.*)	eyelashes
le cœur	heart
le cou	neck
le coude	elbow
le crâne	skull
la cuisse	thigh

le doigt	finger
le dos	back
l'épaule (*f.*)	shoulder
les fesses (*f.*)	buttocks
le foie	liver
le front	forehead
le genou	knee
les hanches (*f.*)	hips
la jambe	leg
la joue	cheek
les lèvres (*f.*)	lips
la main	hand
le menton	chin
le mollet	calf

l'œil (*m.*; *pl.* **les yeux**)	eye (eyes)
l'ongle (*m.*)	fingernail, toenail
l'oreille (*f.*)	ear
l'orteil (*m.*)	toe
un os	a bone
le pied	foot
le poignet	wrist
un poil	a body hair
la poitrine	chest
les poumons (*m.*)	lungs
les reins (*m.*)	kidneys
le sang	blood
le sourcil	eyebrow
la taille	waist

Mots apparentés: **l'artère** (*f.*), **le système de circulation, les sinus** (*m.*), **les tempes** (*f.*), **un tendon, les veines** (*f.*)

Les maladies et les accidents

Illnesses and accidents

un(e) blessé(e)	an injured person
une blessure	a wound
une cicatrice	a scar
une entorse	a sprain
une foulure	a light sprain
la grippe (intestinale)	(stomach) flu
le mal au cœur	nausea, heartburn
un mal de tête	a headache (headaches)
(des maux...)	
mordu(e)	bitten
une piqûre (de guêpe)	a (wasp) sting
la rougeole	rubella (German measles)
une urgence	an emergency
attraper un rhume	to catch a cold
avaler une arête	to swallow a fish bone
avoir mal à la tête	to have a headache
se blesser	to get injured
se brûler	to get burned
se casser (le bras)	to break (an arm)
se couper	to cut oneself
être renversé	to be knocked over
se fouler la cheville	to sprain an ankle
glisser	to slip, slide
se heurter contre	to hit, bump against
laisser tomber	to drop (*something*)
rendre malade	to make (*someone*) ill
renverser	to knock over
respirer de la fumée	to inhale smoke
se sentir	to feel
tomber	to fall

Mots apparentés: **une allergie, une ambulance, l'appendicite** (*f.*), **une crise cardiaque, la tendinite**

Les symptômes et les émotions

Symptoms and emotions

avoir mal à la gorge	to have a sore throat
(au ventre)	(a stomachache)
des boutons (*m.*)	pimples, zits
une douleur	a pain
des frissons (*m.*)	chills
un gonflement	swelling
des muscles (*m.*) endoloris	aching muscles
le nez bouché	a stuffy nose
des rougeurs (*f.*)	a rash
une toux	a cough
des vertiges (*m.*)	dizziness
être sans connaissance	to be unconscious

Mots apparentés: **une éruption, de la fièvre, un(e) insomniaque, l'insomnie** (*f.*), **persistant(e), sédentaire, des vomissements** (*m.*)

éternuer	to sneeze
s'évanouir	to faint
souffrir (de)	to suffer (from)
tousser	to cough

Les remèdes, les traitements et les services médicaux

Medications, treatments, and medical services

des béquilles (*f.*)	crutches
une civière	a stretcher
un comprimé	a tablet (*pill*)
un estomac vide	an empty stomach
une gélule	a capsule
des gouttes (*f.*)	drops
la gymnastique d'entretien	fitness exercise
un médicament	a medicine
une ordonnance	a prescription
un pansement	a bandage
une pilule	a pill
une piqûre	a shot
un plâtre	a cast
la pommade (chauffante)	(heat) cream
des soins (*m.*) médicaux	medical care
un somnifère	a sleeping pill
une tisane	an herbal tea

Mots apparentés: **les antibiotiques** (*m.*)**, l'aspirine** (*f.*)**, une clinique, un remède efficace, le sirop, un vaccin, le vinaigre**

se déboucher le nez	to unclog one's nose
défendre	to forbid
digérer (bien)	to digest (well)
emmener à l'hôpital	to take (*someone*) to the hospital
étirer	to stretch
éviter (le soleil)	to avoid (the sun)
exiger	to require
faire un diagnostic	to make a diagnosis
frotter	to rub
guérir	to heal; to recover (from)
interdire	to forbid
manger sainement	to eat "healthy"
masser	to massage
se moucher	to blow one's nose
perdre du poids	to lose weight
prendre le pouls (à quelqu'un)	to take (*someone's*) pulse
prescrire un traitement	to prescribe a treatment
protéger	to protect
réduire (la fièvre)	to lower (a fever)
remonter le moral (à quelqu'un)	to cheer (someone) up
rester en forme	to stay in shape
(se) soigner	to care for (oneself)
soulager	to ease, make feel better
soulever des poids	to lift weights
suivre un régime équilibré	to eat a balanced diet

Mots apparentés: **administrer, nourrir, opérer**

Substantifs

une boisson énergisante	an energy drink
un coureur / une coureuse	a runner
la durée (de)	the duration (of)
une échelle	a ladder
des ennuis (*m.*)	troubles
la fin	the end
un témoin	a witness

Mots apparentés: **un campeur, une circonstance, la respiration**

Verbes

se bronzer	to tan, sunbathe
ennuyer	to bother
fumer	to smoke

Mots apparentés: **circuler, contredire**

Mots et expressions utiles

Aïe!	Ouch! Ow!
Au secours!	Help!
étendu(e) par terre	stretched out on the ground
partout	everywhere

Grammaire et exercices

 **Saying what you want others to do:
More on the subjunctive**

A. The verb **vouloir** is used with an infinitive to tell what someone wants to do.

> Je **veux maigrir.**   *I want to lose weight.*

B. To say what someone wants *someone else* to do, you must use **que** + a subject (referring to the other person) + a verb in the subjunctive mood.

> Mon petit ami **veut que j'arrête**   *My boyfriend wants me to quit*
> de fumer.   *smoking.*
> Ma femme **voudrait que je**   *My wife would like me to eat less*
> **mange** moins de viande.   *meat.*

C. Other verbs taking this same construction include the following:

demander que (*to ask*)	**proposer que**
désirer que	**recommander que**
exiger que (*to require*)	**souhaiter que** (*to want, wish*)
préférer que	**suggérer que**
j'aimerais (tu aimerais, etc.) que	
je voudrais (tu voudrais, etc.) que	

> Le médecin **recommande que je**   *The doctor recommends that I get*
> **dorme** plus.   *more sleep.*
> Je **souhaite que tu te sentes**   *I hope you'll feel better soon.*
> mieux bientôt.

Exception: **espérer** (*to hope*) always takes a verb in the indicative: **J'espère que tu viendras demain.**

D. Here are the subjunctive forms of the verbs **pouvoir, savoir,** and **venir. Pouvoir** and **savoir** have only one subjunctive stem; **venir (devenir, revenir)** has two.

pouvoir (puiss-)	
que je **puiss**e	que nous **puiss**ions
que tu **puiss**es	que vous **puiss**iez
qu'il/elle/on **puiss**e	qu'ils/elles **puiss**ent

✳ *Review* **Grammaire 2.5** for forms of **vouloir**.

✳ *Review* **Grammaire 10.1** *and* **10.2** *for the formation of the present subjunctive.*

12.1. This section aims to help students express what they would like others to do using *vouloir* and other expressions of volition + subjunctive. Write *Je voudrais que...* on the board and introduce the concept by asking students what they want someone else to do. Give some examples first: *Moi, je voudrais que mon mari aille plus souvent au club de gym. Il ne fait pas assez d'exercice. Et vous, est-ce que vous êtes contents de tout le monde?* Write phrases such as *mes parents préfèrent que je sois* on the board during the discussion. Later, point out that after verbs expressing desires or wishes + *que*, one uses the subjunctive.

Then contrast sentences from your input with some examples of the verb + infinitive construction (on the board): *Moi, je veux que mon mari aille au club de gym, mais il ne veut pas y aller.*

ES 1. Put several unfinished sentences on the board or transparency for partners to complete together: *Je voudrais que mes parents... ; J'aimerais que mon prof de... ; Mes profs voudraient que je... ; Ma famille désire que je...* Write out several completions for each statement during follow-up discussion.

➤ Subjunctive stem of **pouvoir: puiss-**

➤ Subjunctive stem of **savoir: sach-**

savoir (sach-)	
que je **sach**e	que nous **sach**ions
que tu **sach**es	que vous **sach**iez
qu'il/elle/on **sach**e	qu'ils/elles **sach**ent

➤ Subjunctive stems of **venir: ven-** and **vienn-**

venir (vienn-, ven-)	
que je **vienn**e	que nous **ven**ions
que tu **vienn**es	que vous **ven**iez
qu'il/elle/on **vienn**e	qu'ils/elles **vienn**ent

Exercice 1 Les désirs des autres

Ex. 1. Students will need to make the transformation only to first person. For in-class practice, assign as questions and answers for partners.

Identifiez la personne qui s'intéresse le plus à votre vie: par exemple, votre mère, votre père, votre petit ami (petite amie). Posez des questions sur les choses que cette personne désire pour vous dans la vie et répondez-y.

MODÈLE: Est-ce que *ton père* voudrait que tu fasses plus d'exercice? →
Oui, *mon père* voudrait que je fasse plus d'exercice. (Non, *mon père* ne voudrait pas que... Ça lui est égal.)

Est-ce que _____ voudrait que...

1. tu fasses plus de sport?
2. tu dormes moins?
3. tu perdes du poids?
4. tu sois plus sérieux/sérieuse dans tes études?
5. tu dépenses moins d'argent?
6. tu deviennes médecin?
7. tu puisses le/la voir plus souvent?

Exercice 2 Qu'en pensez-vous?

Ex. 2. Students use *je voudrais* (*désire,* etc.) *que* and transform the infinitive into a dependent clause with the verb in the present subjunctive. In class, students could compare the answers they prepared at home.

Qu'est-ce que votre université devrait faire pour améliorer la qualité de vie sur le campus? Employez le subjonctif avec une des expressions suivantes: **je désire, je demanderais, j'aimerais, je préférerais, je voudrais.**

MODÈLE: L'université devrait *fournir* gratuitement des vaccins contre la grippe chaque automne. →
Oui, *je voudrais que* l'université *fournisse* gratuitement des vaccins contre la grippe chaque automne. (Non, je ne voudrais pas que...)

1. On devrait enlever toutes les nourritures malsaines des distributeurs.
2. On devrait servir des plats végétariens dans tous les resto-U.
3. On devrait installer une salle de gym dans chaque résidence.
4. L'université devrait dépenser moins d'argent pour le football américain et plus pour les cours de yoga et de taï-chi.
5. Les cours ne devraient pas commencer avant 9 h du matin.
6. Les examens de fin d'année devraient être mieux espacés.

12.2 Changes of state: **Passé composé** vs. imperfect

A. As you know, the imperfect is used to describe an ongoing past state, whereas the **passé composé** expresses a well-defined punctual event in the past. Although verbs expressing states of being are more often used in the imperfect, they can be used in the **passé composé** to express a sudden change of state. Often a different verb is used in English to express this meaning.

IMPARFAIT	PASSÉ COMPOSÉ
j'avais *I had*	**j'ai eu** *I got, received*
je connaissais *I knew*	**j'ai connu** *I met*
je pouvais *I could*	**j'ai pu** *I was able, succeeded*
je savais *I knew*	**j'ai su** *I learned, found out*
je voulais *I wanted*	**je n'ai pas voulu** *I refused*

Je ne **savais** pas que Raoul était malade. Je l'**ai su** seulement hier.

I didn't know Raoul was sick. I found out only yesterday.

J'**ai eu** peur quand j'ai entendu ce bruit.

I became frightened when I heard that noise.

B. There is a similar difference in meaning when **devoir** is used in the imperfect or **passé composé: Je devais** often means *I was supposed to,* whereas **j'ai dû** means either *I had to* or *I must have.*

Je **devais** aller au concert hier, mais **j'ai dû** rester à la maison à cause de mon rhume.

I was supposed to go to the concert yesterday, but I had to stay home because of my cold.

Mme Martin n'est pas là. Elle **a dû** tomber malade.

Madame Martin isn't here. She must have gotten sick.

Exercice 3 Une journée horrible!

Jacqueline raconte sa journée d'hier. Conjuguez le premier verbe à l'imparfait et le deuxième au passé composé.

MODÈLE: Le matin, *j'avais* (avoir) très mal à la tête, donc *j'ai pris* (prendre) des comprimés.

1. À midi, je _____ (ne pas avoir) faim, donc je _____ (ne rien manger).
2. L'après-midi, j'_____ (avoir) tellement sommeil que je _____ (s'endormir) en cours de français.
3. Je _____ (se sentir) si mal que j'_____ (devoir) rentrer tout de suite après mes cours.
4. Je _____ (devoir) aller à une soirée, mais évidemment, je _____ (ne pas pouvoir) y aller.
5. Je _____ (ne pas avoir) de voix, donc je _____ (ne pas téléphoner) à mes amies.
6. Je _____ (vouloir) voir un film, mais j'_____ (devoir) me coucher au milieu du film.

✶ Review **Grammaire 4.7** for **avoir** expressions describing states, and **Grammaire 6.8** and **8.5** for a summary of the uses of **passé composé** and imperfect.

➤ J'**avais** chaud, et tout à coup, j'**ai eu** froid. (*I was warm, and suddenly I got cold.*)

12.2. These differences in meaning are an example of the aspectual difference between the *passé composé* and the imperfect. This section will help students better understand this fundamental concept. Stress that the meaning differences in A and B are the natural result of the basic difference in meaning of these two tenses. Before you assign the section as homework, do an input activity with photos that can suggest a sequence: (young female) *Cette femme ne voulait pas apprendre à faire du ski. Elle pensait que c'était dangereux.* (female skiing) *Mais l'année dernière, tous ses amis ont décidé de partir en vacances de ski et elle a décidé d'y aller.* As you talk, list verbs from your input in two columns: *avant* (*elle ne voulait pas*) and *un jour* (*a décidé d'apprendre*).

➤ **je devais** = *I was supposed to*

➤ **j'ai dû** = *I had to, must have*

Ex. 3. Students practice the aspectual difference between *passé composé* and imperfect in a simple pattern.

12.3. We introduce the present participle with *en* for recognition because it occurs fairly often in conversation and written material. Give several examples before you assign the section: *Comment est-ce qu'on réussit à un examen? En buvant de la bière ou en étudiant?* Explain how to create the present participle, using examples you have written on the board.

➤ **En parlant** = *while/by speaking*

ES 2. In groups, students use present participles to think of as many ways as possible to do certain things. Provide a list of predicates. Example: *réussir à un cours: on réussit en étudiant, en allant en classe, en écoutant le prof, en faisant les devoirs, en lisant...*

➤ Present participle stem = stem of present-tense **nous** form

➤ Present participle ending = **-ant**

Ex. 4. This requires transforming infinitives to present participles. In class, partners might compare their responses.

12.3 The present participle

A. Every French verb has a present participle form ending in **-ant.** This form is most commonly used with the preposition **en** to express a simultaneous action or the means of doing something.

Je me détends **en lisant** un bon roman.	*I relax by reading a good novel.*
Marise s'est cassé la jambe **en faisant** du ski.	*Marise broke her leg while skiing.*

B. Although the English equivalent is the *-ing* form of the verb, note that *-ing* forms have many other uses in English that are *not* expressed with the present participle in French.

Elle **souriait** quand je l'ai trouvée.	*She was smiling when I found her.*
Il parle **sans réfléchir** à ce qu'il dit.	*He talks without thinking about what he's saying.*

C. To form the present participle, use the stem of the present-tense **nous** form with the ending **-ant.**

parler	**parl**ons	→ parl**ant**	partir	**part**ons → part**ant**	
finir	**finiss**ons	→ finiss**ant**	faire	**fais**ons → fais**ant**	
attendre	**attend**ons	→ attend**ant**			

D. Three verbs have irregular present participles.

avoir → **ayant**	être → **étant**	savoir → **sachant**

Exercice 4 Pour guérir

Associez l'action et le moyen de l'accomplir, puis faites une phrase avec **en** + un participe présent. Finalement, indiquez si vous êtes d'accord.

MODÈLE: confirmer un diagnostic / *aller* voir un deuxième médecin →
On peut confirmer un diagnostic *en allant* voir un deuxième médecin. Oui, c'est vrai. (Non, ce n'est pas vrai. Les médecins ne sont pas toujours d'accord.)

On peut...

1. soulager les yeux irrités
2. transmettre des microbes
3. éviter les rhumes
4. guérir une grippe
5. arrêter le hoquet*

a. tousser et éternuer
b. prendre beaucoup de vitamine C
c. y mettre des gouttes
d. se mettre un sac sur la tête
e. manger de la soupe au poulet

---

*hiccups

12.4. Students understand this construction easily but will require time and input before they can use it spontaneously in speech and writing. Do input before assigning the section, showing pictures of events that have just occurred (or that suggest what might have occurred): (hen beside an egg) *Qu'est-ce que cette poule vient de faire? Elle vient de pondre un œuf, n'est-ce pas?*

12.4 Expressing events in the recent past: **Venir de** + infinitive

To express *to have just (done something)*, use the present tense of **venir** + **de** + infinitive.

> Joël **vient de tomber** dans l'escalier.
>
> *Joël just fell (has just fallen) down the stairs.*
>
> Nous **venons de faire** de la gym.
>
> *We just (have just) worked out.*
>
> Je **viens de voir** un reportage sur l'homéopathie.
>
> *I've just seen a TV report on homeopathy.*

Note that the meaning of **venir de** + infinitive is completely different from that of **venir** (*to come*), and that the action you are talking about is expressed by the infinitive.

★ Review **Grammaire 1.4** for present-tense forms of **venir**.

➤ **Venir** (present) + **de** + infinitive = *to have just done something*

ES 3. In groups, have students create on-the-scene radio scripts using *venir de*. Example: *Nous sommes actuellement au restaurant Vagenande. Le maître d'hôtel vient de nous accompagner à une table. Le serveur vient de nous apporter le menu. Nous venons de commander l'apéritif. Nous venons de lire les prix exorbitants. Les personnes à la table à côté de nous viennent de...*

Exercice 5 Sur les lieux d'un incendie

Julien Leroux fait un reportage en direct d'un immeuble en flammes. Complétez ses phrases avec **venir de** + l'infinitif indiqué.

MODÈLE: Nous _____ arriver sur place. → Nous *venons d'*arriver sur place.

1. Deux voitures de pompiers _____ arriver.
2. L'explosion que vous _____ voir provenait du sous-sol.
3. Nous _____ apprendre que l'immeuble était vide.
4. Le propriétaire de l'immeuble _____ arriver à l'instant.
5. Les pompiers _____ éteindre le feu.

12.5. This is the last grammar section treating the *imparfait/passé composé* distinction. We show how these two tenses combine in a narrative: the main story line (*passé composé*) together with description of the scene or situation that forms the background (*imparfait*). Read the sample text aloud in class before assigning the exercises.

12.5 Narrating in the past tense: **Passé composé** vs. imperfect

A. You have already seen some of the ways in which the two past tenses, the **passé composé** and the imperfect, are used to present different perspectives on a past action or state. Both of these past tenses are used to tell a story in the past.

- The imperfect is used to *set the scene: to give background information, to describe a situation (in the past),* and *to indicate that a past action was in progress.*

> **C'était** le dernier jour de nos vacances à Megève. Il **faisait** froid et les pistes **étaient** très glissantes.
>
> *It was the last day of our vacation at Megève. It was cold, and the slopes were very slippery.*
>
> Nous **descendions** la grande piste pour la dernière fois...
>
> *We were going down the big slope for the last time . . .*

- The **passé composé** is used to relate a *single event* in the *main story line.*

> ...quand je **suis tombée** et je me **suis cassé** le bras. J'**ai dû** aller à l'hôpital.
>
> *. . . when I fell down and broke my arm. I had to go to the hospital.*

★ Review **Grammaire 8.5** on uses of **passé composé** and imperfect.

➤ The imperfect sets the scene and gives background information.

➤ The **passé composé** relates events of the main story line.

GOALS FOR *CHAPITRE 12.*
The topics of *Chapitre 12* are fitness and health, illnesses, and accidents. Students begin to hear and use present subjunctive forms after wishes and suggestions. The *passé composé* and *imparfait* are used together to describe changes in states and to narrate past events. *Functional goals:* (1) Explain what one needs to do to stay healthy and be in good physical condition; (2) Describe an illness you had and how you treated the symptoms; (3) Tell about an accident you have had.

MISE EN TRAIN.
1. TPR. Parts of the body. Review and introduce more terms (see chart in *Chapitre 12*) with new commands such as *respirez, grattez, frottez, mordez, avalez, éternuez, toussez.* Later, give two students one command apiece and follow with either/or questions: *Qu'est-ce que Thomas a fait? Est-ce qu'il a toussé ou éternué?*

AS 1. Ask students what parts of the body one uses to do these things: *se brosser les dents, préparer un plat spécial, faire la sieste.*

2. La santé. Use your PF and association techniques to introduce terms for physical conditions, accidents, illnesses, and common remedies. Select pictures of people in various situations, states of health, or using medications or other treatments. Suggestive pictures work well. For example, a man not paying attention could easily illustrate *il va se faire mal.* Include *se sentir,* expressions with *avoir,* and adjectives such as *malade.* Ask questions such as: *Quand vous avez mal à la tête, est-ce que vous prenez de l'aspirine ou du paracétamol (Tylenol)?*

AS 2. Do an association activity with what you've learned about students. *Qui ne peut pas prendre d'aspirine? Quelle personne mange beaucoup quand elle a de la fièvre? Qui s'est cassé le pied dans un match de foot?*

3. Subjunctive with wishes and feelings. Introduce a number of situations via photos. Example: (person who looks exhausted) *Cette personne ne se sent pas très bien, n'est-ce pas? Elle n'est pas en forme! Qu'est-ce que vous suggérez pour elle? De l'exercice, Tony? Bon, Tony suggère qu'elle fasse de l'exercice. Dormir, Mira? Alors, Mira propose qu'elle dorme huit heures par nuit.* Write subjunctive forms on the board in context: *Alex voudrait qu'elle boive plus d'eau.* Afterward, review verbs and their formation. Review or explain the situation that requires using the subjunctive.

B. Read the following narrative by Sarah Thomas and notice how the **passé composé** and the imperfect are combined. Identify each past tense, and then tell why that tense is used.

Je n'oublierai jamais mon voyage à Châlon-sur-Saône. J'avais[1] deux changements de train à faire. À Lyon, je me suis trompée[2] de train et je suis partie[3] dans une direction opposée à celle de Châlon! Il était[4] déjà neuf heures et demie du soir et l'auberge où je devais[5] passer la nuit fermait[6] à neuf heures et demie! J'ai dû[7] téléphoner rapidement à l'auberge pour leur demander de m'attendre avant de fermer les portes. La dame qui a répondu[8] au téléphone était[9] vraiment aimable. Elle m'a dit[10] que je n'avais[11] pas à m'inquiéter. Quand je suis arrivée[12] à l'auberge, il était[13] une heure du matin! Mais la dame m'attendait[14] et elle m'a même offert[15] une tasse de thé à la camomille. Finalement, mon voyage s'est assez bien terminé.[16]

Exercice 6 Soir d'hiver au Canada

Ex. 6. Students must select the *passé composé* or the imperfect according to whether the verb is reporting an event that is part of the main story line or is describing the scene or situation (background).

Raoul raconte une aventure qui lui est arrivée pendant des vacances d'hiver. Lisez les phrases, puis transformez son histoire du présent au passé.

MODÈLE: Il fait froid, alors nous mettons des vêtements chauds. →
Il faisait froid, alors nous avons mis des vêtements chauds.

1. C'est l'hiver, il ne fait pas froid et il y a un beau clair de lune.
2. Sylvie et moi, nous décidons d'aller faire une randonnée à ski.
3. Nous mettons nos skis et nous partons.
4. La neige est couverte d'une couche de glace et nos skis glissent très vite.
5. Après une demi-heure, nous arrivons en haut d'une colline très abrupte.
6. En descendant la colline, je tombe et un de mes skis se casse.
7. Heureusement, je n'ai rien de cassé.
8. Ensuite, nous devons faire une longue promenade à pied pour rentrer, mais nous sommes contents de notre soirée.

Ex. 7. Because understanding the context is crucial to making the choice, you may wish to narrate this story in class, using the present tense. Clarify meaning where necessary before you assign as homework.

Exercice 7 Quels ennuis!

Marise Colin raconte les difficultés qu'elle a eues pour aller à la fac. Mettez les verbes entre parenthèses au passé composé ou à l'imparfait.

C'(être)[1] un jeudi après-midi et j'(avoir)[2] cours à la fac. Je (prendre)[3] la voiture parce que j'(être)[4] pressée.

Malheureusement, je (ne pas trouver)[5] de place pour garer la voiture. Alors, je (prendre)[6] une petite rue à côté de la fac. La rue (être)[7] très petite et il y (avoir)[8] tant de voitures des deux côtés qu'il (être)[9] presque impossible de passer. Pas de chance! Une autre voiture venait dans l'autre direction et (s'avancer)[10] vers moi. J'(mal estimer)[11] les distances et ma voiture (toucher)[12] le côté de cette voiture. Je (chercher)[13] une place de stationnement quand j'(entendre)[14] quelqu'un m'appeler. C'(être)[15] la conductrice de l'autre voiture. Elle (penser)[16] que j'(aller)[17] partir sans m'arrêter. Quelle journée horrible!

4. Past narration. Show photos of events, stating what occurred, then giving the background. (photo) *Tiens, ces enfants ont cassé un vase. Ils ont peur de la réaction de leurs parents, n'est-ce pas? Pourquoi? Ils avaient la permission de jouer dans le salon, non? (non) Ils couraient, peut-être? (oui) Alors, ils jouaient...* While talking, write *passé composé* forms on the board in a column, imperfect forms to their left. Do this procedure with several pictures, then call attention to the forms on the board and point out that those in the *passé composé* state what happened, and the verbs in the imperfect fill in the background by saying what was going on at the time.

Escales francophones

Escales francophones. The cultural video segments that accompany this feature appear after *Chapitres 4, 6, 8, 10,* and *12* in the *Deux mondes* ActivityPak, which can be accessed form the Online Learning Center. The videoscripts for these segments are located in the IM.

les Antilles

Découvrez les Antilles francophones

Les Antilles sont un archipel[1] dans la mer des Caraïbes. Certaines îles ont le statut de Département Français d'Outre Mer («DOM»), comme la Guadeloupe et la Martinique. La région est caractérisée par une végétation et un climat tropicaux et une forte activité volcanique: la ville de Saint-Pierre, l'ancienne capitale de la Martinique, a été complètement détruite par une éruption de la montagne Pelée en 1908.

Découverte par Christophe Colomb, cette région a été colonisée par les Européens au XVIIe siècle. Elle a rapidement pris une grande importance économique grâce à la production de sucre, de rhum et de coton. La population indienne d'origine (Arawaks et Caraïbes) a été remplacée par des Africains importés comme esclaves. La culture du sucre et des fruits (bananes, ananas) est aujourd'hui une activité secondaire en comparaison du tourisme.

[1]groupe d'îles

● La montagne Pelée à la Martinique

MULTIMÉDIA

WWW **ActivityPak**

www.mhhe.com/deuxmondes6

La culture du sucre

Originaire du Pacifique sud, la canne à sucre a d'abord été cultivée en Inde dans l'antiquité: le mot «sucre» (tout comme «sugar», «zucker», «zucchero», «azucar») est dérivé du sanskrit[1] «sarkara» qui signifie «sable». Au Moyen Âge, le sucre arrive en Europe par l'intermédiaire des Arabes. Au XVIIe siècle, on établit d'immenses plantations de canne à sucre en

[1]langage de l'Inde antique

● Une plantation de canne à sucre en Guadeloupe

399

Amérique du Sud et dans les Antilles. Au début, le sucre est considéré comme un médicament et vendu par les apothicaires. Ensuite, il est utilisé comme un aliment de luxe. La mode du thé, du chocolat et du café en Europe au XVIIIᵉ siècle augmente encore l'importance économique du sucre et des colonies des Caraïbes contrôlées par les Français: Saint-Domingue (Haïti), la Guadeloupe et la Martinique. La découverte du sucre de betterave[2] au XIXᵉ siècle et l'abolition définitive de l'esclavage dans les colonies françaises en 1848 réduisent considérablement l'importance de cette industrie dans les Antilles.

––––––––––
[2]*beets*

• Des pratiquants du vaudou aux Antilles

Le vaudou

Souvent caricaturé au cinéma ou dans la littérature, le vaudou est une véritable religion. Il a ses origines en Afrique de l'ouest chez le peuple Yoruba, au royaume de Dahomey (actuellement Bénin), au Togo et au Nigeria. Importé dans les Antilles et en Amérique du Sud au XVIIᵉ siècle par les esclaves, levaudou y a subi l'influence du catholicisme. De nos jours, on estime que 60 millions de personnes pratiquent une des variantes du vaudou. Religion proche de la nature, le vaudou considère que nous sommes entourés d'esprits: esprit de la mer (Agwe), des forêts (Erinle), des eaux (Yemanja) ou des tempêtes (le célèbre Shango). On adore aussi des hommes et des femmes exceptionnels transformés en esprits après leur mort, les loas. L'image populaire du vaudou—les rituels bizarres, les poupées maléfiques[1] et les zombies (cadavres ressuscités par un sorcier)—est dûe en grande partie aux déformations et aux exagérations créées par Hollywood.

––––––––––
[1]poupées... *demonic dolls*

La famille et les valeurs en société

Ce garçon et son grand-père s'entendent à merveille!

CO Photo. Tell your students that large, extended families are common in France even today. Ask students to speculate about what the little boy is whispering (*chuchoter*) in his grandfather's ear. Ask how many students know their grandparents well or saw them frequently when they were children.

Objectifs

In *Chapitre 13*, you will talk about friendship, marriage, and other relationships. You will also learn new ways to state your feelings about what people do and more ways to express past events.

Instructor information. For goals and *Mise en train* activities for this chapter, please refer to p. 426 at the end of this chapter.

L'amour, l'amitié et la famille. (1) Review activities from *Mise en train, Act. 2*. (2) Relate a story of a relationship each day (*Serge et Michèle, Fifi et Fido...*). Work in as many familiar verbs as possible (*ils se sont écrit, prêté...*). Example: *Serge et Michèle se sont rencontrés dans le parc... Ils se sont aimés tout de suite. Ça a été le coup de foudre! Bientôt, ils se voyaient tous les jours, se téléphonaient le soir...* (3) Art: Point out that attendants are generally children in French weddings and that the civil ceremony, usually at the *mairie*, is the officially recognized wedding. Those wanting a church wedding have two ceremonies instead of one. Explain that godparents are often regarded as members of the extended family. New vocabulary: *alliance, amitié, arrière-grands-parents, baptême, célibataire, demoiselle (garçon) d'honneur, s'embrasser, famille monoparentale, famille recomposée, filleul(e), le/la maire, le/la marié(e), marraine, parrain, prêtre, se serrer la main.*

L'amour, l'amitié et la famille

✴ **Attention! Étudier Grammaire 13.1 et 13.2**

L'amitié

Elles s'embrassent.   Ils se sont rencontrés.   Ils se serrent la main.

LE MARIAGE TRADITIONNEL

la maire — le prêtre — l'alliance — le marié
la mariée
les demoiselles d'honneur — le garçon d'honneur

LE BAPTÊME
(la mère - le père)

la marraine — les arrière-grands-parents
le filleul — la filleule — le parrain

La famille

LA FAMILLE RECOMPOSÉE

le beau-père
la belle-mère
la belle-fille — le beau-fils
la demi-sœur — le demi-frère

LA FAMILLE MONOPARENTALE

le père célibataire

Activité 1 Définitions: Les cérémonies de la vie

1. Elle présente l'enfant au baptême et s'engage à s'occuper de lui.
2. C'est la période qui précède le mariage.
3. C'est le rapport qui existe entre amis.
4. Ce sont les premiers mois d'un mariage.
5. Cet homme est le témoin du marié.
6. Cet objet symbolise une union durable.
7. C'est le mari de la belle-mère.
8. Ce sont les parents des grands-parents.
9. C'est l'unité formée par le mariage du père d'une famille monoparentale avec la mère d'une autre.
10. C'est la personne qui célèbre la messe.
11. C'est le voyage que fait un couple bientôt après leur mariage.

a. le prêtre
b. le voyage de noces
c. l'amitié
d. une famille recomposée
e. les fiançailles
f. la marraine
g. le garçon d'honneur
h. la lune de miel
i. les arrière-grands-parents
j. l'alliance
k. le beau-père

Act. 1. (whole class; partners) Explain the terms in your own words before students do the activity in pairs. Follow up with questions such as *Qui dans la classe a été garçon d'honneur? Qui a une marraine? Comment s'appelle-t-elle? Votre sœur s'est mariée l'année dernière? Est-ce que le couple a fait un voyage de noces?* New vocabulary: *durable, s'engager, fiançailles, lune de miel, précéder, rapport, symboliser, union, unité, voyage de noces.*

AS 3. Role-play: *Vous avez rencontré une extraterrestre, Galaxia, et vous l'avez invitée à une réunion de famille. Maintenant vous devez la présenter à au moins sept membres de votre famille. Par exemple: Galaxia, je veux te présenter à ma belle-sœur Sylvie. C'est la deuxième femme de mon...*

Activité 2 Enquête: L'amitié

Voici des questions extraites d'un sondage effectué par *L'Express*. Répondez-y avant d'écouter ce qu'ont dit les participants français. Ensuite, discutez de vos réponses avec des camarades de classe.

1. Quelle est l'importance de l'amitié pour votre équilibre personnel?
   a. indispensable
   b. importante
   c. peu importante
   d. inutile
2. Pour vous, l'amitié, c'est d'abord...
   a. s'entraider.
   b. se confier.
   c. sortir ensemble.
   d. s'amuser ensemble.
3. Pour conserver une amitié, que seriez-vous prêt(e) à faire?
   a. changer ma façon de penser
   b. déménager
   c. sacrifier une relation amoureuse
   d. quitter mon travail
4. Pour qu'il existe une vraie amitié entre deux personnes, il est nécessaire...
   a. d'avoir des valeurs communes.
   b. d'avoir le même niveau de vie.
   c. d'avoir le même âge.
   d. d'être du même sexe.
5. Par amitié pour votre ami(e), seriez-vous prêt(e) à...
   a. l'héberger?
   b. lui remonter le moral à 3 h du matin?
   c. l'aider financièrement?
   d. lui prêter votre voiture?
6. Parmi les choses suivantes, quelles sont celles qui peuvent affecter vos amitiés?
   a. l'éloignement géographique
   b. le manque de temps
   c. des différences d'opinion sur la façon de vivre
   d. des différences de situation familiale

Act. 2. (whole class; partners) Read the items and have students write down their choices. Then pair students to compare their answers. Finally, let the class know how the respondents answered in the *Express* survey. Items 1–2: each person chose one answer: 1. a/49, b/47, c/3, d/1; 2. a/59, b/17, c/16, d/7 (*autre*-1). Items 3–6: each person ranked all choices. We list the first choice of only four options for each item, so figures do not add exactly to 100. 3. a/27, b/24, c/12, d/1; 4. a/68, b/7, c–d/9; 5. a/95, b/89, c–d/83; 6. a/49, b/42, c/24, d/21. New vocabulary: *se confier, éloignement, s'entraider, héberger, manque de temps, sacrifier.*

Act. 3. (partners) Explain a few things about your relationship to someone so that students can hear the use of the reflexive pronouns. *J'ai un ami / une amie qui s'appelle… Nous nous aimons beaucoup. Nous nous parlons tous les jours…* After partners have completed the interview, ask questions about what has been discussed, including as many reflexive pronouns as possible, when logical, in your input: *Vous ne vous disputez jamais?* New vocabulary: *se critiquer, fréquemment, parfaitement.*

Activité 3 Entretien: Meilleurs amis

Comment sont vos rapports avec votre meilleur ami (meilleure amie)?

1. Est-ce que vous vous entendez toujours? Vous disputez-vous quelquefois?
2. Vous prêtez-vous de l'argent ou des vêtements?
3. Quels intérêts partagez-vous?
4. Est-ce que vous vous confiez vos secrets sans hésiter?
5. Mentez-vous l'un(e) pour l'autre de temps en temps?
6. Est-ce que vous vous voyez fréquemment?
7. Vous comprenez-vous parfaitement?
8. Vous critiquez-vous parfois?

Act. 4. (whole class) Read the statements aloud with comments (and explanations, as needed). Then ask: *Qui dit que le mariage crée des problèmes qui n'existaient pas avant? qu'il faut rester dans l'ignorance pour conserver une bonne image de la personne aimée? que le mari et la femme ne sont pas d'accord sur qui est le chef d'équipe? que la personne qui ne termine pas une histoire d'amour continue d'aimer, peut-être? que les hommes qui se marient sont bêtes?* Authors cited: Tristan Bernard (1866–1947, *écrivain et humoriste français*); Romain Gary (1914–1980, *écrivain français*); Sacha Guitry (1885–1957, *acteur, auteur et cinéaste fr. d'origine russe*); François de la Rochefoucauld (duc, 1613–1680, *auteur des Maximes*); G. B. Shaw (1856–1950, *écrivain et humoriste britannique*). New vocabulary (for recognition only): *bonheur, demeurer intact, incompréhension, mériter, réciproque.*

Activité 4 Dans le monde francophone: L'amour et le mariage

Cliquez là!

Saviez-vous que la Belgique est une monarchie? Renseignez-vous sur la monarchie belge. Rencontrez les membres de la famille royale et découvrez les détails de leur vie quotidienne. Comment s'appelle chaque personne? Quel est son rôle dans la famille?

www.mhhe.com/deuxmondes6

Cliquez là! Students may be surprised to discover that Belgium is a monarchy and that the members of the royal family lead busy and interesting lives. We suggest you visit the site yourself before assigning this activity. As a follow-up, ask students to bring information to class about the members of the royal family, including a few facts from their biographical statistics for a discussion about them. During class discussion, ask how they compare to the British royal family.

Est-ce que vous êtes d'accord ou non avec ces écrivains célèbres? Pourquoi?

Suggestions cynique, sexiste, réaliste, surprenant, bête, équivoque

1. «En amour, celui qui guérit le premier est toujours le mieux guéri.» (le duc de la Rochefoucauld)
2. «Le Mariage permet de résoudre à deux des problèmes qu'on ne se posait pas tout seul.» (Tristan Bernard)
3. «Le bonheur exige une qualité rare d'ignorance, d'incompréhension réciproque, pour que l'image merveilleuse que chacun avait inventée de l'autre demeure intacte, comme aux premiers instants.» (Romain Gary)
4. «Il y a des hommes qui n'ont que ce qu'ils méritent; les autres sont célibataires.» (Sacha Guitry)
5. «Quand un homme et une femme se marient, ils ne deviennent plus qu'un; la première difficulté est de savoir lequel.» (George Bernard Shaw)

Ça fait penser. Ask questions that cause students to use numbers, and ask how these statistics (from *Francoscopie 2007*) compare with U.S. statistics and with statistics from the country of origin of international students or immigrant citizens.

Ça fait penser

En France...

- L'âge moyen au premier mariage est 28,8 ans chez les femmes et 30,8 ans chez les hommes.
- Plus d'un couple sur six (15 %) a choisi l'union libre et n'est pas marié. Parmi les couples qui se marient, près des deux tiers ont vécu ensemble avant le mariage.
- Le nombre de divorces est passé de 20 pour 100 mariages en 1980 à 45 en 2001.
- Le nombre de familles monoparentales est passé de 3 % en 1975 à plus de 7 % en 2005.

Act. 5. (whole class; partners) Students should use reciprocal pronouns and do the story in past tense (*passé composé*). Start the story, with the class's help and then assign it for partner discussion. Basic sentences: 1. *Christine et Bernard se sont rencontrés chez Julien.* 2. *Ils se sont serré la main.* 3. *Ils se sont parlé toute la soirée.* 4. *Ils se sont dit «bonsoir».* 5. *Ils se sont téléphoné très souvent.* 6. *Ils sont souvent sortis ensemble.* 7. *Ils se sont disputés.* 8. *Ils se sont fiancés.* 9. *Ils ont choisi une bague de fiançailles.* 10. *Ils ont reçu leur diplôme.* 11. *Ils se sont mariés.* 12. *Ils sont partis en voyage de noces.*

Activité 5

Récit: L'histoire de Bernard et Christine

Racontez l'histoire d'amour de Bernard et Christine Lasalle. Tout a commencé pendant une soirée chez Julien Leroux.

AS 4. Skits. Christine and Bernard relate their story in first person. They are not always in agreement about what they recall.

AS 5. In groups, students create a story about a relationship. They should use as many verbs with reflexive pronouns as possible. Humor is valued.

Les francophones sur le vif. To understand French sociopolitical realities, it is important to have an idea of the *échiquier politique* (the political scene [lit., "chessboard"]) and its division into political parties. However, purely political differences have been eroded by a need for pragmatism in the face of intractable social and economic problems. For instance, socialist governments in the early 80s adopted definitely non-Marxist economic policies, whereas right-wing president Nicolas Sarkozy has recruited several left-wing politicians as ministers. Such blurring of boundaries is most obvious in local politics (*Commune, Département, Région*), where traditional party identity is fast disappearing in favor of ad hoc platforms and alliances. Internal strife and struggles for influence in some of the parties (the RPR, now RPF; the *Front national*) have further disillusioned the French about the ability of traditional parties to address contemporary problems.

Les francophones sur le vif

Yolande Madec, 45 ans, propriétaire d'un magasin d'alimentation bio et membre des Verts, Plougastel (Bretagne)

Politiquement, vous êtes à gauche ou à droite?

« Je dirais sans hésiter à gauche, puisque je suis membre des Verts... mais ce parti ne se résume[1] pas à une ligne politique. Parfois nous sommes d'accord avec les socialistes et les communistes et parfois nous avons de grandes divergences d'opinion. Vous savez, depuis le début des années 90, les distinctions politiques tradition-nelles ont moins d'importance qu'avant. L'opposition idéologique entre «la gauche» et «la droite», entre marxisme et capitalisme, si vous voulez, n'est plus aussi stricte, surtout au niveau local. Les politiques savent que les électeurs refusent de suivre systématiquement un parti; chacun garde la liberté de ses opinions. Regardez les priorités actuelles, elles sont souvent apolitiques: la lutte[2] contre la fracture sociale,[3] l'écologie, le développement des pays les plus pauvres, la construction de l'Europe. La politique traditionnelle n'offre pas de réponse aux questions que nous nous posons.»

[1]se... se limite
[2]effort fait pour combattre
[3]fracture... la différence excessive entre riches et pauvres

La vie de famille

La vie de famille. In this section, students talk about relationships and personal feelings. (1) Review subjunctive with expressions of emotion (see *Mise en train, Act. 3.*). (2) Art: Expand from the statements as you describe each drawing: *Moi, j'ai l'impression que ces jeunes gens s'aiment beaucoup. Mais le père a l'air de ne pas aimer le jeune homme. Est-ce qu'ils vont se marier? J'ai l'impression que le père ne veut pas qu'elle sorte avec ce garçon. À mon avis, il ne voudrait pas que sa fille se marie avec le jeune homme.* New vocabulary: *s'énerver, étonné(e).*

✱ **Attention! Étudier Grammaire 13.3**

Je suis étonné que tu n'aies pas de devoir pour demain.

Papa, je suis surpris que tu fumes toujours. C'est mauvais pour la santé.

Mes parents ont peur que je perde mon temps.

Je suis furieux que vous rentriez si tard tous les soirs.

Ça m'énerve que mes parents soient si stricts.

C'est absurde que tu refasses le budget toutes les semaines!

Activité 6 Entretien: Valeurs et décisions

1. Tu es ami(e) avec tes parents? Est-ce qu'il y a une différence entre cette amitié et celles que tu as avec des copains de ton âge?
2. Quelles qualités est-ce que tu recherches dans la personne avec qui tu espères passer ta vie? Si tu es déjà marié(e), ou si tu es déjà dans une relation stable, quelles qualités est-ce que tu apprécies le plus chez ton mari, ta femme, ton compagnon ou ta compagne?
3. La moitié des mariages aux États-Unis se terminent en divorce. À ton avis, quels facteurs contribuent à la dissolution de tant de mariages?
4. Tu comptes avoir ou adopter des enfants un jour? Est-ce que tu les éleveras comme tes parents t'ont élevé(e)? Qu'est-ce que tu feras de différent?

Activité 7 Échanges: Point de vue parental

Des étudiants de première année à la fac ont décrit ces situations à leurs parents. Mettez-vous à la place des parents et répondez pour eux.

MODÈLE: Mon camarade de chambre me demande de lui prêter de l'argent, mais il ne me le rend pas. →
Nous ne voulons pas que tu lui prêtes de l'argent. Nous ne sommes pas riches!

1. Mon camarade de chambre invite ses amis dans notre chambre. Ça m'empêche d'étudier.
2. Nous passons des journées entières à discuter. C'est plus éducatif que d'aller en cours. Et puis, on peut toujours bûcher avant les examens.
3. J'ai rencontré des anarchistes, des athées! Ça me fait réfléchir!
4. Je ne sais pas quoi faire. Ma camarade de chambre vient de découvrir qu'elle est enceinte et elle a peur de le dire à ses parents.
5. Mes camarades de chambre ont installé des pots de marijuana dans notre appart. Ça m'inquiète un peu.
6. Ma copine garde son portable allumé, même au restaurant et au cinéma. Ça commence à me rendre fou/folle.
7. Mes copains sont épatés! Je peux identifier le goût de n'importe quelle bière au bar du quartier.
8. Ma camarade de chambre fume dans notre chambre et ça me rend malade.

Exprime-toi!

Nous sommes ravis (déçus, étonnés, choqués, tristes, désolés...)
Nous avons peur que tu...

Activité 8 Échanges: Opinions divergentes

Un jeune couple va avoir son premier enfant. Ils posent des questions à deux pédiatres qui ont des opinions contraires. Avec un(e) partenaire, jouez le rôle des pédiatres et répondez à leur place.

MODÈLE: Devrions-nous laisser pleurer le bébé ou le prendre dans les bras à chaque fois qu'il pleure?
PÉDIATRE 1: C'est important que vous le preniez dans les bras. Il aura besoin de se sentir protégé.
PÉDIATRE 2: Au contraire! C'est indispensable que vous le laissiez pleurer. Il faut qu'il apprenne à être indépendant.

Act. 6. (partners; whole class) You may wish to read the questions aloud to be sure they are understood. (1) Assign for partners to discuss each item together, or (2) assign for *É1* to interview *É2*, then to change roles. After partners complete the activity, discuss answers with the class. New vocabulary: *compagnon/compagne, dissolution, compter* (to plan), *élever un enfant, se terminer.*

Act. 7. (whole class; partners) Do first with the class to provide input and so that everyone understands. Then have the students do the activity in pairs. Point out the vocabulary in *Exprime-toi!* and remind students that subjunctive forms are used after expressions of emotion. After they have done the activity, take the role of the student writing home yourself and ask the class to respond. As various answers come in, correct indirectly via questions, exclamations, etc. Example: (student reply) *Nous sommes furieux que tu fais cela!* (teacher) *Comment! Vous êtes furieux que je fasse cela? Mais pourquoi?* Write subjunctive forms on the board as you talk, without interrupting the flow of ideas. New vocabulary: *anarchiste, athée, choqué(e), déçu(e), désolé(e), empêcher, enceinte, épaté(e), garder un portable allumé, ravi(e).*

Act. 8. (small groups) Have students do this activity in pairs, each person taking the role of a pediatrician. During discussion, the pediatricians always take opposite views. Enthusiastic students will probably want to extend the differences of opinion. During follow-up, find out what the students really think about the parents' questions. At another time, you may wish to have students build skits around the activity. New vocabulary: *accouchement, allaiter, anesthésie, biberon, couches jetables (lavables), crèche, débattre, érudit(e), indispensable, pédiatre, pistolet, protéger.*

Devrions-nous...

1. avoir un accouchement naturel ou sous péridurale?
2. allaiter le bébé ou lui donner le biberon?
3. utiliser des couches jetables ou des couches lavables?
4. mettre l'enfant dans une crèche ou décider qu'un des parents restera à la maison avec lui?
5. sortir sans l'enfant de temps en temps, ou l'emmener partout?
6. défendre ou permettre à l'enfant de regarder la télé de temps en temps?
7. permettre ou interdire à l'enfant de jouer avec des petits pistolets?

À vous la parole!   En groupes de quatre, choisissez deux des questions adressées par ces docteurs érudits (ou d'autres questions que vous préférez) et débattez ces questions devant vos camarades de classe en donnant les arguments pour et contre.

Realia. First, describe the scene. Then ask how this ad is intended to reflect the changing nature of today's family. What is it like to be *Maman* in many families today? What is the father's role?

Etre Maman aujourd'hui

Etre Maman aujourd'hui.
Un choix merveilleux. Un nouveau monde
fait de sourires et de tendresse. Où votre amour est
lié à la joie de votre enfant. Un monde PEG PEREGO.
Landaus PEG PEREGO, un
style incomparable, un confort
maternel. Landaus PEG PEREGO,
l'alliance de la mode et de
la technologie.
Quelle sécurité pour
vous Maman !

Peg PEREGO

Activité 9 Sondage: Hier et aujourd'hui

Dites (1) si on voyait ces situations il y a 50 ans et (2) si elles sont typiques aujourd'hui. Ensuite, en groupe, comparez vos réponses en donnant les raisons. Quelle est votre opinion dans chaque cas?

(1) (2)

_____ _____ **1.** Un couple qui s'entend mal divorce.

_____ _____ **2.** Deux époux habitent dans des régions différentes pour poursuivre leurs carrières.

_____ _____ **3.** Un mari décide de rester à la maison pour s'occuper des enfants.

_____ _____ **4.** L'épouse fait toutes les tâches ménagères.

_____ _____ **5.** Un(e) célibataire adopte un enfant.

_____ _____ **6.** Un homme de 26 ans épouse une femme de 49 ans.

_____ _____ **7.** Deux personnes fondent un foyer ensemble sans se marier.

_____ _____ **8.** Le mari travaille et la femme reste à la maison.

_____ _____ **9.** Deux fiancés signent un contrat de mariage avant de se marier.

_____ _____ **10.** Deux personnes du même sexe se marient.

Suggestions bête, surprenant, étonnant, normal, choquant, dégoûtant, immoral, raisonnable...

MODÈLE: É1: Il y a 50 ans, on trouvait impensable qu'une femme mariée garde son nom de jeune fille, mais c'est commun aujourd'hui. Moi, je trouve ça normal.

  É2: D'accord, c'est commun. Mais à mon avis, c'est bête...

Activité 10 Récit: Les Vincent se promènent

Les Vincent ont souvent des idées d'une autre époque. Avec votre partenaire, jouez les rôles de Florence et d'Édouard pendant ces sorties. Qu'est-ce qu'ils se disent?

1.

—C'est incroyable que les jeunes d'aujourd'hui...
—Oui, Édouard! Je regrette qu'ils...

—Je suis ravie que...
—Moi aussi, Florence. Je voudrais que tous les jeunes...

Act. 9. (whole class; partners) (1) Read the *modèle* and the items aloud. Students should quickly jot down their views. Then assign for partner discussion. (2) In this activity, students will need to use judgmental expressions + subjunctive, and they will also need to use the imperfect to say what life was like 50 years ago. Before they begin, point out the suggested adjectives and review the *modèle*. Mention the verb usages as you do so. (3) During follow-up, respond to what students say (rather than how they say it). In your responses, however, you can use expansion to provide further input with subjunctive forms: *Je suis d'accord avec vous Paul. Je ne suis pas choqué(e) qu'un couple qui s'entend mal veuille divorcer.* New vocabulary: *bête, dégoûtant, fonder un foyer, immoral(e), impensable, nom de jeune fille, poursuivre.*

Act. 10. (whole class; partners) Ask the class to help you complete the sentences for the first drawing. They will probably make several suggestions for each sentence. Write all these on the board and then point out the use of the subjunctive forms. Finally, read the sentences with the completions on the board, using exaggerated tones so that you have a comical shocked feminine voice for Florence and a stereotypical affronted masculine voice for Édouard. Encourage students to put drama into the activity as they work with a partner. Have each pair select one drawing to read aloud for the class. New vocabulary: *craindre, déplorable, incroyable.*

Cliquez là!

Saviez-vous que le Maroc est une monarchie francophone? Cherchez des renseignements sur la famille royale marocaine. Comment s'appellent les membres de cette famille et que font-ils de leur vie? Prenez des notes pour pouvoir en parler avec des camarades de classe. À votre avis, est-ce que cette famille ressemble à la famille royale belge?

www.mhhe.com/deuxmondes6

3.

—C'est bizarre qu'on...
—Je suis d'accord, Édouard. Je m'étonne qu'on...

4.

—Il est déplorable que...
—Ah, Florence, je suis heureux que...

5.

—Tu sais, Édouard, je crains que l'influence américaine...
—Moi, j'ai peur que les enfants d'aujourd'hui...

6.

—Il est absurde que les jeunes mères modernes...
—Tu as raison, Florence. Je trouve qu'il est impensable que...

La langue en mouvement

Les sigles

Les sigles, ou abréviations par les initiales d'un groupe de mots, sont beaucoup utilisés en France. Tous les Français comprennent «le TGV» (Train à grande vitesse), «l'EDF» (Électricité de France), «les SDF» (sans domicile fixe) et «les HLM» (habitations à loyer modéré). Les Français adorent les BD (bandes dessinées) et les JO (Jeux olympiques). Et, depuis 1999, les couples qui ne veulent ou ne peuvent pas se marier peuvent se pacser, c'est-à-dire, conclure un PACS. Le Pacte Civil de Solidarité est un contrat conclu entre deux personnes, de sexe différent ou de même sexe, pour organiser leur vie commune et pour bénéficier de certains avantages sociaux.

Valeurs et décisions

⭐ **Attention! Étudier Grammaire 13.4 et 13.5**

Ma petite-fille a vingt-sept ans et elle est encore célibataire. Moi, à son âge, j'avais abandonné mes études et j'étais mère de famille!

—C'est la tienne?
—Mais non, ce n'est pas la mienne! C'est la sienne!

J'apprécie de nombreuses œuvres d'art, mais les leurs, pas du tout!

Je suis très déçu. Quand j'ai voté pour cette candidate, elle n'avait pas annoncé son soutien pour l'énergie nucléaire.

Valeurs et décisions. (1) Input with the *plus-que-parfait:* Use photos and imagination to create situations. Say what had happened previously, to explain what students are seeing. Example: (unhappy woman taking aspirin) *Cette femme s'appelle Marie et la semaine dernière, elle a accepté une invitation à une fête. La voilà, le lendemain de la fête! Elle se sentait très mal, n'est-ce pas? Pourquoi? Parce qu'elle s'était couchée à trois heures du matin! Elle avait dansé toute la nuit!* Write the new verb forms on the board and point out that these events happened before other past events. (2) Art: Talk about attitudes and values exhibited by the characters. *Est-ce que Florence est une femme «libérée»? Quel est le rôle de la femme, d'après elle?* Explain the references for the pronouns (*les leurs = les œuvres des artistes contemporains,* etc.) as you read the captions. (See *Mise en train, Act. 4.*) New vocabulary: *abandonner, décevoir (déçu), œuvre d'art, soutien, valeur;* possessive pronouns.

Activité 11 Enquête: Que pense votre génération?

Est-ce que les jeunes d'aujourd'hui sont d'accord ou pas avec ceux qui ont le plus d'influence sur leur vie? Répondez à leur place. Ensuite, faites une enquête pour déterminer si la majorité de la classe pense comme vous.

1. Les valeurs de vos parents:
   a. En général, elles nous semblent raisonnables.
   b. Souvent, elles sont différentes des nôtres.
2. Les décisions du gouvernement:
   a. Elles nous paraissent très bonnes, normalement.
   b. Souvent, elles ne représentent pas nos idées.

Act. 11. (Whole class; partners) (1) Explain the context and read the statements aloud for students to write their choices. Then assign partners, who may modify the replies in the activity. (2) Take a survey to see how students feel. Include possessive pronouns in your input: *Leurs valeurs sont différentes des vôtres? En quels domaines? Vous êtes moins matérialistes, par exemple?* At the end of discussion, you may wish to have students help you identify the possessives and explain what they refer to. New vocabulary: *acceptable, but, les nôtres, multinational(e), normalement, paix, paraître, plus ou moins, priorité, prospérité, réaliser, sembler.*

Info: Société. *L'exclusion* and *la solidarité* have become key words in the discourse on French public life. *L'exclusion* and *la fracture sociale* are often used as catchall terms to refer to various social ills perceived to be threatening the nation. There is no paradox in the concurrent development of both *exclusion* and *solidarité*, because the worrisome progress of one has fueled a revival of the other. Fear of the steady rise in influence of the *extrême droite*—topped by Jean-Marie Le Pen's 16.86% score at the 2002 presidential election, and the previous mayoral elections of three candidates from his party (*Front national*)—have seemed both an effect and a cause of a "ruptured society." As a result, mainstream politicians from the left and the right have emphasized *solidarité* (i.e., with less fortunate compatriots) as an indispensable value. The glorious victory of the French team in the 1999 soccer World Cup emphasized that *La France qui gagne* is indeed a diverse entity, thereby breaking down some entrenched beliefs about the true nature of French society.

3. Les priorités de votre université:
   a. En général, elles nous semblent acceptables.
   b. Les nôtres sont souvent différentes.
4. Les priorités de vos professeurs:
   a. Elles sont plus ou moins comme les nôtres.
   b. Les leurs sont souvent différentes des nôtres.
5. Les choix de ceux qui réalisent les émissions de télé:
   a. D'ordinaire, nous aimons leurs choix.
   b. Leurs idées ne correspondent pas aux nôtres.
6. Les buts et les valeurs des entreprises multinationales:
   a. Comme nous, elles désirent surtout la paix et la prospérité.
   b. Leurs valeurs sont différentes des nôtres. Elles ne pensent qu'aux profits.

INFO: Société

L'exclusion et la solidarité

Les conditions économiques ont aggravé en France le phénomène de l'exclusion, qui concerne des gens aussi divers que les maghrébins, les chômeurs de longue durée, les SDF[1] et les victimes du sida.[2] Pourtant, une majorité de Français pense que l'exclusion est le problème de tous, car elle crée une société fracturée et hostile, et de nombreuses associations se sont formées pour lutter contre ce mal: S.O.S. Racisme, Droit au Logement (qui aide les SDF), AIDES (qui soutient les malades du sida), etc. L'égoïsme n'est plus considéré comme acceptable et la solidarité apparaît aujourd'hui comme une des valeurs les plus importantes. Cette solidarité s'étend aussi aux autres pays: la France envoie énormément d'aide humanitaire à l'étranger pour les victimes de catastrophes naturelles ou de conflits armés.

[1]Sans Domicile Fixe: personnes qui n'ont pas de logement
[2]Syndrome Immuno-Déficitaire Acquis

Act. 12. (partners; small groups) *Les valeurs des Français (en %) selon l'enquête de* Francoscopie. *santé*/43, *travail*/36, *amour*/33, *famille*/31, *argent*/25, *enfants*/20, *amitié*/19, *bonheur*/17, *loisirs*/13, *liberté*/8. (1) Give students a few minutes to rank the values. (2) Assign for work in pairs. Partners need to agree as they rank the items. (3) Lead a follow-up discussion in which the entire class must come to agreement about the order of importance.

Activité 12 Enquête: Quelles sont vos valeurs?

Cette liste de mots vient d'une enquête réalisée en France par *Francoscopie*. Classez-les selon l'importance que vous leur donnez. Ensuite, essayez de peser l'importance de chacun pour l'ensemble de la classe.

_____ la santé	_____ les enfants
_____ le travail	_____ l'amitié
_____ l'amour	_____ le bonheur
_____ la famille	_____ les loisirs
_____ l'argent	_____ la liberté

À vous la parole! Demandez à votre professeur comment les Français ont répondu et quelles différences se sont révélées entre les réponses des hommes et celles des femmes. Est-ce qu'on retrouve les mêmes différences (entre hommes et femmes) dans les réponses de la classe?

Activité 13 Dans le monde francophone: Le divorce en Europe

Lisez ce tableau, tiré de *Francoscopie 1999,* sur les taux de divorces en Europe. Ensuite, répondez aux questions.

ÉVOLUTION DE LA PROPORTION DE DIVORCES POUR 100 MARIAGES DANS CERTAINS PAYS DE L'UNION EUROPÉENNE:

	1970	1980	1990	1995	2004
Allemagne	—	—	—	33,0	60,8
• Allemagne de l'Ouest	12,2	22,7	29,2	—	—
• Allemagne de l'Est	20,7	32,0	23,5	—	—
Angleterre—pays de Galles	16,2	39,3	42,5	46,0	54,6
Autriche	18,2	26,2	32,8	38,3	48,7
Belgique	9,6	20,8	31,9	58,1	72
Danemark	25,1	39,3	42,8	40,9	42
Espagne	—	—	8,0	12,0	40
Finlande	17,1	27,3	42,7	49,0	44,8
FRANCE	12,0	22,3	32,1	38,7	48,2
Grèce	5,0	10,8	12,0	17,0	27,7
Italie	5,0	3,2	8,0	8,0	17,5
Luxembourg	9,7	27,0	36,0	33,0	50
Pays-Bas	11,0	25,7	29,1	37,0	42
Portugal	1,0	11,0	11,9	16,0	46,9
Suède	23,4	42,2	44,1	53,9	46,5

Eurostat, statistiques nationales

1. Dans quel pays est-ce qu'il y a eu la plus grande augmentation du taux de divorce entre 1970 et 1980?
2. Où est-ce que le taux de divorce a diminué entre 1970 et 1980?
3. Où est-ce que le taux de divorce a le plus changé entre 1970 et 1990?
4. En 2004, quel pays avait le taux de divorce le plus élevé?
5. Quels pays ont vu la plus grande augmentation dans leur taux de divorce entre 1995 et 2004?
6. Quel pays avait le même taux de divorce en 1995 qu'en 1990?
7. En 1995 et en 2004, dans quels pays est-ce que le taux de divorce a dépassé 40 %?

À vous la parole! In the *Francoscopie* survey, women valued family-related items (*amour, famille, enfants, amitié, bonheur, maison*), and men chose lifestyle and activities outside the home (*travail, argent, loisirs, vacances, vie, paix*). Ask for a show of hands to see if this was also true in your class. New vocabulary: *enquête, liberté.*

Act. 13. (whole class; partners) (1) Ask questions about the chart to help familiarize the class with its contents: *Quel était le taux de divorce en Autriche en 1980? Est-ce que le taux de divorce finlandais était supérieur ou inférieur au taux autrichien? Quel pays avait un taux d'1 % en 1970? Quel était son taux en 1995?* (2) You may choose to do the questions with the class before assigning partners. Have partners think of additional questions to ask each other about the chart. *Allons plus loin!* You may wish to assign partners before class discussion. New vocabulary (for recognition only): *accroissement, augmentation, diminuer, taux.*

Allons plus loin! À votre avis, quels facteurs ont probablement influencé l'accroissement des taux de divorce? En regardant le tableau, cherchez des exemples pour aider à expliquer vos raisons. Est-ce que le nombre de divorces dans ces pays a diminué depuis 2004, à votre avis? Pourquoi?

Activité 14 Discussion: Bonnes et mauvaises raisons

Julien Leroux a réalisé une émission sur la famille d'aujourd'hui. Lisez les raisons que ces personnes ont données pour justifier leurs décisions et décidez avec un(e) partenaire si celles-ci vous semblent logiques ou non.

Interviewés:

1. une femme qui s'est mariée à l'âge de 17 ans
   a. Je n'avais pas assez d'expérience puisque mes parents ne m'avaient pas permis de sortir avec des garçons auparavant.
   b. Toutes mes amies s'étaient déjà mariées.
   c. Je m'étais brouillée avec un petit ami et je voulais lui prouver qu'il n'avait plus d'importance pour moi.
2. un homme qui a insisté pour que sa femme reste à la maison
   a. Dans ma famille les femmes n'avaient jamais travaillé en dehors de la maison.
   b. J'avais toujours voulu gagner notre vie.
   c. Toutes les femmes de mes amis avaient choisi de rester à la maison.
3. un garçon qui a arrêté ses études à l'âge de 16 ans
   a. Personne dans ma famille n'était jamais allé à l'université.
   b. Mon père avait arrêté ses études à l'âge de 16 ans.
   c. Je n'avais jamais aimé étudier et je trouvais que c'était une perte de temps et d'argent de continuer mes études.
4. une mère qui a décidé de travailler et de mettre ses enfants dans une crèche
   a. J'avais reçu un diplôme universitaire et je me voyais en femme indépendante. Je m'ennuyais à la maison.
   b. Ma sœur l'avait déjà fait et sa famille était contente de sa décision.
   c. Mon mari ne gagnait pas beaucoup; d'ailleurs, je voulais un peu d'argent pour pouvoir m'acheter des trucs.

Act. 14. (partners; small groups) Explain the context, then assign for partner or group discussion. Later, take a survey and discuss the reasons for students' choices. Note that students will see and use *plus-que-parfait* forms. Afterward, you might have the class identify those forms and point out the time sequence that they suggest. New vocabulary: *auparavant, se brouiller, d'ailleurs, en dehors de, perte de temps, puisque, truc.*

AS 6. *Histoire tragique. Il était une fois deux jeunes gens qui aimaient la même fille. Malheureusement, chaque fois que Jacques essayait d'impressionner l'objet de son amour, Serge avait déjà fait la même chose. Example: Jacques a acheté des fleurs pour Marielle. Dommage! Serge lui avait déjà acheté des fleurs.* Have students complete the story orally or in writing.

Ça fait penser. Review the statistics (from *Francoscopie 2007*) and ask why these situations exist, if they are new or have always existed, and whether students think traditional marriage will remain a viable institution.

Act. 15. (partners) Students will need to eliminate the items that do not fit their views about each platform. During follow-up, discuss reasons for any differences of opinion that arise. *À vous la parole!* Do over a period of two or more days to allow time for students to prepare and practice for their debate. New vocabulary: *atteint(e), conservateur/conservatrice, élargir, garantir, grossesse, groupe minoritaire, IVG, minoritaire, pornographie, progressiste, punir, sida.*

Ça fait penser

- Dans les années 60, on enregistrait 400.000 couples non-mariés en France. Aujourd'hui, il y en a plus de 2.500.000.
- Une naissance sur deux a lieu hors du mariage en France.
- Bon nombre de personnes sans domicile fixe (SDF) n'ont plus de contacts avec leur famille.

Activité 15 Associations: Les valeurs et la politique

Est-ce que ces idées représentent les vues (1) d'un candidat conservateur ou (2) d'un candidat progressiste, à votre avis? Pourquoi?

- diminuer la quantité de déchets
- arrêter et punir les criminels
- garantir le droit à l'IVG (Interruption volontaire de grossesse)
- garantir le droit au travail aux groupes minoritaires
- créer des lois contre la pornographie
- dépenser plus pour les personnes atteintes du sida
- laisser aux parents la responsabilité de l'éducation sexuelle des enfants
- élargir l'accès aux ressources naturelles

Allons plus loin! Divisez la classe en groupes pour débattre des idées exposées dans l'Activité 15. Chaque groupe doit choisir une ou deux des idées et, dans le groupe, il faudra choisir les «progressistes» et les «conservateurs» qui vont représenter les deux côtés de chaque question. Préparez vos arguments et présentez-les à la classe.

Allons plus loin! Students might choose other positions instead, such as *les Verts*.

LECTURE

Politique et séduction: Le match Ségo-Sarko

Les élections présidentielles de 2007 en France ont été historiques: c'est la première fois en effet qu'une femme, Ségolène Royal, aurait pu[1] devenir chef de l'État.[2] Dans un pays où les femmes n'ont obtenu le droit de vote qu'en 1944, la présence féminine dans la vie politique a toujours été limitée, et seuls les petits partis désignaient des candidates aux présidentielles (comme Arlette Laguillier, Christiane Taubira ou Dominique Voynet); mais elles recevaient rarement plus de 5 % des suffrages.[3] Choisie par le Parti socialiste en novembre 2006, Mme Royal—familièrement surnommée «Ségo»—avait une réelle chance d'être élue. Son adversaire principal, «Sarko» (Nicolas Sarkozy), était le chef du plus grand parti de droite, l'UMP[4]. Leur force, c'est d'avoir réussi à persuader l'opinion qu'ils parlent le langage des Français et qu'ils partagent leurs préoccupations. Modernes et séduisants, Ségolène Royal et Nicolas Sarkozy sont l'incarnation du nouveau visage de la politique française.

«Ségo» représente un parti de gauche, mais défend aussi des valeurs traditionnelles, comme la famille et la sécurité. Consciente de son charme, elle est très attentive à son image: féminine et chic. Elle suit la mode, mais avec sobriété. Elle est distante et n'aime pas le contact physique avec les étrangers. Elle déteste les grandes foules[5] et évite de prononcer de grands discours. Elle préfère parler à de petits groupes, arrangés en cercle.

● Ségolène Royal et Nicolas Sarkozy, candidats principaux aux élections présidentielles de 2007 en France

---

[1]aurait... *could have* [2]la structure politique du pays [3]votes exprimés [4]Union pour un mouvement populaire [5]groupes de personnes

«Sarko» a une image de leader dynamique, mais très autoritaire et toujours pressé. Orateur brillant, il adore les assemblées où il peut haranguer des milliers de personnes. Ses idées ne sont pas typiques d'un politicien de droite: il a proposé de donner le droit de vote aux immigrés, et d'adopter en France la «discrimination positive».[6] Lui cultive une image moins agressive: il veut paraître énergique et ambitieux, mais plus humain.

Ségolène Royal et Nicolas Sarkozy avaient en commun de promettre aux Français un changement radical, une rupture avec les traditions de la gauche et de la droite. Ils représentaient aussi une nouvelle manière de faire de la politique, «à l'américaine», où l'image est aussi importante que la substance. «Sarko» est un communicateur beaucoup plus efficace que «Ségo»: c'est peut-être une des raisons de la victoire de «Sarko» avec 53 % des voix.

---

[6] *Affirmative Action*

Avez-vous compris?
Déterminez si les caractéristiques de chaque personnage politique sont traditionnelles (T) ou novatrices (N). Attention! Tenez compte de leur famille politique.

1. «Ségo» veut renforcer la répression de la délinquance. T___ N___
2. «Sarko» trouve normal que les immigrés participent à la vie politique. T___ N___
3. «Ségo» est la candidate d'un des plus grands partis politiques. T___ N___
4. «Sarko» n'a pas étudié à l'École Nationale d'Administration (ENA). T___ N___
5. «Ségo» porte des tailleurs et des chaussures à talons plats. T___ N___
6. «Sarko» porte des costumes sombres et une chemise blanche. T___ N___

À vous la parole!
Imaginez que vous êtes candidat(e) à une élection locale ou nationale. Trouvez dans la classe un(e) partenaire qui s'intéresse à un sujet particulier et préparez un minidébat avec des arguments aussi précis que possible.

Quelques suggestions de sujets

- l'immigration
- l'éducation
- la politique extérieure
- l'économie

- la défense nationale
- l'aide aux pays défavorisés
- l'environnement
- ?

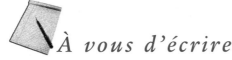

À vous d'écrire

Une jeune femme a écrit cette lettre à Mamie au *Courrier du cœur*. Lisez la lettre et répondez à la place de Mamie.

Chère Mamie,

J'ai 20 ans et, depuis un an, je sors avec un homme que j'adore. Nous commençons à faire sérieusement des projets d'avenir. Malheureusement, mes parents ne veulent pas le recevoir chez nous. (Nous avons peur que nos familles se fâchent.) Mon ami est très vexé et il souffre de leur attitude. Du coup, il a décidé de ne plus se marier car il redoute que ma famille ne fasse un scandale le jour du mariage. Déjà que mes parents ne s'entendent pas très bien avec les siens! Nous ne savons plus quoi faire tous les deux. J'ai peur que toutes ces histoires finissent par briser notre relation. S'il vous plaît, Mamie, donnez-moi des conseils.

Dominique (Rouen)

Ma chère Dominique,
Le seul conseil que je puisse te donner, c'est de... Sinon,...
Bonne chance, Dominique!

Mamie

MULTIMÉDIA

Le Chemin du retour on DVD

Online Workbook / Lab Manual

Online Learning Center and Audio Program

ActivityPak

www.mhhe.com/deuxmondes6

À vous d'écrire. This letter appeared in *Courrier anonyme*, an advice column published in a popular magazine. Students reply for *Mamie*, who is in charge of the column. Read the letter aloud and explain meaning as needed. Assign as homework. Students should express Mamie's feelings/wishes with expressions such as *je crains que, je voudrais que, je souhaite que*. New vocabulary: *humilié(e), scandale, vexé(e)*.

Rendez-vous cinéma

Le Chemin du retour

Épisode 7: «La vérité»

Le patron de Camille menace de la licencier,[1] mais Camille poursuit son enquête à Marseille. Elle retrouve la trace de Fergus, installé à Casablanca. Fergus lui explique qu'Antoine n'était pas un traître, mais un héros qui lui a sauvé la vie, et il a des documents pour le prouver. Rentrée à Paris, Camille pourra-t-elle rétablir la vérité, et obtenir la réhabilitation de son grand-père?

[1]priver (qqn) de son emploi

Vocabulaire

Le mariage

Weddings

l'alliance (*f.*)	wedding ring
la demoiselle d'honneur	bridesmaid
les fiançailles (*f.*)	engagement
le garçon d'honneur	best man
la lune de miel	honeymoon
le/la maire	mayor
le marié / la mariée	groom/bride
le nom de jeune fille	maiden name
le prêtre	priest
le témoin	witness
le voyage de noces	wedding trip

La famille

Family members

les arrière-grands-parents (*m.*)	great-grandparents
un(e) célibataire	a bachelor, a single woman
un compagnon / une compagne	a partner or spouse
la famille monoparentale	single-parent family
la famille recomposée	blended family
le filleul / la filleule	godchild
la marraine	godmother
le parrain	godfather

Les enfants

Children

l'accouchement (*m.*)	childbirth
un biberon	a baby bottle
des couches (*f.*) jetables	disposable diapers
une crèche	a nursery school
enceinte	pregnant
un(e) pédiatre	a pediatrician
une péridurale	an epidural (*anesthesia*)
allaiter	to nurse, breastfeed
élever	to bring up, raise

Mots apparentés: **adopter, le baptême**

Rapports personnels

Personal relationships

l'amitié (*f.*)	friendship
le bonheur	happiness
la dissolution (d'un mariage)	the end (of a marriage)
se brouiller (avec)	to quarrel, break up (with)
se confier à	to confide in (*someone*)
craindre	to fear
s'embrasser	to kiss
s'engager (à)	to commit to
s'entendre (bien/mal)	to get along (well/badly)
fonder un foyer	to start a family
mentir	to lie
se serrer la main	to shake hands
se voir	to see one another

Mots apparentés: **se comprendre, une dispute, le divorce, divorcer, se parler, se regarder, regretter, sacrifier, se téléphoner**

Opinions, réactions et valeurs

Opinions, reactions, and values

C'est / Il est / Elle est...	It is / He is / She is...
bête	stupid, silly, dumb
choquant(e)	shocking
dégoûtant(e)	disgusting
étonnant(e)	astonishing
impensable	unthinkable
incroyable	incredible
merveilleux/ merveilleuse	marvelous
surprenant(e)	surprising

Mots apparentés: **absurde, acceptable, bizarre, déplorable, immoral(e), indispensable**

Je suis...	I am...
choqué(e)	shocked
déçu(e)	disappointed
désolé(e)	sorry
épaté(e)	impressed

étonné(e)	astonished
ravi(e)	delighted
surpris(e)	surprised
vexé(e)	hurt, offended

Mots apparentés: **conservateur/conservatrice, indépendant(e), progressiste**

Substantifs

un(e) athée	an atheist
un but	a goal
l'éloignement (*m*)	distance, separation
une entreprise	a business
l'IVG (*f*.)	abortion
un manque de temps	lack of time
une œuvre d'art	a work of art
la paix	peace
une perte de temps	a waste of time
la poursuite	pursuit, continuation
le sida	AIDS
le soutien	support
un truc (*fam.*)	a gadget

Mots apparentés: **un anarchiste, la continuation, un contrat, un(e) criminel(le), un équilibre, un groupe minoritaire, l'incompréhénsion** (*f*.), **un pistolet, un point de vue, la pornographie, une priorité, la prospérité, l'union** (*f*.), **l'unité** (*f*.)

Verbes

compter (faire quelque chose)	to plan on (doing something)
créer	to create
déménager	to move out
diminuer	to diminish, go down

élargir	to enlarge, broaden
empêcher (de)	to prevent (from)
s'énerver	to get upset, annoyed
s'enfuir	to flee, run away
s'étonner (de)	to be astonished (about)
gagner sa vie	to earn a living
héberger	to house (someone)
insister (pour que)	to insist (that)
paraître	to appear, seem
peser	to weigh, determine
poursuivre une carrière	to pursue a career
réaliser	to produce; to carry out
rechercher	to seek, look for
sembler	to seem
se terminer	to end

Mots apparentés: **abandonner, garantir, prouver, questionner, représenter**

Mots et expressions utiles

Au contraire!	On the contrary!
auparavant	before, previously
d'ailleurs	moreover, furthermore
en dehors de	outside of
fréquemment	often, frequently
garder son portable allumé	to keep one's cell phone on
Je ne sais pas quoi faire.	I don't know what to do.
le mien / la mienne	mine
n'importe quel jour	any day
le/la nôtre	ours
le sien / la sienne	his, hers
le tien / la tienne	yours (*fam.*)
puisque	since

Grammaire et exercices

13.1. Students have little trouble with the reciprocal use of reflexive pronouns. Before you assign the section, explain the construction, using simple examples based on what is going on in class: *Qu'est-ce que nous sommes en train de faire maintenant? Bon, je vous regarde, n'est-ce pas, et vous me regardez. Alors, nous nous regardons.* (write on the board) *En général, pendant le cours, est-ce que nous nous écoutons?* Write examples on the board. Address single students: *Carla, vous (toi) et moi, nous nous parlons, n'est-ce pas?* After you have explained the construction, point out that most verbs can be used in reflexive (and reciprocal) constructions: *Nous nous parlons, et moi, quelquefois, je me parle! Est-ce que vous vous parlez? Tu te parles quelquefois, Jen? Qu'est-ce que tu te dis?*

 13.1 Reciprocal actions: More on reflexive pronouns

Definition: A reciprocal action is expressed in English with *each other: They call each other often.*

✱ Review **Grammaire 2.2** and **6.6.**

➤ Reciprocal action: plural subject + reflexive pronoun

Vous vous reverrez.
Ils se sont quittés.
Elle se sont vues.

A. You have often used reflexive pronouns in verbal constructions such as **je me lève, nous nous promenons,** and **elle se rappelle.** Another common use of the plural reflexive pronouns **(nous, vous, se)** is to express reciprocal actions.

—Depuis quand connais-tu ton mari? *How long have you known your husband?*

—Nous **nous connaissons** depuis 20 ans. *We have known each other for 20 years.*

C'est triste, mais mon frère et son patron **se détestent** cordialement. *It's sad, but my brother and his boss really hate each other.*

B. Like other reflexive verbs, reciprocal expressions take **être** as the auxiliary verb in the **passé composé.** Remember also that the past participle usually agrees with the reflexive pronoun in gender and number.

Christine et Bernard **se sont connus** lors d'une fête chez Julien Leroux. *Christine and Bernard met at a party at Julien Leroux's.*

C. The following verbs are commonly used with reciprocal meaning.

s'admirer	se connaître	se rencontrer
s'aider	se détester	se revoir
s'aimer	se quitter	se séparer
se comprendre	se regarder	se voir

➤ **Pierre et Marie se sont mariés.** *Pierre and Marie got married.*

Pierre s'est marié. *Pierre got married.*

Marie s'est mariée avec Pierre. *Marie (got) married (to) Pierre.*

D. You have already seen the expression **s'entendre (bien/mal) avec quelqu'un.** **S'entendre** can also be used as a reciprocal verb.

Je m'entends bien **avec** mon frère. *I get along well with my brother.*
Mon frère et moi, **nous nous entendons** bien. *My brother and I get along well.*

Other verbs that can be used in both of these ways include **se brouiller** (*to break up*), **se disputer, se fiancer, se marier.**

Exercice 1 Tout est bien qui finit bien

Ex. 1. Tell this story in class for input, either before or after students do the exercise at home.

Choisissez un des verbes indiqués et conjuguez-le, s'il le faut, au temps correct.

Mes amis Fatima et Khaled ont une histoire assez drôle. se détester
La première fois qu'ils _____,[1] ça n'a pas été du tout le coup se rencontrer
de foudre. Au contraire, ils _____[2]! Naturellement, ils n'ont se revoir
pas eu très envie de _____[3] après.

420

Mais, quinze jours plus tard, ils _____⁴ une deuxième fois à la bibliothèque. Ils avaient tous les deux des problèmes difficiles à faire en maths, alors ils _____⁵ avec leur travail. À la fin de cette soirée, ils ont pris rendez-vous pour le lendemain et depuis, ils ne veulent plus _____.⁶ Aujourd'hui, ils sont mariés et ils _____⁷ à merveille. Les premières impressions sont parfois fausses!

s'aider
s'entendre
se quitter
se rencontrer

ES 1. Give the start of a love story between two fictitious people for students to complete. Within groups of four, students work in pairs. The teams take turns adding actions to the story. Circulate among groups to provide help. Later, ask for a whole-class construction of the story. List the verbs on the board: *Estelle et Raoul se sont vus pour la première fois…, se sont bien aimés, se sont brouillés,* etc.

Exercice 2 L'amitié

Dites ce qui se passe en amitié en vous servant de verbes pronominaux réciproques.

MODÈLE: Toi et moi, _____ (envoyer) des cartes postales. →
Toi et moi, nous *nous envoyons* des cartes postales.

1. Toi et moi, _____ (dire) bonjour quand nous nous rencontrons.
2. Toi et ton/ta camarade de chambre, _____ (écouter) quand vous avez des problèmes.
3. Julien et Bernard _____ (parler) avec beaucoup de plaisir.
4. Sarah et Agnès _____ (téléphoner) une ou deux fois par semaine.
5. Toi et moi, _____ (inviter) souvent à dîner.
6. Raoul et Daniel _____ (écrire) souvent.

13.2 Describing actions: Adverbs

A. You are already familiar with the most common French adverbs: **beaucoup, bien, encore, ici, mal, peu, souvent, toujours,** and related expressions.

B. Many French adverbs are formed with an adjective + **-ment,** which corresponds to the English *-ly* ending.

- If the adjective ends in a consonant, **-ment** is added to its feminine form: **certain(e) → certainement.**

Definition: Adverbs modify verbs, adjectives, or other adverbs. They usually tell *how, when, where,* or *how much.*

★ *Review* **Grammaire B.6** *on adjectives.*

➤ Adjective/adverb:
true/truly
slow/slowly
easy/easily

actif, active → activement	certain, certaine → certainement
entier, entière → entièrement	lent, lente → lentement
franc, franche → franchement	long, longue → longuement
heureux, heureuse → heureusement	

Malheureusement, il est déjà marié.

Réfléchissez **longuement** avant de vous marier.

Unfortunately, he's already married.

Think for a long time before you get married.

• If the adjective ends in a vowel, **-ment** is added directly to the masculine form.

➤ To form an adverb from an adjective, add **-ment** to the appropriate form of the adjective:

sérieux → **sérieusement**
calme → **calmement**

Irregular:

constant → **constamment**

> absolu → absolument : facile → facilement

Vous croyez **vraiment** qu'ils vont divorcer?

Do you really think they're going to get divorced?

• If the adjective ends in **-ent** or **-ant,** remove that ending and add **-emment** or **-amment,** respectively.

> constant → constamment : évident → évidemment
> courant → couramment : fréquent → fréquemment

Sarah parle **couramment** le français.
Évidemment, il faut bien choisir son partenaire.

Sarah speaks French fluently.
Obviously, you must choose your mate carefully.

Pronunciation Hint

Both **-emment** and **-amment** are pronounced *ah* + **mẽ̃t̸.**

Exercice 3 Un mariage typique

13.3. We add a new semantic context (expression of feeling/emotion) for the use of the subjunctive. Review the patterns from *Grammaire 12.1: Je préfère lire le journal le matin / Je préfère que tu lises…* Then explain that the same pattern applies when one expresses feelings or emotions about some situation: *Je suis heureux d'apprendre le français / Je suis heureux que tu apprennes…* Point out that most of the predicates in this category require *de* in the infinitive construction. By now, students should begin to develop some awareness that subjective statements will affect the verb in the dependent clause. However, accurate use of the subjunctive is usually not acquired until students arrive at a very advanced level of fluency. Note that with the impersonal expressions in B, *il est (bon) que…* is the more formal version, but *c'est (bon) que…* is normal in ordinary conversation.

Employez des adverbes en **-ment** pour compléter les phrases.

MODÈLE: Le garçon d'honneur ponctuel arrive... →
Le garçon d'honneur ponctuel arrive *ponctuellement.*

1. Les invités patients attendent...
2. Le prêtre sérieux parle...
3. Le marié nerveux répond...
4. La mariée attentive écoute...
5. La mère élégante de la mariée est habillée...
6. Le père très calme se conduit...
7. Les invités discrets parlent...

✴ *Review Grammaire* **10.1, 10.2,** *and* **12.1.**

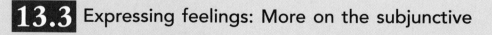 **13.3** Expressing feelings: More on the subjunctive

A. You have already seen that subjunctive forms are used after expressions of necessity and desire, when these pertain to the action of another person. Subjunctive forms are also used when expressing a feeling or an attitude about some event or state of affairs.

Je suis heureux que mes parents **puissent** voyager.

C'est dommage que tu **sois** si occupé(e).

I'm glad my parents can travel.

It's a shame you're so busy.

B. There are many expressions of feeling or attitude that are used with subjunctive forms. Here are some examples.

avoir honte/peur que	*be ashamed/afraid (that)*
c'est dommage que	*it's too bad (that)*
être content/heureux que	*to be happy (that)*
être désolé/furieux/triste que	*to be sorry/furious/sad (that)*
être déçu que	*to be disappointed (that)*
être étonné/surpris que	*to be surprised (that)*
être ravi que	*to be delighted (that)*
regretter que	*to regret (that)*

c'est (il est) bon/juste (*"right"*)**/naturel/rare/normal/préférable que**

> ➤ Use subjunctive after expressions of:
> - necessity: **il faut que...**
> - desire: **je voudrais que...**
> - emotion or attitude: **je suis désolé(e) que... , c'est normal que...**

ES 2. Give students a set of statements to make. As they read them aloud, their partners react, using the expressions in 13.3, B. (A) *Nous ne parlons pas toujours le français. Je suis rarement malade. Mes amis n'ont jamais envie de sortir.* (B) *Je ne peux pas accepter ton invitation. Je pars en Europe cet été. Mes amis et moi, nous buvons rarement de la bière.*

Exercice 4 Le conflit des générations

Exprimez votre réaction aux faits suivants en employant une des expressions indiquées (à l'affirmatif ou au négatif) et le subjonctif.

Suggestions C'est étonnant, honteux, inévitable, naturel, rare, regrettable que...

MODÈLE: Un Américain ne se sent pas obligé d'inviter ses parents âgés à habiter chez lui. →
C'est naturel qu'un Américain ne se sente pas obligé d'inviter ses parents âgés à habiter chez lui.

1. Les jeunes et les vieux ne s'entendent pas bien.
2. Les jeunes ne font pas attention aux conseils de leurs parents.
3. Les jeunes ne peuvent pas profiter de l'expérience de leurs aînés.*
4. Nous sommes obligés de répéter les erreurs de nos parents.
5. Un jeune Américain a envie d'habiter longtemps chez ses parents.
6. Les personnes âgées ne croient plus pouvoir contribuer à la société.
7. Un certain nombre de personnes âgées sont abandonnées par leurs enfants.

Ex. 4. Students will transform the sentences into statements with subjunctive forms. In class, have partners compare their answers.

Exercice 5 Que c'est triste!

Clarisse Colin rencontre une amie qu'elle n'a pas vue depuis longtemps. Employez une expression d'émotion et le subjonctif pour exprimer ses réactions à chaque nouvelle que son amie lui raconte.

MODÈLE: Mon petit ami ne *veut* plus me voir. →
Je suis désolée que ton petit ami ne *veuille* plus te voir.

Ex. 5. Students will need to add a subjective statement to the beginning of each of the sentences, transforming the verb to the present subjunctive. For oral practice, have one partner make the statements while the other reacts. Then partners should reverse roles.

*elders

13.4. This is the first of the compound tenses other than *passé composé* to be presented. Students need to be able to recognize the *plus-que-parfait* because it is more commonly used in French than in English. However, we do not expect students to use it spontaneously in either speech or writing at this stage.

1. Mes parents sont séparés.
2. Mon grand-père est à l'hôpital.
3. Je n'ai pas encore mon baccalauréat.
4. Je dois repasser mes examens le mois prochain.
5. Tous mes amis partent à l'étranger cet été.
6. Moi, je ne peux pas y aller.
7. Je me sens vraiment triste.

13.4 A past in the past: The **plus-que-parfait**

Definition: A compound tense consists of a helping verb (auxiliary) + a past participle.

★ Review **Grammaire 6.1.**

➤ **Plus-que-parfait** = imperfect of **avoir** or **être** + past participle

➤ The auxiliary required (**avoir** or **être**) is the same for all compound tenses of a given verb: **j'*ai* fait, j'*avais* fait; je *suis* allé, j'*étais* allé.**

A. French, like English, has several compound tenses, of which the most common is the **passé composé.** Other compound tenses are formed in the same way, but with the helping verb in a tense other than the present.

B. The **plus-que-parfait** (*pluperfect* or *past perfect*) is a compound tense with the helping verb in the imperfect. It is used to tell what *had* happened before something else in the past.

finir	aller
j' **avais** fini	j' **étais** allé(e)
tu **avais** fini	tu **étais** allé(e)
il/elle/on **avait** fini	il/elle/on **était** allé(e)
nous **avions** fini	nous **étions** allé(e)s
vous **aviez** fini	vous **étiez** allé(e)(s)
ils/elles **avaient** fini	ils/elles **étaient** allé(e)s

Reflexive verbs: je m'**étais** endormi(e); nous nous **étions** levé(e)s

| Ce jour-là, ma sœur m'a dit qu'elle **avait décidé** de se marier. | *That day, my sister told me that she had decided to get married.* |
| On a dit que tous les invités **étaient** déjà **arrivés**. | *They said that all the guests had already arrived.* |

C. In conversation, the **plus-que-parfait** is often used to explain why one did a particular action or to indicate the time sequence of events in the past.

| Ils ont divorcé parce qu'elle **était devenue** trop célèbre. | *They divorced because she had become too famous.* |
| Quand je lui ai parlé, il **avait** déjà **décidé** de partir. | *When I talked with him, he had already decided to leave.* |

Ex. 6. This exercise provides input on expressing prior actions using the *plus-que-parfait*.

Exercice 6 Un mariage désastreux

Choisissez la conclusion logique pour chaque phrase. Ensuite, soulignez le verbe au plus-que-parfait.

1. Le marié s'est mis en colère parce que (qu')...
2. La mariée portait une robe rouge parce que (qu')...
3. Le père de la mariée s'est endormi parce que (qu')...
4. Le prêtre a fait beaucoup d'erreurs parce que (qu')...
5. On n'a pas servi de gâteau parce que (qu')...

a. il avait bu trop de champagne.
b. le garçon d'honneur avait perdu l'alliance.
c. le chien du prêtre l'avait mangé.
d. il avait oublié ses lunettes.
e. elle avait oublié sa robe blanche.

Exercice 7 Une mauvaise journée

Ex. 7. Students will need to supply *plus-que-parfait* forms to express earlier actions.

Jean-Yves a passé une journée bien frustrante. Dites pourquoi en utilisant le plus-que-parfait.

MODÈLE: Jean-Yves a voulu se faire un café au lait pour le petit déjeuner, mais il (oublier) d'acheter du lait. →
Jean-Yves a voulu se faire un café au lait pour le petit déjeuner, mais il *avait oublié* d'acheter du lait.

1. Il est arrivé sur le quai du métro à 8 h 32, mais son train (partir) à 8 h 30.
2. Quand il a voulu rendre sa dissertation en cours d'anglais, il a découvert qu'il l' (oublier) chez lui.
3. Il est allé chercher des petits pains à la boulangerie, mais le boulanger en (vendre) les derniers.
4. Un ami l'a invité au cinéma, mais Jean-Yves (voir) le film la semaine précédente.
5. Quand il a téléphoné à Agnès à 10 h 30 du soir, elle (se coucher déjà) et elle s'est fâchée.

13.5. The use of these forms is difficult because of their morphological complexity. Moreover, their use is not necessary for communication, because students can always use the possessive adjective + noun construction. For these reasons, students generally use these forms very little, and we suggest an emphasis on understanding them in spoken and written contexts. Point out the difference in pronunciation between the adjectives *notre/votre* pronounced with an "open" *o* and the pronouns *nôtre/vôtre* pronounced with a "closed" *o*. Present the forms by picking up items around the classroom and making statements, then asking choice questions: *Ça, c'est mon livre de français. C'est le mien.* (on board) *Et ça* (pick up Joseph's book), *c'est le livre de Joseph. C'est le sien.* (on board) *Alors* (hold up his book), *ce livre, c'est le mien ou c'est le sien?*

13.5 More on expressing possession: Possessive pronouns

A In French, a possessive pronoun agrees in gender and number with the noun it replaces. Thus, each pronoun has three or four possible forms.

Definition: Possessive pronouns replace a noun and a possessive adjective. *Is that **your car**? Yes, it's **mine.***

★ Review **Grammaire 1.1** on possessive adjectives.

	SINGULIER		PLURIEL	
	masculin	**féminin**	**masculin**	**féminin**
mine	le mien	la mienne	les miens	les miennes
yours	le tien	la tienne	les tiens	les tiennes
his	le sien	la sienne	les siens	les siennes
hers	le sien	la sienne	les siens	les siennes
its	le sien	la sienne	les siens	les siennes
ours	le nôtre	la nôtre	les nôtres	
yours	le vôtre	la vôtre	les vôtres	
theirs	le leur	la leur	les leurs	

—Tu as les mêmes **idées** que ton père?   *Do you have the same views as your father?*

—Non, **les miennes** sont différentes.   *No, mine are different.*

—Vous avez les mêmes **goûts**?   *Do you have the same tastes?*

—Non, **les siens** sont plus conservateurs.   *No, his are more conservative.*

B. Note that the choice of pronoun gender depends on *the noun it replaces.* It does *not* reflect the gender of the possessor (**la voiture de Raoul → la sienne; les lunettes de Raoul → les siennes).**

C. Remember that **le sien** and its other forms **(la sienne, les siens, les siennes)** can all express *his, hers,* or *its.* The context usually makes the meaning clear.

—Est-ce que **ces livres** sont à ta grand-mère?   *Are these books your grandmother's?*

—Oui, ce sont **les siens.**   *Yes, they're hers.*

Exercice 8 Comparaisons

As-tu beaucoup de choses en commun avec ton meilleur ami (ta meilleure amie)?

MODÈLE: Ton travail est intéressant ou ennuyeux? →
Le mien est intéressant.
Et celui de ton meilleur ami (ta meilleure amie)? →
Le sien est ennuyeux.

1. En général, ta voiture est propre ou sale?
Et celle de ton meilleur ami (ta meilleure amie)?
2. En général, ta chambre est en ordre ou en désordre?
Et celle de ton meilleur ami (ta meilleure amie)?
3. Tes vêtements sont chic ou pratiques?
Et ceux de ton ami(e)?
4. Ton/Ta camarade de chambre est facile ou difficile à vivre?
Et celui/celle de ton ami(e)?
5. En général, tes notes sont très bonnes ou moyennes?
Et celles de ton ami(e)?

Ex. 8. Students will use forms of *mien/sien.* In class, partners might ask each other the questions.

GOALS FOR *CHAPITRE 13.*
In *Chapitre 13,* students talk about relationships and social values, especially those involving love, friendship, and family. Related grammar includes reciprocal use of reflexive pronouns and the subjunctive with expressions of wishes and feelings. *Functional goals:* (1) Describe what you have in common with a good friend, and why you value that friendship; (2) Tell someone how to get along better with others; (3) Explain the differences and similarities between your personal values and those of your parents.

MISE EN TRAIN.
1. Family vocabulary. Show photos to illustrate the types of families and family situations shown in the display. As you talk, write new terms on the board and ask questions that encourage students to volunteer information about their own or others' families. *La famille de votre sœur, c'est une famille recomposée, Linda? Il y a combien d'enfants dans la famille? Combien à chaque époux?*

2. Reciprocal actions. (1) Explain reciprocity and introduce the pronouns by using simple situations in class. Write the forms on the board as they occur. Example: *Je regarde Mario maintenant et Mario me regarde. Nous nous regardons, n'est-ce pas, Mario?* (2) Introduce a number of verbs of reciprocal action with pictures from your PF. Describe photos of people with expressions such as *ils se détestent, il* s'entendent bien, ils s'aiment, to describe feelings, or *ils se voient, ils se rencontrent, ils se téléphonent.* As students understand the construction, include other tenses in your input.

AS 1. With the class, develop a humorous love story using the reciprocal construction. (*Ils se sont vus/rencontrés, se sont parlé...*). This can be done in pairs or groups instead.

3. Subjunctive with emotions. (See *Grammaire 13.3.*) Use your PF to provide review with subjunctive forms after expressions of feelings and desires: *souhaiter, vouloir, préférer, aimer, exiger; être étonné(e), désolé(e), ravi(e), déçu(e); c'est dommage que / rare que.* As you talk, expand on statements about pictures by asking personal questions and making remarks about yourself and your own family. (photo of a teenager and a disapproving parent) *Est-ce que cette mère aimerait mieux que sa fille ne sorte pas avec ce jeune homme?* (oui) *Pourquoi? À quelle heure est-ce qu'elle voudrait qu'ils ren-* trent? (avant minuit) *Oui, elle veut probablement que sa fille rentre avant minuit.*

AS 2. Cartoon characters. Give partners 5 minutes together to list as many things as possible that Dennis the Menace's mother (Dilbert's boss, Cathy's mother...) doesn't want him or her to do. See which team has the most items listed.

4. Possessive pronouns. Ask 5–7 students to contribute two items each to your grab bag, a brown sack. They then sit in front of the class and take turns pulling out one item (without looking). As they do so, comment on what's going on, using the pronouns: *Tiens, David! Un rouge à lèvres! Est-ce le tien? Non? Alors, la classe, ce rouge à lèvres n'est pas à David. Ce n'est pas le sien. À qui est-il? Ce n'est pas le mien. Ah, Marianne, c'est le tien?* Write the forms on the board as they occur and explain later.

Les enjeux du présent et de l'avenir

Manifestation à Paris pour le droit au logement

CO Photo. This photo shows a demonstration organized by *SOS Racisme* in favor of more housing for immigrants. The original support base of *SOS Racisme,* founded in the mid-80s, has been eroded by several polemics on the association's true motives and political agenda (many see it as a pawn of the *Parti socialiste*). Nonetheless, a growing number of grass-roots associations have formed whose aim to fight for a more just treatment of all immigrants in France, including illegal immigrants (*les sans-papiers*).

Objectifs

In *Chapitre 14,* you will talk about current issues, decisions from the past, and what the future may be like. You will also learn more about expressing opinions and regrets.

Instructor information. For goals and *Mise en train* activities for this chapter, please refer to p. 448 at the end of this chapter.

Activités et lectures

L'intégration sociale

✳ **Attention! Étudier Grammaire 14.1**

Le monde idéal...

Dans le meilleur des mondes possibles, on vivrait en harmonie.

...et la réalité

> On aurait dû accorder l'indépendance à la Côte-d'Ivoire avant 1960!

Les vestiges du système colonial nous laissent des problèmes à résoudre.

> Parfois, je crois que je n'aurais pas dû immigrer dans ce pays.

L'exclusion et le chômage restent des problèmes pour beaucoup de personnes.

> Quel dommage! Les femmes auraient dû s'organiser en bloc.

Les ethnies qui vivent au sein d'une culture majoritaire risquent de perdre leur identité.

Les femmes sont en train de lutter pour obtenir l'égalité.

> Dites-moi! Qui a élu cet imbécile de chauvin?

L'extrême droite cherche à fermer la porte aux influences étrangères.

Activité 1 Entretien: Un monde plus divers

1. Est-ce que tu vois souvent des films étrangers? De quels pays?
2. As-tu un ami (une amie) qui a immigré d'un autre pays? D'où vient cette personne? Pourquoi est-ce qu'elle a immigré?
3. Que diraient tes parents si tu voulais épouser quelqu'un d'un autre pays?
4. Si tu épousais un étranger (une étrangère), quelle langue parleriez-vous chez vous? Quelle langue voudrais-tu que tes enfants parlent?
5. Est-ce qu'il y a beaucoup d'immigrés où tu habites? D'où viennent-ils? Pourquoi ont-ils immigré dans ta région?
6. Y a-t-il des quartiers «ethniques» dans ta ville? Vous avez une foire internationale de temps en temps? Si oui, comment est-elle?

Act. 1. (partners) This activity heightens awareness of cultural differences and the presence and concerns of immigrants. (1) Point out that the world currently has an unprecedented level of emigrant movement and ask students to suggest reasons. (2) Assign the activity and afterward, discuss the results of student talk. New vocabulary: *foire, immigré(e).*

Activité 2 Discussion: Les effets de l'immigration

Choisissez la réponse qui exprime le mieux votre point de vue. Si vous n'êtes pas d'accord avec les réponses, donnez-en une autre.

1. Les lois d'immigration nous empêchent de vivre dans le pays de notre choix.
   a. C'est vrai. Les pays développés n'auraient jamais dû limiter le nombre d'immigrés qu'ils acceptent.
   b. Peut-être, mais il faut contrôler l'immigration pour éviter le chômage.
2. Il est ridicule d'insister pour que les enfants des immigrés parlent anglais à l'école aux États-Unis.
   a. C'est vrai, et les Américains auraient dû établir plus d'écoles bilingues il y a longtemps.
   b. Peut-être, mais en apprenant l'anglais, les enfants s'intègrent mieux à la vie culturelle et économique du pays.
3. On ne peut plus rester une culture monolingue. Le monde a changé.
   a. C'est vrai, et nous aurions dû apprendre une langue étrangère dès l'école primaire.
   b. C'est faux. Chaque pays devrait établir une seule langue officielle.
4. Il est triste de ne pas permettre aux immigrés d'amener toute leur famille.
   a. C'est vrai. On aurait dû permettre à la famille d'immigrer ensemble.
   b. C'est vrai, mais il faut limiter le nombre d'immigrés pour protéger l'économie du pays.

Act. 2. (whole class; partners) (1) Read the statements aloud before assigning for discussion. This activity may elicit some differences of opinion that will engender arguments and explanations. (2) Follow with general class discussion. Ask also if students know families that have been affected by immigration laws, and to relate what occurred. New vocabulary: *amener, bilingue, chômage, immigration, s'intégrer, monolingue.*

Activité 3 Échanges: Ancienne colonie française

Imaginez que vous vivez dans le Kadoga, un pays fictif. Autrefois, votre pays consistait de plusieurs tribus qui parlaient des langues différentes. Les Français sont arrivés et ils ont «créé» votre pays. Ils ont uni les tribus sous leur système d'administration. Aujourd'hui, officiellement, tout fonctionne en français: l'enseignement, le gouvernement, les services.

Maintenant, on vous pose des questions. Choisissez la réponse qui vous semble la plus logique ou proposez-en une autre.

Act. 3. (partners) This activity heightens student awareness of an underlying cause for many situations that exist throughout the world today, in Africa and elsewhere, namely, the creation of political boundaries that override cultural and linguistic identities. (1) Explain the situation or read it aloud and ask students to name similar countries and to describe their current status: *Québec, Guinée, la Nation Navajo,* etc. (2) Assign the activity to partners. One partner is a reporter who interviews the other, who comes from the fictional country of Kadoga. Encourage the "reporter" to ask for explanations or examples. (2) Then, for each item, ask one or two "reporters" to report what their interviewee replied, adding any information obtained during the discussion. New vocabulary: *biculturel(le), déchiré(e), éduquer, fictif/fictive, lien, ressembler (à), tribu.*

Cliquez là! Many sites may be primarily intended to promote tourism. Ask students to describe what one might do there, as well as what sort of government is mentioned and any other official information about life in the country.

Act. 4. (whole class; partners; small groups) (1) Explain that *le chauvin* came into being as an overpatriotic soldier during the *Premier Empire* and became a stereotype still used today. Ask why soldiers in Napoleon's successful army might have developed this attitude and why others in history might have done the same. (2) Assign the activity. Students eliminate the statements that do not fit the definition, giving reasons or explanations for their decisions. (3) During follow-up, discuss other chauvinistic attitudes one encounters today and the problems they create. *À vous la parole!* You may wish to do this over a period of two days. New vocabulary: *chauvin(e), s'impatienter, prononcer.*

Act. 5. (whole class; partners) In answering the questions, students should come to realize some of the issues that confront an individual who is deciding to emigrate and to live in another country. (1) Assign in advance or allow a little time for everyone to write brief answers. Assign partners to interview one another. (2) During follow-up, students who have immigrated or who are international students might be asked to contribute their own experiences to the discussion. Ask those students to talk also about immigration to their own countries of origin and issues that confront immigrants there and to discuss the rights and duties of immigrants. New vocabulary: *compatriote, s'installer, mal du pays, pays d'adoption.*

1. Pourquoi parlez-vous français avec vos amis kadogais?
   a. Nous aimons le français et nous trouvons que c'est une belle langue.
   b. Nos tribus n'ont pas toutes la même langue maternelle, mais tout le monde parle français.
2. Pourquoi vos parents vous ont-ils donné une éducation française?
   a. Dans le reste du monde, très peu de gens parlent la langue de notre tribu.
   b. Ils ont voulu que je ressemble autant que possible aux Français.
3. Pourquoi est-ce que votre pays fait partie de l'organisation des pays francophones?
   a. Ces pays ont des liens culturels et historiques.
   b. Ces pays s'entraident dans leurs affaires commerciales.
4. Pourquoi est-ce que les écrivains kadogais choisissent d'écrire en français?
   a. C'est la langue des affaires au Kadoga.
   b. Pour que plus de gens puissent lire ce qu'ils écrivent.
5. Vous trouvez facile d'être biculturel(le)?
   a. Oui, ça me semble normal.
   b. Non, je suis toujours déchiré(e) entre la culture de ma tribu et celle de Kadoga.

Activité 4 Associations: Le chauvin

Définition: (Le chauvin est une personne) *qui a ou qui manifeste un patriotisme excessif, souvent agressif, qui admire de façon exagérée, trop exclusive sa ville ou sa région.* (Petit Larousse illustré)

Identifiez les propos du chauvin.

- Je trouve que l'immigration a enrichi notre culture.
- Je trouve la cuisine étrangère bizarre!
- Je m'intéresse aux quartiers ethniques de ma ville.
- J'habite un quartier multiculturel et multiethnique.
- Ma langue est la plus belle du monde.

- Je pense que mon pays a toujours raison.
- J'adore voir des films d'autres pays.
- Je ne m'intéresse pas à l'actualité internationale.
- Je m'impatiente si un étranger prononce mal ma langue.
- J'apprends une autre langue.

À vous la parole! En groupe, créez des sketchs qui pourraient se réaliser si le chauvin décidait de voyager à l'étranger.

Activité 5 Situation: Vous avez émigré!

Imaginez que vous avez quitté votre pays et que vous vous êtes installé(e) dans un autre pays où vous avez un cousin. Vous ne parliez pas la langue du pays et vous aviez très peu d'argent quand vous avez quitté votre pays. Répondez aux questions posées par un journaliste.

1. Est-ce que vous vivez près d'autres gens qui parlent votre langue?
2. Vous avez de la difficulté à trouver un travail? Comment vivez-vous?

3. Restez-vous en contact avec vos amis et votre famille dans votre pays?
4. Vous avez parfois le mal du pays? Pourquoi (pas)?
5. Est-ce que vous êtes souvent invité(e) chez vos nouveaux compatriotes?
6. Comment vous débrouillez-vous, puisque vous avez de la difficulté avec la langue de votre pays d'adoption?

À vous la parole! Avec un(e) camarade, créez deux sketchs dans lesquels un émigré (une émigrée) téléphone à sa famille qui est restée dans le pays d'origine. Dans le premier, l'émigré(e) s'est très bien intégré(e) dans son pays d'adoption. Dans le deuxième, il/elle a encore beaucoup de difficultés. Imaginez ce que l'émigré(e) va dire dans chacun de ces deux cas.

Ça fait penser. Ask students to give you the numbers of migrants in each case and whether they agree with the reason given. Ask also for other reasons why people decide to emigrate to another country.

Ça fait penser

Selon l'ONU (Organisation des nations unies), il y avait 190 millions de migrants dans le monde en 2005, contre 78 millions en 1965. Cela représente le flux des pays pauvres vers les pays riches.

Les francophones sur le vif. The name *Beur* is a product of *verlan*, the youth slang that inverts syllables of words, in this case, *arabe*. The feminine version, *Beurette*, is somewhat facetious but widely used nevertheless. Immigration from North Africa peaked in the mid-fifties and in 1962 (at the beginning and the end of the Algerian war of independence), and then again around 1970, at the height of France's postwar economic boom, before official measures were taken to curb it. Changes in the political color of successive governments have caused great variations in tolerance of North African immigration and in the granting of citizenship to long-term residents or their children born on French soil. In spite of their (relatively) successful integration into French society, the *Beurs*, who now number in the millions, remain a visible minority that still faces a significant amount of racism.

Les francophones sur le vif

Farida Abdel, 28 ans, employée de la SNCF à Bayonne (Aquitaine)

Vous êtes une «Beurette»: qu'est-ce que cela signifie pour vous?

Objectivement, ça signifie que mes parents ont immigré du Maghreb dans les années 60, mais que moi je suis née en France et que j'ai la nationalité française. En fait, j'ai l'impression d'appartenir à une génération dont l'identité est originale: nous, les Beurs, nous nous considérons de culture française, même si nous parlons arabe ou berbère[1] avec la famille ou si nous pratiquons l'Islam. Bien que je sois parfois aussi victime du racisme, je ne peux pas me sentir étrangère ici, puisque j'y suis née, alors que je n'ai jamais mis les pieds[2] en Algérie! Je ne cherche pas non plus à faire oublier mes origines, et d'ailleurs les «Français de souche»[3] acceptent de mieux en mieux l'idée d'une diversification de la société. L'immense popularité de Zinédine Zidane montre que toute la France peut s'identifier à un Beur—même les supporters de football, qui sont plutôt chauvins!»

[1] les Berbères (ou Kabyles) sont une ethnie indigène d'Afrique du Nord
[2] je... je ne suis jamais allée
[3] Français... qui ont des ancêtres français

L'héritage du passé

L'héritage du passé. (See Mise en train, Act. 2.) For input containing the past conditional, read the captions with the art and ask whether students agree with the views expressed in them: *Si nous avions interdit la vente des pistolets, est-ce que nous aurions eu moins de crime? Est-ce que nous aurions pu contrôler les activités des gangs?* We do not expect students to learn to use the *conditionnel passé* fluently but hope to help them understand when they hear and see it. Long conditional sentences with *si* clauses are included, but students should not be asked to produce them. New vocabulary: *agression, arme à feu, armement, bombe, disposer de, lancer.*

★ **Attention! Étudier Grammaire 14.2**

Les gens vivraient mieux si nous avions dépensé moins pour l'armement.

Tu n'aurais pas été victime de cette agression sans la vente libre des armes à feu.

Tiens! Les femmes n'avaient pas le droit de disposer de leur salaire avant 1907.

Nous n'aurions pas pu venir ici si on n'avait pas nettoyé cette plage.

Je me demande parfois ce que le monde serait devenu si on n'avait jamais lancé la première bombe atomique.

Activité 6 Discussion: Hypothèses sur la société

Act. 6. (whole class; partners) Assign for discussion after you read these items aloud for the class as an input activity, asking students to agree or disagree. Ask if there are other suggestions. If students must use English, write their statements on the board in French. New vocabulary: *cours d'eau, atmosphère, couche d'ozone, disparu(e), échappement, s'élargir, émission, espèces, gratte-ciel, hydrocarbure, hypothèse, laque à cheveux, passionnel(le), trou, vente.*

Pour chaque choix, dites si vous êtes d'accord ou pas. Expliquez vos raisons.

1. Si on avait limité les échappements d'hydrocarbures dans l'atmosphère plus tôt...
   a. on aurait éliminé les pluies acides.
   b. le trou dans la couche d'ozone ne se serait pas élargi.

2. Si nous avions développé des voitures sans émissions toxiques…
  a. l'air des villes serait resté pur.
  b. la pollution n'aurait pas détérioré les gratte-ciel.
3. Si les industries avaient limité leurs déchets…
  a. les cours d'eau et les fleuves ne seraient pas si pollués.
  b. le chômage serait devenu un problème encore plus grave.
4. Si nous avions reconnu l'importance des eaux et des forêts…
  a. nous aurions pu sauver les espèces animales disparues.
  b. nous aurions construit plus de centrales nucléaires.
5. Si on avait adopté des lois limitant la vente des armes à feu…
  a. moins de gens seraient morts à cause des crimes passionnels.
  b. il y aurait eu moins de guerres.

Suggestions

Mais non! Ce n'est pas comme ça!   Oui, si tu veux, mais…
Ça, c'est un peu simpliste, non?   Oui, mais n'oublie pas que…

MODÈLE: É1: Si on n'avait pas inventé la laque à cheveux, on n'aurait pas
              causé le trou dans la couche d'ozone.
          É2: Tiens, c'est intéressant! Mais je pense que ce n'est pas la seule
              raison…

Qu'est-ce qui
se joue
entre la forêt
et nous ?

Forêts du monde, forêts des hommes.

Exposition

GRANDE GALERIE DE L'EVOLUTION
36 rue Geoffroy Saint-Hilaire - Paris V^e

Realia. Ask students to answer the question. Point out the play on *se joue*. (The masks for mime suggest a drama in which humans are speaking for the forest; *se joue* also = *se passe* and suggests our interdependent relationship with the forest.)

Act. 7. (whole class; partners; small groups) (1) Before assigning, review each of the events with the class, involving students as much as possible. Some dates to include as input: (3) 1776; (4) 1865; (5) 1962; (8) 1755. Review with questions: *En quelle année est-ce que… ? Qu'est-ce qui s'est passé en… ?* (2) In groups, students should make several statements about each possibility. These might range from simple items such as foods to political effects. New vocabulary: *Acadien(ne), bataille, colon, colonie, révolte, se révolter, tabac.*

Activité 7 Échanges: Une autre Amérique

Imaginez comment la vie américaine aurait été différente si les choses suivantes s'étaient passées.

> MODÈLE: Si Santa Ana avait gagné la bataille de l'Alamo, moi, je pense que le Texas ne serait pas devenu un état américain et que l'espagnol serait maintenant la langue officielle de la région.

1. Si Napoléon n'avait pas vendu la Louisiane en 1803…
2. Si Seward n'avait pas acheté l'Alaska aux Russes en 1867…
3. Si les colonies américaines ne s'étaient pas révoltées…
4. Si le Nord n'avait pas gagné la guerre de Sécession…
5. Si les Russes avaient installé des armes nucléaires à Cuba…
6. Si les États-Unis n'avaient admis que des Anglais…
7. Si les Français n'avaient pas aidé les colons américains lors de leur révolte contre le roi d'Angleterre…
8. Si les Acadiens ne s'étaient pas établis en Louisiane…
9. Si les Européens n'avaient pas pris goût au tabac…

Ça fait penser

- Le français est la langue officielle, ou une des langues officielles, dans vingt-trois pays africains.
- Le français est la première langue de 120 millions de personnes.
- Presque 200 millions de personnes dans le monde parlent français comme deuxième langue.

La langue en mouvement

Le français en Louisiane

Depuis l'arrivée des Acadiens (Français chassés du Canada par les Anglais) en Louisiane au XVIIIᵉ siècle, la langue française est au cœur de la culture cadienne. Pourtant, au XXᵉ siècle, le français a été très menacé par l'anglais, au point où sa survie en Louisiane a été mise en question. Les années 60 ont vu la renaissance du français. Bannie des écoles et des églises pendant les années 20 et 30, la langue française a, depuis, été réintroduite dans les écoles. Il existe des stations de radio de langue française, et les musiques traditionnelles cadienne et zydeco, avec leurs chansons en français, aident à consolider la position du français en Louisiane.

Ça fait penser. World population counts and the economic and political power of the United States have established several languages ahead of French in total number of speakers. Even so, French remains an important world language not only as described here in *Deux mondes,* but as a major language in the world of the arts and diplomacy. The French have traditionally prided themselves on its beauty and logic, and the *Académie française* retains a strong position of respect among those who love the language.

La langue en mouvement. Note that the French version of the word *Cajun* has been much debated, but the currently prevailing term among scholars of Cajun French language and culture is *cadien(ne),* pronounced "cadjin" and "cadjenne." Organizations such as CODOFIL and Action Cadienne are fighting to reverse the trend toward the disappearance of French among young Cajuns. CODOFIL (Council for the Development of French in Louisiana) was created in 1968 by the Louisiana legislature "to do any and all things necessary to accomplish the development, utilization, and preservation of the French language as found in Louisiana for the cultural, economic, and touristic benefit of the state." Action Cadienne is a nonprofit organization seeking to promote immersion schools where children begin their schooling by doing half their instruction in French. Both of these agencies have excellent web sites.

Activité 8 Dans le monde francophone:
Le deuxième sexe

Lisez ce tableau basé sur un tableau tiré de *Francoscopie* et déterminez si les phrases qui le suivent sont vraies ou non. Si une phrase est fausse, corrigez-la.

Act. 8. (partners; small groups) (1) Read aloud and explain the events in the realia. Ask the class to elaborate on the significance of each and what would have happened if the event hadn't occurred. Example: *Qu'est-ce qui serait arrivé si on n'avait pas offert le même programme d'études aux deux sexes?* (2) Assign partners or groups, and encourage them to add other statements to the list. After students have completed their discussions, ask for a summary of their answers. They should correct any statement that is false and give reasons for the true ones.

The *loi sur la parité* of 2000 has been much debated in France but has many supporters of all political persuasions and remains a topic of strong interest today. It aims to increase the number of woman candidates on each party's slate. Political parties not conforming to this law get financially penalized; a certain percentage of their public election-designated funding is withheld. The annotation to *Info: Société* on the following page provides more information about this law and its effects.

Les grandes batailles

1850 : admission des filles à l'école primaire
1880 : admission des filles au lycée
1907 : les femmes mariées peuvent disposer de leur propre salaire
1928 : capacité juridique de la femme mariée
1937 : garçons et filles suivent le même programme scolaire
1944 : les femmes obtiennent le droit de vote (96 ans après les hommes)
1965 : la femme peut travailler sans demander la permission à son époux
1967 : la loi autorise la contraception
1970 : partage de l'autorité parentale
1972 : l'égalité de rémunération entre hommes et femmes est inscrite dans la loi
1974 : la loi autorise l'interruption volontaire de la grossesse (IVG)
1982 : remboursement de l'IVG par la Sécurité sociale
1983 : loi sur l'égalité professionnelle entre hommes et femmes
1985 : possibilité d'administrer conjointement les biens familiaux
2000 : la loi exige que les partis politiques présentent un nombre relativement égal de candidats femmes et hommes

---

1. Sans la loi de 1850, le mari aurait eu le droit de contrôler les finances de la famille.
2. Sans la loi de 1974, l'avortement serait illégal aujourd'hui.
3. Sans la loi de 2000, il y aurait probablement moins de femmes parmi les candidats dans les élections, à tous les niveaux.
4. Sans la loi de 1937, les garçons auraient eu un programme d'études inférieur à celui des filles.
5. Sans la loi de 1880, les filles n'auraient pas eu le droit d'aller à l'école publique.
6. Sans la loi de 1972, les femmes recevraient aujourd'hui un salaire supérieur à celui des hommes pour le même travail.
7. Sans la loi de 1944, les femmes ne pourraient pas voter.
8. ?

INFO: Société

Femmes en vue d'hier et d'aujourd'hui

Historiquement, la société française n'a jamais manqué[1] de femmes influentes dans des domaines variés comme la politique (Jeanne d'Arc, Marie de Médicis), la littérature (Mme de Lafayette, George Sand, Simone de Beauvoir) et les sciences (Marie Curie). Pourtant, depuis le XVIIIe siècle, le rôle des femmes restait très minime dans la vie publique, mais aujourd'hui c'est de moins en moins vrai. Une femme peut être membre de l'Académie française (l'historienne Jacqueline de Romilly, l'écrivaine Florence Delay et, dernièrement, la romancière[2] Assia Djebar), astronaute (Claudie Haigneré), ministre (Dominique Voynet à l'environnement,[3] Martine Aubry aux affaires sociales,[4] Élisabeth Guigou à la justice...[5]), Premier ministre (Édith Cresson en 1991), chef de parti politique (Michèle Alliot-Marie au RPR[6] en 1999) et candidate aux élections présidentielles (Arlette Laguillier, Christiane Taubira et surtout Ségolène Royal; voir le Chapitre 13). Reste toutefois[7] un problème linguistique, car les noms de nombreuses fonctions et professions n'ont pas de féminin accepté en France, contrairement à l'usage adopté dans d'autres pays francophones.

• Claudie Haigneré, astronaute

---

[1] n'a... avait
[2] auteur de romans
[3] ministre de l'environnement
[4] ministre de l'Emploi et de la Solidarité
[5] ministre de la Justice
[6] Rassemblement pour la République, un parti politique
[7] Reste... Il y a encore

Info: Société. If necessary, identify the historical characters named here. Women have been and remain underrepresented in French public life. A law was enacted in 2000 (*Loi sur la parité*) to remedy this situation, one of the worst in Europe. Some gains have been made, especially in the number of representatives, from 21.7% in the House (*Assemblée*) and 6.2% in the Senate in the late 1990s to 33% and 10.9% more recently. Nearly 11% of mayors are now female, up from 7.5% ten years ago. Various government positions have been dedicated to improving the status of women: *ministère des droits de la femme, de la condition féminine,* and more recently, *ministère délégué à la cohésion sociale et à la parité*. However, women still lag far behind men in salary equity and access to high executive positions. The feminization of titles has become an issue of its own: contrary to the Québécois, the French remain reluctant to use words such as *professeure* and *écrivaine*, or to change the gender of nouns referring to traditionally male professions or titles, such as *docteur*, *sénateur*, etc.

Les enjeux du XXIe siècle

Les enjeux du XXIe siècle. Using the future tense, ask questions about what the future holds: *À l'avenir, est-ce que nous aurons tous des maisons électroniques qui feront le travail ménager? Combien d'étudiants y aura-t-il dans cette université dans 100 ans? Quelle sera la population de cette ville?* Write future forms on the board for reference and review. Discuss the art and ask whether students agree with the statements. Afterward, point out the conjunctions and the use of the subjunctive. The use of subjunctive occurs here to facilitate comprehension in speech and reading. Put phrases on the board to use for later explanation. Students should not be required to produce sentences using this construction. New vocabulary: *abuser de, à condition que, à moins que, enjeu, génétique, surpopulation.*

★ **Attention! Étudier Grammaire 14.3 et 14.4**

Le stress sera toujours un problème, à moins que nous apprenions à nous détendre.

Malgré nos discussions, on ne résoudra pas tous les problèmes sociaux.

On peut éviter la crise de la surpopulation, à condition que chacun fasse des efforts.

La génétique pourra nous aider, à condition que nous n'en abusions pas.

Activité 9 Discussion: Un siècle nouveau

Complétez les observations sur les problèmes de notre époque avec la solution que vous préférez, ou proposez-en une autre. Est-ce qu'il serait possible de résoudre ces problèmes dans les vingt prochaines années?

1. Il y aura moins de crimes violents à condition que...
   a. nous abolissions la vente des armes à feu.
   b. nous changions les idées de ceux qui commettent des crimes.
2. Nous ne pourrons pas arrêter la dégradation de l'environnement sans que...
   a. toutes les industries fassent des efforts sincères.
   b. tout le monde prenne conscience du gaspillage.
3. Nous ne pourrons pas compter sur des soins médicaux à l'avenir à moins que...
   a. nous établissions un système d'assurance nationale.
   b. nous dépensions moins pour la recherche et la technologie.
4. La drogue sera un danger pour la société jusqu'à ce que (qu')...
   a. nous trouvions et arrêtions tous les trafiquants.
   b. elle devienne une substance contrôlée comme l'alcool.
5. On ne pourra pas équilibrer le budget national sans que...
   a. les industriels acceptent de faire moins de profit.
   b. les politiques prennent les mesures nécessaires.

MODÈLE: ...à condition que nous abolissions la vente d'armes à feu.
  É1: Je suis d'accord, mais il faut ajouter que nous aurons moins de crimes à condition que nous changions la vie des pauvres et que nous...
  É2: Moi, je trouve l'idée d'abolir la vente d'armes à feu complètement risible! Tout le monde...

Act. 9. (whole class; partners) (1) Ask students to list annoyances and social problems while you write them on the board. Then ask if they agree with proposals such as the following: *Il y aura moins de crimes violents à condition que nous abolissions la vente des armes à feu.* (2) Ask about the items in the activity, then assign the activity to partners. Later, take a survey of opinions.
New vocabulary: *abolir, assurances, avant que, commettre, dégradation, drogue, jusqu'à ce que, risible, sans que, trafiquant.*

Ça fait penser. Mention that the terms *exclusion* and *solidarité* are very much heard in France these days. This picnic was intended to mark an idyllic beginning for the new century, bringing together the poor, the ill, and the disadvantaged to break bread (and open bottles) with the well and the prosperous.

Realia. *Marianne est le symbole de la République française, représentée par le buste d'une femme coiffée d'un bonnet phrygien. Elle existe depuis 1792.*

Act. 10. (partners) Be sure everyone understands the vocabulary, then assign for discussion. Encourage the class to make full use of *Exprime-toi!* to react to their partner's views. Later, review what students have said, reacting yourself with the suggestions in *Exprime-toi!* or others. New vocabulary: *pauvreté, plaire à, quotient intellectuel (QI), réagir, remplacer.*

Act. 11. (small groups) You may wish to do this activity over two days so that students have an opportunity to work together. Encourage visuals when students present their countries to the class.

Ça fait penser

«L'incroyable pique-nique» a eu lieu le 14 juillet 2000. Organisé par le gouvernement français pour célébrer l'an 2000, le pique-nique devait lancer une campagne de solidarité et de prévention contre le sida. Plus de 4 millions de personnes ont pique-niqué ensemble sur plus de 1.000 kilomètres, ce qui reliait le nord et le sud de la France.

Activité 10 Échanges: Prédictions pour l'avenir

Nous allons voir des changements au cours du XXIᵉ siècle. Avec votre partenaire, réagissez aux prédictions en expliquant vos raisons.

> MODÈLE: Les chercheurs découvriront un médicament pour rester jeune.
> > É1: C'est merveilleux! Mais je doute que ma future carrière de chirurgienne esthétique soit très lucrative!
> > É2: Ça plairait à ma sœur! Elle ne veut pas vieillir!

Exprime-toi!

Ça me plairait (m'étonnnerait, me surprendrait...).
Ce serait un désastre (un miracle...)!
Quelle catastrophe! (joie!, horreur!...)
Il est temps!
C'est merveilleux! (super!, révoltant!...)
Ça m'est égal!

1. Nous pourrons choisir le sexe, le QI et l'apparence physique des bébés.
2. Tous les ordinateurs et les logiciels seront compatibles.
3. La plupart des gens pourront travailler chez eux au lieu d'aller au bureau.
4. Il y aura très peu de pauvreté et de chômage dans le monde.
5. Le soleil deviendra notre source principale d'énergie.
6. La plupart des Américains parleront français, espagnol et anglais.
7. Nous aurons des matières grasses artificielles inoffensives.
8. Grâce à Internet, on arrêtera les criminels juste après le crime.
9. La carte génétique personnelle remplacera la carte d'identité.
10. On deviendra plus conscient de l'environnement et de sa santé. Tout le monde se déplacera à pied, à vélo ou en train.

Activité 11 Échanges: Un nouveau pays

En petits groupes, créez un pays où vous voudriez vivre. Présentez votre pays à la classe.

- Comment s'appelle le pays? Où est-il situé?
- Comment est sa topographie? Y a-t-il des montagnes, des forêts... ?
- Quel type de gouvernement a-t-il?
- Quelles sont les bases de l'économie? Fonctionne-t-elle bien?

- Qui habite dans ce pays? Quelle est son histoire?
- Est-ce qu'il y a une fête nationale? Quel événement marque-t-elle?
- Comment fonctionne son système d'enseignement?
- Comment sont ses habitants? Comment est leur vie?

Activité 12 Échanges: Qu'est-ce qu'on peut faire?

En groupes, décidez ce que les personnes suivantes peuvent faire pour aider à convaincre les gens à affronter les problèmes écologiques d'aujourd'hui.

- le rédacteur en chef d'un journal
- le chef du gouvernement
- un sportif ou une sportive célèbre
- une vedette de cinéma
- le président d'une université
- le/la P.D.G. d'une entreprise internationale

MODÈLE: É1: Les profs de français peuvent discuter de ces problèmes en
cours.
É2: Ils pourraient exiger que les étudiants lisent des articles et qu'ils
écrivent sur ce sujet.
É3: Moi, à leur place, je passerais des films en français sur l'écologie
dans mes cours.

Act. 12. (small groups) Students should consider the skills, connections, equipment, income, etc., of each proposed individual when thinking of their replies. They might also mention the target audience for each. This activity can later be used for group competitions (to see who can last the longest in thinking up good answers). New vocabulary: *P.D.G., rédacteur en chef.*

LECTURE

Le voyageur du temps

Un inventeur génial de la fin du XIXe siècle a conçu une machine à voyager dans le temps. Il s'arrête en 2010 et sort de sa machine en plein Paris. Très surpris de ce qu'il voit, il aborde une passante.
—Excusez-moi, monsieur...
La passante le regarde d'un air étonné et réplique:
—Mademoiselle.
—Mademoiselle? Ah oui, c'est vrai... Je suis confus. Mais... pourquoi portez-vous un pantalon?
—Parce que je trouve ça confortable. Quelle drôle de question!
—Excusez-moi, je suis un peu désorienté... Dites-moi: nous sommes bien à Paris, n'est-ce pas?
—Oui, bien sûr.
—Et, euh... j'ai perdu ma montre, voyez-vous... pouvez-vous me dire la date?
La passante a l'air de plus en plus étonné.
—Le 1er avril.
—De quelle année?

Lecture. The fairly simple premise of this story could serve as a starting point for a discussion reviewing what students have learned throughout the course about contemporary France and how it has changed in the past 30 years. One teaching strategy is to divide the class into groups: each one drafts five statements about current social, political, and cultural realities, and five statements about past realities. Groups then gather two by two and try to determine if any of one group's "present" statements can be matched with the other group's "past" statements and to draft a few matching statements where there are none. It is important to insist that France in the early 21st century is quite different from the traditional image still often conveyed in the media, films, and many textbooks. There were several actual *Expositions Coloniales* in the early 20th century; the most celebrated was held in Paris in 1931. The domestic policies of France have become ever more inseparable from that of the European Union, born of the *Traité de Maastricht* in 1992. Although the 1990 Schengen Agreement on the complete opening up of borders between seven countries in 1993 had to be suspended temporarily, and the date of monetary unification pushed back several times (with the *euro* replacing the *écu* as currency in 1996), there has been steady progress toward a "United States of Europe" under the joint leadership of France and Germany. The main governing bodies of the union are *le Parlement européen* (Strasbourg), *la Commission européenne* (Brussels), *le Conseil européen* (heads of state), and *la Cour de justice* (Luxembourg). As of January, 2007, when Romania and Bulgaria joined the European Union, there were twenty-seven member countries.

—Ah, je comprends: c'est une blague, hein? Un poisson d'avril[1]?

—Non, non, je vous assure. Je suis très sérieux, mais un peu distrait, voyez-vous. Alors, l'année?

—2010. Vous êtes sûr que vous vous sentez bien?

—2010!!! Mon dieu! Oui, merci, ça va. Je suis juste un peu déconcerté.

—Ah, je comprends; vous n'êtes pas d'ici...

—Oh, si, justement, c'est «ici» qui me semble avoir beaucoup changé. Regardez tous ces gens, tous ces étrangers! Toutes ces races! Est-ce qu'il y a de nouveau une Exposition Coloniale?

—Ce serait difficile: il n'y a plus de colonies, vous savez. Ces gens vivent et travaillent ici et d'ailleurs, la plupart sont sans doute français.

—C'est vrai? Mais, alors, est-ce que la France est toujours un pays souverain? Nous n'avons pas été envahis par les Allemands, au moins?

La passante réfléchit quelques instants avec un sourire amusé.

—Pas exactement. C'est de l'histoire ancienne, tout ça. Les Allemands sont nos meilleurs amis à présent; ensemble, nous avons construit l'Europe.

—Tiens! Quelle idée! Ahem... Vous savez, je suis ingénieur, je passe mes journées dans mon laboratoire et je ne suis pas l'actualité de très près. Expliquez-moi en quoi consiste cette Europe.

—Eh bien, les frontières ont été abolies et depuis huit ans, nous avons une monnaie unique, l'euro. Nous avons déjà une politique agricole commune, une force militaire multinationale...

—Vraiment? Et est-ce que cette Europe est unie politiquement aussi, avec un président?

—Non, pas encore, mais on en parle. Il y a des instances de gouvernement commun, comme la commission de Bruxelles ou le parlement de Strasbourg... Dites, vous n'avez vraiment jamais entendu parler de tout ça?

—Non, je suis très très distrait, vous savez. Mais tout ce que vous me dites m'intéresse beaucoup... J'espère seulement qu'avec tous ces changements, la France ne va pas devenir un petit pays sans importance.

—Ne vous inquiétez pas! Je crois que la France a encore un rôle à jouer, pas seulement au sein de l'Union européenne...

—Je vous remercie beaucoup, jeune homme... euh, enfin, je veux dire, chère mademoiselle. Merci et bonne journée!

«Quel vieil original!» pense la jeune femme en s'éloignant, «et quel accoutrement[2] bizarre! C'est à croire que ce monsieur vit encore au XIXe siècle!»

---

[1]poisson... une blague qu'on fait traditionnellement le 1er avril   [2]costume

Avez-vous compris? Le voyageur du temps est déconcerté par les différences entre la fin du XIXe siècle et l'an 2010. Trouvez dans le texte des éléments qui s'opposent à son expérience.

MODÈLE: À son époque, les femmes devaient porter des corsets, des robes et des jupons.
En 2010, les femmes portent ce qu'elles veulent.

À son époque,...

1. la France et l'Allemagne étaient souvent en conflit.
2. la France possédait un immense empire colonial.
3. chaque pays européen avait des institutions totalement distinctes de celles des autres.
4. Strasbourg faisait partie du territoire allemand.
5. la population française était extrêmement homogène.
6. les frontières entre pays jouaient un rôle important.
7. chaque pays avait sa propre monnaie.

Realia. The French painter Henri Rousseau (1844–1910) was a customs officer most of his life. His paintings depict a world filtered through poetic imagination, just as skeptics have seen proposals for free movement without customs within the European Union as a fanciful rather than a logical plan.

À vous la parole! Enthousiasmé par ce qu'il vient de voir, le voyageur du temps retourne dans sa machine pour rentrer dans son époque et tout raconter à ses amis. Malheureusement, il fait une erreur et se retrouve en 2098! Imaginez une scène où il rencontre un passant (une passante) de la fin du XXIe siècle.

> MODÈLE: VOYAGEUR: Bonjour... monsieur? madame?
>
> GOGI: Bonjour, je suis Gogi, robot à votre service. Vous désirez continuer en français?
>
> VOYAGEUR: ...

À vous d'écrire. Be prepared to provide prearranged (and willing) contact names and phone numbers in case some students do not have anyone to interview. Before assigning, have the class ask you the questions as preparatory input.

MULTIMÉDIA

QUIA Online Workbook / Lab Manual

WWW Online Learning Center and Audio Program

ActivityPak

www.mhhe.com/deuxmondes6

À vous d'écrire

Interviewez quelqu'un qui a immigré d'un autre pays. Ensuite, écrivez un article au sujet de ses expériences.

Suggestions son pays d'origine, sa raison pour partir, son travail et les changements que cette décision a provoqués dans sa vie (la langue, la culture, la nourriture, etc.)

> MODÈLE: *La tante de mon ami Tuan Nguyen est venue aux États-Unis pendant les années 80 après la guerre du Viêt-Nam. Elle avait été séparée de sa famille pendant la guerre et...*

Vocabulaire

Le monde et ses habitants

The world and those who live there

bilingue	bilingual
chauvin(e)	chauvinistic, prejudiced
déchiré(e)	torn, conflicted
disparu(e)	gone, disappeared
monolingue	monolingual
peuplé(e)	inhabited
puni(e)	punished

Mots apparentés: **biculturel(le), ethnique, majoritaire, multiculturel(le), pur(e)**

les droits (*m.*) **de l'homme**	human rights
les enjeux (*m.*)	stakes
une ethnie	an ethnic group
une foire internationale	an international fair
un(e) immigré(e)	an immigrant
la langue maternelle	mother tongue
un lien	a connection, link
une tribu	a tribe

Mots apparentés: **l'égalité** (*f.*)**, l'harmonie** (*f.*)**, l'intégration** (*f.*)**, le quotient intellectuel (QI)**

avoir le mal du pays	to be homesick

accorder l'indépendance (à)	to grant independence (to)
s'entraider	to help one another
faire partie de	to belong to
s'installer	to move, settle
rester en contact	to stay in touch
soutenir	to support, aid

Mots apparentés: **abuser (de), consister, disposer (de), émigrer, enrichir, immigrer, s'intégrer, ressembler (à), se révolter**

Les problèmes sociaux et l'opinion publique

Social problems and public opinion

les assurances (*f.*)	insurance
l'avortement (*m.*)	abortion
une bataille	a battle
le chômage	unemployment
le gaspillage	waste
la guerre	war
une loi	a law
la pauvreté	poverty
les soins (*m.*) **médicaux**	medical care

équilibrer le budget	to balance the budget
être conscient(e) (de)	to be aware (of)
lancer une bombe	to drop a bomb
vieillir	to grow old

Mots apparentés: **l'agression** (*f.*)**, l'armement** (*m.*)**, une bombe atomique, une colonie, crime passionnel, la dégradation, la drogue, un(e) trafiquant(e)**

L'environnement

The environment

les armes (*f.*) **nucléaires**	nuclear weapons
une centrale nucléaire	a nuclear power plant
un chercheur / une chercheuse	a researcher
un cours d'eau	a stream

une décharge	a (trash) dump
l'échappement (*m.*) **d'hydrocarbures**	hydrocarbon emissions
les espèces (*f.*) **animales**	animal species
l'exclusion (*f.*)	(state of) marginalization
un gratte-ciel	a skyscraper
la laque à cheveux	hairspray
la pluie acide	acid rain
la solidarité	support, help for people in distress
la surpopulation	overpopulation
le tabac	tobacco
le trou dans la couche d'ozone	the hole in the ozone layer
la vente d'armes à feu	sale of firearms
les vestiges (*m.*) **du passé**	remains of the past

abolir	to abolish
affronter	to confront, deal with
s'élargir	to grow, become larger
lutter	to fight
remplacer	to replace
résoudre	to resolve

Mots apparentés: **appréhendé(e), détériorer, la génétique, lucratif/lucrative, révoltant(e), la révolte, simpliste**

Mots et expressions utiles

à condition que	provided that
à moins que	unless
au sein de	at the heart of, within
autant que possible	as much as possible
Ça m'est égal.	It doesn't matter to me.
les colons (*m.*)	colonials, colonists
l'extrême droite	the far right
inoffensif/inoffensive	harmless
jusqu'à ce que	until
le/la P.D.G.	CEO
pire (le...)	worse (the worst)
Quel dommage!	What a shame!
le rédacteur en chef	executive editor
risible	laughable

Grammaire et exercices

14.1. We have presented the past conditional of *devoir* for recognition. First, review the conditional of *devoir* with questions such as: *Qu'est-ce que vous devriez faire avant l'examen final?* Then ask about the past: *Est-ce que vous êtes complètement satisfaits de votre semestre? Est-ce que vous auriez dû étudier davantage?* Write conditional forms + infinitives in one column and conditional past + infinitive in another. After you have generated several forms, point out the difference.

 14.1 *Should have:* The past conditional of **devoir**

★ Review **Grammaire 8.4.**

ES 1. Tell students about some past mistakes you've made and ask them what you should have done instead.

★ *You will learn more about the past conditional in* **Grammaire 14.2.**

A. You have already used the present conditional of **devoir** + an infinitive to express a judgment about a present or future action.

> Nous **devrions être** moins dépendants de la voiture.
> *We should be less dependent on cars.*

B. To express a judgment about a past action, use the past conditional of **devoir** + an infinitive.

PAST CONDITIONAL OF **devoir**	
j'aurais dû	nous aurions dû
tu aurais dû	vous auriez dû
il/elle/on aurait dû	ils/elles auraient dû

➤ **je dois** = *I have to*
➤ **je devrais** = *I should*
➤ **j'aurais dû** = *I should have*

> Tu n'as pas voté? Tu **aurais dû** le faire.
> *You didn't vote? You should have.*
>
> Nous **aurions dû** penser à ces problèmes plus tôt.
> *We should have thought of these problems sooner.*

Ex. 1. After students do the exercise as homework, go over it in class for input purposes. Ask how many people agree or disagree with the sentiments expressed in the statements.

Exercice 1 Erreurs du passé

La classe de Mme Martin parle de certains problèmes sociaux. Employez le conditionnel passé de **devoir**.

> MODÈLE: On *aurait dû* accorder le droit de vote aux femmes beaucoup plus tôt.

1. Les scientifiques _____ nous avertir plus tôt des problèmes écologiques.
2. Nous _____ être informés plus tôt sur les dangers du tabac.
3. Vous _____ voter aux dernières élections.
4. On _____ prévoir les effets des nouvelles technologies sur les emplois.
5. Raoul, tu _____ nous parler des expériences de tes ancêtres québécois.
6. Moi, j'_____ choisir d'être professeur d'anglais langue seconde.

14.2. The past conditional (*conditionnel passé*) is presented primarily for recognition. Few students are able to use these structures in their speech at this level.

 14.2 Saying what you would have done: The past conditional

★ Review **Grammaire 11.1** on the present conditional.

A. The past conditional is used to tell what someone would have done in the past. It consists of the conditional form of **avoir** or **être** + the past participle.

444

CONDITIONNEL PASSÉ		
j'**aurais** fini	je **serais** arrivé(e)	je me **serais** levé(e)
tu **aurais** fini	tu **serais** arrivé(e)	tu te **serais** levé(e)
il/elle/on **aurait** fini	il/elle/on **serait** arrivé(e)	il/elle/on se **serait** levé(e)
nous **aurions** fini	nous **serions** arrivé(e)s	nous nous **serions** levé(e)s
vous **auriez** fini	vous **seriez** arrivé(e)(s)	vous vous **seriez** levé(e)(s)
ils/elles **auraient** fini	ils/elles **seraient** arrivé(e)s	ils/elles se **seraient** levé(e)s

Si j'avais vécu au XIXe siècle, j'**aurais été** plus heureuse. J'**aurais pu** vivre dans un monde plus simple

If I had lived in the 19th century, I would have been happier. I could have lived (would have been able to live) in a simpler world.

➤ j'**aurais fait** = *I would have done*

➤ je **serais allé(e)** = *I would have gone*

B. You have seen how French expresses a hypothetical condition and its result by using **si** + the **imparfait** and the conditional.

Si j'avais le temps, **je travaillerais** pour ce candidat.

If I had the time, I would work for that candidate.

To express a *past* hypothetical condition and a *past* result, use **si** + the **plus-que-parfait** and the past conditional. Remember that the **plus-que-parfait** consists of the imperfect form of **avoir** or **être** + the past participle.

Si j'avais eu le temps, **j'aurais travaillé** pour ce candidat.
Si tu étais resté(e) à la maison, **tu n'aurais pas eu** cet accident.

If I had had the time, I would have worked for that candidate.
If you had stayed at home, you wouldn't have had this accident.

✷ Review **Grammaire 11.5** on conditional sentences with **si** + imperfect and present conditional.

✷ Review **Grammaire 13.4** on the **plus-que-parfait**.

ES 2. Ask students what they would have done if you had been absent during the last class. Write their replies on the board. Use association techniques to provide further input: *Qui serait resté au lit toute la journée? Est-ce que Rob aurait fait des courses ou est-ce qu'il serait allé à la bibliothèque?*

Ex. 2. Students need only supply forms in the past conditional.

Exercice 2 Moi, j'aurais fait autrement!

Marie Lasalle est écologiste, mais elle a du mal à changer les habitudes de Francis. Voici ce qu'elle lui dit quand il rentre du supermarché. Complétez les phrases en mettant le verbe au conditionnel passé.

1. Moi, je _____ (ne pas acheter) ces sacs poubelle non biodégradables.
2. Si tu avais pris le bus au lieu de la voiture, ça _____ (être) mieux pour l'environnement.
3. On _____ (ne pas jeter) tout ce plastique à la poubelle, si tu n'avais pas choisi des légumes emballés dans du plastique.
4. Est-ce que tu sais que tu _____ (pouvoir) trouver une lessive sans phosphates?
5. Si tu avais emporté nos filets à provisions, tu _____ (ne pas rentrer) avec tous ces sacs en plastique.
6. Si tu avais réfléchi un peu plus, tu _____ (se rendre compte) qu'on vend beaucoup de produits bio au supermarché maintenant.

Conjunctions: More on the subjunctive

Definition: A *conjunction* is a word or expression that links one idea to another within a sentence: **et, mais,** etc.

14.3. This section is intended for recognition and reference only. Contrast these conjunctions with the corresponding prepositions: *J'espère le voir avant son départ / J'espère le voir avant de partir,* but *J'espère le voir avant qu'il parte.* Also review conjunctions requiring the indicative (*parce que, puisque*).

A. Certain French conjunctions require the verb that follows to be in the subjunctive mood.

> Il faudra prendre des measures sévères, **pour que** tout le monde **comprenne** la gravité de la situation.

> *It will be necessary to take some drastic steps, so that everyone will understand the seriousness of the situation.*

B. The conjunctions that require the use of the subjunctive generally include some element of uncertainty, in the sense that they introduce a potential event that may or may not actually take place. Here are the most commonly used conjunctions that require the subjunctive.

TIME	RESTRICTION
avant que *before*	**à moins que** *unless*
jusqu'à ce que *until*	**bien que, quoique** *although, even though*
PURPOSE	**pourvu que, à condition que** *provided that*
afin que, pour que *so that*	**sans que** *without*

> J'espère lui parler **avant qu'**elle **prenne** une décision.
> **Bien que** vous **ayez** de bonnes idées, je trouve que vous êtes trop optimiste.

> *I hope to speak to her before she makes a decision.*
> *Although you have some good ideas, I think you are too optimistic.*

Exercice 3 Que faut-il faire?

Complétez les phrases de façon logique en choisissant une des conjonctions indiquées.

à condition que, à moins que, bien que

1. La surpopulation de la terre va bientôt prendre des proportions catastrophiques, _____ tous les pays du monde se mettent d'accord sur les mesures à prendre.
2. Nous devrions aider les pays en voie de développement _____ ce développement se conforme à des priorités écologiques.
3. _____ les femmes aient le droit de vote depuis assez longtemps, il y a très peu de femmes dans notre législature.

jusqu'à ce que, pour que, quoique

4. Les jeunes défavorisés vont continuer à avoir des problèmes _____ nous dépensions plus pour les écoles que pour les prisons.

5. Notre gouvernement continue à aider ce pays, _____ ses leaders n'arrêtent pas d'emprisonner leurs adversaires politiques.

6. Il faudrait enseigner les principes de l'écologie à l'école, _____ les enfants les apprennent très jeunes.

14.4 Expressing doubt and uncertainty: More on the subjunctive

Another use of the subjunctive is to express doubt or uncertainty about some event or state of affairs. The following charts show possible beliefs one can have about the likelihood of some event. Notice that the indicative is used for something that is considered probable or certain, whereas the subjunctive is used for anything that is impossible, unlikely, or merely possible.

➤ Use subjunctive after expressions of

- necessity
- desire
- emotion, attitude
- doubt, uncertainty, impossibility

14.4. This section introduces the last semantic category of expressions requiring the subjunctive. For the first time, we contrast these expressions (doubt and uncertainty) with semantically opposite expressions requiring the indicative (probability and certainty). We do this to combat students' frequent misconception that the subjunctive is used in subordinate clauses after any impersonal or personal expression + *que*. Note that *c'est* is used in impersonal expressions here, following informal usage. Formal French requires *il est* for these expressions.

SUBJUNCTIVE	
Impossible	c'est impossible que ce n'est pas possible que
Unlikely, doubtful	c'est peu probable que c'est douteux que je doute que
Possible, uncertain	c'est possible que ce n'est pas certain que je ne suis pas certain(e)/sûr(e) que

INDICATIVE	
Likely, probable	c'est probable que je crois que, je pense que
Certain	c'est certain que c'est vrai que c'est sûr que c'est clair que je suis certain(e)/sûr(e) que

SUBJUNCTIVE

C'est impossible que tous les pays **se mettent** d'accord sur une solution.

Je doute que cela **soit** vrai.

C'est possible que le president **fasse** une conférence de presse ce soir.

It's impossible for all countries to agree on a solution.

I doubt that that is true.

It's possible the president will hold a press conference tonight.

➤Subjunctive:

C'est **impossible** qu'il vienne.

C'est **peu probable** que tu aies raison.

C'est **possible** que je sois en retard.

➤ Indicative:

C'est **probable** que tu as raison.

C'est **certain** que je serai en retard.

INDICATIVE

C'est probable que la presse lui **posera** beaucoup de questions.

C'est certain que ces problèmes **vont** s'aggraver.

It's likely the press will ask him/her a lot of questions.

It's certain these problems are going to get worse.

Ex. 4. Students must identify the meaning of the expressions and then produce either subjunctive or indicative forms. This exercise is intended to increase awareness of the grammar point, but students should not be expected to produce statements such as these on their own. After they have done the exercise as homework, partners could compare their answers to see if they agreed.

Exercice 4 Prédictions pour l'an 2015

Complétez les phrases en utilisant l'indicatif ou le subjonctif. Ensuite, dites laquelle exprime le mieux votre opinion. Comparez vos réponses avec celles de vos camarades de classe.

MODÈLE: Tous les téléphones seront équipés d'un écran de télévision.
   a. C'est peu probable que tous les téléphones *soient* équipés d'un écran de télévision.
   b. C'est probable que tous les téléphones *seront* équipés d'un écran de télévision.

1. Les étudiants de mon université suivront tous leurs cours en ligne.
   a. C'est possible que...
   b. C'est impossible que...
2. Tous les Américains parleront anglais, français et espagnol.
   a. C'est impossible que...
   b. C'est probable que...
3. Nous éliminerons la pauvreté.
   a. J'espère que...
   b. C'est peu probable que...
4. Tout le monde travaillera à la maison.
   a. Je pense que...
   b. Ce n'est pas possible que...
5. Toutes les familles du monde auront Internet.
   a. C'est peu probable que...
   b. C'est possible que...

GOALS FOR *CHAPITRE 14*.
In *Chapitre 14*, students talk about social and political issues. Topics include emigration/immigration, the position of minorities, and social decisions. Grammar topics enable students to communicate what should have been done or how things might have been different. New vocabulary is very light in this chapter so that students can receive maximum input with the new forms and their meanings. *Functional goals:* (1) Comprehend the expression of doubts, uncertainty, and regrets; (2) Say what you would have done in a given situation; (3) Describe current social issues and say what the future may hold.

MISE EN TRAIN.
1. Past conditional of *devoir*. Use pictures that suggest errors and allow you to ask what should have happened but did not. Examples: (photo of a man receiving a speeding ticket) *Qu'est-ce qu'il aurait dû faire? Est-ce qu'il aurait dû conduire plus lentement ou plus rapidement? Ah oui, vous avez raison! Il aurait dû conduire plus lentement. Il n'aurait pas dû dépasser la limitation de vitesse.* (photo of a girl crying because of a cut finger) *Ah, la pauvre. Elle s'est coupé au doigt. Qu'est-ce qu'elle aurait dû faire pour éviter cet accident? Oui, elle aurait dû faire plus attention. Ses parents n'auraient jamais dû lui permettre de jouer avec un objet dangereux.* Write new forms on the board to use later for reviewing meaning and explaining how to form the past conditional of *devoir*.

2. Past conditional. Use your PF, personal anecdotes, and association techniques to introduce verbs in the past conditional: (woman with new car) *Cette femme vient de s'acheter une belle voiture bleue. Elle a beaucoup d'argent, n'est-ce pas? Si vous aviez été à sa place, est-ce que vous auriez acheté la même voiture ou en auriez-vous acheté une autre?* (couple on beach) *Ils passent leurs vacances à la plage. Moi, je ne serais pas allé(e) à la plage. Je serais allé(e) à la montagne. Et vous, seriez-vous allés à la plage ou à la montagne... ?*

Verbs ending in *-er* with spelling changes

A few regular **-er** verbs have minor spelling changes in the present-tense stem. Most of these changes correspond to changes in pronunciation that occur when the verb has an ending that is not pronounced.

- Verbs like **préférer:** The **é** just before the infinitive ending becomes **è** in all but the **nous** and **vous** forms; that is, in those forms where the verb ending is *not* pronounced: **préfèr~e~, préfèr~es~, préfèr~ent~; préfére~z~, préférõ~ns~, préfére~z~.**
- Verbs like **acheter:** the **e** of the stem **(achet-)** is not normally pronounced in the infinitive or in the **nous** and **vous** forms. However, it becomes an **è** in the other forms, where it *is* pronounced: **achèt~e~, achèt~es~, achèt~ent~; ach~e~te~z~, ach~e~tõ~ns~, ach~e~te~z~.**
- Verbs like **appeler:** the final consonant of the stem is doubled in all but the **nous** and **vous** forms to indicate that the **e** of the stem is pronounced: **appell~e~, appell~es~, appell~ent~; app~e~le~z~, app~e~lõ~ns~, app~e~le~z~.**
- Verbs like **manger:** an **e** is added after the **g** before **-ons** to preserve the correct pronunciation of the letter **g: mã~n~g~e~õ~ns~.**
- Verbs like **commencer:** a cedilla (¸) is added to the **c** before **-ons** to preserve the *s* pronunciation: **commẽ~n~çõ~ns~.**

A chart showing the full conjugation of these verbs, with lists of other verbs that have similar conjugation patterns, follows in Part 3 of Appendix C.

Appendix B

Verb + verb constructions

1. Some verbs directly precede an infinitive, with no intervening preposition **(J'aime danser).**

aimer	espérer	pouvoir	valoir (il vaut mieux)
aller	faire	préférer	venir*
désirer	falloir (il faut)	savoir	vouloir
détester	laisser	souhaiter	
devoir	penser		

2. Some verbs require the preposition **à** before the infinitive **(Il commence à parler).**

aider à	commencer à	hésiter à	se préparer à
s'amuser à	continuer à	s'intéresser à	réussir à
apprendre à	se décider à	inviter à	servir à
arriver à	encourager à	se mettre à	tenir à
chercher à	s'habituer à		

3. Some verbs require the preposition **de** before the infinitive **(Nous essayons de travailler).**

accepter de	demander de	interdire de	proposer de
s'arrêter de	dire de	offrir de	refuser de
avoir peur de	empêcher de	oublier de	regretter de
cesser de	essayer de	parler de	remercier de
choisir de	éviter de	permettre de	rêver de
conseiller de	s'excuser de	persuader de	risquer de
décider de	finir de	promettre de	venir de*

---

*When used as a verb of motion, **venir** has no preposition before an infinitive: **Je viens vous aider.** *I'm coming to help you.* However, the preposition **de** is used before the infinitive in the **passé récent** construction: **Je viens de l'aider.** *I've just helped him/her.*

Appendix C

Conjugations of regular and irregular verbs

1. Auxiliary verbs

VERB	INDICATIVE				CONDITIONAL	SUBJUNCTIVE	IMPERATIVE
	Present	*Imperfect*		*Future*	*Present*	*Present*	
avoir*	ai	avais		aurai	aurais	aie	
(*to have*)	as	avais		auras	aurais	aies	aie
ayant	a	avait		aura	aurait	ait	
eu	avons	avions		aurons	aurions	ayons	ayons
	avez	aviez		aurez	auriez	ayez	ayez
	ont	avaient		auront	auraient	aient	
	Passé composé		*Pluperfect*		*Past*		
	ai eu		avais eu		aurais eu		
	as eu		avais eu		aurais eu		
	a eu		avait eu		aurait eu		
	avons eu		avions eu		aurions eu		
	avez eu		aviez eu		auriez eu		
	ont eu		avaient eu		auraient eu		
	Present	*Imperfect*		*Future*	*Present*	*Present*	
être	suis	étais		serai	serais	sois	
(*to be*)	es	étais		seras	serais	sois	sois
étant	est	était		sera	serait	soit	
été	sommes	étions		serons	serions	soyons	soyons
	êtes	étiez		serez	seriez	soyez	soyez
	sont	étaient		seront	seraient	soient	
	Passé composé		*Pluperfect*		*Past*		
	ai été		avais été		aurais été		
	as été		avais été		aurais été		
	a été		avait été		aurait été		
	avons été		avions été		aurions été		
	avez été		aviez été		auriez été		
	ont été		avaient été		auraient été		

*The leftmost column of each chart contains the infinitive, the present participle, and the past participle of each verb. Conjugated verbs are shown without subject pronouns.

2. Regular verbs

VERB	INDICATIVE				CONDITIONAL	SUBJUNCTIVE	IMPERATIVE
-er Verbs	*Present*	*Imperfect*		*Future*	*Present*	*Present*	
parler	parle	parlais		parlerai	parlerais	parle	
(*to speak*)	parles	parlais		parleras	parlerais	parles	parle
parlant	parle	parlait		parlera	parlerait	parle	
parlé	parlons	parlions		parlerons	parlerions	parlions	parlons
	parlez	parliez		parlerez	parleriez	parliez	parlez
	parlent	parlaient		parleront	parleraient	parlent	
	*P*asséé composé**		*Pluperfect*		*Past*		
	ai parlé		avais parlé		aurais parlé		
	as parlé		avais parlé		aurais parlé		
	a parlé		avait parlé		aurait parlé		
	avons parlé		avions parlé		aurions parlé		
	avez parlé		aviez parlé		auriez parlé		
	ont parlé		avaient parlé		auraient parlé		
-ir Verbs	*Present*	*Imperfect*		*Future*	*Present*	*Present*	
finir	finis	finissais		finirai	finirais	finisse	
(*to finish*)	finis	finissais		finiras	finirais	finisses	finis
finissant	finit	finissait		finira	finirait	finisse	
fini	finissons	finissions		finirons	finirions	finissions	finissons
	finissez	finissiez		finirez	finiriez	finissiez	finissez
	finissent	finissaient		finiront	finiraient	finissent	
	*Passé composé**		*Pluperfect*		*Past*		
	ai fini		avais fini		aurais fini		
	as fini		avais fini		aurais fini		
	a fini		avait fini		aurait fini		
	avons fini		avions fini		aurions fini		
	avez fini		aviez fini		auriez fini		
	ont fini		avaient fini		auraient fini		
-re Verbs	*Present*	*Imperfect*		*Future*	*Present*	*Present*	
perdre	perds	perdais		perdrai	perdrais	perde	
(*to lose*)	perds	perdais		perdras	perdrais	perdes	perds
perdant	perd	perdait		perdra	perdrait	perde	
perdu	perdons	perdions		perdrons	perdrions	perdions	perdons
	perdez	perdiez		perdrez	perdriez	perdiez	perdez
	perdent	perdaient		perdront	perdraient	perdent	
	*Passé composé**		*Pluperfect*		*Past*		
	ai perdu		avais perdu		aurais perdu		
	as perdu		avais perdu		aurais perdu		
	a perdu		avait perdu		aurait perdu		
	avons perdu		avions perdu		aurions perdu		
	avez perdu		aviez perdu		auriez perdu		
	ont perdu		avaient perdu		auraient perdu		

*Certain intransitive verbs are conjugated with **être** instead of **avoir** in compound tenses. Regular verbs conjugated with **être** include **arriver, descendre, monter, passer, rentrer, rester, retourner,** and **tomber.**

3. *-er* Verbs with spelling changes

Certain verbs ending in **-er** require spelling changes. Models for each kind of change are listed here. Forms showing stem changes are in boldface type.

VERB	PRESENT	IMPERFECT	PASSÉ COMPOSÉ	FUTURE	CONDITIONAL	PRESENT SUBJUNCTIVE	IMPERATIVE
commencer*	commence	**commençais**	ai commencé	commencerai	commencerais	commence	
(to begin)	commences	**commençais**	as commencé	commenceras	commencerais	commences	commence
commençant	commence	**commençait**	a commencé	commencera	commencerait	commence	
commencé	**commençons**	commencions	avons commencé	commencerons	commencerions	commencions	**commençons**
	commencez	commenciez	avez commencé	commencerez	commenceriez	commenciez	commencez
	commencent	**commençaient**	ont commencé	commenceront	commenceraient	commencent	
manger**	mange	**mangeais**	ai mangé	mangerai	mangerais	mange	
(to eat)	manges	**mangeais**	as mangé	mangeras	mangerais	manges	mange
mangeant	mange	**mangeait**	a mangé	mangera	mangerait	mange	
mangé	**mangeons**	mangions	avons mangé	mangerons	mangerions	mangions	**mangeons**
	mangez	mangiez	avez mangé	mangerez	mangeriez	mangiez	mangez
	mangent	**mangeaient**	ont mangé	mangeront	mangeraient	mangent	
appeler†	**appelle**	appelais	ai appelé	**appellerai**	**appellerais**	**appelle**	
(to call)	**appelles**	appelais	as appelé	**appelleras**	**appellerais**	**appelles**	**appelle**
appelant	**appelle**	appelait	a appelé	**appellera**	**appellerait**	**appelle**	
appelé	appelons	appelions	avons appelé	**appellerons**	**appellerions**	appelions	appelons
	appelez	appeliez	avez appelé	**appellerez**	**appelleriez**	appeliez	appelez
	appellent	appelaient	ont appelé	**appelleront**	**appelleraient**	**appellent**	
essayer††	**essaie**	essayais	ai essayé	**essaierai**	**essaierais**	**essaie**	
(to try)	**essaies**	essayais	as essayé	**essaieras**	**essaierais**	**essaies**	**essaie**
essayant	**essaie**	essayait	a essayé	**essaiera**	**essaierait**	**essaie**	
essayé	essayons	essayions	avons essayé	**essaierons**	**essaierions**	essayions	essayons
	essayez	essayiez	avez essayé	**essaierez**	**essaieriez**	essayiez	essayez
	essaient	essayaient	ont essayé	**essaieront**	**essaieraient**	**essaient**	
acheter‡	**achète**	achetais	ai acheté	**achèterai**	**achèterais**	**achète**	
(to buy)	**achètes**	achetais	as acheté	**achèteras**	**achèterais**	**achètes**	**achète**
achetant	**achète**	achetait	a acheté	**achètera**	**achèterait**	**achète**	
acheté	achetons	achetions	avons acheté	**achèterons**	**achèterions**	achetions	achetons
	achetez	achetiez	avez acheté	**achèterez**	**achèteriez**	achetiez	achetez
	achètent	achetaient	ont acheté	**achèteront**	**achèteraient**	**achètent**	
préférer§	**préfère**	préférais	ai préféré	préférerai	préférerais	**préfère**	
(to prefer)	**préfères**	préférais	as préféré	préféreras	préférerais	**préfères**	**préfère**
préférant	**préfère**	préférait	a préféré	préférera	préférerait	**préfère**	
préféré	préférons	préférions	avons préféré	préférerons	préférerions	préférions	préférons
	préférez	préfériez	avez préféré	préférerez	préféreriez	préfériez	préférez
	préfèrent	préféraient	ont préféré	préféreront	préféreraient	**préfèrent**	

*Verbs like **commencer**: dénoncer, divorcer, menacer, placer, prononcer, remplacer, tracer
Verbs like **manger: bouger, changer, dégager, engager, exiger, juger, loger, mélanger, nager, obliger, partager, voyager
†Verbs like **appeler**: épeler, jeter, projeter, (se) rappeler
††Verbs like **essayer**: employer, (s')ennuyer, nettoyer, payer
‡Verbs like **acheter**: achever, amener, emmener, (se) lever, promener
§Verbs like **préférer**: célébrer, considérer, espérer, (s')inquiéter, pénétrer, posséder, répéter, révéler, suggérer

4. Reflexive verbs

VERB	INDICATIVE			CONDITIONAL	SUBJUNCTIVE	IMPERATIVE
	Present	*Imperfect*	*Future*	*Present*	*Present*	
se laver	me lave	me lavais	me laverai	me laverais	me lave	
(*to wash*	te laves	te lavais	te laveras	te laverais	te laves	lave-toi
oneself)	se lave	se lavait	se lavera	se laverait	se lave	
se lavant	nous lavons	nous lavions	nous laverons	nous laverions	nous lavions	lavons-nous
lavé	vous lavez	vous laviez	vous laverez	vous laveriez	vous laviez	lavez-vous
	se lavent	se lavaient	se laveront	se laveraient	se lavent	

	Passé composé		*Pluperfect*		*Past*	
	me suis	lavé(e)	m'étais	lavé(e)	me serais	lavé(e)
	t'es	lavé(e)	t'étais	lavé(e)	te serais	lavé(e)
	s'est	lavé(e)	s'était	lavé(e)	se serait	lavé(e)
	nous sommes	lavé(e)s	nous étions	lavé(e)s	nous serions	lavé(e)s
	vous êtes	lavé(e)(s)	vous étiez	lavé(e)(s)	vous seriez	lavé(e)(s)
	se sont	lavé(e)s	s'étaient	lavé(e)s	se seraient	lavé(e)s

5. Irregular verbs

VERB	PRESENT	PASSÉ COMPOSÉ	IMPERFECT	FUTURE	CONDITIONAL	PRESENT SUBJUNCTIVE	IMPERATIVE
aller	vais	suis allé(e)	allais	irai	irais	aille	
(*to go*)	vas	es allé(e)	allais	iras	irais	ailles	va
allant	va	est allé(e)	allait	ira	irait	aille	
allé	allons	sommes allé(e)s	allions	irons	irions	allions	allons
	allez	êtes allé(e)(s)	alliez	irez	iriez	alliez	allez
	vont	sont allé(e)s	allaient	iront	iraient	aillent	
boire	bois	ai bu	buvais	boirai	boirais	boive	
(*to drink*)	bois	as bu	buvais	boiras	boirais	boives	bois
buvant	boit	a bu	buvait	boira	boirait	boive	
bu	buvons	avons bu	buvions	boirons	boirions	buvions	buvons
	buvez	avez bu	buviez	boirez	boiriez	buviez	buvez
	boivent	ont bu	buvaient	boiront	boiraient	boivent	
conduire*	conduis	ai conduit	conduisais	conduirai	conduirais	conduise	
(*to lead;*	conduis	as conduit	conduisais	conduiras	conduirais	conduises	conduis
to drive)	conduit	a conduit	conduisait	conduira	conduirait	conduise	
conduisant	conduisons	avons conduit	conduisions	conduirons	conduirions	conduisions	conduisons
conduit	conduisez	avez conduit	conduisiez	conduirez	conduiriez	conduisiez	conduisez
	conduisent	ont conduit	conduisaient	conduiront	conduiraient	conduisent	
connaître	connais	ai connu	connaissais	connaîtrai	connaîtrais	connaisse	
(*to be*	connais	as connu	connaissais	connaîtras	connaîtrais	connaisses	connais
acquainted	connaît	a connu	connaissait	connaîtra	connaîtrait	connaisse	
with)	connaissons	avons connu	connaissions	connaîtrons	connaîtrions	connaissions	connaissons
connaissant	connaissez	avez connu	connaissiez	connaîtrez	connaîtriez	connaissiez	connaissez
connu	connaissent	ont connu	connaissaient	connaîtront	connaîtraient	connaissent	

*Verbs like **conduire**: **détruire, réduire, traduire**

VERB	PRESENT	PASSÉ COMPOSÉ	IMPERFECT	FUTURE	CONDITIONAL	PRESENT SUBJUNCTIVE	IMPERATIVE
courir	cours	ai couru	courais	courrai	courrais	coure	
(*to run*)	cours	as couru	courais	courras	courrais	coures	cours
courant	court	a couru	courait	courra	courrait	coure	
couru	courons	avons couru	courions	courrons	courrions	courions	courons
	courez	avez couru	couriez	courrez	courriez	couriez	courez
	courent	ont couru	couraient	courront	courraient	courent	
craindre*	crains	ai craint	craignais	craindrai	craindrais	craigne	
(*to fear*)	crains	as craint	craignais	craindras	craindrais	craignes	crains
craignant	craint	a craint	craignait	craindra	craindrait	craigne	
craint	craignons	avons craint	craignions	craindrons	craindrions	craignions	craignons
	craignez	avez craint	craigniez	craindrez	craindriez	craigniez	craignez
	craignent	ont craint	craignaient	craindront	craindraient	craignent	
croire	crois	ai cru	croyais	croirai	croirais	croie	
(*to believe*)	crois	as cru	croyais	croiras	croirais	croies	crois
croyant	croit	a cru	croyait	croira	croirait	croie	
cru	croyons	avons cru	croyions	croirons	croirions	croyions	croyons
	croyez	avez cru	croyiez	croirez	croiriez	croyiez	croyez
	croient	ont cru	croyaient	croiront	croiraient	croient	
devoir	dois	ai dû	devais	devrai	devrais	doive	
(*to have to;*	dois	as dû	devais	devras	devrais	doives	dois
to owe)	doit	a dû	devait	devra	devrait	doive	
devant	devons	avons dû	devions	devrons	devrions	devions	devons
dû	devez	avez dû	deviez	devrez	devriez	deviez	devez
	doivent	ont dû	devaient	devront	devraient	doivent	
dire**	dis	ai dit	disais	dirai	dirais	dise	
(*to say;*	dis	as dit	disais	diras	dirais	dises	dis
to tell)	dit	a dit	disait	dira	dirait	dise	
disant	disons	avons dit	disions	dirons	dirions	disions	disons
dit	dites	avez dit	disiez	direz	diriez	disiez	dites
	disent	ont dit	disaient	diront	diraient	disent	
dormir†	dors	ai dormi	dormais	dormirai	dormirais	dorme	
(*to sleep*)	dors	as dormi	dormais	dormiras	dormirais	dormes	dors
dormant	dort	a dormi	dormait	dormira	dormirait	dorme	
dormi	dormons	avons dormi	dormions	dormirons	dormirions	dormions	dormons
	dormez	avez dormi	dormiez	dormirez	dormiriez	dormiez	dormez
	dorment	ont dormi	dormaient	dormiront	dormiraient	dorment	
écrire††	écris	ai écrit	écrivais	écrirai	écrirais	écrive	
(*to write*)	écris	as écrit	écrivais	écriras	écrirais	écrives	écris
écrivant	écrit	a écrit	écrivait	écrira	écrirait	écrive	
écrit	écrivons	avons écrit	écrivions	écrirons	écririons	écrivions	écrivons
	écrivez	avez écrit	écriviez	écrirez	écririez	écriviez	écrivez
	écrivent	ont écrit	écrivaient	écriront	écriraient	écrivent	
envoyer	envoie	ai envoyé	envoyais	enverrai	enverrais	envoie	
(*to send*)	envoies	as envoyé	envoyais	enverras	enverrais	envoies	envoie
envoyant	envoie	a envoyé	envoyait	enverra	enverrait	envoie	
envoyé	envoyons	avons envoyé	envoyions	enverrons	enverrions	envoyions	envoyons
	envoyez	avez envoyé	envoyiez	enverrez	enverriez	envoyiez	envoyez
	envoient	ont envoyé	envoyaient	enverront	enverraient	envoient	

*Verbs like **craindre: atteindre, éteindre, plaindre**
Verbs like **dire: contredire (vous contredisez), interdire (vous interdisez), prédire (vous prédisez)
†Verbs like **dormir: mentir, partir, repartir, sentir, servir, sortir.** (**Partir, repartir,** and **sortir** are conjugated with **être** in the passé composé.)
††Verbs like **écrire: décrire**

VERB	PRESENT	PASSÉ COMPOSÉ	IMPERFECT	FUTURE	CONDITIONAL	PRESENT SUBJUNCTIVE	IMPERATIVE
faire	fais	ai fait	faisais	ferai	ferais	fasse	
(*to do;*	fais	as fait	faisais	feras	ferais	fasses	fais
to make)	fait	a fait	faisait	fera	ferait	fasse	
faisant	faisons	avons fait	faisions	ferons	ferions	fassions	faisons
fait	faites	avez fait	faisiez	ferez	feriez	fassiez	faites
	font	ont fait	faisaient	feront	feraient	fassent	
falloir	il faut	il a fallu	il fallait	il faudra	il faudrait	il faille	
(*to be*							
necessary)							
fallu							
lire	lis	ai lu	lisais	lirai	lirais	lise	
(*to read*)	lis	as lu	lisais	liras	lirais	lises	lis
lisant	lit	a lu	lisait	lira	lirait	lise	
lu	lisons	avons lu	lisions	lirons	lirions	lisions	lisons
	lisez	avez lu	lisiez	lirez	liriez	lisiez	lisez
	lisent	ont lu	lisaient	liront	liraient	lisent	
mettre*	mets	ai mis	mettais	mettrai	mettrais	mette	
(*to put*)	mets	as mis	mettais	mettras	mettrais	mettes	mets
mettant	met	a mis	mettait	mettra	mettrait	mette	
mis	mettons	avons mis	mettions	mettrons	mettrions	mettions	mettons
	mettez	avez mis	mettiez	mettrez	mettriez	mettiez	mettez
	mettent	ont mis	mettaient	mettront	mettraient	mettent	
mourir	meurs	suis mort(e)	mourais	mourrai	mourrais	meure	
(*to die*)	meurs	es mort(e)	mourais	mourras	mourrais	meures	meurs
mourant	meurt	est mort(e)	mourait	mourra	mourrait	meure	
mort	mourons	sommes mort(e)s	mourions	mourrons	mourrions	mourions	mourons
	mourez	êtes mort(e)(s)	mouriez	mourrez	mourriez	mouriez	mourez
	meurent	sont mort(e)s	mouraient	mourront	mourraient	meurent	
ouvrir**	ouvre	ai ouvert	ouvrais	ouvrirai	ouvrirais	ouvre	
(*to open*)	ouvres	as ouvert	ouvrais	ouvriras	ouvrirais	ouvres	ouvre
ouvrant	ouvre	a ouvert	ouvrait	ouvrira	ouvrirait	ouvre	
ouvert	ouvrons	avons ouvert	ouvrions	ouvrirons	ouvririons	ouvrions	ouvrons
	ouvrez	avez ouvert	ouvriez	ouvrirez	ouvririez	ouvriez	ouvrez
	ouvrent	ont ouvert	ouvraient	ouvriront	ouvriraient	ouvrent	
plaire	plais	ai plu	plaisais	plairai	plairais	plaise	
(*to please*)	plais	as plu	plaisais	plairas	plairais	plaises	plais
plaisant	plait	a plu	plaisait	plaira	plairait	plaise	
plu	plaisons	avons plu	plaisions	plairons	plairions	plaisions	plaisons
	plaisez	avez plu	plaisiez	plairez	plairiez	plaisiez	plaisez
	plaisent	ont plu	plaisaient	plairont	plairaient	plaisent	
pleuvoir	il pleut	il a plu	il pleuvait	il pleuvra	il pleuvrait	il pleuve	
(*to rain*)							
pleuvant							
plu							
pouvoir	peux (puis)	ai pu	pouvais	pourrai	pourrais	puisse	
(*to be able*)	peux	as pu	pouvais	pourras	pourrais	puisses	
pouvant	peut	a pu	pouvait	pourra	pourrait	puisse	
pu	pouvons	avons pu	pouvions	pourrons	pourrions	puissions	
	pouvez	avez pu	pouviez	pourrez	pourriez	puissiez	
	peuvent	ont pu	pouvaient	pourront	pourraient	puissent	

*Verbs like **mettre: permettre, promettre, remettre**
Verbs like **ouvrir: couvrir, découvrir, offrir, souffrir

VERB	PRESENT	PASSÉ COMPOSÉ	IMPERFECT	FUTURE	CONDITIONAL	PRESENT SUBJUNCTIVE	IMPERATIVE
prendre*	prends	ai pris	prenais	prendrai	prendrais	prenne	
(*to take*)	prends	as pris	prenais	prendras	prendrais	prennes	prends
prenant	prend	a pris	prenait	prendra	prendrait	prenne	
pris	prenons	avons pris	prenions	prendrons	prendrions	prenions	prenons
	prenez	avez pris	preniez	prendrez	prendriez	preniez	prenez
	prennent	ont pris	prenaient	prendront	prendraient	prennent	
recevoir**	reçois	ai reçu	recevais	recevrai	recevrais	reçoive	
(*to receive*)	reçois	as reçu	recevais	recevras	recevrais	reçoives	reçois
recevant	reçoit	a reçu	recevait	recevra	recevrait	reçoive	
reçu	recevons	avons reçu	recevions	recevrons	recevrions	recevions	recevons
	recevez	avez reçu	receviez	recevrez	recevriez	receviez	recevez
	reçoivent	ont reçu	recevaient	recevront	recevraient	reçoivent	
rire†	ris	ai ri	riais	rirai	rirais	rie	
(*to laugh*)	ris	as ri	riais	riras	rirais	ries	ris
riant	rit	a ri	riait	rira	rirait	rie	
ri	rions	avons ri	riions	rirons	ririons	riions	rions
	riez	avez ri	riiez	rirez	ririez	riiez	riez
	rient	ont ri	riaient	riront	riraient	rient	
savoir	sais	ai su	savais	saurai	saurais	sache	
(*to know*)	sais	as su	savais	sauras	saurais	saches	sache
sachant	sait	a su	savait	saura	saurait	sache	
su	savons	avons su	savions	saurons	saurions	sachions	sachons
	savez	avez su	saviez	saurez	sauriez	sachiez	sachez
	savent	ont su	savaient	sauront	sauraient	sachent	
suivre	suis	ai suivi	suivais	suivrai	suivrais	suive	
(*to follow*)	suis	as suivi	suivais	suivras	suivrais	suives	suis
suivant	suit	a suivi	suivait	suivra	suivrait	suive	
suivi	suivons	avons suivi	suivions	suivrons	suivrions	suivions	suivons
	suivez	avez suivi	suiviez	suivrez	suivriez	suiviez	suivez
	suivent	ont suivi	suivaient	suivront	suivraient	suivent	
tenir††	tiens	ai tenu	tenais	tiendrai	tiendrais	tienne	
(*to hold;*	tiens	as tenu	tenais	tiendras	tiendrais	tiennes	tiens
to keep)	tient	a tenu	tenait	tiendra	tiendrait	tienne	
tenant	tenons	avons tenu	tenions	tiendrons	tiendrions	tenions	tenons
tenu	tenez	avez tenu	teniez	tiendrez	tiendriez	teniez	tenez
	tiennent	ont tenu	tenaient	tiendront	tiendraient	tiennent	
venir‡	viens	suis venu(e)	venais	viendrai	viendrais	vienne	
(*to come*)	viens	es venu(e)	venais	viendras	viendrais	viennes	viens
venant	vient	est venu(e)	venait	viendra	viendrait	vienne	
venu	venons	sommes venu(e)s	venions	viendrons	viendrions	venions	venons
	venez	êtes venu(e)(s)	veniez	viendrez	viendriez	veniez	venez
	viennent	sont venu(e)s	venaient	viendront	viendraient	viennent	

*Verbs like **prendre: apprendre, comprendre, surprendre**
Verbs like **recevoir: apercevoir, s'apercevoir de, décevoir
†Verbs like **rire: sourire**
††Verbs like **tenir: maintenir, obtenir**
‡Verbs like **venir: devenir, revenir, se souvenir de**

VERB	PRESENT	PASSÉ COMPOSÉ	IMPERFECT	FUTURE	CONDITIONAL	PRESENT SUBJUNCTIVE	IMPERATIVE
vivre*	vis	ai vécu	vivais	vivrai	vivrais	vive	
(*to live*)	vis	as vécu	vivais	vivras	vivrais	vives	vis
vivant	vit	a vécu	vivait	vivra	vivrait	vive	
vécu	vivons	avons vécu	vivions	vivrons	vivrions	vivions	vivons
	vivez	avez vécu	viviez	vivrez	vivriez	viviez	vivez
	vivent	ont vécu	vivaient	vivront	vivraient	vivent	
voir**	vois	ai vu	voyais	verrai	verrais	voie	
(*to see*)	vois	as vu	voyais	verras	verrais	voies	vois
voyant	voit	a vu	voyait	verra	verrait	voie	
vu	voyons	avons vu	voyions	verrons	verrions	voyions	voyons
	voyez	avez vu	voyiez	verrez	verriez	voyiez	voyez
	voient	ont vu	voyaient	verront	verraient	voient	
vouloir	veux	ai voulu	voulais	voudrai	voudrais	veuille	
(*to wish,*	veux	as voulu	voulais	voudras	voudrais	veuilles	veuille
want)	veut	a voulu	voulait	voudra	voudrait	veuille	
voulant	voulons	avons voulu	voulions	voudrons	voudrions	voulions	veuillons
voulu	voulez	avez voulu	vouliez	voudrez	voudriez	vouliez	veuillez
	veulent	ont voulu	voulaient	voudront	voudraient	veuillent	

*Like **vivre: survivre**
Like **voir: prévoir, revoir

Appendix D

Answers to grammar exercises

PREMIÈRE ÉTAPE

Ex. 1. 1. oui 2. non 3. non 4. oui 5. oui 6. non 7. oui 8. non **Ex. 2.** 1. c 2. a 3. b 4. d **Ex. 3.** 1. petit, petite 2. grande, grand 3. vieille 4. beau 5. noir 6. brune **Ex. 4.** 1. un, Le 2. un, L' 3. un, un, un, le 4. une, une, une 5. une, la 6. une, la **Ex. 5.** 1. Je, je 2. Il 3. Elle, Ils 4. nous 5. Elles 6. Tu **Ex. 6.** 1. suis 2. es 3. sommes 4. sont 5. es 6. êtes **Ex. 7.** 1. ne sont pas 2. n'es pas 3. n'êtes pas 4. ne suis pas 5. ne sommes pas 6. n'est pas **Ex. 8.** 1. L' 2. Les 3. Les 4. La 5. Le **Ex. 9.** 1. une, une 2. une, un, un, un 3. des, des 4. un, des, un, des 5. une, un, une, un **Ex. 10.** 1. a 2. a 3. b 4. a 5. b

DEUXIÈME ÉTAPE

Ex. 1. 1. des 2. un 3. des 4. un 5. des 6. de 7. de **Ex. 2.** 1. Oui, il y a une bicyclette. (Non, il n'y a pas de bicyclette.) 2. Oui, il y a une grande fenêtre. (Non, il n'y a pas de grande fenêtre.) 3. Oui, il y a une horloge. (Non, il n'y a pas d'horloge.) 4. Oui, il y a une plante. (Non, il n'y a pas de plante.) 5. Oui, il y a un bureau. (Non, il n'y a pas de bureau.) 6. Oui, il y a une lampe. (Non, il n'y a pas de lampe.) 7. Oui, il y a un téléphone. (Non, il n'y a pas de téléphone.) 8. Oui, il y a un tableau noir. (Non, il n'y a pas de tableau noir.) **Ex. 3.** 1. Qui est-ce 2. Qu'est-ce que c'est 3. Qui est-ce 4. Qui est-ce 5. Qu'est-ce que c'est 6. Qu'est-ce que c'est **Ex. 4.** 1. c 2. e 3. a 4. b 5. d **Ex. 5.** 1. Il est quatre heures vingt. 2. Il est six heures et quart. 3. Il est huit heures treize. 4. Il est une heure dix. 5. Il est sept heures sept. 6. Il est cinq heures et demie. 7. Il est dix heures moins sept. 8. Il est quatre heures moins vingt. 9. Il est midi. 10. Il est onze heures moins le quart. **Ex. 6.** 1. Il est quinze heures. Il est trois heures de l'après-midi. 2. Il est sept heures quinze. Il est sept heures et quart du matin. 3. Il est treize heures trente. Il est une heure et demie de l'après-midi. 4. Il est vingt heures. Il est huit heures du soir. 5. Il est vingt-deux heures trente. Il est dix heures et demie du soir. 6. Il est dix heures quarante-cinq. Il est onze heures moins le quart du matin. 7. Il est dix-huit heures vingt. Il est six heures vingt du soir. 8. Il est dix-neuf heures. Il est sept heures du soir. 9. Il est seize heures quarante-cinq. Il est cinq heures moins le quart de l'après-midi. 10. Il est onze heures cinquante. Il est midi moins dix. **Ex. 7.** 1. avons 2. avons 3. ai 4. a 5. ont 6. avez 7. avez 8. as 9. as **Ex. 8.** 1. des, de 2. un, de 3. une, de 4. de, un, de 6. un, d' **Ex. 9.** 1. Oui, j'ai un dictionnaire français. (Non, je n'ai pas de dictionnaire français.) 2. Oui, j'ai un appartement. (Non, je n'ai pas d'appartement.) 3. Oui, j'ai une télévision dans ma chambre. (Non, je n'ai pas de télévision dans ma chambre.) 4. Oui, j'ai un ordinateur. (Non, je n'ai pas d'ordinateur.) 5. Oui, j'ai un cours de maths. (Non, je n'ai pas de cours de maths.) 6. Oui, j'ai une guitare. (Non, je n'ai pas de guitare.) **Ex. 10.** 1. une 2. un 3. une 4. un 5. une 6. un 7. une 8. une 9. une 10. un **Ex. 11.** 1. Daniel est sympathique et intelligent. 2. Barbara est sportive et généreuse. 3. Louis est beau et raisonnable. 4. Albert est grand et mince. 5. Denise est blonde et belle. 6. Jacqueline est petite et intelligente. **Ex. 12.** 1. Juliette Binoche est (n'est pas) belle. Un tigre est (n'est pas) beau. Une vieille Ford est (n'est pas) belle. Une peinture de Matisse est (n'est pas) belle. 2. Le chocolat est (n'est pas) bon. La programmation à la radio publique est (n'est pas) bonne. La télévision est (n'est pas) bonne. Le fast-food est (n'est pas) bon. 3. Une motocyclette est (n'est pas) dangereuse. Une bombe est dangereuse. Le tennis est (n'est pas) dangereux. La politique est (n'est pas) dangereuse. 4. Un livre de science-fiction est (n'est pas) amusant. La politique est (n'est pas) amusante. Un examen de physique est (n'est pas) amusant. Un film avec Catherine Deneuve est (n'est pas) amusant. 5. L'astronomie est vieille. Le Louvre est vieux. Le président américain est (n'est pas) vieux. L'université où je suis est (n'est pas) vieille. **Ex. 13.** *Answers may vary.* 1. sérieux, nerveux, intelligents, amusants 2. patient, intéressant, raisonnable, amusant 3. long, compliqué, amusant, intéressant 4. beaux, amusants, sportifs, individualistes 5. belle, compliquée, facile, mystérieuse

CHAPITRE 1

Ex. 1. 1. ta, tes, Mon, mes 2. tes, Ma, mon 3. ta, son, ses 4. Ton, son **Ex. 2.** *Answers may vary.* 1. Il y a 30 hommes dans notre classe. 2. Nos camarades de classe sont timides (extravertis). 3. Notre professeur s'appelle... 4. Notre cours est à... heures. 5. Nos devoirs sonts difficiles (faciles). **Ex. 3.** 1. Ses 2. Sa 3. Son, son 4. Leur 5. ses, Son **Ex. 4.** 1. aime 2. aiment 3. aimons 4. aime 5. aimez 6. aimes **Ex. 5.** *Answers may vary.* 1. Mes amis aiment surfer sur Internet, mais ils aiment aussi regarder la télé. (Mes amis n'aiment pas surfer sur Internet, mais ils aiment regarder la télé.) 2. Ma mère aime jouer du piano, mais elle aime aussi lire des livres. (Ma mère n'aime pas jouer du piano, mais elle aime lire des livres.) 3. Mon père aime écouter du rock, mais il aime aussi écouter de la musique classique. (Mon père n'aime pas écouter du rock, mais il aime écouter de la musique classique.) 4. Mon petit ami / Ma petite amie aime faire une promenade, mais il/elle aime aussi lire le journal. (Mon petit ami / Ma petite amie n'aime pas faire une promenade, mais il/elle aime lire le journal.) 5. Mon professeur de français aime aller au cinéma, mais il/elle aime aussi regarder la télé. (Mon professeur de français n'aime pas aller au cinéma, mais il/elle aime regarder la télé.) 6. J'aime jouer au tennis, mais j'aime aussi danser. (Je n'aime pas jouer au tennis, mais j'aime danser.) **Ex. 6.** 1. Quel âge a Francis Lasalle? Il a soixante-dix ans. 2. Quel âge a Claudine Colin? Elle a quarante-cinq ans. 3. Quel âge a Victor Colin? Il a quarante-sept ans. 4. Quel âge ont Marise et Clarisse? Elles ont dix-neuf ans. 5. Quel âge a Charles? Il a dix-sept ans. 6. Quel âge a Emmanuel? Il a quatorze ans. **Ex. 7.** 1. zéro deux, soixante-cinq, dix, quatre-vingts, trente 2. zero trois, quatre-vingt-sept, cinquante-trois, quarante, seize 3. zéro cinq, vingt, cinquante-cinq, soixante-dix, quatre-vingt-un 4. zéro un, quatre-vingt-dix-huit, soixante-quinze, vingt et un, soixante 5. zéro deux, soixante-dix-sept, trente-huit, quatre-vingt-deux, quatre-vingt-dix-sept 6. zéro cinq, quatre-vingt-onze, dix-huit, trente-neuf, soixante-dix-huit 7. zéro quatre, quarante-cinq, soixante-deux, quatre-vingt-six, quarante-trois 8. zéro trois, quatre-vingt-trois, soixante-seize, soixante-quatre, quatre-vingt-dix 9. zéro deux, cinquante-trois, soixante-sept, zéro sept, onze **Ex. 8.** 1. quarante-quatre mille 2. soixante-sept mille 3. soixante-neuf mille neuf 4. treize mille deux 5. cinquante- neuf mille 6. soixante-quatre mille deux cents 7. soixante-quinze mille quinze 8. trente-trois mille **Ex. 9.** 1. Quand est l'anniversaire d'Elvis Presley? C'est le 8 janvier 1935 (le huit janvier mille neuf cent trente-cinq). 2. Quand est l'anniversaire de Serena Williams? C'est le 26 septembre 1981 (le vingt-six septembre mille neuf cent quatre-vingt-un). 3. Quand est l'anniversaire de Frédéric Chopin? C'est le 1er mars 1810 (le premier mars mille huit cent dix). 4. Quand est l'anniversaire de Paul McCartney? C'est le 18 juin 1942 (le dix-huit juin mille neuf cent quarante-deux). 5. Quand est l'anniversaire de Sigmund Freud? C'est le 6 mai 1856 (le six mai mille huit cent inquante-six). 6. Quand est l'anniversaire de Mickey Mouse? C'est le 18 novembre 1928 (le dix huit novembre mille neuf cent vingt-huit). 7. Quand est l'anniversaire de Magic Johnson? C'est le 14 août 1959 (le quatorze août mille neuf cent cinquante-neuf). 8. Quand est l'anniversaire d'Yves Saint-Laurent? C'est le 1er août 1936 (le premier août mille neuf cent trente-six). 9. Quand est l'anniversaire de MC Solaar? C'est le 5 mars 1969 (le cinq mars mille neuf cent soixante-neuf). 10. Quand est l'anniversaire de B.B. King? C'est le 16 septembre 1925 (le seize septembre mille neuf cent vingt-cinq). **Ex. 10.** 1. vient 2. viennent 3. vient 4. viennent 5. venez, venons 6. viens, viens **Ex. 11.** 1. nage 2. parle 3. parles 4.dînons 5. travaille 6. habitent 7. chantons 8. voyage 9. jouent 10. invitent **Ex. 12.** 1. a. travailles; Oui je travaille... (Non, je ne travaille pas...) b. parles; Oui, je parle... (Non, je ne parle pas...) 2. a. regardons; Oui, nous regardons... (Non, nous ne regardons pas...) b. dînons; Oui, nous dînons... (Non, nous ne dînons pas...) 3. a. écoutent; Oui, ils écoutent... (Non, ils n'écoutent pas...) b. jouent; Oui, ils jouent... (Non, ils ne jouent pas...) 4. a. étudiez; Oui, nous étudions... (Non, nous n'étudions pas...) b. préparez; Oui, nous préparons... (Non, nous ne préparons pas...) 5. a. habite; Oui, j'habite... (Non, je n'habite pas...) b. déjeune; Oui, je déjeune... (Non, je ne déjeune pas...) 6. a. donnent; Oui, ils donnent... (Non, ils ne donnent pas...) b. parle; Oui, il parle... (Non, il ne parle pas...) **Ex. 13.** 1. de Paul 2. des petites filles 3. de la femme blonde 4. de Mme Haddad 5. du cousin de mon père 6. de Claire **Ex. 14.** 1. La grand-mère, c'est la femme du grand-père. 2. La tante, c'est la femme de l'oncle. 3. Le cousin, c'est le fils de l'oncle et de la tante. 4. La belle-sœur, c'est la femme du frère. 5. Le grand-père, c'est le père de la mère ou du père. 6. L'oncle, c'est le père du cousin (des cousins) (de la cousine) (des cousines).

CHAPITRE 2

Ex. 1. 1. font, font 2. fais, fais 3. fait 4. fait 5. faites 6. faites **Ex. 2.** 1. Est-ce que tu te lèves tôt? Oui, je me lève tôt. (Non, je me lève tard.) 2. Est-ce que tu te maquilles tous les jours? Oui, je me maquille tous les jours. (Non, je ne me maquille pas tous les jours.) 3. Est-ce que tu te laves les cheveux tous les jours? Oui, je me lave les cheveux tous les jours. (Non, je ne me lave pas les cheveux tous les jours. / Non, je me lave les cheveux trois fois par semaine.) 4. Est-ce que tu te brosses les dents trois fois par jour? Oui, je me brosse les dents trois fois par jour. (Non, je ne me brosse pas les dents trois fois par jour. / Non, je me brosse les dents deux fois par jour.) 5. Tu aimes te coucher tard? Oui, j'aime me coucher tard. (Non, je n'aime pas me

coucher tard. / Non, j'aime me coucher tôt.) 6. Tu préfères te doucher le soir? Oui, je préfère me doucher le soir. (Non, je ne préfère pas me doucher le soir. / Non, je préfère me doucher le matin.) 7. Tu aimes te détendre après les cours? Oui, j'aime me détendre après les cours. (Non, je n'aime pas me détendre après les cours.) 8. Tu préfères te lever tard le week-end? Oui, je préfère me lever tard le week-end. (Non, je ne préfère pas me lever tard le week-end. / Non, je préfère me lever tôt le week-end.) **Ex. 3.** 1. Oui, en général, les étudiants s'amusent beaucoup le vendredi soir. Mes copains et moi, nous nous amusons beaucoup le vendredi soir (nous ne nous amusons pas le vendredi soir / nous nous amusons le samedi soir). 2. Oui, en général, les étudiants s'habillent toujours en jean. Mes copains et moi, nous nous habillons toujours en jean (nous ne nous habillons pas toujours en jean). 3. Oui, en général, les étudiants ne se reposent pas assez. Mes copains et moi, nous ne nous reposons pas assez (nous nous reposons assez). 4. Oui, en général, les étudiants se couchent après minuit. Mes copains et moi, nous nous couchons après minuit (nous ne nous couchons pas après minuit). 5. Oui, en général, les étudiants se lèvent tard le week-end. Mes copains et moi, nous nous levons tard le week-end (nous ne nous levons pas tard le week-end). **Ex. 4.** 1. vais 2. allons 3. allez 4. vont 5. vas 6. va **Ex. 5.** *Answers in all cases:* Oui, j'y vais souvent / quelquefois. (Non, je n'y vais pas.) 1. Tu vas à la piscine? 2. Tu vas au théâtre? 3. Tu vas au bar? 4. Tu vas à l'hôpital? 5. Tu vas au gymnase? 6. Tu vas à la banque? 7. Tu vas au café? 8. Tu vas à l'église? **Ex. 6.** *Answers may vary.* 1. Ce soir, je vais faire mes devoirs. / Je vais sortir avec des amis. (Ce soir, je vais regarder la télé. Je suis fatigué[e].) 2. Demain matin, je vais me lever à 7 h. / Je vais dormir jusqu'à 9 h. (Demain matin, je vais rester au lit. C'est le week-end.) 3. Demain soir, je vais regarder mon émission favorite à la télé. / Je vais me coucher de bonne heure. (Demain soir, je vais sortir avec des amis.) 4. Ce week-end, ils vont faire du ski. / Ils vont regarder un DVD ensemble. (Ce week-end, ils vont se promener à la campagne. Il va faire beau.) 5. Samedi soir, il/elle va rester à la maison et jouer aux cartes. / Il/Elle va aller à un concert. (Samedi soir, il/elle va dîner au restaurant. Il/Elle ne va pas faire la cuisine!) **Ex. 7.** 1. Oui, on regarde beaucoup la télévision. 2. Non, on ne mange pas toujours des hamburgers. 3. Non, on ne va pas au restaurant tous les jours. 4. Non, on ne dîne pas à huit heures du soir. 5. Oui, on aime les films français. 6. Non, on ne fait pas de promenades en famille le dimanche après-midi. 7. Oui, on aime parler de la politique. (Non, on n'aime pas parler de la politique.) 8. Oui, on étudie beaucoup la géographie. **Ex. 8.** 1. Oui, je veux aller en Europe

l'été prochain. (Non, je ne veux pas aller en Europe l'été prochain.) / Oui, je peux aller en Europe l'été prochain. (Non, je ne peux pas aller en Europe l'été prochain.) 2. Oui, mes parents veulent passer l'hiver en Floride. (Non, mes parents ne veulent pas passer l'hiver en Floride.) / Oui, mes parents peuvent passer l'hiver en Floride. (Non, mes parents ne peuvent pas passer l'hiver en Floride.) 3. Oui, le professeur veut se lever tard en semaine. (Non, le professeur ne veut pas se lever tard en semaine.) Oui, le professeur peut se lever tard en semaine. (Non, le professeur ne peut pas se lever tard en semaine.) 4. Oui, nous voulons comprendre un film en français. Oui, nous pouvons comprendre un film en français. 5. Oui, mon ami(e) _____ veut m'aider avec mes devoirs de français. (Non, mon ami[e] ne veut pas m'aider avec mes devoirs de français.) Oui, il/elle peut m'aider avec mes devoirs de français. (Non, il/elle ne peut pas m'aider avec mes devoirs de français.) **Ex. 9.** 1. Oui, je voudrais dîner dans un bon restaurant français. (Non, je ne voudrais pas dîner dans un bon restaurant français.) 2. Oui, je voudrais manger des escargots. (Non, je ne voudrais pas manger des [d']escargots.) 3. Oui, je voudrais habiter à Paris. (Non, je ne voudrais pas habiter à Paris.) 4. Oui, je voudrais faire de la plongée sous-marine. (Non, je ne voudrais pas faire de [la] plongée sous-marine.) 5. Oui, je voudrais visiter une autre planète. (Non, je ne voudrais pas visiter une autre planète.) 6. Oui, je voudrais être président(e) des États-Unis. (Non, je ne voudrais pas être président[e] des États-Unis.) **Ex. 10.** 1. savez; Oui, je sais faire de l'escalade. (Non, je ne sais pas faire de l'escalade.) 2. sait; Oui, il sait faire la cuisine. (Non, il ne sait pas faire la cuisine.) 3. sait; Oui, elle sait réparer une voiture. (Non, elle ne sait pas réparer une voiture.) 4. savez; Oui, nous savons jouer au billard. (Non, nous ne savons pas jouer au billard.) 5. savent; Oui, ils savent utiliser un ordinateur. (Non, ils ne savent pas utiliser un ordinateur.) 6. Savez; Oui, je sais / nous savons allumer un feu. (Non, je ne sais pas / nous ne savons pas allumer un feu.)

CHAPITRE 3

Ex. 1. 1. Le bureau de Mme Martin est devant le tableau noir. 2. Les livres de Mme Martin sont sur son bureau. 3. Elle est devant la classe. 4. Elle est près du tableau. 5. Les papiers de Daniel sont à côté des papiers d'Albert. 6. Il regarde un match de football dans le parc en face de la salle de classe. 7. Barbara est trop loin du tableau noir. 8. La salle 300A se trouve entre les salles 300 et 301. **Ex. 2.** 1. c 2. e 3. a 4. h 5. b 6. g 7. f 8. d **Ex. 3.** 1. Comment 2. Que 3. Où 4. Que 5. Qui 6. Comment 7. Comment 8. Comment 9. Quand 10. Pourquoi **Ex. 4.** 1. Où est-ce

qu'ils logent? (Où logent-ils?)
2. Comment est-ce qu'ils se déplacent? (Comment se déplacent-ils?) 3. Pourquoi est-ce qu'ils sont contents? (Pourquoi sont-ils contents?) 4. Quand est-ce qu'ils quittent Paris? (Quand quittent-ils Paris?) 5. Qu'est-ce qu'ils veulent visiter? (Que veulent-ils visiter?) 6. Qu'est-ce qu'ils achètent pour leurs amis? (Qu'achètent-ils pour leurs amis?) 7. Lequel est-ce qu'ils veulent visiter? (Lequel veulent-ils visiter?) 8. Lesquels est-ce qu'ils veulent visiter? (Lesquels veulent-ils visiter?) 9. Quel est le numéro de l'hôtel? **Ex. 5.** 1. je prends 2. prennent 3. J'apprends 4. ne comprends 5. prendre 6. ne comprennent 7. apprenons (comprenons) 8. Prenez **Ex. 6.** 1. Julien et son amie prennent du vin. Moi, je prends du vin de temps en temps. (Moi, je ne prends jamais de vin.) 2. Denise voudrait apprendre à faire du ski. Moi, je (ne) voudrais (pas) apprendre à faire du ski. 3. Joël prend trop de risques. Moi, je prends quelquefois trop de risques. (Moi, je ne prends jamais trop de risques.) 4. Barbara ne comprend pas la leçon. Moi, je comprends toujours la leçon. (Moi, je ne comprends pas toujours la leçon.) 5. Raoul et ses camarades prennent un café. Moi, je prends souvent un café. (Moi, je ne prends pas souvent un café.) 6. Nathalie prend un bain. Moi, je prends quelquefois un bain. (Moi, je ne prends jamais un bain.) **Ex. 7.** 1. Alors, tu dois te déplacer à bicyclette. (Alors, tu dois aller au travail à pied.) 2. Vous devez appeler un taxi. 3. Bon, vous devez étudier le plan du métro de la ville. 4. On doit arriver plus tôt. 5. Il doit aller au travail à pied. (Il doit se déplacer à bicyclette.) **Ex. 8.** 1. Ce, ces 2. Ces, ces 3. Cette 4. Ces, Cette, cet 5. Ces, cette 6. Cette 7. Ce, cet **Ex. 9.** 1. du, des 2. des 3. de l', du, du, de la 4. de 5. du, de l' 6. de l' **Ex. 10.** 1. Je prends du lait / du café / du vin / de l'eau minérale. 2. Je prends une tasse de thé / de café / de chocolat chaud / d'eau chaude. 3. Je ne prends jamais de whisky / de champagne / de coca / de café. 4. J'aime commander de la bière / du vin / du coca / du jus de fruits. 5. J'aime prendre un verre de thé glacé / de coca / d'eau froide / de jus de fruits. 6. Je prends de l'eau / du jus de fruits / du thé / du coca. **Ex. 11.** *Answers may vary.* 1. Oui, je cours régulièrement. (Non, je ne cours pas régulièrement.) a. Je cours tous les matins, en été comme en hiver, dans un parc qui se trouve près de chez moi. b. Je ne cours pas parce que j'ai des problèmes de santé. Je fais d'autres sports. 2. Oui, ma mère court deux ou trois fois par semaine dans un gymnase. Mon père et mon frère ne courent pas. Ils préfèrent regarder des émissions de sport à la télé! 3. J'ai quelques amis qui courent, mais nous ne courons pas souvent ensemble parce que nous n'avons pas les mêmes emplois du temps. 4. On court pour rester en forme et pour oublier ses problèmes.

On court aussi pour maigrir. **Ex. 12.** 1. Tu pars en vacances en été? Oui, je pars en vacances en été. (Non, je ne pars pas en vacances en été.) 2. Tu sors du cinéma si un film est mauvais? Oui, je sors du cinéma si un film est mauvais. (Non, je ne sors pas du cinéma si un film est mauvais.) 3. Tu cours dans des marathons? Oui, je cours dans des marathons. (Non, je ne cours pas dans des marathons.) 4. Tu sers du vin chez toi? Oui, je sers du vin chez moi. (Non, je ne sers pas de vin chez moi.) 5. Tu mens quand tu ne veux pas révéler un secret? Oui, je mens quand je ne veux pas révéler un secret. (Non, je ne mens pas quand je ne veux pas révéler un secret.) 6. Tu sens les fruits au supermarché? Oui, je sens les fruits au supermarché. (Non, je ne sens pas les fruits au supermarché.) 7. Tu sors souvent le samedi soir? Oui, je sors souvent le samedi soir. (Non, je ne sors pas souvent le samedi soir.) 8. Tu dors pendant la journée quelquefois? Oui, je dors pendant la journée quelquefois. (Non, je ne dors jamais pendant la journée.) (*Second part of the exercise*) Answers may vary. 1. Vous partez en vacances en été? Oui, nous partons en vacances en été. (Non, nous ne partons pas en vacances en été.) 2. Vous sortez du cinéma si un film est mauvais? Oui, nous sortons du cinéma si un film est mauvais. (Non, nous ne sortons pas du cinéma si un film est mauvais.) 3. Vous courez dans des marathons? Qui, nous courons dans des marathons. (Non, nous ne courons pas dans des marathons.) 4. Vous servez souvent du vin chez vous? Oui, nous servons parfois du vin chez nous. (Non, nous ne servons pas de vin chez nous.) 5. Vous mentez quand vous ne voulez pas révéler un secret? Oui, nous mentons quelquefois. (Non, nous ne mentons jamais.) 6. Vous sentez les fruits au supermarché? Oui, nous sentons les fruits... (Non, nous ne sentons pas les fruits...) 7. Vous sortez souvent le samedi soir? Oui, nous sortons souvent le samedi soir. (Non, nous ne sortons pas souvent le samedi soir.) 8. Vous dormez pendant la journée quelquefois? Oui, nous dormons pendant la journée quelquefois. (Non, nous ne dormons jamais pendant la journée.) **Ex. 13.** *Answers may vary.* 1. Non, ils ne sortent pas seuls la nuit. (Si, ils sortent quelquefois seuls la nuit.) Moi, je ne sors jamais seul(e). 2. Beaucoup d'étudiants américains partent en vacances en Floride, mais la majorité des étudiants ne partent pas en vacances. Moi, je pars en vacances en Californie. 3. Non, la plupart des Américains ne partent pas en Europe. Moi, je pars à la campagne. 4. Non, ils ne sortent pas tous les soirs. Moi, je sors seulement le week-end. 5. Non, ils s'endorment vers dix heures. Moi, je m'endors vers neuf heures. 6. Si, ils servent souvent du vin au dîner. Moi, je sers quelquefois du vin au dîner. 7. Beaucoup

d'Américains courent pour être en forme, mais la majorité des gens ne font pas assez d'exercice. Moi, je préfère nager.

CHAPITRE 4

Ex. 1. 1. une vieille maison 2. une belle cheminée 3. un petit réfrigérateur 4. une bonne cuisinière 5. un grand sauna 6. un nouveau numéro de téléphone **Ex. 2.** 1. Tu as une petite chambre, n'est-ce pas? Mais non, j'ai une grande chambre. 2. Tu as un nouvel appartement, n'est-ce pas? Mais non, j'ai un vieil appartement. 3. Tu as un vieux jean, n'est-ce pas? Mais non, j'ai un nouveau jean. 4. Tu as des nouvelles chaussures, n'est-ce pas? Mais non, j'ai des vieilles chaussures. 5. Tu as une grande étagère, n'est-ce pas? Mais non, j'ai une petite étagère. 6. Tu as un bon dictionnaire de français, n'est-ce pas? Mais non, j'ai un mauvais dictionnaire de français. 7. Tu as un jeune professeur de français, n'est-ce pas? Mais non, j'ai un vieux professeur de français. 8. Tu as des nouveaux amis, n'est-ce pas? Mais non, j'ai des vieux amis. **Ex. 3.** *Answers may vary.* 1. Un lave-vaisselle est aussi utile qu'un réfrigérateur, mais un réfrigérateur est plus important qu'un lave-vaisselle. 2. Un appartement est moins cher qu'une maison, mais une maison est plus agréable qu'un appartement. 3. Un aspirateur est plus important qu'un four à micro-ondes, mais un four à micro-ondes est plus pratique qu'un aspirateur. 4. Un immeuble moderne est plus confortable qu'un vieil immeuble, mais un vieil immeuble est plus beau qu'un immeuble moderne. 5. Un téléphone portable est plus utile qu'un téléphone fixe, mais un téléphone fixe est moins cher qu'un téléphone portable. 6. Un répondeur téléphonique est plus utile qu'un lecteur DVD, mais un lecteur DVD est plus amusant qu'un répondeur téléphonique. **Ex. 4.** 1. plus de 2. autant d' 3. moins d' 4. plus de 5. autant de 6. plus d' **Ex. 5.** 1. bon (mauvais) 2. bonne (mauvaise) 3. bonne 4. bien (mal) 5. mauvaise 6. mal 7. bien (mal) **Ex. 6.** *Answers may vary.* 1. Oui, les étudiants d'aujourd'hui sont moins bons que les étudiants d'il y a vingt ans. (Non, les étudiants d'aujourd'hui sont meilleurs / aussi bons que les étudiants d'il y a vingt ans.) 2. Oui, les diplômés d'aujourd'hui sont moins bien préparés pour le monde du travail que leurs parents. (Non, les diplômés d'aujourd'hui sont mieux / aussi bien préparés pour le monde du travail que leurs parents.) 3.Oui, mes notes en maths sont meilleures que mes notes en français. (Non, mes notes en maths sont moins bonnes que mes notes en français.) 4. Oui, en général, les petites universités sont moins bonnes que les grandes. (Non, en général, les petites universités sont meilleures / aussi bonnes que les grandes.) 5. Oui, je travaille mieux à la bibliothèque que chez moi. (Non, je travaille moins bien à la bibliothèque que chez moi.) 6. Oui, les jeunes professeurs sont meilleurs que les professeurs plus âgés. (Non, les jeunes professeurs sont moins bons que les professeurs plus âgés.) **Ex. 7.** *The second part of the answers may vary.* 1. réfléchit; Moi aussi, je réfléchis avant de parler. 2. finit; Moi (non plus), je (ne) finis (pas) toujours mes devoirs. 3. obéit; Moi aussi, j'obéis toujours à ma conscience. 4. choisissent; Dans notre classe, nous choisissons nos partenaires pour travailler en groupes. 5. réussissent; Dans notre classe, nous réussissons à nos examens. 6. finissent; Dans notre classe, nous allons au café quand nous finissons nos cours. **Ex. 8.** 1. Chez toi, est-ce que tu mets la table pour dîner? Oui, je mets la table pour dîner. (Non, je ne mets pas la table pour dîner.) 2. Chez toi, est-ce que tu prends le petit déjeuner dans la cuisine? Oui, je prends le petit déjeuner dans la cuisine. (Non, je ne prends pas le petit déjeuner dans la cuisine.) 3. Chez toi, est-ce que tu tonds le gazon en été? Oui, je tonds le gazon en été. (Non, je ne tonds pas le gazon en été.) 4. Chez toi, est-ce que tu permets au chien de dormir sur ton lit? Oui, je permets au chien de dormir sur mon lit. (Non, je ne permets pas au chien de dormir sur mon lit.) 5. Chez toi, est-ce que tu apprends à jouer au Sudoku? Oui, j'apprends à jouer au Sudoku. (Non, je n'apprends pas à jouer au Sudoku.) 6. Chez toi, est-ce que tu mets ta chambre en ordre tous les jours? Oui, je mets ma chambre en ordre tous les jours. (Non, je ne mets pas ma chambre en ordre tous les jours.) 7. Chez toi, est-ce que tu réponds toujours au téléphone? Oui, je réponds toujours au téléphone? (Non, je ne réponds pas toujours au téléphone.) 8. Chez toi, est-ce que tu perds souvent tes clés? Oui, je perds souvent mes clés. (Non, je ne perds pas souvent mes clés.) *Maintenant.* 1. Est-ce que vous mettez la table pour dîner? (*See answers above.*) 2. Est-ce que vous prenez le petit déjeuner dans la cuisine? 3. Est-ce que vous tondez le gazon en été? 4. Est-ce que vous permettez au chien de dormir sur votre lit? 5. Est-ce que vous apprenez à jouer au Sudoku? 6. Est-ce que vous mettez votre chambre en ordre tous les jours? 7. Est-ce que vous répondez toujours au téléphone? 8. Est-ce que vous perdez souvent vos clés? **Ex. 9.** 1. vendent; a. vend (ne vend pas) ses livres... b. vendons (ne vendons pas) nos livres... 2. attendent; a. attend... b. attendons... 3. remettent; a. remet... b. remettons... 4. perdent; a. perd... b. perdons... 5. permettent; a. permet... b. permet... 6. rendent; a. rend... b. rend... **Ex. 10.** 1. La voilà! 2. Les voilà! 3. La voilà! 4. Le voilà! 5. Les voilà! 6. La voilà! **Ex. 11.** *Answers may vary.* 1. Oui, je les arrose quelquefois / souvent / une fois par semaine. (Non, moi, je ne les arrose jamais, mais ma sœur les arrose.) 2. Oui, je la fais quelquefois / souvent / une fois par semaine. (Non, moi, je ne la fais jamais,

mais mon père la fait.) 3. Oui, je le fais quelquefois / souvent / une fois par semaine. (Non, moi, je ne le fais jamais, mais mon père le fait.) 4. Oui, je les repasse quelquefois / souvent / une fois par semaine. (Non, moi, je ne les repasse jamais, mais ma sœur les repasse.) 5. Oui, je le fais quelquefois / souvent / une fois par semaine. (Non, moi, je ne le fais jamais, mais mes frères et sœurs le font.) 6. Oui, je la nettoie quelquefois / souvent / une fois par semaine. (Non, moi, je ne la nettoie jamais, mais ma mère la nettoie.) 7. Oui, je les fais quelquefois / souvent / une fois par semaine. (Non, moi, je ne les fais jamais, mais mon père les fait.) 8. Oui, je le passe quelquefois / souvent / une fois par semaine. (Non, moi, je ne le passe jamais, mais mon frère le passe.) **Ex. 12.** 1. Oui, je vais la ranger ce matin. (Non, je ne vais pas la ranger.) 2. Oui, je vais la faire aujourd'hui. (Non, je ne vais pas la faire.) 3. Oui, je vais les repasser. (Non, je ne vais pas les repasser.) 4. Oui, je vais les faire ce soir. (Non, je ne vais pas les faire ce soir.) 5. Oui, je les aime. (Non, je ne les aime pas.) 6. Oui, je les prends tous les jours. (Non, je ne les prends pas tous les jours.) 7. Oui, je vais venir vous voir demain. (Non, je ne vais pas venir vous voir demain.) 8. Je vais l'inviter à la maison la semaine prochaine. (Non, je ne vais pas l'inviter à la maison.) **Ex. 13.** 1. me; Oui, je te trouve belle! 2. m'; Oui, je t'écoute quand tu parles. 3. me; Oui, je te trouve intelligente. 4. m'; Oui, je veux t'aider à faire tes devoirs. 5. me; Oui, je te préfère à toutes les autres petites filles du monde. 6. me; Non, je ne te trouve pas difficile. 7. m'; Oui, je vais toujours t'aimer! **Ex. 14.** 1. connaissez, connaissons 2. connais, connais 3. connaît, connaît 4. connaissez, connais 5. connaissent, connaissent **Ex. 15.** 1. sait; Moi aussi, je sais faire du canoë. (Moi, je ne sais pas faire du canoë.) 2. sait; Moi aussi, je sais la date de l'anniversaire de ma mère. (Moi, je ne sais pas la date de l'anniversaire de ma mère.) 3. sait; Moi aussi, je sais faire de l'escalade. (Moi, je ne sais pas faire de l'escalade.) 4. connaît; Moi aussi, je connais bien La Nouvelle-Orléans. (Moi, je ne connais pas bien La Nouvelle-Orléans.) 5. connaît; Moi aussi, je connais l'histoire de ma famille. (Moi, je ne connais pas l'histoire de ma famille.) 6. connaît; Moi aussi, je connais bien les poèmes de Jacques Prévert. (Moi, je ne connais pas bien les poèmes de Jacques Prévert.) **Ex. 16.** 1. besoin 2. envie 3. l'air 4. honte 5. peur 6. tort **Ex. 17.** 1. il a faim 2. il a soif 3. il a sommeil 4. il a chaud 5. il a froid 6. il a envie 7. il a besoin 8. il a peur

CHAPITRE 5

Ex. 1. 1. Est-ce que tu as acheté le journal hier? Oui, j'ai acheté le journal. (Non, je n'ai pas acheté le journal.) 2. Est-ce que tu as écouté de la musique hier? Oui, j'ai

écouté de la musique. (Non, je n'ai pas écouté de [la] musique.) 3. Est-ce que tu as parlé français avec des amis hier? Oui, j'ai parlé français avec des amis hier. (Non, je n'ai pas parlé français avec des amis.) 4. Est-ce que tu as mangé un hamburger hier? Oui, j'ai mangé un hamburger hier. (Non, je n'ai pas mangé de hamburger.) 5. Est-ce que tu as préparé le dîner hier? Oui, j'ai préparé le dîner hier. (Non, je n'ai pas préparé le dîner.) 6. Est-ce que tu as promené ton chien hier? Oui, j'ai promené mon chien hier. (Non, je n'ai pas promené mon chien.) 7. Est-ce que tu as téléphoné à un ami / une amie hier? Oui, j'ai téléphoné à un ami / une amie hier. (Non, je n'ai pas téléphoné à un ami / une amie.) 8. Est-ce que tu as regardé la télé hier? Oui, j'ai regardé la télé hier. (Non, je n'ai pas regardé la télé.) 9. Est-ce que tu as travaillé à la bibliothèque hier? Oui, j'ai travaillé à la bibliothèque hier. (Non, je n'ai pas travaillé à la bibliothèque.) 10. Est-ce que tu as nettoyé ta chambre hier? Oui, j'ai nettoyé ma chambre hier. (Non, je n'ai pas nettoyé ma chambre.) **Ex. 2.** *Answers may vary.* 1. Moi, je n'ai pas rendu visite à une amie. (Moi aussi, j'ai rendu visite à une amie. J'ai rendu visite à mon amie Claire.) 2. Moi, je n'ai pas fini de devoir pour mon cours d'anglais. (Moi aussi, j'ai fini un devoir pour mon cours d'anglais.) 3. Moi, je n'ai pas choisi de nouveau CD-ROM. (Moi aussi, j'ai choisi un nouveau CD-ROM.) 4. Moi, je n'ai pas répondu à mon courriel. (Moi aussi, j'ai répondu à mon courriel.) 5. Moi, je n'ai pas perdu mon carnet d'adresses. (Moi aussi, j'ai perdu mon carnet d'adresses.) 6. Moi, je n'ai pas dormi pendant un cours ennuyeux. (Moi aussi, j'ai dormi pendant un cours ennuyeux. J'ai dormi pendant le cours de philosophie.) 7. Moi, je n'ai pas attendu le bus pendant une demi-heure. (Moi aussi, j'ai attendu le bus pendant une demi-heure.) 8. Moi, je n'ai pas réussi à un examen. (Moi aussi, j'ai réussi à un examen. J'ai réussi à l'examen de français.) 9. Moi, je n'ai pas servi de thé à mes amis. (Moi aussi, j'ai servi du thé à mes amis.) **Ex. 3.** 1. Daniel et Louis ont acheté des boissons. 2. Nous avons mangé des crêpes. 3. Barbara et Jacqueline ont apporté des CD français. 4. Tout le monde a parlé français. 5. Même Mme Martin a dansé. 6. Nous avons regardé les photos de cette année. 7. Denise a donné un album de photos à Pierre. 8. Quelques étudiants ont pleuré. **Ex. 4.** 1. Oui, j'ai dû me lever de bonne heure. (Non, je n'ai pas dû me lever de bonne heure.) 2. Oui, j'ai fait mon lit. (Non, je n'ai pas fait mon lit.) 3. Oui, j'ai pris le petit déjeuner. (Non, je n'ai pas pris le petit déjeuner.) 4. Oui, j'ai lu le journal. (Non, je n'ai pas lu le journal.) 5. Oui, j'ai bu un coca. (Non, je n'ai pas bu de coca.) 6. Oui, j'ai reçu un coup de téléphone. (Non, je n'ai pas reçu de coup de téléphone.) 7. Oui, j'ai conduit ma voiture. (Non, je n'ai pas conduit ma

voiture.) 8. Oui, j'ai eu un accident. (Non, je n'ai pas eu d'accident.) 9. Oui, j'ai été en retard pour un cours. (Non, je n'ai pas été en retard pour un cours.) 10. Oui, j'ai mis un manteau pour sortir. (Non, je n'ai pas mis de manteau pour sortir.) *Maintenant.* 1. Est-ce que vous avez dû vous lever de bonne heure? 2. Est-ce que vous avez fait votre lit? 3. Est-ce que vous avez pris le petit déjeuner? 4. Est-ce que vous avez lu le journal? 5. Est-ce que vous avez bu un coca? 6. Est-ce que vous avez reçu un coup de téléphone? 7. Est-ce que vous avez conduit votre voiture? 8. Est-ce que vous avez eu un accident? 9. Est-ce que vous avez été en retard pour un cours? 10. Est-ce que vous avez mis un manteau pour sortir? **Ex. 5.** *Answers may vary.* 1. Les clients dans un bar ont pris un cocktail. 2. Les personnes devant un cinéma ont vu un film. 3. L'explorateur célèbre a découvert une ville perdue. 4. Les bons étudiants ont lu leurs leçons. 5. Le fils affectueux a offert un cadeau à sa mère. 6. Les acteurs ont appris leur rôle.
7. L'auteur connu a écrit un nouveau livre. 8. La femme élégante a mis une nouvelle robe. **Ex. 6.** 1. À 9 h, j'ai reçu... 2. À 10 h, j'ai rencontré... 3. Sarah a offert... 4. Nous avons eu... 5. ...nous avons pris... 6. Je leur ai dit... j'ai dû courir... 7. J'ai ouvert... j'ai vu... j'ai été découragé... 8. J'ai mis... j'ai fait... **Ex. 7.** *Answers may vary.* 1. Je suis sorti(e) sans prendre le petit déjeuner hier matin. (Je ne suis jamais sorti[e] sans prendre le petit déjeuner.) (Je ne me souviens pas de la dernière fois que je suis sorti[e]...) 2. Je suis allé(e) faire les courses au supermarché la semaine dernière. (Je ne suis jamais allé[e] faire les courses au supermarché.) (Je ne me souviens pas de la dernière fois que je suis allé[e]...) 3. Je suis monté(e) par un ascenseur à la bibliothèque ce matin. (Je ne suis jamais monté[e] par un ascenseur.) (Je ne me souviens pas de la dernière fois que je suis monté[e]...) 4. Je suis tombé(e) dans l'escalier l'année dernière. (Je ne suis jamais tombé[e].) (Je ne me souviens pas de la dernière fois que je suis tombé[e]...) 5. Je suis parti(e) à la campagne pour le week-end le mois dernier. (Je ne suis jamais parti[e] pour le week-end.) (Je ne me souviens pas de la dernière fois que je suis parti[e]...) 6. Je suis arrivé(e) en classe en retard hier. (Je ne suis jamais arrivé[e] en classe en retard.) (Je ne me souviens pas de la dernière fois que je suis arrivé[e]...) 7. Je suis devenu(e) furieux/furieuse contre un agent de police l'été dernier. (Je ne suis jamais devenu[e] furieux/furieuse contre un agent de police.) (Je ne me souviens pas de la dernière fois que je suis devenu[e]...) 8. Je suis entré(e) dans un bar vendredi soir. (Je ne suis jamais entré[e] dans un bar.) (Je ne me souviens pas de la dernière fois que je suis entré[e]...) 9. Je suis resté(e) au lit jusqu'à midi dimanche dernier. (Je ne suis jamais resté[e] au lit jusqu'à midi.)

(Je ne me souviens pas de la dernière fois que je suis resté[e]...) 10. Je suis rentré(e) après minuit samedi dernier. (Je ne suis jamais rentré[e] après minuit.) (Je ne me souviens pas de la dernière fois que je suis rentré[e]...) **Ex. 8.** 1. Nous sommes partis à cinq heures vendredi soir. 2. Nous sommes arrivés à Megève vers dix heures. 3. Samedi matin, les enfants sont allés sur les pistes de bonne heure. 4. Victor et moi, nous sommes restés au lit un peu plus longtemps. 5. Marise et Clarisse sont montées et descendues plusieurs fois. 6. Elles ne sont pas tombées, heureusement. 7. Samedi soir, nous sommes revenus au chalet pour dîner. 8. Dimanche matin, les enfants sont retournés sur les pistes à 9 h. 9. Nous sommes rentrés à Clermont-Ferrand dimanche soir, fatigués mais très contents de notre week-end. **Ex. 9.** 1. Moi aussi, je suis allé(e) chez le coiffeur. (Je ne suis pas allé[e] chez le coiffeur.) 2. Moi aussi, je me suis reposé(e). (Je ne me suis pas reposé[e].) 3. Moi aussi, je me suis douché(e). (Je ne me suis pas douché[e].) 4. Moi aussi, je me suis brossé les dents. (Je ne me suis pas brossé les dents.) 5. Moi aussi, je me suis maquillée, mais je ne me suis pas rasée. (Moi aussi, je me suis rasé, mais je ne me suis pas maquillé.) 6. Moi aussi, je me suis habillé(e) en vitesse. (Je ne me suis pas habillé[e] en vitesse.) 7. Moi aussi, je me suis bien amusé(e) et je suis rentré(e) après minuit. (Je ne me suis pas bien amusé[e] et je ne suis pas rentré[e] après minuit.) 8. Moi aussi, je me suis couché(e) et je me suis endormi(e) tout de suite. (Je ne me suis pas couché[e] et je ne me suis pas endormi[e] tout de suite. **Ex. 10.** 1. Caroline s'est baignée. 2. Caroline s'est séchée. 3. Caroline s'est brossé les dents. 4. Albert est arrivé chez elle. 5. Albert et Caroline sont sortis ensemble. 6. Ils sont arrivés à la fête. 7. Ils sont partis à 2 h du matin. 8. Caroline s'est déshabillée. 9. Caroline s'est couchée. 10. Caroline s'est endormie. **Ex. 11.** 1. Dans la ville où tout va mal, les enfants n'obéissent jamais à leurs parents. 2. ...rien n'est simple et calme. 3. ...personne n'est dynamique. 4. ...on ne fait jamais la fête. 5. ...on n'a pas encore éliminé la pollution de l'air. 6. ...les habitants n'aiment personne. 7. ...on n'a rien d'intéressant à faire. 8. ...la ville n'est plus prospère. **Ex. 12.** 1. Non, je n'ai qu'une chambre. 2. Non, je n'ai qu'un vélo. 3. Non, ils n'ont qu'un appartement. 4. Non, il n'y a que des autobus. 5. Non, ils n'ont que quinze jours de vacances. 6. Non, je n'ai étudié que le français. 7. Non, je n'ai visité que la côte est.

CHAPITRE 6

Ex. 1. 1. Julien 2. Agnès 3. Jean-Yves 4. Julien 5. Jean-Yves 6. Julien 7. Agnès 8. Jean-Yves 9. Agnès **Ex. 2.** 1. j'allais 2. j'adorais 3. j'aimais 4. je m'amusais 5. je rentrais 6. je mettais la table pour dîner 7. j'attendais l'été avec impatience

8. nous allions 9. nous faisions 10. nous nous promenions 11. nous faisions 12. nous finissions **Ex. 3.** 1. Tous les matins, M. et Mme Rouet se levaient à cinq heures. 2. Mme Rouet prenait le bus pour aller au travail. 3. Quelquefois, elle devait attendre l'autobus une demi-heure. 4. M. Rouet allait au travail en voiture... 5. Il y avait toujours beaucoup de circulation. 6. M. Rouet arrivait au bureau furieux. 7. Il était obligé de déjeuner en ville et ça coûtait cher. 8. Leurs enfants allaient à l'école en bus. 9. Ils finissaient les cours à 16 h 30. 10. Ils rentraient à la maison et restaient seuls jusqu'à 19 h. **Ex. 4.** 1. lisons (ne lisons pas) 2. écrivons (n'écrivons pas de rédactions) 3. lit (ne nous lit pas de) 4. lis (ne lis pas de) 5. dis (ne dis pas) 6. disent (ne disent pas) 7. J'écris (Je n'écris jamais de phrases au tableau.) 8. écrit (n'écrit pas) **Ex. 5.** 1. était (a été) 2. J'étais 3. m'avais 4. j'avais 5. J'avais 6. je devais 7. Je voulais 8. m'était 9. Je savais 10. j'avais 11. ne voulais 12. c'était **Ex. 6.** 1. (e) qu' 2. (f) qui 3. (g) que (h) qui 5. (a) qui 6. (c) que 7. (b) qu' 8. (d) qui **Ex. 7.** 1. qui 2. que 3. où 4. où 5. que 6. qui 7. qui 8. où 9. qu' 10. que **Ex. 8.** 1. J'avais deux cousines qui nous racontaient des histoires fascinantes. 2. Près de chez nous, il y avait un parc où nous jouions souvent. 3. Je faisais aussi des promenades à bicyclette que j'aimais beaucoup. 4. Il y avait une maîtresse qui nous apprenait les noms de toutes les plantes. 5. Je jouais avec une petite fille qui avait un gros chien. 6. J'adorais la colonie de vacances où j'allais en été. 7. À l'école, j'avais une copine que j'aimais beaucoup. 8. Il y avait une piscine près de chez nous où je nageais souvent. **Ex. 9.** 1. Oui, je devais leur demander la permission. (Non, je n'avais pas besoin de leur demander la permission.) 2. Oui, je pouvais lui téléphoner tous les soirs. (Non, je ne pouvais pas lui téléphoner tous les soirs.) 3. Oui, je lui écrivais. (Non, je ne lui écrivais pas.) 4. Oui, je leur écrivais des mots pendant les cours. (Non, je ne leur écrivais pas de mots pendant les cours.) 5. Oui, je leur posais beaucoup de questions. (Non, je ne leur posais pas beaucoup de questions.) 6. Oui, je lui offrais des cadeaux. (Non, je ne lui offrais pas de cadeaux.) 7. Oui, je leur empruntais souvent des CD. (Non, je ne leur empruntais pas de CD.) 8. Oui, je leur demandais de l'argent. (Non, je ne leur demandais pas d'argent.) 9. Oui, je leur rendais souvent visite. (Non, je ne leur rendais pas souvent visite.) **Ex. 10.** 1. leur 2. nous 3. nous 4. vous 5. nous **Ex. 11.** 1. Non, maman, je ne lui ai pas écrit. 2. Non, maman, je ne leur ai pas rendu les CD. 3. Non, maman, je ne t'ai pas promis de rester à la maison. 4. Non, maman, je ne vous ai pas dit que j'avais des devoirs à faire. 5. Non, maman, tu ne m'as pas

prêté ton stylo. 6. Non, maman, je ne lui ai pas donné d'eau. 7. Non, maman, je ne vous ai pas laissé (de morceau) de gâteau. 8. Non, maman, elle ne m'a pas demandé de service. 9. Non, maman, je ne lui ai pas rendu visite. 10. Non, maman, je ne vous ai pas obéi. **Ex. 12.** 1. Et toi, tu t'entendais très bien avec tes professeurs et tes camarades de classe? Oui (Non), je m'entendais (ne m'entendais pas)... 2. Et toi, tu t'inquiétais de tes résultats aux examens? Oui (Non), je m'inquiétais (ne m'inquiétais pas)... 3. Et toi, tu ne te fâchais jamais avec tes copains? Si (Non), je me fâchais (ne me fâchais jamais)... 4. Et toi, tu te disputais de temps en temps avec tes parents? Oui (Non), je me disputais (ne me disputais pas)... 5. Et toi, tu t'occupais de la voiture de tes parents? Oui (Non), je m'occupais (ne m'occupais pas)... 6. Et toi, tu t'intéressais beaucoup aux sports d'hiver? Oui (Non), je m'intéressais (ne m'intéressais pas)... 7. Et toi, tu t'ennuyais parfois en été? Oui (Non), je m'ennuyais (ne m'ennuyais pas)... *Maintenant.* 1. Est-ce que vous vous entendiez très bien avec vos professeurs et vos camarades de classe, madame (monsieur)? (*See answers above.*) 2. Est-ce que vous vous inquiétiez de vos résultats aux examens? 3. Est-ce que vous ne vous fâchiez jamais avec vos copains? 4. Est-ce que vous vous disputiez de temps en temps avec vos parents? 5. Est-ce que vous vous occupiez de la voiture de vos parents? 6. Est-ce que vous vous intéressiez beaucoup aux sports d'hiver? 7. Est-ce que vous vous ennuyiez parfois en été? **Ex. 13.** 1. Elle croit à l'égalité des sexes. 2. Ils ne croient pas à la punition corporelle. 3. Nous croyons à la démocratie. 4. Tu crois à l'amitié. 5. Je crois aux traditions. 6. Vous croyez au mariage. **Ex. 14.** 1. voit 2. voyons 3. croyez 4. vois 5. croient 6. croit **Ex. 15.** *Answers may vary.* 1. Hier, je (ne) me suis (pas) levé(e) avant huit heures. Quand j'étais petit(e), je (ne) me levais (pas) souvent avant huit heures. 2. Hier, j'ai (je n'ai pas) porté un jean et un tee-shirt. Quand j'étais petit(e), je portais quelquefois un jean et un tee-shirt. 3. Hier, je (ne) suis (pas) allé(e) à l'université. Quand j'étais petit(e), je n'allais pas à l'université. 4. Hier, j'ai (je n'ai pas) parlé au téléphone avec des amis. Quand j'étais petit(e), je parlais quelquefois au téléphone avec des amis. 5. Hier, j'ai (je n'ai pas) conduit une (de) voiture. Quand j'étais petit(e), je ne conduisais pas de voiture. 6. Hier, j'ai (je n'ai pas) regardé la télé. Quand j'étais petit(e), je la regardais souvent. 7. Hier, je me suis (je ne me suis pas) couché(e) à minuit et demi. Quand j'étais petit(e), je ne me couchais jamais à minuit et demi. 8. Hier, j'ai (je n'ai pas) lu les bandes dessinées dans le journal. Quand j'étais petit(e), je les lisais une fois par semaine.

CHAPITRE 7

Ex. 1. *Answers will vary.* 1. Oui, j'aime les petits pois, mais j'aime mieux les (épinards). 2. Oui, j'aime les cerises, mais j'aime mieux (les pommes). 3. Non, je n'aime pas le jambon. J'aime mieux (le poulet). 4. Non, je n'aime pas la bière. J'aime mieux (l'eau minérale). 5. Oui, j'aime les huîtres, mais j'aime mieux (les crevettes). 6. Oui, j'aime le lait, mais j'aime mieux le (thé). 7. Oui, j'aime la tarte aux pommes, mais j'aime mieux (la crème caramel). 8. Non, je n'aime pas le porc. J'aime mieux (le poulet). **Ex. 2.** 1. Oui, achète de la sauce tomate (pour la bolognaise). 2. Non, n'achète pas de riz. 3. Non, n'achète pas de bifteck. 4. Oui, achète du bœuf haché (pour la bolognaise). 5. Oui, achète de la laitue (pour la salade). 6. Non, n'achète pas de pommes de terre. 7. Oui, achète de l'huile et du vinaigre (pour la salade). 8. Oui, achète des oignons (pour la bolognaise et la salade). 9. Non, n'achète pas de glace. 10. Oui, achète du lait (pour la crème caramel). 11. Oui, achète des œufs (pour la crème caramel). 12. Oui, achète du sucre (pour la crème caramel). **Ex. 3.** *Answers may vary.* 1. deux tasses de 2. trois verres d' 3. une demi-douzaine d' 4. une livre de 5. un peu de 6. deux 7. trois portions de **Ex. 4.** 1. Est-ce que tu achètes quelquefois des bonbons au chocolat? Oui, j'achète quelquefois des... (Non, je n'achète pas de...) 2. Est-ce que tu aimes les escargots? Oui, j'aime les escargots. (Non, je n'aime pas les escargots.) 3. Est-ce que tu manges souvent de la dinde? Oui, je mange souvent de la dinde. (Non, je ne mange pas de dinde.) 4. Est-ce que tu consommes beaucoup de fromage? Oui, je consomme beaucoup de fromage. (Non, je ne consomme pas beaucoup de fromage.) 5. Est-ce que tu détestes le poisson? Oui, je déteste le poisson. (Non, je ne déteste pas le poisson.) 6. Est-ce que tu adores la glace? Oui, j'adore la glace. (Non, je n'adore pas la glace.) **Ex. 5.** *Answers will vary.* 1. Je bois du café. 2. Ils boivent de l'eau minérale. 3. Nous buvons du thé. 4. Les Anglais boivent plus de thé. 5. J'ai bu du jus d'orange. 6. Je buvais du lait. 7. Mes parents buvaient du café. 8. On a bu du champagne et de l'eau minérale. **Ex. 6.** 1. Oui, j'en voudrais. (Non, je n'en voudrais pas.) 2. Oui, j'en bois. (Non, je n'en bois pas.) 3. Oui, j'aime en prendre à tous les repas. (Non, je n'aime pas en prendre à tous les repas.) 4. Oui, j'en prends à tous les repas. (Non, je n'en prends pas à tous les repas.) 5. Oui, j'en mange de temps en temps. (Non, je n'en mange pas.) 6. Oui, j'en mange beaucoup. (Non, je n'en mange pas beaucoup.) **Ex. 7.** 1. Il y en a 1.000. 2. Oui, on en a besoin. 3. Oui, les enfants en ont souvent envie. 4. Oui, il y en a beaucoup dans le café. 5. Oui, il y en a dans le thé. (Non, il n'y en a pas. Il y a de la théine.) 6. Il y en a six.

7. Non, il n'y en a pas dans la glace. **Ex. 8.** 1. tous 2. Toutes 3. tout 4. Toutes 5. Toute 6. tout **Ex. 9.** 1. Qu'est-ce qu': g 2. quoi: d 3. Qu'est-ce qui: a 4. Qu'est-ce qu': i 5. quoi: f 6. Qui: b 7. Qu'est-ce qu': c 8. quoi: h 9. Qui: j 10. Qu'est-ce qui: e **Ex. 10.** 1. Avec qui est-ce que Louis doit venir? (Avec qui Louis doit-il venir?) 2. Qu'est-ce que tu as fait? (Qu'as-tu fait?) 3. À qui est-ce que tu as demandé d'apporter des chips? (À qui as-tu demandé d'apporter des chips?) 4. De quoi est-ce que vous avez besoin? (De quoi avez-vous besoin?) 5. Qui a apporté des CD de musique acadienne? 6. De quoi est-ce que tu voudrais parler? (De quoi voudrais-tu parler?) 7. Qu'est-ce qui sent si bon? 8. Qui est-ce que Raoul va inviter? (Qui Raoul va-t-il inviter?) **Ex. 11.** 1. Quel est ton légume favori? 2. Quel est le plat du jour? 3. Qu'est-ce que c'est qu'une boulangerie? 4. Quelle est la boisson que tu préfères? 5. Quel est le meilleur type de café? 6. Qu'est-ce que c'est qu'une mandarine? **Ex. 12.** 1. Christine est en train de réserver une table. 2. Christine est en train de se baigner. 3. Elle est en train de s'habiller. 4. Christine et Bernard sont en train d'arriver au restaurant. 5. Ils sont en train de retrouver leurs amis. 6. Christine, Bernard et leurs amis sont en train d'entrer dans le restaurant. 7. Ils sont en train de commander leur dîner. 8. Bernard est en train de goûter le vin. 9. Christine et Bernard sont en train de bavarder avec leurs amis. 10. Bernard est en train de demander l'addition. 11. Bernard est en train de régler l'addition. 12. Christine et Bernard sont en train de rentrer chez eux après avoir laissé le pourboire. **Ex. 13.** *Answers may vary.* 1. Je choisis un menu avant d'inviter des amis. (Avant d'inviter des amis, je choisis un menu.) 2. Je lis la recette avant de faire les provisions. 3. Je fais une liste avant d'aller au supermarché. 4. Je fais la cuisine avant de m'habiller pour la soirée. 5. Je prépare le repas avant de mettre la table. 6. Je débarrasse la table avant de servir le dessert. **Ex. 14.** *Answers may vary.* 1. Un étudiant typique regarde la télé après avoir fini ses devoirs. 2. Un étudiant typique étudie après être allé en cours. 3. Un étudiant typique écrit une thèse après avoir lu des articles. 4. Un étudiant typique écoute les CD après avoir regardé son manuel de laboratoire. 5. Un étudiant typique écrit une rédaction après avoir réfléchi au sujet. 6. Un étudiant typique répond après avoir écouté les questions du prof. 7. Un étudiant typique va à la bibliothèque après être allé prendre un café. 8. Un étudiant typique se couche après être rentré du cinéma.

CHAPITRE 8

Ex. 1. 1. De Reims, je vais à Strasbourg, en Alsace. 2. De Strasbourg, je vais à Dijon, en Bourgogne. 3. De Dijon, je vais à Grenoble, en Savoie. 4. De Grenoble, je vais à Arles, en Provence. 5. D'Arles, je vais à Clermont-Ferrand, en Auvergne. 6. De Clermont-Ferrand, je vais à La Rochelle, au Poitou. 7. De La Rochelle, je vais à Tours, en Touraine. **Ex. 2.** 1. Est-ce que tu vas en Europe? Oui, je vais au Portugal et en Espagne. 2. Est-ce que tu vas en Asie? Oui, je vais en Chine et en Inde. 3. Est-ce que tu vas en Afrique? Oui, je vais en Côte-d'Ivoire et au Sénégal. 4. Est-ce que tu vas en Afrique du Nord? Oui, je vais en Tunisie et au Maroc. 5. Est-ce que tu vas en Louisiane? Oui, je vais à Baton Rouge et à La Nouvelle-Orléans. 6. Est-ce que tu vas au Canada? Oui, je vais à Montréal et à Toronto. 7. Est-ce que tu vas en Amérique du Sud? Oui, je vais au Brésil et en Argentine. 8. Est-ce que tu vas en Amérique du Nord? Oui, je vais aux États-Unis: en Californie et au (dans le) Texas. **Ex. 3.** 1. D'où viennent les Volkswagen? Les Volkswagen viennent d'Allemagne. 2. D'où viennent les appareils Sony? Les appareils Sony viennent du Japon. 3. D'où vient le jambalaya? Le jambalaya vient de Louisiane. 4. D'où viennent les vins de Bourgogne? Les vins de Bourgogne viennent de France. 5. D'où viennent les enchiladas et les tacos? Les enchiladas et les tacos viennent du Mexique. 6. D'où vient le cappuccino? Le cappuccino vient d'Italie. 7. D'où viennent les Cadillac? Les Cadillac viennent des États-Unis. 8. D'où vient le sucre d'érable? Le sucre d'érable vient du Canada et des États-Unis (du Vermont). **Ex. 4.** 1. vivent 2. vit 3. vivent 4. vit 5. survivre (vivre) 6. ont vécu 7. ont survécu 8. vivait 9. vivons **Ex. 5.** 1. à / Oui, je vais lui écrire. 2. — / Non, je ne les écoute pas. 3. à / Oui, je leur téléphone toutes les semaines. 4. — / Oui, je les regarde. 5. à / Je voudrais lui dire que tout le monde doit protéger l'environnement. 6. aux associations / Oui, je leur donne de l'argent. **Ex. 6.** 1. Je la lui donne. (Je ne la lui donne pas.) 2. Je les leur envoie. (Je ne les leur envoie pas.) 3. Je la lui promets. (Je ne la lui promets pas.) 4. Je le leur accorde. (Je ne le leur accorde pas.) 5. Je le lui donne. (Je ne le lui donne pas.) **Ex. 7.** *Answers may vary.* 1. a. devrions / Oui, je suis d'accord parce que les émissions toxiques sont mauvaises pour la santé. (Non, je ne suis pas d'accord parce que les entreprises ne peuvent pas le faire sans réduire leur production.) b. devrais / Oui, je suis d'accord parce que j'habite près de mon lieu de travail. (Non, je ne suis pas d'accord parce que je préfère prendre la voiture.) 2. a. devrais / Oui, je suis d'accord parce que c'est facile à faire. (Non, je ne suis pas d'accord parce que je ne voudrais pas changer mes habitudes!) b. devraient / Oui, je suis d'accord parce que ce n'est pas nécessaire, sauf quand il fait très chaud! (Non, je ne suis pas d'accord parce que mon jardin a besoin d'être arrosé tous les jours.) 3. a.

devraient / Oui, je suis d'accord parce que je préfère manger des produits naturels. (Non, je ne suis pas d'accord parce qu'il faut tuer les insectes.) b. devrions / Oui, je suis d'accord parce que ces détergents sont bons. (Non, je ne suis pas d'accord parce qu'ils ne sont pas aussi bons que les autres.) 4. a. devrait / Oui, je suis d'accord parce que c'est bon pour la planète. (Non, je ne suis pas d'accord parce que je n'aime pas le faire.) b. devrait / Oui, je suis d'accord parce qu'il y a trop de plastique. (Non, je ne suis pas d'accord. Il faut le recycler, c'est tout.) **Ex. 8.** 1. vivaient 2. empêchaient 3. émettaient 4. grimpaient 5. pique-niquaient 6. trouvait 7. étaient 8. comprenaient **Ex. 9.** 1. faisait, s'est arrêté 2. envoyait, s'est éteint 3. écoutait, a... entendu 4. parlait, a été 5. écoutait, s'est arrêté

CHAPITRE 9

Ex. 1. 1. Oui, j'y habite. (Non, je n'y habite pas.) 2. Oui, j'y suis déjà allé(e) cette semaine. (Non, je n'y suis pas encore allé[e]...) 3. Oui, j'y participe beaucoup. (Non, je n'y participe pas beaucoup.) 4. Oui, j'y réponds souvent. (Non, je n'y...) 5. Oui, j'y assiste parfois. (Non, je n'y assiste jamais.) 6. Oui, j'y pense souvent. (Non, je n'y...) **Ex. 2.** *Answers may vary.* 1. Oui, je suis plus intelligent(e) que lui. (Non, je suis moins/aussi...) 2. Oui, je suis moins intéressant(e) qu'eux. (Non, je suis plus/aussi...) 3. Oui, je suis aussi dynamique que lui / qu'elle. (Non, je suis moins/plus...) 4. Oui, mes camarades de classe sont aussi intelligents que moi. (Non, ils sont plus/moins...) 5. Oui, mes professeurs sont aussi sympathiques qu'eux. (Non, ils sont plus/moins...) 6. Oui, je suis aussi équilibré(e) que lui / qu'elle. (Non, je suis moins/plus...) 7. Oui, ils sont plus courageux que moi. (Non, ils sont moins/aussi...) **Ex. 3.** 1. Oui, j'ai dîné avec lui. (Non, je n'ai jamais dîné avec lui.) 2. Si, je me suis disputé(e) avec eux. (Non, je ne me suis jamais disputé[e] avec eux.) 3. Oui, j'ai fait du travail supplémentaire pour lui/elle. (Non,...) 4. Oui, j'ai fait des courses pour eux/elles. (Non,...) 5. Oui, je me suis fâché(e) avec lui/elle. (Non,...) 6. Oui, j'ai joué au tennis avec eux/elles. (Non,...) **Ex. 4.** 1. Lui et elle, ils vont au cinéma. 2. Elle et lui, ils lisent le journal tous les jours. 3. Eux et nous, nous aimons Astérix. 4. Elle et lui, ils sont vedettes. 5. Toi et moi, nous paniquons avant les examens. 6. Lui et elle, ils ont du talent. 7. Elle et lui, ils sont dynamiques. **Ex. 5.** 1. Il était couturier. 2. Elle était physicienne. 3. Il était empereur. 4. Elle était femme-écrivain. 5. Il était chanteur. 6. Il était homme d'État. **Ex. 6.** *Answers may vary.* 1. C'est un professeur de lycée. C'est la femme de Victor. (C'est la sœur de Bernard) 2. C'est une infirmière. C'est la femme de Bernard. 3. C'est un ingénieur. C'est le fils de Francis Lasalle. (C'est le

frère de Claudine.) 4. C'est une étudiante en hôtellerie. C'est la sœur de Marise. 5. C'est un petit garcon. C'est le frère de Clarisse. 6. C'est un étudiant à l'Université Paris VII. C'est l'ami d'Agnès Rouet. **Ex. 7.** 1. Julien habite à la Défense depuis quatre ans. 2. Sa mère est à Paris depuis cinq ans. 3. Julien travaille pour TF1 depuis sept ans. 4. Il connaît Bernard depuis huit ans. 5. Julien fait de la voile depuis douze ans. **Ex. 8.** *Answers will vary.* 1. Je fais des études à l'université depuis (deux ans). 2. J'habite (à la cité universitaire). J'y habite depuis (un an). 3. Mes parents habitent (à la campagne). Ils y habitent depuis (vingt-cinq ans). 4. J'étudie le français depuis (six mois). 5. J'ai mon permis de conduire depuis (l'année dernière). J'ai ma propre voiture depuis (l'année dernière). **Ex. 9.** 1. Est-ce que tu te coucheras tôt ce soir? Oui, je me coucherai tôt ce soir. (Non, je ne me coucherai pas...) Et toi? 2. Est-ce que tu dormiras jusqu'à 10 h demain? Oui, je dormirai... (Non, je ne dormirai pas...) 3. Est-ce que tu finiras tous tes devoirs avant le week-end? Oui, je finirai... (Non,...) 4. Est-ce que tu réussiras à tous tes examens ce semestre? Oui, je réussirai à... (Non,...) 5. Est-ce que tu sortiras ce week-end? Oui, je sortirai... (Non,...) 6. Est-ce que tu gagneras beaucoup d'argent cet été? Oui, je gagnerai... (Non,...) 7. Est-ce que tu achèteras une voiture cette année? Oui, j'achèterai... (Non,...) 8. Est-ce que tu prendras des vacances la semaine prochaine? Oui, je prendrai... (Non,...) **Ex. 10.** 1. serons 2. ferons 3. recevrons 4. verrons 5. aurons 6. saurons, pourrons **Ex. 11.** 1. aura 2. sera 3. gagnera 4. iront 5. devra 6. pourront 7. fera 8. épatera 9. découvrira 10. ira 11. reviendra 12. ouvrira 13. irons 14. deviendra 15. écrira 16. aura 17. s'appellera **Ex. 12.** 1. Tu seras heureux quand tu réussiras à l'examen demain. 2. Tu seras très surpris quand tu recevras un A en cours de français. 3. Tu seras surpris quand tes amis t'inviteront à sortir ce week-end. 4. Tu seras étonné quand tu auras assez d'argent pour payer tes études. 5. Tu seras surpris quand tu finiras ton devoir d'histoire ce soir.

CHAPITRE 10

Ex. 1. 1. Il faut que je passe à la banque. 2. Il faut que j'écrive des instructions pour la voisine. 3. Il faut que je visite un site Web marocain. 4. Il faut que je choisisse une nouvelle valise. 5. Il faut que je lise le guide touristique sur le Maroc. 6. Il faut que je finisse ma dissertation de français. 7. Il faut que je rende des livres à la bibliothèque. 8. Il faut que j'organise mes affaires. **Ex. 2.** 1. Il faut que nous demandions si le vol va partir à l'heure. 2. Il faut que nous achetions des magazines. 3. Il ne faut pas que nous oubliions la valise en consigne. 4. Il faut que nous téléphonions aux enfants ce soir. 5. Il faut que nous écrivions une carte postale à Julien demain. 6. Il ne faut pas que nous laissions nos chèques de voyage dans la valise. 7. Il faut que nous relisions les brochures. 8. Il faut que nous nous reposions dans l'avion. 9. Il est essentiel que nous obéissions aux règles de la route. (Il n'est pas essentiel que nous obéissions aux règles de la route.) **Ex. 3.** *Answers will vary.* 1. Il est important que je connaisse des gens du pays. 2. Il faut que j'écrive à mes amis et à ma famille. 3. Il vaut mieux que je dorme bien chaque nuit. 4. Il n'est pas essentiel que je voyage dans une voiture confortable. 5. Il n'est pas indispensable que j'achète des beaux souvenirs. 6. Il faut que je rapporte beaucoup de belles photos. 7. Il n'est pas indispensable que je sorte tous les soirs. 8. Il ne faut pas que j'organise des projets à l'avance. 9. Il est essentiel que nous obéissions aux règles de la route. (Il n'est pas essentiel que nous obéissions aux règles de la route.) **Ex. 4.** 1. Il ne faut pas que tu boives beaucoup d'alcool. 2. Il ne faut pas que tu ailles dans les mauvais quartiers le soir. 3. Il ne faut pas que tu sortes seul(e). 4. Il faut que tu t'endormes à une heure raisonnable. 5. Il ne faut pas que tu fasses du bruit à l'hôtel. 6. Il faut que tu sois ponctuel(le). 7. Il faut que tu aies ton passeport sur toi à tout moment. 8. Il faut que tu nous écrives souvent. 9. Il faut que tu prennes tes vitamines. **Ex. 5.** *Answers may vary.* 1. Est-ce qu'il vaut mieux que je prenne les billets à l'aéroport ou que je les télécharge sur Internet? Il vaut mieux que vous les téléchargiez sur Internet pour éviter de longues queues à l'aéroport. (Il vaut mieux que vous preniez les billets à l'aéroport.) 2. Est-ce qu'il vaut mieux que je mette mon passeport dans ma petite valise ou dans ma poche? Il vaut mieux que vous le mettiez dans votre poche, parce qu'il faut que vous le montriez à la douane. (Il vaut mieux que vous le mettiez dans votre petite valise pour ne pas le perdre.) 3. Est-ce qu'il vaut mieux que je sois à l'aéroport trois heures avant le départ ou non? Il vaut mieux que vous arriviez trois heures avant le départ. Ainsi, vous aurez le temps de passer par le contrôle de sûreté. (Il vaut mieux que vous arriviez deux heures avant votre départ. Comme ça, vous n'aurez pas besoin d'attendre longtemps.) 4. Est-ce qu'il vaut mieux que je boive beaucoup ou non, pendant le voyage en avion? Il vaut mieux que vous buviez beaucoup pour ne pas être déshydraté(e). (Il vaut mieux que vous ne buviez pas beaucoup de liquides.) 5. Est-ce qu'il vaut mieux que j'utilise des chèques de voyage ou une carte de crédit? Il vaut mieux que vous utilisiez des chèques de voyage. Ainsi, si vous les perdez, vous pourrez les remplacer facilement. (Il vaut mieux que vous utilisiez une carte

de crédit. C'est plus pratique.) 6. Est-ce qu'il vaut mieux que j'aie du liquide (de l'argent) pour laisser des pourboires? Oui, il vaut mieux que vous en ayez pour laisser des pourboires. (Il vaut mieux que vous n'ayez pas trop de liquide. Mettez le pourboire sur votre carte de crédit.) 7. Est-ce qu'il vaut mieux que je fasse mes valises deux ou trois jours avant ou à la dernière minute? Il vaut mieux que vous les fassiez deux ou trois jours avant pour ne rien oublier. (Il vaut mieux que vous ne les fassiez pas trop tôt si vous voulez que vos vêtements soient en bon état.) 8. Est-ce qu'il vaut mieux que j'aille prendre des brochures à l'agence de voyages ou que j'imprime des pages Web? Il vaut mieux que vous alliez à l'agence de voyages. (Il vaut mieux que vous imprimiez des pages Web.) **Ex. 6.** *Answers will vary.* 1. Un jeune homme (Une jeune fille) de 18 ans conduit trop vite. Il/Elle respecte rarement le code de la route. 2. Les chauffeurs de taxi conduisent prudemment. En général, ils respectent le code de la route. 3. Mon meilleur ami (Ma meilleure amie) conduit bien. Il/Elle respecte toujours le code de la route. 4. Mes copains conduisent comme des fous. Ils respectent rarement le code de la route. 5. Les personnes âgées conduisent lentement. Elles respectent toujours le code de la route. 6. Les gens de ma ville conduisent assez bien. En général, ils respectent le code de la route. 7. Un agent de police conduit bien. Il respecte toujours le code de la route. 8. Je conduis prudemment. Je respecte toujours le code de la route. **Ex. 7.** 1. Est-ce que tu le lui donnes? Oui, je le lui donne. (Non, je ne le lui donne pas.) 2. Est-ce que tu le leur montres? Oui, je le leur montre. (Non, je ne le leur montre pas.) 3. Est-ce que tu les lui laisses? Oui, je les lui laisse. (Non, je ne les lui laisse pas.) 4. Est-ce que tu la lui prêtes? Oui, je la lui prête. (Non, je ne la lui prête pas.) 5. Est-ce que tu lui en donnes? Oui, je lui en donne. (Non, je ne lui en donne pas.) 6. Est-ce que tu lui en demandes? Oui, je lui en demande. (Non, je ne lui en demande pas.) 7. Tu lui en offres? Oui, je lui en offre. (Non, je ne lui en offre pas.) 8. Tu leur en laisses? Oui, je leur en laisse. (Non, je ne leur en laisse pas.) **Ex. 8.** 1. le plus 2. le plus, le moins 3. le plus 4. le plus, les moins 5. les plus, le plus 6. le plus **Ex. 9.** 1. Le polyester coûte le moins cher. 2. Le nylon se lave le mieux. 3. Les diamants coûtent le plus cher. 4. La porcelaine se casse le plus facilement. 5. Le cuir s'utilise le moins dans les vêtements pour enfants. **Ex. 10.** 1. Le Cameroun a le plus d'habitants francophones. La Guinée en a le moins. 2. La Belgique a le plus d'habitants francophones. Le Luxembourg en a le moins. 3. Le Québec a le plus d'habitants francophones. Le Nouveau-Brunswick en a le moins. **Ex. 11.** *Answers may vary.* 1. Laquelle de ces montres préfères-tu? d (Celle en or parce que...)

2. Laquelle de ces bagues préfères-tu? c 3. Lequel de ces portefeuilles préfères-tu? a 4. Lequel de ces foulards préfères-tu? e 5. Lequel de ces vases préfères-tu? b **Ex. 12.** *Answers may vary.* 1. ceux, ceux / Moi, je préfère ceux qui sont personnalisés (qui coûtent cher). 2. celles, celles / Moi, je préfère celles qui sont comiques. 3. celles, celles / Moi, je préfère celles qui sont plus discrètes. 4. ceux, ceux / Moi, je préfère ceux en cuir. 5. ceux, ceux / Moi, je préfère ceux qui sont confortables.

CHAPITRE 11

Ex. 1. *Answers will vary.* 1. aurait / Oui, c'est vrai, parce qu'on n'aurait pas d'exemples de crimes violents. (Non, ce n'est pas vrai...) 2. lirais / C'est vrai, parce que je ne serais pas aussi distrait(e) par la télévision. (Non,...) 3. seraient / C'est vrai, parce qu'ils passeraient plus de temps à faire de l'exercice. (Non,...) 4. saurions / Ce n'est pas vrai, parce que nous aurions encore des journaux et des ordinateurs! (C'est vrai...) 5. connaîtrait / Ce n'est pas vrai, parce qu'on pourrait lire des journaux et des livres. (C'est vrai...) 6. feraient / C'est vrai, parce qu'il n'y aurait pas de publicité. (Non,...) 7. dormirions / C'est vrai, parce que nous ne regarderions pas d'émissions à minuit. (Non,...) 8. iraient / Non, ce n'est pas vrai, parce qu'ils loueraient des DVD. (C'est vrai...) 9. achèterait / Non, ce n'est pas vrai, parce qu'on pourrait lire des journaux sur Internet. (C'est vrai...) 10. dépenseraient / Oui, c'est vrai, parce qu'elles n'auraient les mêmes possibilités que la télévision offre. **Ex. 2.** 1. Pourriez 2. auriez 3. voudriez 4. pourriez 5. devrais 6. pourrais 7. Sauriez **Ex. 3.** 1. Dans un monde idéal, on pourrait toujours croire ce qu'on vous dit. 2. Dans un monde idéal, nous ne serions pas influencés par des messages subtils ou subliminaux. 3. Dans un monde idéal, on ne profiterait jamais de la crédulité des gens. 4. Dans un monde idéal, les gens ne dépenseraient pas beaucoup d'argent pour des produits inutiles. 5. Dans un monde idéal, le travail occuperait une moins grande partie de notre vie. 6. Dans un monde idéal, il y aurait assez d'emplois pour tous ceux qui veulent travailler. 7. Dans un monde idéal, mentir ne serait jamais utile. **Ex. 4.** 1. C'est le magazine dont je parlais l'autre jour. 2. C'est le livre dont on discutait à la télé. 3. C'est un metteur en scène dont je connais d'autres films. 4. C'est une vedette dont j'ai vu tous les films. 5. C'est un titre dont je ne me souviens jamais. **Ex. 5.** 1. Ce qui 2. Ce qui: f 3. Ce que: d 4. Ce qui: e 5. Ce qu': b 6. Ce qu': a 7. Ce qui: f 8. Ce qu': e **Ex. 6.** 1. ce qu' 2. ce qui 3. Ce qui 4. ce qu' 5. ce qui 6. ce qu' 7. ce qui 8. ce dont **Ex. 7.** 1. Aie quelque chose à dire sur ta page Web. 2. Ne fais pas une liste de listes. 3. Rappelle-toi que tes visiteurs n'ont pas tous une connexion puissante.

(Et ne fournis pas trop d'informations sur la même page.) 4. Vérifie tes liens pour éliminer les mauvais liens. 5. Permets les commentaires par courriel sur ta page. 6. Améliore constamment tes connaissances en HTML. 7. Sois créatif/créative malgré toutes ces directives. **Ex. 8.** 1. Montrez-leur donc comment... 2. ...bloquez les fentes de CD/DVD, rangez le clavier et mettez la souris en cage. 3. N'apportez votre travail à la maison qu'en cas... 4. Asseyez-vous souvent avec vos enfants... 5. ...sachez où ils vont... 6. Donnez-leur une chaise confortable. Essayez aussi de placer... **Ex. 9.** 1. C'est une bonne idée. Posez-en. (Ce n'est pas nécessaire. N'en posez pas.) 2. C'est une bonne idée. Vérifiez-la. (Regardez-le.) (Ce n'est pas nécessaire. Ne la vérifiez pas. [Ne le regardez pas.]) 3. C'est une bonne idée. Appréciez-la. (Ce n'est pas nécessaire. Ne l'appréciez pas.) 4. C'est une bonne idée. Vérifiez-le. (Ce n'est pas nécessaire. Ne le vérifiez pas.) 5. C'est une bonne idée. Groupez-les. (Ce n'est pas nécessaire. Ne les groupez pas.) 6. C'est une bonne idée. Parlez-en. (Ce n'est pas nécessaire. N'en parlez pas.) **Ex. 10.** 1. Si je voulais vraiment acheter quelque chose, je serais (ne serais pas) très impatient(e). 2. Si j'étais déprimé(e), j'aurais (je n'aurais pas) envie de faire des achats. 3. Si j'avais envie de faire des achats, je laisserais (ne laisserais pas) mes cartes de crédit à la maison. 4. Si je faisais beaucoup d'achats, je serais encore plus (ne serais plus) déprimé(e). 5. Si j'achetais quelque chose de cher, j'irais (je n'irais pas) dans tous les magasins pour trouver le meilleur prix. 6. Si je n'aimais pas quelque chose, je le rendrais (ne le rendrais pas) au magasin.

CHAPITRE 12

Ex. 1. 1. Oui, il/elle voudrait que je fasse plus de sport. (Non, il/elle ne voudrait pas que... / Ça lui est égal.) 2. Oui, il/elle voudrait que je dorme moins. (Non, il/elle ne voudrait pas que... / Ça lui est égal.) 3. Oui, il/elle voudrait que je perde du poids. (Non,...) 4. Oui, il/elle voudrait que je sois plus sérieux/sérieuse dans mes études. (Non,...) 5. Oui, il/elle voudrait que je dépense moins d'argent. (Non,...) 6. Oui, il/elle voudrait que je devienne médecin. (Non,...) 7. Oui, il/elle voudrait que je puisse le/la voir plus souvent. (Non,...) **Ex. 2.** *Answers may vary.* 1. Oui, je demanderais qu'on enlève toutes...

(Non, je ne demanderais pas...) 2. Je désire qu'on serve des plats végétariens... (Non, je ne désire pas...) 3. J'aimerais qu'on installe une salle... (Non, je n'aimerais pas...) 4. Je préférerais que l'université dépense moins d'argent... (Non, je ne préférerais pas...) 5. Oui, j'aimerais que les cours ne commencent pas avant 9 h... (Non, je n'aimerais pas que...) 6. Oui, je demanderais que les examens de fin d'année soient mieux espacés. (Non, je ne demanderais pas que...) **Ex. 3.** 1. n'avais pas, n'ai rien mangé 2. avais, me suis endormie 3. me sentais, ai dû 4. devais, n'ai pas pu 5. n'avais pas, n'ai pas téléphoné 6. voulais, ai dû **Ex. 4.** 1. c / On peut soulager les yeux enflammés en y mettant des gouttes. Oui, c'est vrai. (Non,...) 2. a/ On peut transmettre des microbes en toussant et en éternuant. Oui, c'est vrai. 3. b / On peut éviter les rhumes en prenant beaucoup de vitamine C. Oui, c'est vrai. (Non,...) 4. e / On peut guérir une grippe en mangeant de la soupe au poulet. Oui, c'est vrai. (Non,...) 5. d / On peut arrêter le hoquet en se mettant un sac sur la tête. Non, ce n'est pas vrai. (Oui,...) **Ex. 5.** 1. viennent d' 2. venez de 3. venons d' 4. vient d' 5. viennent d' **Ex. 6.** 1. était, faisait, avait 2. avons décidé 3. avons mis, sommes partis 4. était, glissaient 5. sommes arrivés 6. suis tombé, s'est cassé 7. n'avais 8. avons dû, étions **Ex. 7.** 1. était 2. avais 3. j'ai pris 4. étais 5. n'ai pas trouvé 6. j'ai pris 7. était 8. avait 9. était 10. s'avançait 11. J'ai mal estimé 12. a touché 13. cherchais 14. ai entendu 15. était 16. pensait 17. j'allais

CHAPITRE 13

Ex. 1. 1. se sont rencontrés 2. se sont détestés 3. se revoir 4. se sont rencontrés 5. se sont aidés 6. se quitter 7. s'entendent **Ex. 2.** 1. nous nous disons 2. vous vous écoutez 3. se parlent 4. se téléphonent 5. nous nous invitons 6. s'écrivent **Ex. 3.** 1. patiemment 2. sérieusement 3. nerveusement 4. attentivement 5. élégamment 6. (très) calmement 7. discrètement **Ex. 4.** *Answers may vary.* 1. C'est regrettable que les jeunes et les vieux ne s'entendent pas bien. 2. C'est inévitable que les jeunes ne fassent pas attention aux conseils de leurs parents. 3. C'est regrettable que les jeunes ne puissent pas profiter de l'expérience de leurs aînés. 4. C'est regrettable que nous soyons obligés de répéter les erreurs de

nos parents. 5. C'est rare qu'un jeune Américain ait envie d'habiter longtemps chez ses parents. 6. C'est regrettable que les personnes âgées ne croient plus pouvoir contribuer à la société. 7. C'est honteux (étonnant) qu'un certain nombre de personnes âgées soient abandonnées par leurs enfants. **Ex. 5.** 1. Je suis triste que tes parents soient séparés. 2. Je suis désolée que ton grand-père soit à l'hôpital. 3. C'est dommage que tu n'aies pas encore ton baccalauréat. 4. Il est regrettable que tu doives repasser tes examens le mois prochain. 5. Je suis heureuse que tous tes amis partent à l'étranger cet été. 6. Je regrette que toi, tu ne puisses pas y aller. 7. Je suis désolée que tu te sentes vraiment triste. **Ex. 6.** 1. b / avait perdu 2. e / avait oublié 3. a / avait bu 4. d / avait oublié 5. c / avait mangé **Ex. 7.** 1. était parti 2. l'avait oubliée 3. avait vendu 4. avait vu 5. s'était déjà couchée **Ex. 8.** 1. La mienne est propre (sale). La sienne est propre (sale). 2. La mienne est en ordre (en désordre). La sienne est en ordre (en désordre). 3. Les miens sont chic (pratiques). Les siens sont chic (pratiques). 4. Le mien / La mienne est facile (difficile) à vivre. Le sien / La sienne est facile (difficile) à vivre. 5. Les miennes sont très bonnes (moyennes). Les siennes sont très bonnes (moyennes).

CHAPITRE 14

Ex. 1. 1. auraient dû 2. aurions dû 3. auriez dû 4. aurait dû 5. aurais dû 6. aurais dû **Ex. 2.** 1. n'aurais pas acheté 2. aurait été 3. n'aurait pas jeté 4. aurais pu 5. ne serais pas rentré 6. te serais rendu compte **Ex. 3.** 1. à moins que 2. à condition que 3. Bien que 4. jusqu'à ce que 5. quoique 6. pour que **Ex. 4.** *Answers may vary.* 1. a. C'est possible que les étudiants de mon université suivent... b. C'est impossible que les étudiants de mon université suivent... 2. a. C'est impossible que tous les Américains parlent... b. C'est probable que tous les Américains parleront... 3. a. J'espère que nous éliminerons... b. C'est peu probable que nous éliminions... 4. a. Je pense que tout le monde travaillera... b. Ce n'est pas possible que tout le monde travaille... 5. a. C'est peu probable que toutes les familles du monde aient... b. C'est possible que toutes les familles du monde aient...

Lexique

Vocabulaire français–anglais

This vocabulary contains French words and expressions used in this book, with their contextual meanings. The gender of nouns is indicated by the abbreviations *m.* and *f.* Both masculine and feminine forms of adjectives are shown.

All words and expressions from chapter vocabulary lists are included, with the exception of exact cognates. Conjugated verb forms, present participles, and regular past participles are not included. In general, regular adverbs do not appear if the adjectives upon which they are based are included (e.g., **lent[e], lentement**); regular past participles used as adjectives do not appear if the verbs upon which they are based are included (e.g., **varier, varié[e]**). Words beginning with aspirate *h* are preceded by an asterisk (*).

Abbreviations

A.	archaic	*fig.*	figurative	*pl.*	plural
ab.	abbreviation	*gram.*	grammar term	*p.p.*	past participle
adj.	adjective	*interj.*	interjection	*prep.*	preposition
adv.	adverb	*intr.*	intransitive	*pron.*	pronoun
art.	article	*inv.*	invariable	*Q.*	Quebec usage
conj.	conjunction	*irreg.*	irregular (verb)	*s.*	singular
f.	feminine noun	*lit.*	literary	*subj.*	subjunctive
fam.	familiar, colloquial	*m.*	masculine noun	*trans.*	transitive

à *prep.* to; at; in; with
abandonner to drop (*a course of study, a class*); to give up; to abandon, desert
abattre (*like* **battre**) *irreg.* to cut down (*trees*)
abîmer to damage; to spoil
abolir to abolish, do away with
abondance *f.* abundance
abonnement *m.* subscription; service contract
s'abonner (à) to subscribe (to)
aboutir (à) to end up (in)
abréger (j'abrège, nous abrégeons) to abbreviate, shorten
abri *m.* shelter; **mettre à l'abri de** to shelter from, shield from
abricot *m.* apricot
abriter to shelter; **s'abriter** to take shelter
abrupt(e) *adj.* abrupt; steep
absence *f.* absence; lack
absolu(e) *adj.* absolute
s'abstenir (*like* **tenir**) *irreg.* to abstain
abstrait(e) *adj.* abstract
absurde *adj.* absurd
abus *m.* abuse; misuse; **abus de la drogue** drug abuse
abuser de to misuse, abuse; **abuser des règlements** to break the rules

académie *f.* academy
Acadie *f.* Acadia (Nova Scotia)
acadien(ne) *adj.* Acadian; **Acadien(ne)** *m., f.* Acadian (*person*)
acajou *m.* mahogany
accéder (j'accède) (à) to access
accélérer (j'accélère) to accelerate
accentué(e) accentuated, stressed
accentuer to increase; to emphasize
accepter (de) to accept; to agree (to)
accès *m.* access; **accès limité** limited access
accessoires *m. pl.* accessories
accompagner to accompany
accomplir to accomplish, fulfill, carry out
accord *m.* agreement; **d'accord** all right, okay; **être d'accord** to agree, be in agreement; **se mettre d'accord** to reconcile, come to an agreement
accordéon *m.* accordion
accorder to grant, bestow, confer
accouchement *m.* childbirth
accro (*m., f.*) **du Web** web addict
accroché(e) *m., f., fam.* fanatic
accroissement *m.* **(de)** increase (in)
s'accroupir to squat, stoop over

accueil *m.* greeting, welcome; **page** (*f.*) **d'accueil** home page
accueillir (*like* **cueillir**) *irreg.* to welcome, greet
accumuler to accumulate
accusé(e) *m., f.* accused, defendant; **défendre les accusés** to defend the accused
achat *m.* purchase; **faire des achats** to go shopping
acheter (j'achète) to buy; **acheter des provisions** to buy groceries
acide *adj.* acid; tart, sour; *m.* acid; **pluie** (*f.*) **acide** acid rain
acidulé(e) *adj.* slightly acid, tart
acier *m.* steel
acquérir (*p.p.* **acquis**) *irreg.* to acquire, obtain
acte *m.* act
acteur/actrice *m., f.* actor/actress
actif/active *adj.* active; working
action *f.* action, gesture; **Jour** (*m.*) **d'action de grâce** Thanksgiving Day (*U.S., Canada*)
activité *f.* activity
actualité *f.* piece of news; news; current event; **suivre les actualités** to keep up with the news
actuel(le) *adj.* present, current

actuellement *adv.* now, at the present time

adapter to adapt; **s'adapter** to adapt (oneself)

addition *f.* bill, tab (*in a restaurant*)

adieu *interj.* farewell; **soirée** (*f.*) **d'adieu** farewell party, going-away party

adjectif *m.* adjective

admettre (*like* **mettre**) *irreg.* to admit, accept

administratif/administrative *adj.* administrative

administrer to administer

admiratif/admirative *adj.* admiring

admirer to admire; **s'admirer** to admire oneself, one another

adopter to adopt

adorer to adore, worship; to admire; to be fond of

adresse *f.* address; **adresse électronique** e-mail address

adresser to address, speak to; **s'adresser à** to speak to; to appeal to; to inquire

adulte *m., f.* adult

adverbe *m.* adverb

adverse *adj.:* **joueur** (*m.*) **adverse** player on the opposing team

adversaire *m., f.* opponent, adversary

aérobic *f.* aerobics; **faire de l'aérobic** to do aerobics

aéroport *m.* airport

affaire *f.* affair; (business) matter; *pl.* belongings; business; **chiffre** (*m.*) **d'affaires** total sales; **homme** (*m.*)/**femme** (*f.*) **d'affaires** businessman/woman

affecter to affect

affectueux/affectueuse *adj.* affectionate

affichage *m.:* **tableau** (*m.*) **d'affichage** display board

afficher to display, post

affirmatif/affirmative *adj.* affirmative

affirmation *f.* statement

affirmer to affirm, assert

affluence *f.* crowd(s)

affronter to confront, deal with, face

afin de *prep.* to, in order to; **afin que** *conj.* so, so that

africain(e) *adj.* African; **Africain(e)** *m., f.* African (*person*)

Afrique *f.* Africa

âge *m.* age; **le Moyen Âge** Middle Ages; **personne** (*f.*) **du troisième âge** senior citizen; **quel âge avez-vous?** how old are you?

âgé(e) *adj.* aged; old; elderly

agence *f.* agency; **agence bénévole** volunteer agency, organization; **agence de voyages** travel agency;

agence matrimoniale marriage/dating service

agenda *m.* appointment book

agent *m.* agent; **agent conservateur** (food) preservative; **agent de police** police officer; **agent de voyages** travel agent; **agent immobilier** real-estate agent

aggraver to aggravate, worsen; **s'aggraver** to grow worse

agir to act, take action; **s'agir: il s'agit de** it is a question/matter of; it is about

agité(e) *adj.* agitated; hectic; **heures** (*f.*) **agitées** troubled times

agneau *m.* lamb; **gigot** (*m.*) **d'agneau** leg of lamb

agréable *adj.* pleasant, nice, agreeable

agréer to accept; **je vous prie d'agréer l'expression de mes sentiments distingués** yours truly

agressif/agressive *adj.* aggressive

agricole *adj.* agricultural, farming

agriculteur/agricultrice *m., f.* cultivator, farmer

ah bon? (ah oui?) *interj.* really? is that right?

aide *f.* help, assistance

aider (à) to help (to); to provide aid; **aider à la maison** to help around the house; **s'aider** to help one another

aigle (*m.*) eagle; **aigle royal** golden eagle

aigre *adj.* sour

aigu(ë) *adj.* acute; **accent** (*m.*) **aigu** acute accent

ail *m.* garlic

ailleurs *adv.* elsewhere; **d'ailleurs** *adv.* moreover; furthermore

aimable *adj.* likeable, friendly

aimer to like; to love; **aimer bien** to like; **aimer mieux** to prefer

aîné(e) *adj.* older, oldest (*child*)

ainsi *conj.* thus, so, such as; **ainsi que** *conj.* as well as, in the same way as

air *m.* air; look; tune; **avoir l'air (de)** to seem, appear; **en plein air** outdoors, in the open air; **hôtesse** (*f.*) **de l'air** flight attendant, stewardess

aise *f.* ease, comfort; **être mal à l'aise** to be uncomfortable; **se sentir à l'aise** to feel at ease

aisé(e) *adj.* comfortable; well-off; easy, effortless

ajouter to add

alcool *m.* alcohol; alcoholic beverage

alcoolisé(e) *adj.* alcoholic, containing alcohol

Algérie *f.* Algeria

algérien(ne) *adj.* Algerian; **Algérien(ne)** *m., f.* Algerian (*person*)

algue *f.* seaweed

aliéner (j'aliène) to alienate

aliment *m.* food, nourishment; food item

alimentaire *adj.* alimentary, pertaining to food; **chaîne** (*f.*) **alimentaire** food chain

alimentation *f.* food, feeding, nourishment; **magasin** (*m.*) **d'alimentation** food store

allaiter to nurse, breastfeed

allécher (j'allèche) to allure; to attract

allégé(e) *adj.* light, low-fat

Allemagne *f.* Germany

allemand(e) *adj.* German; *m.* German (*language*); **Allemand(e)** *m., f.* German (*person*)

aller *irreg.* to go; **aller + inf.** to be going to + *inf.*; **aller-retour** *m.* round-trip (*ticket*); **allons-y!** let's go!; **comment allez-vous?** how are you?; **s'en aller** to leave

allergie *f.* allergy

allergique *adj.* allergic

alliance *f.* union; wedding ring

s'allier (à) to be/become united, allied (with)

allô *interj.* hello (*phone greeting*)

allocation *f.* allotment; pension; **allocations familiales** *pl.* family subsidy

allongé(e) *adj.* stretched out, lying (down)

allumer to light (*a cigarette, a fire*); **allumer la télé** to turn on the TV

alors *adv.* then, in that case, therefore; **alors que** *conj.* while, whereas

Alpes *f. pl.* the Alps

alpin(e) *adj.* alpine; **ski** (*m.*) **alpin** downhill skiing

alpiniste *m., f.* mountaineer, climber

Alsace *f.* Alsace (*eastern French province*)

alsacien(ne) *adj.* Alsatian, from Alsace; *m.* Alsatian (*language*); **Alsacien(ne)** *m., f.* Alsatian (*person*)

altérer (j'altère) to alter, change

alternance *f.* alternation; **des cours en alternance** cooperative education

alterner to alternate

amateur *m.* (**d'art**) (art) lover

amazonien(ne) *adj.* Amazonian

ambassade *f.* embassy

ambiance *f.* atmosphere, surroundings

ambitieux/ambitieuse *adj.* ambitious

ambulant(e) *adj.* able to walk, traveling

âme *f.* soul; spirit

améliorer to improve, better; **s'améliorer** to improve (oneself), get better

aménagé(e) *adj.* laid out; set up

aménagement *m.* planning, development; **aménagement du territoire** national and regional development

amende *f.* fine

amener (j'amène) to bring; to take (*a person*)

amer/amère *adj.* bitter

américain(e) *adj.* American; **Américain(e)** *m., f.* American (*person*)

Amérindien(ne) *m., f.* American Indian

Amérique *f.* America; **Amérique centrale** Central America; **Amérique du Nord (du Sud)** North (South) America

ami(e) *m., f.* friend; **petit(e) ami(e)** boyfriend/girlfriend

amitié *f.* friendship; **amitiés** your friend, best wishes (*in correspondance*)

amour *m.* love

amoureux/amoureuse *adj.* in love; **tomber amoureux/amoureuse (de)** to fall in love (with)

amphi *m., fam.* **(amphithéâtre)** amphitheater

amusant(e) *adj.* amusing, fun

amuser to entertain, amuse; **s'amuser (à)** to have fun, have a good time

an *m.* year; **avoir (20) ans** to be (20) years old; **jour** (*m.*) **de l'An** New Year's Day; **nouvel an** New Year('s); **par an** per year, each year; **tous les ans** every year

analyse *f.* analysis

ananas *m.* pineapple

anarchiste *m., f.* anarchist

ancêtre *m., f.* ancestor

ancien(ne) *adj.* old, antique; former; ancient

andouille *f. sausage made from pork tripe*

anesthésie *f.* anesthesia

anglais(e) *adj.* English; *m.* English (*language*); **Anglais(e)** *m., f.* English (*person*)

Angleterre *f.* England; **Nouvelle-Angleterre** New England

anglicisme *m.* anglicism

anglophone *adj.* English-speaking

animal (*m.*) **domestique** *m.* pet (*animal*)

animateur/animatrice *m., f.* host/hostess (*radio, TV*)

animation *f.:* **film** (*m.*) **d'animation** animated film

animé(e) *adj.* animated, lively; motivated; **dessins** (*m. pl.*) **animés** (*film*) cartoons

année *f.* year; **l'année dernière** last year; **l'année prochaine** next year; **l'année scolaire** academic, school year; **les années cinquante (soixante)** the fifties (sixties)

anniversaire *m.* anniversary; birthday

annonce *f.* announcement, ad; **petite annonce** (classified) ad

annoncer (nous annonçons) to announce, declare

annuaire *m.* phone book; directory

annuel(le) *adj.* annual, yearly

anonyme *adj.* anonymous

anorak *m.* windbreaker; ski jacket

antarctique *adj.* antarctic

antérieur(e): futur (*m.*) **antérieur** *gram.* future perfect (tense)

antibiotique *m.* antibiotic

Antilles *f. pl.* the West Indies

antique *adj.* ancient; antique

antiquité *f.* antiquity; **magasin** (*m.*) **d'antiquités** antique store

août August

apercevoir (*like* **recevoir**) *irreg.* to catch a glimpse of

apéritif *m.* before-dinner drink, aperitif

apolitique *adj.* apolitical

apothicaire *m.* pharmacist

Appalaches *m. pl.* Appalachian mountains

apparaître (*like* **connaître**) *irreg.* to appear

appareil *m.* apparatus; device; appliance; **appareil photo (numérique)** *m.* (digital) camera

apparemment *adv.* apparently

apparence *f.* appearance

apparenté(e) *adj.* related; **mot** (*m.*) **apparenté** related word, cognate

apparition *f.* appearance

appartement *m.* (*fam.* **appart**) apartment

appartenance *f.* belonging, membership

appartenir (*like* **tenir**) **à** *irreg.* to belong to

appelé(e) *adj.* called; named

appeler (j'appelle) to call; to name; **s'appeler** to be named, called; **comment s'appelle-t-il/elle?** what's his/her name? **comment vous appelez-vous?** what's your name? **je m'appelle...** my name is . . .

appendicite *f.* appendicitis

s'appliquer à to apply to

apporter to bring; to furnish

apprécier to appreciate, value

appréhender to seize, arrest

apprendre (*like* **prendre**) *irreg.* to learn; to find out; to teach; **apprendre à** to learn (how) to

apprentissage *m.* apprenticeship

apprivoisé(e) *adj.* tame(d)

s'approcher de to approach, draw near

approfondir to deepen; to increase

approprié(e) *adj.* appropriate, proper, suitable

approximativement *adv.* approximately

appuyer (j'appuie) sur les freins to step on the brakes

après *prep.* after; **après avoir (être)...** after having (being) . . .; **après tout** after all; **d'après** *prep.* according to

après-midi *m.* afternoon

aquatique *adj.* aquatic

arabe *adj.* Arabic, Arab; *m.* Arabic (*language*); **Arabe** *m., f.* Arab (*person*)

Arabie (*f.*) **Saoudite** Saudi Arabia

arachide *f.* peanut

Arawaks *m. pl.* Arawaks (*indigenous people of the Caribbean*)

arbre *m.* tree

arc *m.* arch

archéologie *f.* archeology

archipel *m.* archipelago

architecte *m., f.* architect

arête *f.* fish bone; **avaler une arête** to swallow a fish bone

argent *m.* money; silver; **argent de poche** allowance, pocket money; **déposer de l'argent** to deposit money

Argentine *f.* Argentina

argumenter to argue

Ariège *m.* Ariège district in the Pyrenees (*southwestern France*)

arme *f.* weapon; **armes à feu** firearms; **armes nucléaires** nuclear weapons

armée *f.* army

armer to arm; to equip

armement *m.* armament, arms

arménien(ne) *adj.* Armenian

arôme *m.* aroma

arranger (nous arrangeons) to arrange; to accommodate

arrêt *m.* stop; **arrêt d'autobus** bus stop

arrêter to stop; to arrest; **s'arrêter de** to stop (oneself)

arrière-grands-parents *m. pl.* great-grand-parents

arrivée *f.* arrival

arriver to arrive; to happen; **arriver à** (+ *inf.*) to manage to, succeed in

arrondissement *m.* ward, section, district

arroser to water (*plants*)

art *m.* art; **art dramatique** theater; **beaux-arts** *m. pl.* fine arts; **arts du spectacle** performing arts **œuvre** (*f.*) **d'art** work of art

artère *f.* artery

arthrose *f.* osteoarthritis

articulation *f.* joint (*limb*)

artifice *m.* artifice, scheme, strategy; **feu** (*m.*) **d'artifice** fireworks

artificiel(le) *adj.* artificial; synthetic

artisanat *m.* artisans

artiste *m., f.* artist

artistique *adj.* artistic

ascenseur *m.* elevator

Ascension *f.* Ascension Day (*public and religious holiday in France*)

asiatique *adj.* Asian

Asie *f.* Asia

asperge *f.* asparagus

aspirateur *m.* vacuum cleaner; **passer l'aspirateur** to vacuum

aspirine *f.* aspirin

assaisonner to season

assemblée *f.* assembly; **Assemblée nationale** French national assembly

asseoir (*p.p.* **assis**) *irreg.* to seat; **asseyez-vous** sit down; **s'asseoir** to sit down

assez (de) *adv.* enough; rather; quite; **j'en ai assez pris** I've had enough

assiette *f.* plate

assistant(e) *m., f.* assistant; helper; teaching assistant

assister à to attend, go to; to be present at (*concert, etc.*)

associer to associate

assorti(e) *adj.* assorted

assumer to assume; to take on; to fulfill

assurance *f.* insurance; **assurance maladie** health insurance

assuré(e) *adj.* ensured, assured

assurer to insure; to assure; **s'assurer** to make sure, check

astronaute *m., f.* astronaut

astronome *m., f.* astronomer

astronomie *f.* astronomy

athée *m., f.* atheist

Athènes Athens

Atlantide *f.* Atlantis

atlantique *adj.* Atlantic; **Atlantique** *m.* Atlantic Ocean

atmosphère *f.* atmosphere

atome *m.* atom

atomique *adj.* atomic

attacher to tie; to attach; to buckle

attaquer to attack; **s'attaquer à** to attack; to tackle (*a problem*)

atteindre (*like* **craindre**) *irreg.* to attain; to reach, arrive at

atteint(e) *adj.* affected (by); stricken; **atteinte** *f.* attack

attendre to wait; to wait for; to expect

attente *f.* wait; expectation; **salle** (*f.*) **d'attente** waiting room

attentif/attentive *adj.* attentive

attention *f.* attention; **attention à** *interj.* watch out for; **attirer l'attention** to attract attention; **faire attention à** to pay attention to

attirer to attract; to draw; **attirer l'attention** (*f.*) to attract attention

attrait *m.* attraction; charm

attraper to catch; **attraper un rhume** to catch a cold

attribuer to attribute

auberge *f.* inn; **auberge de jeunesse** youth hostel

aubergine *f.* eggplant

aucun(e) (ne... aucun[e]) *adj., pron.* none; no one, not one, not any; **aucune idée!** I've no idea!

audacieux/audacieuse *adj.* daring, audacious

augmentation *f.* increase, raise

augmenter to increase, raise; to rise

aujourd'hui *adv.* today; nowadays; at present; **aujourd'hui encore** still

auparavant *adv.* previously

auprès de *prep.* with, for

aussi *adv.* too, also; so; as; **aussi... que** as . . . as; **moi aussi** me too

aussitôt *conj.* immediately, at once; **aussitôt que** as soon as

austral(e) *adj.* southern, austral

Australie *f.* Australia

australien(ne) *adj.* Australian; **Australien(ne)** *m., f.* Australian (*person*)

autant *adv.* as much, so much, as many, so many; **autant de** as many . . . as; **autant que** *conj.* as much as, as many as; **d'autant plus** all the more

auteur *m.* author

authentique *adj.* authentic, genuine

auto *f.* car, auto; **auto-école** *f.* driving school; **faire de l'auto-stop** to hitch-hike; **salon** (*m.*) **de l'auto** auto show

autobus (*fam.* **bus**) *m.* bus; **arrêt** (*m.*) **d'autobus** bus stop; **ligne** (*f.*) **d'autobus** bus line

autocar *m.* (interurban) bus

autographe *m.* autograph

automne *m.* autumn, fall; **en automne** in autumn

autonome *adj.* autonomous

autonomie *f.* autonomy

autorisation *f.* permission; authorization

autoriser to allow; to authorize

autoritaire *adj.* authoritarian

autorité *f.* authority; **faire autorité** to be authoritative, be accepted as an authority

autoroute *f.* freeway

autour (de) *prep.* around

autre *adj., pron.* other; another; **autre chose** *f.* something else; **d'autres** other(s); **l'un(e) l'autre** one another; **ni l'un(e) ni l'autre** neither one; **quelqu'un d'autre** somebody, someone else

autrefois *adv.* in the past; **d'autrefois** of the past; past

autrement *adv.* otherwise

Autriche *f.* Austria

autrichien(ne) *adj.* Austrian; **Autrichien(ne)** *m., f.* Austrian (*person*)

autrui *pron.* others (*pl. of* **autre**)

avaler to swallow

avance *f.* advance; **à l'avance** beforehand; **d'avance** in advance; **en avance** early

avancement *m.* promotion; advancement

avancer (nous avançons) to approach; *trans.* to advance, move up

avant *adv.* before (*in time*); *prep.* before, in advance of; *m.* front; **avant de** *prep.* before; **avant que** *conj.* before

avantage *m.* advantage, benefit; **avantages sociaux** benefits (*for a job*)

avantager (nous avantageons) to favor, give an advantage to

avec *prep.* with

avenir *m.* future; **à l'avenir** in the future, henceforth

aventure *f.* adventure; **film** (*m.*) **d'aventure(s)** adventure movie

avertir to warn

avilir to degrade, debase, demean

avion *m.* airplane; **en avion** by plane

avis *m.* opinion; **à son (mon, votre) avis** in his/her (my, your) opinion

avocat *m.* avocado

avocat(e) *m., f.* lawyer; **cabinet** (*m.*) **d'avocats** lawyers' practice

avoir (*p.p.* **eu**) *irreg.* to have; *m. s.* holdings, assets; **avoir à** to have to, be obliged to; **avoir (20) ans** to be (20) years old

avortement *m.* abortion

avouer to confess, admit

avril April; **poisson** (*m.*) **d'avril** April Fool's joke

azur *m.* azure, blue; **Côte** (*f.*) **d'Azur** French Riviera

babillard(e) *m., f.* chatterbox; *m.* chatroom

baccalauréat (*fam.* **bac**) *m. French secondary school degree*

bachelier/bachelière *m., f. holder of the secondary school degree* (**baccalauréat**)

bagages *m. pl.* luggage; **enregistrer les bagages** to check in luggage; **l'excédent** (*m.*) **de bagages** excess baggage
bagagiste *m.* porter
bague *f.* ring (*jewelry*)
baguette *f. long thin loaf of French bread,* baguette
baie *f.* bay
baigner to bathe; **se baigner** to take a bath; to swim
baignoire *f.* bathtub
bâiller to yawn
bain *m.* bath; **prendre un bain** to take a bath; **salle** (*f.*) **de bain(s)** bathroom
baisser to lower
bal *m.* dance, ball
se balader to stroll
baladeur *m.* portable player; **baladeur MP3** portable MP3 player
balafon *m.* balafon (*type of xylophone from West Africa*)
balai *m.* broom, brush; **balai d'essuie-glace** windshield wiper blade
balancer (nous balançons) à la poubelle *fam.* to chuck in the garbage; to abandon
balcon *m.* balcony
ballerines *f. pl.* flat shoes, slippers
ballon *m.* ball (*inflated*); balloon
banane *f.* banana
banc: au banc des accusés on trial, on the stand
bande *f.* group; gang; **bande dessinée** comic strip; *pl.* comics; **en bande** in a group
banlieue *f.* suburbs; **en banlieue** in the suburbs
banni(e) (de) *adj.* banished, banned (from)
banque *f.* bank
baptême *m.* baptism
baptiser to baptize, christen
baquet *m.* tub
barbant: c'est barbant *fam.* it's really boring
barbe *f.* beard
barde *m.* bard
barman *m.* bartender
barrière *f.*: **barrière de sécurité** firewall; **récif-barrière** (*m.*) barrier reef
bas(se) *adj.* low; *m.* stocking(s); **bas de nylon** nylon stocking(s); **en bas** at the bottom, below; **là-bas** *adv.* over there; **Pays-Bas** *m. pl.* Holland, the Netherlands; **table** (*f.*) **basse** coffee table
base *f.* basis; **à base de produits naturels** natural-based products

basilic *m.* basil
basilique *f.* basilica
basket *m., fam.* basketball; **jouer au basket** to play basketball
basque *adj.* Basque; *m.* Basque (*language*); **Basque** *m., f.* Basque (*person*); **pays** (*m.*) **Basque** the Basque country
bastide *f.* country house (*in Provence*)
bataille *f.* battle
bateau *m.* boat; **en bateau** by boat, in a boat; **faire du bateau** to go boating
bâtiment *m.* building
bâtir to build
batterie *f.* battery (*car*)
battre (*p.p.* **battu**) *irreg.* to beat; **se battre (avec)** to fight (with)
bavarder to chat; to talk
beau (bel, belle [beaux, belles]) *adj.* beautiful; handsome; **beaux-arts** *m. pl.* fine arts; **il fait beau** it's nice (weather) out
beaucoup *adv.* much, many
beau-fils *m.* son-in-law; stepson
beau-frère *m.* brother-in-law
beau-père *m.* father-in-law; stepfather
beauté *f.* beauty
beaux-arts *m. pl.* fine arts
bébé *m.* baby
bec *m.* beak; spout
belge *adj.* Belgian; **Belge** *m., f.* Belgian (*person*)
Belgique *f.* Belgium
belle-fille *f.* daughter-in-law; step-daughter
belle-mère *f.* mother-in-law; step-mother
belle-sœur *f.* sister-in-law
bénéficier de (certains avantages) to have, enjoy (certain advantages)
bénéfique *adj.* beneficial
bénévole: agence (*f.*) **bénévole** volunteer agency, organization
Bénin *m.* Benin
béquille *f.* crutch
berbère *adj.* Berber
besoin *m.* need; **avoir besoin de** to need
bête *adj.* silly; stupid, dumb
bêtise *f.* foolishness; foolish thing; **quelle bêtise** *interj.* how silly
betterave *f.* beet
Beur/Beurette *m., f., fam. young North African born in France*
beurre *m.* butter; **beurre de caca-huètes** peanut butter
beurré(e) *adj.* buttered
biais: par le biais de by means of
bibelot *m.* trinket
biberon *m.* baby bottle
bibliothèque *f.* library

biculturel(le) *adj.* bicultural
bicyclette *f.* bicycle; **faire de la bicyclette** to ride a bike; **promenade** (*f.*) **à bicyclette** bicycle ride
bien *adv.* well, quite; comfortable; *m. pl.* goods, belongings; **bien que** *conj.* (+ *subj.*) although; **bien sûr** *interj.* of course; **eh bien!** *interj.* well!; **merci bien** thanks a lot; **ou bien** or else
bien-être *m.* well-being; welfare
bientôt *adv.* soon; **à bientôt!** *interj.* see you soon!
bienvenu(e): être le/la bienvenu(e) to be (most) welcome; **bienvenue** *f.* welcome
bière *f.* beer
bifteck *m.* steak
bijou *m.* jewel
bijouterie *f.* jewelry
bijoutier/bijoutière *m., f.* jeweler
bilingue *adj.* bilingual
bilinguisme *m.* bilingualism
billard *m. s.* billiards, pool; **jouer au billard** to play pool
billet *m.* ticket; **billet aller-retour** roundtrip ticket
bio *adj. inv.* organic (*produce*)
biodégradable *adj.* biodegradable
biodiversité *f.* biodiversity
biologie *f.* biology
biologique (*fam. inv.* **bio**) organic, natural (*foods, etc.*); biological
biscotte *f. type of cracker*
biscuit (sec) *m.* cookie
bissap *m.* bissap (*Senegalese term for hibiscus flower*)
blague *f.* joke; **sans blague!** no kidding!
blanc(he) *adj.* white; **blanc** (*m.*) **d'œuf** egg white; **blanc** (*m.*) **de poulet** breast of chicken
blessé(e) *adj.* wounded, injured; *m., f.* wounded person
blesser to injure; **se blesser** to get injured
blessure *f.* wound
bleu(e) *adj.* blue
bloc *m.* block; **en bloc** as a whole
blocage *m.* block
blond(e) *adj.* blond
bloguer to blog
bloquer to block
blotti(e) *adj.* nestled, huddled up
blouson *m.* windbreaker; jacket
blue-jean *m. s.* jeans
bœuf *m.* beef; ox; **bœuf haché** ground beef; **rôti** (*m.*) **de bœuf** roast beef
boire (*p.p.* **bu**) *irreg.* to drink
bois *m.* wood; forest; **en bois** wooden
boisé(e) *adj.* wooded, woody

boisson *f.* drink, beverage; **boisson énergisante** energy drink; **boisson gazeuse** soft drink
boîte *f.* box; can; **boîte de nuit** nightclub
bol *m.* bowl
bombe *f.* bomb
bon(ne) *adj.* good; right, correct; **bonne** *f.* maid, chambermaid; **ah bon?** is that right? really? **bon** well, okay; **bon anniversaire** happy birthday; **bon chic bon genre (BCBG)** preppy; **bon marché** *adj. inv.* cheap, inexpensive; **bon(ne) vivant(e)** pleasure-loving; **bonne chance** good luck; **bonne journée** good day; **bonne nouvelle** good news; **de bonne heure** early; **de bonne humeur** in a good mood; **en bonne forme** fit, healthy; **en bonne santé** in good health
bonbon *m.* (piece of) candy
bonheur *m.* happiness
bonhomme *(m.)* **de neige** snowman
bonjour *interj.* hello; good morning
bonnet *(m.)* **phrygien** *cap worn by revolutionaries of 1789*
bonsoir *interj.* good evening, good-bye
bonté *f.* kindness, goodness
bord *m.* edge; **au bord de la mer** at the beach (seashore); **aux bords de** on the banks of
bordé(e) *adj.* lined
bordelais(e) of Bordeaux
botte *f.* boot
bouche *f.* mouth
bouché(e) *adj.* plugged up; **nez** *(m.)* **bouché** stuffy nose
boucher: se boucher les oreilles to plug one's ears
boucherie *f.* butcher shop
boucle *f.* curl; **boucle d'oreille** earring
boue *f.* mud
bougainvillée *f.* bougainvillea
bouger (nous bougeons) to move
bougie *f.* candle
bouillabaisse *f.* bouillabaisse (*fish soup from Provence*)
bouillir (*p.p.* **bouilli**) *irreg.* to boil; **faire bouillir** to boil, bring to a boil
bouilloire *f.* kettle; **bouilloire électrique** electric kettle
boulanger/boulangère *m., f.* baker
boulangerie *f.* bakery
bouleverser to disrupt, change drastically
boulot *m., fam.* job; work; **au boulot!** (let's) get to work!
bouquin *m., fam.* book
Bourgogne *f.* Burgundy (*French province*)

bourse *f.* scholarship; **Bourse** stock exchange
bousculade *f.* jostling, crush; rush
bousculer to push, bump against; **se bousculer** to jostle each other
bout *m.* end; **au bout (de)** at the end (of)
bouteille *f.* bottle
boutique *f.* store
bouton *m.* button; *pl.* acne
bovins *m. pl.* cattle
branche *f.* branch
branché(e) *adj., fam.* cool, trendy, in fashion; connected (*technology*)
bras *m.* arm
brasserie *f.* pub, bar
bref/brève *adj.* short, brief; **(en) bref** in short
Brésil *m.* Brazil
brésilien(ne) *adj.* Brazilian; **Brésilien(ne)** *m., f.* Brazilian (*person*)
Bretagne *f.* Brittany (*region of France*)
breton(ne) *adj.* from Brittany (*French Province*); *m.* Breton (*language*); **Breton(ne)** *m., f.* Breton (*person*)
brevet *m.* diploma; certificate
bricolage *m.* do-it-yourself home projects
bricoler to putter around the house
brièvement *adv.* briefly
brillant(e) *adj.* brilliant; shining
briller to shine, gleam
brin *m.* sprig; **brin de muguet** sprig of lily-of-the-valley
brindille *f.* twig
brique *f.* brick
briser to break; to shatter; to wreck, ruin
britannique *adj.* British
bronzer to tan, sunbathe
brosse *f.* brush; chalkboard eraser; **brosse à cheveux** hairbrush; **brosse à dents** toothbrush
brosser to brush; **se brosser les cheveux** to brush one's hair; **se brosser les dents** to brush one's teeth
brouillard *m.* fog; **il y a du brouillard** it's foggy
se brouiller (avec) to quarrel, break up (with)
brousse *f.* bush, wilderness
bruit *m.* noise
brûler to burn (up); **brûler le feu rouge** to run a red light; **se brûler** to get burned
brun(e) *adj.* brown; dark-haired
brunir to tan
Bruxelles Brussels
bruyant(e) *adj.* noisy
bûcher *fam.* to cram, study hard
buffet *m.* buffet (*piece of furniture*)

buissonnière: faire l'école buissonnière to play hooky
bulletin *(m.)* **météorologique** weather forecast
bureau *m.* office; (teacher's) desk; **bureau de change** (*foreign*) currency exchange; **bureau de poste** post office
but *m.* goal

ça this, that; it; **ça fait penser** it makes one think; **ça m'est égal** it's all the same to me; **ça te va?** is that OK with you? **ça va?** *fam.* how's it going? **ça va** fine; it's going well; **comme ci, comme ça** so-so
cabane *f.* hut; cabin
cabine *f.* cabin; booth; **cabine à cartes** *phone booth accepting calling cards;* **cabine téléphonique** phone booth
cabinet *m.* practice; office; **cabinet d'avocats** lawyers' practice
câble *m.* cable (*TV*)
câblé(e) *adj.* wired up
cacahuète *f.* peanut; **beurre** *(m.)* **de cacahuètes** peanut butter
cache-cache: jouer à cache-cache to play hide-and-seek
cacher to hide
cadavre *m.* corpse, cadaver
cadeau *m.* present, gift; **offrir un cadeau** to give a present
cadien(ne) / cadjin(e) *adj.* Cajun; Acadian; **Cadien(ne) / Cadjin(e)** *m., f.* Cajun, Acadian (*person*)
cadre *m.* frame; setting; (business) executive, manager; **cadre de vie** lifestyle
café *m.* coffee; café; **café au lait** coffee with milk; **café en poudre** instant coffee; **café-tabac** *m.* café-tobacconist (*government-licensed*)
caféine *f.* caffeine
cafétéria *f.* cafeteria, dining hall, self-service
cafetière (*f.*) **expresso** expresso maker
cahier *m.* notebook, workbook
cahoter to jolt, shake, bump
caille *f.* quail
caillou *m.* **(poli)** (polished) stone
Caire (Le) *m.* Cairo
caisse *f.* cash register
caissier/caissière *m., f.* cashier
calcul *m.* calculus
calculatrice *f.* calculator
calculer to calculate, figure
calebasse *f.* calabash, gourd
caleçon *m. s.* boxer shorts
calendrier *m.* calendar
Californie *f.* California
câlin *m.* cuddle, hug

calme *adj., m.* calm
se calmer to quiet down
camarade *m., f.* friend, companion;
  camarade de chambre roommate;
  camarade de classe classmate,
  schoolmate
Cambodge *m.* Cambodia
cambriolage *m.* burglary
camera (numérique) *f.* (digital)
  movie camera
Cameroun *m.* Cameroon
camomille *f.* chamomile
campagne *f.* countryside, country;
  campaign; **à la campagne** in the
  country; **en pleine campagne** out
  in the country
campement *m.* camp; encampment
camper to camp
campeur/campeuse *m., f.* camper
camping *m.* camping; campground;
  faire du camping to go camping
canadien(ne) *adj.* Canadian;
  Canadien(ne) *m., f.* Canadian
  (*person*)
canal *m.* channel; canal
canapé *m.* sofa, couch
canard *m.* duck; **canard à l'orange**
  duck with orange sauce
candidat(e) *m., f.* candidate; applicant
candidater to apply (*for a job*)
candidature *f.* candidacy; **dossier**
  (*m.*). **de candidature** application
  poser sa candidature to apply; to
  run (*for office*)
canne *f.* cane; **canne à sucre** sugar
  cane
canoë *m.* canoe; **faire du canoë** to
  canoe, go canoeing
cantine *f.* cafeteria (*school*)
caoutchouc *m.* rubber
cap *m.* cape; point, headland
capacité *f.* ability; capacity
capitaine *m.* captain
capital(e) *adj.* capital, chief; **capitale**
  f. capital (*city*)
capitalisme *m.* capitalism
capot *m.* hood (*of car*)
captif/captive *m., f.* captive, prisoner;
  adj. captive
captivité *f.* captivity; bondage
capturer to capture
car *conj.* for, because; *m.* (interurban)
  bus
caractère *m.* character; nature
caractériser to characterize
Caraïbes *f. pl.* Caribbean (islands)
  Caribs *m. pl. indigenous people of the
  Caribbean*
caramel *m.* caramel; **crème** (*f.*)
  caramel caramel custard
caramélisé(e) *adj.* caramelized
caravane *f.* (camping) trailer

carbonique: gaz (*m.*) **carbonique**
  carbon dioxide
cardiaque *adj.* cardiac; **crise** (*f.*)
  cardiaque heart attack
Carême *m.* Lent
caricaturer to caricature
carnaval *m.* carnival
carnet *m.* booklet; **carnet d'adresses**
  address book
carotte *f.* carrot
carré *m.* square; **kilomètre** (*m.*) **carré**
  square kilometer
carreau *m.* (floor) tile
carrefour *m.* intersection, crossroad
carrelage *m.* floor
carrière *f.* career
carriole *f., Q.* sleigh
carte *f.* card; map; menu; playing card; **carte bancaire**
  bank card, credit card; **carte
  d'embarquement** boarding pass;
  carte d'identité identification
  card; **carte de crédit** credit card;
  carte de vœux greeting card; **carte
  orange** *type of bus/métro pass;* **carte
  postale** postcard; **carte routière**
  road map; **jouer aux cartes** to
  play cards; **tireuse** (*f.*) **de cartes**
  fortune teller
cas *m.* case; **cas d'urgence** emergency; **en cas de** in case of, in the
  event of
casbah *f.* casbah (*old part of an Arab city*)
casque *m.* helmet; **casque Blue
  Tooth** Blue Tooth headset
casquette *f.* cap
cassé(e) *adj.* broken
casse-croûte *m. inv.* snack
casse-pieds *m., f., inv., fam.* bore; pain
  in the neck
casse-tête *m. inv.* puzzle, brain teaser
casser *trans.* to break; **se casser le
  bras (la jambe)** to break an arm
  (a leg)
castor *m.* beaver
catalan *m.* Catalan (*language*)
catastrophé(e) *adj.* stunned
catastrophique *adj.* catastrophic,
  disastrous
catégorie *f.* category, class
catégoriser to categorize
cathédrale *f.* cathedral
catholicisme *m.* Catholicism
catholique *adj.* Catholic
cauchemar *m.* nightmare
cause *f.* cause; **à cause de** because of
causer to cause
causerie *f.* discussion
cavalier/cavalière *adj.* cavalier; *m., f.*
  horseback rider
cave *f.* cellar; wine cellar; **cave à vins**
  winery

CD *inv. m.* CD
ce (cet, cette, ces) *adj.* this, that;
  these, those; *pron.* it, this; **c'est**
  he/she/it is
ceci *pron.* this
céder (je cède) to give up; to give
  away
cédérom: lecteur (*m.*) **cédérom**
  CD-ROM player
cédille *f., gram.* cedilla
ceinture *f.* belt; **ceinture de sécurité**
  seat belt, safety belt
cela *pron.* that
célèbre *adj.* famous
célébrer (je célèbre) to celebrate
célébrité *f.* celebrity
céleri *m.* celery
célibataire *adj., m., f.* single, unmarried
celte *adj.* Celtic
celtique *adj.* celtic
celui (celle, ceux, celles) *pron.* the
  one, the ones; this one; that one;
  these, those
cendre *f.* ash
cendrier *m.* ashtray
cent one hundred
centaines *f. pl.* hundreds
centenaire *m., f.* hundred-year-old
  person
central(e) *adj.* central, main; **centrale**
  (*f.*) **nucléaire** nuclear power plant
centre *m.* center; **centre commercial**
  shopping center, mall; **centre-ville**
  m. downtown
cependant *conj.* yet, still, however,
  nevertheless
céréales *f. pl.* cereals; grains
cérémonie *f.* ceremony
cerise *f.* cherry
certain: d'un certain âge middle-
  aged
certifié(e) *adj.* certified, guaranteed
cerveau *m.* brain
cesser (de) to stop, cease, end
chacun(e) *pron.* each, each one,
  every one
chaîne *f.* TV or radio channel; chain;
  chaîne alimentaire food chain;
  chaîne de montagnes mountain
  range; **chaîne stéréo** stereo system
chaise *f.* chair
chaleur *f.* heat; warmth
chambre *f.* bedroom; room; **camarade** (*m., f.*) **de chambre** roommate; **chambre à coucher** bedroom
champignon *m.* mushroom
chance *f.* luck; possibility; opportunity; **avoir de la chance** to be
  lucky; **bonne chance** good luck;
  pas de chance! *interj.* no way! out
  of luck!

Chandeleur *f.* Candlemas (*Catholic festival on February 2*)

changement *m.* change

changer (nous changeons) (de) to change; to exchange; **changer de l'argent** to exchange currency; **changer de vitesse** to change gears

chanson *f.* song

chant *m.* song; birdsong

chanter to sing

chanteur/chanteuse *m., f.* singer

chapeau *m.* hat

chapitre *m.* chapter

chaque *adj.* each, every

charcuterie *f.* cold cuts; deli; pork butcher's shop, delicatessen

chargé(e) (de) *adj.* in charge of, responsible for

charger (nous chargeons) to load

chariot *m.* pushcart (*at airport*)

charmant(e) *adj.* charming

charme *m.* charm

chasse *f.* **(au bison)** (bison) hunting

chassé(e) *adj.* driven out, expelled

chasseur *m.* bellhop

chat(te) *m., f.* cat

châtain *adj. m.* chestnut-colored (*hair*)

château *m.* castle

chaud(e) *adj.* warm; hot; **avoir chaud** to feel warm, hot; **il fait chaud** it (the weather) is warm, hot

chauffage *m.* heat; heating system

chauffant(e) *adj.* warming, heating

chauffer to heat; **faire chauffer** to warm up, heat up; **se chauffer** to get warm

chauffeur *m.* chauffeur; driver; **chauffeur de taxi** taxi (cab) driver

chaussée *f.* pavement; **chaussée glissante** slippery pavement

chaussettes *f. pl.* socks

chaussures *f. pl.* shoes; **chaussures à talons plats** flat shoes

chauvin(e) *adj.* chauvinistic, prejudiced; *m., f.* chauvinist

chef *m., f.* leader; head; *fam.* boss; **chef d'État** head of state; **chef de cuisine** chef; **chef de gouvernement** head of government; **chef d'orchestre** conductor; **chef-lieu** county seat (*town*)

chemin *m.* way; road; path; **chemin de fer** railroad; **demander le chemin** to ask for directions; **montrer le chemin** to show the way (route)

cheminée *f.* chimney; fireplace

chemise *f.* shirt

chemisier *m.* blouse

chèque *m.* check; **chèque de voyage** traveler's check

cher/chère *adj.* dear; expensive; **coûter (se vendre) cher** to be expensive

chercher to hunt for; to go get; to look for; to pick up; **chercher à** to try to

chercheur/chercheuse *m., f.* researcher

chéri(e) *m., f.* darling

cheval *m.* horse; **monter à cheval** to ride, go horseback riding

cheveu *m.* (strand of) hair; **cheveux** *m. pl.* hair; **laque** (*f.*) **(à cheveux)** hair spray

cheville *f.* ankle; **se fouler la cheville** to sprain one's ankle

chez *prep.* at, to, in (*the house, family, business, or country of*)

chic *adj. inv.* stylish

chien(ne) *m., f.* dog

chiffre *m.* digit, number; **chiffre d'affaires** total sales

chimie *f.* chemistry

chimique *adj.* chemical

Chine *f.* China

chinois(e) *adj.* Chinese; *m.* chinese (*language*); **Chinois(e)** *m., f.* Chinese (*person*)

chirurgien(ne) *m., f.* surgeon

chlorophylle *f.* chlorophyll

chocolat *m.* chocolate

choisir (de) to choose (to)

choix *m.* choice

cholestérol *m.* cholesterol

chômage *m.* unemployment

chômeur/chômeuse *m., f.* unemployed person

choquant(e) *adj.* shocking

choquer to shock

chorale *f.* choral society; choir

chose *f.* thing; **autre chose** something else; **pas grand-chose** not much; **quelque chose** something; **quelque chose de cher (d'intéressant)** something expensive (interesting)

choucroute *f.* sauerkraut

chrétien(ne) *adj.* Christian; *m., f.* Christian (*person*)

chronologique *adj.* chronological

chute *f.* **(d'eau)** (water) fall

ciao! *interj.* ciao!, 'bye! (*Italian*)

cicatrice *f.* scar

ci-dessous *adv.* below

ci-dessus *adv.* above

cidre *m.* (apple) cider

ciel *m.* sky, heaven; **gratte-ciel** *m. inv.* skyscraper

cigogne *f.* stork

cil *m.* eyelash

ciment *m.* cement

cimetière *f.* cemetery

cinéaste *m., f.* film director, filmmaker

cinéma (*fam.* **ciné**) *m.* cinema, movies; **salle** (*f.*) **de cinéma** movie theater

cinémathèque *f.* film library; national cinema

cinématographie *f.* cinematography, filmmaking

cinématographique *adj.* film, cinema

cinquantaine *f.* about fifty

cinquante fifty

circonflexe: accent (*m.*) **circonflexe** *gram.* circumflex accent

circonstance *f.* circumstance; occurrence

circuit *m.* tour

circulation *f.* traffic

circuler to circulate; to travel

ciseaux *m. pl.* scissors

citadelle *f.* citadel

citadin(e) *m., f.* city dweller

citation *f.* quotation

cité *f.* (area in a) city; (housing) project; **cité universitaire** (*fam.* **cité-U**) university residential complex

citer to quote, cite

citerne *f.* cistern, tank

citoyen(ne) *m., f.* citizen

citron *m.* lemon; **citron pressé** lemonade

civière *f.* stretcher

civil(e) *adj.* civil; civilian; **génie** (*m.*) **civil** civil engineering; **guerre** (*f.*) **civile** civil war; **vie** (*f.*) **civile** civilian life

civilisation *f.* civilization

clair(e) *adj.* light, bright; light-colored; clear; evident

clarinette *f.* clarinet

clarté *f.* clarity

classe *f.* class; classroom; **salle** (*f.*) **de classe** classroom

classer to classify

classique *adj.* classical; classic; *m.* classic; **musique** (*f.*) **classique** classical music

clavier *m.* keyboard

clé, clef *f.* key; **moment-clé** (*m.*) key time; **mot clé** (*m.*) key word

clément(e) *adj.* mild (*weather*)

client(e) *m., f.* customer, client

clientèle *f.* clientele, customers

clignotant *m.* turn signal; blinker

climat *m.* climate

climatique *adj.* climatic

climatisation *f.* air-conditioning

climatisé(e) *adj.* air-conditioned

clinique *f.* clinic; private hospital

clip *m.* video(clip), video segment

cliquer (sur) to click (on)

coccinelle *f.* ladybug

cocher to check off (*appropriate entry in a form*)

coco: noix (*f.*) **de coco** *f.* coconut

cocotier *m.* coconut tree

code *m.* code; **code de la route** highway regulations; **code personnel**

PIN (*term used in france*); **code postal** postal code, zip code

cœur *m.* heart; **courrier** (*m.*) **du cœur** advice column; **avoir mal au cœur** to feel sick, nauseous

coffre *m.* trunk (*of car*)

coiffé(e) *adj.* (**d'un bonnet**) wearing (a bonnet, cap)

coiffer to style, do someone's hair

coiffeur/coiffeuse *m., f.* hairdresser

coin *m.* co rner; **coin de la rue** street corner

coincé(e) *adj.* stuck

coïncidence *f.* coincidence; **quelle coïncidence!** *interj.* what a coincidence!

coïncider to coincide

colère *f.* anger; **se mettre en colère (contre)** to get angry (at)

colis *m.* parcel, package; **expédition** (*f.*) **de colis** sending packages

collaborer to collaborate, work together

collectionner to collect

collectif/collective *adj.* public, group collective

collectivité *f.* group; community; organization

collège *m. junior high school in France*

collègue *m., f.* colleague

collier *m.* necklace

colline *f.* hill

colocataire *m., f.* fellow tenant

colon *m.* settler, colonist, colonial

colonial(e) *adj.* colonial

colonie *f.* colony; **colonie de vacances** (*fam.* **colo**) summer camp

colonisateur/colonisatrice *m., f.* colonizer

colonisation *f.* colonization

coloniser to colonize

colonne *f.* column

coloré(e) *adj.* colorful; colored

combattre (*like* **battre**) *irreg.* to fight

combien (de) *adv.* how much; how many; **combien de temps?** how long?

combinaison *f.* combination; woman's slip

combiné *m.* telephone receiver

combiner to combine

combustibles *m. pl.* fossil fuels

comédie *f.* comedy; theater; **comédie sentimentale** romantic comedy

comique *adj.* funny, comical, comic

commande *f.* order; **passer la commande** to place an order

commandement *m.* command; commandment

commander to order (*a meal, product, etc.*); to give orders

comme *adv.* as, like, how; **comme ci, comme ça** so-so; **comme d'habitude** as usual

commémorer to commemorate

commencement *m.* beginning

commencer (à) (**nous commençons**) to begin (to); **pour commencer** first of all

comment *adv.* how; **comment allez-vous?** how are you?; **comment ça va?** how are you? how's it going?; **comment est-il/elle?** what's he/she like?; **comment s'appelle... ?** what's . . . 's name?; **comment t'appelles-tu/vous appelez-vous?** what's your name?

commentaire *m.* commentary, remark

commerçant(e) *m., f.* merchant, storekeeper

commerce *m.* trade, business; **commerce des fourrures** fur trading

commettre (*like* **mettre**) *irreg.* to commit

commissaire *m.* commissioner; superintendent (*police*); **commissaire-priseur** *m.* auctioneer

commissariat (de police) *m.* police station

commode *f.* dresser; *adj.* convenient, comfortable

commun(e) *adj.* ordinary, common, usual; popular; shared, common; **avoir en commun** to have in common; **transports** (*m. pl.*) **en commun** public transportation

communauté *f.* community

communiquer to communicate; to adjoin

compagnie *f.* company

compagnon/compagne *m., f.* companion; spouse

comparaison *f.* comparison; **en comparaison (avec)** in comparison (with); **par comparaison (à)** compared to

comparer to compare

compatriote *m.* compatriot

compétent(e) *adj.* competent, able

compétition *f.* competition

complet/complète *adj.* complete; full; **pain** (*m.*) **complet** whole-grain bread

compléter (**je complète**) to complete, finish

compliqué(e) *adj.* complicated

comportement *m.* behavior

comporter to include

composé(e) *adj.* compound; **passé** (*m.*) **composé** *gram.* present perfect

composer to compose (*music, a letter, etc.*); **se composer de** to be made up of, be composed of

compréhensif/compréhensive *adj.* understanding

comprendre (*like* **prendre**) *irreg.* to understand; to comprise, include

comprimé *m.* tablet, pill

compris: service (*m.*) **compris** tip included

comptabilité *f.* accounting

comptable *m., f.* accountant

compte *m.* account; **à votre compte** in your opinion, according to you; **se rendre compte de/que** to realize (that)

compter (sur) to plan (on); to intend; to count; to count (*on someone*); to have; **ce qui compte pour moi** what counts for me

comptoir *m.* counter, bar (*in café*)

se concentrer (sur) to concentrate (on)

concentrique *adj.* concentric

concerner to concern

concevoir (*like* **recevoir**) *irreg.* to devise; to conceive

concitoyen(ne) *m., f.* fellow citizen

conclure (*p.p.* **conclu**) *irreg.* to conclude

concombre *m.* cucumber

concours *m.* competition; contest

condition *f.* condition; **à condition que** *conj.* (+ *subj.*) provided that

conditionnel *m., gram.* conditional

conducteur/conductrice *m., f.* driver

conduire (*p.p.* **conduit**) *irreg.* to drive; take; to conduct; **permis** (*m.*) **de conduire** driver's license; **se conduire** to behave

conduite *f.* behavior; conduct

conférence *f.* lecture; conference

confiance *f.* confidence

confier to confide; **se confier à** to confide in

confirmer to confirm

confiture *f.* jam, preserves

conflit *m.* conflict

se conformer à to conform to

conformiste *adj.* conformist

confort *m.* comfort; amenities

confortable *adj.* comfortable

confus(e) *adj.* embarrassed

congé *m.* vacation, leave (*from work*), time off

congelé(e) *adj.* (deep) frozen

conjointement *adv.* jointly

conjonction *f., gram.* conjunction

conjugal(e) *adj.* conjugal, married; **conseiller/conseillère** (*m., f.*) **conjugal(e)** marriage counselor

conjuguer *gram.* to conjugate

connaissance *f.* knowledge; acquaintance; consciousness; **connaissances** *f. pl.* knowledge; **faire connaissance** to get acquainted; **faire la connaissance de** to meet (*for the first time*); **sans connaissance** unconscious

connaître (*p.p.* **connu**) *irreg.* to know; to be acquainted (familiar) with; **se connaître** to get to know one another; to meet

connu(e) *adj.* known; famous

consacré(e) à *adj.* devoted to, used for

consacrer to devote, use

conscience *f.* consciousness; **prendre conscience de** to become aware of

conscient(e) *adj.* conscious

conseil *m.* (piece of) advice; council; **donner (suivre) des conseils** to give (follow) advice

conseiller (de) to advise (to); to counsel

conseiller/conseillère *m., f.* advisor; counselor; **conseiller/conseillère conjugal(e)** marriage counselor

conséquence *f.* consequence

conséquent: par conséquent *conj.* therefore, accordingly

conservateur/conservatrice *adj.* conservative; **agent** (*m.*) **conservateur** (food) preservative; **conservateur/ conservatrice** (*m., f.*) **de musée** museum curator

conserver to keep; to conserve; to preserve

considérablement *adv.* considerably; significantly

considérer (je considère) to consider

consigne *f.* baggage check

consister (à, en) to consist (in, of)

console (*f.*) **à jeux** game console

consommateur/consommatrice *m., f.* consumer

consommation *f.* consumption; consumerism

consommer to consume; to spend; **consommer de l'essence** to burn gas

consonne *f.* consonant

constamment *adv.* constantly

constant(e) *adj.* constant, unceasing

constituer to constitute

constructeur *m.* builder

construire (*like* **conduire**) *irreg.* to construct, build

consulat *m.* consulate

consulter to consult

contact *m.* contact; **verres** (*m. pl.*) **de contact** contact lenses

contacter to contact

conte *m.* tale, story; **conte de fées** fairy tale

contemporain(e) *adj.* contemporary

contenir (*like* **tenir**) *irreg.* to contain

content(e) *adj.* content; happy

contenu *m. s.* contents

continu(e) *adj.* continuous, uninterrupted

continuer (à, de) to continue (to)

contraire *adj.* opposite; *m.* opposite; **au contraire** on the contrary

contrat *m.* contract

contravention *f.* speeding ticket, traffic ticket

contre *prep.* against; contrasted with

contrebandier/contrebandière *m., f.* smuggler

contredire (*like* **dire,** *but* **vous contredisez**) *irreg.* to contradict

contribuer to contribute

contrôle *m.* control; checkpoint; **contrôle des passeports** passport check; **contrôle de police** police checkpoint; **contrôle de sécurité** security check

contrôler to control

contrôleur/contrôleuse *m., f.* conductor; inspector

controverse *f.* controversy

controversé(e) *adj.* controversial

convaincre (*p.p.* **convaincu**) *irreg.* to convince

convenable *adj.* proper; appropriate

convenir (*like* **venir**) *irreg.* to be suitable, to fit

converger (nous convergeons) to converge

convive *f.* guest (*at a meal*)

coopératif/coopérative *adj.* cooperative

coopération *f.* cooperation

coordonnées *f. pl.* contact information

copain/copine *m., f., fam.* close friend, pal

copie *f.* copy

copier to copy

copieux/copieuse *adj.* copious, abundant

coq *m.* rooster; **coq au vin** *chicken prepared with (red) wine*

coquille *f.* seashell; **coquilles Saint-Jacques** *scallop dish in shells*

coran *m.* Koran

corbeau *m.* crow; raven

corde *f.* string

cordialement *adv.* cordially

cordonnier/cordonnière *m., f.* shoemaker, cobbler; shoe repairperson

corporel(le) *adj.* corporal

corps *m.* body; **parties** (*f.*) **du corps** parts of the body

correspondant(e) *m., f.* correspondent; pen pal

correspondre to correspond

corriger (nous corrigeons) to correct

Corse *f.* Corsica

costaud(e) *adj.* sturdy, strong

costume *m.* man's suit; costume

côte *f.* coast; rib; side; **Côte d'Azur** French Riviera; **Côte-d'Ivoire** Ivory Coast; **côtes de porc** pork chops

côté *m.* side; **à côté (de)** *prep.* beside, by, near, next to; at one's side; **de côté: mettre de côté** to set aside; **de l'autre côté (de)** from, on the other side (of)

côtelette *f.* cutlet, (*lamb, pork*) chop

côtier/côtière *adj.* coastal

coton *m.* cotton; **en coton** (made of) cotton

côtoyer (je cotoie) to rub shoulders with; to be close to

cou *m.* neck

couchage: sac (*m.*) **de couchage** sleeping bag

couche *f.* layer; stratum; **couche d'ozone** ozone layer; **couches** *pl.* **(jetables, lavables)** (disposable, washable) diapers

coucher to put to bed; **chambre** (*f.*) **à coucher** bedroom; **coucher** (*m.*) **du soleil** sunset; **se coucher** to go to bed; to set (*sun*)

coude *m.* elbow

coudre (*p.p.* **cousu**) *irreg.* to sew

couler to flow, run

couleur *f.* color; **de quelle couleur est... ?** what color is . . . ?

coup *m.* blow; coup; (gun) shot; influence; **coup de fil** *fam.* phone call; **coup de foudre** lightning bolt; *fig.* love at first sight; **coup de téléphone** telephone call; **du coup** thereupon; suddenly; **tout à coup, tout d'un coup** *adv.* suddenly, all at once

coupe *f.* **(du monde; Davis; Stanley)** (World; Davis; Stanley) cup

couper to cut; to divide; **se couper à la main** to cut one's hand; **se faire couper les cheveux** to have one's hair cut

coupon *m.* coupon; ticket stub

cour *f.* court, courtyard

courageux/courageuse *adj.* courageous

couramment *adv.* fluently; commonly

courant(e) *adj.* frequent; general, everyday; **se tenir au courant** to keep informed

coureur/coureuse *m., f.* runner

courgette *f.* zucchini squash

courir (*p.p.* **couru**) *irreg.* to run

courriel *m.* e-mail (message)

courrier *m.* mail; **courrier du cœur** "lonely hearts" column

cours *m.* course, class; rate; price; **cours d'eau** waterway, river, stream; **sécher un cours** (*fam.*) to cut class, play hooky; **suivre un cours** to take a course

course *f.* race; errand; **faire des courses** to do errands; **faire les courses** to go grocery shopping

court(e) *adj.* short (*not used for people*)
cousin(e) *m., f.* cousin
coussin *m.* cushion
coût *m.* cost; **coût de la vie** cost of living
couteau *m.* knife
coûter to cost; **coûter cher** to be expensive
coûteux/coûteuse *adj.* costly, expensive
coutume *f.* custom
couturier/couturière *m., f.* seamster, seamstress; **grand couturier / grande couturière** fashion designer
couvert(e) *adj.* covered; cloudy; *m.* table setting; **couvert(e) de** covered with; **mettre le couvert** to set the table; **le ciel est couvert** it's cloudy
couvrir (*like* **ouvrir**) *irreg.* to cover
covoiturage *m.* carpooling; **faire du covoiturage** to carpool
crabe *m.* crab
craie *f.* chalk
craindre (*p.p.* **craint**) *irreg.* to fear
craquer to give (*under stress*), to break down
cravate *f.* necktie
crayon *m.* pencil
créancier/créancier *m., f.* creditor
créateur/créatrice *adj.* creative; *m., f.* creator
créatif/créative *adj.* creative
création *f.* creation
crèche *f.* day care center
crédit *m.* credit
crédule *adj.* gullible
crédulité *f.* gullibility
créer to create; **créer une page Web** to make a web page
crème *f.* cream; **crème caramel** caramel custard; **crème Chantilly** whipped cream
créole *adj.* Creole; *m.* Creole (*language*)
crêpe *f.* crepe, French pancake
crépuscule *m.* twilight, dusk
creuser to dig; to hollow out
creux/creuse *adj.* hollow; **creux** *m.* hollow
crevé(e) *adj.* punctured; *fam.* exhausted; **pneu** (*m.*) **crevé** flat tire
crevette *f.* shrimp
crier to cry out; to shout
criminel(le) *m., f.* criminal
Cris *m. pl.* Cree (*aboriginal people of Quebec*)
crise *f.* crisis; recession; depression; **crise cardiaque** heart attack; **crise économique** recession; depression
cristal *m.* crystal
critère *m.* criterion
critique *m.* critic, reviewer; *f.* critique, review
critiquer to criticize

croire (*p.p.* **cru**) *irreg.* to believe
croisé(e) *adj.* crossed; **mots** (*m. pl.*) **croisés** crossword puzzle
croisière *f.* cruise; **partir en croisière** to go on a cruise
croissance *f.* growth
croix *f.* cross
croque-monsieur *m. grilled cheese sandwich with ham*
croustillant(e) *adj.* crusty, crunchy
cru(e) *adj.* raw
crudités *f. pl. raw vegetables served as appetizer*
cruel(le) *adj.* cruel
cryptique *adj.* cryptic
cubisme *m.* cubism
cueillir *irreg.* to pick, gather
cuillère, cuiller *f.* spoon
cuir *m.* leather; **en cuir** (made of) leather
cuire (*p.p.* **cuit**) *irreg.* to cook; to bake; **cuire à feu vif** to cook on high heat; **cuire à la vapeur** to steam; **faire cuire** to cook
cuisine *f.* cooking; cuisine; kitchen; **chef** (*m.*) **de cuisine** head cook, chef; **faire la cuisine** to cook; **livre** (*m.*) **de cuisine** cookbook
cuisiner to cook
cuisinier/cuisinière *m., f.* cook; **cuisinière (à gaz)** *f.* (gas) stove, range
cuisse *f.* thigh; leg
cuisson *f.* cooking (*process*)
cuit(e) *adj.* cooked; **terre** (*f.*) **cuite** earthenware, clay pottery
cuivre *m.* copper; **en cuivre** (made of) copper
culinaire *adj.* culinary
culotte *f. s.* women's underwear
culte *m.* cult
cultiver to cultivate, grow
culture *f.* culture; cultivation, growing
culturel(le) *adj.* cultural; **manifestation** (*f.*) **culturelle** cultural event
Cupidon *m.* Cupid
curieux/curieuse *adj.* curious
curiosité *f.* curiosity
curseur *m.* cursor
cuvette *f.* basin, bowl
cyclable: piste (*f.*) **cyclable** bicycle path
cyclisme *m.* bicycle riding

d'abord *adv.* first, first of all
d'ailleurs *adv.* besides, moreover
Dahomey: royaume (*m.*) **du Dahomey** Dahomey Kingdom (*17th–19th century West Africa*)
dakhar *m.* dakhar (*Wolof term for tamarind*)
dame *f.* lady, woman
Danemark *m.* Denmark
dangereux/dangereuse *adj.* dangerous

dans *prep.* in; within
danse *f.* dance; dancing
danser to dance
danseur/danseuse *m., f.* dancer
dater de to date from
dauphin *m.* dolphin
davantage *adv.* more, a greater amount
de *prep.* from, of, about
débarrasser to clear; **débarrasser la table** to clear the table
débat *m.* debate
débattre (*like* **battre**) *irreg.* to debate
déboisement *m.* deforestation; clearing
déboiser to clear away (forests)
se déboucher (le nez) to unclog (one's nose)
débrouiller to disentangle; **se débrouiller** to manage, get along, cope
début *m.* beginning; **au début (de)** in, at the beginning (of)
décadence *f.* decadence, decline
décéder (il decède) to die
déceler (je décèle) to disclose, divulge; to discover
décembre December
décevoir (*like* **recevoir**) *irreg.* to disappoint
décharge *f.* (trash) dump
décharger (nous déchargeons) to unload
déchets *m. pl.* (industrial) waste(s); debris; garbage, trash
déchiré(e) *adj.* torn; conflicted
décidément *adv.* decidedly; definitely
décider (de) to decide (to)
décisif/décisive *adj.* decisive
décision: prendre une décision to make a decision
déclaration *f.* declaration, statement; **déclaration de douane** customs declaration
déclarer to declare
déconcerté(e) *adj.* upset, disconcerted
décor *m.* (film) set
décorer (de) to decorate (with)
découpé(e) *adj.* cut up
décourager (nous décourageons) to discourage
découvert(e) *adj.* discovered; **découverte** *f.* discovery
découvrir (*like* **ouvrir**) *irreg.* to discover, learn
décret *m.* decree
décrire (*like* **écrire**) *irreg.* to describe
décrocher to pick up (telephone receiver); (*fam.*) to get, land (a job)
déçu(e) *adj.* disappointed
défavorisé(e) *adj.* at a disadvantage; disadvantaged, underprivileged

défendre to defend; to forbid

défenseur *m.* defender, counsel for defense

défi *m.* challenge

défilé *m.* procession, parade

défilement *m.* continuous showing, rolling (*of film, videotape, etc.*)

défini(e) *adj.* definite; defined

définir to define

définitif/définitive *adj.* definitive, permanent

définitivement *adv.* for good, permanently

déformation *f.* misrepresentation, distortion

dégoûtant(e) *adj.* disgusting

dégradation *f.* degradation

déguisement *m.* costume, disguise

se déguiser to disguise oneself, wear a costume

dehors *adv.* out-of-doors; outside; **en dehors de** outside of, besides

déjà *adv.* already

déjeuner to have lunch; *m.* lunch; **petit déjeuner** breakfast

délicat(e) *adj.* delicate

délice *m.* delight

délicieux/délicieuse *adj.* delicious

délirer to be delirious; **on délire ou quoi?** are you crazy or what?

deltaplane *m.* hang gliding

demain *adv.* tomorrow; **à demain** see you tomorrow

demande *f.* request; application

demander to ask (for); to require; **demander le chemin** to ask for directions; **demander pardon à** to apologize to

démarche *f.* (*necessary*) step, action

démarrer to start (*a car*); to start off; to boot up

démêlant(e) *adj.:* **shampooing** (*m.*) **démêlant** conditioning shampoo

déménager (nous déménageons) to move out (*of a house, etc.*)

demeure *f.* residence

demeurer (intact[e]) to remain (intact)

demi(e) *adj.* half; **il est minuit et demi** it's twelve-thirty A.M.

demi-douzaine *f.* half-dozen

demi-frère *m.* half-brother; stepbrother

demi-heure *f.* half an hour

demi-sœur *f.* half-sister; stepsister

démocratie *f.* democracy

démocratique *adj.* democratic

démographe *m., f.* demographer

demoiselle *f.* young lady; single (unmarried) woman; **demoiselle d'honneur** bridesmaid

démolir to demolish, destroy

démonstratif/démonstrative *adj.* demonstrative

dent *f.* tooth; **brosse** (*f*). **à dents** toothbrush; **se brosser les dents** to brush one's teeth

dentifrice *m.* toothpaste

dentiste *m., f.* dentist

déodorant *m.* deodorant

départ *m.* departure

département *m.* French territorial district; **départements et territoires d'outre-mer (D.O.M.-T.O.M.)** French overseas departments and territories

dépasser to go beyond; to pass, surpass; **dépasser la limite de vitesse** to exceed the speed limit

se dépêcher (de) to hurry (to)

dépeindre (*like* **craindre**) *irreg.* to depict

dépendance *f.* dependency

dépendant(e) *adj.* dependent

dépens: aux dépens de at the expense of

dépenser to spend

dépit: en dépit de in spite of

déplacer (nous déplaçons) to displace; to shift; to remove; **se déplacer** to move from place to place; to go someplace

déplorable *adj.* deplorable, lamentable

déporté(e) *adj.* deported

déposer to deposit; **déposer de l'argent** to deposit money

déprimé(e) *adj.* depressed; **être déprimé(e)** to be depressed

depuis *prep.* since; for; **depuis combien de temps** for how long; **depuis que** *conj.* since, now that

déranger (nous dérangeons) to disturb; to bother

dérivé(e) (de) *adj.* derived (from)

dernier/dernière *adj.* last, most recent

se dérouler to take place

derrière *prep.* behind

dès *prep.* from (*then on*)

désaccord *m.* disagreement

désagréable *adj.* disagreeable, unpleasant

désastre *m.* disaster

désastreux/désastreuse *adj.* disastrous

désavouer to disavow, disclaim, deny

descendre *intr.* to go down; *trans.* to take down; **descendre de** to get out of

descente *f.* descent, going down

descriptif/descriptive *adj.* descriptive

déséquilibré(e) *adj.* unbalanced

désert(e) *adj.* deserted; **désert** *m.* desert; wilderness

désertique *adj.* desert, pertaining to the desert

se déshabiller to undress

désigner to designate; to indicate

désir *m.* desire

désirer to want, desire

désolé(e) *adj.* sorry

désordre *m.* disorder; **en désordre** disorderly, untidy

désorganisé(e) *adj.* disorganized

désorienté(e) *adj.* bewildered

désormais *adv.* henceforth, from now on

dessin *m.* drawing; **dessin animé** (*film*) cartoon; **dessin graphique** graphic arts

dessiné(e) *adj.* drawn, sketched; **bande** (*f*). **dessinée** comic strip; *pl.* comics

dessiner to draw; to design

dessous *adv.* under, underneath; **au-dessous de** *prep.* below, underneath; **ci-dessous** *adv.* below

dessus *adv.* above; over; on; **au-dessus de** *prep.* above; **ci-dessus** *adv.* above, previously; **par-dessus** *prep.* over, above

destin *m.* fate, destiny

destiné(e) à *adj.* designed for, aimed at; intended to, for

destructeur/destructrice *adj.* destructive

détail *m.* detail

se détendre to relax

détention *f.* detention, holding

détériorer to deteriorate

déterminer to determine

détester to detest; to hate

détritus *m. pl.* rubbish, refuse

détroit *m.* strait

détruire (*like* **conduire**) *irreg.* to destroy

deux two; **(tous/toutes)** *m., f.* **les deux** both (of them)

deuxième *adj.* second

devant *prep.* before, in front of

développement *m.* development

développer to spread out; to develop; **se développer** to expand; to develop

devenir (*like* **venir**) *irreg.* to become

deviner to guess

devinette *f.* riddle, conundrum

dévisager (nous dévisageons) to stare at

devoir (*p.p.* **dû**) *irreg.* to be obliged to, have to; to owe; *m.* duty; *m. pl.* homework; **faire ses devoirs** to do one's homework; **rendre un devoir** to turn in a homework assignment

d'habitude *adv.* usually

diable *interj.* goodness!

diagnostic *m.* diagnosis; **faire un diagnostic** to make a diagnosis

dialecte *m.* dialect
diamant *m.* diamond
dictée *f.* dictation
dictionnaire (*fam.* **dico**) *m.* dictionary
didacticiel *m.* teachware (*type of software*)
dieu *m.* god; **croire en Dieu** to believe in God
difficile *adj.* difficult
difficulté *f.* difficulty
diffuser to broadcast
diffusion *f.* broadcast; distribution
digérer (**je digère**) to digest
digne (**de**) *adj.* worthy (of)
dignité *f.* dignity
dilué(e) *adj.* diluted
dimanche *m.* Sunday
diminuer to lessen, diminish, go down
dinde *f.* turkey; **dinde rôtie** roast turkey
dîner to dine, have dinner; *m.* dinner
dingue (**de**) *adj., fam.* crazy (about)
diplomatie *f.* diplomacy
diplôme *m.* diploma
diplômé(e) *m. f.* graduate; *adj.* holding a diploma
dire (*p.p.* **dit**) *irreg.* to tell; to say; to speak; **c'est-à-dire** that is to say, namely; **vouloir dire** to mean
direct(e) *adj.* direct; through; **en direct** live (*broadcasting*)
directeur/directrice *m., f.* director
direction *f.* direction; management; leadership
diriger (**nous dirigeons**) to direct; to govern, control
discipliner to discipline
discographie *f.* discography
discours *m.* discourse; speech
discret/discrète *adj.* discreet
discrimination (*f.*) **positive** Affirmative Action
discuter (**de**) to discuss; to argue
disparaître (*like* **connaître**) *irreg.* to disappear
disparition *f.* extinction, disappearance; **disparition des espèces** extinction of species
disparu(e) *adj.* gone, extinct
disponibilité *f.* availability
disponible *adj.* available
disposer de to have (available); to dispose, make use of
dispute *f.* quarrel
se disputer (**avec**) to quarrel (with)
disque *m.* record, recording; **disque compact** (music) CD, compact disc
disquette *f.* diskette
disséminé(e) *adj.* spread, disseminated
dissertation *f.* essay, term paper
dissolution(*f.*) **d'un mariage** breakup of a marriage

distingué(e) *adj.* distinguished
distinguer to distinguish
distraction *f.* recreation; entertainment; distraction
se distraire *irreg.* to have fun, amuse oneself
distrait(e) *adj.* absentminded; inattentive
distribuer to distribute
distributeur/distributrice *m., f.* distributor; **distributeur** *m.* vending machine
divers(e) *adj.* changing; varied; diverse
diversifié(e) *adj.* varied
diversité *f.* diversity
diviser to divide
divorcer (**nous divorçons**) to divorce
dix ten
dizaine *f.* about ten, ten or so
docteur *m.* doctor
doctorat *m.* doctoral degree, Ph.D.
documentaire *m.* documentary
doigt *m.* finger
domaine *m.* domain; specialty
domestique *adj.* domestic; **animal** (*m.*) **domestique** pet (*animal*)
domicile *m.* domicile, place of residence; **sans domicile fixe (S.D.F.)** homeless
dominer to overlook, tower above
dommage: c'est dommage it's too bad; **quel dommage** what a shame
donateur/donatrice *m., f.* donor
donc *conj.* then; therefore, so
données *f. pl.* information, facts; data
donner to give; **donner des conseils** to give advice; **se donner rendez-vous** to make a date (an appointment)
dont *pron.* whose, of whom, from whom; of which, about which; including; **ce dont** that (of) which
dormir *irreg.* to sleep; **dormir tard** to sleep late
dos *m.* back; **sac** (*m.*) **à dos** backpack
dossier *m.* file (computer); **dossier de candidature** (job) application
douane *f. s.* customs; **déclaration** (*f.*) **de douane** customs declaration, duty
douanier/douanière *m., f.* customs officer
doubler to pass (*another vehicle*); to double
doucement *adv.* gently, softly; sweetly; slowly
douche *f.* shower (*bath*)
se doucher to take a shower
doué(e) *adj.* talented, gifted; bright; **être doué(e) pour** to be talented in
douleur *f.* pain
douloureux/douloureuse *adj.* painful; aching

doute *m.* doubt; **sans doute** probably, no doubt
douter (**de**) to doubt
douteux/douteuse *adj.* doubtful, uncertain, dubious
doux/douce *adj.* sweet; mild; **eau** (*f.*) **douce** fresh water
douzaine *f.* dozen; about twelve
douze twelve
douzième twelfth
dramatique *adj.* dramatic; **art** (*m.*) **dramatique** theater, drama
drame *m.* drama
dresser une liste to make a list
drogue *f.* drug
se droguer to take drugs
droit *m.* law; right; **avoir droit à** (+ *noun*) to have a right to; **avoir le droit de** (+ *inf.*) to be allowed to, to have the right to
droit *adv.* straight on; **tout droit** straight ahead
droite *f.* right; right-hand side; the right (*politics*); **à droite** on, to the right
drôle (**de**) *adj.* droll, funny, amusing; **faire une drôle de tête** to make a funny face
duc *m.* duke
dur(e) *adj.* hard; **travailler dur** to work hard
durable *adj.* lasting
durée *f.* duration
durer to last, continue; to endure
DVD *inv. m.* DVD
dynamique *adj.* dynamic
dynamiser to energize

eau *f.* water; **cours** (*m.*) **d'eau** waterway, river, stream; **eau chaude** hot water; **eau douce** fresh water; **eau minérale** mineral water; **eaux** *pl.* waters, bodies of water
ébloui(e) *adj.* dazzled
écarquiller les yeux (*m. pl.*) to stare wide-eyed
écart *m.*: **se mettre** (*irreg.*) **à l'écart** to move, to go and stand out of the way
échange *m.* exchange
échanger (**nous échangeons**) to exchange
échantillon *m.* sample, sampling
échappement *m.* leak; car exhaust; **échappement d'hydrocarbures** hydrocarbon emissions
échapper to escape
écharpe *f.* scarf
échecs *m. pl.* chess; **jouer aux échecs** to play chess
échelle *f.* ladder
échiquier *m.* chessboard; *fig.* **échiquier politique** political scene, field, affairs

échouer (à) to fail, flunk
éclairage *m.* lighting, illumination
éclairer to light
éclaireur/éclaireuse *m., f.* (boy/girl) scout, guide
s'éclater *fam.* to have a ball, blast
écoemballage *m.* ecopackaging
école *f.* school; **école maternelle** preschool, kindergarten; **école primaire (secondaire)** primary (secondary) school; **faire l'école buissonnière** to skip school, play hooky
écologie *f.* ecology
écologique (*fam.* **écolo**) *adj.* ecological
écologiste (*fam.* **écolo**) *m., f.* ecologist (*in politics*)
économe *adj.* thrifty, economical
économie *f.* economy; *pl.* savings; **faire des économies** to save (*money*)
économique *adj.* economic, financial; economical; **crise** (*f.*) **économique** recession, depression
économiser to save
écoproduit *m.* ecoproduct
écosystème *m.* ecosystem
écotourisme *m.* ecotourism
écotouriste *m., f.* ecotourist
écouter to listen (to)
écouteurs *m. pl.* headphones
écran *m.* screen; **grand écran** cinema; **petit écran** television
écraser to crush
écrevisse *f.* crayfish
écrire (*p.p.* **écrit**) *irreg.* to write
écrit(e) *adj.* written
écrivain *m.* writer, author
édifier to build, construct, erect
éducatif/éducative *adj.* educational
éducation *f.* upbringing; breeding; education
éduquer to bring up; to educate
effectivement *adv.* actually, in fact
effet *m.* effect; **effet de serre** greenhouse effect; **effets spéciaux** special effects; **en effet** as a matter of fact, indeed
efficace *adj.* useful, efficacious; efficient
effort *m.* effort, attempt; **faire un (des) effort(s) pour** to try, make an effort to
effrayé(e) *adj.* frightened
égal(e) *adj.* equal; **ça lui est égal** he/she doesn't care, it's all the same to him/her
également *adv.* equally; likewise, also
égalité *f.* equality
église *f.* church
égoïsme *m.* egotism, selfishness
égoïste *adj.* selfish; *m., f.* selfish person

Égypte *f.* Egypt
égyptien(ne) *adj.* Egyptian
eh! *interj.* hey!; **eh bien!** well! now then!
élaboré(e) *adj.* elaborate; complex
élargir to enlarge, broaden
électeur/électrice *m., f.* voter
électricité *f.* electricity
électrique *adj.* electric; **torche** (*f.*) **électrique** flashlight
électroménager *m.* household appliance(s)
électronique *adj.* electronic; *f. s.* electronics; **adresse** (*f.*) **électronique** e-mail address
électronucléaire *adj.* nuclear power
élégant(e) *adj.* elegant, stylish
élément *m.* element
élevage *m.* raising, breeding
élève *m., f.* pupil, student
élevé(e) *adj.* high; (*children*) raised; brought up
élever (**j'élève**) to bring up, raise; to lift up; **s'élever** to rise, go up
éliminer to eliminate
elle *pron.* she; her; **elle-même** herself
elles *pron. f.* they; them
élocution *f.* elocution; **cours** (*m.*) **d'élocution** speech class
éloge *m.* praise
éloignement *m.* distance; estrangement
s'éloigner to go away
élu(e) *adj.* elected
emballage *m.* packaging; **emballage ménager** common packaging materials
emballé(e) *adj.* wrapped
embarqué(e) *adj.* carted off
embarquement *m.* embarkation; **carte** (*f.*) **d'embarquement** boarding pass
embarras *m.* obstacle; embarrassment; **embarras du choix** too much to choose from
embarrassé(e) *adj.* embarrassed
embaucher to hire
embêtant(e) *adj.* annoying
embouteillage *m.* traffic jam
embrasser to kiss; to embrace; **s'embrasser** to kiss one another
s'émerveiller to wonder, be amazed
émettre (*like* **mettre**) *irreg.* to emit
émigré(e) *m., f.* expatriate, émigré
émigrer to emigrate
émission *f.* program; broadcast; emission; **émission de télé-réalité** reality television show; **émission toxique** toxic waste; **réduction** (*f.*) **d'émissions** reduction in emissions

emmener (**j'emmène**) to take along; to take (*someone somewhere*); **emmener quelqu'un à l'hôpital** to take someone to the hospital
émotion *f.* emotion
empêcher (de) to prevent; to preclude
empereur *m.* emperor
emploi *m.* use; job; employment; **emploi du temps** schedule; **marché** (*m.*) **de l'emploi** job market
employé(e) *m., f.* employee
employer (**j'emploie**) to use; to employ
employeur/employeuse *m., f.* employer
empoisonner to poison
emporter to take with one, carry (away)
emprisonner to imprison
emprunt *m.* borrowing
emprunter to borrow
en *prep.* in; to; within; into; at; like; in the form of; by; *pron.* of it, of them; some of it; any
ENA (**l'École** [*f.*] **Nationale d'Administration**) school of public administration in France
encadré(e) *adj.* sheltered; framed; accompanied; nurtured
enceinte *adj. f.* pregnant
enchanté(e) *adj.* delighted; enchanted; pleased
encore *adv.* still; again; yet; even; more; **ne... pas encore** not yet
encourager (**nous encourageons**) (**à**) to encourage (to)
endolori(e) *adj.* sore, painful
s'endormir (*like* **dormir**) *irreg.* to fall asleep
endroit *m.* place, spot
énergie *f.* energy
énergique *adj.* energetic
énergisant(e): boisson (*f.*) **énergisante** energy drink
énerver to irritate; **s'énerver** to get upset, annoyed, irritated
enfance *f.* childhood
enfant *m., f.* child
enfantin(e): chanson (*f.*) **enfantine** children's song
enfermé(e) *adj.* locked up
enfin *adv.* finally, at last
enflammé(e) *adj.* blazing, ablaze
s'enfuir (*p.p.* **enfui**) *irreg.* to flee, run away
engager (**nous engageons**) to hire; **s'engager** to commit to
engin (*m.*) **spatial** spacecraft
engouement *m.* passion; infatuation
énigme *f.* enigma, mystery

enjeu *m.* stake, ante

enlever (j'enlève) to take away; to remove, take off; **enlever de force** to remove forcibly, by force

ennemi(e) *m., f.* enemy

ennui *m.* trouble, worry; boredom; **avoir des ennuis** to have problems

ennuyer (j'ennuie) to bother; to bore; **s'ennuyer** to be bored, get bored

ennuyeux/ennuyeuse *adj.* boring; annoying

énorme *adj.* huge, enormous

énormément (de) *adv.* a great deal; a great many; enormously

enquête *f.* inquiry; investigation; opinion poll

enquêter to investigate

enregistrement *m.* recording; registration; airport check-in

enregistrer to record; to register (*luggage*)

enregistreur: baladeur (*m.*) **enregistreur** Walkman with tape recorder

enrichir to enrich; **s'enrichir** to get rich

enseignement *m.* teaching; education

enseigner to teach

ensemble *adv.* together; *m.* ensemble; whole; **ensemble multimédia** multimedia center; **tous ensemble** all together

ensuite *adv.* next; then

entendre to hear; **entendre parler de** to hear about; **s'entendre (bien, mal) avec** to get along (well, badly) with

enterrer to bury

enthousiasme *m.* enthusiasm

enthousiasmé(e) *adj.* thrilled

enthousiaste *adj.* enthusiastic

entier/entière *adj.* entire, whole, complete

entorse *f.* sprain

entourage *m.* circle of friends, set

entouré(e) de *adj.* surrounded by

entourer (de) to surround (with)

s'entraider to help one another

entraînement *m.* (*athletic*) training, coaching

s'entraîner to work out; to train

entraîneur/entraîneuse *m., f.* trainer, coach

entre *prep.* between, among

entrée *f.* entrance, entry; admission; first course (*in a meal*)

entremets *m.* sweet, dessert

entreprise *f.* enterprise, business

entrer (dans) to go into, enter

entretenir (*like* **tenir**) *irreg.* to maintain, keep up

entretien *m.* conversation; interview; maintenance

entrevue *f.* (*job*) interview

envahir to invade

enveloppe *f.* envelope

envelopper to wrap

envers *prep.* to; toward

envers: à l'envers backward, reversed

envie *f.* desire; **avoir envie de** to want; to feel like

environ *adv.* about, approximately; **environs** *m. pl.* neighborhood, surroundings; outskirts

environnement *m.* environment; milieu

environnemental(e) *adj.* environmental

envisageable *adj.* imaginable, conceivable

envoyer (j'envoie) to send

éparpillé(e) *adj.* scattered

épater to impress

épaule *f.* shoulder

éperlan *m.* smelt (*fish*)

épicé(e) *adj.* spicy

épicerie *f.* grocery store; grocery items

épices *f. pl.* spices

épidémie *f.* epidemic

épinards *m. pl.* spinach

Épiphanie *f.* Epiphany, Twelfth Night

éplucher to peel

épopée *f.* epic

époque *f.* epoch, period, era; time

épouser to wed, to get married to

épouvante *f.* terror; **film** (*m.*) **d'épouvante** horror film

époux/épouse *m., f.* spouse; husband/wife; *pl.* married couple

épreuve *f.* proof; trial; test

équateur *m.* equator

équatorial(e) *adj.* equatorial

équilibrage *m.* balancing; **faire l'équilibrage des pneus** to balance the tires

équilibre *m.* equilibrium, balance

équilibré(e) *adj.* balanced, well-balanced

équilibrer to balance

équipe *f.* team; working group; **équipe rédactionnelle** editorial team

équipé(e) *adj.* equipped

équipement *m.* equipment; gear; **équipement ménager** household furnishings

équitation *f.* horseback riding

équivalent(e) *adj.* equivalent; **équivalent** *m.* equivalent

équivoque *adj.* ambiguous; dubious, questionable

érable *m.* maple; **sirop** (*m.*) **d'érable** maple syrup; **sucre** (*m.*) **d'érable** maple sugar

éraflé(e) *adj.* scratched

érigé(e) *adj.* erected

erreur *f.* error; mistake

érudit(e) *adj.* erudite, scholarly

éruption *f.* eruption

escalade *f.* climbing; **faire de l'escalade** to do rock climbing, mountain climbing

escalier *m.* stairs, staircase; **rampe** (*f.*) **de l'escalier** stair banister

escalope *f.* (**de veau**) (veal) cutlet

escargot *m.* snail; escargot

esclavage *m.* slavery

esclave *m., f.* slave

esclaverie *f.* slave-holding warehouse

escrime *f.*: **faire de l'escrime** to do fencing

espace *m.* space

espacé(e) *adj.* spaced out, made less frequent

espadon *m.* swordfish

Espagne *f.* Spain

espagnol(e) *adj.* Spanish; *m.* Spanish (*language*); **Espagnol(e)** *m., f.* Spaniard

espèce *f.* type, kind; **espèces d'animaux** animal species; **disparition** (*f.*) **des espèces** extinction of species; **une espèce de** a kind of

espérance (*f.*) **de vie** life expectancy

espérer (j'espère) to hope

espoir *m.* hope

esprit *m.* spirit; **garder l'esprit ouvert** to keep an open mind

essayer (j'essaie) (de) to try (to)

essence *f.* gasoline, gas; essence; **consommer de l'essence** to burn gas; **faire le plein d'essence** to fill up with gas

essentiel(le) *adj.* essential

essuie-glace (*pl.* **essuie-glaces**) *m.* windshield wiper

essuyer (j'essuie) to wipe

est *m.* east

esthétique *adj.* esthetic

estimer to value; to estimate

estival(e) *adj.* summer

estomac *m.* stomach

estudiantin(e) *adj.* student

et *conj.* and

établir to establish, set up

établissement *m.* settlement; establishment

étage *m.* floor (*of building*); **premier étage** second floor (*American*)

étagère *f.* shelf, shelving

étape *f.* stage; stopping place

état *m.* state; condition; **chef** (*m.*) **d'État** head of state; **en bon (mauvais) état** in good (bad) condition; **état civil** civil status; marital status; **garder en bon état** to maintain; **homme** (*m.*) **d'État** statesman

États-Unis *m. pl.* United States (of America)

été *m.* summer; **en été** in summer

éteindre (*like* **craindre**) *irreg.* to put out; to turn off; **éteindre un incendie** to put out a fire; **éteindre la lumière** to turn out the light; **s'éteindre** to go out (*light*)

éteint(e) *adj.* extinguished; dead, extinct

s'étendre to extend; to spread; to expand; to stretch out

étendu(e) *adj.* extensive, wide, large; **étendu(e) par terre** lying down flat, stretched out; **étendue** *f.* expanse, area

éternel(le) *adj.* eternal

éternuer to sneeze

éthique *adj.* ethical

ethnie *f.* ethnic group

ethnique *adj.* ethnic

étirer, s'étirer to stretch

étoile *f.* star

étonnant(e) *adj.* astonishing, surprising

s'étonner de to be surprised, astonished at

étourdir to stun, make dizzy

étrange *adj.* strange

étranger/étrangère *adj.* foreign; *m., f.* stranger; foreigner; **à l'étranger** abroad, overseas

être (*p.p.* **été**) *irreg.* to be; *m.* being; **être à la mode** to be in style; **être en train de** to be in the process of

étude *f.* study; research; *pl.* studies; **faire des études** to study

étudiant(e) *m., f.* student

étudier to study

euh *interj.* uh, um

européen(ne) *adj.* European; **Européen(ne)** *m., f.* European (*person*); **Union** (*f.*) **européenne (UE)** European Union (EU)

euthanasie *f.* euthanasia

eux *pron., m. pl.* them; **eux-mêmes** *pron.* themselves

s'évader to escape

s'évanouir to faint

s'évaporer to evaporate

événement *m.* event

éventuellement possibly

évidemment *adv.* evidently, obviously

évident(e) *adj.* obvious, clear

évier *m.* (kitchen) sink

éviter to avoid

évoluer to evolve

évolution *f.* evolution, development

évoquer to evoke, call to mind

exagération *f.* exaggeration

exagérer (**j'exagère**) to exaggerate

examen *m.* test, exam; **(re)passer un examen** to (re)take an exam; **préparer un examen** to study for a test; **rater un examen** to fail a test; **réussir à un examen** to pass a test

examiner to examine

excédent *m.* excess, surplus; **excédent de bagages** excess baggage

excentricité *f.* eccentricity

excentrique *adj.* eccentric

exceptionnel(le) *adj.* exceptional

excès *m.* excess

excessif/excessive *adj.* excessive

exclu(e) *m., f.* social outcast

exclusivement *adv.* exclusively

excursion *f.* excursion, outing; **faire une excursion** to go on an outing

s'excuser (de) to excuse oneself (for); to apologize; **excusez-moi** excuse me, pardon me

exécutif/exécutive *adj.* executive

exécution *f.* carrying out; execution

exemplaire *m.* copy (*book, magazine*)

exemple *m.* example; **par exemple** for example

exercer (**nous exerçons**) to exercise; to practice; **exercer un métier** to work at a particular job

exercice *m.* exercise; **faire de l'exercice** to do exercise(s), to work out

exigeant(e) *adj.* demanding

exiger (**nous exigeons**) to require; to demand

exister to exist; **il existe** there is, there are

exotique *adj.* exotic; foreign

expéditeur/expéditrice *m., f.* sender

expédition *f.* shipping; expedition; **expédition de colis** sending packages

expérience *f.* experience

explication *f.* explanation

expliquer to explain

exploitation *f.* working, operating; exploitation; **système** (*m.*) **d'exploitation** operating system (*computer*)

exploiter to make use of, make the most of

explorateur/exploratrice *m., f.* explorer

explorer to explore

exploser to explode

exporter to export

exposé(e) *adj.* exposed; set forth

exposer to exhibit; **exposer une œuvre** to exhibit a piece of work

exposition *f.* exhibition; show

exprimer to express; **s'exprimer** to express oneself

expulser to expel

exquis(e) *adj.* exquisite

extérieur(e) *adj., m.* exterior; outside; **à l'extérieur** (on the) outside, out-of-doors

extrait(e) (de) *adj.* excerpted, extracted (from); **extrait** *m.* excerpt; extract

extraordinaire *adj.* extraordinary

extraterrestre *m., f.* alien, extraterrestrial

extraverti(e) *adj.* extroverted

extrême *adj.* extreme; intense; **extrême droite** *f.* far right (*politics*)

extrêmement *adv.* extremely, exceedingly

extrémiste *m., f.* extremist

fabrication *f.* manufacturing

fabriquer to manufacture, make

fabuleux/fabuleuse *adj.* fabulous; incredible

fac *f., fam.* (**faculté**) university department or school; **en fac** at the university

face *f.* face; façade; **en face (de)** *prep.* opposite, facing; **faire face à** to confront

fâché(e) *adj.* angry, annoyed

fâcher to anger; to annoy; **se fâcher** to get angry

facile *adj.* easy; **facile à vivre** easy to get along with

façon *f.* way, manner, fashion; **de façon (bizarre)** in a (funny) way; **de toute façon** anyhow, in any case

facteur *m.* factor; **facteur/factrice** *m., f.* mail carrier

facture *f.* bill (*to pay*)

faculté *f.* ability; (*fam.* **fac**) university department or school

faiblement *adv.* lightly; slightly

faible *adj.* weak

faim *f.* hunger; **avoir faim** to be hungry

faire (*p.p.* **fait**) *irreg.* to do; to make; to form; to be; **faire beau (il fait beau)** to be nice out, good weather (it's nice out)

fait(e) *adj.* made; *m.* fact; **en fait** in fact; **fait(e) à la main** handmade

falaise *f.* cliff

falloir (*p.p.* **fallu**) *irreg.* to be necessary; to be lacking; **il me faut** I need

fameux/fameuse *adj.* famous

familial(e) *adj.* family

familier/familière *adj.* familiar

famille *f.* family; **en famille** with one's family; **famille monoparentale** single-parent family; **famille nombreuse** large family; **famille recomposée** blended family

farine *f.* flour

fascinant(e) *adj.* fascinating

fasciner to fascinate

fast-food *m.* fast-food restaurant; fast food

fatigant(e) *adj.* tiring

fatigué(e) *adj.* tired

fatiguer to tire; **se fatiguer** to get tired

fauché(e) *adj., fam.* broke, out of money

faune *f.* fauna

faute *f.* fault, mistake

fauteuil *m.* armchair

faux/fausse *adj.* false; **faux témoignage** *m.* perjury

faveur *f.* favor; **en faveur de** supporting, backing

favori(te) *adj.* favorite

favoriser to encourage, favor

fée *f.* fairy; **conte** (*m.*) **de fées** fairy tale

féminin(e) *adj.* feminine

féministe *adj.* feminist

femme *f.* woman; wife; **femme d'affaires** businesswoman

fenêtre *f.* window

fente *f.* slot

fer *m.* iron; **chemin** (*m.*) **de fer** railroad; **fer à repasser** (*clothes*) iron

ferié(e): jour (*m.*) **ferié** public holiday

ferme *adj.* firm; *f.* farm

fermé(e) *adj.* closed

fermer to close

fermeture *f.* closing; closure; **fermeture annuelle** annual closing

féroce *adj.* ferocious

fesse *f.* buttock

fessée *f.* spanking

fête *f.* celebration, holiday; party; **faire la fête** to party; **fête des Mères (des Pères)** Mother's (Father's) Day; **fête des Rois** Feast of the Magi, Epiphany; **fête du Travail** Labor Day; **fête nationale** French national holiday, Bastille Day (July 14)

fêter to celebrate; to observe a holiday

feu *m.* fire; traffic light; **armes** (*f. pl.*) **à feu** firearms; **brûler le feu rouge** to run a red light; **cuire à feu vif** to cook on high heat; **feu d'artifice** fireworks

feuille *f.* leaf; sheet; **feuille d'érable** maple leaf; **feuille de papier** sheet of paper

feuilleton *m.* soap opera

fève *f.* bean; party (cake) favor

février February

fiançailles *f. pl.* engagement

fiancé(e) *m., f.* fiancé(e), betrothed

se fiancer (nous nous fiançons) to become engaged

fibre *f.* fiber, filament

fichier *m.* (computer) file; **fichier joint** e-mail attachment

fictif/fictive *adj.* fictional

fidèle *adj.* faithful; **fidèles** *m. pl.* faithful (*people*); congregation

fier/fière *adj.* proud; **être fier/fière de** to be proud of

fièvre *f.* fever

figue *f.* fig

figuier *m.* fig tree

figure *f.* face

figurant(e) *m., f.* extra (*in a film*)

figurer to appear

fil *m.* thread; cord; **passer un coup de fil (interurbain)** *fam.* to make a (long-distance) phone call

filet *m.* net; string bag; fillet (*beef, fish, etc.*)

filière *f.* channel, path; track, major (*in school*)

fille *f.* girl; daughter; **école** (*f.*) **de filles** girls' school; **jeune fille** girl, young woman; **petite fille** little girl; **petite-fille** granddaughter

filleul(e) *m., f.* godchild

film *m.* film; movie; **film d'animation** animated film; **film d'épouvante** horror film; **passer un film** to show a movie; **tournage du film** filmmaking, film shooting

fils *m.* son; **petit-fils** grandson

fin(e) *adj.* fine; thin; *f.* end; purpose; **à la fin de** at the end of; **au fin fond de** in the depths of; **en fin d'après-midi** in the late afternoon; **fin de siècle** end of the century

final(e) *adj.* final

finalement *adv.* finally

financé(e) *adj.* financed, backed

financier/financière *adj.* financial; *m., f.* financier

finir (de) to finish; **finir par** to end up by (doing something)

finlandais(e) *adj.* Finnish; **Finlandais(e)** *m., f.* Finnish (*person*)

Finlande *f.* Finland

firme *f.* firm, company

fiscal(e) *adj.* fiscal

fixe *adj.* fixed; **sans domicile fixe (S.D.F.)** homeless

fixer to set, lay down, determine

flageolet *m.* kidney bean

flamand *m.* Flemish (*language*); **Flamand(e)** Flemish (*person*)

flamant *m.* flamingo

flambé(e) *adj.* flambé, flaming

flamme: en flammes ablaze

Flandre *f.* Flanders (*Dutch-speaking Belgium*)

flâner to stroll

flatterie *f.* flattery

flatteur/flatteuse *adj.* flattering; **flatteur** *n.* flatterer; sycophant

fleur *f.* flower

fleuriste *m., f.* florist

fleuve *m.* river (*flowing into the sea*)

flic *m., f., fam.* cop

flore *f.* flora

Floride *f.* Florida

flotter to float; **île** (*f.*) **flottante** *dessert made of beaten egg whites floating on cream*

fluvial(e) *adj.* river; fluvial

foie *m.* liver; **pâté** (*m.*) **de foie gras** goose liver pâté

foire *f.* fair

fois *f.* time, occasion; **chaque fois** each time; **la dernière (première) fois** the last (first) time; **une fois par semaine** once a week; **une (seule) fois** (only) once

folie *f.* madness, folly

folklorique *adj.* traditional; folk (*music, etc.*)

foncé(e) *adj.* dark (*color*)

fonction *f.* function; use, office; **voiture** (*f.*) **de fonction** company car

fonctionnaire *m., f.* government employee, civil servant

fonctionnement *m.* working order, functioning

fonctionner to function, work

fond *m.* bottom; back, background; **au fond** basically; **au fin fond de** in the depths of

fondamental(e) *adj.* fundamental, basic

fondation *f.* foundation

fonder to found; **fonder un foyer** to start a home and family

fontaine *f.* fountain; spring

football (*fam.* **foot**) *m.* soccer

footballeur/footballeuse *m., f.* soccer player

forage (*m.*) **pétrolier** exploratory oil-drilling

force *f.* force; **enlever de force** to remove forcibly, by force

forcément *adv.* inevitably

forcer to force

forêt *f.* forest; **forêt tropicale humide** tropical rainforest

formation *f.* formation; education, training

forme *f.* form; shape; figure; **en (bonne, pleine) forme** physically fit; **en forme de** in the form (shape) of; **être (rester) en forme** to be (stay) in shape

formel(le) *adj.* formal; strict

former to form, shape; to train; **se former** to form, get organized

formidable *adj.* great

formulaire *m.* form (*to fill out*); **remplir un formulaire** to fill out a form

formule *f.* formula; form
formuler to formulate
fort *adv.* loudly, loud; hard
fort(e) *adj.* strong; heavy; plump; high (*heat*)
fortifié(e) *adj.* fortified
fossé *m.* gap, gulf
fou (fol, folle) *adj.* crazy, mad; **fou (folle)** *m., f.* crazy person
foudre *f.* lightning; **coup** (*m.*) **de foudre** thunderbolt; *fig.* love at first sight
fouiller to search; to look through (*luggage*)
fouiner to snoop, nose around
fouineur *m., fam.* hacker
foulard *m.* (head) scarf
foule *f.* crowd; **foule de gens** crowd of people
se fouler la cheville to sprain one's ankle
foulure *f.* light sprain
four *m.* oven; **four à micro-ondes** microwave oven
fourchette *f.* fork
fourmi *f.* ant
fournir to provide, supply
fournisseur/fournisseuse *m., f.* provider, supplier
fourrure *f.* fur; **commerce** (*m.*) **des fourrures** fur trading
foyer *m.* home
fracturé(e) *adj.* fractured
fraîcheur *f.* coolness; freshness
frais/fraîche *adj.* fresh; cool; *m. pl.* fees; expenses; **il fait frais** it's chilly
frais *m. pl.* expenses; **frais d'inscription (de scolarité)** school, university (tuition) fees
fraise *f.* strawberry
framboise *f.* raspberry
franc(he) *adj.* frank; truthful; honest
français(e) *adj.* French; *m.* French (*language*); **Français(e)** *m., f.* French (*person*)
Francfort Frankfurt
franchement *adv.* frankly
franco-allemand(e) *adj.* French-German
Franco-Américain(e) (*fam.* **Franco**) *m., f.* French-American (*person*)
francophone *adj.* French-speaking, of the French language
francophonie *f.* French-speaking world
frapper to strike; to knock
frein *m.* brake
freiner to brake
fréquemment *adv.* frequently
fréquence *f.* frequency
fréquent(e) *adj.* frequent
fréquenter to frequent, visit frequently

frère *m.* brother; **beau-frère** brother-in-law; **demi-frère** half-brother; stepbrother
frigo *m., fam.* fridge, refrigerator
friquet: moineau (*m.*) **friquet** *species of sparrow*
frisé(e) *adj.* curly
frisson *m.* shiver, chill
frit(e) *adj.* fried; **frites** *f. pl.* French fries
froid(e) *adj.* cold; *m.* cold; **avoir froid** to be cold; **il fait froid** it's cold (*weather*)
frôler to touch lightly, brush
fromage *m.* cheese
front *m.* forehead; front
frontière *f.* frontier; border
frotter to rub
fruit *m.* fruit; **fruits** (*pl.*) **de mer** seafood; **jus** (*m.*) **de fruits** fruit juice
frustrant(e) *adj.* frustrating
frustré(e) *adj.* frustrated
fumé(e) *adj.* smoked
fumée *f.* smoke
fumer to smoke
fureur *f.* fury; **faire fureur** to be all the rage
furieux/furieuse *adj.* furious
futur(e) *adj.* future; **futur** *m., gram.* future (*tense*); future (*time*)

gaffe *f., fam.* blunder
gagner to win; to earn; **gagner sa vie** to earn a living
galère *f.* mess, difficult situation
galerie *f.* gallery
galette *f. puff pastry cake;* **galette des Rois** *special cake for Epiphany*
Galles: pays (*m.*) **de Galles** Wales
gants *m. pl.* gloves
garanti(e) *adj.* guaranteed; **garantie** *f.* guarantee; safeguard
garantir to guarantee
garçon *m.* boy; **garçon d'honneur** best man
garde *f.* watch; *m., f.* guard; **pharmacie** (*f.*) **de garde** all-night (emergency service) pharmacy
garder to keep, retain; to take care of; to guard
gare *f.* station (*train, bus*); **gare routière** bus station, depot
garer to park; **garer la voiture** to park the car
garni(e) *adj.* garnished
gars *m., fam.* guy, fellow
gaspillage *m.* waste
gaspiller to waste
gastronomie *f.* gastronomy
gâteau *m.* cake; **morceau** (*m.*) **de gâteau** slice of cake; **petit gâteau** cookie

gâter to ruin, spoil; to have a harmful effect on
gauche *adj.* left; *f.* left; **à gauche** on the left, to the left; **de gauche** leftist; **extrême gauche** *f.* extreme left (*politically*)
gaulois(e) *adj.* Gallic
gaz *m.* gas; **gaz carbonique** carbon dioxide
gazeux/gazeuse: boisson (*f.*) **gazeuse** soft drink
gazon *m.* lawn; **tondre le gazon** to mow the lawn
géant(e) *adj.* gigantic
gelée *f.* aspic, jelly
gélule *f.* capsule
gênant(e) *adj.* disturbing, embarrassing
gêné(e) *adj.* embarrassed; annoyed, bothered
généralement *adv.* generally
généralisation *f.* generalization
généreux/généreuse *adj.* generous
génétique *adj.* genetic; **modification** (*f.*) **génétique** genetic modification
génétiquement: organisme (*m.*) **génétiquement modifié (OGM)** genetically modified organism (GMO)
Genève Geneva
génial(e) *adj.* brilliant, inspired; *fam.* nice, cool, great
génie *m.* spirit; genius; genie; engineering; **génie civil** civil engineering; **génie mécanique** mechanical engineering
genou (*pl.* **genoux**) *m.* knee
genre *m.* gender; kind, type
gens *m. pl.* people; **foule** (*f.*) **de gens** crowd of people; **jeunes gens** young men; young people
gentil(le) *adj.* nice, kind
gentillesse *f.* kindness, niceness
gentilhomme *m.* (*historical, fig.*) gentleman
géographie *f.* geography
géographique *adj.* geographic
géologie *f.* geology
Géorgie *f.* Georgia
gérant(e) *m., f.* manager, director
germanique *adj.* Germanic
germer to sprout, germinate
geste *m.* gesture
gestion *f.* management; **gestion des ressources** resource management
Ghana: empire (*m.*) **du Ghana** Ghana empire (*5th–11th century Senegal*)
gigantesque *adj.* gigantic
gigot (d'agneau) *m.* leg of lamb
gigue *f.* jig
givré(e): orange (*f.*) **givrée** *orange sorbet served in the orange peel*

glace *f.* ice cream; ice; mirror; **essuie-glace** *m.* windshield wiper

glissant(e) *adj.* slippery; **chaussée** (*f.*) **glissante** slippery pavement

glissement (*m.*) **de terrain** landslide

glisser to slide; to slip; to skid

global(e) *adj.* global

golfe *m.* gulf; **petit golfe** bay

gomme *f.* Eraser

gondole *f.* gondola

gonflement *m.* swelling

gonfler to inflate; to swell; **gonfler les pneus** to inflate the tires

gorge *f.* throat; gorge; **mal à la gorge** sore throat; **soutien-gorge** *m.* bra, brassiere

gorille *m.* gorilla

gourde *f.* gourd

gousse (*f.*) **d'ail** clove of garlic

goût *m.* taste, flavor; preference

goûter to taste; *m.* snack

goutte *f.* drop; **gouttes pour le nez** nose drops

gouvernement *m.* government; **chef** (*m.*) **de gouvernement** head of state

gouvernemental(e) *adj.* government(al)

gouverneur *m.* governor

grâce *f.* grace; pardon; **grâce à** *prep.* thanks to; **Jour** (*m.*) **d'action de grâce** Thanksgiving Day (*U.S., Canada*)

graine *f.* seed

graisse *f.* grease, fat

grammaire *f.* grammar

gramme *m.* gram

grand(e) *adj.* great; large, big; tall; **grand magasin** *m.* department store; **grand-chose (pas grand-chose)** *pron. m.* much (not much); **grande surface** *f.* mall; superstore; **grandes vacances** *f. pl.* summer vacation; **Train** (*m.*) **à grande vitesse (T.G.V.)** *French high-speed bullet train*

grandement *adv.* easily, amply; nobly

grand-mère *f.* grandmother

grand-père *m.* grandfather

grands-parents *m. pl.* grandparents

graphique *adj.* graphic; **dessin** (*m.*) **graphique** graphic arts

gras(se) *adj.* fat; oily; rich; **gras** *m.* fat; **foie** (*m.*) **gras** goose liver; **matière(s)** (*f.*) **grasse(s)** fat content (*of food*)

gratte-ciel *m. inv.* skyscraper

gratter to scratch

gratuiciel *m.* freeware (*software*)

gratuit(e) *adj.* free (*of charge*)

grave *adj.* grave, serious

graver un CD to burn a CD

gravité *f.* seriousness

grec(que) *adj.* Greek; *m.* Greek (*language*); **Grec(que)** *m., f.* Greek (*person*)

Grèce *f.* Greece

grève *f.* (labor) strike

grignoter to eat a snack (*between meals*)

grille-pain *m. inv.* toaster

griller to broil, toast, grill

grimper to climb

griot *m.* griot (*traditional singer from West Africa*)

grippe *f.* flu; **attraper la grippe** to catch the flu; **grippe intestinale** stomach flu

gris(e) *adj.* gray

grognon(ne) *m., f.* grumbler, grumpy person

gros(se) *adj.* big; great, serious

grossesse *f.* pregnancy; **interruption** (*f.*) **volontaire de grossesse (IVG)** abortion

grossier/grossière *adj.* vulgar, gross; **terme** (*m.*) **grossier** vulgar term

grossir to gain weight

groupe *m.* group; **groupe de discussion** discussion group (*computers*)

se grouper to gather

gruyère *m.* Gruyere (*Swiss cheese*)

guêpe *f.* wasp; **piqûre** (*f.*) **de guêpe** wasp sting

guérir to cure; to heal; to recover; **guérir un malade** to cure a sick person

guerre *f.* war; **Deuxième Guerre mondiale** Second World War; **guerre de Sécession** American Civil War

guichet *m.* ticket window

guide *m., f.* guide; *m.* guidebook; instructions

Guinée *f.* Guinea

guitare *f.* guitar

Guyane *f.* Guyana

gymnase *m.* gymnasium

gymnastique (*fam.* **gym**) *f.* gymnastics; exercise; **faire de la gymnastique** to do gymnastics (exercises)

habiller to dress; **s'habiller** to get dressed

habitant(e) *m., f.* inhabitant; resident

habitation *f.* lodging, housing; **Habitation à loyer modéré (H.L.M.)** *French public housing*

habiter to live, dwell

habitude *f.* habit; **comme d'habitude** as usual; **d'habitude** *adv.* usually, habitually; **prendre l'habitude de** (+ *inf.*) to get used to (*doing something*)

habitué(e) *adj.* **(à)** accustomed (to)

*****haché(e)** *adj.* ground; chopped up (*meat*); **bœuf** (*m.*) **haché** ground beef

Haïti *m.* Haiti

haïtien(ne) *adj.* Haitian

*****halogène: lampe** (*f.*) **halogène** halogen lamp

*****halte** *f.* stop, break; stopping place

*****hanche** *f.* hip; haunch

*****Hanoukka** *f.* Hanukkah

haranguer to hold forth

*****haricot** *m.* bean; *****haricots verts** green beans

harmonie *f.* harmony

harmonieux/harmonieuse *adj.* harmonious

*****haut(e)** *adj.* high; **à *haute voix** out loud; **en *haut (de)** at the top (of); *****haut-parleur** *m.* (loud) speaker

hebdomadaire *adj.* weekly

hébergement *m.* lodging

héberger to lodge, house

*****hein?** *interj.* eh? what?

hémisphère *m.* hemisphere

herbe *f.* grass

héritage *m.* inheritance; heritage

*****héros** *m.* hero

hésitant(e) *adj.* hesitant

hésiter to hesitate

heure *f.* hour; time; **à l'heure** on time; per hour; **à la même heure** at the same time; **à quelle heure** (at) what time; **de bonne heure** early; **demi-heure** *f.* half hour; **il est... heure(s)** it's . . . o'clock; **quelle heure est-il?** what time is it?

heureusement *adv.* fortunately

heureux/heureuse *adj.* happy; fortunate

se *heurter contre to hit, bump against

hexagone *m.* hexagon; **Hexagone** France

hier *adv.* yesterday; **hier après-midi (matin)** yesterday afternoon (morning); **hier soir** yesterday evening

hippopotame *m.* hippopotamus

histoire *f.* history; story

historique *adj.* historical, historic

hiver *m.* winter; **en hiver** in the winter

*****hocher: *hocher la tête** to nod

*****hockey** *m.* hockey; *****hockey sur glace** ice hockey

*****hollandais(e)** *adj.* Dutch; **sauce** (*f.*) *****hollandaise** Hollandaise sauce (*butter, eggs, lemon juice*);

*****Hollandais(e)** *m., f.* Dutch (*person*)

*****Hollande** *f.* Holland, Low Countries

*****homard** *m.* lobster

homéopathie *f.* homeopathy

homme *m.* man; **homme d'affaires** businessman; **homme d'État** statesman

homogène *adj.* homogeneous

homosexualité *f.* homosexuality

honnête *adj.* honest

honnêteté *f.* honesty
honneur *m.* honor; **demoiselle** (*f.*) **d'honneur** bridesmaid; **garçon** (*m.*) **d'honneur** best man; groomsman
*****honte** *f.* shame; **avoir *****honte de** to be ashamed of
*****honteux/honteuse** *adj.* shameful; ashamed
hôpital *m.* hospital
*****hoquet** *m.* hiccup
horloge *f.* clock
horreur *f.* horror; **avoir horreur de** to hate, detest
horriblement *adv.* horribly
horrifié(e) *adj.* horrified
*****hors de** *prep.* out of, outside of; *****hors saison** off season
*****hors-d'œuvre** *m. inv.* appetizer
hospitalité *f.* hospitality
hôtel *m.* hotel; public building, hall; **hôtel de ville** city hall; **maître** (*m.*) **d'hôtel** maître d'; headwaiter
hôtellerie *f.* hotel trade
hôtesse *f.* hostess; **hôtesse de l'air** flight attendant, stewardess
huile *f.* oil; **changer l'huile** to change the oil
*****huit** eight
huîtres *f. pl.* oysters
humain(e) *adj.* human; **humain** *m.* human being
humanitaire *adj.* humanitarian
humanité *f.* humanity
humeur *f.* temperament, disposition; mood; **être de mauvaise (bonne) humeur** to be in a bad (good) mood
humide *adj.* humid; damp; **forêt** (*f.*) **tropicale humide** tropical rainforest
humilié(e) *adj.* humiliated
humoriste *m., f.* humorist
humoristique *adj.* humoristic
humour *m.* humor; **sens** (*m.*) **de l'humour** sense of humor
*****hurler** to scream
hydrocarbure *m.* hydrocarbon; **échappement** (*m.*) **d'hydrocarbures** hydrocarbon emissions
hydro-électrique *adj.* hydroelectric
hygiène *f.* hygiene
hypermarché *m.* superstore
hypothèse *f.* hypothesis

ici *adv.* here
icône *m.* icon
idéal(e) *adj.* ideal; **idéal** *m.* ideal
idéaliste *adj.* idealistic; *m., f.* idealist
idée *f.* idea; **aucune idée** I've no idea

identifier to identify
identité *f.* identity; **carte** (*f.*) **d'identité** identification card
idéologique *adj.* ideological
idiot(e) *adj.* idiotic, foolish
idole *f.* idol
ignorer to not know; to be ignorant of; to ignore
il *pron., m.* he; it; there; **il y a** there is, there are; **il y a** (+ *time period*) ago; **il y a... que** (+ *period of time*) it's been... since
île *f.* island; **Île-de-France** Île-de-France region (*surrounding Paris*); **île flottante** *dessert made of beaten egg whites floating on cream*
illégal(e) *adj.* illegal
illustré(e) *adj.* illustrated
illustrer to illustrate
ils *pron., m.* they
image *f.* picture; image
imaginaire *adj.* imaginary; made-up
imaginer to imagine
imbécile *m., f.* idiot, imbecile
immatriculation *f.* registration; **plaque** (*f.*) **d'immatriculation** license plate
immédiat(e) *adj.* immediate
immense *adj.* huge, immense
immeuble *m.* (apartment or office) building, highrise
immigré(e) *m., f.* immigrant
immigrer to immigrate
s'immiscer (nous nous immisçons) (dans) to interfere (in, with)
immobilier *m.* real-estate (business); **agent** (*m.*) **immobilier** real-estate agent
imparfait *m., gram.* imperfect (*verb tense*)
s'impatienter to grow impatient, lose patience
impensable *adj.* unthinkable
impératif *m., gram.* imperative, command
impersonnel(le) *adj.* impersonal
implanter to implant, introduce; **implanter un cookie** to plant a cookie (*computers*)
impliquer to imply
impoli(e) *adj.* impolite, rude
important(e) *adj.* important; large, sizeable
importé(e) *adj.* imported
importer to be important; to matter; **n'importe où** anywhere; **n'importe quel(le) no matter which;** n'importe quoi **anything**
imposer to impose; to lay down
impossibilité *f.* impossibility
imposteur *m.* impostor
impôts *m. pl.* direct taxes

impressionnant(e) *adj.* impressive
impressionner to impress
imprimante *f.* printer
imprimer to print
imprudemment *adv.* imprudently, unwisely
incendie *m.* fire, house fire
inciter to incite
inclusif/inclusive *adj.* inclusive
incompétent(e) *adj.* incompetent
inconnu(e) *adj.* unknown; *m., f.* stranger
inconscient(e) *adj.* unconscious; thoughtless; unaware
inconvénient *m.* disadvantage
incroyable *adj.* unbelievable, incredible
Inde *f.* India; **Indes** *f. pl.* Indies
indécent(e) *adj.* indecent, obscene
indéfini(e) *adj.* indefinite; **article** (*m.*) **indéfini** *gram.* indefinite article
indépendance *f.* independence
indépendant(e) *adj.* independent
indéterminé(e) *adj.* unspecified; indeterminate
indicatif *m., gram.* indicative (*mood*)
indien(ne) *adj.* Indian; **Indien(ne)** *m., f.* Indian (*person*)
indifférent(e) *adj.* indifferent
indigène *adj.* indigenous, native
indiqué(e) *adj.* indicated
indiquer to indicate; to point out; to signal (*in a car*)
indirect(e) *adj.* indirect
indiscret/indiscrète *adj.* indiscreet; prying
individu *m.* individual, person
individualiste *adj.* individualistic, nonconformist
individuel(le) *adj.* private
industrie *f.* industry
industriel(le) *adj.* industrial
inévitable *adj.* unavoidable
inférieur(e) *adj.* inferior; lower
infinitif *m., gram.* infinitive
infirmier/infirmière *m., f.* nurse
influencer (nous influençons) to influence
influent(e) *adj.* influential
information *f.* information, data; *pl.* (*fam.* **infos**) news (*broadcast*)
informaticien(ne) *m., f.* computer scientist; **ingénieur(e) informaticien(ne)** computer engineer
informatique *f.* computer science; *adj.* computer; **virus** (*m.*) **informatique** computer virus
informatisé(e) *adj.* computerized
informer to inform; **s'informer** to find out information
inforoute *f.* information highway

ingénierie *f.* engineering

ingénieur(e) *m., f.* engineer; **ingénieur(e) informaticien(ne)** computer engineer; **ingénieur(e) mécanicien(ne)** mechanical engineer

ingrédient *m.* ingredient

inhumain(e) *adj.* inhuman

initial(e) *adj.* initial, first; **initiale** *f.* initial (*letter*)

initiative *f.* initiative; **syndicat** (*m.*) **d'initiative** (local) chamber of commerce, tourist office

s'initier (à) to become initiated (into)

injuste *adj.* unjust, unfair

innombrable *adj.* countless

inoffensif/inoffensive *adj.* harmless

inondation *f.* flood

inonder to flood

inoubliable *adj.* unforgettable

inquiet/inquiète *adj.* worried, anxious

inquiétant(e) *adj.* disturbing, worrying

inquiéter (j'inquiète) to worry; **s'inquiéter (de) (je m'inquiète)** to become uneasy; to be worried (about)

inquiétude *f.* anxiety, uneasiness

inscription *f.* matriculation; registration; **frais** (*m. pl.*) **d'inscription** university enrollment fees, tuition

s'inscrire (*like* **écrire**) **(à)** *irreg.* to join; to enroll; to register

inscrit(e) *adj.* registered

insecte *m.* insect

insensé(e) *adj.* insane

inséparable *adj.* inseparable

insistance *f.* insistence

insister to insist; **insister sur** to stress

insolite *adj.* unusual, strange

insomniaque *m., f.* insomniac

insomnie *f.* insomnia

inspecter to inspect

inspirer to inspire; **s'inspirer de** to be inspired by

installer to install; to set up; **s'installer (à)** to settle down, settle in

instituteur/institutrice *m., f.* elementary school teacher

insuffisant(e) *adj.* insufficient

insulter to insult

intact(e) *adj.* intact; **demeurer intact(e)** to remain intact

intégration *f.* integration

s'intégrer (je m'intègre) (à) to integrate oneself, get assimilated (into)

intellectuel(le) *adj.* intellectual

intensif/intensive *adj.* intensive

interdiction *f.* **(de)** ban (on)

interdire (*like* **dire**, *but* **vous interdisez**) **(de)** *irreg.* to forbid (to); to prohibit

interdit(e) *adj.* forbidden, prohibited; **stationnement** (*m.*) **interdit** no parking

intéressant(e) *adj.* interesting

intéresser to interest; **s'intéresser à** to be interested in

intérêt *m.* interest, concern

intérieur(e) *m.* interior; **à l'intérieur** inside

intermédiaire: par l'intermédiaire de through

internaute *m., f.* Internet user

interpréter (j'interprète) to perform, interpret

interrogatoire *m.* interrogation, examination

interroger (nous interrogeons) to interrogate; ask questions of

interrompre (*p.p.* **interrompu**) *irreg.* to interrupt

interurbain(e) *adj.* interurban

intervenir (*like* **venir**) *irreg.* to intervene

interviewer to interview

intestinal(e) *adj.* intestinal; stomach

intitulé(e) *adj.* entitled, called

intrigue *f.* plot

introduire (*like* **conduire**) *irreg.* to introduce

introverti(e) *adj.* introverted

Inuits *m. pl.* Inuit (*aboriginal people of Quebec*)

inutile *adj.* useless

inventer to invent

inventeur/inventrice *m., f.* inventor, discoverer

inversé(e) *adj.* opposite, inverted

investir to invest

investissement *m.* investment

invité(e) *adj.* invited; *m., f.* guest

inviter to invite

ironique *adj.* ironic

irrésistiblement *adv.* irresistibly

irriter to irritate

islamique *adj.* Islamic

isolé(e) *adj.* isolated

Israël *m.* Israel

Italie *f.* Italy

italien(ne) *adj.* Italian; **Italien(ne)** *m., f.* Italian (*person*)

itinéraire *m.* itinerary

ivoire: Côte-d'Ivoire (*f.*) Ivory Coast

jaloux/jalouse *adj.* jealous

jamais (ne... jamais) *adv.* never; ever

jambalaya *m. traditional Cajun rice stew*

jambe *f.* leg; **jambe cassée** broken leg

jambon *m.* ham

janvier January

Japon *m.* Japan

japonais(e) *adj.* Japanese; *m.* Japanese (*language*); **Japonais(e)** *m., f.* Japanese (*person*)

jardin *m.* garden; **jardin public** public park

jardinage *m.* gardening; **jardinage naturel** organic gardening

jardiner to garden

jaune *adj.* yellow

jaunir to turn yellow

je *pron.* I

jean *m. s.* (blue) jeans

jetable *adj.* disposable

jeter (je jette) to throw; to throw away, toss; **jeter des déchets** to toss out trash; **jeter par terre** to throw down (on the ground); **se jeter (dans)** to flow (into)

jeu *m.* game; **jeu CD-ROM** computer game; **jeu vidéo** video game; **Jeux Olympiques (JO)** Olympic games

jeudi *m.* Thursday

jeune *adj.* young; *m. pl.* young people, youth; **jeune fille** *f.* girl, young woman; **jeunes gens** *m. pl.* young men; young people

jeunesse *f.* youth

joie *f.* joy

joli(e) *adj.* pretty

Jolof: empire (*m.*) **Jolof** Jolof empire (*15th-century Senegal*)

joue *f.* cheek

jouer to play; **jouer à** to play (*a sport or game*); **jouer de** to play (*an instrument*)

jouet *m.* toy

joueur/joueuse *m., f.* player

jour *m.* day; **à jour** up to date; **de nos jours** these days, currently; **il y a deux jours** two days ago; **Jour d'action de grâce** Thanksgiving Day (*U.S., Canada*); **jour de Pâques** Easter; **jour de l'An** New Year's Day; **jour férié** public holiday; **par jour** per day, each day; **plat** (*m.*) **du jour** today's special (*restaurant*); **tous les jours** every day

journal *m.* newspaper; journal, diary

journalisme *m.* journalism

journaliste *m., f.* reporter, newscaster, journalist

journée *f.* day, duration of a day; **toute la journée** all day

judiciaire *adj.* judicial

juger (nous jugeons) to judge; to consider

juif/juive *adj.* Jewish

juillet July

juin June

jumeau/jumelle *m., f.* twin

jupe *f.* skirt

jupon *m.* slip, petticoat

jurer to swear; to vow

juridique *adj.* legal

jus *m.* juice; **jus de fruits** fruit juice

jusqu'à *prep.* until, up to; **jusqu'à ce que** *conj.* (+ *subj.*) until; **jusqu'à présent** up to now, until now

juste *adj.* just, fair; right, exact; *adv.* just, precisely; **tout juste** barely, hardly; only just

justement *interj.* exactly

justifier to justify; to give proof

Kabyle *m., f.* Kabyle (*indigenous person from mountainous region of Algeria*)

kanak *m.* Kanak (*indigenous language of New Caledonia*)

kilo(gramme) *m.* kilogram

kilomètre *m.* kilometer

kiosque *m.* newsstand

kippa *f.* kippa, yarmulka (*skullcap worn by Jewish males*)

klaxon *m.* (*car*) horn

klaxonner to blow the (*car*) horn

km *ab.* (**kilomètre**) *m.* kilometer

kora *f.* kora (*West African stringed instrument*)

Koweït *m.* Kuwait

la *art., f.* the; *pron., f.* it, her

là *adv.* there; **là-bas** *adv.* over there; **oh, là là!** *interj.* good heavens! my goodness!

laboratoire (*fam.* **labo**) *m.* laboratory

lac *m.* lake

laid(e) *adj.* ugly

laine *f.* wool; **en laine** (made of) wool

laïque *adj.* nonreligious, secular

laisser to let, allow; to leave, leave behind; **laisser tomber** to drop (*something*)

lait *m.* milk; **café** (*m.*) **au lait** coffee with hot milk

laitier/laitière *adj.* pertaining to milk; **produits** (*m. pl.*) **laitiers** dairy products

laitue *f.* lettuce

lamelle: (**couper**) **en lamelles** (to cut) in(to) thin strips

lamentable *adj.* appalling, lamentable

lampe *f.* lamp; light fixture; **lampe à huile** oil lamp; **lampe à pétrole** kerosene lamp; **lampe halogène** halogen lamp; **lampe-tempête** *f.* hurricane lamp

lancer (**nous lançons**) to launch; to throw; to drop **se lancer** (**dans**) to jump (into)

langage *m.* language; jargon; specialized vocabulary

langue *f.* language; tongue; **langue étrangère** foreign language; **langue maternelle** mother tongue; **tirer la langue** to stick out one's tongue

lapin *m.* rabbit

large *adj.* wide

lasagne *f.* lasagna

latin(e) *adj.* Latin

Laurentides *f. pl.* Laurentide mountains (*Quebec*)

lavable *adj.* washable

lavabo *m.* (*washroom, bathroom*) sink

laver to wash; **machine** (*f.*) **à laver** washing machine

lave-vaisselle *m.* (automatic) dishwasher

lavomatic *m.* laundromat

le *art., m.* the; *pron., m.* it, him

lèche-vitrines: faire du lèche-vitrines *fam.* to window-shop

leçon *f.* lesson; **leçon particulière** private lesson

lecteur/lectrice *m., f.* reader; **lecteur** *m.* disk drive; **lecteur CD/DVD** CD/DVD player; **lecteur CD-ROM** CD-ROM drive; **lecteur MP3** MP3 player

lecture *f.* reading

légal(e) *adj.* legal

légende *f.* legend

léger/légère *adj.* light; fluffy; delicate

légionnaire *m.* legionary; legionnaire

législation *f.* legislation

législature *f.* legislature

légume *m.* vegetable

lendemain *m.* next day, day after, following day

lent(e) *adj.* slow

lequel/laquelle (**lesquels/lesquelles**) *pron.* which, which one; who, whom

les *art., pl.* the; *pron., pl.* them

lessive *f.* laundry; **faire la lessive** to do the laundry

lettre *f.* letter; **boîte** (*f.*) **aux lettres** mailbox; **lettre de motivation** cover letter

leur *adj.* their; *pron.* to them; **le/la/les leur(s)** *pron.* theirs

lever (**je lève**) to raise, lift; **lever** (*m.*) **du soleil** sunrise; **levez la main** raise your hand; **se lever** to get up, stand up; to get out of bed

levier *m.* lever; **levier de vitesse** gear shift (*lever*)

lèvres *f. pl.* lips; **rouge** (*m.*) **à lèvres** lipstick

liaison *gram. m.* joining, linking (*two words together*)

libération *f.* freedom; liberation

libérer (**je libère**) to free, liberate

liberté *f.* freedom

librairie *f.* bookstore

libre *adj.* free; available; open; vacant; **temps** (*m.*) **libre** leisure time; **union** (*f.*) **libre** living together, common-law marriage; **vente** (*f.*) **libre** open sale

licence *f. French university degree awarded upon completion of third* year university exams, *equivalent to* license; permission

licencié(e) *m., f.* degree holder; license holder

licorne *f.* unicorn

lié(e) *adj.* linked, tied

lien *m.* link, tie, bond; **former des liens** to form contacts, connections

lieu *m.* place; **au lieu de** *prep.* instead of, in the place of; **avoir lieu** to take place; **chef-lieu** county seat (*town*)

ligne *f.* line; bus line; figure; **en ligne** online

ligue *f.* league

limitation *f.* limit; restriction; **limitation de vitesse** speed limit

limite *f.* limit; boundary; **dépasser la limite de vitesse** to exceed the speed limit

limiter to limit

limonade *f.* sweet carbontated drink (*like 7-Up*)

limpide *adj.* limpid; clear

linguistique *adj.* language; linguistic

liquide *m.* liquid; **payer** (**je paie**) **en liquide** to pay in cash

lire (*p.p.* **lu**) *irreg.* to read

liste *f.* list

lit *m.* bed; **faire son lit** to make one's bed

litre *m.* liter

littérature *f.* literature

livraison (*f.*) **des bagages** baggage claim area

livre *m.* book; *f.* pound (*half-kilo*); **demi-livre** (*f.*) half pound; **livre** (*m.*) **de cuisine** cookbook

local(e) *adj.* local

localisation *f.* localization

locataire *m., f.* renter, tenant

logement *m.* housing, lodgings

loger (**nous logeons**) to house; to dwell; to lodge

logiciel *m.* program (*computer*); software

logique *adj.* logical

loi *f.* law

loin (de) *adv., prep.* far (from), at a distance (from)

lointain(e) *adj.* distant, faraway, remote

loisirs *m. pl.* leisure time activities

Londres London

long(ue) *adj.* long; slow; **de longue durée** long-term; **tout au long de** throughout

longtemps *adv.* (for) a long time; **il y a longtemps** a long time ago

longuement *adv.* for a long time

lors *adv.:* **lors de** at the time of

lorsque *conj.* when

loterie *f.* lottery

loti(e): être bien loti(e) to be well-off

louange *f.* praise

louer to rent; to reserve; **à louer** for rent

Louisiane *f.* Louisiana

loyauté *f.* loyalty

loyer *m.* rent (*payment*)

Lozère *f.* Lozère district in the Languedoc-Roussillon region (*southern France*)

lucratif/lucrative *adj.* lucrative

ludiciel *m.* gameware (*software*)

lui *pron.* he; it; to him; to her; to it; **lui-même** himself

lumière *f.* light

lumineux/lumineuse *adj.* luminous; **signal** (*m.*) **lumineux** flashing road sign

lundi *m.* Monday

lune *f.* moon; **lune de miel** honeymoon

lunettes *f. pl.* eyeglasses

luth *m.* lute

lutte *f.* struggle, battle

lutter to struggle, fight

luxe *m.* luxury

luxueux/luxueuse *adj.* luxurious

lycée *m. French secondary school (high school)*

lycéen(ne) *m., f.* secondary, high school student

ma *adj., f. s.* my

mâcher to chew

machine *f.* machine; **machine à laver** washing machine

madame (mme) (*pl.* **mesdames**) madam; lady

mademoiselle (mlle) (*pl.* **mesdemoiselles**) Miss

magasin *m.* store; **grand magasin** department store; **magasin d'alimentation** food store; **magasin d'antiquités** antique store

mages: les Rois (*m. pl.*) **mages** the Three Wise Men, Magi

Maghreb *m.* Maghreb (*French-speaking North Africa*)

maghrébin(e) *adj.* from French-speaking North Africa; *m., f.* person from the Maghreb

magie *f.* magic

magique *adj.* magic

magistral(e): cours (*m.*) **magistral** lecture course

magnétoscope *m.* videocassette recorder (VCR)

magnifique *adj.* magnificent

mai May

maigrir to grow thin, lose weight

main *f.* hand; **fait(e) à la main** handmade; **se serrer la main** to shake hands

main-d'œuvre *f.* labor

maintenant *adv.* now

maintenir (*like* **tenir**) *irreg.* to maintain; to keep up

maintien *m.* maintenance, preservation; **maintien d'une voiture** car maintenance

maire *m., f.* mayor

mairie *f.* town hall

mais *conj.* but; *interj.* why

maïs *m.* corn

maison *f.* house; company, firm; **à la maison** at home; **maison de la presse** newsstand

maître/maîtresse *m., f.* master/mistress; elementary school teacher; **maître d'hôtel** maître d'; headwaiter

maîtrise *f.* mastery

majestueux/majestueuse *adj.* majestic; stately

majoritaire *adj.* of, in the majority

majorité *f.* majority

majuscule *f.* capital letter

mal *adv.* badly; *m.* evil; pain (*pl.* **maux**); **aller mal** to not be well; **avoir du mal à** to have a hard time; **avoir le mal du pays** to be homesick; **avoir mal à la gorge** to have a sore throat; **mal de l'air** airsickness; **mal de mer** seasickness; **mal de tête** headache; **se faire (du) mal** to hurt oneself

malade *adj.* ill; *m., f.* sick person; **rendre malade** to make (*someone*) sick; **tomber malade** to get sick

maladie *f.* illness, disease; **assurance** (*f.*) **maladie** health insurance; **guérir (traiter) une maladie** to cure (treat) an illness

maladroit(e) *adj.* clumsy

mal-bouffe *f.* junk food

maléfique *adj.* evil

malfaiteur *m.* lawbreaker; burglar, thief

malgré *prep.* in spite of

malheureusement *adv.* unfortunately

malheureux/malheureuse *adj.* unhappy

Mali: empire (*m.*) **du Mali** Mali empire (*13ᵗʰ–15ᵗʰ century Senegal*)

Malinké *m. pl.* Malinke (*ethnic group of West Africa*)

malsain(e) *adj.* unhealthy

maman *f., fam.* mom, mommy

mamy (mamie) *f., fam.* grandma

Manche *f.* English Channel

mandarine *f.* tangerine; mandarin orange

mandat *m.* mandate; **mandat postal** postal money order

Mandingues *m. pl.* Mandingos (*ethnic group of West Africa*)

mandoline *f.* mandolin

manger (nous mangeons) to eat; **salle** (*f.*) **à manger** dining room

mangue *f.* mango

manière *f.* manner, way

manifestation *f.* (political) demonstration; manifestation; **manifestation culturelle (sportive)** cultural (sporting) event

manifester to show, display

manipulateur/manipulatrice *m., f.* manipulator

manque *m.* lack, shortage

manquer (de) to miss

manteau *m.* coat, overcoat

manuel(le) *adj.* manual; *m.* manual; textbook

manuscrit(e) *adj.* handwritten

se maquiller to put on makeup

marais *m.* swamp, marsh

marbre *m.* marble

marchand(e) *m., f.* merchant, shopkeeper; **marchand** (*m.*) **de vins** wine seller; liquor store

marchander to bargain, haggle

marchandise *f.* merchandise

marche *f.* walk; walking, hiking; (stair) step; **mettre en marche** to start, put into action (*device*)

marché *m.* market; **bon marché** *adj. inv.* inexpensive; **marché aux puces** flea market; **marché de l'emploi** job market

marcher to walk; to work, to run (*device*)

mardi *m.* Tuesday; **le mardi gras** Mardi Gras, Shrove Tuesday, Fat Tuesday

marécageux/marécageuse *adj.* swampy, marshy

marée (*f.*) **noire** oil spill

marginalisation *f.* marginalization

marginaux *m. pl., fig.* dropouts; fringe

marguerite *f.* daisy

mari *m.* husband

mariage *m.* marriage; wedding

marié(e) *m., f.* groom/bride; *adj.* married; **nouveaux mariés** *m. pl.* newlyweds

se marier (avec) to get married (to)

marin *m.* sailor; mariner

marinière: moules (*f. pl.*) **marinière** *mussels cooked in white wine*

maritime *adj.* coastal, maritime

Maroc *m.* Morocco

marocain(e) *adj.* Moroccan; **Marocain(e)** *m., f.* Moroccan (*person*)

marque *f.* brand

marquer to mark; to indicate, denote

marraine *f.* godmother

marre: en avoir marre (*fam.*) to be fed up (with)

marron *adj. inv.* brown; maroon

mars March

marxisme *m.* Marxism

masculin(e) *adj.* masculine

masse *f.* mass (*volume, form*)

masser to massage

massif/massive *adj.* massive

Master *m. French university degree awarded for two years of study beyond the* **licence**

match *m.* game; **match de football (de rugby)** soccer (rugby) game

matérialiste *adj.* materialistic

matériel *m.* apparatus, equipment; **matériel électronique** electronic equipment

maternel(le) *adj.* maternal; **l'école** (*f.*) **maternelle** preschool; **langue maternelle** mother tongue

mathématicien(ne) *m., f.* mathematician

mathématiques (*fam.* **maths**) *f. pl.* mathematics

matière *f.* academic subject; material; matter; **matière(s) grasse(s)** fat content (*of food*)

matin *m.* morning; **hier matin** yesterday morning

matinée *f.* morning (*duration*); **(faire) la grasse matinée** to sleep late

matrimonial(e): agence (*f.*) **matrimoniale** marriage/dating service

mauvais(e) *adj.* bad; wrong; **en mauvais état** in bad condition; **il fait mauvais** it's bad weather out; **la mauvaise réponse** the wrong answer

maximum *m.:* **au maximum** as much as possible; at the most, at the maximum

me (m') *pron.* me; to me

mécanicien(ne) *m., f.* mechanic; technician; **ingénieur(e) mécanicien(ne)** mechanical engineer

mécanique *adj.* mechanical, power; **génie** (*m.*) **mécanique** mechanical engineering

méchant(e) *adj.* bad, evil; naughty; *m. pl.* bad guys

médecin *m.* doctor; **femme** (*f.*) **médecin** woman doctor

médecine *f.* medicine (*study, profession*)

médias *m. pl.* media

médiathèque *f.* (multi)media library

médiatique *adj.* media-related

médical(e) *adj.* medical

médicament *m.* medication; drug

medina *f. the old Arab quarter of a North African city*

méditer to meditate

Méditerranée *f.* Mediterranean (Sea)

méditerranéen(ne) *adj.* Mediterranean

se méfier de to be wary of

meilleur(e) *adj.* better; best

mélange *m.* blend; mixture

mélanger (nous mélangeons) to mix, blend

mêlé(e) *adj.* **(à, de)** mixed (with) **se mêler de** to meddle, interfere in/with; to get mixed up in

membre *m.* member

même *adj.* same; *adv.* even; **à même** right into; **de même** the same, likewise; **en même temps** at the same time; **même si** even if; **quand même** anyway; even though

mémoire *f.* memory; *m. pl.* memoirs

menacé(e) *adj.* threatened; **animaux** (*m. pl.*) **menacés** endangered animals

menacer (nous menaçons) (de) to threaten (to)

ménage *m.* housekeeping; household; **faire le ménage** to do the housework

ménager/ménagère *adj.* pertaining to the home; housekeeping; **équipement** (*m.*) **ménager** household furnishings; **tâches** (*f. pl.*) **ménagères** household tasks

se ménager (nous nous ménageons) to arrange, plan for oneself

mener (je mène) to take; to lead; **mener une vie équilibrée (sédentaire)** to lead a balanced (sedentary) life

mensonge *m.* lie

menthe *f.* mint

mention *f.* grade, evaluation, distinction (*school, university*)

mentir (*like* **dormir**) *irreg.* to lie

menton *m.* chin

menuiserie *f.* carpentry

menuisier *m.* carpenter

mer *f.* sea; **au bord de la mer** at the seashore; **fruits** (*m. pl.*) **de mer** seafood

merci *interj.* thanks; **merci bien** thanks a lot

mercredi *m.* Wednesday

mère *f.* mother; **belle-mère** mother-in-law; stepmother; **fête** (*f.*) **des Mères** Mother's Day; **grand-mère** *f.* grandmother

méridienne *f.* meridian line

mériter to deserve; to be worth

merveille *f.* marvel; delight; **à merveille** perfectly, marvellously

merveilleux/merveilleuse *adj.* marvelous

mes *adj. m., f., pl.* my

mésaventure *f.* misadventure

messagerie *f.* message/voicemail service; delivery service

messe *f.* (Catholic) Mass

mesure *f.* measure; **prendre des mesures** to take measures

mesurer to moderate, weigh (*one's words*)

métal *m.* metal

métallique *adj.* metallic

météorologie (*fam.* **météo**) *f.* weather forecasting

météorologique: bulletin (*m.*) **météorologique** weather forecast

méthode *f.* method

métier *m.* trade, profession, job, occupation; **exercer un métier** to work at a particular job

mètre *m.* meter

métro *m.* subway (*train, system*); **plan** (*m.*) **du métro** subway map; **prendre le métro** to take the subway

métropole *f.* metropolis; mainland France

métropolitain(e) *adj.* metropolitan; referring to mainland; **métropolitain** *m.* subway (*train, system*)

metteur/metteuse en scène *m., f.* producer; film director

mettre (*p.p.* **mis**) *irreg.* to put, place; to put on; to turn on; to take (*time*); **mettre à l'abri de** to shelter from, shield from; **mettre de côté** to set aside; **mettre des vêtements** to put on clothes; **mettre (le) feu à** to set fire to; **mettre le couvert (la table)** to set the table; **se mettre à** to begin to; **se mettre à la place de** to put oneself in the place of; **se mettre à table** to sit down at the table; **se mettre d'accord** to reach an agreement; **se mettre en colère** to get angry; **se mettre au volant** to get behind the steering wheel

meuble *m.* piece of furniture

meublé(e) *adj.* furnished

meunier/meunière: sole (*f.*) **meunière** *lightly breaded sole with lemon butter*

Mexique *m.* Mexico

mi- *prefix* half, mid-; **cheveux** (*m. pl.*) **mi-longs** medium-length hair

micro-onde *f.* microwave; **four** (*m.*) **à micro-ondes** microwave oven

midi *m.* noon; **Midi** (*m.*) south-central France; **à midi** at noon; **après-midi** (*m. or f.*) afternoon

miel *m.* honey; **lune** (*f.*) **de miel** honeymoon

mien(ne) (le/la) *pron., m., f.* mine

mieux *adv.* better; **aimer mieux** to prefer; **il vaut mieux** it's better; **le mieux** the best

mijoter to simmer; *fam.* to cook

milieu *m.* environment; background; milieu; middle; **au milieu de** in the middle of

militaire *m.* serviceman, soldier

militer to be a militant; to protest against

mille thousand

milliard *m.* billion

milliardaire *m., f.* billionaire

millier *m.* (around) a thousand

mince *adj.* thin; slender

minéral(e) *adj.* mineral; **eau** (*f.*) **minérale** mineral water; **minéral** *m.* mineral

minime *adj.* minimal

ministère *m.* ministry; department

ministériel(le) *adj.* ministerial

ministre *m.* minister; **Premier ministre** Prime Minister

Minitel *m. French personal communications terminal*

minoritaire *adj.* minority

minorité *f.* minority

minuit midnight; **à minuit** at midnight

minuscule *adj.* tiny; small (*letter*)

miraculeusement *adv.* miraculously

miraculeux/miraculeuse *adj.* miraculous; wonderful

miroir *m.* mirror

mise *f.* putting; **mise en scène** setting, production (*theater, film*)

mixeur *m.* (*food*) mixer

mixte *adj.* mixed (*marriage*)

mnémotechnique *adj.* mnemonic

mobile *adj.* mobile; *m.* cellular phone

mobylette *f.* moped, scooter

mode *f.* fashion, style; **à la mode** in style; *m.* mode; method; **mode de vie** lifestyle

modèle *m.* model; pattern

modération *f.* moderation

modéré(e) *adj.* moderate; **Habitation** (*f.*) **à loyer modéré (H.L.M.)** *French public housing*

moderne *adj.* modern

moderniser to modernize

modification *f.* modification; **modification génétique** genetic modification

modifié(e): organisme (*m.*) **génétiquement modifié (OGM)** genetically modified organism (GMO)

modifier to modify, alter

moi *pron.* I, me; **à moi** mine; **moi aussi (moi non plus)** me too (me neither); **moi non** not me

moineau *m.* sparrow

moindre *adj.* less, smaller, slighter

moins *adv.* less; **à moins que** *conj.* unless; **au moins** at least; **de moins en moins** less and less; **le**

moins the least; **moins de/que** fewer/less than

mois *m.* month

moitié *f.* half

mollet *m.* calf (*of leg*)

moment *m.* moment; **à tout moment** always; **au moment de** at the time when; **en ce moment** now, currently; **le moment où** the time when (*something occurred*); **pour le moment** for the moment; **un petit moment** just a moment

momerie *f.* masquerade; farce

monarchie *f.* monarchy

monarque *m.* monarch

monde *m.* world; people; society; **carte** (*f.*) **du monde** map of the world; **coupe** (*f.*) **du monde** World cup (*soccer*); **faire le tour du monde** to go around the world; **tout le monde** everyone

mondial(e) *adj.* world; worldwide; **Deuxième Guerre** (*f.*) **mondiale** Second World War

monnaie *f.* change; coins; currency; **petite monnaie** small change

monolingue *adj.* monolingual

monoparental(e) *adj.* single parent

monoski *m.* snowboard(ing); **faire du monoski** to snowboard

monsieur (*m.*) (*pl.* **messieurs**) mister; gentleman; sir

montagne *f.* mountain(s); **à la montagne** in the mountains

montagneux/montagneuse *adj.* mountainous

montant(e) *adj.* rising

monter *intr.* to go up; to climb up (onto, into); *trans.* to set up, organize; to carry up; **monter à cheval** to go horseback riding; **monter dans un autobus** to get on a bus; **monter un spectacle (une émission)** to put on, perform a play; to produce a show

Montréalais(e) *m., f.* person from Montreal

montre *f.* watch; wristwatch

montrer to show; **montrer le chemin** to show the way (route)

se moquer de to make fun of; to mock

moquette *f.* wall-to-wall carpeting

moral(e) *adj.* moral; psychological; **moral** *m.* state of mind, morale, spirits; **remonter le moral** to cheer up (*someone*)

morale *f.* moral (*of a story*)

morceau *m.* piece

morcelé(e) *adj.* divided up

mordre to bite

mordu(e) *adj.* bitten

morille *f.* morel (*mushroom*)

mort(e) *adj.* dead, deceased; *m., f.* dead person; **mort** *f.* death

Moscou Moscow

mosquée *f.* mosque

mot *m.* word; note; **mot apparenté** related word, cognate; **mot clé** keyword; **mot de passe** password; **mots croisés** crossword puzzle; **petit mot** note, brief letter

moteur *m.* motor; engine; *fig.* driving force, mainspring

motivation *f.:* **lettre** (*f.*) **de motivation** cover lettre

motocyclette (moto) *f.* motorcycle, motorbike

motorisé(e) *adj.* motorized

se moucher to blow one's nose

mouillage *m.* anchoring

moules *f. pl.* mussels; **moules marinière** *mussels cooked in white wine*

moulin *m.* mill

mourir (*p.p.* **mort**) *irreg.* to die

mousse *f.* foam; **mousse au chocolat** chocolate mousse

moustache *f.* mustache

moustique *m.* mosquito

moutarde *f.* mustard

mouvement *m.* movement

moyen(ne) *adj.* average; **moyen** *m.* means; way; **de taille moyenne** of average height; **en moyenne** on average; **Moyen Âge** Middle Ages

muguet *m.* lily of the valley; **brin** (*m.*) **de muguet** sprig of lily of the valley

multiculturel(le) *adj.* multicultural

multiplier to multiply; **se multiplier** to grow in number, increase, multiply

multinational(e) *adj.* multinational

municipal(e) *adj.* municipal

municipalité *f.* municipality; town

mur *m.* wall

muscler to develop the muscle of

musculation *f.* weight training

musée *m.* museum

musicien(ne) *m., f.* musician

musique *f.* music; **musique classique** classical music

musulman(e) *adj.* Muslim; **Musulman(e)** *m., f.* Muslim (*person*)

mutiler to mutilate

mystère *m.* mystery

mystérieux/mystérieuse *adj.* mysterious

mythe *m.* myth

mythique *adj.* mythical

nager (nous nageons) to swim

naïf/naïve *adj.* naïve

naissance *f.* birth

naître (*p.p.* **né**) to be born

naïveté *f.* naïvete
nappe *f.* tablecloth
nappé(e) *adj.* **(de)** covered (with)
narrateur/narratrice *m., f.* narrator
nasal(e) *adj.* nasal
natal(e) *adj.* native
national(e) *adj.* national; **fête** (*f.*) **nationale** French national holiday, Bastille Day (July 14)
nationalisme *m.* nationalism
nationalité *f.* nationality
naturel(le) *adj.* natural
nautique *adj.* nautical; **faire du ski nautique** to go water skiing
navet *m.* turnip
navigateur/navigatrice *m., f.* navigator; *m.* search engine
naviguer to navigate
né(e) *adj.* born
nécessaire *adj.* necessary; **le nécessaire** what's necessary
nécessité *f.* necessity
néerlandophone *adj.* Dutch-speaking
néfaste *adj.* harmful
négatif/négative *adj.* negative
neige *f.* snow; **bonhomme** (*m.*) **de neige** snowman
neiger (il neigeait) to snow; **il neige** it's snowing
nerveux/nerveuse *adj.* nervous
nettoyer (je nettoie) to clean
neuf nine
neuf/neuve *adj.* new, brand-new; **quoi de neuf?** what's new?
neutralité *f.* neutrality
neutre *adj.* neutral
neuvième *adj.* ninth
neveu *m.* nephew
nez *m.* nose
ni neither; nor; **ne... ni... ni** neither . . . nor
niçois(e) *adj.* from Nice; **salade** (*f.*) **niçoise** Niçoise salad (*salad with tomatoes, tuna, and anchovies*)
nid *m.* nest
nièce *f.* niece
niveau *m.* level; level of achievement; **niveau de tension** stress level
noces *f. pl.* wedding; **voyage** (*m.*) **de noces** honeymoon trip
nocturne *adj.* nocturnal, night
Noël *m.* Christmas; **père** (*m.*) **Noël** Santa Claus
noir(e) *adj.* black; **marée** (*f.*) **noire** oil spill; **tableau** (*m.*) **noir** blackboard, chalkboard
noix *f.* nut
nom *m.* noun; name; **nom de jeune fille** maiden name
nomade *adj.* nomadic; *m., f.* nomad
nombre *m.* number; quantity

nombreux/nombreuse *adj.* numerous; **famille nombreuse** large family
nommer to name; to appoint
non *interj.* no; not; **moi non plus** me neither, nor I
nord *m.* north; **Amérique** (*f.*) **du Nord** North America; **nord-africain(e)** *adj.* North African; **nord-américain(e)** *adj.* North American, **nord-est** *m.* North east; **nord-ouest** *m.* Northwest
normal(e) *adj.* normal
Normandie *f.* Normandy
Norvège *f.* Norway
nos *adj. m., f. pl.* our; **de nos jours** these days, currently
notamment *adv.* notably; especially
note *f.* grade (*in school*); bill
noter to notice; **à noter** worth remembering
notoriété *f.* notoriety; fame
notre *adj. m., f., s.* our
nôtre (le/la) *pron.* ours; our own; **les nôtres** *pl.* ours; our people
nourrir to feed, nourish; **se nourrir (de)** to eat; to live (on)
nourrissant(e) *adj.* nutritious
nourrisson *m.* infant
nourriture *f.* food
nous *pron.* we; us
nouveau (nouvel, nouvelle) *adj.* new; different; **à nouveau** once more; **de nouveau** again; **nouveaux mariés** *m. pl.* newlyweds; **nouveaux venus** *m. pl.* newcomers; **nouvel an** New Year('s); **nouvelle cuisine** *f. French low-fat cooking*
Nouveau-Brunswick *m.* New Brunswick
nouvelle *f.* piece of news; short story; **nouvelles** *pl.* news, current events; **bonne(s) nouvelle(s)** good news
Nouvelle-Calédonie *f.* New Caledonia
Nouvelle-Orléans (La) New Orleans
novembre November
nuage *m.* cloud
nucléaire *adj.* nuclear; **centrale** (*f.*) **nucléaire** nuclear power plant
nuit *f.* night; **table** (*f.*) **de nuit** night table
nuitée *f.* overnight stay
nul: c'est nul *fam.* it's awful
numération *f.* number system
numérique *adj.* digital; numerical; **appareil** (*m.*) **photo numérique** digital camera
numéro *m.* number; **numéro de téléphone** telephone number; **numéro d'urgence/des urgences** emergency phone number(s)
nutritionnel(le) *adj.* nutritional
nylon: bas (*m. pl.*) **de nylon** (*m.*) stockings, nylons

obéir (à) to obey
obéissant(e) *adj.* obedient
objectif *m.* objective
objectivement *adv.* objectively
objet *m.* objective; object; **bureau** (*m.*) **des objets trouvés** lost and found office; **pronom** (*m.*) **d'objet direct (indirect)** *gram.* direct (indirect) object pronoun
obligatoire *adj.* obligatory; mandatory
obligé(e) *adj.* obliged, required; **être obligé(e) de** to be obliged to
observateur/observatrice *m., f.* observer
observer to observe
obtenir (like tenir) *irreg.* to obtain, get
occasion *f.* opportunity; occasion; bargain; **à l'occasion de** on the occasion of
occidental(e) *adj.* western, occidental
occitan *m. group of dialects spoken in the south of France*
occupé(e) *adj.* occupied; held; busy
occuper to occupy; **s'occuper** to keep oneself busy; **s'occuper de** to look after, be interested in, take care of
océan *m.* ocean, sea
océanographie *f.* oceanography
octobre October
odeur *f.* odor, smell
odorat *m.* (sense of) smell
œil (*pl.* **yeux**) *m.* eye; look; **coup** (*m.*) **d'œil** glance; **mon œil!** *interj.* I don't believe it!
œnologue *m., f.* oenologist, wine specialist
œuf *m.* egg; **blanc** (*m.*) **d'œuf** egg white; **œuf de Pâques** Easter egg; **œufs miroir** *eggs fried in butter*
œuvre *f.* work; artistic work; **exposer une œuvre** to exhibit a piece of work; *****hors-d'œuvre** *m. inv.* hors-d'oeuvre, appetizer; **œuvre d'art** work of art
offert(e) *adj.* offered
officialiser to make official
officiel(le) *adj.* official
officier *m.* officer
offre *f.* offer
offrir (like ouvrir) *irreg.* to offer; **offrir des cadeaux** to give presents
oignon *m.* onion
oiseau *m.* bird
oléoduc *m.* pipeline
olive *f.* olive; **huile** (*f.*) **d'olive** olive oil
olivier *m.* olive tree
olympique *adj.* Olympic; **Jeux** (*m. pl.*) **Olympiques (JO)** Olympic games
ombre *f.* shadow
omelette *f.* omelet

oncle *m.* uncle

onde *f.* wave; **four** (*m.*) **à micro-ondes** microwave oven

ongle *m.* (finger-, toe-)nail

onirique *adj.* dreamlike

ONU (Organisation [*f.*] des nations unies) U. N. (United Nations)

onze eleven

opéra *m.* opera

opérer (j'opère) to operate

opinion *f.* opinion; *pl.* editorials; **quelle est votre opinion sur... ?** what's your opinion of . . . ?

opposé(e) *adj.* opposing, opposite; *m.* opposite

s'opposer à to be opposed to; to clash with, conflict with

optimiste *adj.* optimistic; *m., f.* optimist

or *m.* gold

orage *m.* storm

orageux/orageuse *adj.* stormy

oral(e) *adj.* oral; **oral** *m.* oral exam

orange *adj. inv.* orange (*color*); *f.* orange (*fruit*); **canard** (*m.*) **à l'orange** duck with orange sauce; **carte** (*f.*) **orange** *type of bus/métro pass*; **jus** (*m.*) **d'orange** orange juice; **passer à l'orange** to turn yellow (*traffic light*)

orateur *m.* orator, speaker

oratoire *m.* small chapel; shrine

orchestre *m.* orchestra

orchidée *f.* orchid

ordinaire *adj.* ordinary

ordinateur *m.* computer

ordonnance *f.* prescription

ordonner to order, command

ordre *m.* order; command; **en ordre** orderly, neat; **le bon ordre** correct order

ordure *f.* filth; garbage; **ramassage** (*m.*) **des ordures** garbage collection; **vider/sortir les ordures** to empty / take out the garbage

oreille *f.* ear; **boucles** (*f. pl.*) **d'oreille** earrings

organe *m.* (*body*) organ; *fig.* organ, instrument

organisation *f.* organization

organisé(e) *adj.* organized; **voyage** (*m.*) **organisé** guided tour

organiser to organize

organisme *m.* organism; **organisme génétiquement modifié (OGM)** genetically modified organism (GMO)

oriental(e) *adj.* eastern; oriental

s'orienter to find one's bearings, get oriented; to turn toward

originaire de *adj.* originating from; **être originaire de** to be a native of

original(e) *adj.* eccentric; original

origine *f.* origin; **à l'origine** originally, to begin with; **d'origine française (italienne)** of French (Italian) extraction

orné(e) (de) *adj.* decorated (with)

orteil *m.* toe

orthographe *f.* spelling

os *m.* bone

ostentatoire *adj.* ostentatious

otage *m.* hostage

ou *conj.* or; either; **ou bien** or else

où *adv.* where; *pron.* where, in which; **d'où vient-il?** where does he come from?; **où est... ?** where is . . . ?

oublier (de) to forget (to)

ouest *m.* west; **nord-ouest** *m.* Northwest; **sud-ouest** *m.* Southwest

oui *interj.* yes

ouïe *f.* (sense of) hearing

ouragan *m.* hurricane

outil *m.* tool

outre *prep.* beyond, in addition to; **outre-mer** *adv.* overseas

ouvert(e) *adj.* open

ouverture *f.* opening; **heures** (*f. pl.*) **d'ouverture** business hours

ouvrier/ouvrière *m., f.* worker, factory worker

ouvrir (*p.p.* **ouvert**) *irreg.* to open

OVNI (Objet [*m.*] volant non identifié) UFO

oxygène *m.* oxygen

oxygéner (j'oxygène) to oxygenate; to get some fresh air into

ozone *m.* ozone; **couche** (*f.*) **d'ozone** ozone layer

Pacifique *m.* Pacific; **Pacifique Sud** South Pacific

pacte *m.* pact; **pacte civil de solidarité (PACS)** domestic partnership agreement

page *f.* page; **page d'accueil** home page; **page perso** personal web site

paie *f. s.* wages, payment; **toucher sa paie** to get paid

paiement *m.* payment

pain *m.* bread; **pain au chocolat** chocolate-filled roll; **pain complet** whole-grain bread; **petit pain** hard roll

paisible *adj.* peaceful

paix *f.* peace

palace *m.* luxury hotel

palais *m.* palace

pâlir to turn pale

palme *f.* palm

paniquer to panic

panne *f.* (*mechanical*) breakdown; **panne d'électricité** power failure; **tomber en panne** to have a (*mechanical*) breakdown

panneau *m.* road sign; billboard

pansement *m.* bandage

pantalon *m. s.* (pair of) pants

papeterie *f.* stationery store, stationer's

papi *m., fam.* grandpa

papier *m.* paper; **papier à lettres** letter paper, stationery; **papier d'emballage** paper wrapper

papillon *m.* butterfly

Pâque *f.* Passover

Pâques *f. pl.* Easter; **fête de Pâques** Easter

paquet *m.* package

par *prep.* by, through; **par ailleurs** in other respects, incidentally; **par an** per year, each year; **par jour** per day, each day; **par rapport à** with regard to, in relation to; **par semaine** per week; **par terre** on the ground; **par voie de** by means of

parachute *m.* parachute; **faire un saut en parachute** to do a parachute jump

parachutisme *m.* parachuting

paradis *m.* paradise, heaven

paragraphe *m.* paragraph

paraître (*like* **connaître**) *irreg.* to appear, seem

parapente *f.*: **faire de la parapente** to hang glide

parasitaire *adj.* parasitic

parc *m.* park; **parc d'attractions** amusement park; **parc résidentiel** residential complex

parcouru(e) *adj.* covered, travelled (*distance*)

pardon *interj.* pardon me; *m.* forgiveness, pardon

pare-brise *m. inv.* windshield

pareil(le) *adj.* similar; **pareil** *adv.* the same; **faire pareil** to do the same thing

parenthèse *f.* parenthesis

paresseux/paresseuse *adj.* lazy

parfait(e) *adj.* perfect

parfaitement *adv.* perfectly

parfois *adv.* sometimes; now and then; often

parfum *m.* perfume

parfumé(e) *adj.* fragrant

parisien(ne) *adj.* Parisian; **Parisien(ne)** *m., f.* Parisian (*person*)

parité *f.* parity

parking *m.* parking lot

parlement *m.* parliament

parler to speak; to talk; **entendre parler de** to hear about; **parler au téléphone** to talk on the phone; **parler de** to talk about; **se parler** to speak to one another; **tu parles!** you don't say!

parmi *prep.* among

parole *f.* word

parrain *m.* godfather

parsemer (je parsème) to sprinkle, strew

part *f.* share, portion; role; **part de pizza** slice of pizza; **à part** besides; **de la part de** from, on behalf of

partager (nous partageons) to share

partagiciel *m.* shareware (*software*)

partenaire *m., f.* partner

parti *m.* (*political*) party

participe *m., gram.* participle; **participe (présent) passé** past (present) participle

participer à to participate in

particularisme *m.* local character; sense of identity

particulier/particulière *adj.* particular; **en particulier** *adv.* particularly; **leçon** (*f.*) **particulière** private lesson; **signe** (*m.*) **particulier** distinctive characteristic, sign, peculiarity

particulièrement *adv.* particularly

partie *f.* part; game, match; outing; **faire partie de** to be part of, belong to; **parties de la voiture** parts of a car

partiellement *adv.* partially

partir (*like* **dormir**) *irreg.* to depart, leave; **à partir de** *prep.* starting from; **partir à l'étranger** to go abroad; **partir en vacances** to leave on vacation

partout *adv.* everywhere

parvenir (*like* **venir**) **à** *irreg.* to succeed in

pas (ne... pas) not; **ne... pas du tout** not at all; **pas grand-chose** not much

passable *adj.* passable, tolerable

passage *m.* passage; passing; **être de passage** to be passing through

passager/passagère *m., f.* passenger

passant(e) *m., f.* passerby

passe *f.* pass; **mot** (*m.*) **de passe** password

passé(e) *adj.* past, gone, last; spent; **passé** *m.* past

passeport *m.* passport; **contrôle des passeports** passport check

passer *intr.* to pass; to stop by; to pass by; *trans.* to pass; to cross; to spend (*time*); to take (*exam*); **qu'est-ce qui se passe?** what's going on?; **se passer** to happen, take place; **se passer de** to do without

passe-temps *m.* pastime, hobby

passionnant(e) *adj.* exciting, thrilling

passionné(e) *adj.* passionate; **être passionné(e) de (pour)** to be very excited by (interested in)

passionnel(le) *adj.* passionate; **crime** (*m.*) **passionnel** crime of passion

passionner to fascinate, grip; **se passionner (pour)** to be excited (about)

patate (*f.*) **douce** sweet potato

pâté *m.* liver paste, pâté; **pâté de foie gras** goose liver pâté (meat paste)

pâtes *f. pl.* pasta, noodles

patience *f.* patience; **avoir de la patience** to be patient, have patience

patient(e) *adj.* patient; *m., f.* (*hospital*) patient

patinage *m.* skating

patiner to skate

patineur/patineuse *m., f.* skater

patins (*m. pl.*) **en ligne** in-line skates

pâtisserie *f.* pastry; pastry shop

patrimoine *m.* heritage

patriote *m., f.* patriot

patriotisme *m.* patriotism

patron(ne) *m., f.* boss, employer

patrouiller to patrol

pauvre *adj.* poor, needy; wretched, unfortunate

pauvreté *f.* poverty

pavillon *m.* pavilion; small house

payant(e) *adj.* paying, requiring payment

payer (je paie) to pay, pay for

pays *m.* country; land; **avoir le mal du pays** to be homesick; **pays Basque** Basque country

paysage *m.* landscape, scenery

paysagiste *m., f.* landscaper

paysan(ne) *m., f.* peasant, farmer

Pays-Bas *m. pl.* Holland, the Netherlands

PC (*m.*) **de poche** Internet-accessing PDA

P.D.G. *m.* (**Président-directeur général**) CEO

peau *f.* skin; **peaux-rouges** *m. pl.* American Indians

pêche *f.* fishing; peach

pêcher to fish

pêcheur/pêcheuse *m., f.* fisherman, fisherwoman

pédagogique *adj.* pedagogical

pédiatre *m., f.* pediatrician

peindre (*like* **craindre**) *irreg.* to paint

peine *f.* effort, trouble; **à peine** hardly, barely; **ça vaut la peine** it's worth the effort; it's worth it

peintre *m.* painter

peinture *f.* paint; painting

pèlerinage *m.* pilgrimage

pendant *prep.* during; for; **pendant que** *conj.* while; **pendant un mois (une semaine)** for a month (a week)

pénible *adj.* painful; hard, difficult

péninsule *f.* peninsula

Pennsylvanie *f.* Pennsylvania

penser to think; to reflect; to expect, intend; **c'est ce que je pense** that's what I think; **faire penser à** to make one think of; **penser à** to think about; **penser de** to think about, have an opinion about

percevoir (*like* **recevoir**) *irreg.* to perceive

perché(e) *adj.* perched

perdre to lose; to waste; **perdre du poids** to lose weight; **perdre du temps** to waste time; **perdre intérêt dans** to lose interest in

perdu(e) *adj.* lost; wasted

père *m.* father; **beau-père** *m.* stepfather; father-in-law; **fête** (*f.*) **des Pères** Father's Day; **grand-père** *m.* grandfather; **père Noël** Santa Claus

performant(e) *adj.* high-performing, outstanding

péridurale *f.* an epidural (*anesthesia*)

période *f.* period (*of time*)

périodiquement *adv.* periodically

périphérie *f.* outskirts

perle *f.* pearl; bead

permanent(e) *adj.* permanent

permettre (*like* **mettre**) (**de**) to permit; **permettre (de** + *inf.*) to allow to; (**à** + *person*) to allow someone (**de**)... (*to do something*); **se permettre** to allow oneself, indulge oneself in

permis(e) *adj.* allowed, permitted; **permis** *m.* license; **permis de conduire** driver's license

Pérou *m.* Peru

perpétuel(le) *adj.* perpetual, everlasting

se perpétuer to be carried on

persil *m.* parsley

persistant(e) *adj.* persistent

personnage *m.* (*fictional*) character; personage

personnaliser to personalize

personnalité *f.* personality; personal character

personne *f.* person; *pron. m.* **ne... personne** nobody, no one; **personne ne...** nobody, no one

personnel(le) *adj.* personal; **personnel** *m.* personnel; **rapports** (*m. pl.*) **personnels** personal relationships; **soins** (*m. pl.*) **personnels** personal care

persuader to persuade, convince

perte *f.* loss; **perte de temps** waste of time

peser (je pèse) to weigh; *fig.* to determine

pessimiste *adj.* pessimistic

pétanque *f. game of bowling (south of France)*

petit(e) *adj.* little; short; small; very young; **petite-fille** *f.* granddaughter; **petit-fils** *m.* grandson; **petits** *m. pl.* young ones; little ones; **petits-enfants** *m. pl.* grandchildren

pétrole *m.* crude oil, petroleum

pétrolier/pétrolière *adj.* oil, petroleum; **forage** (*m.*) **pétrolier** exploratory oil-drilling

peu *adv.* little, not much; few, not many; not very; **à peu près** roughly, approximately; **il est peu probable que** it's doubtful that; **peu à peu** little by little; **très peu** very little; **un peu (de)** a little; **un peu de tout** a little bit of everything

Peuls *m. pl.* Peuls (*ethnic group of West Africa*)

peuple *m.* nation; people (*of a country*)

peuplé(e) *adj.* populated, inhabited

peur *f.* fear; **avoir peur** to be afraid; **faire peur à** to scare

peut-être *adv.* perhaps, maybe

phare *m.* (*car*) headlight

pharmacie *f.* pharmacy, drugstore; **pharmacie de garde** all-night (emergency service) drugstore

pharmacien(ne) *m., f.* pharmacist

phénix *m.* phoenix (*mythical bird*)

phénomène *m.* phenomenon

philosophe *m., f.* philosopher

philosophie (*fam.* **philo**) *f.* philosophy

photo *f.* picture, photograph; **photo numérique** digital photo

photographe *m., f.* photographer

photographie (*fam.* **photo**) *f.* photograph; photography

photomaton *m.* self-service photo booth

phrase *f.* sentence

phrygien(ne): bonnet (*m.*) **phrygien** *cap worn by 1789 revolutionaries*

physicien(ne) *m., f.* physicist

physique *adj.* physical; *m.* physical appearance; *f.* physics

piaf *m., fam.* sparrow

pic *m.* woodpecker

pièce *f.* (theatrical) play; piece; coin; room (*of a house*); **deux-pièces** *m.* two room apartment (*in France*); **pièce de théâtre** (theatrical) play

pied *m.* foot; **à pied** on foot

piège *m.* pitfall; trap

pierre *f.* stone

piéton(ne) *adj., m., f.* pedestrian; **rue** (*f.*) **piétonne** pedestrian-only street

pile *f.* pile; battery

pilote *m., f.* pilot

piloter to pilot

pilule *f.* pill

piment *m.* chile paste

pin *m.* pine (*tree*)

pince *f.* claw (*crab*)

pingouin *m.* penguin

pionnier/pionnière *m., f.* pioneer

pique-nique *m.* picnic; **faire un pique-nique** to have a picnic

pique-niquer to have a picnic

piquer to prick; *fam.* to steal

piqûre *f.* shot, injection; **piqûre de guêpe** wasp sting

pirate (*m.*) **informatique** hacker

pire *adj.* worse

pirogue *f.* canoe

piscine *f.* swimming pool

piste *f.* path, trail; course; slope; **piste cyclable** bicycle path

pisteur-secouriste *m.* emergency ski patrol worker

pistolet *m.* pistol

pitre *m.* idiot; clown; **faire le pitre** to act silly

pittoresque *adj.* picturesque

placard *m.* cupboard, cabinet; closet

place *f.* place; position; seat (*theater, train*); public square; **à ta place** in your place, if I were you; **sur place** on the spot, scene

plafond *m.* ceiling

plage *f.* beach

se plaindre (de) (*like* **craindre**) *irreg.* to complain (about)

plaine *f.* plain

plainte *f.* complaint

plaire (*p.p.* **plu**) **à** *irreg.* to please; **s'il te (vous) plaît** *interj.* please

plaisant(e) *adj.* pleasant

plaisir *m.* pleasure; **quel plaisir** *interj.* what a pleasure

plan *m.* plan; diagram; **plan de la ville** city map

planche *f.* board; **faire de la planche à voile** to go sailboarding (windsurfing)

plancher *m.* floor

planétaire *adj.* planetary

planète *f.* planet

plante *f.* plant

planter to plant; to set

plaque *f.* plate; tablet; **plaque d'immatriculation** license plate

plastique *m.* plastic

plat(e) *adj.* flat; *m.* dish; course; **plat du jour** today's special (*restaurant*); **plat principal** main course

plateau *m.* tray, platter

platine *m.* platinum

plâtre *m.* cast

plein(e) (de) *adj.* full (of); **en plein air** (in the) open air, outdoor(s); **en pleine campagne** out in the country; **faire le plein (d'essence)** to fill up (with gasoline)

pleurer to cry, weep

pleuvoir (*p.p.* **plu**) *irreg.* to rain; **il pleut** it's raining

plombage *m.* filling (*tooth*)

plongée *f.* diving; **faire de la plongée sous-marine** to scuba-dive

plonger (nous plongeons) to plunge

pluie *f.* rain; **pluie acide** acid rain

plupart: la plupart (de) most (of); the majority (of)

pluriel *m.* plural

plus (de) *adv.* more; (-er); plus; **de plus** in addition; **de plus en plus** more and more; **en plus (de)** in addition (to); **le/la/les plus** + *adj. or adv.* the most; **le plus près** the closest; **moi non plus** me neither; **ne... plus** no longer, not anymore; **non plus** neither, not... either; **plus... que...** more . . . than . . .; **plus tôt** earlier

plusieurs *adj., pl. inv. pron.* several

plutôt *adv.* more; rather; sooner

pneu *m.* tire

poche *f.* pocket; **argent** (*m.*) **de poche** pocket money, allowance; **PC** (*m.*) **de poche** Internet-accessing PDA

poché(e) *adj.* poached (*in cooking*)

poêle *f.* frying pan, skillet

poème *m.* poem

poète *m.* poet

poétique *adj.* poetic

poids *m.* weight; **excédent** (*m.*) **de poids** excess weight (*luggage*); **mettre (perdre) du poids** to gain (lose) weight; **soulever des poids** to lift weights

poignet *m.* wrist

poil *m.* (body) hair; bristle

point *m.* point; period (*punctuation*); **ne... point** *neg. adv.* not; **point de vue** point of view

pointe *f.* peak; point; **heures** (*f. pl.*) **de pointe** rush hour(s)

pointu(e) *adj.* sharp, pointed

pointure *f.* shoe size

poire *f.* pear

pois *m.* pea; **petits pois** green peas

poisson *m.* fish; **poisson d'avril** April Fool's joke, hoax

poissonnerie *f.* fish market

poitrine *f.* chest; breasts

poivre *m.* pepper; **bifteck** (*m.*) **au poivre** pepper steak

poivrer to (add) pepper

poivron *m.* green pepper

polémique *adj.* controversial; **polémique** *f.* controversy, argument

poli(e) *adj.* polite; polished

police *f.* police; **agent** (*m.*) **de police** police officer; **commissariat** (*m.*) **de police** police station; **contrôle** (*m.*) **de police** police checkpoint

policier/policière *adj.* pertaining to police; **policier** *m.* police officer; **roman** (*m.*) **policier** detective novel

poliment *adv.* politely

politesse *f.* politeness; good breeding

politique *adj.* political; *f. s.* politics; policy; **homme/femme politique** *m., f.* politician

polluant(e) *adj.* polluting

polluer to pollute

Pologne *f.* Poland

polonais(e) *adj.* Polish; **Polonais(e)** Polish (*person*)

Polynésie *f.* Polynesia

pommade *f.* ointment, salve

pomme *f.* apple; **pomme de terre** potato; **pommes vapeur** *f. pl.* steamed potatoes

pompier/pompière *m., f.* firefighter

ponctuel(le) *adj.* punctual

pondre to lay (*eggs*)

pont *m.* bridge; extra day off (*taken between two public holidays or a weekend and a public holiday*)

populaire *adj.* popular; common

popularité *f.* popularity

porc *m.* pork; **côtelette** (*f.*) **de porc** pork chop

porcelaine *f.* porcelain; china

pornographe *m., f.* pornographer

pornographie *f.* pornography

port *m.* wearing

portable *adj.* portable; *m.* cell phone

porte *f.* door

portefeuille *m.* wallet

porter to carry; to wear; **se porter volontaire** to volunteer

portier (*m.*) **électronique** "electronic doorman" (*with video surveillance*)

portière *f.* car door

portugais(e) *adj.* Portuguese; **Portugais(e)** *m., f.* Portuguese (*person*)

poser to put (down); to state; to pose; to ask; **poser sa candidature** to apply; to run (*for office*); **poser une question** to ask a question

positif/positive *adj.* positive

position *f.* position; stand

posséder (je possède) to possess

possessif/possessive *adj.* possessive

possibilité *f.* possibility

postal(e) *adj.* postal, post; **carte** (*f.*) **postale** postcard; **code** (*m.*) **postal** postal code, zip code; **mandat** (*m.*) **postal** postal money order

poste *m.* position; job; post; station; television, radio set; *f.* post office, postal service; **bureau** (*m.*) **de poste** post office; **poste** (*f.*) **restante** general delivery

pot *m.* pot; jar; **prendre un pot** *fam.* to have a drink

potage *m.* soup, stew

potentiel(le) *adj.* potential, possible

poterie *f.* pottery

poubelle *f.* garbage can; **balancer à la poubelle** *fam.* to chuck in the garbage; to abandon

poudre *f.* powder

poudré(e) *adj.* powdered

poulet *m.* chicken; **blanc** (*m.*) **de poulet** chicken breast

pouls *m. s.* pulse; **prendre le pouls** to take (*someone's*) pulse

poumon *m.* lung

poupée *f.* doll

pour *prep.* for; on account of; in order; for the sake of; **pour que** *conj.* so that, in order that

pourboire *m.* tip, gratuity

pourquoi *adv., conj.* why

poursuivre (*like* **suivre**) *irreg.* to pursue

pourtant *adv.* however, yet, still, nevertheless

pourvu que *conj.* provided that

pousser *intr.* to grow

poussière *f.* dust

pouvoir (*p.p.* **pu**) *irreg.* to be able; *m.* power, strength

pratique *adj.* practical; **pratique** *f.* practice; use

pratiquer to practice, exercise

précaution *f.* precaution

précédent(e) *adj.* preceding

précéder (je précède) to precede, come before

précieux/précieuse *adj.* precious

se précipiter (dans) to hurry, rush over; to run, speed; to hurl oneself (into)

précis(e) *adj.* precise

précisément *adv.* precisely, exactly

préciser to specify

précision *f.* precision, preciseness

prédire (*like* **dire,** *but* **vous prédisez**) *irreg.* to predict, foretell

prédit(e) *adj.* predicted, foretold

préféré(e) *adj.* preferred, favorite

préférer (je préfère) to prefer; to like better

se prélasser to bask; to lounge

premier/première *adj.* first; principal; **la première fois** the first time; **le premier avril** April Fool's Day; **le premier étage** the second floor

prendre (*p.p.* **pris**) *irreg.* to take; to catch, capture; to choose; to eat, to drink; **j'en ai assez/trop pris** I've had enough/too much

préoccupation *f.* worry

se préoccuper de to concern oneself with, worry about

préparatifs *m. pl.* preparations; **préparatifs de voyage** travel preparations

préparatoire *adj.* preparatory

préparer to prepare; **préparer un examen** to study for a test; **se préparer à** to prepare oneself, get ready for (to)

près *adv.* by, near; **à peu près** roughly, approximately; **de près** closely; **le plus près** the closest; **près de** *prep.* near, close to; almost

présage *m.* omen

prescrire (*like* **écrire**) *irreg.* to prescribe; to order, command; **prescrire un traitement** to prescribe a treatment

présence *f.* presence

présent(e) *adj.* present; **présent** *m.* present; **à présent** presently, now; **jusqu'à présent** until now

présenter to present; to introduce; to put on (*a performance*); **je vous (te) présente...** I want you to meet...; **se présenter (à)** to present, introduce oneself (to); to appear; to arrive at

présidence *f.* presidency

président(e) *m., f.* president; **Président-directeur général (P.D.G.)** CEO

présidentiel(le) *adj.* presidential

presque *adv.* almost, nearly

presqu'île *f.* peninsula

presse *f.* press (media); **maison** (*f.*) **de la presse** newsstand

pressé(e) *adj.* in a hurry, rushed; squeezed; **être pressé(e)** to be in a hurry

presser: se presser à to rush to

pressing *m.* dry cleaner's

pression *f.* pressure; **vérifier la pression des pneus** to check the tire pressure

prestigieux/prestigieuse *adj.* prestigious

prêt(e) *adj.* ready

prêter to lend, loan; **se prêter** to lend to one another

prêtre *m.* priest

preuve *f.* proof; **ça fait preuve...** that shows..., proves...

prévoir (*like* **voir**) *irreg.* to foresee; to anticipate

prier to pray

primaire *adj.* primary; **école** (*f.*) **primaire** elementary school

primitif/primitive *adj.* primitive

principal(e) *adj.* principal, most important; **plat** (*m.*) **principal** main course

principe *m.* principle

printemps *m.* spring, springtime

prioritaire *adj.* (having) priority

priorité *f.* right of way; priority

pris(e) *adj.* taken; occupied; busy; caught; **prise** *f.* take (*in filmmaking*)

privation *f.* deprivation

privé(e) *adj.* private

prix *m.* price; prize

probablement *adv.* probably

problème *m.* problem; **problèmes sociaux** societal issues

procédé *m.* process

procéder (je procède) to proceed

processus *m.* process

prochain(e) *adj.* next; near; following; **semaine** (*f.*) **prochaine** next week

proche *adj.* near, close; **proches** *m. pl.* close relatives

proclamer to proclaim

producteur *m.* producer, grower

produire (*like* **conduire**) *irreg.* to produce

produit *m.* product; **produits laitiers** dairy products

professeur (*fam.* **prof**) *m.* professor; teacher

professionnel(le) *adj.* professional; *m., f.* professional

profil *m.* profile

profiter de to take advantage of

profond(e) *adj.* deep

profondeur *f.* depth

programmation *f.* programming (*TV, radio*)

programme *m.* program; course program; design, plan

programmeur/programmeuse *m., f.* programmer; program planner; **analyste-programmeur/analyste-programmeuse** *m., f.* software engineer

progrès *m.* progress; **faire des progrés** to make progress

progresser to progress

progressiste *adj.* progressive

prohiber to prohibit, forbid

proie *f.* prey

projecteur *m.* projector (*film*)

projet *m.* project; plan; **faire des projets** to make plans; **projets d'avenir** plans for the future

se prolonger (il se prolongeait) to go on, extend

promenade *f.* promenade; walk; stroll; drive; excursion, pleasure trip; **faire une promenade (en voiture)** to go on an outing (car ride); **promenade à bicyclette** bicycle ride

se promener (je me promène) to take a walk, drive, ride

promettre (*like* **mettre**) **(de)** *irreg.* to promise (to)

promoteur/promotrice *m., f.* property developer

promotion: de promotion *adj.* on sale

promotionnel(le) *adj.* promotional

pronominal(e) *adj., gram.* pronominal; **verbe** (*m.*) **pronominal** *gram.* pronominal verb, reflexive verb

prononcer (nous prononçons) to pronounce

se propager (il se propageait) to spread; to propagate

proportionnel(le) *adj.* proportional

propos *m.* talk; *pl.* words; **à propos de** *prep.* with respect to, about

proposer to propose

propre *adj.* own; proper; clean

propriétaire *m., f.* property owner; landlord

propriété *f.* property

prospectus *m.* handbill, leaflet; brochure

prospère *adj.* prosperous

prospérité *f.* prosperity

protecteur/protectrice *adj.* protective

protéger (je protège, nous protégeons) to protect; **se protéger contre** to protect oneself against

protéine *f.* protein

protestation *f.* protest; objection

prouesse *f.* feat

prouver to prove; **ça ne prouve rien** that doesn't matter, prove anything

provençal(e) *adj.* from the Provence region of France

Provence *f.* Provence region (*southeastern France*)

provenir (*like* **venir**) **de** *irreg.* to proceed, result, arise from

proviseur *m.* headmaster

provision *f.* supply; **provisions** *pl.* groceries; **faire (acheter) les provisions** to buy groceries

provocateur/provocatrice *adj.* provocative

provoquer to provoke

proximité *f.* proximity, closeness; **à proximité** near, close by

prudemment *adv.* prudently, carefully

prudent(e) *adj.* prudent, cautious, careful

psychiatre *m., f.* psychiatrist

psychologie *f.* psychology

psychologique *adj.* psychological

public/publique *adj.* public; *m.* public; audience

publicitaire *adj.* pertaining to advertising

publicité (*fam.* **pub**) *f.* publicity; advertising; ad, commercial

publier to publish

puce *f.* flea; **marché** (*m.*) **aux puces** flea market

puis *adv.* then, afterward, next; besides; **et puis** and then; and besides

puisque *conj.* since, as, seeing that

puissance *f.* power

puissant(e) *adj.* powerful, strong

puits *m. s.* well, hole

pull-over (*fam.* **pull**) *m.* pullover

pulmonaire *adj.* pulmonary, lung

punir to punish

punition *f.* punishment

pupitre *m.* (*school*) desk, desk chair

pur(e) *adj.* pure

purée *f.* purée; **purée de pommes de terre** mashed potatoes

purifié(e) *adj.* purified

pyjama *m. s.* pajamas

pyramide *f.* pyramid

Pyrénées *f. pl.* Pyrenees

quai *m.* quai; platform (*subway stop, train station*)

qualité *f.* quality; personal characteristic

quand *adv., conj.* when; **depuis quand?** since when? (for) how long?; **quand même** even though; anyway

quantité *f.* quantity

quarante forty

quart *m.* quarter; quarter of an hour; fourth (*part*)

quartier *m.* neighborhood

quatorze fourteen

quatre-quatre (4×4) *m.* all-terrain vehicle, 4-wheeler; SUV

que *conj.* that; than; *pron.* whom; that; which; what; **ne... que** *adv.* only; **qu'est-ce que c'est?** what is it?

Québec *m.* Quebec (*Canadian province, wcity*)

québécois(e) *adj.* from, of Quebec; **Québécois(e)** *m., f.* Quebecois (*person*)

quel(le)(s) *adj.* what, which; what a

quelque(s) *adj.* some, any; a few; **quelque chose** *pron.* something; **quelque chose d'important** something important

quelquefois *adv.* sometimes

quelqu'un *pron.* someone, somebody; **passer chez quelqu'un** to stop by someone's house

queue *f.* tail; line (*of people*); **faire la queue** to stand in line

qui *pron.* who, whom, that which; **qui est-ce?** who is it?

quinze fifteen

quitter to leave; to abandon, leave behind; **se quitter** to separate

quoi (à quoi, de quoi) *pron.* which; what; **de quoi vivre** something to

live on; **je ne sais pas quoi faire** I don't know what to do; **n'importe quoi** anything; no matter what; **sans quoi** otherwise; **quoi de neuf?** what's new?
quoique *conj.* although, even though
quotidien(ne) *adj.* daily, everyday
quotient *m.* quotient; **quotient intellectuel (QI)** intelligence quotient (I.Q.)

raccourci(e) *adj.* shortened
race *f.* breed, type
racine *f.* root
racisme *m.* racism
raconter to tell; to relate
radiateur *m.* radiator
radical(e) *adj.* radical, extreme
radio *f.* radio; **écouter la radio** to listen to the radio
radiographie *f.* x-ray
radio-réveil *m.* clock radio
radis *m.* radish
raffermir to strengthen
raffiné(e) *adj.* refined, sophisticated
raffinement *m.* refinement, sophistication
ragoût *m.* stew
raisin *m.* grape(s)
raison *f.* reason; **avoir raison** to be right
raisonnable *adj.* reasonable; rational
raisonnement *m.* reasoning, argument
raisonner to reason
rajeunir to make younger; to feel, look younger
ralenti(e): au ralenti at a slower pace
ralentir to slow down
ramadan *m.* Ramadan (*Islamic holy days*)
ramage *m.* (bird) song
ramassage *m.* collection; **ramassage des ordures** garbage collection
ramasser to gather up, pick up
ramener (je ramène) to bring back
randonnée *f.* hike; **faire une randonnée** to go on a hike; to take a trip, tour
ranger (nous rangeons) to put in order; to arrange, categorize
rapide *adj.* rapid, fast; **rapides** *m. pl.* rapids (*in river*)
rappeler (je rappelle) to remind; to recall; **se rappeler** to recall; to remember
rapport *m.* connection, relation; report; **rapports** *pl.* relations; **par rapport à** concerning, regarding, in relation to
rapporter to bring back, return; to report; **se rapporter à** to relate to; to be in relation to

raser to shave; **se raser** to shave
rasoir *m.* razor
rassurer to reassure
rater to miss (*a class*); to fail (*a test*)
rationner to ration
ravager to ravage
ravi(e) *adj.* delighted
réaction *f.* reaction
réactiver to reactivate
réagir to react
réalisateur/réalisatrice *m., f.* (*TV, film*) producer
réalisation *f.* production
réaliser to achieve, accomplish; to realize; to carry out, fulfill; to produce
réalisme *m.* realism
réaliste *adj.* realist; realistic
réalité *f.* reality; **en réalité** in reality
rebelle *adj.* rebellious
rébellion *f.* rebellion
récemment *adv.* recently, lately
réception *f.* reception desk; welcome
réceptionniste *m., f.* receptionist
recette *f.* recipe
recevoir (*p.p.* **reçu**) *irreg.* to receive
recharger (nous rechargeons) to recharge
réchauffement *m.* warming; **réchauffement de la planète** global warming
réchauffer to warm (up)
recherche *f.* (piece of) research; search; **faire des recherches** to do research; **moteur** (*m.*) **de recherche** search engine
rechercher to seek; to search for
récif *m.* reef
récipient *m.* container
réciproque *adj., gram.* reciprocal; **verbes** (*m. pl.*) **pronominaux réciproques** reciprocal reflexive verbs
récit *m.* account, story
réclame *f.* advertisement, commercial
recommandation *f.* recommendation
recommander to recommend
recomposé(e) *adj.* reconstructed; **famille** (*f.*) **recomposée** blended family
reconnaissable *adj.* recognizable
reconnaître (*like* **connaître**) *irreg.* to recognize
reconstitué(e) *adj.* reconstructed
recouvert(e) (de) *adj.* covered (with), recovered
recouvrir (*like* **ouvrir**) *irreg.* to cover up
récréation (*fam.* **récré**) *f.* recess (*at school*); recreation
recrutement *m.* recruiting
recruter to recruit
reçu(e) *adj.* received; **reçu** *m.* receipt; **être reçu(e)** to pass an exam

récupérer (je récupère) to retrieve; to get back
recyclage *m.* recycling
recycler to recycle
rédacteur/rédactrice *m., f.* writer; editor
rédaction *f.* essay, composition
redevenir (*like* **venir**) *irreg.* to become again
rediffuser to rerun (*TV program, etc.*)
rédiger (nous rédigeons) to write, compose
redouter to fear, dread
réduction *f.* reduction; **réduction d'émissions** reduction in emissions
réduire (*like* **conduire**) *irreg.* to reduce
réel(le) *adj.* real, actual
refaire (*like* **faire**) *irreg.* to redo
référence *f.* reference; **faire référence à** to refer to
réfléchir to reflect; to think; **ça fait réfléchir** that makes one think
refléter (il reflète) to reflect
réforme *f.* reform
reformuler to reformulate
réfrigérateur *m.* refrigerator
refuser (de) to refuse (to)
regard *m.* glance; gaze, look
regarder to look at; **se regarder** to look at oneself (each other)
régime *m.* diet; system (of government); **faire un régime** to be on a diet
région *f.* region; area
régional(e) *adj.* local, of the district
règle *f.* rule
règlement *m.* rule, regulation; **abuser des règlements** to break the rules
régler (je règle) to regulate, adjust; to settle; **régler l'addition** to pay one's bill
regretter to regret; to be sorry for; to miss
regrouper to regroup; to contain
régulation *f.* regulation
régulier/régulière *adj.* regular
rein *m.* kidney
reine *f.* queen
réintroduire (*like* **conduire**) *irreg.* to reintroduce, introduce again
rejeter (je rejette) to reject, throw out
rejoindre (*like* **craindre**) *irreg.* to join; to rejoin
relais *m.* inn
relatif/relative *adj.* relative; **pronom** (*m.*) **relatif** *gram.* relative pronoun
relation *f.* relation; relationship
relaxe *adj.* relaxed; laid back
se relaxer to relax
relié(e) *adj.* tied, linked
relier to join, link together

religieux/religieuse *adj.* religious
relire (*like* **lire**) *irreg.* to reread
remarié(e) *adj.* remarried
remarquable *adj.* remarkable
remarque *f.* remark
remarquer to notice; to remark
remboursement *m.* reimbursement
rembourser to reimburse
remède *m.* remedy; medication
remercier (de) to thank (for)
remettre (*like* **mettre**) *irreg.* to hand in; to put back; to postpone
remonter to go back (up); to get back in; **remonter le moral** to cheer up (*someone*)
remplacer (nous remplaçons) to replace
remplir to fill (in, out, up); **remplir un formulaire** to fill out a form
remporter to carry (*something*) home; to win
rémunération *f.* pay, salary
renaissance *f.* rebirth
renard *m.* fox
rencontre *f.* meeting, encounter
rencontrer to meet, encounter; **se rencontrer** to meet each other
rendez-vous *m.* meeting, appointment; date; meeting place; **prendre rendez-vous** to make a date, make an appointment
rendre to give (back); to submit; **rendre malade** to make (*someone*) ill; **rendre visite à** to visit (*people*); **se rendre (à, dans)** to go to; **se rendre compte de/que** to realize (that)
renforcer (nous renforçons) to reinforce
renier to renounce; to disown
renouvelable *adj.* renewable
renseignement *m.* (piece of) information
se renseigner (sur) to ask for, get information (about); to find out (about)
rentrée *f.* start of new school/academic year
rentrer *intr.* to return (*home*)
renversement *m.* reversal
renverser to overturn, upset (*something*); to run over; **être renversé(e)** to be knocked over
répandu(e) *adj.* widespread
réparer to repair; **réparer un pneu crevé** to fix a flat tire
repas *m.* meal, repast
repasser to iron (*clothes*); to retake an exam; **fer** (*m.*) **à repasser** (*clothes*) iron
repeindre (*like* **craindre**) *irreg.* to repaint

repérer (je repère) to discover
répéter (je répète) to repeat
réplique *f.* replica
répliquer to reply
répondeur (*m.*) **téléphonique** telephone answering machine
répondre (à) to answer, respond
réponse *f.* answer, response
reportage *m.* reporting; commentary
reposer to put down again; to rest; **se reposer** to rest
représentant(e) *m., f.* sales representative
représenter to represent; to present again
reproduire (*like* **conduire**) *irreg.* to reproduce
république *f.* republic
réseau *m.* net; network
réservation *f.* reservation
réserve *f.* reserve; preserve; **sans réserve** without reservation, unhesitatingly
réserver to reserve, keep in store
réservoir *m.* reservoir; gas tank
résidence *f.* residence; apartment building
résidentiel(le) *adj.* residential; **parc** (*m.*) **résidentiel** residential complex
résister (à) to resist
résolution *f.* resolution; **prendre des résolutions** to resolve, make resolutions
résoudre (*p.p.* **résolu**) *irreg.* to resolve
respecter to respect, have regard for
respectivement *adv.* respectively
respectueux/respectueuse *adj.* respectful
respiration *f.* respiration, breathing
respirer to breathe
responsabilité *f.* responsibility
responsable *adj.* responsible
ressembler à to resemble
ressources *f. pl.* resources; funds
ressuscité(e) *adj.* brought back to life, resuscitated
restant(e): poste (*f.*) **restante** general delivery mail
restauration *f.* restoration; restaurant business, industry
restauré(e) *adj.* restored
reste *m.* rest, remainder
rester to stay, remain; to be remaining; **rester à la maison** to stay home; **rester en forme** to stay in shape
resto-U *m., fam.* university restaurant
résultat *m.* result
résumer to summarize
rétablir to restore, reestablish
retard *m.* delay; **en retard** late
retarder to be slow (*watch*)
retour *m.* return; **billet** (*m.*) **aller-retour** round-trip ticket

retourner to return
retraite *f.* retirement; **prendre la retraite** to retire
retraverser to recross; to cross back over
retrouver to find (again); to regain; **se retrouver** to find oneself, each other (again); to meet (by prearrangement)
réunion *f.* meeting; reunion
réussi(e) *adj.* successful, good
réussir (à) to succeed (in); to pass (*an exam*)
réussite *f.* success
réutiliser to reuse
revanche *f.: **en revanche** on the other hand
rêve *m.* dream; **une maison de rêve** an ideal house
réveil *m.* alarm; **radio-réveil** *m.* clock radio; **réveil-matin** alarm clock
se réveiller to wake up
réveillon *m. Christmas Eve dinner*
révéler (je révèle) to reveal
revendre to (re)sell
revenir (*like* **venir**) *irreg.* to return, come back
rêver (de) to dream (of)
révérer (je révère) to revere
réviser to review
revoir (*like* **voir**) *irreg.* to see (again); **au revoir** good-bye, see you soon
révolter to revolt, rebel
révolutionnaire *adj.* revolutionary
revue *f.* review; journal; magazine
rez-de-chaussée *m.* ground floor
Rhin *m.* Rhine (*river*)
rhum *m.* rum
rhumatismes *m. pl.* rheumatism
rhume *m.* cold (*illness*); **attraper un rhume** to catch a cold
riche *adj.* rich
richesse *f.* lushness, richness
rideau *m.* curtain
ridicule *adj.* ridiculous
ridiculiser to ridicule
rien (ne... rien) *pron.* nothing; **ça ne prouve rien** that doesn't prove anything; **de rien** you're welcome
rigoler *fam.* to laugh; to have fun
rigolo: c'est rigolo that's funny
rigoureux/rigoureuse *adj.* harsh, severe
se rincer (nous nous rinçons) les dents to rinse one's teeth
rire (*p.p.* **ri**) *irreg.* to laugh
risque *m.* risk
risqué(e) *adj.* risky
risquer (de) to risk
rituel *m.* ritual
rive *f.* (river)bank

rivière *f.* river
riz *m.* rice
robe *f.* dress
robinet *m.* water faucet
robuste *adj.* robust, sturdy
rocher *m.* rock, crag
roi *m.* king; **fête** (*f.*) **des Rois** Feast of the Magi, Epiphany; **galette** (*f.*) **des Rois** Twelfth Night cake; **les Rois mages** the Three Wise Men, Magi
rôle *m.* role
romain(e) *adj.* Roman; **Romain(e)** *m., f.* Roman (*person*)
roman *m.* novel; **roman policier** detective novel
romancier/romancière *m., f.* novelist
rond(e) *adj.* round; **rond** (*m.*) **de fumée** smoke ring
rondelle *f.* slice; **couper en rondelles** to slice into rounds
rosbif *m.* roast beef
roseau *m.* reed
rose *f.* rose; *adj.* pink
rôti(e) *adj.* roast(ed); *m.* roast; **rôti de bœuf/porc** beef/pork roast
roue *f.* wheel
rouge *adj.* red; **brûler le feu rouge** to run a red light; **rouge** (*m.*) **à lèvres** lipstick
rougeole *f. s.* measles
rougeur *f.* rash, redness
rougir to blush, turn red
rouler to drive; to travel along; to roll (up)
Roumanie *f.* Romania
rouspéter (je rouspète) *fam.* to resist, protest, grumble
route *f.* road, highway; **code** (*m.*) **de la route** traffic code; **en route** on the way, en route
routier/routière *adj.* pertaining to the road; **signalisation** (*f.*) **routière** system of road signs
roux/rousse *adj.* red-haired; *m., f.* redhead
royal(e) *adj.* royal; **aigle** (*m.*) **royal** golden eagle
royaume *m.* kingdom
rubis *m.* ruby
rubrique *f.* headline; newspaper column
rue *f.* street; **coin** (*m.*) **de rue** street corner; **rue piétonne** pedestrian-only street
ruine *f.* ruin; decay; collapse; **en ruines** in ruins
rupture *f.* breakup; breakdown
rural(e) *adj.* rural
russe *adj.* Russian; *m.* Russian (language); **Russe** *m., f.* Russian (*person*)
Russie *f.* Russia
rythme *m.* rhythm

sable *m.* sand; **château** (*m.*) **de sable** sand castle
sablonneux/sablonneuse *adj.* sandy
sac *m.* sack; bag; handbag; **sac à dos** back-pack; **sac de couchage** sleeping bag; **sac (de) poubelle** garbage bag
sacré(e) *adj.* sacred, holy
sacrifier to sacrifice
saignant(e) *adj.* rare (*meat*); bleeding
sain(e) *adj.* healthy; healthful
saint(e) *adj.* holy; **Saint-Domingue** Saint Domingue (*former name of Haiti*); **Saint-Jacques: coquilles** (*f. pl.*) **Saint-Jacques** scallops (*served in their shells*); **Saint-Laurent** *m.* St. Lawrence (*river*); **Saint-Sylvestre** *f.* New Year's Eve; **Saint-Valentin** *f.* Valentine's Day
se saisir de to seize, grab
saison *f.* season; **hors saison** off-season
salade *f.* salad; lettuce; **salade niçoise** Niçoise salad (*salad with tomatoes, tuna, and anchovies*)
salaire *m.* salary; paycheck; **Salaire minimum interprofessionnel de croissance (SMIC)** minimum wage
salarié(e) *m., f.* wage earner
sale *adj.* dirty
salé(e) *adj.* salted, salty
saler to salt
saleté *f.* dirtiness; dirt; excrement (*euphemism*)
salle *f.* room; auditorium; **salle à manger** dining room; **salle d'attente** waiting room; **salle d'entraînement** workout room; **salle de bain(s)** bathroom; **salle de cinéma** movie theater; **salle de classe (de cours)** classroom; **salle de séjour** living room
salon *m.* salon; drawing room; **salon de l'auto** auto show; **salon des jeux** betting, gambling area of casino
saluer to greet
salut! *interj.* hi!; 'bye!
salutation *f.* greeting; closing (*letter*)
samedi *m.* Saturday
sanctuaire *m.* sanctuary
sandale *f.* sandal
sang *m.* blood
sans *prep.* without; **sans que** *conj.* without; **sans quoi** otherwise
santé *f.* health
sapin *m.* fir (*tree*)
sarrasin *m.* buckwheat
satisfaire (*like* faire) *irreg.* to satisfy
satisfait(e) *adj.* satisfied
sauce *f.* sauce; gravy; salad dressing; **sauce à la crème** cream sauce; **sauce au fromage** cheese sauce;

sauce hollandaise hollandaise sauce (*butter, eggs, lemon juice*)
saucisson *m.* hard sausage, salami
sauf *prep.* except
saumon *m.* salmon; **terrine** (*f.*) **de saumon** salmon terrine (*casserole*)
saut *m.* jump; **faire un saut en parachute** to do a parachute jump
sauter to jump; **faire sauter des crêpes** to flip crepes
sauvage *adj.* wild
sauvegarde *f.:* **faire la sauvegarde de** to save (*a computer file*)
sauvegarder to safeguard, protect
sauver to save
sauvetage *m.* saving, rescue; **sauvetage des habitats** saving habitats
savane *f.* savannah
savant(e) *adj.* learned, scholarly
saveur *f.* flavor
savoir (*p.p.* **su**) *irreg.* to know (how); to find out; **savoir-faire** *m.* ability, know-how; tact
savon *m.* soap
savoureux/savoureuse *adj.* tasty
scandale *m.* scandal
scandinave *adj.* Scandinavian
scénario *m.* scenario, script
scène *f.* stage; scenery; scene; **metteur/metteuse** (*m., f.*) **en scène** stage director; **mise** (*f.*) **en scène** setting, staging (*of a play*)
science *f.* science; **sciences humaines** social sciences; **sciences naturelles (sociales)** natural (social) sciences
scientifique *adj.* scientific; *m., f.* scientific researcher
scolaire *adj.* pertaining to schools, school, academic; **année** (*f.*) **scolaire** school year; **semaine** (*f.*) **scolaire** school week
S.D.F. (sans domicile fixe) *m. f. pl.* homeless (*people*)
se (s') *pron.* oneself; himself; herself; itself; themselves; to oneself, etc.; each other
séance *f.* meeting, session; **séance d'orientation** orientation meeting
sec/sèche *adj.* dry
sécession: guerre (*f.*) **de Sécession** American Civil War
sécher (je sèche) to dry; to avoid; **sécher un cours** to cut class, play hooky; **se sécher** to dry oneself
second(e) *adj.* second; **seconde** *f.* second (*unit of time*)
secondaire *adj.* secondary; **école** (*f.*) **secondaire** high school
secours *m.* help; **au secours!** *interj.* help!
secret/secrète *adj.* secret, private

secrétaire *m., f.* secretary

secteur *m.* sector

sécurité *f.* security; safety; **ceinture** (*f.*) **de sécurité** safety belt; **Sécurité sociale (SECU)** *French social security system*

sédentaire *adj.* sedentary

séduisant(e) *adj.* attractive, seductive, appealing

seigle: pain (*m.*) **de seigle** rye bread

sein *m.* breast, bosom; **allaiter au sein** to breastfeed, nurse; **au sein de** at the heart of

seize sixteen

séjour *m.* stay, sojourn; **salle** (*f.*) **de séjour** living room

séjourner to spend time, stay

sel *m.* salt

selon *prep.* according to

semaine *f.* week; **la semaine dernière** last week; **la semaine prochaine** next week; **la semaine scolaire** school week

semblable (à) *adj.* like, similar (to)

sembler to seem; to appear; **ça me semble** it seems to me

semestre *m.* semester

séminaire *m.* seminary

Sénégal *m.* Senegal

sénégalais(e) *adj.* Senegalese; **Sénégalais(e)** *m., f.* Senegalese (*person*)

sens *m.* meaning; sense; way, direction; **dans les deux sens** in both directions

sensiblement *adv.* appreciably, noticeably

sentiment *m.* feeling

sentimental(e) *adj.* sentimental; mawkish

sentir (*like* **partir**) *irreg.* to feel; to smell; to smell of; **se sentir à l'aise** to feel at ease; **se sentir bien (mal)** to feel good (bad)

séparer to separate; **se séparer** to separate (*couple*)

sept seven

septembre September

Sérères *m. pl.* Sereres (*ethnic group of Senegal*)

série *f.* series

sérieux/sérieuse *adj.* serious

serpent *m.* snake

serre: effet (*m.*) **de serre** greenhouse effect

serrer to tighten; to grip; **se serrer la main** to shake hands

serveur/serveuse *m., f.* waiter/waitress

service *m.* service; service charge; favor; **service compris** tip included; **station-service** *f.* service station, filling station

serviette *f.* napkin, towel; briefcase

servir (*like* **partir**) *irreg.* to serve; to wait on; to be useful; **servir à** to be of use in, be used for; **servir de** to serve as, take the place of; **se servir** to help oneself (*to food*); **se servir de** to use

ses *adj. pl.* his; her; its; one's

seul(e) *adj.* alone; single; only; **tout(e) seul(e)** all alone

seulement *adv.* only

sève *f.* sap; **sève d'érable** maple tree sap

sévère *adj.* severe, stern, harsh

sexe *m.* sex

sexiste *adj.* sexist

sexuel(le) *adj.* sexual

shampooing *m.* shampoo; **shampooing démêlant** conditioning shampoo

short *m. s.* shorts

si *adv.* so; so much; yes (*response to negative*); *conj.* if; whether; **même si** even if; **s'il vous (te) plaît** please

sida *m.* AIDS

siècle *m.* century

sien(ne) (le/la) *m., f. pron.* his/hers

sieste *f.* nap; **faire la sieste** to take a nap

sigle *m.* acronym, abbreviation

signaler to point out, draw one's attention to

signalisation *f.* system of road signs; **feu** (*m.*) **de signalisation** traffic light

signataire *m., f.* signatory, signer

signe *m.* sign, gesture; mark; **signe particulier** distinctive characteristic, sign, peculiarity

signer to sign

signet *m.* bookmark

signification *f.* meaning

signifier to mean

simplement *adv.* simply

simultanément *adv.* simultaneously

sincère *adj.* sincere

sinon *conj.* otherwise, if not

sirop *m.* syrup; **sirop d'érable** maple syrup

sitôt *adv.* as soon as

situé(e) *adj.* situated, located

se situer to be situated, located

sketch *m.* skit

ski *m.* skiing; **skis** *pl.* skis; **faire du ski** to ski; **ski alpin** downhill skiing; **ski nautique** waterskiing; **station** (*f.*) **de ski** ski resort

skier to ski

slip *m.* men's/women's briefs, underwear

Slovaquie *f.* Slovakia

SMIC (Salaire [*m.*] **minimum interprofessionnel de croissance)** minimum wage

smoking *m.* tuxedo

social(e) *adj.* social; **avantages** (*m.*) **sociaux** benefits (*job*)

société *f.* society; organization; firm

sociologie *f.* sociology

sœur *f.* sister; **belle-sœur** sister-in-law; **demi-sœur** half-sister; step-sister

soi (soi-même) *pron.* oneself

soie *f.* silk; **en soie** made of silk

soif *f.* thirst; **avoir soif** to be thirsty

se soigner to take care of oneself

soin *m.* care; **soins médicaux** medical care

soir *m.* evening; **à ce soir** farewell, until this evening; **demain (hier) soir** tomorrow (yesterday) evening; **du soir** in the evening

soirée *f.* party; evening; **soirée d'adieu** farewell party

soixante sixty

soixante-dix seventy

soja *m.* soy(a)

sol *m.* soil; ground; floor; **sous-sol** *m.* basement, cellar

solaire *adj.* solar; **système** (*m.*) **solaire** solar system

solde: en solde on sale

soleil *m.* sun; **coucher** (*m.*) **de soleil** sunset; **il fait du soleil** it's sunny; **lever** (*m.*) **du soleil** sunrise; **lunettes** (*f. pl.*) **de soleil** sunglasses

solidaire: être solidaire to show solidarity, stick together

solidarité *f.* solidarity; unity

solide *adj.* sturdy; *m.* solid

sombre *adj.* dark, somber

sommeil *m.* sleep; **avoir sommeil** to be sleepy

sommelier/sommelière *m., f.* wine steward

sommet *m.* summit, top

somnifère *m.* sleeping pill

son *adj., pron. m.* his/her, its; *m.* sound

sondage *m.* opinion poll

sonner to ring (*a bell*)

sorbet *m.* sorbet, sherbet

sorcier/sorcière *m., f.* sorcerer/witch

sorte *f.* sort, kind; manner

sortie *f.* going out; evening out; exit

sortir (*like* **dormir**) *irreg., intr.* to go out, come out; *trans.* to bring, take out

souci *m.* worry; **sans-souci** *adj.* carefree

soucieux/soucieuse *adj.* worried

soudain *adv.* suddenly

souffle *m.* breath of air

souffrir (*like* **ouvrir**) **(de)** *irreg.* to suffer (from)

souhaiter to desire, wish for

souk *m.* souk (*Arab market*)
soulager (nous soulageons) to ease, comfort, make feel better
soulever (je soulève) to lift; **soulever des poids** to lift weights
souligner to underline
soupçonneux/soupçonneuse *adj.* suspicious
soupe *f.* soup
souper *m.* supper
soupirer to sigh
source *f.* spring; spa; source
sourcil *m.* eyebrow
souriant(e) *adj.* smiling
sourire (*like* **rire**) *irreg.* to smile; *m.* smile
souris *f.* mouse
sous *prep.* under, beneath
sous-marin(e) *adj.* underwater; **sous-marin** *m.* submarine; **faire de la plongée sous-marine** to go scuba-diving; **vie** (*f.*) **sous-marine** marine life
sous-sol *m.* basement, cellar
sous-vêtements *m. pl.* underwear
soutenir (*like* **tenir**) *irreg.* to support, aid; to sustain
souterrain(e) *adj.* underground
soutien *m.* support; **soutien-gorge** *m.* bra, brassiere
sous-titré(e) *adj.* subtitled
souvenir *m.* memory, remembrance, recollection; souvenir; **je ne me souviens pas** I don't remember; **se souvenir de** (*like* **venir**) *irreg.* to remember
souvent *adv.* often; **aussi souvent que possible** as often as possible
souverain(e) *adj.* sovereign; *m., f.* sovereign, monarch
spatial(e): engin (*m.*) **spatial** spacecraft
spationaute *m., f.* astronaut (*from Europe*)
spécial(e) *adj.* special; **effets** (*m. pl.*) **spéciaux** special effects
spécialisé(e) *adj.* specialized
se spécialiser (en) to specialize (in)
spécialité *f.* speciality; major (*subject*)
spectacle *m.* show, performance; spectacle; **arts** (*m. pl.*) **du spectacle** performing arts; **monter un spectacle** to put on (perform) a program
spectateur/spectatrice *m., f.* spectator; member of the audience
splendide *adj.* splendid, magnificent
spontané(e) *adj.* spontaneous
sport *m.* sport(s); **faire du sport** to do, participate in sports; **voiture** (*f.*) **de sport** sports car
sportif/sportive *adj.* athletic; sportsminded; *m., f.* athlete; sportsman,

sportswoman; **manifestation** (*f.*) **sportive** sporting event
stabilité *f.* stability
stade *m.* stadium
stage *m.* training course; practicum, internship
station *f.* (*vacation*) resort; station; **station de métro** subway station; **station de ski** ski resort; **station-service** *f.* service station, filling station
stationnement (interdit) *m.* (no) parking
stationner to park
statistique *f. s.* statistic(s)
statut *m.* status
stéréo *adj., m., f.* stereo(phonic); **chaîne** (*f.*) **stéréo** stereo system
stéréotypé(e) *adj.* stereotyped
steward *m.* flight attendant
stimulant(e) *adj.* stimulating
stimuler to stimulate
stratégie *f.* strategy
stressé(e) *adj.* stressed
strict(e) *adj.* strict; severe
studieux/studieuse *adj.* studious
style *m.* style; **style de vie** lifestyle
stylo *m.* pen, ballpoint
subir to undergo; to be subject(ed) to
subjonctif *m., gram.* subjunctive (*mood*)
subliminal(e) *adj.* subliminal
substantif *m., gram.* noun
subtil(e) *adj.* subtle
succès *m.* success
succomber to succumb; to die
sucre *m.* sugar; **canne** (*f.*) **à sucre** sugar cane; **sucre d'érable** maple sugar
sucré(e) *adj.* sugared, sweetened
sud *m.* south; **Amérique** (*f.*) **du Sud** South America; **sud-est** *m.* Southeast; **sud-ouest** *m.* Southwest
sueur *f.* sweat, perspiration
suffire (*like* **conduire**) *irreg.* to suffice; **ça suffit** that's enough
suffisamment (de) *adv.* sufficiently, enough (of)
suffisant(e) *adj.* sufficient
suffrage *m.* vote
suggérer (je suggère) to suggest
Suisse *f.* Switzerland; *m., f.* Swiss (*person*); **suisse** *adj.* Swiss
suite *f.* continuation; series; result; **à la suite de** following; **tout de suite** immediately
suivant(e) *adj.* following
suivre (*p.p.* **suivi**) *irreg.* to follow; **suivre les actualités** to keep up with the news; **suivre un cours** to take a class
sujet *m.* subject; topic; **au sujet de** concerning

superbe *adj.* superb, magnificent
superficie *f.* (surface) area
superficiel(le) *adj.* superficial
superflu(e) *adj.* superfluous
supérieur(e) *adj.* superior; upper
superlatif *m., gram.* superlative
supermarché *m.* supermarket
supplément *m.* extra charge, fee, supplement
supplémentaire *adj.* additional, extra
supporter to tolerate, bear, stand
sur *prep.* on, on top of; upon; concerning; about
sûr(e) *adj.* sure; unerring, trustworthy; safe; **bien sûr** *interj.* yes, of course
surchargé(e) *adj.* overloaded, overworked
sûrement *adv.* certainly, surely
surf *m.* surfing
surface *f.* surface; **grande surface** shopping mall, superstore
surfer (sur Internet) to surf (the Internet)
surgelé(e) *adj.* frozen (*food*)
surmonter to surmount; overcome
surnom *m.* nickname
surnommé(e) *adj.* nicknamed
surpeuplé(e) *adj.* overpopulated
surpopulation *f.* overpopulation
surprenant(e) *adj.* surprising
surprendre (*like* **prendre**) *irreg.* to surprise
surpris(e) *adj.* surprised
surréaliste *adj.* surrealist, surrealistic
surtout *adv.* above all, chiefly, especially
surveiller to watch over
survivre (*like* **vivre**) *irreg.* to survive
syllabe *f.* syllable
symbole *m.* symbol
symbolique *adj.* symbolic
symboliser to symbolize
sympathique (*fam. inv.* **sympa**) *adj.* nice, likeable
symphonie *f.* symphony
symphonique *adj.* symphonic
symptôme *m.* symptom
syndicat (*m.*) **d'initiative** (*local*) chamber of commerce, tourist office
systématiquement *adv.* systematically
système *m.* system; **système d'exploitation** operating system (*computer*); **système solaire** solar system

ta *adj., f. s.* your
tabac *m.* tobacco; tobacco shop; **café-tabac** *m.* café-tobacconist (*government-licensed*)
table *f.* table; **débarrasser la table** to clear the table; **mettre la table** to

set the table; **se mettre à table** to sit down at the table; **table basse** coffee table; **table de nuit** bedside table

tableau *m.* picture; painting; chart; **tableau d'affichage** schedule display board; **tableau (noir)** (black)board, chalkboard

tâche *f.* task; **tâches ménagères** household tasks

taille *f.* size; waist; **de taille moyenne** average height

tailleur *m.* woman's suit

talon *m.* heel; **chaussures** (*f.*) **à talons plats** flat shoes

tamarin *m.* tamarind

tamponner to stamp

tandis que *conj.* while

tant *adv.* so much; so many; **en tant que** as, in my capacity; **tant de** so many, so much; **tant pis** too bad; **tant que** as long as; **tant… que** as much . . . as

tante *f.* aunt

taper to type

tapis *m.* rug

taquiner to tease

tard *adv.* late; **dormir tard** to sleep late; **plus tard** later

tarif *m.* tariff; fare, price

tarte *f.* tart; pie; **tarte aux pommes** apple tart

tartine *f. slice of bread with butter and topping*

tas *m.* pile, heap

tasse *f.* cup

taux *m.* level; rate, statistic

taxi *m.* taxi; **chauffeur** (*m.*) **de taxi** cab driver

te (t') *pron.* you; to you

technicien(ne) *m., f.* technician

technique *adj.* technical

technologie *f.* technology

technologique *adj.* technological

teinture *f.* dye; color, tint

tel(le) *adj.* such; **tel(le) que** such as, like

télécharger (nous téléchargeons) to download

télécommande *f.* channel changer, remote control

télégramme *m.* telegram

télégraphe *m.* telegraph

téléphone *m.* telephone; **numéro** (*m.*) **de téléphone** telephone number; **parler au téléphone** to talk on the phone; **téléphone mobile (portable)** cellular phone

téléphoner (à) to phone, telephone; **se téléphoner** to call one another

téléphonique *adj.* telephonic, by phone; **annuaire** (*m.*) **téléphonique** phone book; **cabine** (*f.*) **téléphonique** phone booth; **carte** (*f.*) **téléphonique prépayée** prepaid phone card; **répondeur** (*m.*) **téléphonique** telephone answering machine

télé-réalité *f.:* **émission** (*f.*) **télé-réalité** reality television show

téléspectateur/téléspectatrice *m., f.* television viewer

téléviseur *m.* television set

télévision (*fam.* **télé**) *f.* television

tellement *adv.* so; so much

témoignage *m.* testimony, account; evidence; **faux témoignage** perjury

témoin *m.* witness

tempe *f.* temple (*head*)

tempérament *m.* temperament; constitution

température *f.* temperature

tempéré(e) *adj.* temperate (*climate*)

tempête *f.* tempest, storm; **lampe-tempête** *f.* hurricane lamp

temporaire *adj.* temporary

temps *m.* time; weather; *gram.* tense; **depuis combien de temps** since when, how long; **de temps en temps** from time to time; **emploi** (*m.*) **du temps** schedule; **en même temps** at the same time; **gagner (perdre) du temps** to save (waste) time; **passe-temps** *m.* pastime, diversion; **perte** (*f.*) **de temps** waste of time; **quel temps fait-il?** what's the weather like?; **temps libre** leisure time; **tout le temps** always, the whole time

tendance *f.* tendency; trend; **avoir tendance à** to have a tendency to

tendinite *f.* tendinitis

tendre *adj.* tender, sensitive; soft

tendresse *f.* tenderness, affection

tenir (*p.p.* **tenu**) *irreg.* to hold; to keep; **tenir à** to care about; to be attached to; **tiens-moi au courant** keep me informed (up to date); **se tenir** to be held

tennis *f.* tennis; *pl.* tennis shoes, athletic shoes; **court** (*m.*) **de tennis** tennis court

tension *f.:* **niveau** (*m.*) **de tension** stress level

tentation *f.* temptation

tente *f.* tent

tenter (de) to tempt; to try, attempt (to)

terme *m.* term

terminaison *f.* ending (*of a word*)

terminé(e) *adj.* finished, terminated

terminer to end; to finish; **se terminer en** to end in

terminus *m.* last stop, terminus (*subway, bus, train*)

terrain *m.* ground; land; **faire du vélo** (*m.*) **tout-terrain** to go mountain-biking; **glissement** (*m.*) **de terrain** landslide

terrasse *f.* terrace, patio

terre *f.* land; earth; the planet Earth; **par terre** on the ground; **pomme** (*f.*) **de terre** potato; **terre cuite** earthenware, pottery

Terre-Neuve *f.* Newfoundland

terrestre *adj.* land

terrine *f.* terrine (*casserole*)

territoire *m.* territory; **aménagement** (*m.*) **du territoire** national and regional development

terroir *m.* soil

tes *adj., m., f., pl.* your

tester to test

tête *f.* head; mind; *fam.* face; **avoir mal à la tête** to have a headache; **faire la tête** to sulk; to make faces; **faire une drôle de tête** to make a funny (wry) face; **mal** (*m.*) **de tête** headache

texte *m.* text; passage

texto *m.* text message

Thaïlande *f.* Thailand

thé *m.* tea

théâtre *m.* theater; **pièce** (*f.*) **de théâtre** (*theatrical*) play

théboudienne *m.* théboudienne (*Senegalese stew of fish, rice, and vegetables*)

thème *m.* theme

thiof *m.* thiof (*type of fish from Senegal*)

théorie *f.* theory

thérapie *f.* therapy

tien(ne) (le/la) *m., f. pron., fam.* yours; **les tiens** *m. pl.* close friends, relatives

tiens! *interj.* well, well! (*expression of surprise*)

tiers *adj.* third; *m.* one-third

tigre *m.* tiger

timbre(-poste) *m.* (postage) stamp

timide *adj.* shy

tirer to pull

tiret *m.* hyphen; dash; blank (*line*)

tisane *f.* herb tea

tisser to weave

tissu *m.* material, fabric, cloth

titre *m.* title; degree

toast *m.* piece of toast

toi *pron.* you; **toi-même** yourself

toile *f.* cloth; web; screen; canvas

toilette *f.* lavatory; grooming

toit *m.* roof

tomate *f.* tomato; **jus** (*m.*) **de tomate** tomato juice

tomber to fall; **laisser tomber** to drop; **tomber amoureux/ amoureuse (de)** to fall in love (with); **tomber dans l'escalier** to fall down the stairs; **tomber en panne**

to have a (*mechanical*) breakdown; **tomber malade** to become ill

ton *adj., m. s.* your

tondre to mow; **tondre le gazon** to mow the lawn

tonne *f.* ton

tonnerre *m.* thunder

topographie *f.* topography

toque *f.* **(de cuisinier)** chef's hat

torche (*f.*) **électrique** flashlight

tornade *f.* tornado

tort *m.* wrong; **avoir tort** to be wrong

tortue (*f.*) **de mer** (sea) turtle

tôt *adv.* early; **plus tôt** earlier

total(e) *adj.* total

touche *f.* key (*on a keyboard*)

toucher (à) to touch; to affect; **toucher sa paie** to get paid; *m.* (sense of) touch

toujours *adv.* always; still; **pas toujours** not always

tour *f.* tower; *m.* turn; tour; trick; **à ton tour** in turn, your turn; **faire un tour du monde** to go around the world; **Tour de France** *annual bicycle race*

tourisme *m.* tourism

touriste *m., f.* tourist

touristique *adj.* tourist

tournage *m.* film shooting

tourner to turn; **tourner un film** to make, shoot a movie

tournoi *m.* tournament

Toussaint *f.* All Saints' Day (November 1)

tousser to cough

tout(e) (*pl.* **tous, toutes**) *adj., pron.* all; whole, the whole of; every; each; any; **tout** *adv.* wholly, entirely, quite, very, all; **ne... pas du tout** not at all; **tous ensemble** all together; **tous les ans** every year; **tous/toutes les deux** both (of them); **tous les jours** every day; **tous les trois mois** every three months; **tout à coup** suddenly; **tout à fait** completely, entirely; **tout au long de** throughout; **tout de suite** immediately; **tout droit** straight ahead; **tout juste** barely, hardly; only just; **tout le monde** everyone; **tout le temps** all the time; **tout près** very near; **tout(e) seul(e)** all alone; **toute la journée** all day long; **toutes les deux semaines** every other week; **un peu de tout** a little bit of everything

toutefois *adv.* however

toux *f.* cough

toxique *adj.* toxic; **déchets** (*m. pl.*) **toxiques** toxic waste; **échappements** (*m. pl.*) **toxiques** toxic exhaust; **émission** (*f.*) **toxique** toxic emission

trace *f.* trace; **garder une trace** to keep a record, trail

traditionaliste *adj.* traditionalistic

traditionnel(le) *adj.* traditional

traduire (*like* **conduire**) *irreg.* to translate

trafiquant(e) *m., f.* trafficker

tragédie *f.* tragedy

tragique *adj.* tragic

trahir to betray

train *m.* train; **en (par le) train** by train; **être en train de** to be in the process of; **Train à grande vitesse (T.G.V.)** *French high-speed train*

traîneau *m.* **(à chiens)** (dog) sled

traite *f.* trade, traffic (*commerce*)

traité *m.* treaty; treatise

traitement *m.* treatment; **prescrire un traitement** to prescribe a treatment

traiter to treat; **traiter une maladie** to treat an illness

traître/traîtresse *m., f.* traitor

tranche *f.* slice (*of fruit, etc.*); block, slab

tranquille *adj.* tranquil, quiet, calm

tranquillité *f.* quietness; tranquility

transatlantique *adj.* transatlantic

transférer (je transfère) to transfer

transformateur *m.* transformer

transformer to transform; to change

transmettre (*like* **mettre**) *irreg.* to transmit, pass on

transpiration *f.* perspiration, sweat

transport *m.* transportation; **moyen** (*m.*) **de transport** means of transportation; **transports en commun** public transportation

travail (*pl.* **travaux**) *m.* work; project; job; employment; **fête** (*f.*) **du Travail** Labor Day (*May 1*); **travaux ménagers** housework

travailler to work; **travailler dur** to work hard

travailleur/travailleuse *m., f.* worker

travers *prep.:* **à travers (le monde)** throughout (the world)

traversée *f.* crossing

traverser to cross

treize thirteen

tréma *m.* dieresis

trente thirty

très *adv.* very; most; very much; **très bien, merci** very well, thank you

trésor *m.* treasure

tribu *f.* tribe

tribunal *m.* court

tricot *m.* knit; knitting

trier to sort; **trier les déchets** to sort waste products (for recycling)

trimestre *m.* trimester; (*academic*) quarter

triomphal(e) *adj.* trumphal

triomphe *m.* triumph

triste *adj.* sad

troisième *adj.* third; **personne** (*f.*) **du troisième âge** senior citizen

se tromper to be wrong; to be mistaken

trompette *f.* trumpet

trop (de) *adv.* too much (of), too many (of)

tropical(e) *adj.* tropical; **forêt** (*f.*) **tropicale humide** tropical rainforest

trottoir *m.* sidewalk

trou *m.* hole

troubler to disturb

troupe *f.* troop

trouver to find; to deem; to like; **se trouver** to be; to be located

truc *m., fam.* thing; gadget; trick

tu *pron., fam.* you

tuer to kill

tuile (*f.*) roof tile

tulipe *f.* tulip

Tukrur: empire (*m.*) **Tukrur** Tukrur empire (*11th-century Senegal*)

Tunisie *f.* Tunisia

tunisien(ne) *adj.* Tunisian; **Tunisien(ne)** *m., f.* Tunisian (*person*)

turbot (*m.*) **à l'oseille** turbot (*type of fish*) with sorrel

type *m.* type; *fam.* guy

typique *adj.* typical

un(e) *art., num., pron.* a/an, one; **l'un(e) l'autre** one another; **un peu** a little

uni(e) *adj.* united; close; **États-Unis** *m. pl.* United States

unifié(e) *adj.* unified

uniforme *m.* uniform

union *f.* union; marriage; **Union européenne (UE)** European Union (EU); **union libre** living together, common-law marriage

unique *adj.* only, sole, single

unir to unite

unité *f.* unity

univers *m.* universe

universel(le) *adj.* universal

universitaire *adj.* of or belonging to the university; **cité** (*f.*) **universitaire** (*fam.* **cité-u**) student residence complex

urbain(e) *adj.* urban, city

urbanisation *f.* urbanization

urgence *f.* emergency; **cas** (*m.*) **d'urgence** emergency; **d'urgence** *adv.* urgently; **numéro** (*m.*) **d'urgence** emergency number

usage *m.* use

usine *f.* factory

ustensile *m.* (kitchen) utensil
utile *adj.* useful
utilisateur/utilisatrice *m., f.* user
utilisation *f.* use
utiliser to use, utilize

vacances *f. pl.* vacation; **colonie** (*f.*) **de vacances** (*fam.* **colo**) summer camp; **grandes vacances** summer vacation; **partir (aller) en vacances** to leave on vacation
vacancier/vacancière *m., f.* vacationer
vaccin *m.* vaccine
vacciner to vaccinate
vairon *m.* minnow
vaisselle *f. s.* dishes; **faire la vaisselle** to wash, do the dishes; **lave-vaisselle** *m.* (automatic) dishwasher
val *m.* valley
valable *adj.* valid, good
Valentin: Saint-Valentin *f.* Valentine's Day
valeur *f.* value; worth
valide *adj.* valid
valider to authenticate; to ratify
valise *f.* suitcase; **faire les valises** to pack (*luggage*)
vallée *f.* valley
valoir (*p.p.* **valu**) *irreg.* to be worth; **il vaut mieux** it is better
valse *f.* waltz
vanille *f.* vanilla
vaniteux/vaniteuse *adj.* vain, conceited
vapeur *f.* steam; **cuire à la vapeur** to steam (*in cooking*); **pommes** (*f.*) **vapeur** steamed potatoes
variante *f.* variant, variation
varier to vary; to change
variété *f.* variety; **variétés** variety show
vaste *adj.* vast, wide
vaudou *m.* voodoo
veau *m.* veal; calf; **escalope** (*f.*) **de veau** veal cutlet
vedette *f.* star, celebrity (*male or female*)
végétalien(ne) *m., f., adj.* vegan
végétarien(ne) *m., f., adj.* vegetarian
végétation *f.* vegetation
véhicule *m.* vehicle
véhiculer to transport
veille *f.* the day (evening) before; eve
veine *f.* vein
vélo *m.*, bike; **faire du vélo tout-terrain** to go mountain-biking
velours *m.* velvet, velours
vendeur/vendeuse *m., f.* salesperson
vendre to sell; **se vendre** to be sold
vendredi *m.* Friday
venir (*p.p.* **venu**) *irreg.* to come; **venir de** to have just (*done something*)
Venise Venice

vent *m.* wind; **faire du vent (il fait du vent)** to be windy (it's windy)
vente *f.* sale; selling; **vente en ligne** online sale
ventilateur *m.* **(électrique)** (electric) fan
ventre *m.* belly, stomach
verbe *m.* verb
verdir to turn green
verglas *m.* black ice
vérifier to verify; **vérifier le niveau d'huile** to check the oil (*motor*)
véritable *adj.* true; real
vérité *f.* truth
verlan *m.* type of slang
verre *m.* glass; **prendre un verre** to have a drink; **verre à vin** wineglass; **verres de contact** contact lenses
vers *prep.* toward(s); to; about
versant *m.* side, slope (*of mountain*)
verser to pour (in); to dispense
vert(e) *adj.* green; **vert** *m.* environmentalist, "green"; ***haricots** (*m. pl.*) **verts** green beans
vertige *m.* vertigo, dizziness, **avoir le vertige** to be dizzy
veste *f.* sport coat, suit coat
vestiges *m. pl.* remains, vestiges
vêtement *m.* garment; *pl.* clothes, clothing
vétérinaire *m., f.* veterinarian
veuf/veuve *m.* widower; *f.* widow
vexer to hurt, offend
viande *f.* meat; **viande hachée** ground meat
vibreur *m.* vibrator
vice-président(e) *m., f.* vice-president
victime *f.* victim (*male or female*)
victoire *f.* victory, win
vide *adj.* empty
vidéo *adj. inv.* video; *f.* video(cassette); **jeu** (*m.*) **vidéo** video game
vider to empty; **vider les ordures** to empty the garbage
vie *f.* life; **espérance** (*f.*) **de vie** life expectancy; **gagner sa vie** to earn one's living; **mener une vie sédentaire** to lead a sedentary life; **vie sous-marine** marine life
vieillir to grow old
vieillissement *m.* aging
vierge *f.* Virgin
vieux (vieil, vieille) *adj.* old; **vieux garçon** *m.* bachelor
vif/vive *adj.* lively, bright; **cuire à feu vif** to cook on high heat; **sur le vif** from/in real life
vigne *f.* vine; vineyard; **pied** (*m.*) **de vigne** vine
vigueur *f.* vigor; strength
villa *f.* bungalow; single-family house; villa

villageois(e) *m., f.* villager
ville *f.* city; **centre-ville** *m.* downtown; **en ville** in town, downtown; **plan** (*m.*) **de la ville** city map
vin *m.* wine; **cave** (*f.*) **à vins** winery; **coq** (*m.*) **au vin** *chicken cooked in* (*red*) *wine;* **marchand** (*m.*) **de vins** wine seller; **verre** (*m.*) **à vin** wineglass
vinaigre *m.* vinegar
vingt twenty
vingtaine *f.* about twenty, twenty or so
vingtième *adj.* twentieth
viol *m.* rape
violent(e) *adj.* violent
violer to violate, break; to rape
violet(te) *adj.* purple, violet; *m.* violet (*color*)
violon *m.* violin; **jouer du violon** to play the violin
Virginie *f.* Virginia; **Virginie-Occidentale** West Virginia
virgule *f.* comma
virtuel(le) *adj.* virtual
virus *m.* virus; **virus informatique** computer virus
visage *m.* face, visage; **se laver le visage** to wash one's face
vis-à-vis (de) *prep.* opposite, facing
visite *f.* visit; tour; **rendre visite à** to visit (*people*)
visiter to visit (*a place*)
visiteur/visiteuse *m., f.* visitor
visualiser to visualize
visuel(le) *adj.* visual
vitamine *f.* vitamin
vite *adv.* quickly, fast, rapidly
vitesse *f.* speed; **changer de vitesse** to change gears; **dépasser la limite de vitesse** to exceed the speed limit; **levier** (*m.*) **de vitesse** gear shift (*lever*)
vitre *f.* pane of glass; car window
vitrine *f.* display window, store window; **faire les vitrines** *fam.* to window-shop
vivant(e) *adj.* living; alive; **bon vivant** *m.* bon vivant, who enjoys life
vivre (*p.p.* **vécu**) *irreg.* to live; **facile (difficile) à vivre** easy (difficult) to get along with
vocabulaire *m.* vocabulary
vœux *m. pl.* wishes, good wishes; **carte** (*f.*) **de vœux** greeting card
voie *f.* way, road; course; lane; railroad track; **par voie de** by means of
voilà *prep., adv.* there, there now, there is, there are, that is
voile *f.* sail; veil; **faire de la planche à voile** to go windsurfing (sailboarding); **faire de la voile** to sail

voir (*p.p.* **vu**) *irreg.* to see; **aller voir** to go visit; **se voir** to imagine oneself, see oneself (one another)

voisin(e) *m., f.* neighbor

voiture *f.* car, auto; **voiture de fonction** company car; **voiture de sport** sports car

voix *f.* voice; vote; **à haute voix** out loud, aloud

vol *m.* flight; theft; **vol d'identité** identity theft

volaille *f.* poultry

volant *m.* steering wheel

volataliser to vanish

volcan *m.* volcano

volcanique *adj.* volcanic

voler *intr.* to fly; to steal

volet *m.* (*window*) shutter

volley-ball (*fam.* **volley**) *m.* volleyball

volontaire *adj.* voluntary; *m., f.* volunteer; **interruption** (*f.*) **volontaire de grossesse (IVG)** abortion; **se porter volontaire** to volunteer

volonté *f.* wish, will

vomissement *m.* vomiting

voter to vote

votre *adj. s.* your

vôtre (le/la) *m., f. pron.* yours

vouloir (*p.p.* **voulu**) *irreg.* to wish, want; **je veux bien** I'm willing; **se vouloir** to claim to be; **vouloir dire** to mean

vous *pron.* you; yourself; to you; **chez vous** where you live; **s'il vous plaît** please; **vous-même** yourself

voyage *m.* trip; journey; **agence** (*f.*) **de voyages** travel agency; **agent** (*m.*) **de voyages** travel agent; **chèque** (*m.*) **de voyage** traveler's check; **partir en voyage** to leave on a trip; **préparatifs** (*m. pl.*) **de voyage** travel preparations; **voyage de noces** honeymoon, wedding trip

voyager (nous voyageons) to travel

voyageur/voyageuse *m., f.* traveler

voyant(e) *m., f.* fortune-teller

voyelle *f.* vowel

vrai(e) *adj.* true, real; **c'est vrai?** is that right (correct)?

vraiment *adv.* truly, really

vue *f.* view; panorama; sight; **point** (*m.*) **de vue** point of view

wagon *m.* train car

wallon(ne) *adj.* Walloon (*from French-speaking Belgium*)

Wallonie *f.* Wallonia (*French-speaking Belgium*)

webzine *m.* web magazine

wolof *m.* Wolof (*language*); **Wolof** *m. pl.* Wolof (*ethnic group of Senegal*)

y (*pron.*) there

y: il y a (*inv.*) there is, there are; ago; **il n'y a pas de** there isn't, there aren't; **j'y pense** I'm thinking about it; **qu'est-ce qu'il y a dans... ?** what's in ... ?; **y a-t-il... ?** is (are) there ... ?

yaourt *m.* yogurt

yeux (*m. pl.* of **œil**) eyes

Yorubas *m. pl.* Yorubas (*ethnic group of southwest Africa*)

zéro *m.* zero

zone *f.* zone; **stationner dans une zone interdite** to park in a no-parking zone

zut *interj., fam.* darn

Index

Abbreviations used in this index are identical to those used in the *Lexique*. Cultural Topics and Vocabulary are listed at the end as separate categories.

GRAMMAR

à
- with **croire**, 225
- contractions of, 93
- indirect object pronouns after, 221–222, 282
- place names and locations with, 88, 93–94, 102, 118
- seasons with, 88
- verbs that require, 83, 88, 155, 222, 225, 309–310, A-2
- **y** replacing, 309

accents, 37

acheter, 251, A-1, A-5

adjectives
- agreement of, 4–5, 13, 17, 31, 40–42, 47, 61–63, 150–152, 255, 343
- **c'est** *vs.* **il (elle) est** with, 311–312
- color, 5–6, 10
- comparative forms of, 151–154
- defined, 13, 152
- demonstrative, 124–125
- descriptive, 150–151, 162. *See also* descriptions
- expressing degree or quantity, 83, 89
- irregular, 41
- plural of, 17, 42–43
- position of, 41, 150–151, 343
- possessive, 63–64
- superlative forms of, 330, 342–343
- **tout** as, 255

adorer, 48–50, 65, 251

adverbs
- comparative forms, 152, 154
- defined, 152
- formation of, 421–422
- **imparfait** with, 284
- **passé composé** with, 285
- superlative forms of, 342

age, telling one's, 46, 55, 66

agreement
- of adjectives, 4–5, 13, 17, 31, 40–42, 47, 61–63, 150–152, 255, 343
- of articles, 13–14, 17
- of past participle, 191, 420
- of pronouns, 345, 426

aimer, 48–51, 61, 64–66, 76, 97, 251, 393, A-2

aller
- conditional tense, 367
- conjugation, 69, 93, A-6
- expressing future action with, 80–81, 93, 313
- expressing movement with, 93
- future tense, 314
- **imparfait**, 216
- imperative form, 93, 372
- followed by infinitive, A-2
- **passé composé**, 191
- **plus-que-parfait**, 424
- subjunctive mood, 338

alphabet, 24, 36

appeler, A-1, A-5

apprendre, 83, 88, 122–123, 189, A-2, A-9

après, 259

articles
- agreement of, 13–14, 17
- contractions of **à** and **de** with, 72, 93
- defined, 13
- definite, 13, 71–72, 251, 252

indefinite, 13, 72, 195, 251, 254
partitive, 125–127, 195, 251, 252, 254
with place names, 69, 279–280
plural, 17
professions with, 311
usage of, 251–252

attendre, 156, 282, 314, 396

aussi, 310

aussi + adj. + **que**, 151–152

aussitôt, que, 314

autant, 152, 366

auxiliary verbs, A-3

avant, 259, 446

avoir
- age expressed with, 66–67
- as auxiliary verb, 172–173, 186–190, 424
- conditional tense, 366–367
- conjugation, A-3
- future tense, 314
- idioms with, 162–164
- **imparfait**, 216, 395
- imperative form, 372
- **passé composé**, 395
- in past infinitive, 259–260
- past participle, 188–189
- present participle, 396
- present tense, 39–40
- subjunctive mood, 338

beau (bel, belle), 41, 150

bien que, 446

boire, 188, 251, 253–254, 338, A-6

bon (bonne), 41, 77, 150, 152, 343

ce, c'est, ce sont
- dates with, 66
- emphatic pronouns after, 309–310
- identifying people, 12–13, 36
- identifying things, 31, 36, 235
- *vs.* **il (elle) est, ils (elles) sont**, 310

ce, cette, cet, ces, 124–125

ce qui, ce que, ce dont, 370–371

cedilla, A-1

celui, celle, ceux, celles, 330, 344–346

-ci, 345

combien?, 7, 10, 27, 33, 47, 119

commands
- defined, 11
- formation of, 93, 372–373
- negative, 372
- usage of, 2, 10, 11–12, 241, 359

commencer, A-1, A-2, A-5

comment?, 31, 35, 46, 119, 218

comparisons, 151–152, 310, 343, 426

compound tenses, 424

comprendre, 122, 189, A-9

conditional tense, 96–97, 205, 351, 367–369, 432.
  See also past conditional tense

conduire, 189, 335, 340–341, A-6

conjunctions with subjunctive, 446

connaître, 160–161, 188, 335, 395, A-6

consonants
- silent final, 12, 15, 17, 43, 93, 95–96, 120, 152, 161, 189, A-1
- vowel liaison with, 14, 15, 17, 39, 43, 63, 70, 95, 152, 189, 373

contractions, 14, 71–72, 93, 118

courir, 127, A-7

couvrir, 155, A-8*n*

craindre, A-7

croire, 225–226, A-7

dans
- with places, 93, 118, 133, 279
- with time, 94, 315

dates, 24–25, 66

de, d' (du, de la, des)
- in comparisons, 343
- contractions, 71–72, 118
- **dont** and, 369–370
- with expressions of quantity, 27, 125–127, 152, 233, 251–253
- with negative expressions, 39, 195
- as partitive article, 125–127, 195, 251, 254
- place names and locations with, 53, 68–69, 101, 118, 279
- possession or relationship expressed by, 71–72
- time of day after, 38
- verbs that require **de** before a following infinitive, 155, 162, 224, A-2
- verbs that require **de** before an object, 162, 369

découvrir, 155, A-8*n*

demi(e), 37–38

depuis, 298–299, 312–313

dès que, 314

détester, 48, 65, 251, A-2

devenir, 191, A-9*n*

devoir
- conditional tense, 283–284, 367, 428
- conjugation, A-7
- future tense, 314
- **imparfait**, 216, 395
- followed by infinitive, 283, A-2
- obligation expressed by, 123–124, 283–284, 297
- **passé composé**, 395
- past conditional tense, 444–445
- present tense, 123–124
- probability expressed by, 124, 283

dire, 189, 216, 218, 282, 335, A-2, A-7

dont, 369–370

dormir, 127, 335, A-7

écrire, 2, 189, 216, 218, 335–336, A-7

elision. *See* vowels

en, as preposition
- with **croire**, 225
- place names with, 279

en, as pronoun
- commands with, 372
- with **il y a**, 34, 255, 341
- position of, 254–255, 341–342
- replacing **de** + noun, 255

envoyer, 314, A-7

-er verbs. *See also* Appendixes A, B, C
- conditional tense, 367
- future tense, 314
- **imparfait**, 215
- imperative form, 372
- **passé composé**, 186–188
- present tense, 69–71
- subjunctive mood, 335

espérer, 393, A-2

I-1

VOCABULARY

Credits

Photographs

Page 1 HIRB/Index Stock Imagery, Inc.; **p. 21** © Beryl Goldberg, Photographer; **p. 45** A. M. Berger/ Photo Researchers, Inc.; **p. 48** Stuart Cohen/The Image Works; **p. 54** Narcerdine Zebar/Gamma; **p. 56** Nathan Benn/Woodfin Camp & Associates; **p. 59** Mario Colonel/Aurora Photos; **p. 73** Catherine Panchout/Stone/Getty Images; **p. 76** Rainer Jensen/epa/CORBIS; **p. 84** Comnet LTD/ eStock Photo; **p. 86** Raymond Scott/The Image Works; **p. 99** Suzanne & Nick Geary/Riser/Getty Images; **p. 101** © 2003 Ulrike Welsch; **p. 105** Leslie Richard Jacobs/CORBIS; **p. 108** (*top right*) Nikreates/Alamy; **p. 109** (*top left*) Don Farrall/Photodisc/Getty Images, (*top right*) Nikreates/Alamy; **p. 113** Yves Marcoux/Stone/Getty Images; **p. 131** Elizabeth Whiting & Associates/Alamy; **p. 137** Mark Leibowitz/Masterfile; **p. 143** Stuart Cohen/The Image Works; **p. 145** Gerry Hadden/SIPA Press; **p. 165** Puzant Apkarian/Masterfile; **p. 166** (*top*) Leonardo DaVinci (1452–1519), *Mona Lisa*. Louvre, Paris, France. Réunion des Musées Nationaux/Art Resource, NY, photography by R. G. Ojeda, (*bottom*) Damir Frkovic/Masterfile; **p. 167** Auguste Renoir (1841–1919), *Dance at the Moulin de la Galette*, 1876. Musée d'Orsay, Paris, France, Erich Lessing/Art Resource, NY; **p. 171** Anonymous, 19th century. Bibliothèque Nationale, Paris, France. Réunion des Musées Nationaux/Art Resource, NY, photography by Bulloz; **p. 173** Tim Bieber/Riser/Getty Images; **p. 175** (*top*) Gisela Damm/ eStock Photo; **p. 182** Bettmann/CORBIS; **p. 197** © Robert Fried; **p. 200** Directphoto.org/Alamy; **p. 203** Philip Gould/CORBIS; **p. 229** AP Images/Jacques Boissinot/CP; **p. 230** (*top*) AP Images/ Jacques Boissinot/CP, (*bottom*) Alec Pytlowany/Masterfile; **p. 231** Owen Franken; **p. 237** Robert Fried/Alamy; **p. 240** Tom Vano/Index Stock Imagery, Inc.; **p. 243** (*bottom*) HIRB/Index Stock Imagery, Inc.; **p. 261** David McGlynn/Photographer's Choice/Getty Images; **p. 263** Paul Gauguin (1848–1903), *Mahana Maa*, 1892. Oil on canvas, 54.5 × 31 cm. The Finnish National Gallery/Central Art Archives, photography by Hannu Aaltonen; **p. 265** Author's image; **p. 272** Martin Barraud/ Stone/Getty Images; **p. 274** John Hay/Lonely Planet Images; **p. 276** Les Pickett; Papilio/CORBIS; **p. 287** (*top*) Liba Taylor/CORBIS, (*bottom*) Marcel Mochet/AFP/Getty Images; **p. 288** Christy Gavit/ Woodfin Camp & Associates; **p. 289** Greg Meadors/Stock, Boston, LLC; **p. 296** © Robert Fried; **p. 299** Marc Romanelli/Riser/Getty Images; **p. 303** Catherine Balet/CORBIS; **p. 304** Jim Erickson/ CORBIS; **p. 317** Courtesy of The Jean Whitney Estate; **p. 321** Kristi J. Black/CORBIS; **p. 331** William Stevens/Gamma; **p. 347** (*top*) Richard Klune/CORBIS, (*bottom*) René Magritte (1898–1967), *Les deux mystères (The Two Mysteries)*, 1966. Oil on canvas, 65 × 80 cm. Banque d'Images, ADAGP/Art Resource, NY; **p. 348** AP Images/Domenico Stinellis; **p. 349** Kathleen Finlay/Masterfile; **p. 356** (*bottom*) Photodisc; **p. 363** FAT FREE LTD/MIRAMAX/The Kobal Collection/David Appleby; **p. 375** Wernher Krutein/CORBIS; **p. 380** Benelux Press/Index Stock Imagery, Inc.; **p. 383** Gary Conner/Index Stock Imagery, Inc.; **p. 388** Abraham Solomon (1824–1862), *Le Malade imaginaire*, 1861. Private Collection/Photo © Christie's Images/The Bridgeman Art Library; **p. 399** (*top*) Jean-Bernard Carillet/Lonely Planet Images, (*bottom*) John Dominis/Index Stock Imagery, Inc.; **p. 400** Alyx Kellington/Index Stock Imagery, Inc.; **p. 401** Martial Colomb/Photodisc/Getty Images; **p. 405** Martin Barraud/Stone/Getty Images; **p. 427** Thierry Orban/CORBIS Sygma; **p. 431** Robert Fried/ Alamy; **p. 436** Philippe Caron/CORBIS Sygma

Readings and Realia

Page 6 Gingerbread Gallery; **p. 30** Les Éditions Albert René/Goscinny-Uderzo. Used by permission; **p. 51** © Éditions Milan; **p. 174** Les Éditions Albert René/Goscinny-Uderzo. Used by permission; **p. 207** Text by Benoît Marchon, illustration by Serge Bloch © Astrapi, Bayard Presse Jeunesse, 1993; **p. 210** From *Les Voleurs d'écritures* by Azouz Begag, illustration by Catherine Louis, © Éditions du Seuil, 1990, coll. *Points*, 2002, 2006; **p. 234** BIO VIVRE; **p. 240** *Cuisines et vins de France*/L. Rouvrais; **p. 263** *Espaces Voyages Vacances;* **p. 273** Carrefour and La Cité des Sciences et de l'Industrie; **p. 292** *Paroles de jeunes*, publication of the Région Provence Alpes Côte d'Azur for the Foire de Marseille (Stand Région, Parc Chanto, 25 septembre au 4 octobre 1999; **p. 293** Cartoon by Tignon; **p. 294** l'*Étudiant*/Mathieux; **p. 306** l'*Étudiant*; **p. 331** Adapted from *Pain sucré* by Mary Lee Martin-Koné, Collection Monde Noir Poche Jeunesse, © Hatier, 1983–Éditions Hatier International, 2002; **p. 327** Cover from *Guide de Routard—Côte d'Azur 2007–2008*. Courtesy of Hachette Tourisme; **p. 361** Voilà France/www.voila.fr; **p. 379** Laboratoires Abbott; **p. 381** Carrefour; **p. 413** *Francoscopie*, 1999; Eurostat, 2006; **p. 433** © Museum National d'Histoire Naturelle; **p. 441** Cartoon by Plantu

About the Authors

Tracy D. Terrell, late of the University of California, San Diego, received his Ph.D. in Spanish Linguistics from the University of Texas at Austin. His extensive research publications are in the area of Spanish dialectology, with particular focus on the sociolinguistics of Caribbean Spanish. Professor Terrell's publications on second language acquisition and on the Natural Approach are widely known in the United States.

Mary Bassett Rogers holds her undergraduate and graduate degrees in French from Vanderbilt University. She taught French at Wichita State University for many years, where she became coordinator for foreign language education and supervised teaching assistants. She served as president of the Kansas Foreign Language Association and was a certified tester for the ACTFL Oral Proficiency Interview for several years. She has given numerous presentations and workshops on second language teaching and has also taught French and second language pedagogy at Friends University (Kansas). Professor Rogers is co-author of *¡Bravo!,* a Natural Approach program for teaching Spanish in secondary and middle schools.

Betsy J. Kerr is an Associate Professor of French at the University of Minnesota, Minneapolis. She received her Ph.D. in French linguistics from Indiana University and has published in the areas of French syntax and pragmatics, specializing in the analysis of spoken French discourse. At the University of Minnesota, Professor Kerr (formerly Barnes) teaches courses in French language and linguistics. She also serves as adviser to the director of the Lower Division French Program, a position she has held for many years.

Born and raised in Marseille, **Guy Spielmann** (Ph.D., Vanderbilt University) is Associate Professor of French at Georgetown University. He was also Associate Director, then Director of the French School, Middlebury College. He has done research, lectured, and published extensively on second language acquisition and performing arts in Early Modern Europe. He has also pioneered work in the scholarly and pedagogical use of information technology. Visit *La Page de Guy* at **www.georgetown.edu/spielmann.**

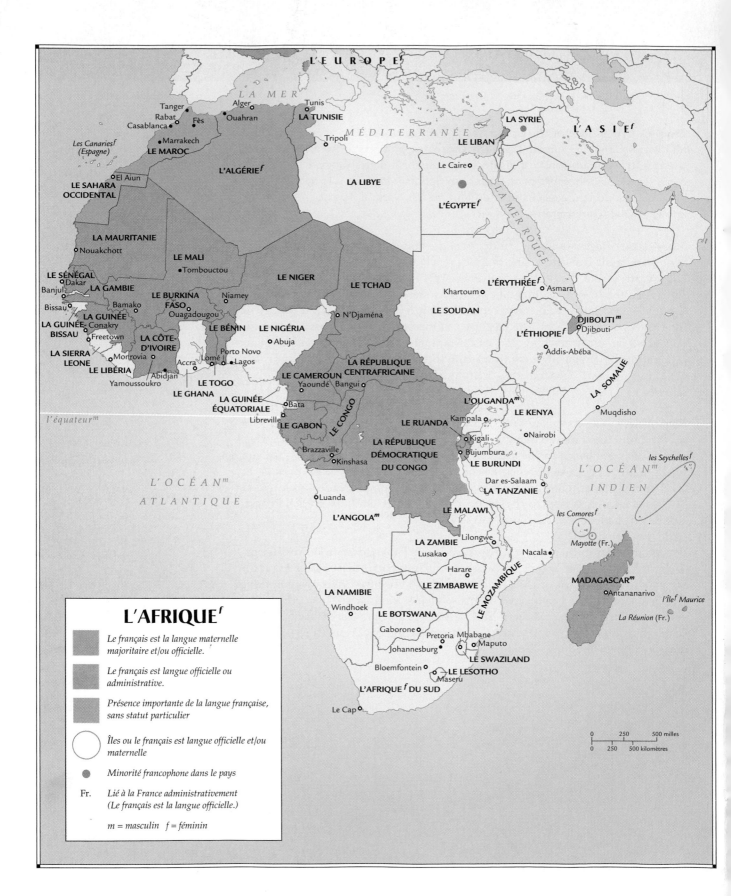

L'EUROPE

LA MER MÉDITERRANÉE

L'ASIE^f

Tanger
Rabat
Casablanca
Fès
Alger
Ouahran
Tunis
LA TUNISIE
LA SYRIE
LE LIBAN
Tripoli

Marrakech
LE MAROC
Les Canaries^f
(Espagne)

El Aiun
L'ALGÉRIE^f
LA LIBYE
Le Caire
L'ÉGYPTE^f

LE SAHARA
OCCIDENTAL

LA MAURITANIE
Nouakchott

LE MALI
Tombouctou
LE NIGER
LE TCHAD
Khartoum
LE SOUDAN
L'ÉRYTHRÉE^f
Asmara

LE SÉNÉGAL
Dakar
LA GAMBIE
Banjul
Bissau
LA GUINÉE-
BISSAU
LE BURKINA
FASO
Niamey
Ouagadougou
N'Djaména
DJIBOUTI^m
Djibouti

Bamako
LA GUINÉE
Conakry
Freetown
LA SIERRA
LEONE
LE LIBÉRIA
Monrovia
Yamoussoukro
Abidjan
LA CÔTE-
D'IVOIRE
Accra
LE GHANA
LE BÉNIN
LE TOGO
Lomé
Porto Novo
Lagos
LE NIGÉRIA
Abuja
LA RÉPUBLIQUE
CENTRAFRICAINE
Bangui
L'ÉTHIOPIE^f
Addis-Abéba
LA SOMALIE

LE CAMEROUN
Yaoundé
LA GUINÉE
ÉQUATORIALE
Bata
Libreville
LE GABON
LE CONGO
L'OUGANDA^m
Kampala
LE KENYA
Muqdisho

l'équateur^m
Brazzaville
Kinshasa
LA RÉPUBLIQUE
DÉMOCRATIQUE
DU CONGO
LE RUANDA
Kigali
Bujumbura
LE BURUNDI
Nairobi
les Seychelles^f
L'OCÉAN^m
INDIEN

L'OCÉAN^m
ATLANTIQUE
Luanda
Dar es-Salaam
LA TANZANIE
les Comores^f
Mayotte (Fr.)

L'ANGOLA^m
LE MALAWI
Lilongwe
LA ZAMBIE
Lusaka
Nacala
MADAGASCAR^m
Antananarivo
l'Île^f Maurice

Harare
LE MOZAMBIQUE
La Réunion (Fr.)

LA NAMIBIE
Windhoek
LE ZIMBABWE
LE BOTSWANA
Gaborone
Pretoria
Johannesburg
Mbabane
Maputo
LE SWAZILAND
Bloemfontein
LE LESOTHO
Maseru
L'AFRIQUE^f DU SUD
Le Cap

L'AFRIQUE^f

- Le français est la langue maternelle majoritaire et/ou officielle.'
- Le français est langue officielle ou administrative.
- Présence importante de la langue française, sans statut particulier
- Îles ou le français est langue officielle et/ou maternelle
- Minorité francophone dans le pays
- Fr. Lié à la France administrativement (Le français est la langue officielle.)

m = masculin   f = féminin

0   250   500 milles
0   250   500 kilomètres

L'EUROPE^f

Le français est la langue maternelle majoritaire et/ou officielle.

Le français est langue officielle ou administrative.

Présence importante de la langue française, sans statut particulier

m = masculin   f = féminin

0   250   500 milles
0   250   500 kilomètres

LA SUÈDE

LA FINLANDE

LA NORVÈGE

Oslo

Stockholm

Helsinki

St-Pétersbourg

Tallinn

L'ESTONIE^f

Moscou

L'ÉCOSSE^f

LA MER DU NORD

Riga

LA RUSSIE

L'IRLANDE^f DU NORD

LE ROYAUME-UNI

BRETAGNE

LE DANEMARK

Copenhague

LA MER BALTIQUE

LA LETTONIE

L'IRLANDE^f

Dublin

LES PAYS-BAS^m

LA RUSSIE

Vilnius

LA LITUANIE

Kaliningrad

Minsk

LE PAYS DE GALLES

L'ANGLETERRE^f

Amsterdam

Berlin

LA BIÉLORUSSIE

Londres

LA POLOGNE

Varsovie

LA BELGIQUE

Bruxelles

L'ALLEMAGNE^f

Kiev

L'OCÉAN^m ATLANTIQUE

Paris

Luxembourg

Prague

L'UKRAINE^f

LE LUXEMBOURG

LA RÉPUBLIQUE TCHÈQUE

LE LIECHTENSTEIN

LA SLOVAQUIE

Vienne

Bratislava

LA MOLDAVIE

LA FRANCE

Berne

Lausanne

Genève

LA SUISSE

L'AUTRICHE^f

Budapest

Chisinau

LA HONGRIE

le Val d'Aoste

LA SLOVÉNIE

Ljubljana

LA ROUMANIE

Zagreb

LA CROATIE

Belgrade

Bucarest

LE PORTUGAL

Madrid

Andorre-la-Vieille

L'ANDORRE^f

MONACO^m

L'ITALIE^f

LA BOSNIE-HERZÉGOVINE

Sarajevo

LA SERBIE

LE MONTÉNÉGRO

LA MER ADRIATIQUE

LA MER NOIRE

Lisbonne

La Corse

Ajaccio

Rome

Podgorica

Sofia

LA BULGARIE

L'ESPAGNE^f

Skopje

LA MACÉDOINE

Istanbul

Tirana

L'ALBANIE^f

LA TURQUIE

LA GRÈCE

LA MER MÉDITERRANÉE

LA MER ÉGÉE

Athènes

L'AFRIQUE^f

La Crète

LE MAROC

L'ALGÉRIE^f

LA TUNISIE

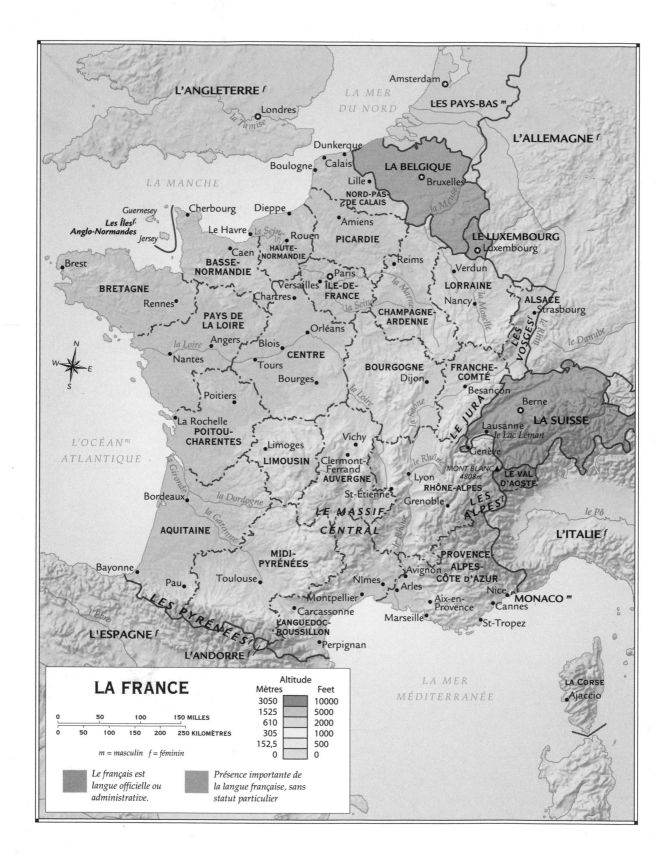

L'ANGLETERRE *f*

Londres

la Tamise

LA MER
DU NORD

Amsterdam

LES PAYS-BAS *m*

L'ALLEMAGNE *f*

LA MANCHE

Dunkerque

Boulogne

Calais

Lille

LA BELGIQUE

Bruxelles

la Meuse

NORD-PAS-
DE CALAIS

LE LUXEMBOURG

Luxembourg

Guernesey

Les Îles *f*
Anglo-Normandes

Jersey

Cherbourg

Dieppe

Le Havre

la Seine

Rouen

Amiens

PICARDIE

Reims

Verdun

LORRAINE

Nancy

ALSACE

Strasbourg

le Rhin

Brest

Caen

HAUTE-
NORMANDIE

BASSE-
NORMANDIE

Paris

Versailles

Chartres

ÎLE-DE-
FRANCE

la Seine

la Marne

la Moselle

LES VOSGES

le Danube

BRETAGNE

Rennes

PAYS DE
LA LOIRE

Orléans

CHAMPAGNE-
ARDENNE

BOURGOGNE

Dijon

FRANCHE-
COMTÉ

Besançon

Berne

LA SUISSE

la Loire

Angers

Blois

CENTRE

Tours

Bourges

la Loire

LE JURA

Lausanne

le Lac Léman

Genève

Nantes

Poitiers

La Rochelle

POITOU-
CHARENTES

Limoges

Vichy

le Rhône

MONT BLANC
4808m

LE VAL
D'AOSTE

L'OCÉAN *m*
ATLANTIQUE

LIMOUSIN

Clermont-
Ferrand

AUVERGNE

Lyon

RHÔNE-ALPES

Grenoble

le Pô

Bordeaux

la Gironde

la Dordogne

la Garonne

St-Étienne

LE MASSIF-
CENTRAL

le Rhône

LES ALPES

L'ITALIE *f*

AQUITAINE

Bayonne

Pau

MIDI-
PYRÉNÉES

Toulouse

Montpellier

Carcassonne

LANGUEDOC-
ROUSSILLON

Perpignan

Nîmes

Arles

Avignon

PROVENCE
ALPES-
CÔTE D'AZUR

Aix-en-
Provence

Marseille

Nice

Cannes

St-Tropez

MONACO *m*

LES PYRÉNÉES

l'Ebre

L'ESPAGNE *f*

L'ANDORRE *f*

LA MER
MÉDITERRANÉE

LA CORSE

Ajaccio

LA FRANCE

0   50   100   150 MILLES

0   50   100   150   200   250 KILOMÈTRES

m = masculin   f = féminin

Altitude	
Mètres	Feet
3050	10000
1525	5000
610	2000
305	1000
152,5	500
0	0

*Le français est
langue officielle ou
administrative.*

*Présence importante de
la langue française, sans
statut particulier*